贝页
ENRICH YOUR LIFE

金融建模原理及应用

如何使用 Excel 和 VBA 高效建模

Principles of Financial Modelling

Model Design and Best Practices Using Excel and VBA

〔英〕迈克尔·里斯（Michael Rees）著

徐建华　甘建沁　译

苗作兴　译校

文匯出版社

图书在版编目（CIP）数据

金融建模原理及应用：如何使用 Excel 和 VBA 高效建模 /（英）迈克尔·里斯（Michael Rees）著；徐建华，甘建沁译 . —上海：文汇出版社，2021.12
ISBN 978-7-5496-3373-9

Ⅰ.①金… Ⅱ.①迈…②徐…③甘… Ⅲ.①表处理软件—应用—金融—经济模型 Ⅳ.①F830.49

中国版本图书馆 CIP 数据核字（2020）第 217015 号

Principles of Financial Modelling: Model Design and Best Practices Using Excel and VBA by Michael Rees,
ISBN: 978-1-118-90401-5
Copyright © 2018 by John Wiley & Sons Inc.
All Rights Reserved. This translation published under license. Authorized translation from the English language edition, published by John Wiley & Sons. No part of this book may be reproduced in any form without the written permission of the original copyrights holder.
Copies of this book sold without a Wiley sticker on the cover are unauthorized and illegal.
本书中文简体字版专有翻译出版权由 John Wiley & Sons, Inc. 公司授予上海阅薇图书有限公司。未经许可，不得以任何手段和形式复制或抄袭本书内容。本书封底贴有 Wiley 防伪标签，无标签者不得销售。
上海市版权局著作权合同登记号：图字 09-2020-882 号

金融建模原理及应用：如何使用 Excel 和 VBA 高效建模

作　　者 /（英）迈克尔·里斯
译　　者 / 徐建华　甘建沁
责任编辑 / 戴　铮
封面设计 / 汤惟惟
版式设计 / 汤惟惟
出版发行 / 文匯出版社
　　　　　上海市威海路 755 号
　　　　　（邮政编码：200041）
印刷装订 / 上海颛辉印刷厂有限公司
版　　次 / 2021 年 12 月第 1 版
印　　次 / 2021 年 12 月第 1 次印刷
开　　本 / 787 毫米 ×1092 毫米　1/16
字　　数 / 606 千字
印　　张 / 30.5
书　　号 / ISBN 978-7-5496-3373-9
定　　价 / 98.00 元

致我的母亲、父亲,
以及 Godsall 和 Rees 的家人们。

前　言

本书旨在解决与设计和构建金融模型相关的关键问题，使金融模型更加灵活、易懂，也更适用于商业决策支持。同时，本书还将围绕以下核心主题，帮助读者解决在实际情景下应用的一些常见问题，包括：

- 构建能为决策者提供决策支持的模型；
- 设计模型，让其既满足灵活性（核心要求），又能进行合适的敏感性分析；
- 在满足核心要求的前提下，最小化模型的复杂程度；
- 构建有效的模型结构和操作流程，从而尽可能缩短其检查（依赖）路径；
- 关注模型的易懂性；
- 最有效、合理地使用 Excel 函数及功能（如 VBA/ 宏）（读者需要清楚这些工具及其功能）；
- 综合运用各种问题的解决技巧。

本书分为六部分，共三十三章：

- 第一部分提出了建模过程的整体框架，探讨了模型在决策支持中的作用，概述了一些关键主题和最佳实践；
- 第二部分探讨了模型设计需要关注的敏感性和灵活性要求，以及数据结构和布局的优化；
- 第三部分涉及整个建模过程。其中重点讨论了如何最大化模型的透明度，以及如何通过合适的 Excel 函数来创建无误差、易于检查的模型；
- 第四部分主要讲述敏感性分析、情景分析、模拟及优化；
- 第五部分提供了一些在金融建模中 Excel 函数和功能的实际应用；
- 第六部分主要介绍了 VBA 及其在金融模型中应用的主要领域。

注意第五部分和第六部分相对独立，可以脱离其他章节单独阅读。第一至第四部分主要集中讨论了模型的设计、建立和使用的基本问题，偶尔也和后续章节有所联系。

本书基于的一些关键原理来源于作者早期著作 *Financial Modelling in Practice*：*A Concise*

Guide for Intermediate and Advanced Level（John Wiley & Sons，2008）中的核心内容，尤其是将敏感性分析作为设计工具应用于整个建模过程。对此，本书将进行更全面、更细致的讨论，这也反映了作者在早期著作出版之后十几年经验的累积和升华。实际上，本书相关部分的内容是前期著作相关部分的三倍（前期著作的第一、二和第六部分有所探讨）。请注意，不像早期著作，本书并不对每一个应用做深度解析（如财务报表、估值、期权和实物期权）。另外，对于其他主题，如风险管理、不确定性和模拟建模，本书也仅做简单阐述，详情请见作者的另一本著作 *Business Risk and Simulation Modelling in Practice*：*Using Excel*，*VBA and @RISK*（John Wiley & Sons，2015）。

本书为大家提供了 237 个与书中案例配套的 Excel 文件，建议大家结合使用，以获得最大收益。

作者简介

迈克尔·里斯（Michael Rees）先生拥有牛津大学数学建模与数值算法的博士学位以及数学一级荣誉学士学位，同时，他还是法国欧洲工商管理学院（INSEAD）MBA的优秀毕业生。此外，他还研读了威尔莫特（Wilmott）数量金融证书，期间，他以第一名的成绩完成了所有课程并且以最高成绩拿到了威尔莫特奖项。

自2002年起，迈克尔先生作为定量决策、金融模型、经济、风险管理和估值模型领域的独立专家，为众多企业、咨询公司、私募和培训机构提供培训、建模和咨询服务。

在成为独立专家之前，迈克尔先生就职于摩根大通，从事估值和研究工作。在此之前，他在英国和德国的美世（Mercer）管理咨询公司担任战略咨询合伙人。他的早年工作经历主要在英国，就职于布拉克斯顿（Braxton）协会（一家小型的战略咨询公司，后被德勤收购），同时作为该协会在德国的创业团队的核心成员。

迈克尔先生拥有英国与加拿大双重国籍，精通法语和德语，同时拥有国际化的工作经历和同不同文化背景的客户打交道的经验。除本书外，他著有以下著作：*Financial Modelling in Practice：A Concise Guide to Intermediate and Advanced Level*（John Wiley & Sons，2008），*Business Risk and Simulation Modelling in Practice*（John Wiley & Sons，2015）；同时还是 *The Strategic CFO：Creating Value in a Dynamic Market Environment*（Springer，2012）的丛集作者，并是威尔莫特杂志多篇文章的作者。

配套资料

本书配套的资料包中含有 237 个 PFM 模型（大部分模型在本书中以截屏形式出现），展示了建模的核心原则，同时也提供了许多应用 Excel 函数和 VBA 宏编写的案例。

资料包中实用的解决方案和真实的应用场景将非常有助于你的学习和理解。

扫码关注"贝页图书"微信公众号
回复"金融建模"，获取本书 Excel 源文件

目 录

第一部分 建模、核心主题和最佳方案的介绍

第 1 章 模型的建立

1.1　介绍　|　2
1.2　背景和目标　|　2
1.3　建模步骤　|　2
1.4　逆向思维和正向计算过程　|　3

第 2 章 模型在决策支持中的作用

2.1　介绍　|　5
2.1　使用模型的益处　|　5
　2.1.1　以数值形式提供相关信息　|　5
　2.1.2　捕捉影响因素和关系　|　5
　2.1.3　深入理解并提出假设　|　5
　2.1.4　决策把手、情景、不确定性、优化、风险缓释和项目设计　|　6
　2.1.5　改善工作流程、增强沟通和明确对数据的要求　|　6
2.2　使用模型的难点　|　7
　2.2.1　模型误差的本质　|　7
　2.2.2　内置歧义与循环推论　|　7
　2.2.3　决策与建模过程中不一致的假设或作用范围　|　8
　2.2.4　偏差、非完美验证、假阴性和假阳性　|　8
　2.2.5　直觉与理性的平衡　|　9
　2.2.6　数据缺失或认知缺陷　|　10
　2.2.7　克服难点：识别、行动和最佳方案　|　10

第 3 章 建模的元主题：核心能力和最佳方案

3.1　介绍　|　12

3.2 核心主题 | 12
    3.2.1 决策支持的角色、目标、输出和信息的传递 | 13
    3.2.2 知识应用与深入理解 | 13
    3.2.3 建模平台的操作技巧 | 14
    3.2.4 明确对模型敏感性和灵活性的要求 | 15
    3.2.5 设计合适的布局、数据结构和输入流程 | 16
    3.2.6 确保开放性，创建用户友好的模型 | 17
    3.2.7 解决问题的综合能力 | 17

第二部分　模型的设计与规划

第 4 章　定义敏感性和灵活性要求

4.1 介绍 | 20
4.2 核心问题 | 20
    4.2.1 关注目标的重要性及其可能的影响 | 20
    4.2.2 逆向思维和正向计算过程中的敏感性概念 | 21
    4.2.3 时间颗粒度 | 25
    4.2.4 输入变量在不同层次上的细节 | 25
    4.2.5 从数值或变化的角度提高基础模型的敏感性 | 26
    4.2.6 情景分析与敏感性分析 | 27
    4.2.7 不确定变量与决策变量 | 27
    4.2.8 用公式提高模型的有效性 | 28

第 5 章　数据库与公式化方法

5.1 介绍 | 30
5.2 核心问题 | 30
    5.2.1 将模型切分成数据层、分析层与展示层 | 30
    5.2.2 数据集和结构变化的本质 | 31
    5.2.3 关注数据还是公式 | 33
5.3 实例解析 | 34

第 6 章　设计工作簿结构

6.1 介绍 | 38
6.2 设计基于多表工作簿的模型 | 38
    6.2.1 将各工作簿相互链接 | 38

	6.2.2	多工作表的优点和缺点		39
	6.3	通用的最佳实践结构		40
	6.3.1	多工作表在最佳实践结构中的作用		40
	6.3.2	类型 I：单张工作表模型		41
	6.3.3	类型 II：单张公式工作表和多张数据工作表		41
	6.3.4	类型 III：单张公式工作表和多张包含数据及局部分析的工作表		41
	6.3.5	进一步的比较评论		41
	6.4	使用来自多工作表的信息：选择（排除）和合并（包含）过程		42
	6.4.1	多表或"三维"公式		43
	6.4.2	使用 Excel 的"数据/合并计算"功能		44
	6.4.3	使用宏将多个工作表合并到数据库中		45
	6.4.4	用户自定义函数		46

第三部分　模型的建立、测试和审核

第 7 章　创建透明度：公式结构、流程和格式

　　7.1　介绍　　|　48
　　7.2　识别复杂度的影响因素　　|　48
　　　　7.2.1　从模型审核员角度思考　　|　48
　　　　示例：在一个简单的模型中增加复杂度　　|　49
　　　　7.2.2　模型透明度的核心要素　　|　49
　　7.3　优化审核路径　　|　51
　　　　7.3.1　用模块化方法缩短审核路径　　|　51
　　　　7.3.2　以公式结构和布局来缩短审核路径　　|　55
　　　　7.3.3　优化审核路径上的逻辑链条与行进方向　　|　56
　　7.4　识别输入、计算和输出：结构和格式　　|　57
　　　　7.4.1　格式化的作用　　|　57
　　　　7.4.2　输入、输出的颜色编码　　|　58
　　　　7.4.3　基本的格式化操作　　|　60
　　　　7.4.4　条件格式　　|　61
　　　　7.4.5　自定义格式　　|　62
　　7.5　创建文档、注释和超链接　　|　64

第 8 章　创建稳健、透明的公式

　　8.1　介绍　　|　65

8.2 通常的错误成因 | 65
8.2.1 未能充分遵循与流程、格式和审核路径相关的最佳实践原则 | 65
8.2.2 未能设身处地考虑模型审核员和其他用户的使用习惯 | 65
8.2.3 过度自信、缺乏检查和时间限制 | 65
8.2.4 使用了非最优函数 | 66
8.2.5 区域命名、循环引用、宏的不当应用 | 66

8.3 常见的错误 | 66
8.3.1 引用了错误区域或空白单元格 | 66
8.3.2 隐藏的假设、输入和标签 | 67
8.3.3 对函数返回值的错误理解 | 68
8.3.4 同一区域内使用的公式不一致 | 69
8.3.5 通过 IFERROR 函数覆盖未考虑到的错误 | 70
8.3.6 模型的正确性仅局限在基本状态下 | 70
8.3.7 未能正确修改构建不当的模型 | 71

8.4 区域命名 | 71
8.4.1 机制与实现 | 71
8.4.2 区域命名的缺点 | 72
8.4.3 区域命名的优点和主要用途 | 76

8.5 构建公式、测试、纠错的方法和管理 | 76
8.5.1 通过敏感性测试纠错 | 77
8.5.2 使用单步逻辑 | 78
8.5.3 构建与分解复合公式 | 79
8.5.4 仅在必要时使用绝对单元格引用 | 81
8.5.5 限制重复或使用不到的逻辑 | 81
8.5.6 分段测试计算路径 | 82
8.5.7 使用 Excel 中的纠错工具 | 82
8.5.8 构建纠错公式 | 83
8.5.9 谨慎处理计算错误 | 84
8.5.10 使用数据验证限制变量的输入范围 | 85
8.5.11 保护区域 | 86
8.5.12 处理结构限制：公式和说明 | 87

第 9 章 选择 Excel 函数以提高透明度、灵活性和效率
9.1 介绍 | 89
9.2 主要考虑事项 | 89

9.2.1　直接计算 vs 使用函数，单个单元格 vs 区域　　|　89
9.2.2　IF 函数 vs MIN/MAX 函数　　|　91
9.2.3　嵌套 IF 函数　　|　92
9.2.4　函数的简化形式　　|　94
9.2.5　文本格式与数值格式　　|　95
9.2.6　单标准的 SUMIFS 函数　　|　96
9.2.7　部分求和　　|　96
9.2.8　AGGREGATE 函数与 SUBTOTAL 函数 vs 单个函数　　|　97
9.2.9　数组函数 vs VBA 用户自定义函数　　|　98
9.2.10　易失性函数　　|　98
9.2.11　正确选择查找类函数　　|　98

第 10 章　处理循环

10.1　介绍　　|　100
10.2　循环的驱动因素和性质　　|　100
　　10.2.1　逻辑内置的循环（均衡或自洽）　　|　100
　　10.2.2　公式中的循环（循环引用）　　|　101
　　10.2.3　循环的一般类型　　|　101
10.3　循环公式的解决方法　　|　102
　　10.3.1　修正导致循环引用的错误　　|　102
　　10.3.2　通过修改模型设定避免逻辑上的循环　　|　103
　　10.3.3　通过代数（数学）变换消除循环引用　　|　103
　　10.3.4　启用迭代计算求解循环　　|　104
10.4　实践中的迭代方法　　|　105
　　10.4.1　Excel 中的迭代方法　　|　105
　　10.4.2　"切断"循环路径：主要步骤　　|　107
　　10.4.3　将循环路径手动"切断"后使用 VBA 宏进行迭代　　|　108
10.5　实际应用　　|　110
　　10.5.1　使用 Excel 迭代法解决循环引用　　|　111
　　10.5.2　使用宏"切断"循环路径来解决循环引用　　|　111
　　10.5.3　使用代数变换解决循环引用　　|　112
　　10.5.4　简化模型 1：逻辑或公式中不含循环　　|　112
　　10.5.5　简化模型 2：不含循环逻辑的公式　　|　112
10.6　选择处理循环的方法：主要标准　　|　113
　　10.6.1　模型的准确性和有效性　　|　114

10.6.2　复杂性和透明度 | 115
　　10.6.3　不收敛的循环 | 115
　　10.6.4　出错公式的潜在问题 | 119
　　10.6.5　计算速度 | 121
　　10.6.6　敏感性分析的便捷性 | 121
　　10.6.7　总结 | 121

第11章　模型的复查、审核和验证

　11.1　介绍 | 123
　11.2　目标 | 123
　　11.2.1　纯粹的审核 | 123
　　11.2.2　验证 | 124
　　11.2.3　改进、重组或重建 | 124
　11.3　流程、工具和技巧 | 125
　　11.3.1　避免意外的变动 | 126
　　11.3.2　创建概览图，然后了解细节 | 127
　　11.3.3　测试和检查公式 | 130
　　11.3.4　使用监视窗口和其他方法跟踪 | 131

第四部分　敏感性分析和情景分析、模拟和优化

第12章　建模的核心技术：敏感性分析和情景分析

　12.1　介绍 | 134
　12.2　敏感性相关技术概述 | 134
　12.3　模拟运算表 | 135
　　12.3.1　概述 | 135
　　12.3.2　实现 | 136
　　12.3.3　限制和提示 | 136
　12.4　实际应用 | 138
　　示例1：净现值对增长率的敏感性 | 138
　　示例2：实现情景分析 | 139

第13章　使用单变量求解和规划求解

　13.1　介绍 | 141

13.2 单变量求解和规划求解概述 | 141
  13.2.1 与敏感性分析的关系 | 141
  13.2.2 建议、技巧和局限性 | 141
13.3 实际应用 | 142
  示例1：业务的盈亏平衡分析 | 143
  示例2：投资金额的门槛 | 144
  示例3：期权的隐含波动率 | 144
  示例4：最小化资本利得税负债 | 145
  示例5：非线性曲线拟合 | 147

第14章 使用VBA宏运行敏感性分析和情景分析

14.1 介绍 | 148
14.2 实际应用 | 148
  示例1：使用宏运行敏感性分析 | 149
  示例2：使用宏运行情景分析 | 150
  示例3：使用宏和单变量求解运行盈亏平衡分析 | 150
  示例4：在宏中使用规划求解找到最佳解决方案的有效前沿 | 151

第15章 模拟及优化入门

15.1 介绍 | 154
15.2 敏感性分析及情景分析、模拟和优化之间的关系 | 154
  15.2.1 多个输入参数产生的组合效应 | 154
  15.2.2 可控和不可控：输入参数的选择和风险 | 155
15.3 实际应用：项目组合 | 155
  15.3.1 描述 | 155
  15.3.2 优化问题 | 156
  15.3.3 风险问题（运用模拟） | 157
15.4 优化建模的其他方面 | 158
  15.4.1 结构选择 | 158
  15.4.2 不确定性 | 159
  15.4.3 综合优化方法 | 159
  15.4.4 建模问题和工具 | 160

第16章 风险和不确定性建模以及模拟

16.1 介绍 | 163
16.2 蒙特卡罗模拟的定义、起源和使用 | 163

16.2.1　定义和起源 | 163
　　　16.2.2　敏感性分析和情景分析的局限性 | 164
　　　16.2.3　风险建模的主要优势及可解决的问题 | 164
　　　16.2.4　模型输出的性质 | 166
　　　16.2.5　模拟的适用范围 | 166
　16.3　风险建模中的主要步骤 | 166
　　　16.3.1　风险识别 | 167
　　　16.3.2　风险映射和输入分布的作用 | 167
　　　16.3.3　建模环境和参数分布的意义 | 167
　　　16.3.4　参数之间依赖关系的影响 | 168
　　　16.4.5　随机数和重复计算或迭代的所需次数 | 168
　16.4　使用 Excel 和 VBA 实现风险与模拟模型 | 169
　　　16.4.1　随机样本的生成 | 170
　　　16.4.2　重复重新计算和结果的存储 | 170
　　　示例：使用 Excel 和 VBA 估算包含不确定性和事件风险的成本模型 | 171
　16.5　使用插件进行模拟和风险模型的搭建 | 171
　　　16.5.1　插件的优势 | 172
　　　示例：使用 @risk 进行不确定性和事件风险的成本估算 | 172

第五部分　Excel 函数及其功能

第 17 章　核心算法和逻辑函数

　17.1　介绍 | 174
　17.2　实际应用 | 174
　　　示例 1：IF、AND、OR 和 NOT 函数 | 175
　　　示例 2：MIN、MAX、MINA 和 MAXA 函数 | 177
　　　示例 3：MINIFS 函数和 MAXIFS 函数 | 177
　　　示例 4：COUNT、COUNTA、COUNTIF 函数和其他类似函数 | 178
　　　示例 5：SUM、AVERAGE 和 AVERAGEA 函数 | 179
　　　示例 6：SUMIF、SUMIFS、AVERAGEIF 和 AVERAGEIFS 函数 | 180
　　　示例 7：PRODUCT 函数 | 180
　　　示例 8：SUMPRODUCT 函数 | 182
　　　示例 9：SUBTOTAL 函数 | 183

示例 10：AGGREGATE 函数 | 186

　　　示例 11：IFERROR 函数 | 187

　　　示例 12：SWITCH 函数 | 188

第 18 章　数组函数和公式

18.1　介绍 | 190

　　18.1.1　函数和公式的定义 | 190

　　18.1.2　实施过程 | 190

　　18.1.3　优势与劣势 | 190

18.2　实际应用：数组函数 | 191

　　示例 1：使用 TRANSPOSE 函数的资本和折旧表 | 191

　　示例 2：使用 TRANSPOSE 函数和 SUMPRODUCT 函数进行成本分配 | 192

　　示例 3：使用矩阵乘法函数 MMULT 进行成本分配 | 193

　　示例 4：作业成本管理以及多因素资源预测 | 193

　　示例 5：求从 1 开始的整数幂次和 | 194

18.3　实际应用：数组公式 | 197

　　示例 1：在列表中找到第一个正值 | 197

　　示例 2：查找条件最大值 | 198

　　示例 3：使用 AGGREGATE 函数作为数组公式查找条件最大值 | 199

第 19 章　数学函数

19.1　介绍 | 201

19.2　实际应用 | 201

　　示例 1：EXP 函数和 LN 函数 | 201

　　示例 2：ABS 函数和 SIGN 函数 | 204

　　示例 3：INT、RONDDOWN、ROUNDUP、ROUND 和 TRUNC 函数 | 205

　　示例 4：MROUND、CEILING.MATH 和 FLOOR.MATH 函数 | 207

　　示例 5：MOD 函数 | 208

　　示例 6：SQRT 函数和 POWER 函数 | 208

　　示例 7：FACT 函数和 COMBIN 函数 | 209

　　示例 8：RAND 函数 | 211

　　示例 9：SINE、ASIN、DEGREES 和 PI 函数 | 211

　　示例 10：BASE 函数和 DECIMAL 函数 | 212

第 20 章 财务函数

- 20.1 介绍 | 214
- 20.2 实际应用 | 214
    - 示例 1：FVSCHEDULE 函数 | 215
    - 示例 2：FV 函数和 PV 函数 | 216
    - 示例 3：PMT、IPMT、PPMT、CUMIPMT、CUMPRINC 和 NPER 函数 | 217
    - 示例 4：NPV 函数和 IRR 函数用于购买或租赁的决策 | 219
    - 示例 5：SLN、DDB 和 VDB 函数 | 222
    - 示例 6：YIELD 函数 | 223
    - 示例 7：现金流的久期 | 224
    - 示例 8：DURATION 函数和 MDURATION 函数 | 225
    - 示例 9：PDURATION 函数和 RRI 函数 | 225
- 20.3 其他财务函数 | 226

第 21 章 统计函数

- 21.1 介绍 | 228
- 21.2 实际应用：定位、排名和中间值 | 228
    - 示例 1：计算平均值和众数 | 229
    - 示例 2：使用 LARGE 进行数据动态排序 | 232
    - 示例 3：RANK.EQ 函数 | 233
    - 示例 4：RANK.AVG 函数 | 233
    - 示例 5：计算百分位数 | 234
    - 示例 6：PERCENTRANK 类函数 | 235
- 21.3 实际应用：数据点的离差和总体"形状" | 236
    - 示例 1：使用 FREQUENCY 函数生成收益率的直方图 | 237
    - 示例 2：方差、标准差和波动性 | 238
    - 示例 3：偏度和峰度 | 242
    - 示例 4：单边波动率（半离差） | 243
- 21.4 实际应用：相互关系和依赖关系 | 244
    - 示例 1：散点图（X-Y 图）和估计相关性 | 245
    - 示例 2：关于相关系数和秩相关的更多介绍 | 245
    - 示例 3：测量协方差 | 247
    - 示例 4：协方差矩阵、投资组合波动性和波动性时间调整 | 248

21.5　实际应用：概率分布　| 250
　　示例 1：石油勘探过程中给定成功次数情况下的成功概率　| 252
　　示例 2：实验结果处在 1 到 2 个标准差之间的频率　| 253
　　示例 3：通过概率分布创建随机样本　| 254
　　示例 4：自定义随机抽样的逆函数　| 255
　　示例 5：二项过程概率的样本值　| 255
　　示例 6：使用 T 分布和正态分布的均值置信区间　| 256
　　示例 7：CONFIDENCE.T 函数和 CONFIDENCE.NORM 函数　| 258
　　示例 8：使用卡方的标准差置信区间　| 259
　　示例 9：回归线（或 Beta）斜率的置信区间　| 259

21.6　实际应用：其他关于回归分析和预测的内容　| 261
　　示例 1：使用 LINEST 函数计算斜率（或 Beta）的置信区间　| 261
　　示例 2：使用 LINEST 函数执行多元回归　| 262
　　示例 3：使用 LOGEST 函数查找指数拟合　| 263
　　示例 4：用 TREND 函数和 GROWTH 函数预测线性和指数趋势　| 264
　　示例 5：使用 FORECAST.LINEAR 函数进行线性预测　| 265
　　示例 6：使用 FORECAST.ETS 函数集进行预测　| 265

第 22 章　信息函数

22.1　介绍　| 267
22.2　实际应用　| 268
　　示例 1：使用 ISTEXT、ISNUMBER 或 N 函数创建嵌入公式的注释　| 268
　　示例 2：建立一个可以根据实际报告的数据进行更新的预测模型　| 268
　　示例 3：检查数据是否满足条件判断　| 269
　　示例 4：在公式中表达 "N/A"　| 270
　　示例 5：INFO 函数和 CELL 函数的应用：概览　| 271
　　示例 6：为单元格中的数据或公式创建实时更新的标签　| 273
　　示例 7：显示文件的重新计算模式　| 273
　　示例 8：返回当前的 Excel 版本，并创建能兼容后续版本的公式　| 274
　　示例 9：使用 CELL、INFO、SHEET 和 SHEETS 函数显示文件的位置和结构信息　| 274

第 23 章　日期和时间函数

23.1　介绍　| 276
23.2　实际应用　| 277

示例 1：任务期限、资源和成本估算 | 277

示例 2：跟踪订单、预订或其他活动的动向 | 278

示例 3：创建精确的时间轴 | 278

示例 4：计算日期的年份和月份 | 279

示例 5：计算发生日期所在的季度 | 279

示例 6：从数据集中创建基于时间的报表和模型 | 280

示例 7：找出你的生日是周几 | 280

示例 8：计算每个月最后一个星期五的日期 | 280

示例 9：DATEDIF 函数和完整的时间段 | 281

第 24 章　文本函数及其功能

24.1　介绍 | 282

24.2　实际应用 | 283

示例 1：使用 CONCAT 函数和 TEXTJOIN 函数连接文本 | 283

示例 2：使用分列功能将一列数据拆分到多列 | 284

示例 3：将数值型文本转换为数字 | 285

示例 4：将文本动态分隔为各个部分（Ⅰ） | 285

示例 5：将文本动态分隔为各个部分（Ⅱ） | 286

示例 6：比较 LEFT、RIGHT、MID 和 LEN 函数 | 287

示例 7：将文本动态分隔为组成部分（Ⅲ） | 287

示例 8：比较 FIND 函数和 SEARCH 函数 | 288

示例 9：UPPER 函数和 LOWER 函数 | 288

示例 10：PROPER 函数 | 289

示例 11：EXACT 函数 | 289

示例 12：比较 REPALCE 函数和 SUBSTITUE 函数 | 290

示例 13：REPT 函数 | 290

示例 14：CLEAN 函数和 TRIM 函数 | 290

示例 15：更新模型标签和图表标题 | 292

示例 16：为数据匹配创建唯一标识符或主键 | 293

第 25 章　查找与引用函数

25.1　介绍 | 294

25.2　实际应用：基本的引用过程 | 295

示例 1：ROW 函数和 COLUMN 函数 | 295

示例 2：ROWS 函数和 COLUMNS 函数 | 295

		示例3：ADDRESS 函数的使用和与 CELL 函数的比较	296
25.3		实际应用：深入了解引用过程	297
		示例1：使用 INDEX、OFFSET 或 CHOOSE 函数创建场景	297
		示例2：将图表数据源链接到多个或可变的数据源	299
		示例3：使用 INDEX 或 OFFSET 函数逆序和转置数据	300
		示例4：现金流量或其他项目随时间而变化	302
		示例5：采用"三角"方法计算折旧	303
25.4		实际应用：结合匹配和引用过程	304
		示例1：使用 MATCH 函数查找条件所在的时间段	304
		示例2：使用匹配键查找离散场景中的数据	305
		示例3：创建和查找匹配的文本字段或键	306
		示例4：INDEX 函数与 MATCH 函数的配合使用	306
		示例5：比较 INDEX-MATCH 函数组合与 H(V)LOOKUP 函数	307
		示例6：比较 INDEX-MATCH 函数组合和 LOOKUP 函数	312
		示例7：使用数组和其他函数组合查找最接近的匹配值	313
25.5		实际应用：关于 OFFSET 函数和动态区域的更多内容	313
		示例1：在可变范围内使用 OFFSET 函数 (I)	314
		示例2：在可变范围内使用 OFFSET 函数 (II)	315
		示例3：在可变范围内使用 OFFSET 函数 (III)	316
		示例4：在可变范围内使用 OFFSET 函数 (IV)	317
25.6		实际应用：INDIRECT 函数和灵活的工作簿或数据结构	318
		示例1：使用 INDIRECT 函数引用单元格和其他工作表	318
		示例2：集成来自多张工作表模型的数据和灵活的场景建模	319
		示例3：间接级联下拉列表的其他用途	320
25.7		实际应用：为模型创建超链接或链接到其他数据集	321
		示例：使用命名范围和超链接的模型导航	322

第 26 章 筛选器、数据库函数和数据透视表

26.1	介绍	323
26.2	使用数据集时常见的问题	323
	26.2.1 原始数据的清理与操作	323
	26.2.2 静态或动态查询	324
	26.2.3 创建新的字段还是用复杂的筛选器	325
	26.2.4 Excel 数据库和表	325
	26.2.5 使用宏进行自动化	326

26.3　实际应用：筛选器　| 327
　　示例 1：应用筛选器并检查数据是否有需要纠正的错误　| 327
　　示例 2：识别唯一值和组合唯一值　| 330
　　示例 3：使用筛选删除空值或其他指定项　| 332
　　示例 4：使用筛选提取数据　| 334
　　示例 5：将条件计算添加到数据集　| 334
　　示例 6：表的使用　| 335
　　示例 7：使用高级筛选提取数据　| 336
26.4　实际应用：数据库函数　| 337
　　示例 1：使用 DSUM 函数和 DMAX 函数计算条件总和以及最大值　| 338
　　示例 2：实现 Between 查询　| 339
　　示例 3：实现多个查询　| 339
26.5　实际应用：数据透视表　| 341
　　示例 1：探索数据集的汇总值　| 342
　　示例 2：查看摘要报告中数据项的细项　| 345
　　示例 3：添加切片器　| 345
　　示例 4：时线切片器　| 347
　　示例 5：生成忽略错误或其他指定项的报告　| 348
　　示例 6：使用 GETPIVOTDATA 函数　| 349
　　示例 7：创建数据透视图　| 350
　　示例 8：使用 Excel 数据模型链接表格　| 350

第 27 章　主要快捷键和其他特征

27.1　介绍　| 353
27.2　主要快捷键及其用途　| 353
　　27.2.1　输入和修改数据和公式　| 353
　　27.2.2　格式化　| 356
　　27.2.3　检查、定位和其他项目　| 357
　　27.2.4　Excel 的键提示　| 359
27.3　其他有用的 Excel 工具和功能　| 360
　　27.3.1　迷你图　| 360
　　27.3.2　照相机　| 360

第六部分　VBA 和宏的基础知识

第 28 章　VBA 和宏的入门

  28.1 介绍 | 362
  28.2 VBA 的主要用途 | 362
    28.2.1 任务的自动化执行 | 363
    28.2.2 创建用户自定义函数 | 363
    28.2.3 事件的建模以及监视和响应 | 363
    28.2.4 丰富或管理用户界面 | 363
    28.2.5 应用程序开发 | 364
  28.3 核心操作 | 364
    28.3.1 将"开发工具"选项添加到 Excel 的工具栏 | 364
    28.3.2 Visual Basic 编辑器 | 365
    28.3.3 录制宏 | 365
    28.3.4 将录制后的代码进行改写 | 366
    28.3.5 编写代码 | 367
    28.3.6 运行代码 | 369
    28.3.7 调试技术 | 370
  28.4 实际应用 | 370
    示例 1：在 VBA 中使用 Excel 单元格值 | 371
    示例 2：使用命名 Excel 区域实现稳健性和灵活性 | 372
    示例 3：将 VBA 代码中的值放入 Excel 区域 | 373
    示例 4：用赋值替换"复制/粘贴" | 374
    示例 5：简单的用户自定义函数 | 374
    示例 6：打开工作簿时显示消息 | 375

第 29 章　对象和区域

  29.1 介绍 | 377
  29.2 对象模型的概述 | 377
    29.2.1 对象、属性、方法和事件 | 377
    29.2.2 对象层次结构和集合 | 378
    29.2.3 使用 Set...=... | 378
    29.2.4 使用 With...End With 结构 | 379
    29.2.5 其他选择区域和对象的方法 | 380

29.3 区域对象的操作：核心要素 | 380
    29.3.1 基本语法和命名区域 | 380
    29.3.2 已命名区域和已命名变量 | 380
    29.3.3 当前区域属性 | 381
    29.3.4 xlCellTypeLastCell 属性 | 382
    29.3.5 工作表名称和代码名称 | 382
    29.3.6 UsedRange 属性 | 383
    29.3.7 Cells 属性 | 383
    29.3.8 Offset 属性 | 385
    29.3.9 Union 方法 | 385
    29.3.10 输入框和信息框 | 386
    29.3.11 Application.InputBox | 386
    29.3.12 定义多单元格区域 | 386
    29.3.13 使用 Target 响应工作表事件 | 387
    29.3.14 使用 Target 响应工作簿事件 | 388

第 30 章 运行控制

30.1 介绍 | 389
30.2 核心主题 | 389
    30.2.1 输入框和消息框 | 389
    30.2.2 For...Next 循环 | 389
    30.2.3 For Each...In...Next | 390
    30.2.4 If...Then | 391
    30.2.5 Select Case...End Select | 391
    30.2.6 GoTo | 392
    30.2.7 Do...While 与 Until...Loop | 393
    30.2.8 计算结果与计算过程 | 393
    30.2.9 界面刷新 | 396
    30.2.10 测量运行时间 | 396
    30.2.11 显示警告消息 | 397
    30.2.12 访问 Excel 工作表函数 | 397
    30.2.13 过程中的执行过程 | 398
    30.2.14 访问加载项 | 399
30.3 实际应用 | 399
    示例 1：数值循环 | 399

示例 2：列出工作簿中所有工作表的名称 | 400
示例 3：向工作簿中添加新工作表 | 401
示例 4：从工作簿中删除指定工作表 | 402
示例 5：刷新数据透视表、修改图表和处理其他对象集合 | 402

第 31 章 编写稳健的代码

31.1 介绍 | 405
31.2 核心主题 | 405
    31.2.1 从特殊功能拓展到通用功能 | 405
    31.2.2 调整录制的代码提高稳健性 | 406
    31.2.3 事件代码 | 406
    31.2.4 注释和缩进文本 | 406
    31.2.5 代码模块化 | 407
    31.2.6 使用 ByVal 或 ByRef 传递参数 | 407
    31.2.7 完全引用 | 409
    31.2.8 使用工作表在代码中的名称 | 411
    31.2.9 赋值语句：无需通过先选中或激活来操作对象 | 411
    31.2.10 使用区域而非单个单元格 | 412
    31.2.11 数据类型和变量声明 | 413
    31.2.12 名称的选择 | 414
    31.2.13 操作 VBA 中的数组 | 414
    31.2.14 理解错误代码 | 416
31.3 测试、调试和处理错误的高级方法 | 416
    31.3.1 普通技巧 | 416
    31.3.2 调试函数 | 417
    31.3.3 执行错误处理程序 | 418

第 32 章 VBA 中对数据集的操作与分析

32.1 介绍 | 420
32.2 实际应用 | 420
    示例 1：计算区域的大小 | 420
    示例 2：在代码运行过程中根据用户输入定义数据集 | 421
    示例 3：自动计算数据集的位置 | 422
    示例 4：翻转数据（行或列方向）I：翻转后置于新区域内 | 424
    示例 5：翻转数据（行或列方向）II：原地翻转 | 425

示例 6：其他 Excel 数据操作过程的自动化	426
示例 7：删除包含空值单元格的行	428
示例 8：删除空值行	429
示例 9：使用筛选器删除包含空值或其他内容的单元格的自动化实现	431
示例 10：执行多个数据库查询	435
示例 11：合并跨表或跨工作簿的数据集	436

第 33 章 用户自定义函数

33.1	介绍	440
33.2	创建用户自定义函数的优势	440
33.3	语法的实现	441
33.4	实际应用	442

示例 1：访问用于数据操作的 VBA 函数——Val、StrReverse 和 Split	443
示例 2：用"包装"函数获取 Excel 函数的最新版本	444
示例 3：为了保持对 Excel 2003 的兼容性，复制 IFERROR 函数的功能	446
示例 4：总体误差	446
示例 5：替换需要用表或区域存放中间计算结果的计算过程	447
示例 6：使用 Application.Caller 生成数组函数形式的时间轴	448
示例 7：行和列中的用户定义数组函数	449
示例 8：取代需要占用大量区域的计算过程——"三角"方法计算折旧	453
示例 9：工作表引用函数	454
示例 10：频率已知的统计矩	456
示例 11：秩相关	459
示例 12：半离差	461

第一部分

建模、核心主题和最佳方案的介绍

Introduction to Modelling, Core Themes and Best Practices

第1章 模型的建立

1.1 介绍

本章对金融建模的目标、步骤和流程进行了概述。这些内容为后续章节的展开提供了背景，建立了框架。

1.2 背景和目标

模型是真实情景的数字化或数学形式的呈现，而金融模型是与商务和金融相关的、真实情景的数学展现。金融建模的典型目标包括：与商业计划和预测相关的决策支持；项目的设计、评价和筛选；资源分配和投资组合最优化；公司、资产、合约和金融工具的估值；融资决策支持。

事实上，关于金融建模，并没有一个为大众所接受的标准定义。对一些人而言，它是一系列的实操，基本上是通过创建一系列 Excel 的工作簿来实现。对于另一些人而言，这主要是一个定性操作，他们会聚焦于用数学方程来描述系统中变量之间的关系，而不是将重点放在用于求解此类方程的工具（如 Excel）上。本书旨在尽可能地将理论与实践相结合。

1.3 建模步骤

建模的过程包括以下几个步骤，如图 1.1 所示。

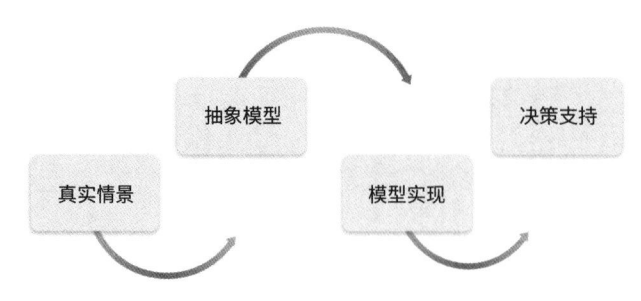

图1.1 建模流程阶段化的一般框架

建模的主要特征有：

- 抽象：定性地或者使用一组公式来描述真实情景。无论如何，在该阶段，我们应该考虑总体目标和决策需求，并抓住真实情景下行为的核心要素。同时，我们还应解决一系列问题，包括期望范围内的模型有效性、模型准确性要求，以及在可接受范围内，避免过度复杂与为决策提供足够基础支持间的权衡。
- 实现：从满足前提假设的输入变量开始，沿着模型路径进行计算，将抽象概念用数值呈现出来的过程。对此，本书将主要使用 Excel 进行计算，也可能会使用其他 Excel 兼容的功能（如 VBA 宏、Excel 加载项、优化算法、外部数据库的链接等）。
- 决策支持：一个模型应能合理地支持决策。然而，作为真实情景的简化，模型本身通常存在一定缺陷。在模型的创建和使用中有一个重难点——在认识到模型本身和建模过程的局限性下，确保模型的创建和输出结果可以为使用者提供有益的决策支持（尤其是提供深刻见解、减少偏差或者纠正不严谨的决策过程中所固有的无效假设）。

请注意，在许多实例中，建模并不存在规范步骤，而是基于对情景本身的了解，直接构建 Excel 工作簿。由于 Excel 本身不会算错，所以这样的模型永远不可能真正得到"（外部）验证"：抽象模型其实就是建模步骤（即使用 Excel 中的公式来描述抽象概念）。尽管原则上这种"自我验证"是这些实用方法的一个显著弱点，但是一般情况下不太可能使用高度规范化的抽象步骤（尤其当一个人时间紧迫或者自认为熟知当前情景时）。即使目前没有或仅有少量的文件去规范，但本书介绍的一些技术（如敏感性驱动模型的设计和后文探讨的其他最佳方案）对有效建模仍然非常重要。

1.4 逆向思维和正向计算过程

建模过程本质上是双向的（见图 1.2）：

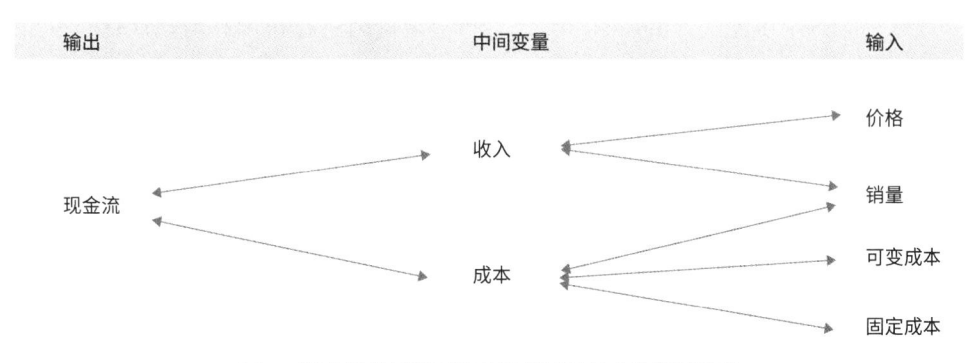

图1.2 逆向思维过程和正向计算过程结合的模型构建

- "逆向思维过程"是指先确定一个关心的变量作为模型的输出，再反向梳理与其存在直接或隐含的因果关系的变量。图 1.2 从左到右展示了这一定性过程。例如，现金流由收入和成本共同决定，而收入和成本又由其他要素所决定（如收入由价格和销量所决定）。在这一定性过程中，我们只能确定变量和决定要素之间存在某种关系，还无法明确它们之间的具体关系。

- "正向计算过程"是指基于一组最终确定的决定要素（模型的输入）的假设值，建立所需的计算以确定中间变量和最终输出值。图 1.2 从右向左展示了这一计算过程。在该过程中，需要准确定义各变量间关系的实质，使其能通过定量公式来表示。即，输入值用于计算中间变量，而中间变量则用于计算输出值。例如，由假设的价格和销量计算得到收入，同时，由固定成本、可变成本和销量计算得到成本，再通过得到的收入和成本算出最终的输出值——现金流。

请注意，该过程可能涉及多次迭代：最初设定为输入的数值可以通过其他数值计算（由后续新的模型输入值计算确定）得到，从而创建具有更多输入变量和细节层次的模型。例如，除了可以是单一数值，销量还可以基于产品组来细分。原则上，这一迭代过程可以反复持续进行(即，用中间计算替代硬编码数字输入)。当然，出于以下两点考虑，我们必须在某个时点停止创造更多的细节：

- 出于实用性的简单考量。
- 保证精确性。虽说创建模型的更多细节理应得到一个更精确的模型，但情况并非总是这样：一个详细的模型将需要更多精确估量的信息（例如，需要估计所有输入值）。此外，随着更多细节的添加，对这些输入变量之间关系的描述将变得越来越复杂。

建立模型的"最优"细节层次并不简单，此部分会在第 4 章中进一步讨论。

虽然上述建模框架被适当简化了，（但它还是覆盖了 Excel 中大多数典型的情形）：

- 在一些应用中（特别是时间序列的序列优化和决策树），由于早期的最优行为的确定取决于每个可能决策的所有结果，因此需要同时进行正向和逆向计算。
- 在计量经济学中，有些等式可能存在均衡性质，即在等式两侧包含相同的变量。在这种情况下，逻辑流程不是定向的，并且可能在模型中产生循环引用。

第2章 模型在决策支持中的作用

2.1 介绍

本章阐释了模型在决策支持中使用的主要优势和困难。当关键决策涉及大量资金，或者由于某些其他原因，使得甄选最合适的决策变得异常重要时，建立模型就非常有用。但同时，理解建模的优势、困难和潜在不足的具体原因是很重要的。它们将帮助人们有效制定决策，降低模型输出被误解、误用或被应用于不合适场景中的可能性。

2.1 使用模型的益处

本节强调了使用模型的主要潜在益处。

2.1.1 以数值形式提供相关信息

对于决策很重要的变量，模型能够计算出其可能的结果。这些结果所涉及的数值形式的信息在确认资源、预算等方面往往更为重要。

然而，对关键变量的数值计算并不是建立模型的唯一原因；建模的过程也常常是一个进行重要探索和深入理解的过程（本章稍后会提到）。事实上，在建模的前期工作中往往就会产生很多见解，而数值往往是在后半程才被用到。

2.1.2 捕捉影响因素和关系

我们在建立模型的过程中应该考虑可能的影响因素，并确定其中哪些是最为重要的。虽然我们在建模初期对影响因素的判断可能是直观的或定性的，但在后续过程中可以通过定量以提升对影响因素的了解。对关系的定量要求人们对关系的本质有准确的认识。例如，一个因素的变化是否会影响另一个因素；以何种程度影响另一个因素；这种变化是线性的还是非线性的；其他变量是否也会受到影响；是否存在（部分）变量之间的共同决定因素等。

2.1.3 深入理解并提出假设

在建模的过程中，我们应该关注到那些对其认知不够的领域，思考如何改进，以及思考改进过程中需要用到什么样的数据。这一建模过程本身就很有价值。事实上，模型是对前提假设以及事物间假设关系（随着进一步的认知发展，这些关系可能会改变）的显式记录。因此，建模过程为我们深入理解事物间的关系提供了结构化方法。该方法通常会揭示许多隐含的假设（这些假设可能被理解得不准确或其本身就不正确），并明确必要及合理的假设。因此，建模过程中的定性和定量部分都应该让我们有更深入的了解，并明确需要进一步探索的问题。

对这些探索性方面的忽视或低估是导致许多建模过程低效的主要原因之一。这些低效率的建模通常被委派给有能力"做数字"的年轻员工，但他们在识别和报告许多关键见解（尤其是那些可能挑战当前假设的见解）方面没有经验，或缺乏足够的项目积累、权威、可信度。因此，许多前瞻性的见解要么丢失，要么根本不会产生。当模型输出的结果不能被直观地解释时，一般有以下两种原因：

- 模型在某些重要的方面被过度简化、存在严重偏差或错误。例如，遗漏了关键变量，依赖关系未被正确捕捉，或者变量值相关的假设可能是错误的或未被精确估计的。
- 模型本质上是正确的，但提供的结果并不直观。在这种情况下，建模过程可以用来适应、探索和生成新的见解，以便最终使直觉与模型的输出一致。这是一个增值的过程，尤其是在人们强调的那些容易被第一直觉忽视的领域中。

在这一背景下，我想到了以下几句名言：

"计划本身毫无意义，但制定计划的过程决定一切。" ——艾森豪威尔（Eisenhower）

"所有模型都是错的，但有些是有用的。"[1] ——伯克斯（Box）

"完美是优秀的敌人。" ——伏尔泰（Voltaire）

2.1.4 决策把手、情景、不确定性、优化、风险缓释和项目设计

在计划需要被严格执行时，建模过程会将可控因素与不可控因素区分开来。此外，它还强调一些部分可控但需要进一步行动的事项，但是这些行动可能并没有反映在当前计划或模型中（例如引入风险缓释）。最终，对于可控事项，我们以最优方式作出潜在决策，而不可控事项则会带来风险或不确定性。对于决策是否按计划进行，项目或决策设计是否需要修改等问题，敏感性分析、情景分析和风险管理方法的应用可以为其提供更深入的理解，并有助于最优决策或项目结构的发现。

2.1.5 改善工作流程、增强沟通和明确对数据的要求

模型提供了从相关领域专家处获取的信息结构化框架。它可以帮助人们精确定义信息

---

[1] 统计学家乔治·伯克斯的一句名言，意思是所有模型都不可能精确还原现实（涵盖所有情况），但一定的假设下分析和建模的过程以及趋近于实际情况的模型可以帮助我们探索和理解真实世界。——编者注

需求，从而提高研究和信息收集过程中的有效性。得益于整个过程中所产生的洞察力和透明度，以及为协同工作所创造的清晰结构，建模的过程和结果也有助于人们改善沟通。

2.2 使用模型的难点

本节重点介绍了在决策支持中使用模型所面临的关键问题。

2.2.1 模型误差的本质

模型本质上是对（近似）现实世界的简化。如图 1.1 所示的每个步骤都可能会存在误差：

- 设定误差。该误差是指实际行为与抽象模型或其试图描述的行为之间会存在的差异（有时该部分单独被称为"模型风险"或"模型误差"）。通常情况下，虽然人们或许能够对于此类误差性质提供一些合理的、直观的评估，但是由于人们并没有完全了解真实世界的性质，因此进行可靠定量是很困难的。（根据定义，只有在完全了解这种误差后，才能够精准定义和计算，且在修正的模型中描述并消除模型误差。）进一步说，人们或许意识到，与实际生活相比，该模型提供的简化情况几乎一定会存在某些未知的、还未被囊括的实际行为。从某种意义上说，人们必须基本上"希望"该模型是当前能够达到的足够精确的情况。当然，良好的直觉、反复的经验观察和大量的数据集可以提高模型正确的可能性（并且提高人们对它的信心），但是最终还是会有一些残留的不确定性（如"黑天鹅事件"或"未知数"）。

- 实现误差。这是指在抽象模型（设想和意图）和被实现的模型之间的差异。这种误差有可能是由于错误（如计算错误）产生的，也有可能是由于更微妙的问题造成的。例如，在 Excel 中使用离散时间轴（但事件实际上是连续的）或有限时间轴（而实际上应是无限时间轴）。此外，如果模型在基本情况下计算正确，但在其他情况下（由于错误或忽略了情况中的某些关键方面）出现问题，也会带来实现误差。

- 决策误差。该误差是指基于模型结果做出的决定可能是不恰当的。该误差可能是由于决策过程中的有效性（或有效性的缺乏）所造成的。例如，缺乏对模型及其局限性的理解。请注意，决策所带来的不良结果并不意味着该决策本身是糟糕的；同样地，决策所产生的可观结果也不一定表明决策本身是正确的。

某些类型的模型误差涉及建模过程的多个步骤（而不是其中某一步），包括对情景、风险和不确定性的关注度不够。

2.2.2 内置歧义与循环推论

建模过程本身就会存在歧义。为了抽象或构建模型，我们必须对情况有足够的了解。

然而，模型本身和建模的过程只能在人们一开始不太了解情况时带来益处。（根据上述说法，如果在一个模型被建立之前，人们已经完全了解实际情况，那么我们也就不需要模型了，因为我们已经没有办法进一步提高对于该情况的认知。）

这种歧义也造成了模型的输出存有潜在不确定性。首先，模型的输出结果仅提供了关于模型的信息（而不是真实情况）。其次，内置歧义会导致推理中循环的产生。例如，在进行敏感性分析时，我们知道，选取重要的具体变量，而变量的重要性（例如，从运行敏感性分析中被确定）又由模型本身所使用的假设和隐含逻辑决定。

2.2.3 决策与建模过程中不一致的假设或作用范围

每个模型的有效范围都是有限的。通常情况下，模型的背景假设是隐含的或没有详细记载的。因此，隐含假设被忽略或被应用在不同情形下都可能导致模型的无效。例如，对项目工程造价的估值可能隐含关于项目地点的假设。如果这些假设没有被充分记录（或者是隐含的以及没有被记录的），那么对于在新地点上的后续项目而言，该模型可能就是无效的。这可能是因为所需的新子项目或其他结构变化被无视了。

2.2.4 偏差、非完美验证、假阴性和假阳性

决策（或输入假设和模型公式）可能会偏向对特定结果有利的方面，或者忽略了重要因素和风险。偏差通常可能有以下几种形式：

- 动机导向型或策略型。该偏差是指人们有目的地故意偏向一个过程、一组结果或某种假设。
- 认知型。这类偏差是人类心理所固有的，且经常被认为是由于进化的原因而产生的，包括过于乐观，锚定一个初始的观点，或根据提问方式的不同而作出不同的决定。例如，从获得收益或避免损失这两个对立角度出发提问。
- 结构型。这些与建模途径、方法或实现工具固有会产生偏差的情况有关。例如，使用固定输入值来计算通常可以被视为一种存在结构偏差的方法（为了分析和决策的经济考虑）：模型的输入值会被设置在其最有可能的值上，但得到的输出却不一定是其最有可能的值。此外，虽然输出的平均值通常是财务决策中最重要的定量指标，但一般情况下却不能作为有效的模型。关于这些主题的详细讨论超出了本书的范围，但是包含在作者的著作 *Business Risk and Simulation Modelling in Practice*（John Wiley & Sons，2015）中。

使用模型来辅助决策与执行其他检验非常类似。一个完美的检验总能够对真正优秀或糟糕的项目做出正确的判断。在实践中，建模过程似乎具有很高的假阴性（也就是实际上糟糕的项目本身并没有被检测到），因此糟糕的项目不会被取消或尽早地停止。不过，假

阳性却很少见（即，有一个不错的项目，但模型表明它是一个糟糕的项目）。

2.2.5 直觉与理性的平衡

大多数决策都是不同程度下平衡直觉与理性后综合作出的。

直觉的方法通常有以下特征：

- 直觉、经验和偏差；
- 快速决策，偏向于强化初始结论，拒绝反对的陈述；
- 忽略或轻视那些复杂或不清楚的事项；
- 很少（正式地）考虑风险、不确定性和未知情况；
- 缺乏标准化的决策过程或治理流程；
- 决策标准中缺乏对透明度和不同事项优先级的评估；
- 从一类人而不是多样化的群体中寻求建模需要输入的内容。

在最理想的情况下，直觉决策（intuitive decision-making）可以是强大的、有效的。即，虽然投入较少，但最终做出了一个明智的决策。

相比之下，理性方法的特点如下：

- 不依赖于个人偏差；
- 高度依赖于分析、模型和框架；
- 客观性、整体性和思考性；
- 自我批判：不断寻找过程和分析中的缺陷以及改进的可能；
- 开放地进行独立的审查和讨论；
- 标准化的决策过程和治理流程；
- 设定目标并将更高透明度的要求明确地加入决策标准中；
- 试图考虑所有可能相关的因素，并且能够纳入不同的观点和不同利益攸关者的需要，以及从各种来源获得不同的输入；
- 明确地搜索更多信息、各种各样的输入和数据或专家的判断；
- 开放地使用其他合适的工具和技术；
- 愿意在时间、流程、工具和沟通上投入更多资金；
- 感知、挑战、克服或最小化那些在没有得到充分反映或分析的情况下经常出现的偏差；
- （一般）会有一定的量化和优先级的制定；
- （理想情况下）适当考虑可能导致目标被妥协的因素（风险和不确定性）。

公正地讲，在实际操作中，用直觉来做决定还是很常见的：对于一个行为过程，如果决策者持续"感觉不对劲"（但表面上有理性分析支持），那么该行为过程通常是不可能被接受的。同样，对于一个行为过程，即使分析的结果是建议拒绝的，但如果决策者一直"认为是不错的"，那么该行为也很少会被拒绝。尽管在作初步建议时，采用理性和直觉的方法作出的建议可能有完全不同的指向，但之后人们总能发现决策者的直觉可能有不正确的地方，或是其理性分析不完整，抑或是决策者的偏好、当时决策的环境出了问题。理想情况下，这些事项将被纳入修订分析，在理性分析和直觉之间建立统一。这样做的结果会改变（或改善）人们对事物的直观认知，而其过程将带来高附加值。

2.2.6 数据缺失或认知缺陷

缺乏足够的数据通常是建立模型的障碍。如果没有数据，就无法进行专业的估计或判断，并且也没有其他可代替的方案，由此导致模型难以建立。然而，对于描述行为及其之间交互关系的模型，即使没有数据，也仍然可以建立，并用通用数字对其进行填充。这可以帮助人们构建思维，产生洞察力，并确定哪些环节需要更多的了解、数据或研究。

当然，确实可能存在无法建立有效模型的情况，具体如下：

- 设定无意义的目标。例如，我们尽力去"建立一个描述月球的模型"，至少在没有进一步说明的情况下可能不会产生任何有用的结果。然而，如果是建立一个计算月球表面温度变化的模型，也许能将其要求的计算月球表面温度变化视为建模的一个合理起点。
- 导致情景行为的基本构成要素和关键因子未知以及不能被确定。例如，倘若试着去建立一个用来描述在某个未知国家上建造新制造设备的成本模型，你就会发现这是一个挑战。因为，该新设备所生产的新产品还未明确和开发，设备生产的相关规章制度还未公布，生产所使用的技术也未实现。

因此，虽然在某些情况下，最初可能无法构建模型，但通常这样的情况可以用来明确目标，强调需要进一步了解的领域，并提出额外的数据需求等。在此之后，就可以建立产生洞察力的模型，从而进行迭代，提高模型的质量。

2.2.7 克服难点：识别、行动和最佳方案

不管误差的起因是否与模型规范、实施、决策过程或其他因素有关，建模的最佳方案往往关注的是减少总误差的来源本身。减少误差的具体操作主要涉及技术以及组织行为和流程，包括：

- 意识到偏差的存在。
- 寻求示例说明为什么分析可能出错，或为什么实际结果与预期或考虑的结果存在显著不同。
- 明确寻求、支持分歧和替代意见。

- 意识到模型误差：正如前文所说，模型的结果只是说明了关于模型的情况，并非真实情况。
- 即使已经对项目付出了组织的努力、个人资本或投资（只关注未来的利益，而不是沉没成本）仍然要对项目的反对意见持开放态度。
- 确保根据最佳实践原则设计和实现模型，包括使用灵活性和敏感性技术（如前所述，并将在后文进行更详细的讨论）。
- 使用风险建模方法而不是仅基于敏感性分析或情景分析的静态方法。这尤其有助于克服前文提到的许多偏差。
- 不要把缺乏数据作为借口而无所作为！即使数据不完美，在（对于给定的一组假设）数值输出可能与问题有高度不确定性的情景下，建模过程通常也能够提供一个框架来产生对情景的洞察力。

第3章 建模的元主题：核心能力和最佳方案

3.1 介绍

本章从宏观层面讨论了构建最佳模型的理论基础及其所需的核心能力。后续章节将从更细节的层面探讨这些问题。

3.2 核心主题

通常来说，实务中建立的许多模型（尤其是一些大型模型）其质量都较为一般。这些模型存在的典型不足包括：

- 模型很难被理解、审核或验证。由于模型的微小改变会带来大量返工，因此这些模型过度依赖于原始建模者来使用、维护或修改。
- 对于给定的目标，模型的设计可能复杂或者缺乏关键功能。例如，在一些重要的情景中（如需要同时更改多个事项或延迟项目的开始日期），由于数据或时间轴的颗粒度可能和场景不符，进行敏感性分析或者情景分析可能会非常复杂。或者，在数据可获得时，使用新数据或在实际数据来替代预测数据的过程也可能较为复杂。此外，由于使用了 Excel 内置函数，这可能会限制建模者对模型的修改，或使得计算效率低下。
- 模型可能存在错误或使用一些隐藏的、可能带来不可预测结果的假设（例如，有些前提假设在某些特殊情况下会失效，而这种情形可能会被人们忽略）。这往往是因为模型过于复杂且缺乏开放性，或是因为模型使用了未被充分测试的糟糕结构和过于复杂的公式。

在构建建模最佳实践的核心能力及理论基础时，需要考虑以下七个方面：

- 充分理解目标以及分析在决策过程中的作用；
- 对具体应用场景有足够的了解；
- 对实现平台（如 Excel 和 VBA）有丰富的知识储备，从而不仅能以最有效的方式实现模型，还能培养思考其他可能的建模方法所需的创造力。
- 设计满足灵活性和敏感性要求的模型；

- 设计具有合适的数据结构、布局和流程的模型；
- 确保模型的开放性和用户友好性；
- 采用综合解决问题的技巧。

本章的余下部分概述了这 7 方面内容，并将在其他章节详细阐述了如何去解决这些方面的相关问题。

3.2.1 决策支持的角色、目标、输出和信息的传递

建模过程必须始终关注总体目标，包括其在决策支持中的作用，以及模型的更多使用场景、组织过程、管理文化等。在这一过程中，一些具体的问题需要在早期被解决，包括：

- 希望采取的主要商业决策是什么？
- 需要的结果是什么？
- 需要什么类型的敏感性分析、情景分析或风险分析？（这可能会影响变量、模型数据结构和总体设计等其他事项的选择。）
- 是否需要考虑优化问题？例如，明确区分可控项（即决策）和非可控项的影响，以及如何设计模型以便能够最有效地应用附加的优化算法。
- 需要包含哪些类型的变量？
- 变量和时间轴需要细化到什么程度（例如，按产品或产品组，按天、周、月、季度或年等）？
- 逻辑流程应该是什么样子的？包括：哪些变量是输入值？哪些变量是通过中间计算得到的？哪些是输出值？
- 有哪些可用数据？
- 模型需要多久被更新一次？
- 模型的结果是否需要与其他过程或模型的结果保持一致？
- 怎样才能使得模型在充分反映和解决问题的前提下尽量简单？

尽早解决这些问题将有助于确保模型恰当地反映关键业务问题、可能决策所产生的影响和决策制定者的沟通需求。

3.2.2 知识应用与深入理解

一般来说，建模者只有在充分熟悉、了解问题的情况下才能够使用合适的逻辑关系和假设来描述该问题。在某些情况下，模型需要非常高的精度，而在其他情况下，粗略的近似就已足够。

例如：
- 进行公司财务报表的预测通常只涉及 Excel 中最基本的算术运算知识（例如加、减、乘、除、使用 IF 或 MAX/MIN 函数）。然而，该模型的建立却需要对主要财务报表（利润表、资产负债表、现金流量表）的含义及其互相之间的关系有足够了解。没有这些基础知识将很难建立模型。
- 对于熟悉估值理论的人来说，在 Excel 中实现现金流折现模型非常简单。但是最初学习关于该理论的知识可能需要花费不少的精力。
- 对于金融衍生品，在 Excel 中使用香草期权的布莱克–斯科尔斯（Black-Scholes）闭型公式进行估值相对简单、直接。然而，为了能够恰当地理解和应用估值结果，或者为了能够将相似的方法应用在其他领域，则通常需要对衍生品估值的相关理论（即风险中性或无套利估值方法）有所了解。

在实务中，建模分析师可能需要在缺乏预先存在的指导方针、发布版本、模板或成型理论基础的情形下，为某一决策场景或项目构建定制化模型。此时，可能存在以下两种情形：

- 应用领域基本上是标准化的。在这种情况下，如果分析师熟悉该领域的常识性知识，模型的设计和实现过程通常就会很简单。
- 应用领域还未标准化或可能需要创新。在这种情况下，建模过程需要加入（或者应该加入）更多"问题解决"的思考，包括假设检验、实验和发现。从某种意义上说，处理这些问题是"高级"建模的核心。

因此，许多建模情景需要人们对建模背景有充分的知识储备和反映定制需求的能力。解决问题的技能对于有效适当地设计和集成模型的各部分至关重要（参见本章后续内容）。

3.2.3 建模平台的操作技巧

无论选择哪个平台（如 Excel），建模者都必须掌握与该平台相关的足够的技能，包括创造性地考虑各种选项并从中选出最优解的能力。通常，模型的实现方式要么不够灵活，要么虽然灵活但很复杂。在后一种情况下，复杂度没有被降低的原因可能有：

- 对 Excel 和 VBA 中可选项缺乏思考、了解不足。最常见的情况是选择了不恰当的函数（或者在可以使用 VBA 宏高效解决问题时却没有使用它）。
- 对布局设计、数据结构、格式和其他开放性话题的相关问题考虑不足或实现不足。
- 缺乏高层次的解决问题能力。
- 缺乏足够的规则或时间来实施更好的解决方案，即使这种情况可能已经提前确认。

3.2.4 明确对模型敏感性和灵活性的要求

清晰地定义敏感性需求可能是模型设计中最重要的部分。一旦这些需求被恰当地定义，建模过程中合适方法的选择也变得明朗。事实上，"灵活性要求"适用于建模的方方面面，包括：

- 标准敏感性分析，即改变输入值并观察其对计算和输出的影响。
- 使用"敏感性思维过程"来有效地实施第 1 章中所描述的"逆向思维过程"，同时确保这样的过程在适当的点终止。
- 模型应在尽量小的改动下就能涵盖新数据集和（或）删除旧数据集（或更新链接到外部源的数据）。例如，在每个月月底，模型可能会接收新数据并自动汇报之前三个月的总数（包括最近添加的数据）。如果在模型基本部分的设计过程中没有充分考虑这类需求，那么每个月将以低效的方式、花费大量的时间来修改数据。标准敏感性要求并不包括类似于接收新数据并自动汇报这样的功能，但这些功能确实属于"灵活性要求"的范畴。
- 预测模型不需要被过度设计（重建）也能在获得实际数据时被更新。因为更新实际数据的功能通常不能在事后再考虑，所以需要在初期设计模型过程中创建该功能。
- 能够包含（创建或运行）多个情景，能够区分决策变量（需要为其选择最优值）和不确定性或风险变量。
- 将背景假设（或限制）转换为输入假设来增加模型的有效适用范围。例如，模型本身设定了起始日期为 2018 年 1 月 1 日。此时，起始日期是一个限制（或背景假设），而不是输入假设。一旦修改起始日期，模型可能就不再适用（例如，即使日期修改后的价格不变，对应的销售量也可能改变）。事实上，如果我们将起始日期作为真正的输入假设，那么更改日期后模型仍可以正确计算，从而提高了模型的有效范围。

显然，具有更高灵活性的模型大体上也会更加复杂。高灵活性的模型尤其可能会更庞大，使用更高级的公式、函数、VBA 宏或用户自定义函数。在某种程度上，灵活性的增加所带来的潜在复杂性的增加是不可避免的。另一方面，即使存在许多方法能够在降低模型复杂性的同时保留其灵活性，但很多模型在构建时没有被有意识地降低复杂性。

我们认为建模的"最佳实践"的核心是创建位于（或接近）最佳实践前沿的模型，如图 3.1 所示。

在这个框架中，最佳实践的核心如下所示：

- 定义所需的灵活性。
- 构建一个模型，该模型在捕获这些灵活性的同时具有最小的复杂度。对于每个级别的灵活性要求，可以构建许多可能的模型，但是其中只有一些具有最低的复杂度。

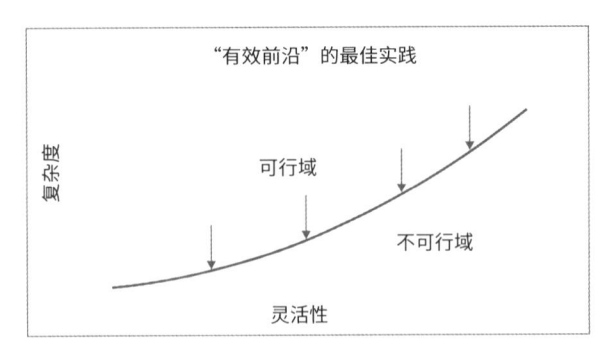

图3.1 "有效前沿"模型的最佳实践：在给定灵活性下最小化复杂度

请注意，所需的灵活性特征应受限于那些真正必要的模型，因为：
- 模型复杂度与灵活性成正比。
- 简化复杂模型的过程往往比为构建良好的模型而增加灵活性的过程更麻烦。

请注意，许多我们通常认为是构成最佳实践的要素实际上只是应用这一通用框架的直接结果，包括：总体透明度、更清晰的布局需求、在关键区域周围设置边界、使用格式和颜色编码、明智的函数选择，选择和适当使用VBA等。从某种意义看，这些都可以用以下指导原则来理解：

"一切都应该尽可能地简单，但不要太简单" ——爱因斯坦（Einstein）

3.2.5 设计合适的布局、数据结构和输入流程

Excel中模型实现的一个关键方面是选择适当的布局，包括输入数据（或数据集）的结构。适当的布局不仅有助于增加透明度（创建一个逻辑清晰的流程），而且在需要定期引入新数据集以及那些数据量远超过公式的数量的情况下显得至关重要。

在某种程度上，设计良好的布局的作用是用来补偿Excel本身缺乏视觉影响图的缺陷。换句话说，Excel环境本身不是逻辑结构（输入和计算之间的关系）非常清晰的环境，因为逻辑隐含在公式中。（例如，图1.2的Excel表示一些单元格中包含一些数字，一些带有标签的计算公式在其他单元格内。）一般来说，用来提高透明度的技术，例如输入和计算区域周围的边界的使用，是影响图的部分的代替，因为它们使用视觉技术来快速提高透明度和被理解性。

总体设计（在布局和数据结构方面）也对模型的灵活使用程度产生重大影响。例如：
- 单个工作表中构建的模型可以通过复制整个工作表来被轻松复制，而多个工作表中构建的模型如果不将整个工作簿复制为新文件的话，则不能被有效复制。一个工作表中的模板模型可用于创建多表工作簿，其中每个工作表包含一个模型（例如，代表一个业务单元），其数据会被合并在同一工作簿中。这种"模块化结构"是非常有益的，后文会对此进行讨论。

- 如果需要定期引入新的数据集（如最近一个月报告的数据），那么能够轻松地完成这些工作的模型结构就显得非常重要。同样，这可能涉及为每个月的数据使用单独的工作表，或者使用单个整合的数据库（或两者的混合）。
- 某个应用程序的实现一般由数据与只具有有限次计算步骤的数据库查询语句构成。在这种情况下，Excel"模型"成为数据库的主要应用程序。这里的重点在于明确区分"数据主导"情形和"公式主导"情形（"传统"模型），这部分内容将会在第 5 章进行讨论。

3.2.6 确保开放性，创建用户友好的模型

之所以创建开放的（易于理解的）模型，常出于以下三个原因：

- 一个开放、清晰的模型反映了开放、清晰的思维过程。如果模型不清晰，那么其底层逻辑也很有可能不清楚，或者模型本身在某方面不完整或存在错误。
- 开放的模型发生计算误差的可能性更小。
- 模型的用户或新团队成员能更有效地使用它，无需花费过多时间来理解模型。开放的模型能够被团队成员共享，从而能够让团队内各成员灵活改变其工作角色，方便团队灵活部署人员。

一个"正确"的模型并不是一定要求其确保开放性，但是保持开放、清晰却能够使其更高效地被使用，让使用者相信整个建模过程的稳健性，减少产生错误或无效假设的机会。

注意，一些模型通过复杂的用户界面来引导（和限制）用户提供数据。虽然这样可以使得模型"易于使用"，并且有利于确保用户输入完整的数据，但同时也造成模型趋于黑箱，可能导致（模型的逻辑）缺乏开放性。因此，在考虑通过用户界面引导和限制数据输入时，需要仔细思考其适用的情景。

3.2.7 解决问题的综合能力

当构建一个标准的应用程序时，几乎并不需要解决问题的能力。例如，对于基础理论，可以简单地参考公司财务或会计的标准文档，并且，所涉及的 Excel 功能及其操作通常也十分简单。另一方面，在处理一次性或特定的情况时，由于无法依赖标准或历史文档，因此需要我们有解决问题的能力。从某种意义上说，这种技能是"高级"建模的重要组成部分。

事实上，在实践中，许多看上去标准化的情形也可能（或应该）有潜在问题需要解决。除去最简单的情形，还可能会出现额外的状况，这时候就应该通过设计模型来解决。模型应该需要具备以下功能：

- 能够轻松运行多种情景。

- 随着时间的推移，在不需要大量返工的前提下，将模型中的预测值更新为实际值。
- 能够引入新的基础数据集，并组成合并数据，成为一些输入假设的主要值。
- 通过运行优化例程或模拟技术，使得模型的输出结果的分布随着输入值概率范围的变化而变化。

建模的方方面面都需要具备解决问题的能力。对于金融建模，我们需要找到合适的方法来设计和实现模型，识别和解决所有的灵活性要求，尽可能简化模型，确保模型的开发性和有效计算。这些的实现取决于我们可获得的知识（如 Excel、VBA 和最佳实践原则）、自身的潜在能力、特定的思维模式、内在的纪律、质疑与探索不同方法的意愿等各类因素。从某种意义上说，我们这本书构成了有助于简化模型和促进问题解决的基本模块，同时我们也承认对于解决问题中的一些关键点仍然是晦涩难懂的，并且难以用系统或高度结构化的方式进行教学或沟通。

第二部分

模型的设计与规划

Model Design and Planning

第4章 定义敏感性和灵活性要求

4.1 介绍

本章将讨论规划和设计模型时所需考虑的最重要问题,即确保(在规划和设计模型的早期)明确定义敏感性分析的特性。敏感性分析不仅被用于支持决策,并且是模型设计中的基本驱动因素。作者在其早期著作 *Financial Modelling in Practice* 中就曾提及该方法,称其为"敏感性分析思维(Sensitivity-analysis thinking, SAT)",并强调敏感性分析在模型设计上的本质(这与后续建模过程中所涉及的定量敏感性分析有所不同)。

事实上,SAT 通俗来讲是强调模型的"灵活性要求",狭义的 SAT 则指标准敏感性分析功能。例如,当后续实际数据产生后,预测模型需要实现相应更新。或者,当新的数据或数据集被引入后,模型需要在不改变其结构的前提下进行一定的修正。

在后文中,我们仍将使用"SAT"一词来指代这种"灵活性和敏感性思维"的广义概念。本章主要讨论广义的 SAT,第 5 章和第 6 章则会讨论与模型灵活性相关的设计问题,特别是那些与数据集以及工作簿和工作表结构设计相关的问题。

4.2 核心问题

一些与敏感性相关的技术在整个建模过程中都很重要。

在模型的设计阶段,我们聚焦于模型的概念,也就是定性分析,用于确定敏感性和灵活性的精确定义。随着模型框架逐渐清晰,后续可以使用敏感性分析来测试模型是否存在逻辑错误,以确保更复杂的公式也能正确地执行,且变量之间的关系不会发生错误。一旦模型构建完成,可以使用传统意义上的敏感性分析,对需要预测的变量及其可能的变化范围进行更深入的分析。

4.2.1 关注目标的重要性及其可能的影响

在第 1 章中,我们强调了关注建模过程总体目标的重要性,即建模的目的是以某种方式支持决策。同时,我们提出了一些可能需要考虑的核心问题,包括与业务决策本质和提供适当支持决策所需的信息等相关问题。

事实上,我们在建模之初关注其敏感性和灵活性的要求(通过使用 SAT 方法),可能会为定义目标提供更加精准和清晰的过程结构和关注焦点。实际上，一旦敏感性和灵活性要求被合理定义，一般情况下，建模过程中的许多其他方面也会变得更清晰（如所需公式的性质以及模型的总体布局和结构）。

因此，在时间非常有限的情况下（例如，在与 CEO 一起乘坐电梯的 30 秒内），仅关注敏感性和灵活性要求就几乎足以明确构建一个有效模型的各方面。

4.2.2 逆向思维和正向计算过程中的敏感性概念

SAT 的使用是确保正确实现第 1 章（图 1.2）中所描述的逆向和正向过程的关键。请注意，逆向思考过程本身并不足以完全确定最优模型：

通常我们有很多种方法将一个项目分解成不同子成分。例如，一个销售数字可以有以下几种分解方式：

$$销售额 = 销量 \times 价格$$
$$销售额 = 市场规模 \times 市场份额$$
$$销售额 = 每位顾客销售额的加总$$
$$销售额 = 每个产品组销售额的加总$$
$$\cdots\cdots$$

目前我们还不清楚应该细分到什么程度（即在逆向思维过程的哪一步停止）。例如，在上述例子的最后一种情况下，每个产品组的销售额可以继续分解：

$$每个产品组的销售额 = 个别产品销售额的加总$$
$$每个产品组的销售额 = 产品子组销售额的加总$$
$$\cdots\cdots$$

使用 SAT 将会帮助我们明确适当的分析方法，包括如何选择输入变量和中间计算的变量以及我们应该在哪个层次的细节上展开工作（因为我们只能基于模型的输入变量进行敏感性分析）。此外，因为敏感性分析只有在正确实现依赖关系时才真正有效。SAT 的使用还有助于确保正向计算能正确地反映项目之间的依赖关系（一般的依赖关系，或者在特定情况下共同的影响因素）。简而言之，使用 SAT 过程可以使模型设计的许多方面变得更清晰。然而令人惊讶的是，这种基本方法经常被忽略或考虑不足，最终导致模型在处理关键问题时失效，使用起来效率低下或烦琐。

文件 Ch4.1.BFDesign.xlsx 中包含此类过程的一个示例，如图 4.1 至图 4.5 所示。该示例的目的是计算与装修房屋相关的人工成本。首先，我们采用逆向思维过程来思考将总成本分解为不同子成本的各种可能方法。就像上文分解销售额一样，人工成本也可能存在多种分解方式。图 4.1 展示了第一种方案，即假设将装修这个大项目分解成不同的子项目（每个子项目的成本可能取自供应商的报价）。

	A	B	C
1			
2		Description	Base Cost
3		Remove old kitchen	1500
4		Redo electrics	2000
5		Install kitchen	2500
6		New plumbing	1500
7		Paint and decorate	3000
8		Final finishings	5000
9		Install security system	1000
10		Plaster	5000
11		New floor	1800
12		Legal and architectural fees	3000
13		Total	26300

图4.1 人工成本分解的最初方案

从图 4.1 人工成本分解的最初方案进一步思考敏感性的本质（如本例中所有成本都与人工有关），我们可以得出以下结论：仅仅改变单个项目的成本是没有意义的，如果人工成本改变，那么（在现实生活中）其他项目的相关人工成本也会随之改变。我们需要在模型的构建逻辑中体现这一敏感性关系，模型分析才有意义。

图 4.2 展示了一个修正后的模型示例。该例中，我们扩展了逆向路径，包含了单位人工成本（/小时）的数据输入，而正向计算路径则基于新的基准数字进行计算（让每个子项目的总成本与原始值相同）。

	A	B	C	D	E
1					
2				Base	
3		Unit labour cost		10	
4					
5		Description	Base Cost/unit	Cost	
6		Remove old kitchen	150	1500	=C6*$D$3
7		Redo electrics	200	2000	=C7*$D$3
8		Install kitchen	250	2500	=C8*$D$3
9		New plumbing	150	1500	=C9*$D$3
10		Paint and decorate	300	3000	=C10*$D$3
11		Final finishings	500	5000	=C11*$D$3
12		Install security system	100	1000	=C12*$D$3
13		Plaster	500	5000	=C13*$D$3
14		New floor	180	1800	=C14*$D$3
15		Legal and architectural fees	300	3000	=C15*$D$3
16		Total		26300	

图4.2 基于绝对值变化的一个可能敏感性驱动因子的改进方案

此外，我们希望能够使用一个百分比区间来表示一组不同的可能（作为对不同的绝对值的替代和补充）。图 4.3 展示了这种情况下的一个示例。

第 4 章 定义敏感性和灵活性要求

	A	B	C	D	E	F
1						
2				Base	Variation	
3		Unit labour cost		10	10%	
4						
5		Description	Base Cost/unit	Cost	Variation	Final Result
6		Remove old kitchen	150	1500	10%	1650
7		Redo electrics	200	2000	10%	2200
8		Install kitchen	250	2500	10%	2750
9		New plumbing	150	1500	10%	1650
10		Paint and decorate	300	3000	10%	3300
11		Final finishings	500	5000	10%	5500
12		Install security system	100	1000	10%	1100
13		Plaster	500	5000	10%	5500
14		New floor	180	1800	10%	1980
15		Legal and architectural fees	300	3000	10%	3300
16		Total		26300		28930

图4.3 基于绝对值和百分比变化的一个可能敏感性驱动因子的改进方案

更普遍的情况是，可能同时存在几个潜在因素（即不同种类的劳动力），一些子项目由其中一种劳动力驱动，而另一些子项目则由另一种劳动力驱动，如图 4.4 所示。

	A	B	C	D	E	F	G
1							
2		Unit labour cost categories			Base	Variation	
3		A			10	5%	
4		B			8	10%	
5		C			12	20%	
6							
7		Description	Category	Base Cost/unit	Cost	Variation	Final Result
8		Remove old kitchen	A	150	1500	5%	1575
9		Redo electrics	A	200	2000	5%	2100
10		Install kitchen	A	250	2500	5%	2625
11		New plumbing	B	188	1500	10%	1650
12		Paint and decorate	B	375	3000	10%	3300
13		Final finishings	B	625	5000	10%	5500
14		Install security system	B	125	1000	10%	1100
15		Plaster	C	417	5000	20%	6000
16		New floor	C	150	1800	20%	2160
17		Legal and architectural fees	C	250	3000	20%	3600
18		Total			26300		29610

图4.4 敏感性驱动类别方法

一般而言，当项目最终全部被归类时，最好建立一个可以按任何顺序输入、不受类别结构约束的模型。如图 4.5 所示，我们可以通过使用 INDEX、MATCH 和 SUMIFS 等函数（参考文件 Ch4.1.BFDesign.xlsx 中的公式）来轻松构建这类模型。

	A	B	C	D	E	F	G
1							
2		Unit labour cost categories			Base	Variation	Final Result
3		A			10	5%	6300
4		B			8	10%	11550
5		C			12	20%	11760
6		Total					29610
7							
8		Description	Category	Base Cost/unit	Cost	Variation	Final Result
9		Remove old kitchen	A	150	1500	5.0%	1575
10		Redo electrics	A	200	2000	5.0%	2100
11		New plumbing	B	188	1500	10.0%	1650
12		Plaster	C	417	5000	20.0%	6000
13		Paint and decorate	B	375	3000	10.0%	3300
14		New floor	C	150	1800	20.0%	2160
15		Install kitchen	A	250	2500	5.0%	2625
16		Final finishings	B	625	5000	10.0%	5500
17		Install security system	B	125	1000	10.0%	1100
18		Legal and architectural fees	C	250	3000	20.0%	3600
19		Total			26300		29610

图4.5 灵活输入的敏感性驱动类别的方案

当然，SAT 基本适用于所有模型的设计，而上文只是向大家例示了 SAT 原则的应用。

包含时间轴的模型（比如对销量、价格、收入或成本等的预测）属于另一种重要情形。它的一个重要的问题是：对于预测所使用的假设（如收入的增长率），是应该每个时间段单独建立相应假设，还是不同时段统一假设。如果对每个时段单独建立假设，不仅过程会较为麻烦，且较难进行敏感性分析。而如果对所有未来时段建立统一假设，可能又太过粗略且不现实，导致输出结果对输入非常敏感。一个折中的方法（通常也是最合适的方案）是分阶段进行假设：整个模型存在多个增长率，而每一个增长率对应多个时间段。这也可以被看作是一种"减少参数"的方式：在减少输入参数到更易于管理水平的同时，又保证其能一定程度上精确、合理地反映真实情况。

文件 Ch4.2.TimeDesign.xlsx 提供了包含时间轴的模型示例，具体如图 4.6 所示。其中，2018 年至 2020 年、2021 年至 2022 年、2023 年至 2027 年分别对应三个不同收入增长的假设。

	A	B	C	D	E	F	G	H	I	J	K	L	M	N
1														
2			2016	2017	2018	2019	2020	2021	2022	2023	2024	2025	2026	2027
3		Actual or Forecast? (A or F)	A	A	F	F	F	F	F	F	F	F	F	F
4		Revenues	400	408	431	452	488	537	577	606	636	668	702	737
5		% Growth		2.0%	2.0%	2.0%	2.0%	3.0%	3.0%	4.0%	4.0%	4.0%	4.0%	4.0%
6														

图4.6 "减少参数"方式以简化敏感性分析

4.2.3 时间颗粒度

如果模型包含时间元素（如每一列代表一个时间段），那么考虑时间轴的颗粒度是很重要的（例如，思考每列是代表一天、一个月、一个季度还是一年等）。在确定模型时间轴的颗粒度时，最好确保其至少与公式开发和结果分析所需的最大时间颗粒度保持一致。例如，我们想要一个能够满足延迟一个月现金流情境的模型，那么我们应该考虑至少按月颗粒度设计该模型。类似地，如果根据商定的合约，银行或项目贷款的再融资条件需要每季度被核实，那么用来预测是否满足再融资条件的模型一般应至少需要按季度颗粒度来设计。

增加颗粒度的潜在好处包括：

- 时间颗粒度非常细的模型可以通过求和来获取更长时间段的相关数据。
- 因为增长率或其他因素在不同时间段内的影响可能并不相同，因此我们很难对整体数据（如年度数据）进行有效细分（如月度数字）。

增加颗粒度的缺点包括：

- 时间颗粒度非常细的模型将变得庞大且难以维护，同时粒度的增加也并不一定意味着模型更加精确。
- 我们很难找到对应颗粒度的输入值来校准模型。
- 当我们需要对项目不同细分时间段进行预测时，对应时间段和颗粒度之间可能不匹配，造成评估困难。例如，对于一个主要生产少量高价值定制工程产品的制造企业而言，从客户下订单到订单完成的交付周期较长。如果基于每周颗粒度，该模型很难进行完整的预测。这是因为，（从财务预测的角度来看），将订单分配到周可能是一个困难且低附加值的过程，但是分配到季度可能要容易且更明智得多。

4.2.4 输入变量在不同层次上的细节

就像时间颗粒度存在最优细节层次一样，输入变量也存在最优细节层次。适当的细节层次将直接关系到敏感性分析、数据要求和数据源。

基于图 4.4 的示例，因为敏感性分析原则上是基于类别进行的（即使用图 4.4 区域 F3:F5 中的百分比变化数据），所以可以考虑仅使用类别总和来构建模型（如图 4.7 所示，它包含在图 4.4 的示例文件 Ch4.1.BFDesign.xlsx 中）。

	A	B	C	D	E
1					
2			Cost	Variation	Final Result
3		A	6000	5%	6300
4		B	10500	10%	11550
5		C	9800	20%	11760
6		Total	26300		29610
7					

图4.7 使用类别总和作为直接输入的模型

但请注意，由于颗粒度更细的信息（如调整拆卸旧厨房或重做电工的成本）只在确定基本类别总数时被隐含地使用（见图 4.7 的 C 列），故而这种合计模型无法基于颗粒度更细的信息进行简单的校准。

因此，一个模型的适当颗粒度级别应该明确地与模型所使用信息的颗粒度级别所对应（见图 4.4）：这样不仅反映了模型所需的敏感度，还反映了可用数据的性质。换言之，数据可以以更细的颗粒度级别输入，但是敏感度分析被要求在类别这个颗粒度上进行（即使理论上可以对单个项目进行敏感性分析，这也可能在逻辑上与现实情况不符）。

一个详细的模型不一定比一个粗略的模型拥有更好的预测能力：

- 当变量较多时，变量之间可能存在的依赖关系变多（呈指数级别增长）。同时，实现这种依赖关系所需的公式将变得更为复杂，也或许更容易被直接忽略。这些都会导致针对结果的敏感性分析和预测的变化范围不正确（太宽或太窄）。
- 仅仅因为无法获得相应细节层次上的数据（判断或估计的能力），所以很难校准输入值。

因此，虽然很难对合适的颗粒度级别给出明确的定义，但在确定颗粒度级别时，我们需要综合考虑敏感性分析和数据的性质与可获得性。

4.2.5 从数值或变化的角度提高基础模型的敏感性

在模型设计阶段应该明确地讨论敏感性分析是在绝对基准上还是在区间（变化）基准上执行。若敏感性分析是基于绝对基准，那么只要采用事先定义的数据集作为输入值，我们就可以得到确定的模型输出值。若敏感性分析是基于区间（变化）基准，其输出结果是根据一组基于基准情况变化的输入值而得到的（变化本身可以是绝对百分比变化）。

在区间（变化）基准上进行敏感性分析的优点是基准情况在敏感性分析表中的位置是固定的（即使其底层价值已经更新），因此可以编排敏感性分析表的版式以突出显示基准情况。例如，图 4.8 展示了前文人工成本模型案例中的两个敏感性分析表。在区间（百分比变化）基准上进行敏感性分析时，即使更新了其他假设（如基本单位人工成本），该模型的基准情况也是固定的（即基于 0% 的百分比变化）。

	9	10	11	12	15
26300	23670	26300	28930	31560	39450

	-15%	-10%	0%	10%	20%
26300	22355	23670	**26300**	28930	31560

图 4.8 绝对和百分比敏感度

当使用变化方法（无论是绝对值还是百分比）时，变化量是额外的模型输入，在计算中必须与原始的绝对输入值一起使用。因此，在模型设计阶段，我们需要考虑使用哪种方法进行敏感性分析更有用,否则可能需要大量的返工来对模型的公式进行适当调整。

一般而言,由于可以对应不同决策者的想法,百分比变化方法更受欢迎。但是,其存在一个主要缺点:在以百分比作为基准值时,可能出现错误和(或)混淆。例如,不清楚所应用的百分比变化是相对变化还是绝对变化(例如,对于 10% 的基数和 5% 的变化,我们可以将 5% 理解为相对变化,即表示 9.5%~10.5% 的范围;同时,我们也可以理解为绝对变化,即表示 5%~15% 的范围)。或者,当基准情况值本身是零时,百分比变化结果与基准情况值都为零。

4.2.6 情景分析与敏感性分析

在模型设计阶段,我们还需要考虑是否使用情景分析[1]来进行敏感性分析[2]。当人们想要同时改变三个或三个以上的输入变量时,通常使用情景分析。此外,情景分析还常被用来反映两个或多个输入变量之间可能存在的依赖关系。当变量之间的关系不易理解且无法用简单的公式来表示时,情景分析就非常有用。例如,当同一个产品不同价格下的销量不同时,很难描述该产品的销量。但是,我们可以基于每个销量 – 价格组合构建相应的可能场景,继而进行不同价格水平下的市场调查。

在进行情景分析时,我们需要使用数据表来定义情景,而这些定义将影响模型的设计、布局和构造。如果在建模过程的早期没有考虑是否需要不同情景(以及场景的性质,如场景的数量是已知的还是可变的),那么在建模过程的后期可能需要大量的返工,否则模型的构造将是不恰当的。例如,在第 25 章和第 33 章中,我们展示了一些使用单独工作表来包含(情景)数据的方法。这些数据随后被代入模型(或者从模型中删除),且模型只需要做小幅度调整。该方法在第 6 章有关模型灵活性和工作簿结构的内容中也会有所涉及。

4.2.7 不确定变量与决策变量

人们常常会忽略输入变量的变化是否对应(在现实生活中)可控或不可控的事件。例如,推出新产品的价格是可控或可选择的,而石油的价格一般不可控。因此,存在两种通用类型的输入变量,包括:

- 可控的(即有选择的)变量,与此相关的问题是如何以最佳方式选择它们。
- 那些不可控制的变量,即不确定的或有风险的。

仔细思考每个输入变量所属的类别是非常重要的:

- 明确考虑变量角色之间的区别将有助于更进一步了解情景和可能影响决策的方法或

---

[1] 情景分析:通过预先定义好的参数组合(每个组合表示实际情况中可能共同出现的参数),评估多个输入变量(通常超过两个)同时变化时对模型输出值的影响。——译校注

[2] 敏感性分析:面对模型可能存在的风险,在各种不确定因素涉及的变量在给定的变化范围内的基础上,计算主要目标变量的变化情况,以及估计敏感性的一种方法。敏感性分析是在给定计算方法的基础上,分析不确定性因素对项目最终指标的影响程度。——译校注

手段。
- 分类常常会影响构建模型的最佳方式，应尽可能将相似类型（最优化可控变量或者不确定变量）分组在一起，或者用不同的版式区分。通常而言，这样做不仅有助于提升模型透明度，还有利于附加工具的便捷使用：
  - 在实践中，我们经常使用模拟来评估多种可能发生的不可控场景或输入组合，以此捕捉若干不确定源。一般情况下，输入值可能需要用概率分布来代替，并且分布的参数（如平均值和标准偏差，或者最小、最有可能和最大值）需要满足模型的显著性水平。若使用 VBA 来生成随机样本并进行模拟，我们最好将所有输入项组合到一个连续的区域。
  - 如果将需要优化的输入项（以及与任何要遵守的约束条件有关的数据）组合到一个范围区间内，我们更容易执行"寻找一组最优输入值（如 Solver）"的算法。
- 可能或极有可能需要调整模型中的逻辑。例如，如果想要找到最大化销售收入的产品价格，则需要在模型的逻辑中实现随着价格增加销量减少的机制（如果正确执行的话，通常会产生收入对应价格的倒 U 形曲线函数）。实现这一机制可能是个重大挑战，并且可能需要建模者对市场的底层行为有更深入的了解（如需求曲线模型）。若仅由约束条件即可确定最优值，这类问题会简单很多。

4.2.8 用公式提高模型的有效性

模型通常只有满足一定的隐含背景假设时（这些假设要素通常根本没有文档记录，或者文档记录得不够，因此其他用户不知道）才有效。可能的背景假设要素包括：
- 一个建设项目的地理位置。
- 生产开始的时间相对于项目施工阶段的时间。
- 一笔现金流相对于另一笔现金流的时间（例如，相对于应纳税所得额的纳税额）。
- 成本结构的组成部分。
- 企业盈利能力的范围。许多模型使用公式来计算税费，该公式仅在应税利润为正时有效，而在负时无效。
- 在现金结余上赚取的利息。在一些模型中，200% 或更高的期间利率将导致计算差异并带来错误（见第 10 章）。
- 该模型仅适用于与地球有关的决策（例如，尽管没有文档记录，但该模型不能正确反映火星之行的财务规划，因为火星年历约为 687 个地球日）。

事实上，即使在努力记录说明模型，我们一般也很难区分模型内的条件（"模型假设"）和关于模型的条件（"背景假设"）：
- 模型假设通常是数值（有时文本字段也充当输入），如果改变这些数值（如进行敏感性分析），则模型的计算结果也应该被正确地更新（即反映现实生活情况的真实性）。
- 背景假设是指那些限制模型有效性的假设，因此在现有模型中不能有效地更改。

创建模型的灵活性通常需要通过修改模型来实现。例如，将固定的或隐含的背景假设用真正的数值假设取代。在这种情况下，原始模型的固定背景通常只是新模型中的一种特殊情况或情景。例如：

- 如果我们需要评估一个建设项目的效益，对于这个特定的项目我们不仅会有一些特定的详细假设，而且也会考虑该项目的几个地点选择。其中，每个地点都会有特征：有的地点需要新建道路这一基础建设，而另一些则不需要。因此，与其为每个地点建立单独的模型，更一般的方法是构建公共模型结构，对每个位置包含一些子项（如每个地点的道路基础设施）。其中设定相应子项的数值为零（当没有发生基础设施建设时），有需要时进行情景分析。
- 本书后续的一些章节将会讨论如何更改项目发生的相对或绝对时间的（如推算项目的阶段或现金流的开始日期和一般时间）。需要注意的是，时间的延迟很可能以不同的方式对项目造成影响。例如，尽管生产和销售的数量可以完全按时间推移，但是单位商品的价格水平由外部市场锁定，故而可能根本不会变化。类似地，虽然可变成本可能随时间变化，但某些固定花销成本甚至可能在启动前期就已经存在。因此，这类模型会变得更加复杂。
- 工资总成本的模型可以通过明确统计目前处于工资单上的所有员工（他们的工资和其他相关福利）来进行构建。另一方面，更一般的模型可以包括更长的雇员列表（包括前雇员和潜在的未来雇员，标注以区分他们的身份：合同工或全职/兼职员工等），并使用标识符标识（例如，将当前雇员设为1，其他雇员设为0）。此外，还可以通过数据库类型查询来创建只反映相关人员的计算。构建一般性模型尽管增加了模型的复杂性，但对于日常工作来说，通常更为灵活（同理，我们会用到后续章节所讨论的技术）。
- 如果需要建立一个应纳税所得额为负时所适用的模型，则需要对原始公式进行修改，继而捕获税负结转对报告和现金流的影响。

事实上，一个公式缺乏灵活性的模型往往是由于对于对模型的一些方面考虑不充分、缺乏相关知识或能力所造成的。这些方面包括：

- 如何通过合适的数值假设代替结构（背景）限制。
- 决策者希望看到的敏感性设定。
- 多个项目的变化如何相互影响。
- 如何使用 Excel 或 VBA 实现公式或创建模型的灵活性。

因此，本书中的讨论旨在确保以适当的灵活性、有效性和复杂性来构建模型。

第5章 数据库与公式化方法

5.1 介绍

本章概述了关于构建模型输入数据的合理结构所需要考虑的两个主要问题：一是在建立模型时需要考虑数据更改的特性；二是探讨了模型主要是由公式主导还是数据主导。

5.2 核心问题

本章将讨论在设计模型的总体架构时通常应考虑的关键问题，并且会列举一个实例来演示部分原则。除此之外，我们将在第6章中继续探讨特定工作簿和工作表结构的可能性。

5.2.1 将模型切分成数据层、分析层与展示层

建模中一个重要的原则是将数据（输入）与数据的使用（计算）分开，这也被称为分离"数据层"和"分析层"（并且适用于其他一般的技术应用）。原则上，这样的分离允许各层的内容能够被独立地修改或更新。这对于许多现实生活中的应用尤其重要：例如，如果没有分层，我们需要删除所有现有联系人以此来实现对包含客户联系人数据库的软件版本的更新，那样的操作相当麻烦。此外，我们也可以扩展模型使其包含额外的演示（或展示）层，如常被用来作为模型输出的图表。

我们将分层的概念应用到 Excel 建模中，看起来就会非常清晰。但是需要注意以下一些潜在的问题：

- （数据）输入和计算之间应该区分开来，并单独显示。每个单元格都应该只包含纯数字、纯公式或文本字段。例如，不推如荐"= 10*C6"的"混合"公式，因为这样做有以下几个缺点：
  - 缺乏透明度。输入假设（10）不会直接显示在工作表的正常视图中。
  - 如果需要对数值（10）进行敏感性分析将非常困难（并且不能自动化）。通常，当数字嵌入计算公式而不是分离时，其值很难被调整。
  - 如果在一系列单元格（比如一个时间序列）中使用混合公式，导致数值（10）被多次重复使用，则该值在真实世界应用中很可能具有时间趋势（如增长曲线），

而这点往往会被忽略。
- 输入需要被清晰识别和有效组织，使其容易被更新。在作者看来，这并不意味着所有输入都需要组合在一起（如集中在模型的开始部分或单独的工作表中）。相反，当使用模块化结构时，与特定模块（即工作表的区域）相关的输入可以就近组织，而与全局相关的输入则分开放置（见第 6 章）。
- 在实践中，展示层可能包含图表、敏感性分析表或情景分析表，或者其他与输出相关的项目（或者直接链接到输入的项目，如数据透视表）。可以认为，与其直接链接到计算，更好的方法是创建一个单独的输出区域，该区域包含对输出计算的直接单元格引用，并将其他图表或演示工具链接到这一额外的输出区域。通过这种方式使得展示层与模型正式分离。但是，在实践中这样做可能有些烦琐。首先，这使得模型的规模增加（虽然对于大型模型而言，由于中间计算量相对于输出更大，额外的输出区域只是一个较小的附加）。其次，由于数据表（见第 12 章）需要与可能发生变化的输入处于同一工作表中，因此，数据和展示层可能需要在同一工作表中。第三，一些结构（比如数据透视表，或者对数据集使用 SUMIFS 函数查询后所获得的表）可以被认为同时隶属于分析层和展示层。此时，严格的分离不仅没有实际意义，还会产生较大的冗余。
- 尽管严格来说展示层也可以包含一些公式直接和计算输出相链接（如上所述），但是分析层本质上是模型中的公式部分。

值得注意的是，虽然原则上应尽量避免使用混合公式（如"= 10*C6"）。但在某些情况下，它们也是可以使用的，包括：

- 增长公式，例如 "D6 = C6*(1+D5)"，其中 D5 是一个百分比增长率。这一标准的公式也可以改写成：D6=C6+C6*D5，但这一形式一方面可能不为大家所熟知（相比于众多教材中的公式），另一方面，它重复引用单元格 C6，原则上也应尽量避免。
- 当我们需要使用文本函数给输入值添加注释时，可以创建公式如 "D6 = 9.8 *ISTEXT("Update Value from Nov 2017")"。
- 若模型中包含转换因子（如年至月）或其他参数（不会被改变的常数），与其将它们作为单独的单元格输入，不如在公式中直接包含这些常数来得更清楚（即在每个单元格中除以 12，而不是将所有公式链接到一个包含 12 的值的中心单元格）。

5.2.2 数据集和结构变化的本质

在模型设计和实现过程中，我们需要重点考虑以下两点：

- 在建立模型后，数据被改变或更新的频率。
- 任何可能会发生的改变的性质。

当然，如果事先知道数据永远不会以任何方式做任何改变，那么模型的设计将围绕如何在确保模型相对透明（例如，通过使用颜色编码或其他清晰标识符来区分和强调输入与计算项目）的前提下，围绕以最有效的方式（通常是最快和最简单的方式）构建这一问题展开。

另一方面，绝大多数模型在建立之后（或在建立过程中）可能面临多次数据更改的情形。其中最简单的一种情形就是我们会预估一些输入值，并进行传统的敏感性分析。除此之外，其他可能的数据变化情形包括：

- 为某些输入值创建其他情景。
- 在实际数据可得时（如月、年等），更新预测模型。
- 延长预测模型的时间周期。
- 将新购买的业务部门或资产的相关数据添入模型，并在模型中整合汇总所有部门或资产的信息。
- 更新链接到其他工作簿或外部数据源的数据（如包含商品市场价格、汇率或其他金融工具的网站）。

请注意，虽然许多模型是建立在某个（通常是隐含的）假设基础上，即假设数据范围的数量和规模是固定的，但是实际情况并非如此（这会导致模型的使用效率低下且烦琐）。例如，假设我们已知预测模型在预测期间会根据实际数据进行更新，那么数据集按其性质就会分为两类（一类是关于未来预测的假设，一类是直到预测期内的某个时点才能获取的实际数据）。然而，如果在建模时只考虑到假设，那么当实际数据可用时，我们就没办法通过任何简单的机制来更新数据。

一旦认识到数据可能会被更改，那么在模型的设计阶段就应当确保存在有效机制来添加、删除、更新或修改数据。为了规划合理机制，我们必须进一步明确区分数据范围（即模型的输入）的性质，具体存在以下两种情形：

- 数据范围的数量和规模是固定的。对于这种情况，原则上，在设计阶段，我们就会知道数据范围的数量和大小。许多传统模型属于这一类情形，其数据仅在修改基准情况假设或进行传统敏感性分析时才会发生改变。为了能轻松更新模型，其基本要求如下：
    - 输入被包含在独立的单元格区域中（并且不将其嵌入任何公式）。
    - 输入可以很容易地被找到和识别。
    - 模型包含错误检查或其他校验工具以处理无效值作为输入的情况。
- 数据范围的数量和规模是不固定的。这种情况会出现在情景分析的最大数量未知时，或者新业务部门或其他资产可能被购买或出售的数量未知时。此时，我们需要更复杂的设计来访问数据。例如：

- 若我们需要访问一个未知规模的数据范围，则可以通过数据库（包括使用 Excel 表的方法）来灵活选择数据规模。（另一种方法是通过名称管理器"引用"对话框中的 OFFSET 函数来定义一个规模可动态变化的数据集范围。）
- 如果我们不需要对模型进行重大调整，并且想要相对轻松地添加或删除新的数据集时，可以通过使用一些多表数据合并和（或）选择的方法来实现。这些方法将会在第 6 章、第 25 章和第 33 章中介绍。

5.2.3 关注数据还是公式

在模型设计阶段，考虑整体建模主要是由公式驱动还是数据驱动是非常重要的，具体原因如下：

- 传统（经典）的 Excel 模型，如用于公司财务或现金流估值的模型，通常会基于一小组数值假设来执行大型表格的计算。当单个值被设置成跨期假设时（如对所有未来时间段的收入进行单一增长率假设），即使输入保持不变，我们也可以通过充分地扩展时间轴来生成任意大型表格的计算。这种建模方式被称为"公式驱动（或主导）"型建模。该类建模强调（相对较少的）输入，并确保清晰的逻辑流程。只要我们适当检查模型的输入，如确保其明确可识别且位于独立单元格中，那么输入数据的构建结构并不重要。
- 在许多其他情况下，模型可能面临大量的数据。例如，一个模型可以通过每日收入汇总减去每日成本汇总来计算年利润。此时，"数据主导"型建模方式更为合适，即应用数据库的概念、功能或面向数据的体系架构和模块化结构。该方式具体包括将数据集结构化成（几个）连续的范围、通过使用基于列（字段）的方法定义模型的变量（通过结构良好的字段标识符、规范的命名约定等）、令多数据集中的单个数据集位于独立的工作表上、运用诸如 SUMIFS 函数或数据库函数（很可能还需要查找类函数和其他更高级的函数）来查询数据集。
- 在许多（更复杂的）实际情景中，可能会存在大型数据集和大量公式。如果建模者没有进行更深入的思考，可能很难区分模型到底是公式主导还是数据主导。

图 5.1 阐释了上述各种情况。请注意，图 5.1 右上角的对角线旨在强调如下两点：

- "公式主导"型模型通常无法轻易调整为"数据主导"型模型。
- 使用数据库构造的模型可能不是最适合于那些拥有有限数据但需要许多公式的情况。

因此，在设计阶段，我们要重点思考建立适当模型的方法，否则可能会导致模型缺乏灵活性、变得复杂且不能达成目标。

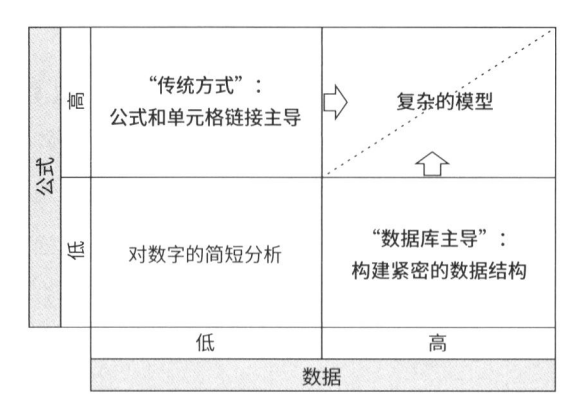

图5.1 数据主导或公式主导的模型场景分类

值得注意的是：

- 许多建模者（尤其是那些具有公司财务或会计传统背景的建模者）通常默认使用公式主导建模。
- 虽然在很多情况下我们会优先考虑公式主导方法，但这其实并非最佳方案。对于有些模型，即使表面上很多公式被多次复制，实际所需的独立公式可能非常少。因此，相较于公式主导，数据库往往适用性更广。
- 在数据集的数量和规模不固定的情况下常使用数据主导方法（例如，对于需要定期引入新数据的情形，数据量占主导地位）。因此，观察来看，正如数据范围常常被忽略一样，我们通常对于使用数据主导缺乏足够的思考。
- 当模型具有详细的时间轴（如月或日）时，相比传统方法，更推荐数据库方法。使用跨列时间轴（出现在许多传统预测模型中）对于只有少量时间周期（如10年的预测）的模型很有效。然而，如果时间轴更细化，即使只使用少量的独立公式，数据量也会变得很大。此时，数据库方法（其时间轴数据通常按列组织）可能更合适。这样的数据库常会包含操作数据，而财务数据（如利息支出或税收）则可能需要基于汇总数据（而不是基于每行数据）单独计算。此处的"数据库方法（database approach）"并非指纯粹的数据库，一些数据项仍然需要通过计算多列数据范围得到。此外，与行数据彼此独立的纯粹数据库不同，在数据主导模型中，同一列数据的不同行之间可能存在时间依赖关系。

5.3 实例解析

文件 Ch5.1.DataStr.Horses.1.FormulaCellLinks.xlsx 包含了一个传统公式主导方法的示例。图 5.2 的工作表展示了每匹马的月度成本汇总数据。通过直接引用对应月度工作表的相关特定单元格（见图 5.2 公式栏），即单元格 D4 直接链接到图 5.3 的 Feb 数据表，其中包含二月的所有数据。

D4　=Feb!C20

	A	B	C	D	E	F
1						
2		HORSE	Jan	Feb	March	....
3		MYSTERY RIDER	497	447	447	
4		MOCHOCINO	440	457	487	
5		FABLED STORY	318	346	349	
6		SUPER HERO	558	711	456	
7		MONTHY PYTHON	513	463	492	
8		FLYING CIRCUS	407	363	548	
9		NO JOKING	347	284	404	
10		WHEELIE BIN	323	399	377	
11		YOU CAN'T MAKE IT UP	512	524	588	
12						
13		**TOTAL**	**3914**	**3992**	**4147**	

图5.2 链接特定单元格的工作表Reports

	A	B	C	D	E	F	G	H
1								
2								
3		Horse Name	MYSTERY RIDER		Horse Name	SUPER HERO		Horse Nam
4		Item	Amount ($)		Item	Amount ($)		Item
5		Stables	193		Stables	81		Stables
6		Food	113		Food	167		Food
7		Transport	16		Transport	209		Transport
8		Veterinary	63		Veterinary	110		Veterinary
9		Other	62		Other	146		Other
10		**Total**	**447**		**Total**	**711**		**Total**
11								
12								
13		Horse Name	MOCHOCINO		Horse Name	MONTHY PYTHON		Horse Nam
14		Item	Amount ($)		Item	Amount ($)		Item
15		Stables	97		Stables	126		Stables
16		Food	208		Food	54		Food
17		Transport	38		Transport	213		Transport
18		Veterinary	82		Veterinary	45		Veterinary
19		Other	31		Other	24		Other
20		**Total**	**457**		**Total**	**463**		**Total**
21								
22								
23		Horse Name	FABLED STORY		Horse Name	FLYING CIRCUS		Horse Nam
24		Item	Amount ($)		Item	Amount ($)		Item

图5.3 包含二月成本的Feb数据表

由于直接引用单元格的直观性优势以及缺乏对其他可替代方法的认知，人们经常会使用和推荐这种方法。然而，这种方法很难生成令人满意的汇总数据，其原因包括：

- 添加新的月度数据的同时需要在报表中相应添加许多新的公式和单元格链接（这样既耗时且容易出错）。
- 如果马的数据集改变（如由于新的购买或销售），那么该方法无法灵活更新数据。
- 这种方法很难引入新的成本类目。

● 很难产生其他形式的报告，如按成本类别的总支出汇总，如马厩（stable）的总成本。

文件 Ch5.2.DataStr.Horses.2.Database.xlsx 展示了一个数据主导方法的示例。该示例中，模型由数据主导且数据集的规模可变。在这种情况下（见图 5.4），基本元素以数据库形式记录（当然，行可以按任何顺序显示），月份（mouth）、马的名称（horse name）和项目（item）作为数据库字段，可以用来生成各种报告。然后，我们可以在工作表（部分展示见图 5.5）上通过使用 SUMIFS 函数、数据库函数或数据透视表来（根据需要）创建报表。

	A	B	C	D	E
1					
2					
3		Month	Horse Name	Item	Amount ($)
4		Jan	MYSTERY RIDER	Stables	152
5		Jan	MYSTERY RIDER	Food	160
6		Jan	MYSTERY RIDER	Transport	12
7		Jan	MYSTERY RIDER	Veterinary	55
8		Jan	MYSTERY RIDER	Other	118
9		Jan	MOCHOCINO	Stables	87
10		Jan	MOCHOCINO	Food	160
11		Jan	MOCHOCINO	Transport	31
12		Jan	MOCHOCINO	Veterinary	128
13		Jan	MOCHOCINO	Other	33
14		Jan	FABLED STORY	Stables	68
15		Jan	FABLED STORY	Food	128
16		Jan	FABLED STORY	Transport	82
17		Jan	FABLED STORY	Veterinary	16
18		Jan	FABLED STORY	Other	24
19		Jan	SUPER HERO	Stables	58
20		Jan	SUPER HERO	Food	117

图5.4 独立数据库的底层数据集

	A	B	C	D	E	F	G
1							
2		**SUMIFS**					
3							
4		General	Horse	Mont	Item	Total	
5			MOCHOCINO	Feb	Trans	38	
6							
7		HORSE	Jan	Feb	Mar	....	
8		MYSTERY RIDER	497	447	447		
9		MOCHOCINO	440	457	487		
10		FABLED STORY	318	346	349		
11		SUPER HERO	558	711	456		
12		MONTHY PYTHON	513	463	492		
13		FLYING CIRCUS	407	363	548		
14		NO JOKING	347	284	404		
15		WHEELIE BIN	323	399	377		
16		YOU CAN'T MAKE IT UP	512	524	588		
17							
18		**TOTAL**	**3914**	**3992**	**4147**		
19							
20							
21		**DataBase**	Horse Name	Mont	Item	DSUM	
22			MOCHOCINO	Feb	Trans	38.2	

图5.5 使用SUMIFS函数、数据库函数和数据透视表生成的工作表

还要注意，在许多更复杂的应用中，查询阶段（在上述示例中显示为报告阶段）将与进一步的（全局）假设相关联，而这些假设将驱动进一步的计算。例如，我们可能想要考查某一百分比变化对所有马厩成本的总体影响。

第6章 设计工作簿结构

6.1 介绍

本章讨论与工作簿整体结构设计的相关问题,包括工作簿链接、工作表数量、每个工作表的功能和数据结构等。客观地说,我们并未对此类问题引起重视。本章将介绍一组通用的、与数据及其计算布局相关的基本结构,以及跨表选择或合并数据时所使用的工具和技术。

6.2 设计基于多表工作簿的模型

本节将介绍与模型整体结构相关的一些一般性原则,尤其是工作簿的链接以及多表模型中每个工作表的作用。

6.2.1 将各工作簿相互链接

原则上,一个工作簿应该只涉及一个模型,且该工作簿中不应含有任何与其他工作簿有关的链接。这样操作的主要原因是为了避免可能出现且较难被发现的潜在错误:

- 若在目标工作簿未打开时对源工作簿进行结构更改(如添加/删除行或列、重命名工作簿或工作表),则此类更改通常不会体现在(关闭的)目标工作簿的公式中。例如,链接可能会被更改为引用上月的石油价格而不是本月的石油价格。因此,我们无法预判目标工作簿中的链接单元格是否能正确链接源工作簿中的对应单元格。故而,这种模型本身就容易出错。同时,虽然原则上每次使用模型时我们都需要进行"审核",但若我们想要高效、可靠的模型,次次都进行"审计"是不切实际也无法令人满意的。
- 如果在链接的工作簿中更改了数值(如进行敏感性分析),那么除非同时打开所有工作簿,否则结果很可能出错。

在实际操作中可能无法完全避免链接工作簿。我们经常需要访问在另一个工作簿中的数据集(如公司的标准石油价格预测)。同样地,单个独立分析师工作的输出结果需要汇总到一个中央参考工作簿中。若链接工作簿无法避免,可以通过以下两种方法提高模型的稳健性:

- 使用"镜像"工作表。将结构相似的工作表放置在每个源工作簿和目标工作簿中，从而创建间接链接，使得每个工作簿的所有者可以不必考虑其他工作簿，独立工作。"镜像"工作表的具体使用如下：
  - 源工作簿中的镜像工作表直接引用同一工作簿中的相关单元格（即从该工作簿中获取数据）。
  - 目标工作簿中的镜像工作表引用源工作簿镜像工作表中的相应单元格（从而创建工作簿之间的链接）。请注意，一旦将镜像工作表被设置目标工作簿后，应避免改变其结构。
  - 目标工作簿通过引用本工作簿中的镜像工作表的单元格来生成主要计算。
- 在源工作簿中为需要链接的数据区域命名，使用这些区域名称来引用数据（来自目标工作簿）。这样，即使在目标工作簿未打开的情况下移动了源工作簿中的单元格，我们也可以正确引用对应的数据区域。

使用镜像工作簿的优点是它以非常清晰透明的方式分离了链接过程。原则上，我们可以同时使用这两种方法（即在镜像工作表中使用命名范围）。然而，一旦我们使用了镜像工作表，命名区域的额外好处就显得得微不足道（只使用命名区域的方法既无法分离链接过程，也不会提高链接存在的透明度）。

6.2.2 多工作表的优点和缺点

许多传统模型由多张工作表组成，具体原因如下：

- 需要针对每个主要项目或主题创建一个相应工作表。如收入、可变成本、资本投资、折旧、资产净值、税收、股息、融资、利润表、资产负债表和现金流量表等，每个项目或主题都有专门的工作表。
- 简化模型导航或打印功能（区域命名可代替多工作表来实现这些功能）。
- 随着时间的推移，会出现多个分析师共同开发一个模型的情况。有时，为了避免更改模型的现有结构或为了区分工作，在新的工作表中构建模型的新增部分。

这种操作看上去似乎是一个好主意。但是，过量使用工作表会存在以下主要缺点：

- 与在单张工作表中构建模型相比，多表模型的审核更麻烦、更耗时且更容易出错，原因如下：
  - 即使我们仅需简单地在工作簿之间追踪基本的逻辑路径，模型的审核路径也是三维和对角的。另一方面，在单张工作表模型中，依赖路径几乎总是水平或垂直的（不是对角的）。因此，当涉及多个工作表时，审核模型的复杂度、所花费的时间和潜在的错误都会大大增加。

- ○ 除了公式中明显会涉及更多工作表名称这一问题外，公式规模也会更加庞大且复杂。
- ○ 因为要在工作表间传递信息，所以常常存在公式重复和单元格重复引用的问题。
- 更容易引起不可预见的错误风险，如导致循环引用等问题。
- 在多工作表计算中，很难通过修改公式及其链接来检测和更正错误。
- 单张工作表模型通常可以更方便地充当模板来使用。例如，单张工作表中构建的模型可以在同一个工作簿中被多次复制（例如，每个工作表代表一个业务部门，合并工作表用于汇总这些业务部门数据）。

以作者的总体经验来说：大多数模型都包含过多的工作表且对没有仔细考虑每张工作表在模型中的功能。这点将在下一节中详细讨论。

6.3 通用的最佳实践结构

在本节中，我们将介绍作者对一些最佳实践模型结构的看法，特别是对工作簿的结构和每个工作表的功能。

6.3.1 多工作表在最佳实践结构中的作用

作者认为，多工作表最合理的用途有如下几点：

- 创建模块化的结构。模型中可能存在具有相同结构（至少在汇总级别上）的多个组件（如业务单元、场景、月份等），而这些组件需要在整体模型中单独使用。
- 可以更容易实现数据集的输入或删除（见下文）。
- 不同的工作表包含独立的分析，可以后期合并使用。例如，主要模型使用来自销售部门的收入预测和来自工程团队的成本分析这两组数据实现利润计算。组件通常位于单独的工作表中（并有一个额外的合并工作表），以便允许每个团队更新自己的模型，继而作为整体合并模型的输入。
- 模型区域之间的计算结构会发生显著变化。例如，主模型可能包含跨列开发的时间轴，而一些输入值由数据库（时间轴按"行"组织数据）的统计分析所确定。在这种情况下，将分析模型和主模型分别放在单独的工作表中是合理的。
- 存在镜像工作表创建到另一个工作簿的可靠链接（见上文），或存在专用链接工作表链接到外部的数据源。
- 在需要隐藏机密数据的地方（通过隐藏工作表并对工作簿结构进行适当的密码保护）。虽然对于高度机密的数据而言，这并不是一种非常可靠的方法，但在相对不重要的情况下可以考虑使用。

图6.1展示了一些后文详述的主要通用最佳实践模型结构。

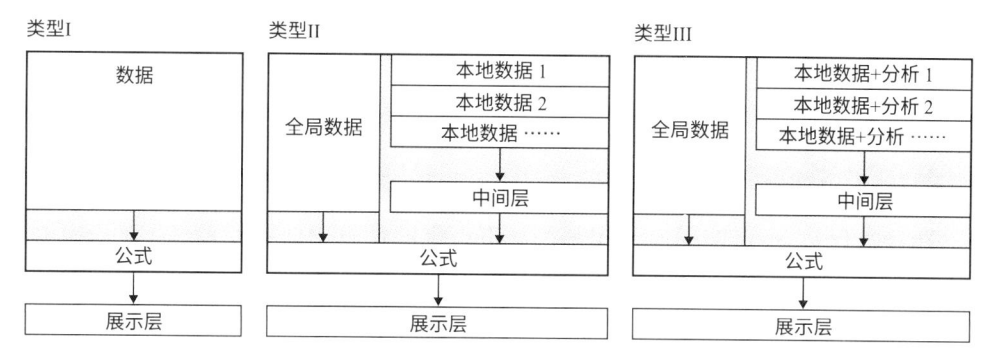

图6.1 通用的最佳实践模型结构

6.3.2 类型 I：单张工作表模型

数据输入和计算被构建在单张工作表模型中。通常情况下，工作表中还会有一个展示、报告或摘要区域。作者认为，应该默认以这种方式构建模型（而非以实践中观察到的许多模型的原有方式）。单张工作表模型（如果构建得当）通常具有简单（水平或垂直）的审核路径。同时，可以将此工作表作为模板，通过在同一工作簿中多次复制此工作表来构建较大的模型（并且可以作为类型 III 模型的构成基础）。

6.3.3 类型 II：单张公式工作表和多张数据工作表

在这种情况下，数据表包含"本地"输入（如描述业务部门、情景或月份的数据）且原则上具有相同的结构。总体模型通常需要"全局"输入（如适用于所有业务部门的油价），而此类全局输入可能包含在公式工作表中（因此，虽然需要来自数据表的外部输入数据，但该公式工作表与类型 I 模型类似）。

6.3.4 类型 III：单张公式工作表和多张包含数据及局部分析的工作表

此类模型与类型 II 相似，只是"数据"表中包含了一些计算，且这些计算会影响最终传递给主模型计算的信息或值。尽管如此，我们后续仍称其为数据表。一般来说，不同数据表中所包含的计算不同。例如，每个数据表可能代表一个国家所对应的该国应交税费的计算结果。但是，每个工作表都有一个结构相同的摘要区域（通常放在工作表的顶部），该区域包含需要传递给中间工作表的信息。

6.3.5 进一步的比较评论

在比较模型的通用结构时，我们需要注意以下几点：
- 为简化演示，图 6.1 未明确展示链接到其他工作簿所需的其他工作表（即镜像工作表）。这些工作表属于模型的附加部分，与本地数据工作表或主模型工作表相链接。
- 虽然类型 II 和类型 III 常作为多工作表模型的通用结构，但它们也可被视为单张工作表（类型 I）模型的变形（即模块化结构模型）。这是因为它们都尽量将公式与计算所需数据放在一起。更多的相关讨论和实例见第 7 章。

- 类型 II 和类型 III 模型都包含一个链接到公式表中的中间工作表。此中间工作表包含对数据表进行结构化查询的结果：可能只使用其中一个数据表上的信息（即排他/选择过程），也可能同时使用多张数据表中的信息（即一般意义上的合并过程）。公式表中的最终模型计算是通过引用此中间表（而不是引用单个数据表）所生成的。虽然并不强求必须包括此类中间步骤，但中间步骤的使用让主模型的构建具有更强的灵活性。这是因为，虽然中间表和数据表的结构必须相同，但公式表和中间表之间的单元格链接可以以任何适合主模型结构的方式创建。
- 使用类型 II 和类型 III 结构时，虽然为了方便生成中间工作表，各数据表的结构理应相同，但也有例外。例如，在类型 II 中，虽然每个数据表包含与其他数据表具有相同列（字段）结构的数据库，但是每个数据表中的行数可能不同。这时，可以使用 VBA 宏来构造这些表的中间表，从而进行数据集合并。
- 使用类型 II 或类型 III 时，我们还可以创建一个包含通用数据表结构（类型 II）或通用数据和计算结构（类型 III）的模板表（既可以包含在模型也可以单独保存）。在有需要时，此模板表可用于向模型添加新工作表。相比于复制现有数据表，这样更为可靠（尤其是在使用宏添加数据表的情况下）。
- 展示或报告区通常作为主模型（公式工作表）的隐式部分而非单独成表。如果我们希望使用数据表来进行敏感性分析（见第 12 章），那么就需要将数据表与可变数据放入同一工作表。

6.4 使用来自多工作表的信息：选择（排除）和合并（包含）过程

本节将讨论与中间工作表的公式和流程相关的单张数据表访问技术。一些技术仅在本节简单介绍，更详细的讨论可见本书第五部分和第六部分。此外，本节其将展示一些与 Excel 功能（而不是函数或 VBA）相关的示例。

首先，我们需要区分以下几个相关概念：

- 排他过程，即任何时候只需要访问单一工作表数据（如情景数据）的情形。这些数据可以通过以下方式被中间工作表（随后进入主模型计算）所访问：
  - 使用 CHOOSE 函数（见第 25 章）来直接引用每个数据表。这种方适用于数据表数量固定的情况。
  - 使用 INDIRECT 函数（见第 25 章）。当数据表的数量可能会（随着新表的添加或删除）发生变化时，我们既可以使用 INDIRECT 函数来访问这些数据表的数据，也可以使用用户自定义 VBA 函数来访问（见第 33 章）。
- 合并过程，即需要同时访问多个表中的数据（如添加多个业务部门的收入）。这些数据可以通过以下方式被中间工作表（随后进入主模型计算）所访问：
  ○ 直接引用数据表的单元格（或区域）。虽然该方法简单直接，但只有在数据表数量固定的情况下才最适用、最有效。
  ○ 使用跨表计算的公式，或以某种方式跨表合并。该方法适用于数据表数量变化的情况。跨表合并的方法包括：
    - 使用多工作表（"三维"）公式。
    - 使用 Excel 的数据 / 合并功能。
    - 创建合并数据集的 VBA 宏。
    - 使用用户自定义函数，对一组数据表的值求和（或执行其他操作）。这些函数的输入参数是数据表（或定义数据表的区域）（见第 33 章）。

6.4.1 多表或"三维"公式

文件 CH6.1.Consolidate.SumAcrossSheets.1.xlsx 包含一个多工作表公式的示例。

图 6.2 展示了工作簿中工作表的整体结构：该工作簿由多个数据表（Field1、Field2 等）组成，其中一个数据表如图 6.3（Field2 数据表）所示。

图6.2 工作簿中工作表的结构

图6.3 跨工作表汇总的典型数据表

图 6.4 中展示了中间工作表（Intermediate）中使用的合并公式。该公式对数据表中相

应单元格的值进行求和。

图6.4 跨工作表汇总

请注意，公式是通过以下方式输入中间工作表的：

- （在希望放置公式的单元格中）键入"=SUM"。
- 选中第一张数据表（如表Field1）中想要加总求和的单元格后，公式显示为"=SUM('Field1'!C3"。
- 按住SHIFT键。
- 同时，单击需要求和的最后一张数据表的工作表选项卡名称（如表Field4）。
- 在公式栏中，添加右括号并按回车键。

注意，求和公式中所包含的工作表是由工作表在模型中的物理位置（而不是其编号）所决定的。因此，在示例文件中，如果将数据表Field 3移动到表Field 4的右侧，那么Field 3中的数据将不会包含在总和中。

AVERAGE和COUNT函数也可以上述方式使用。

6.4.2 使用Excel的"数据/合并计算"功能

通过点击"数据"选项卡上的"合并计算"图标，可以实现数据合并。此时，我们既可以使用数据的值（不保留原始数据集的链接），也可以创建到数据集的直接公式链接（如果使用其他方式创建，将很烦琐）。

文件Ch6.2.Consolidation.Data.SameStructure.xlsx包含一个可以合并具有相同结构的多张数据表（使用"数据/合并计算"）的示例。点击"数据"选项卡上的"合并计算"图标后会显示如图6.5所示对话框。添加相应引用位置后，如若未勾选"创建指向源数据的链接"选项，则合并结果如图6.6所示。

图6.5 使用Excel"数据/合并"计算功能

图6.6 未勾选"创建指向源数据的链接"的汇总结果

若勾选了"创建指向源数据的链接"选项（见图 6.5），则合并结果如图 6.7 所示，产生分组的行。此方法保留了到数据集的活动链接（以便可以更改原始值），但通常只有在数据集的数量和规模固定时才适用（否则需要重复该过程，并覆盖原始公式链接等）。

6.4.3 使用宏将多个工作表合并到数据库中

上述方法（通常）通过加总值实现数据集的整合。然而在某些情况下，可能需要在保留单个数据的值（即不进行任何计算）的前提下将数据传递至中间工作表，实现数据集合并。若想在中间工作表中创建数据集的单个数据库，一种方法是使用宏将一个数据表中的值按顺序分配到中间工作表中，即将一个数据集放在另一个之下（见第 32 章）。无论数据

1 2		A	B	C	D
	1				
	2			Production	
·	3			100	='Field 1'!$C$3
·	4			75	='Field 2'!$C$3
·	5			125	='Field 3'!$C$3
−	6		Jan	300	=SUM(C3:C5)
·	7			100	='Field 1'!$C$4
·	8			75	='Field 2'!$C$4
·	9			125	='Field 3'!$C$4
−	10		Feb	300	=SUM(C7:C9)
+	14		Mar	300	=SUM(C11:C13)
+	18		April	300	=SUM(C15:C17)
+	22		May	300	=SUM(C19:C21)
+	26		June	300	=SUM(C23:C25)
+	30		July	300	=SUM(C27:C29)
+	34		August	300	=SUM(C31:C33)
+	38		September	300	=SUM(C35:C37)
+	42		October	300	=SUM(C39:C41)
+	46		November	300	=SUM(C43:C45)
+	50		December	300	=SUM(C47:C49)
	51				

图6.7 勾选"创建指向源数据的链接"的汇总结果

表的数量是否固定，这种方法基本上都适用。请注意，如果数据表（尤其是类型 III）的结构不相同，则应只复制每个数据表（相同结构）的摘要部分。此时，主计算（公式工作表）将包含引用中间表的查询（如使用 SUMIFS 函数、数据库函数或其他函数）。

使用宏的一个潜在缺点是缺乏从数据集到最终计算的实时链接，导致无法直接进行敏感性分析（即通过数据表中项目值产生的变化进行分析）。另一方面，虽然也可以进一步使用宏来实现敏感性分析（见第 14 章），但多数情况下，会发生变化的项目不是数据集中的单个具体项，而是中间查询产生的结果。

6.4.4 用户自定义函数

我们可以使用工作表名称（或多张工作表的名称）作为输入参数来编写用户自定义函数（udfs）。这些函数可以用来对基础数据集执行任何操作（并放置在中间工作表中，或者按需直接在主模型中执行计算），包括：

- 选择数据表同一单元格中的值。其中，数据表的名称是 udf 的输入参数。
- 对单张数据表中的数据执行操作。其中，数据表的名称是 udf 的输入参数。
- 对多张工作表中的数据执行操作（例如，将多张工作表的同一单元格引用的值相加）。其中，包含数据表名称的单元格范围是 udf 的输入参数。

这些方法的基本要素参见本书第 33 章。

第三部分

模型的建立、测试和审核

Model Building, Testing and Auditing

第7章 创建透明度：公式结构、流程和格式

7.1 介绍

本章介绍了一些提高模型透明度的关键方法。作为降低模型复杂度的主要方法之一，提高透明度是建模最佳实践的重要组成部分。本章核心主题涉及：

- 站在审核员的角度建模。这样有助于我们更好地理解复杂度的成因，从而确定更优（更低复杂度）模型的特征。
- 关注输入、计算和输出的位置。
- 确保审核路径清晰的同时尽可能缩短路径（第6章讨论工作簿结构时谈及过如何实现这个目标）。
- 适当使用格式化、注释和其他文档说明。

7.2 识别复杂度的影响因素

7.2.1 从模型审核员角度思考

为了了解实现模型透明度最大化的必要前提，我们的最佳选择可以是以下任意一种（理想情况下两者兼有）方法：

- 回顾他人构建的大型模型。此时，我们很容易被模型的复杂度和理解模型详细机制的困难所打击。人们在建立复杂的模型时似乎总有无限的创造力！尤其是通过回顾不同情境下的不同模型并试图构建拥有共同模式的模型时会发现，原来的那些模型可能被增加了不必要的复杂度。事实上，本章涉及的许多模式正是作者通过类似的经历验证所得的。
- 重构清晰而透明的模型（也许是自己重新构建）。有些模型在构建时，基于保持计算结果不变的前提，被刻意设计得难以理解和尽可能复杂（即创建一个数值正确但难以理解的模型），通常可能只需几个步骤就可以将一个简单的模型变成一个具有相同结果但复杂程度激增的模型，并带来理解困难。这些转换操作可以有效展示复杂度的成因，从而使我们可以从中了解如何避免复杂模型的产生。

"熵增原理"适用于大部分模型：自然状态下的是系统是无序的，且大多数行为都将

加重这个这种无序状态。简单地说，堆砌砖块的方法有很多，但是要建造一个稳定的、具有坚实基础的、足以支撑上面所有重量的墙，那就需要适当的规划和设计，需要能从一系列可能的材料中选择正确的材料，并且有效地执行堆砌的流程。这一概念同样适用于Excel模型及其组件：尽管糟糕的模型可以有一万种构建方式，但为了创建清晰、透明的模型，我们需要周密计划、精心组织、严格要求、集中注意和明确的努力。

> **示例：在一个简单的模型中增加复杂度**
>
> 承接第3章的讨论，任何不增加必要功能和灵活性、只增加复杂度的行为都是"最佳实践"的反面教材；研究这些反面教材一方面能够更好地理解复杂度的成因，一方面也能更好地明确降低复杂度的方法。
>
> 举个简单的例子，图7.1展示了一个小型模型。该模型基于价格、销量和成本的假设输入，计算输出企业的利润。该模型应该不需要进一步的解释就可被大多数读者立即理解。
>
> 图7.1 初始透明的简易模型
>
> 如果我们执行以下步骤，该模型仍然会产生相同的结果，但是透明度会大大降低：
> - 去掉单元格的格式（见图7.2）。
> - 删除主要计算区域周围的标签说明（见图7.3）。
> - 将输入、计算和输出移至Excel工作簿的不同区域（见图7.4）。虽然我们没有直接展示其他更明显图例，但是我们可以想象一个更加复杂的情况：其中项目被移动到其他工作表或者被链接到其他工作簿。尽管我们可能认为图7.4中的示例看起来不现实，但它却是该结构类型的一个真实缩影，且这种结构类型经常出现在多工作表计算的模型中。

7.2.2 模型透明度的核心要素

通过对上述示例反其道而行之，我们就可以得到提高模型透明度的关键技术，即从图7.4所示的模型开始（或者可能是更复杂的版本，其中一些项目包含在其他工作表或链

	A	B	C
1			
2		Data/Assumptions	
3		Price	10
4		Volume	1000
5		Cost	8000
6			
7		Calculations	
8		Revenues	10000
9		Profit	2000
10			
11		Output	
12		Profit	2000

图7.2 没有边框的初始模型

	A	B	C
1			
2			
3		Price	10
4		Volume	1000
5		Cost	8000
6			
7			
8		Revenues	10000
9		Profit	2000
10			
11			
12		Profit	2000

图7.3 没有边框以及标题的初始模型

	A	B	C	D	E	F	G	H
1								
2		Revenues	10000					
3						Cost	8000	
4								
5								
6							Price	10
7								
8					Volume	1000		
9								
10								
11		Profit	2000					
12		Profit	2000					
13								

图7.4 项目被移动后的模型

接的工作簿中），逐渐重新构建一个清晰的模型（见图7.1）。该过程会涉及一些核心要素，而这些要素也是一般最佳方案的关键要素，包括：

- 使用尽可能少的工作表（和工作簿）（见第6章）。
- 将相互关联的输入和计算项分组并组织在一起。

- 确保审核路径尽可能短且是水平和（或）垂直的。
- 在每个工作表中创建方向明确的逻辑流程。
- （通过使用位置、格式和注释来）明确区分输入、计算和输出，以及总体逻辑和流程。

本章其余部分会对上述问题进行详细阐述。

7.3 优化审核路径

创建透明度（以及降低复杂度）的一个核心原则是最小化所有审核路径的总长。基本上，如果要跟踪每个输入或计算的从属和引用路径，并对所有输入的从属或引用路径求和，则应使路径的总长度最小。毫无疑问，具有最短路径的模型可能比那些拥有更长路径的模型更易审核和理解。

另一个核心原则是确保审核路径通常是水平的和垂直的，且符合从上到下和从左到右的流程。

上述原则将会在本节中进行讨论。我们注意到，这些原则通常是一致的（虽然在某些特定情况下可能会有冲突）。在个别情况下，当一般性原则之间产生冲突造成即使严格遵循这些原则也可能无法实现透明度最大化，此时我们要以创建透明度这一"核心原则"为准。

7.3.1 用模块化方法缩短审核路径

我们在第 6 章中对模块化方法进行了一定的初步讨论。虽然之前的讨论基于在整个工作簿结构这一背景，但是图 6.1 所示的通用结构实际上具有更广泛的应用（包括在工作表级别）；确切来说，图 6.1 旨在展示广义的模型结构。

本节中，我们将讨论模块化结构在工作簿计算区域中的使用。这里我们会用一个简单的示例来说明模块化结构如何实现比其他结构更灵活、透明并且审核路径更短。

文件 Ch7.1.InputsAndStres.xlsx 包含 7 个工作表，这些工作表展示了一个简单模型的多种输入和计算的可能结构和布局。虽然很简单，但是这个示例足以说明并体现上文提及的许多核心原则。

图 7.5 显示了该 Excel 文件中的 SheetA1 工作表中的预测模型。该模型的输入假设置于集中区域（区域 C3:D3），且各个预测期间对应同一个增长率假设，而基于这些核心假设的计算结果位于图 7.5 工作表中的第 8 行和第 9 行。

这是一个十分常见的结构，其输入被单独放置并清晰标注的操作符合最佳实践原则。然而，我们可以看到，上述模型存在一些潜在的缺点：

- 审核路径是对角线的（不是纯水平的或垂直的）。

	A	B	C	D	E	F	G	H	I
1									
2		Assumptions	Starting $m	Growth % p.a.					
3		Revenue	100	5.0%					
4									
5									
6						2017	2018	2019	2020
7									
8		Revenue				100	105.0	110.3	115.8	=G8*(1+H9)
9		% Growth					5.0%	5.0%	5.0%	=$D3
10									
11									
12									

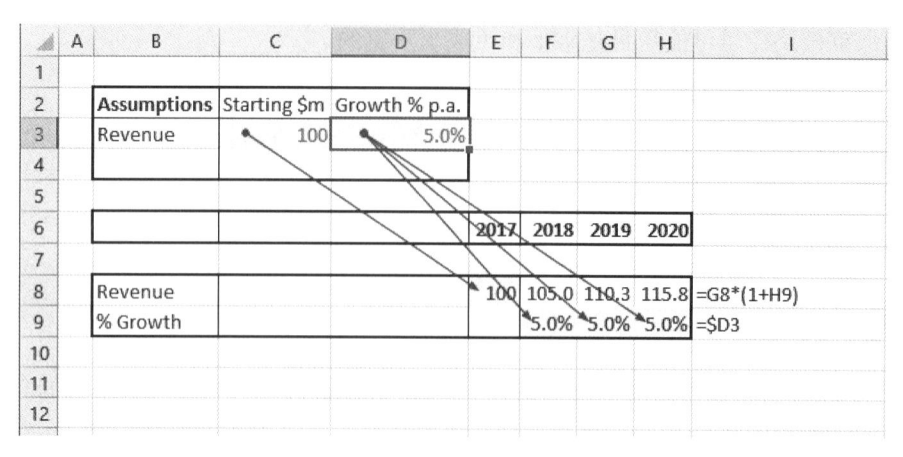

图7.5 含有集中假设的简单预测模型

- 如果我们想要添加具有相同逻辑的另一个模型组件（如其他产品的收入或成本项目），那么很难通过复制计算区域来实现。图7.6（见文件中的Sheet A2工作表）展示了复制计算区域后产生的公式错误。这是因为假设区域和新复制区域中的单元格引用之间没有正确地进行相对引用。除非是全局假设，否则不能通过使用绝对单元格引用来校正该类问题。

	A	B	C	D	E	F	G	H	I
1									
2		Assumptions	Starting $m	Growth % p.a.					
3		Revenue	100	5.0%					
4		Cost	80	3.0%					
5									
6						2017	2018	2019	2020
7									
8		Revenue				100	105.0	110.3	115.8	=G8*(1+H9)
9		% Growth					5.0%	5.0%	5.0%	=$D3
10									
11		Cost				0	0.0	0.0	0.0	=G11*(1+H12)
12		% Growth					0.0%	0.0%	0.0%	=$D6

图7.6 集中假设可能会导致不能复制重用模型逻辑

当然，我们可以纠正或重新构建行11和行12中的公式，从而得到图7.7所示的模型（见文件中的Sheet A3工作表）。

另一种方法是使用"局部输入"，如图7.8（该文件中的Sheet A4工作表）所示。在这种方法下，计算使用的输入值不再位于集中输入区域，而是被传输到对应计算行。此时，复制初始计算区域（第8行和第9行）到第11行和第12行后，只有传输区域（C11和D12）中的单元格需要重新链接。最终模型如图7.9所示（见文件中的Sheet A5工作表）。

由于审核路径是水平和垂直的（不是对角线的）且计算区域可以被复制，所以传输区

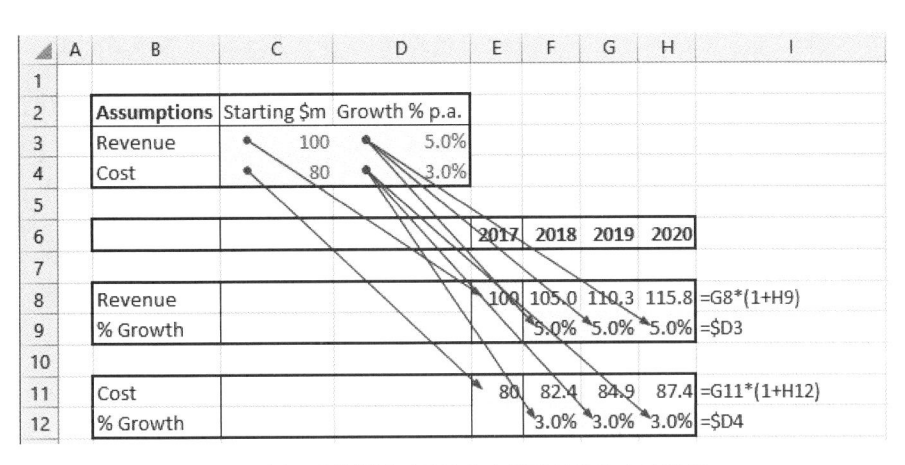

图7.7 纠正后的模型以及该集中假设结构的审计路径

图7.8 集中输入通过传输区域来创建模块化结构

图7.9 含有集中输入、传输区域、模块化结构的最终模型的审计路径

域这种方法在很大程度上克服了原始模型的许多缺点。同时，这种方法下的所有审核路径的总长都短于原始模型中的路径：虽然对于单条对角线而言，其长度短于到达同一点的水平和垂直两线的总长度，但是原始模型具有更多的这种对角线。例如，在图 7.7 中，单元

格 D3 有三条对角线，而在图 7.8 中，这些对角线被一条垂直线和三条较短的水平线代替。

注意，虽然非常小型模型的对角线审计路径较容易被跟踪，但是在更大型的模型中，由于我们无法直接对表格区域进对角线滚动操作，故而很难跟踪对角线的审核路径。因此，尽可能地遵循只有水平和垂直的审核路径是非常重要的。

上述方法对集中假设使用模块化结构和传输区域，其潜在优势是所有输入都集中显示在一个位置。但它也有一些缺点（虽然和初始模型中的缺点相比显得不那么重要）：

- 存在传输区域与输入区域的单元格被错误链接的风险。
- （在大型模型中）从集中输入区域到传输区域的审核路径可能很长。
- 存在输入值的重复，造成传输区域的功能比较模糊，无法区分在传输区域中的那些值到底是输入还是计算，是应该视为"准输入"或"计算输入"还是"错误公式"。

因此，另一种方法是从一开始就使用完全模块化的结构。图 7.10（文件中的 Sheet B1 工作表）展示了一个完全模块化结构的原始（只预测收入）模型。

	A	B	C	D	E	F	G	H	I
1									
2			Starting $m	Growth % p.a.	2017	2018	2019	2020	
3									
4		Revenue	100		100	105.0	110.3	115.8	=G4*(1+H5)
5		% Growth		5.0%	5.0%	5.0%	5.0%	5.0%	=$D5

图 7.10 含有局部假设的完全模块化的结构

如图 7.11（文件中的 Sheet B2 工作表）所示，完全模块化的结构原使得模块可以被轻易复制使用，输入值也可以被修改。同时，其审核路径的流程简单且路径本身非常短。

	A	B	C	D	E	F	G	H	I
1									
2			Starting $m	Growth % p.a.	2017	2018	2019	2020	
3									
4		Revenue	100		100	105.0	110.3	115.8	=G4*(1+H5)
5		% Growth		5.0%	5.0%	5.0%	5.0%	5.0%	=$D5
6									
7		Cost	80		80	83.2	86.5	90.0	=G7*(1+H8)
8		% Growth		4.0%	4.0%	4.0%	4.0%		=$D8

图 7.11 可重复使用的逻辑和模块化机构中较短的审核路径

此外，完全模块化结构中，因为每个模块都是自成体系的，故而审核路径的长度与模块的数量成正比。图 7.9 中的模型与完全模块化模型相比，其审核路径更长，且总长度随着模块数量的增加呈平方增长（当模块处于同一工作表时）。这是因为从中心区域到任何新模块的审核路径都包括所有先前模块的长度。因此，对于现实生活经常遇到的大型模型来说，模块化的方法提供了更好的可延展性。

结合第 6 章中关于结构的讨论，我们注意到通用的最佳实践结构（见图 6.1）可以应用于工作表，也可以应用于工作簿。因此，一个完全模块化结构是类型 III 结构的一部分：仅完成了局部数据和计算，但是尚未通过中间计算将这些数据汇总在一起。例如，还未将利润视作收入和成本之间的差额，或与其他一般假设（如汇率）相关联。

请注意，在自己的模块中设置"局部"输入意味着不是所有模型的输入都被组织在一起（只有全局适用的输入会集中在一起）。但是，只要输入格式清晰，且模块化结构清晰明确，那么局部输入不会造成重大问题。

7.3.2 以公式结构和布局来缩短审核路径

短审计路径的创建不但受工作簿和工作表结构的影响，也受公式结构化方式的影响。一般来说，在公式中应该使用短路径，任何有需要的较长路径都应设置在公式之外（并且尽可能使用简单的单元格引用），即"公式用短路径，链接公式用长路径"。

例如，与其使用以下公式：

$$H18 = SUM (A1 : A15, C1:C15, E1:E15)$$

不如将其分解为：

$$A18 = SUM (A1:A15)$$
$$C18 = SUM (C1:C15)$$
$$E18 = SUM (E1:E15)$$
$$H18 = A18 + C18 + E18$$

在某种意义上，后一种处理非常类似于使用模块化的方法：其中区域 A1:A15、区域 C1:C15 和区域 E1:E15 是每个模块计算的输入区域（每个模块的计算运用 SUM 函数），并且最终公式（在单元格 H18 中）将这些模块的计算值组合起来。

后一种方法具有更短的总审核路径。并且，因为中间求和计算是显式的，因此易于检查（相比之下，检测原始方法中的错误源将非常复杂）和审核。

类似问题的处理在多工作表模型中将变得更加重要。例如，与其在模型工作表中使用如下公式：

$$B18 = SUM (Data1!A1:A15, Data2!A1:A15, Data3!A1:A15)$$

不如分别对不同工作表 Data1、Data2 和 Data3 建立求和值：

$$A18 = SUM (A1:A15)$$

然后，再在模型工作表中使用如下公式：

$$B18 = Data1!A18 + Data2!A18 + Data3!A18$$

这个例子表明，存在从属关系的公式可能与其输入值所在位置有一定距离。此时，最好重新构造计算，使得公式的计算组成部分与其输入越近越好，然后将各组成部分组合起来进行最终计算。

使用此方法除了可以缩短审核路径的总长度之外，还可以降低出错率、提高计算效率。例如，当使用原始方法对另一个表的数据进行求和时，很有可能存在部分区域（如 Data1!A1:A15）被修改的情况，包括：在该区域的末尾（即在 Data1 的单元格 A 列中）添加新的数据点、从该区域中删除一些行或在该区域中引入其他行。除非在这样做之前检查每一个区间的所有引用，否则就可能会引入错误，从而使得这些操作带来意想不到的结果。如果区间内存在许多有从属关系的公式，那么情况就会更加麻烦。此外，如果模型需要对区间多次求和，这样重复计算（嵌入分离的公式）不仅计算效率低，而且区间内的许多依项将增加审核工作的难度，需要我们检查确认是否可以对该区间进行更改（如添加新的数据点）而不导致错误。

最后，还要注意，当使用多工作表模型时，使用工作表中的结构化"转移"区域（获取信息并将信息传递给其他工作表）也是有帮助的。这些区域应（尽可能地）仅包含单元格引用（而不是公式）。这些与第 6 章中所讨论的链接工作簿的镜像表非常相似，当然它们只是工作表中的区域，而不是整个工作表。特别注意，跨工作表引用通常应该只涉及单个单元格（或区域）而不涉及公式。

7.3.3 优化审核路径上的逻辑链条与行进方向

逻辑流程应该清晰且直观。这意味着，逻辑原则上应该遵循从左到右、从上到下的顺序（"模型可阅读"原则）。同时表明，审核路径（从属关系或引用箭头）也应遵循这一顺序。如果一个模型的逻辑流程比较复杂（例如，大多数底部项目依赖于顶部项目，但也有个别顶部项目依赖于底部项目），那么不仅模型使用者很难遵循该逻辑、模型很难被修改，而且有较高的可能性产生意外的自循环引用。

事实上，有些情况下遵循"模型可阅读"原则并不一定是最佳选择。例如，在预测模型中，我们会用历史信息来估计假设，此时模型的逻辑流程可能在某个时点反向。图 7.12 展示了一个常用的例子：历史增长率（单元格 D4）依照"模型可阅读"方式自上而下计算得出，而之后的增长率预测假设（位于区域 E4:G4）则采取了自下而上的逻辑流。

A	B	C	D	E	F	G
1						
2	Model 1: Some bottom-to-top flow		2015	2016	2017	2018	2019
3	Revenues		400.0	410.0	430.5	452.0	488.2
4	% growth			2.5%	5.0%	5.0%	8.0%

图7.12 不遵守"模型可阅读"原则的案例（虽然也被普遍接受）

其实，严格遵守"自上而下"原则是可以实现的。图 7.13 展示了这样一种情况，它使用历史数据（2015 年和 2016 年）以及预测假设。（公式是直到更新事实数据前都采用近似假设，如在第 22 章中讨论的使用 ISBLANK 函数。）虽然严格遵守了原则，但是模型变得又大又复杂。

Model 2: Only top-to-bottom flow	2015	2016	2017	2018	2019
Revenues - historic	400.0	410.0	420.0		
% growth - historic	NA	2.5%	2.4%		
% growth - future	NA	NA	5.0%	5.0%	8.0%
% growth - to use	NA	2.5%	2.4%	5.0%	8.0%
Revenues - to use	**400.0**	**410.0**	**420.0**	**441.0**	**476.3**

图7.13 从简化和透明度角度来说严格遵守“模型可阅读”原则不一定是最佳方案

如果我们需要汇总计算，让其总是显示在模型顶部或者左侧，这样可能也会忽略“模型可阅读”的原则。例如，在横跨 30 年的预测中每一列代表一年，我们可能想要在模型的左侧（例如在收入列之后）显示汇总数据（如前 10 年的总收入）（见图 7.14）。此时，（列 E 和列 F 中）中的求和计算是对右边项的汇总，违反了从左往右的原则。但是，这样做的优势在于能够在视野中更直观地看到左边（或顶部）的关键摘要信息。如果我们一定要严格遵守原则，那么汇总计算将被放置在右边 30 列以后，从而导致我们很难看到这些信息，并可能造成信息被不经意地覆盖（例如，如果对模型的计算做出调整并跨列复制）。

	A	B	C	D	E	F	G	H	I	J	K	L	M	N	O	P	Q	R	S
1																			
2			Starting $m	Growth % p.a.	Total 2018-20	Total 2021-25	2017	2018	2019	2020	2021	2022	2023	2024	2025	2026	2027	2028	2029
3																			
4		Revenue	100		**331.0**	**671.6**	100	105.0	110.3	115.8	121.6	127.6	134.0	140.7	147.7	155.1	162.9	171.0	179.6
5		% Growth		5.0%				5.0%	5.0%	5.0%	5.0%	5.0%	5.0%	5.0%	5.0%	5.0%	5.0%	5.0%	5.0%
6																			
7		Cost	80		**259.7**	**506.9**	80	83.2	86.5	90.0	93.6	97.3	101.2	105.3	109.5	113.9	118.4	123.2	128.1
8		% Growth		4.0%				4.0%	4.0%	4.0%	4.0%	4.0%	4.0%	4.0%	4.0%	4.0%	4.0%	4.0%	4.0%

图7.14 汇总信息的最佳位置会和最优流程原则冲突

在财务报表建模中，流程原则通常也需要妥协。如果要严格遵守自上而下的逻辑流，那么由于项目之间存在大量的相关关系，我们需要构建很多重复的项目，从而造成模型规模过大。例如，在计算营业利润时，折旧费用的计算需要引用固定资产的计算结果，而资本支出项目可能与销售水平有关。因此，纯自上而下的流程无法直接编制财务报表，需要等到建模过程结束时通过引用已经计算出的单个项目来编制报表。另一方面，我们可以采用规模更小模型来直产生接财务报表，但其逻辑流可能不会那么清晰。

7.4 识别输入、计算和输出：结构和格式

建模中突出强调模型各组成部分的标识、功能和位置是非常重要的。显然，我们可以通过一些结构化的方法来达成这个目的：例如，在一个简单的模型中，我们可以将所有输入存放在一个区域中，从而无需做其他工作即可明确它们的位置。在更复杂的情况下，输入可以存放在独立的几个区域（全局输入和每个模块的输入）中等。

7.4.1 格式化的作用

格式化单元格和范围可以起到以下重要作用：

- 突出强调结构、主要部分和逻辑流程。特别是在输入和计算块（和模块）周围使用边界可以提高模型的透明度，有助于用户理解模型。从这个意义上说，这弥补了 Excel 中缺少"影响图（influence diagram）"的不足。
- 突出强调输入（参见下文的详细讨论）。
- 突出强调输出。许多建模者只注重输入的格式而忽略了输出格式化的好处。
- 突出强调特定条件的发生（一般使用条件格式化）：
  - 突出显示错误。例如，通过错误检查计算两个值之间的差异是否非零。
  - 是否满足特定的标准。例如，一个产品的收益大于另一个产品的收益。
  - 为了突出显示数据集中的关键值（如重复的值、比较大的值等），请参阅条件格式菜单中的选项。
  - 在许多元素通常为零的大型计算表中，对包含零值的单元格进行弱化处理是有用的（具体应用见第 18 章，包括错误校验和折旧公式中的"三角"方法）。条件格式可将包含零值的单元格都设置为浅灰色，而非零值的单元格则保留默认格式。使用浅灰色（而不是白色）可以防止用户默认单元格是完全空白，这点非常重要。
- 协助模型审核。例如，当使用快捷键 F5（定位）时，一旦自动选择包含特定值的所有单元格，就可以同时对这些单元格进行格式化，并进行记录。

7.4.2 输入、输出的颜色编码

实际上，不同的模型输入可能具有不同的功能：

- 历史数据（原则上不会改变的数据）。
- 转换因子（例如，年至月、克至盎司、千至百万）或其他没有必要改变的参数。（可以说，与其将它们放在单独的单元格中，然后由公式引用，不如直接在计算或公式中包括这些常数。）
- 决策变量，其值由决策者选择或决定。尽管它们也可以被用于标准敏感性分析，但原则上这些值会以最优方式被选择。
- 不确定的变量，（在模型的情境中）其值不能由决策者直接控制。除了标准敏感性分析，模拟技术也可以被用来评估可能结果的范围和概率。
- 当影响后续的计算时，文本字段也是模型输入。例如，在后续计算中使用的条件求和，或者创建摘要报告。在这种情况下，不仅需要确保这些字段拼写正确，而且还要确保输入仅在模型中出现一次（否则，敏感性分析会给出不正确的结果）。因此，初始文本字符串可以像其他输入一样用颜色标注或格式化，并且只在模型中出现一次，所有文本字段的后续使用都直接引用该单元格。
- 数据库。原则上，任何用于查询模型或报表的数据库条目都是输入（如使用数据库

函数或使用数据透视表的字段名）。因此，数据库的大多数元素理论上都应该被格式化为输入（例如，添加阴影和颜色标注）。在实践中，由于会产生大量的颜色块，这可能不是呈现数据库的最佳方式。而且，我们很难确定是否整个数据库都是模型的输入（这点通常欠考虑）。此外，如果我们使用 Excel 自带表的话，Excel 的默认格式会覆盖掉自定义格式，从而造成不便或令人产生困惑。

- "错误的公式"。在某些情况下，我们可以很容易地用公式替换输入值（见图 7.9）。此时，从某种意义上说，包含这种公式的单元格仍然表示模型输入。因为如果过程被反转，并且这些公式被固定值替换，那么模型仍是有效的。（除个别情况外，这与大多数模型中，用计算所得值替换计算公式会使模型失效的情形不同）。

了解哪些计算表示模型的输出（而不仅仅是不太重要的中间计算）对于理解模型的目的和建模过程来说非常重要。实际上，如果输出的标识不清楚，那么其他用户将很难理解或使用该模型。例如，不清楚应该进行什么样的敏感性分析（如果需要的话），或者哪些结果可以用于展示和决策。一般来说，所有在从属项跟踪路径末尾的项都是输出，否则我们就在执行不必要的计算。然而，输出可能也会包含一些中间计算。虽然这些中间计算并不是从属路径的末端，但是它们对于最终决策还是有帮助的。如果模型的布局很差（特别是在多表模型和不遵循从左向右原则的模型中），那么确认输出的过程会变得更加复杂。因为在这种情况下，确定从属路径末尾项的标识将是一个耗时的过程，并且无法保证找到所有（甚至正确的）输出项。因此，在实践中，除非采取具体步骤来突出显示，否则很难标识所有输出（且只有输出）。

最基本的格式化方法包括使用颜色标注和单元格阴影，使用大写、粗体、下划线或斜体，以及在区域周围加边框。原则上，可以根据输入的性质进行格式化。

然而，这样的格式化可能会导致使用大量颜色，从而造成视觉上的困扰。在实践中，注意不要使用过多颜色，并且不要在设置大量条件的同时还为每个条件使用不同的格式：这些做法会增加模型复杂度，并不是最佳操作。通常，最佳格式包括使用大约 3~5 种颜色或阴影组合以及 2~3 种边框组合（在某些情况下，可以使用细边界和粗边界、双边界和虚点边界）。作者经常使用以下格式设置：

- 历史数据（和固定参数）：蓝色字体，浅灰色阴影。
- 预测假设：这里可能有几种选择，包括：
  - 红色字体，浅灰色阴影。这是作者的首选方法，但当有需要使用红色字体来自定义负数和负的计算值时不推荐使用。
  - 蓝色字体，浅黄色阴影。如果想要使用红色字体自定义负数和负的计算值，这是一个替代方法。

- 蓝色字体，浅灰色阴影。这与历史数据相同，并且适合于没有历史数据（仅对未来参数进行估计）的纯预测模型，或者可以在模型中以其他某种结构方式（例如，通过使用边界）区分过去与未来。
- 公式（计算）：计算通常可以简单地通过遵循 Excel 的默认格式（通常是黑色字体，没有单元格阴影）来识别，可以在关键计算区域或模块周围添加边框。（在传统的公式主导的模型中，使用默认格式将最小化格式化模型所需的工作量）。
- "错误公式"：黑色字体，浅灰色阴影（如果公式更改为值，颜色标注将根据需要更改）。
- 输出：关键输出可以使用黑色字体，浅绿色阴影。

关于格式化的一些注意事项：

- 使用大写或粗体的文字或数字可以用于突出显示关键结果或主要区域的名称。下划线和斜体有其特定的作用，但应限制其使用，从而避免大型 Excel 工作表被投影或打印时的读取困难。
- 小数位数过多会造成阅读困难。但是，如果小数位数过少，可能出现计算结果不会随着输入值的改变而变化的情况（例如，格式化包含值 4.6% 的单元格，使其显示为 5%，如果该单元格的基础值变更为 5.2%，则单元格仍将显示为 5%）。因此，根据需求决定小数位数至关重要。
- 条件和自定义格式的一个缺点是其使用不易被直观地观察，因此，他人对模型的直观理解（即模型的透明度）可能受到部分影响。然而，包含条件格式的单元格可以通过菜单开始/条件格式/管理规则中找到（其中可以选择查找此工作表中的所有规则），也可以通过菜单开始/查找和选择/条件格式找到，或者使用定位（F5 键）中的选择条件格式。

7.4.3 基本的格式化操作

通常可以相对较快地实现格式化的改进，从而极大地提高某些模型的透明度。熟悉一些关键的快捷键将有帮助格式化改进，具体包括（更多相关内容参见第 27 章）：

- "Ctrl + 1"将显示设置单元格格式的主菜单。
- 使用格式刷将一个单元格或区域的格式复制到另一个单元格或区域。如果需要依次将一个单元格或区域的格式应用到多个区域（如区域在工作表中不连续），可以双击格式刷图标，将其保持在活动状态（直到通过单击将其禁用）。
- 使用"Ctrl+*"（或 Ctrl+Shift+Space）选择单元格的当前区域，作为在该区域周围设置边框或格式化所有单元格的第一步。
- 处理区域周围的边框：

- 使用快捷键"Ctrl +&"添加边框。
- 使用快捷键"Ctrl +_"去除边框。
- 在单元格或选定区域内格式化文本：
  - 使用快捷键"Ctrl + 2"（或 Ctrl+B）设置或删除粗体格式。
  - 使用快捷键"Ctrl + 3"（或 Ctrl+I）设置或删除斜体格式。
  - 使用快捷键"Ctrl + 4"（或 Ctrl+U）设置或删除下划线。
- 在输入标签时，使用快捷键"Alt+Enter"在单元格中插入换行符。
- 在不影响现有格式的前提下，使用快捷键"Ctrl +Enter"复制一个公式到指定区域。

7.4.4 条件格式

如果想要基于单元格的值或内容来格式化单元格（或区域），可以使用"开始/条件格式"菜单，例如：

- 突出显示 Excel 错误（如：#DIV0!, #N/A!, #VALUE! 等）。这可以通过使用"管理规则/新建规则"来实现，然后选择规则类型为"只为包含以下内容的单元格设置格式"，在编辑规则说明下设置"只为满足以下条件的单元格设置格式"，并选择"错误"（然后使用"格式"按钮设置所需的格式）。也可以使用这种方式来格式化日期和空白单元格。
- 突出显示包含非零值的单元格。例如，以交叉检查计算来检测出错误（非零）值。通过选择"单元格值不等于 0"（而不是"错误"），这样的单元格就可以被高亮显示。为了避免显示非常小的非零值（例如，可能由于 Excel 中的舍入错误而产生），可改为"未介于"选项，将下限和上限分别设置为很小的负值和正值。
- 基于日期（在目录"只为满足以下条件的单元格设置格式"下拉列表中选择"发生日期"）。
- 突出显示最低或最高值（如前 5 项）。
- 使用数据图例或图标集来突出比较或显示趋势。
- 检测区域内的重复值（或检测唯一值）。
- 检测特定的文本字段或单词。
- 根据公式的评估来突出单元格。例如，通过选择规则类型下"使用公式确定要设置格式的单元格"来确定哪些单元格要格式化，然后将公式设置为"=ISERROR（单元格引用）"，以此突出显示包含错误的单元格。同样，通过在数据输入框中设置公式"=MOD(ROW(A1),2)=1"，可以突出显示工作表的交替行。

图 7.15 使用条件格式来突出显示过去 7 天中的日期。图 7.16 高亮显示小于 1% 的值，图 7.17 高亮最大的两个值。

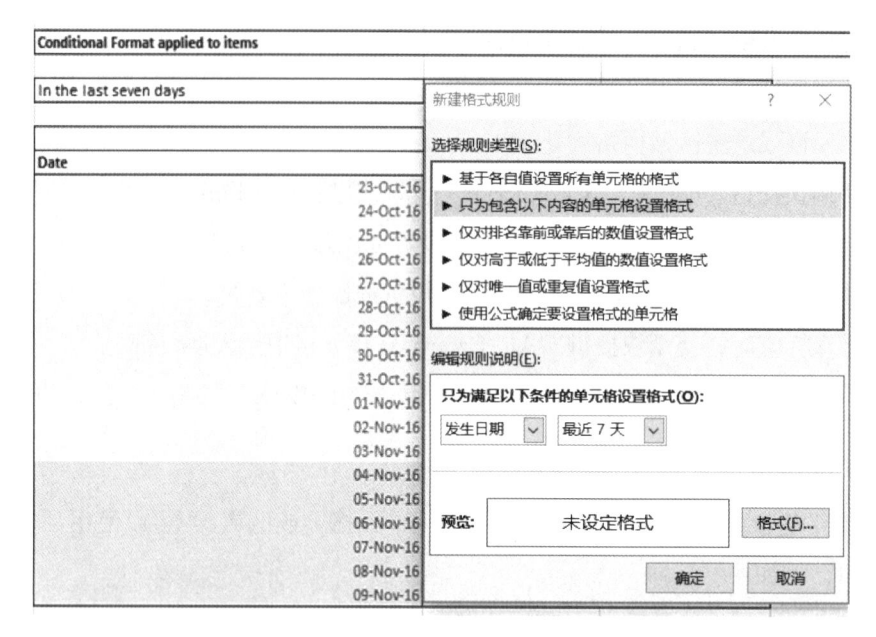

图7.15 适用于日期的条件格式案例

图7.16 使用条件格式来强调小于1%的数值

7.4.5 自定义格式

自定义格式可以用来创建定制的格式规则，例如：

- 用括号显示负数。
- 使用欧式格式化规则，比如每隔三位数使用一个空格（用来代替逗号）。
- 以千为单位显示值（在简化形式值之后使用字母 k，而不是使用除法将千位后的数字除去），同样地，以百万为单位显示值也与之类似。

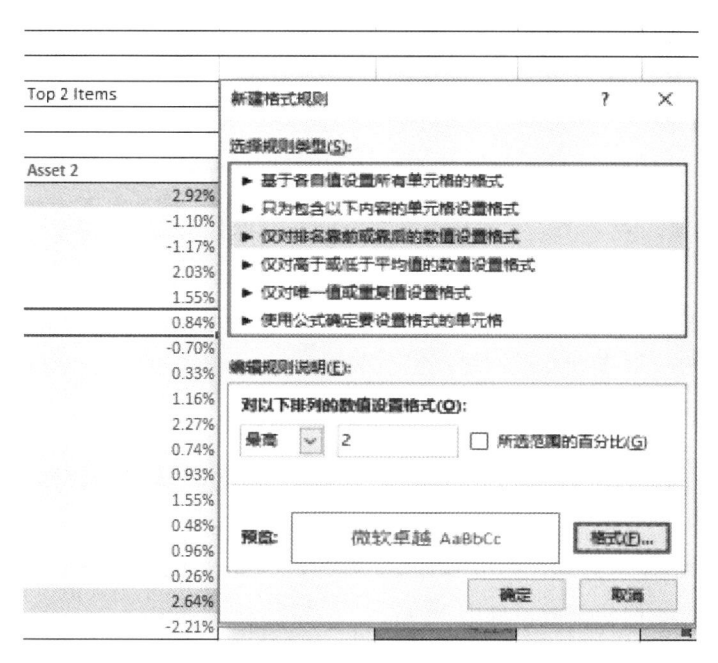

第 7 章 创建透明度：公式结构、流程和格式

图7.17 使用条件格式来强调前两个数值

- 以期望的方式格式化日期（如果某种格式不存在于标准日期选项中，如 01-JAN-17）。

菜单可以在 Excel "开始 / 数字"下访问（选择下拉框中的其他数字格式），也可以使用快捷键 "Ctrl+1"。通过在类型对话框中直接键入或选择和修改现有格式中的一种来创建新格式。

文件 Ch7.2.CustomFormats.xlsx 包含几个参考示例。图 7.18 展示了用括号显示负数的情况。注意，用于正数的格式是在结尾处有空格（在分号之前使用一个空格）。因此，如果正数显示在负数之上，则其数字单位的显示将可以对齐（反之亦然）。

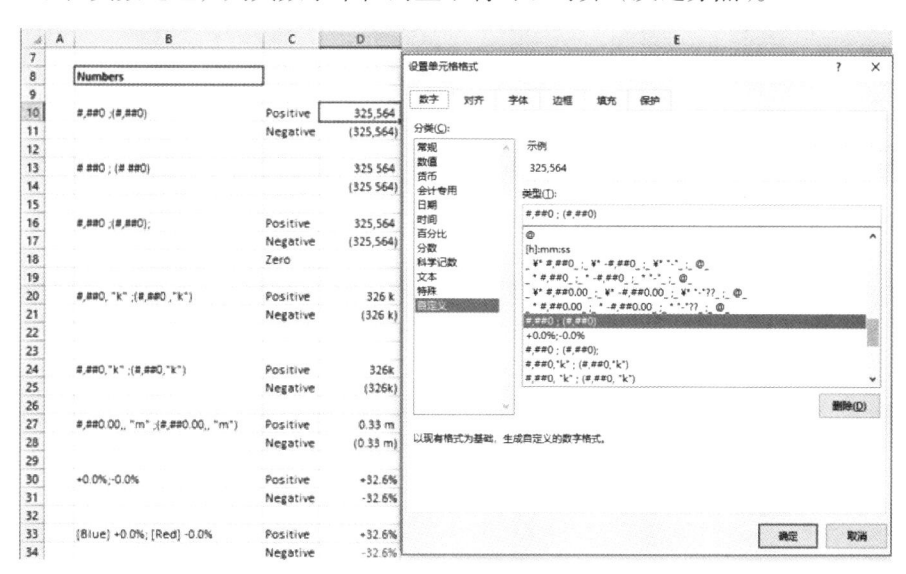

图7.18 自定义格式的示例

7.5 创建文档、注释和超链接

对模型进行文档记录是很有帮助的，可以带来额外价值。相关操作包括：

- 关键目标、语境假设和结构限制（即模型的有效性或嵌入逻辑的关键限制）。
- 关键输入假设，以及关于如何使用它们的一切限制（例如，需要整数输入，或某些组合无法代表有效场景）。
- 可能最初显得复杂或不直观方面的相关说明。

注释或文本可以以多种方式创建，包括：

- 以常规字体写一些普通的说明。
- 在特定单元格的注释框中进行注释（"审阅/注释"下拉选择新建或编辑注释，或右击单元格选择新建注释）。
- 公式内的注释，例如"=105*ISTEXT("2017年的数据")"，或者使用 ISNUMBER 函数或其他类似的函数（见第22章）。

使用注释的主要问题之一是确保它们被及时更新。当公式、输入数据或模型的隐式上下文假设发生变化时，我们很容易忘记更新注释。这一问题可以借助以下这些方法解决：

- 使用"审阅/注释菜单"（或等效工具栏快捷方式）来显示（或隐藏）所有注释框，并通过"审阅/注释"中的上一条和下一条来浏览。这个操作应该定期进行，并且作为模型最终确定之前的最后一步。
- 使用"页面布局/页面设置/工作表打印"注释框的内容，在注释下选择是在工作表末尾打印还是如工作表上所示打印。
- 对于公式内的注释，可能需要将模型设置为公式视图并单独检查注释。或者，可以专门搜索 ISTEXT 函数、ISNUMBER 函数或其他函数，并单独检查这些函数。

超链接的使用有助于增强模型的可导航性（并提高透明度），可作为区域命名方式的一种替代操作。然而，随着模型的改变，超链接经常会失效（或未更新），这让用户感到不安。模型的部分失效会降低用户对模型整体的信心。因此，如果使用超链接，在与其他人共享模型之前，至少应该确保它们是最新的（第25章展示了一些简单的示例）。

第8章 创建稳健、透明的公式

8.1 介绍

本章将阐述构建稳健、透明的公式的方法与技术。虽然有时错误消息会被醒目提示，或者我们观察到与正确数字不同数量级的计算值（或由于某些其他原因会明显感到不正确），但是大部分情况下错误不易被觉察且很容易被忽略。

本章的第一节将讨论导致错误的潜在成因。第二节展示了模型和公式中一些常见错误的示例。第三节讨论了命名区域，包括使用它们构建透明灵活的模型的优缺点。第四节介绍了一些可用于构建和测试公式以及检测、纠正或管理错误的关键方法。

8.2 通常的错误成因

8.2.1 未能充分遵循与流程、格式和审核路径相关的最佳实践原则

产生错误的一个关键原因是没有充分遵循最佳实践。若模型过于复杂、包含不必要的灵活性、布局不佳（如流程不佳、对角线审核路径、过多工作表、跨工作表结构不一致）、格式不佳等，其错误的产生会导致更高的风险。

8.2.2 未能设身处地考虑模型审核员和其他用户的使用习惯

正如第7章中所讨论的，理解最佳实践和创建透明模型的一个关键方法是使自己置身于模型审核员的位置。例如，某个公式在起初构建时看起来只是略微有点复杂，但当同一模型构建者几天后查看该公式时，就会觉得它更加复杂，而对于随后审阅该公式的第三方来说，则会显得愈发复杂。忽略这个关键方法常常导致构建出来的模型看上去对于模型构建者本人来说很容易使用，但事实上却并非如此。

8.2.3 过度自信、缺乏检查和时间限制

当建立复杂公式时，许多建模者未能对它们进行充分的测试，尤其缺乏发现计算错误（即使基本值可能是正确的）这一情形的机制。这往往是因为他们过于自信或乐观，认为在特定情况下正确计算的复杂公式的结果应该总是正确的。有时，实际的时间限制也会产生影响。限制时间对建模效率的提升作用较小，并且伴随着高效的假象。"定时

炸弹"这一术语被用来描述这样一种情形,即:原始模型构建者知道一个公式(或模型)只在有限的情况下是正确的,但认为自己对模型负责的期限很快就会结束,可以将这些问题留给继任者。但是,今后若要交流现在发生的问题,继任者恐怕难以完全胜任。

8.2.4 使用了非最优函数

正如第 9 章会详细讨论到的,虽然通常有许多方法可以计算得到相同且正确的数字,但是模型构建者往往倾向于使用他们第一想到的或者他们最为熟悉的方法。模型构建者通常缺乏对可能选项以及其优缺点的考虑,包括可能选项的灵活性、计算效率或透明度等问题。这最终会导致模型过度复杂、缺乏灵活性和计算效率低下。

8.2.5 区域命名、循环引用、宏的不当应用

错误的另一个常见成因是区域命名、循环引用或宏的使用不当,或者使用恰当但具体执行不当。这些主题将会在后文详细讨论(命名区域的使用请参阅本章后面的小节,循环引用见第 10 章,宏的讨论见第 6 部分)。在此,我们只需明白:不恰当或无效的使用其中任何一项都将造成模型透明度和灵活性的降低,从而导致错误或使得产生错误的机会增加。

8.3 常见的错误

8.3.1 引用了错误区域或空白单元格

如果以过于复杂方式构建模型,那么模型中的公式更有可能包含错误引用区域,这有可能只是因为该类错误不是显而易见的,也有可能是难以检测造成的。这种公式的检验较为烦琐,故而很难彻底进行检查。例如,很难对如下所示的这类涉及多个工作表、包含嵌套引用的公式进行审核和验证:

B18 = SUM(Investments!C113 : C159,WorkingCapital!D81 : D109,Operations!E15 : E89)

此外,即使在初始构建模型时正确编辑了公式,也很难长期对这些公式进行维护。因此,后续版本或更新后的模型很可能包含错误。例如更新模型时,如果在单元格 Investments!C160 中添加了新信息作为附加项(即附加项紧挨于 Investments 表中的原始数据集合下方),那么我们很可能无法立刻意识到需要同时对诸如上述的这类包含在另一个工作表中的公式进行更新。毫无疑问,如果我们遵循最佳实践的原则,特别是第 7 章中讨论的那些原则,那么基本可以避免这些问题(例如,首先在同区域的工作表中单独完成每个区域的求和,之后用单个单元格跨工作表引用这些中间汇总值)。

类似地,模型通常也会存在一些引用空白单元格的公式。然而,这种操作通常也不被

接受，主要出于以下几个原因：

- 通常我们不清楚空白单元格的使用是否是本身就是一个错误。例如"=SUM(D3:D20)+H9"（其中 H9 是空白）这样的公式很可能是由于单纯的键入错误所导致的。如果用户在单元格中输入数值、日期或文本（可能是为了向模型中添加记录），那么将会造成错误的计算结果。但是，如果用户未能意识到空白单元格本身存在的问题，那么他将无法意识到由此造成的错误。
- 即使有意且正确地使用，默认情况下为空白的输入也常常不太容易被标记（因为模型构建者通常不会重点关注空白单元格的标记问题）。这可能导致用户未能按照默认情况填充这些单元格，造成了错误值的输入（例如，对于利率的输入是 4 而不是 4%，或者对于投资金额输入正数而不是负数等等）。
- 尽管空白单元格作为 Excel 函数的输入值时被设计得较为稳健，但模型的透明度经常因此而降低。例如，MINA 函数、MAXA 函数和 COUNTA 函数会忽略空白单元格，但是将文本输入视为零。因此，最初为空白的单元格如果后续输入文本内容，则会更改后续的计算结果。图 8.1 显示了这类问题（这些函数在第 17 章中有更详细的描述）。

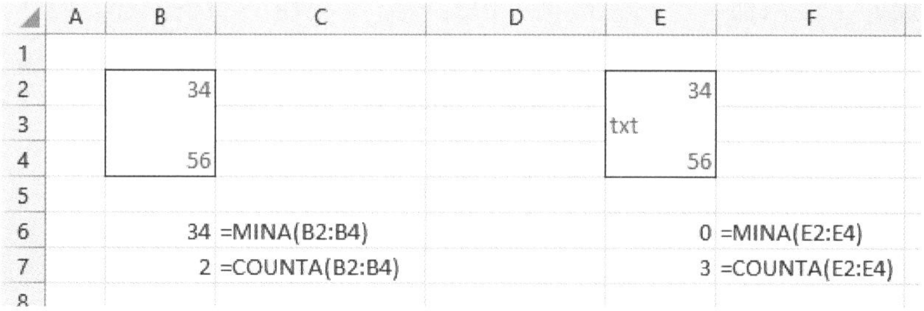

图8.1 使用空格和文本字段作为模型输入的操作

这种具有目的性的空白单元格在特定情景中有着重大意义，即作为未实现数据的占位符。例如，直到实际数据可得（见第 22 章）前使用预测数据。在这种模型中，空白单元格应该被格式化并放置在输入区域中，从而使得这些单元格在适当的时间被填充。

8.3.2 隐藏的假设、输入和标签

当模型缺乏透明度，无法确认模型中区域与值的对应关系时，模型容易产生错误。常见的情形有以下几种：

- 一些输入值处于计算区域中，甚至另外有一个单独的区域（或工作表）被称作"输入区域"（或类似名称）。注意，虽然（根据第 5 章、第 6 章和第 7 章的讨论），最佳实践允许输入值并不全部集中放置的模块化结构。但是，这里的问题是，在模型中，输入表面上呈现为集中（或在指定区域中）放置，而实际上在其他区域中也存

在输入值，但是这些输入值没有明确被指明是输入值。
- 输入值放在隐藏工作表中。虽然隐藏工作表的做法通常是不太可取的，但在某些情况下（例如，出于保密原因或需要隐藏保留的旧数据）也是适用的。然而，隐藏的工作表中通常不应包含输入假设，这会影响模型的计算。因为，如果不经过详细的审核，这些假设无法被明确得知，可能造成输入值被错误设置，继而模型的计算结果也将不正确。
- 标签作为输入。当文本标签（如国家名称）成为模型的输入时（例如，SUMIFS 函数中需要使用标签判断国家并对数据库中该国的客户收入求和时），我们通常应仔细管理标签（见第 7 章）。
- 重复假设。输入值的重复（例如，将税率设置在模型不同部分的两个单独单元格中）显然是不恰当的。这不仅会造成敏感性分析的错误（因为其中只有一个值会被更改），而且还可能导致后续错误或无法正确更新模型。然而，这种重复经常发生且常常被忽视，并在下列情况中最为常见：存在隐藏的输入表、使用标签作为假设、使用混合公式（包含嵌套到公式中的输入值，然后进行复制）以及结构不良的大型多表模型。
- 向数据库字段添加一类新的数据，但却没有反映在一些条件计算中。例如，在数据库的国家列表中新添加一个国家，但随后的查询或计算却没有考虑这个新添的国家。

8.3.3 对函数返回值的错误理解

尤其在使用嵌套函数时（可能会掩盖错误或不正确值的存在），可能存在忽略某些 Excel 函数值的性质风险。例如：

- 许多财务函数（如 PMT）返回的值为负数，如果将该函数嵌入 IF 函数（例如，要求仅在贷款期内使用该返回值），整个嵌套函数可能会忽略负号的存在，进而在无意中创建了符号相反的错误公式。
- 不一致的定期利率。如果将利率（增长率或回报率）作为财务函数的求输入，则需要确保所使用的利率与模型中时间段的粒度（例如，年度、季度或月度）保持一致。然而，这往往易被忽视。
- 错误的贴现。在使用 NPV 函数时，一个经常出现的错误是：忽略该函数隐式地假设了该区域的第一个单元格中的值被贴现一个周期，第二个值被贴现两个周期，以此类推。这等同于假设所有现金流都发生在期末。因此，一般应将项目初始时刻发生的投资现金流从该函数中排除，并分开处理以计算总净现值。
- 忽略逻辑语句返回值的行为，特别是在嵌套函数中。例如，当诸如将"=AND(E19=1,

E20=1)"之类的短句嵌入 SUMPRODUCT 函数时，可能并非如预期的那样进行计算（即不直接等同于 0 或 1），此处见第 9 章的示例。
- 由于我们忽略了文本字段与数值字段之间的不同性质，若使用文本字段（而非数值字段）作为函数返回值（例如 ="TRUE"的性质与 =TURE 或者 =1 的性质不同），可能会导致公式错误。
- 虽然某些单元格中的数据显示为数字，但我们很容易忽略其单元格格式实际为文本。这类问题（忽略单元格格式）若存在于直接构建的公式中，通常会在公式的后续计算过程里被发现，但在关联的嵌套公式或者条件求和中则不太容易被发现。所以，我们需要进行一些适当的操作来避免这个问题。该类问题通常出现在文本函数或日期函数中，本书后续将会对此进行讨论。

8.3.4 同一区域内使用的公式不一致

经常会存在一些彼此不一致（即不同）的公式。例如，如果同一行中的项目表示基于时间的预测（如收入、成本或资本支出），则可能会发现该行中某个位置的公式与该行中其相邻单元格中的公式不同。产生这种不一致的原因有很多：
- 第一个时间段具有不同于其他时间段的属性。例如，初始阶段的资本支出预算可能被预计为固定的（因为管理层已经批准了具体的预算），而较长期的支出要求将取决于增长率假设。
- 由于合同条款有所规定，故而一个项目（如供应商对客户的价格）在初始阶段是固定的，但在该阶段之后会由于通货膨胀而增加。
- 如果取自另一个模型或预测，则这些值可能已经被硬编码（而不是使用公式链接或链接的工作簿）。
- 一些简单的错误。例如，当在公式栏中操作时按 F9 键会导致公式被其计算结果的值所取代。

当然，一般来说，出于以下原因，在连续区域内使用不一致的公式并非理想操作：
- 用户通常不会预期到公式中存在变化，从而可能会误用或误解模型。
- 当模型需要修改时，需要额外的工作量来确定不一致的公式是错误，还是模型中有意义的存在。
- 在进行修改时，不一致的公式很可能会被覆盖，特别是如果使用快捷键在一个区域内快速复制公式。

有时，这种不一致的公式在一定区域内是必要的。实际上，由于存在从一个包含数值输入的区域过渡到包含公式的区域的现象，在某种程度上，几乎所有模型中都存在公式的不一致。例如，在图 8.2 中（图 7.10 的重复，但更为简化的展示），单元格 C4 包含一个输入假设，单元格 D4 为空，单元格 E4 是取自单元格 C4 的值的公式，而区域 F4:H4 包含增长公式。因此，第四行中的公式并不是完全相同的。

	A	B	C	D	E	F	G	H	I
1									
2			Starting $m	Growth % p.a.	2017	2018	2019	2020	
3									
4		Revenue	100		100	105.0	110.3	115.8	=G4*(1+H5)
5		% Growth		5.0%		5.0%	5.0%	5.0%	=$D5

图8.2 标准建模方式中经常使用不一致的公式

如果需要这种不一致性，可以使用以下原则和技术来最大化透明度，从而减少误解或随后产生错误的风险：

- 使用格式化（颜色标注和边框）来区分一种逻辑与另一种逻辑（例如，在连续区域内的不同公式），或者标记从数字到公式的转变。
- 使用文档和注释来描述这种转变的原因。
- 单元格或区域设置成保护模式，以避免此类公式被另一用户意外地"修正"（参见本章的后续内容）。
- 将公式分成不同区域（通常只有两个区域），每个区域内包含各自逻辑一致的公式，并且显式地选择要应用的公式。

注意（如后所述），Excel 错误检查过程可以突出显示不一致的公式。此外，通过"公式/显示公式"（或快捷键 Ctrl+`），可以视觉上直观检查公式、公式不一致或错误。

8.3.5 通过 IFERROR 函数覆盖未考虑到的错误

尽管 IFERROR 函数使用起来很容易，但也需谨慎使用。一般来说，如果希望 IFERROR 函数只应用于"有效错误"，我们就需要适当调整公式。如果无视错误产生原因并都对其进行覆盖，则可能会忽略实际上应该纠正的错误。使用 IF 函数来管理特定预期错误情况可以说是一个不错的方法，但不应是不论缘由地覆盖所有错误。

8.3.6 模型的正确性仅局限在基本状态下

一个常见的错误是模型在基本情况下（也许是在一组情况下）计算正确，但在其他情况下则产生错误。可能有以下原因：

- 计算公式被硬编码的数字覆盖。
- 仅在某些情况下才显现出来的模型结构限制问题。例如，如果查找函数所需的区域超过其原始构建时的区域（例如一个包含 50 列的模型，但是查找函数需要查找的值位于列 53 中，那么该值属于意外但有效的输入集）。

- 当涉及利率计算并使用循环引用时，如果期间利率为 200% 或更高，则可能出现分歧（这种情况在实践中很少出现，但在某些情况下确实如此）。
- 其中一些公式只有在包含几个输入值的特定组合同时变化的情况下会变得无效，而不会在一个或两个组合变化的情况下无效。
- 模型中内置了时移机制（即使基本情况对应于零的移位）。但是，如果试图移位非整数（或负）周期，则这可能会导致移位失败。

8.3.7 未能正确修改构建不当的模型

当对复杂或构建不佳的模型进行更改时，也会出现错误。原则上，错误的产生可能由多种原因导致，例如：

- 如果使用过多的绝对单元格引用，那么通过复制创建的其他公式很可能引用了错误单元格。
- 当引入新的列或行时，使用带有 VLOOKUP 函数或 HLOKUP 函数的硬编码列号或行号的模型可能产生错误（见第 25 章）。
- 使用的公式链接到多个表的区间内。
- 在连续区域中存在公式不一致的情况下，若区域中的一个公式被更新或校正时，区域中的其他一些公式可能被错误地覆盖。
- 宏写得不好的地方（例如，使用单元格引用而不是命名区域）。

8.4 区域命名

区域命名是 Excel 建模者广泛关注的话题。一些人认为，区域命名几乎在所有情况下都应该被广泛使用，并视此为最佳实践，而另一些人则倾向于认为应该尽量避免使用它们。客观来说，与 Excel 的早期版本相比，从 Excel 2007 起，对管理命名的功能的改进不仅简化了其使用，而且弱化了一些潜在缺点。作者认为，区域命名应该只在特定的背景下有选择地使用。他认为，在大多数 Excel 建模情况下，默认使用区域命名来构建模型是不恰当的。

8.4.1 机制与实现

关于使用名称的机制，以下几点值得注意：

- 可以使用"公式/名称管理器"或快捷键"Ctrl+F3"输入、编辑和删除名称。
- 区域的名称可以作用于工作表或者工作簿。名称的作用域是工作簿中不需要应用它的区域。一般来说，如果该名称需要在多张工作表中计算使用，那么其作用范围应该是工作簿（如果在另一个工作表中需要使用该工作表区域的名称，则需要使用工作表名称作为限定符，例如 Sheet1! 区域的名称)。

- 如果我们通过名称框，而不是"公式 / 名称管理器"实现对名称的操作，则区域会自动设置为整个工作簿。虽然这样操作较快，但通常情况下应避免这样操作。这是因为正确定义区域很重要，公式 / 名称管理器的使用能够更明确地提醒我们要考虑这一点。此外，通常不建议使用名称框来更改名称（重命名相同的区域），因为这将导致原始名称的保留。
- 通过快捷键 F3，并选择粘贴列表（或"公式 / 粘贴名称"），可将以工作簿或当前工作表作为命名区域的名称列表粘贴到 Excel 中。这种操作适用于以下情况：
  - 创建引用这些名称的 VBA 代码，以便将名称正确复制到如 VBA 的 Range("名称")语句中。
  - 审核和记录一个模型。
  - 寻找关联其他工作簿的链接。
  - 试图确定一个区域是否被赋予多个名称，可以以名称的位置作为键值，对粘贴的列表进行排序（以便具有相同位置的名称彼此相邻显示，从而排序后的列表可以检查是否有元素引用相同区间）。
- 在公式栏中创建公式时（在输入等于号之后），可以使用快捷键 F3（或"公式 / 用于公式"）查看可以插入的名称列表。显示的名称的作用域是当前工作表或工作簿，而非其他工作表（这同样也适用于使用下拉名称框时可见的名称列表）。
- 在列和行区域的名称之间使用空格将返回这些区域相交的单元格的值（如果区域不相交则返回 #NULL!error ）。
- 如果名称在使用其的公式创建之后才被定义，那么我们可以通过"公式 / 定义名称 / 应用名称"重新构建应用名称的公式。

8.4.2 区域命名的缺点

区域命名的潜在缺点主要包括：可能导致模型的灵活度下降、复杂度上升，以及在公式中使用多单元格区域时可能会出现错误。

区域命名可能会导致移动项目或修改公式时的灵活性受到限制：

- 如果公式或潜在命名区域的移动方式不一致，则使用多单元格区域构建的公式可能会产生意外的错误。图 8.3 展示了使用两个多单元格的命名区域来创建公式的例子，图 8.4 展示了将此公式（通过剪切和粘贴）移动两列后的效果。注意，该操作产生了意外的错误：
  - 特别是在多工作表模型中，在一个工作表中所使用的时间轴对于另一个工作表来说可能不容易看到，在利润区域的早期部分中显示的值可能无法与应于其他命名区域中正确时间段的值相对应。
- 在一个列数较多的大型模型中，#VALUE! 字段可能会被忽略。
- 当为多个多单元格区域命名时（如对区域 C5:Z5 和区域 C8:Z8 命名），这些多单元格最好具有一致的行或列定义（例如，从 C 列开始到 Z 列结束，而不是一会儿从 C 列开始，一会儿又从 B 列开始）。即使这样，仍然可能在一些建模应用中产生混淆。例如，当使用财务报表模型时，资产负债表上的项目通常包含期初余额，该期初余额是从前一期期末值结转而来的，而利润表或现金流量表上则不包含此类项目。因此，资产负债表项目的命名区域可能比利润表和现金流量表的项目的命名区域早一个单元。如果区域被定义为具有相同的大小，那么整个区域内的公式将无法保持一致。因为此时对于资产负债表来说，区域中的第一个公式将涉及单元格引用，而其他公式将使用命名区域。

	A	B	C	D	E	F	G	H	I	J	K	L
1												
2		Rev1	100	110	120	130	140					Rev1TEST
3												
4		Cost1	80	80	80	80	80					Cost1TEST
5												
6		Profit	20	30	40	50	60					=Rev1TEST-Cost1TEST

图8.3 使用多单元格的命名区域来创建公式

	A	B	C	D	E	F	G	H	I	J
1										
2		Rev2	100	110	120	130	140			
3										
4		Cost2	80	80	80	80				
5										
6						Profit	50	60	#VALUE!	#VALUE!	#VALUE!

图8.4 多单元格的命名区域移动时公式产生的错误

- 我们可能希望移动项目（包括移动一些项目到新的工作表），以便优化布局和结构，但这对于含有多个单元格命名区域的模型来说很难实现。我们可能需要为每个部分重新创建新的名称、删除旧的名称并重建公式。特别是当从头开始构建模型或者将现有模型适应新情况时，这些操作可能给建模带来严重的限制和阻碍。
- 无论区域的作用域是工作簿还是工作表，一旦区域被命名后就不能轻易地被更改。否则，删除公式中使用的名称将导致错误，并可能导致大量的重建工作。借助"查找/替换"功能可用于克服部分限制（例如，创建具有正确区域的新的类似名称，然后在删除名称之前修改使用原始名称的公式）。

使用区域命名后在公式中使用名称可能导致未考虑到的错误，其主要原因还是因为建模者未能完全或广泛地得理解命名区域应用的复杂性。

文件 Ch8.1.MultiCellNames.xslx 中强调了在公式内使用多个单元格命名区域时可能出现意外结果的可能性。图 8.5 显示了该文件的截屏，其中区域 D3:I3（模型的时间轴）被赋予名称 Dates。请注意以下事项：

- 第 4 行和第 5 行都包含 IF 函数，用于返回标志指示符（若模型时间轴的日期在 C 列中测试的特定日期之后则返回 1，否则返回 0）。注意，第 5 行公式中的加号不影响结果。
- 第 6 行和第 7 行应用了类似的测试，但是当日期大于测试日期的时候返回模型时间轴的日期而不是 1，否则返回的是特定日期而不是 0。注意，这相当于计算测试数据和模型时间轴日期的最大值。同样，第 7 行公式中的加号也不影响结果。
- 第 8 行和第 9 行显示了使用 MAX 函数代替 IF 语句的结果。由于第 6 行和第 7 行中的公式就是计算最大值，所以可以预期得到相同结果。然而，第 8 行显示，在整个区域中的返回值是单一值，其对应于测试数据和命名区域内所有日期的最大值，而在第 9 行（由于加号），函数返回特定于单个单元格的值。

	B	C	D	E	F	G	H	I
1								
2			Dates					
3	Functions	Test Date	01/01/2017	01/01/2018	01/01/2019	01/01/2020	01/01/2021	01/01/2022
4	=IF($C4<=Dates,1,0)	09/06/2020	0	0	0	0	1	1
5	=IF($C5<=+Dates,1,0)	09/06/2020	0	0	0	0	1	1
6	=IF($C6<=Dates,Dates,$C6)	09/06/2020	09/06/2020	09/06/2020	09/06/2020	09/06/2020	01/01/2021	01/01/2022
7	=IF($C7<=+Dates,Dates,$C7)	09/06/2020	09/06/2020	09/06/2020	09/06/2020	09/06/2020	01/01/2021	01/01/2022
8	=MAX($C8,Dates)	09/06/2020	01/01/2022	01/01/2022	01/01/2022	01/01/2022	01/01/2022	01/01/2022
9	=MAX($C9,+Dates)	09/06/2020	09/06/2020	09/06/2020	09/06/2020	09/06/2020	01/01/2021	01/01/2022

图8.5 在多单元格的命名区域内引用所有区域或单个值

在图 8.6 中，我们展示了在同一案例中对区域 Dates 使用 MAX 函数后的结果，以及对区域 Values（即区域 D16:I16）使用 SUM 函数后的结果。

10	=MAX(Dates)		01/01/2022					
11	=MAX(+Dates)		01/01/2017					
12	=MAX(Dates)	01/01/2022						
13	=MAX(+Dates)	#VALUE!						
14								
15			Values					
16			100	100	100	100	100	100
17	=SUM(Values)		600					
18	=SUM(+Values)		100					
19	=SUM(Values)	600						
20	=SUM(+Values)	#VALUE!						

图8.6 MAX函数和SUM函数在多单元格区域中的可能应用

在图 8.7 中，我们展示了 NPV 函数在同一情景下的使用，进一步强调可能出现的潜在错误。

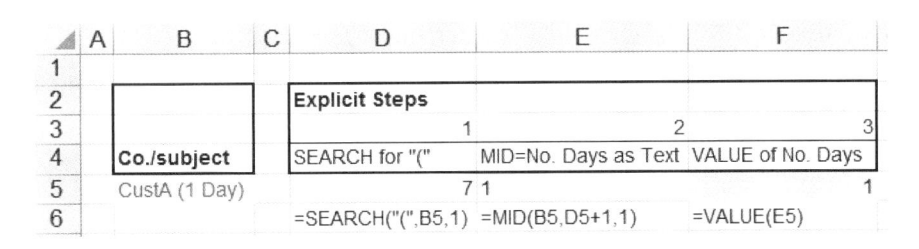

	A	B	C	D	E	F
1						
2				Explicit Steps		
3				1	2	3
4		Co./subject		SEARCH for "("	MID=No. Days as Text	VALUE of No. Days
5		CustA (1 Day)		7	1	1
6				=SEARCH("(",B5,1)	=MID(B5,D5+1,1)	=VALUE(E5)

图8.7 NPV函数在多单元格区域的应用

总而言之，许多建模者或使用者可能未能预期到这种结果，因此可能无意中犯错，尤其是在计算路径较长的大型模型中。

区域命名的其他潜在缺点包括：

- 区域命名并不一定能确保逻辑流程更清晰。在引用单元格时，基本可以明确地表示出公式中涉及的单元格的位置（例如，它们是在当前单元格的上方、下方、右边，或是在另一工作簿中）。然而，当构建一个公式时（例如通过快捷键 F3 或通过直接键入预定义的名称来创建 "Profit=Revenue−Cost"），则无法明确地表示出命名区域的位置。因此，很难识别和纠正潜在的流程问题（比如不遵守从上到下和从左到右或者在工作表之间连接最小化等原则）。当然，区域命名在本质上并不会妨碍清晰逻辑流程的创建，但建模者往往容易忽略区域命名所带来的潜在流程问题。因此，我们在实际使用命名的区域来构建模型时不得不做出一些妥协，进而增加了模型的审核难度。

- 作为默认的建模方法，区域命名通常会伴随着许多未能被明确定义和结构化的名称，从而抵消了模型透明所带来的潜在好处。在某些情况下，合适的名称结构可以在早期被确定并使用系统的命名规则（例如，使用名称 "Price.BU1.2016.US$" 而不是简单的 "Price"）。但是，建模过程往往具有探索性，名称结构无法在一开始被完整定义，因此可能出现以下几种方式，包括：

  ○ 当引入新的、结构更好或区域更适当的名称集时（例如使用名称 "Price.BU1.2016.US$" 而不是简单的 "Price"），就需要对使用这些名称的公式进行调整或重新构建。这一过程这可能会很麻烦、耗时且容易出错。

  ○ 如果给包含公式的区域起一个最初适合于该公式的名称，但随后对计算进行修改（例如原始公式被新公式覆盖，新公式还包含对货币汇率的引用），那么原始名称将不再适用。这可能导致公式不清晰或存在错误，或者（如果为同一区域引入新名称）导致相同区域的名称重复（这可能导致意外错误）。

  ○ 虽然为了取得良好的实践，建议避免冗长的名称，但通常我们却没有那么做，所以任何无意中引用旧名称的公式可能看起来是正确的（即产生看似合理的值，而

不是错误或 #REF! 消息），但实际上引用的却是不正确的区域。
- 许多建模者或模型的使用者并不熟悉命名区域，因此可能会发现模型变得难以理解。

因此，当模型随着时间的推移或者因为某些要求需要做调整，更或是需要具备探索性的功能而不仅仅是用算法和公式实现既定目标时，使用命名区域不仅会降低模型的灵活性增加其复杂性，还可能会引入意想不到的错误。

8.4.3 区域命名的优点和主要用途

对区域进行命名的重要原因有以下几点：

- 允许启用快速模型导航（使用快捷键 F5，或"开始 / 查找和选择 / 转到"，或下拉名称框等操作）。
- 编写 VBA 代码时，区域命名可以使模型更强大（如本书第 6 部分所述）；
- 通过使用有意义的名称来描述计算中的变量，而不是使用单元格引用，这样可以增强公式的透明度。尤其是当应用标准公式或算法，或者建模过程包含一些没有探索的部分时，区域命名是有意义的。例如，采用布莱克 – 斯科尔斯公式对欧式期权进行估值时，所有的输入都是已知的，且计算步骤是被准确定义的。在这种情况下，我们可以在进行计算之前适当地定义名称，继而使得模型更清晰、结构良好且不需要频繁更改。
- 我们可以创建一些引用相同区域的公式，从而在扩展或缩小区域时无需更改公式（仅通过一次性更改区域的定义）。例如，SUM（DataSet）、AVERAGE（DataSet）等。
- 可以创建动态或灵活的区域，使得对现有数据集进行数据添加或删除时，模型会自动调整。当多个公式或图表使用相同的区域作为输入时也同样适用。创建动态区域可以避免添加数据时必须更新区域定义的情况。一种方法是在定义名称时使用"引用位置"区域内的 OFFSET 函数或 INDIRECT 函数（见第 25 章中下拉列表的例子）。注意，与使用名称管理器不同，名称不会显示在下拉名称框上。在许多实际案例中，一种简单而强大的方法是使用 Excel 表（见第 26 章）。
- 实现快速打印关键区域的功能。（通过同时启用 Ctrl 键）我们可以使用名称框来选择单个命名区域或多个区域，然后使用（页面布局选项卡上的）设置打印区域命令。如果需要重复进行该操作，我们一般会在定义要打印的命名区域集合之前清除打印区域。

8.5 构建公式、测试、纠错的方法和管理

本小节介绍构建和测试有效公式以及纠错的方法和管理。所讨论的一些关键原则包括：

- 建立清晰表示每个逻辑步骤的公式，并且仅限于在特定情况下少量使用复合公式。
- 在构建每个公式时就对其进行测试，而不仅仅是对已完成的模型进行一般性的总体测试。如果只在模型完成时进行测试，不仅有大量的项目组合需要测试，也许模型还会存在起初就构建不当的问题。
- 通过尝试各种可能的输入，充分测试公式：基本情况、不同于基本情况的变化、极端（大或小）值，以及同时改变多个输入对模型的影响。
- 将纠错这一过程置入模型，设立适当的纠错程序。
- 适当地校正公式或模型结构。除了基本的错误校正之外，其他相关操作还包括：扩大区域大小；引入错误处理程序；限制允许的输入值，保护模型（或其中的区域）内公式不被修改等。
- 对影响输入值或组合的有效性、模型结构等限制进行记录。例如，模型有时可能因为自身结构问题产生一些错误（例如预测周期仅为特定有限数量，或公式仅在特定时间段内适用）。在这种情况下，该类错误可能无法被及时纠正，但必须明确地进行记录（如果可能，也可以被处理）。

8.5.1 通过敏感性测试纠错

本书的主题之一是敏感性相关技术应覆盖建模的整个过程。在第4章中，我们讨论了这些技术在模型设计阶段被用来识别模型的敏感性与灵活性需求。在模型构建阶段，敏感性分析有以下潜在功能：

- 帮助在复杂公式中创建正确的逻辑。例如，若使用嵌套函数、查找类函数或条件逻辑测试其在各种场景下的结果，将有助于确保模型的有效性。
- 根据结构模型的限制要求修改计算公式。例如，对于一些输入组合，当在查找区域内未找到匹配值时，查找类函数的返回结果为 #N/A。在这种情况下，可能需要扩展模型以涵盖更多的行和列；或者可能需要构建某种形式的错误处理功能；再者应当在其文档中明确指出模型的结构限制。
- 纠错或适当地修改模型。例如，当模型中构建错误检查功能（如一些公式的计算结果应总为零）时，它们的值应该在广泛的场景中进行测试，这将有助于确保在基本情况下或是当输入发生变化时，计算始终正确。

注意，在模型完成阶段，通常不需要非常公式化地进行敏感性分析，只需要通过手动方法简单地改变输入值及其组合就足以检测出大多数潜在错误。注意：

- 一般来说，公式应在广泛的输入值区域内测试。至少，当对已完成的模型进行敏感性分析时，公式应该在其所应用的值的区域内有效。更一般地，我们应该测试公式在输入值为正值、负值和极端值时的有效性。令人惊讶的是，比如税费的计算公式被应用得如此频繁，但是很多公式仍然只有当应纳税所得额为正时才有效，这些公式并没有针对发生亏损的情况进行过测试。
- 涉及条件语句的公式应该在所有可能条件发生的情况下进行测试。
- 我们应该准确找出公式的失效条件，相应地调整模型。例如，当增长率等于资本成本时，即使在许多情况下仍然存在有效的替代公式（例如当现金流序列是有限的），用于计算一组贴现现金流的总年金值的一些公式也可能会失效。
- 我们应测试公式在输入组合发生变化时的有效性。由于输入组合的数量很大，因此我们应该考虑清楚组合可能无效的情况（而不是通过不断试错的方式来找到它们）。我们需特别注意模型的输入之间是否存在潜在的依赖关系。例如，可能有两个输入日期，一个日期是生产机器设备的建造日期，另一个是该设备投入生产的开始日期。虽然明智的用户不会故意将后一个日期输在前一个日期之前，但如果我们运行自动化的敏感性分析，则可能出现这种情况。因此，我们需要修改公式，加上一个附加时间周期（限制为正值），以便将设备投入生产的开始日期计算为设备的建造日期。还需注意，真正有效的检查将使用模拟数据来生成大量输入组合，同时跟踪关键项的值（包括错误检查计算，在所有情况下都应得到一组零值）。
- 当我们希望通过观察输入的变化对与其相关若干计算的影响来验证公式时，可以使用公式/监视窗口。另一种方法是创建一个检查区域，区域中的值是单个计算的汇总输出。但是，在规模较大的模型中，特别是在可能需要更改希望监视的计算时，这种方法更麻烦。

8.5.2 使用单步逻辑

由于输入参数并非是由模型构建者或测试者选择的固定数字或区域，而是其他计算的结果，因此我们很难对复合或嵌套公式进行测试。如果这些公式运用了查找函数和（或）对其他工作表的引用〔所提及的区域创建了对角和（或）多表审核路径〕，那么它们将变得更加复杂。举个例子，我们应该避免表 Sheet1 中的如下公式：

$$IF(SUM(Sheet2!C5:C11) > ...)$$

事实上，即使没有跨工作表的引用，复合公式也很难测试。例如，为了评估以下公式中的计算是否正确：

$$= IF(SUM(G3:G19) > SUM(H3:H19), A5, B5)$$

我们必须检查、求和比较（基本上使用心算）每个区域内（区域 G3:G19 和区域 H3:H19）的值。但是，如果将两个 SUM 函数显式地放置在单独的单元格中（如单元格 G20 和单元格 H20），则公式变为：

$$= IF(G20 > H20, A5, B5)$$

因为单元格 G20 和 H20 中的中间求和是明确显示的（并且不需要心算或附加的比较公式），我们更容易看出公式是否如预期那样进行评估。

由于通常很难评估和测试嵌套公式的准确性。因此，我们应该避免多层级嵌套。换句话说，每个公式原则上应该只使用单步逻辑。

但是，仅使用单步逻辑也存在一些缺点：

- 模型可能看起来很庞大。
- 一些多步逻辑过程更容易理解，要么因为它们的逻辑本身不太复杂，要么因为它代表了一种许多建模者和用户都熟悉的标准方法。

因此，在某些情况下，选择性地使用嵌套公式是有意义的，具体包括：

- 通过在 INDEX 函数中使用 MATCH 函数来替换 VLOOKUP 函数（如第 25 章中所述，当需要多次使用 MATCH 函数的计算结果时，MATCH 函数应该保留在单独的单元格中）。
- 在 TEXT 函数中嵌套 SEARCH 函数以直接提取特定字符串。当只有单层嵌套时，是可接受的。然而，如果查找的内容的组成还来自另一个函数的结果（因此将有三个逻辑步骤），则该过程通常应该被分解（关于文本函数的描述，请参阅第 24 章）。
- 诸如 "=VALUE(MID(B3,SEARCH("(",B3,1)+1,1))" 这样的公式基本上可被视为是两步逻辑。公式从等效文本字段返回一个数字而没有产生任何真正的操作或额外的计算，因此 VALUE 函数的存在不会实质性地影响模型的透明度。

通常我们应该避免使用两步以上的嵌套逻辑。在某些情况下，采用用户自定义的函数替换计算会更加有效、灵活和透明（见第 6 部分）。特别是在大型 Excel 表格结构中，因其包含许多复制公式（或中间计算）、公式值的意义不明确，或会多次在单个公式中多次引用相同单元格（如上面例子中的单元格 B3），采用自定义函数代替计算更有效。

8.5.3 构建与分解复合公式

基于以上讨论可知，现实中既存在使用嵌套公式有意义的情况，也存在分解公式更有意义的情况。

为了构建强大且有效的嵌套公式（在有意义的情况下），通常最有效的方法是分别构建和测试每个逻辑步骤，然后通过从公式栏复制，再将这些公式组合为单个公式（可以在一个区域内复制多个调用）。从公式栏复制一个副本的过程中需要确保单元格引用保持正确，然而如果单纯复制粘贴单元格，现实情况下会经常出错。

图 8.8 展示了上述情况（与第 24 章中讨论的示例类似），使用一系列文本函数来分割单元格 B5 中包含的数值（即数字 1）。

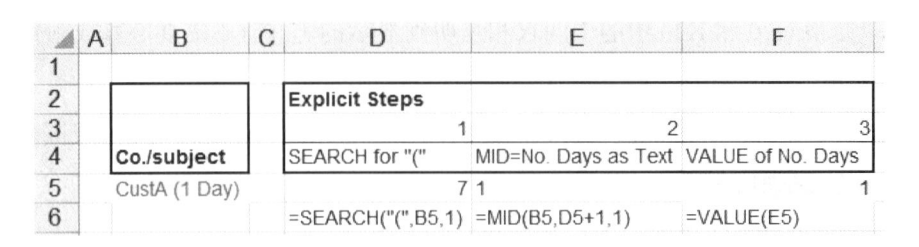

	A	B	C	D	E	F
1						
2				Explicit Steps		
3				1	2	3
4		Co./subject		SEARCH for "("	MID=No. Days as Text	VALUE of No. Days
5		CustA (1 Day)		7	1	1
6				=SEARCH("(",B5,1)	=MID(B5,D5+1,1)	=VALUE(E5)

图8.8 顺序的Text函数来展示独立的步骤

我们应该最先测试这些逻辑步骤，以便它们能适应所有可能在单元格B5中输入的格式，或者应用在更大的有序数据集中。一旦如此，一系列公式就可以组合成一个单一公式。为此，一种稳健的方法是从最终结果开始工作（即单元格F5，包含公式"=VALUE(E5)"），并用这些单元格中的公式集替换单元格引用。此时，在单元格F5中，对单元格E5的引用将被公式"=MID(B5,D5+1,1)"取代。图8.9展示了如何通过从公式栏中复制公式来实现这一点（无须复制"="；在选择要复制的部分并使用Ctrl+C之后，可以使用X（取消）按钮来代替公式栏）。

		fx	=MID(B5,D5+1,1)
	E		F
	2		3
	MID=No. Days as Text		VALUE of No. Days
	=MID(B5,D5+1,1)		1

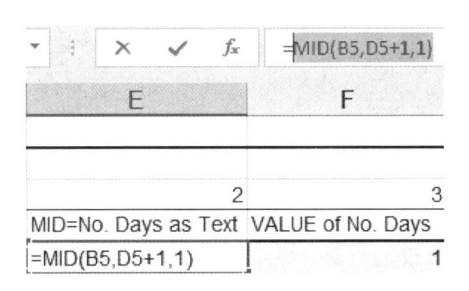

图8.9 顺序的Text函数来展示独立的步骤

上述操作的结果是单元格F5将包含"=VALUE(MID(B5,D5+1,1))"。接下来是以同样的方式用相应的公式替换新的单元格引用（即，用其公式替换D5），从而得到仅取决于输入的最终公式（单元格B5）。

实际上，为了更有效地做到这一点，我们通常应该保留原始公式，仅修改它们的副本。图8.10展示了如何最好地进行该操作，其中单个步骤的最终公式被简单复制（在单元格H5中），并作为后续替换过程的基础。

D	E	F	G	H	I	J
Explicit Steps				Building the Compound Formula in Reverse Steps		
1	2	3		1	2	3
SEARCH for "("	MID=No. Days as Text	VALUE of No. Days				
7	1	1		1	1	1
=SEARCH("(",B5,1)	=MID(B5,D5+1,1)	=VALUE(E5)		=VALUE(E5)	=VALUE(MID(B5,D5+1,1))	=VALUE(MID(B5,SEARCH("(",B5,1)+1,1))

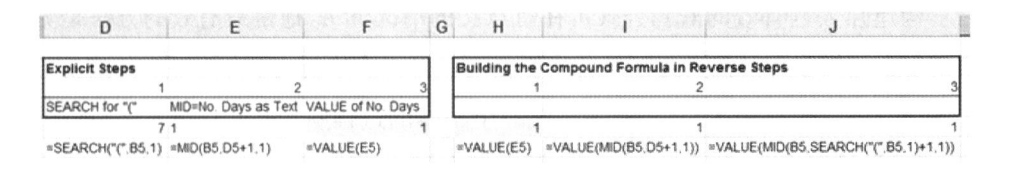

图8.10 使用复制的单元格进行替换的过程

当整个过程完成后，我们应该（使用各种可能的输入值）检查复合公式的结果是否与单个公式的结果相同。一旦检查完成，我们就可以删除单个中间计算。图 8.11 显示了如何将最终公式应用于更大的数据集。

	A	B	C	D
1				
2		Co./subject	No. Days	
3		CustA (1 Day)	1	=VALUE(MID(B3,SEARCH("(",B3,1)+1,1))
4		CustomerB (2 Day)	2	=VALUE(MID(B4,SEARCH("(",B4,1)+1,1))
5		CustC (1 Day)	1	=VALUE(MID(B5,SEARCH("(",B5,1)+1,1))
6		CustoD (2 Days)	2	=VALUE(MID(B6,SEARCH("(",B6,1)+1,1))
7		CustB (2 Days)	2	=VALUE(MID(B7,SEARCH("(",B7,1)+1,1))
8		CustomerB (2 Days)	2	=VALUE(MID(B8,SEARCH("(",B8,1)+1,1))
9		CustomerE (2 Days)	2	=VALUE(MID(B9,SEARCH("(",B9,1)+1,1))
10		CustF (2 Days)	2	=VALUE(MID(B10,SEARCH("(",B10,1)+1,1))
11		CustA (2 Days)	2	=VALUE(MID(B11,SEARCH("(",B11,1)+1,1))
12		CustomG (2 Days)	2	=VALUE(MID(B12,SEARCH("(",B12,1)+1,1))
13		CustA (1 Day)	1	=VALUE(MID(B13,SEARCH("(",B13,1)+1,1))
14		CustA (2 Days)	2	=VALUE(MID(B14,SEARCH("(",B14,1)+1,1))
15		CustmG (2 Days)	2	=VALUE(MID(B15,SEARCH("(",B15,1)+1,1))
16		CusA (1 Days)	1	=VALUE(MID(B16,SEARCH("(",B16,1)+1,1))
17		CustD (2 Days)	2	=VALUE(MID(B17,SEARCH("(",B17,1)+1,1))
18		CustB (3 Days)	3	=VALUE(MID(B18,SEARCH("(",B18,1)+1,1))
19		CustomerE (2 Days)	2	=VALUE(MID(B19,SEARCH("(",B19,1)+1,1))
20		CustF (2 Days)	2	=VALUE(MID(B20,SEARCH("(",B20,1)+1,1))
21		CustA (2 Days)	2	=VALUE(MID(B21,SEARCH("(",B21,1)+1,1))

图8.11 在更大的数据集中应用复合公式

如果希望将复合公式分解成不同部分，直接将其复制到其他单元格并删除不想要的内容可能会导致错误的单元格引用。因此，这通常不是最有效的方法。备选方案包括：

- 将复合公式的部分元素从公式栏复制到新单元格中。
- 在复合公式下方的单元格中使用快捷键 **Ctrl+'** 将公式复制到该单元格，然后删除公式中不必要的部分，完成一次分解。之后将该单元格内容移到新单元格，之后删除该单元格内容，重复上述操作，完成依次分割复合公式的各个部分。例如，下面公式的各个部分可以在汇总前被分解到单独的单元格中去：

= SUM('Finance Revenue'! P21, 'Licence Fee'! P21, 'Subscription Fee'! P21)

8.5.4 仅在必要时使用绝对单元格引用

使用 F4 快捷键的可能导致创建"过量的绝对引用"公式，即当只有行或列需要 $ 限定时，在行和列引用之前都插入了 $ 的公式；这通常会导致公式复制到其他地方后不再正确。尤其在模块化结构中，我们可能将"过量的绝对引用"公式复制到一个新的区域中，而忽略单元格引用的不正确。因此，我们应该考虑绝对单元格引用的最低限度要求。

8.5.5 限制重复或使用不到的逻辑

令人惊讶的是，模型经常包含一些最终对输出没有贡献的计算，或者这些计算在其他地方重复执行。作者在实践中观察到的案例包括：

- 将计算值从一个表传递到另一个表，仅有最终步骤而非中间步骤使用这些值（有时称为"雏菊链"），从而导致审核路径过长。事实上，在目标表中进行最终计算前，我们可以使用"转移"区域在源表和目标表之间传递值。然而，如果模型中许多工作簿之间都需要这样的传输区域，则这些工作簿最好可以整合成一个工作簿。
- "懒惰求和"，例如包含"=SUM(D3:D20)"的单元格 D21 和包含"=D21-D7"的单元格 D22。换句话说，单元格 D22 中的最终计算旨在求和中忽略单元格 D7，并且隐式地使用了公式"=SUM(D3:20)-D7"。

当然，这些问题最好适当地加以改进或纠正。这通常在原则上很简单，但在实践中却非常耗时。例如：

- 重新构建最初引用输入的第二层公式需要将公式重新链接到单个预期输入，并且需要删除该输入的后续链接。
- 如在上述示例中，如果想将单元格 D7 由于某种原因从总和中排除，可以采用以下几种方式：
  - 更改模型结构，以便将要排除的项（即上面示例中的第 7 行）移动到不同的区域内，仅将真正需要的项包含在区域内（本例中为 SUM 函数）。
  - 使用标记字段（包括 0 和 1 或文本字段）来指示排除哪些项，并基于标记的区域和按条件，使用 SUMIFS 函数来添加项。

8.5.6 分段测试计算路径

上面的讨论强调了在构建公式时测试的重要性。但是对于许多公式，它们的输入是计算值而不是引用纯数值，因此仅对已完成的模型进行测试将更为复杂。此时，我们可以使用一种技术（理想情况下是在建立模型时使用），通过特定的公式来中断计算路径。也就是说，公式的输入单元格引用被 CHOOSE 函数替换（引用），CHOOSE 函数用于从主模型的计算结果中或者简单地从用户自定义的替代值集中选择值。例如，如果 Range1 用于表示驱动公式的原始主要计算区域，而 Range2 用于表示在其位置上可能希望使用的任何值，那么可以用新的区域 Range3 来构建模型，于是：

$$Range3 = CHOOSE(iSwitch, Range1, Range2)$$

并将随后的公式链接到 Range3，而不是 Range1。

当然，如果使用这种方法，则需要注意，用于最终决策和分析目的的模型都应基于正确的区域或公式（因此，应该设置开关来选择 Range1 中的值）。

8.5.7 使用 Excel 中的纠错工具

Excel 在文件 / 选项 / 公式下面有一个很有用的"错误检查（Error Checking）"工具

（见图 8.12）。请注意，这个工具通常不是用来检查计算是否准确的，也不是用来检查计算公式是否适合建模的要求（即符合模型规范）。这个工具主要用于识别哪里会导致公式不那么严谨、有效，或者哪里可能引用了错误的区域等等（以便可以进一步调查，并适当地进行修改）。

图8.12 Excel的错误检查

事实上，如果我们已经确认一个完整模型的正确性，那么在模型中使用 Excel 的"错误检查"工具可能会让人分心。因此，在已充分测试的完整模型中，可以关闭该功能。另一方面，在构建（重建）、修改、测试或审核模型时，我们可以在这些过程的各个阶段选择启用该工具。

8.5.8 构建纠错公式

纠错公式可以通过模型计算两条路径并比较结果。最常见的检查是确保两个结果相同，即两个计算项之间的差异应该始终为零。请注意：

- 由于在模型中的不同位置可能会使用不同的纠错方式，因此我们既可以创建引用每个错误检查的统一合并区域，还可以创建一个单一的检查值，该值汇总单个检查的值（可以对单个项目的绝对值进行汇总，以避免正负错误相互抵消）。如果该检查值非零，则表示我们可以通过查看一些单个错误检查的计算来进一步调查具体的错误。
- 条件格式可用于突出显示错误（例如，将单元格内容背景显示为亮黄色）。这点非常有用。当出现的错误非常罕见时，若没有功能来凸显错误，我们可能会忽略它们。

只有"真正能带来额外价值的"纠错才是有价值的。低附加值的纠错是指除非出现真正的基本错误，否则该检查始终评估为零。例如，在使用 SUM 函数沿行和列求和的数据表中，测试行和列的总和是否相同。这通常是一种低附加值的纠错，因为除非其中一个公式存在非常基本的错误（见图 8.13），否则总和将始终相等。（当然，仍然有必要对这些公

	G	H	I	J	K
	Country	<=£10000	>£10000	Total	
	UK	72974	167773	**240747**	=SUM(H3:I3)
	Italy	81866	161252	**243118**	=SUM(H4:I4)
	Germany	38594	114097	**152691**	=SUM(H5:I5)
	France	58885	121107	**179992**	=SUM(H6:I6)
	Spain	43846	184902	**228748**	=SUM(H7:I7)
	Total From SUMIFS	296165	749131		
		=SUM(H3:H7)	=SUM(I3:I7)		
	Row sum of columns		1045296	=SUM(J3:J7)	
	Column sum of rows		1045296	=SUM(H8:I8)	
	Error-Check		0	=H11-H12	

图8.13 低附加值的纠错示例

式进行基本检查，以确保它们完整的数据区域等，但是这些检查不需要永久地被构建到模型中，因为这样会增加模型的大小和复杂性。）

另一个低附加值的纠错是，当定义下拉列表的列表本身与有效项目列表定义的区域相同时，验证从下拉列表（数据/数据验证菜单）中选择的项目是否真正包含在有效项目列表中。

高附加值的错误检查类型的示例如图 8.14 所示。在这种情况下，使用 SUMIF 函数（区域 H3:H7）来合计每个国家的金额（在 D 列中），检查这些数字之和与完整数据集中所有数字之和的差异（单元格 H11）。这种检查可以很容易发现错误，但有些错误也会被忽略，例如：

- 在完整数据集中包含一个新国家，这样会使条件查询列表不完整（忽略新国家）。
- 国家名称拼写错误（在完整数据集或查询区域内）。

	A	B	C	D	E	F	G	H	I
2		Customer	Country	Amount £	Due Date		Country	Amounts £	
3		Cust02	UK	12232	20-Mar-17		UK	240747	=SUMIFS($D$3:$D$102,$C$3:$C$102,$G3)
4		Cust06	Italy	4749	16-May-17		Italy	243118	=SUMIFS($D$3:$D$102,$C$3:$C$102,$G4)
5		Cust07	Italy	7282	12-Apr-17		Germany	160683	=SUMIFS($D$3:$D$102,$C$3:$C$102,$G5)
6		Cust03	Italy	12759	14-Jun-17		France	179992	=SUMIFS($D$3:$D$102,$C$3:$C$102,$G6)
7		Cust10	UK	12334	24-May-17		Spain	228748	=SUMIFS($D$3:$D$102,$C$3:$C$102,$G7)
8		Cust05	Italy	4283	24-Mar-17				
9		Cust06	Germany	7992	5-May-17		Total From SUMIFS	1053288	=SUM(H3:H8)
10		Cust06	Italy	13202	16-Apr-17		Total From Table	1053288	=SUM(D3:D102)
11		Cust04	Germany	12684	4-Jun-17		Error-Check	0	=H9-H10
12		Cust10	UK	11862	13-Jun-17				

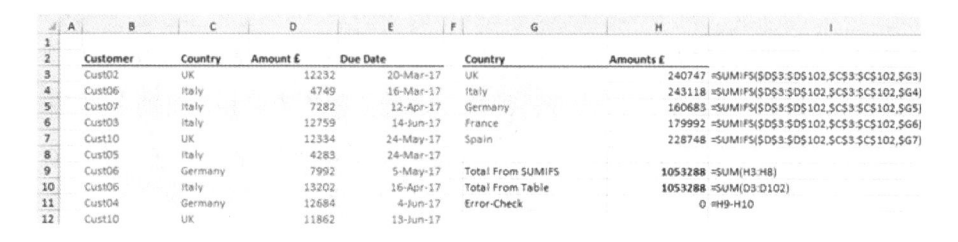

图8.14 高附加值的纠错示例

我们可以通过在单元格 H11 中使用条件格式来扩展该示例，以突出错误的存在（此处通过错误拼写单元格 C9 中的条目）（见图 8.15）。与图 8.14 基本一致，只是右侧下方最后三项（Total From SUMIFS、Total From Table 与 Error-Check）的数字不同。

8.5.9 谨慎处理计算错误

在许多情况下，也许无法消除可能出现的错误值。例如：

第 8 章 创建稳健、透明的公式

	A	B	C	D	E	F	G	H
1								
2		Customer	Country	Amount £	Due Date		Country	Amounts £
3		Cust02	UK	12232	20-Mar-17		UK	240747
4		Cust06	Italy	4749	16-Mar-17		Italy	243118
5		Cust07	Italy	7282	12-Apr-17		Germany	152691
6		Cust03	Italy	12759	14-Jun-17		France	179992
7		Cust10	UK	12334	24-May-17		Spain	228748
8		Cust05	Italy	4283	24-Mar-17			
9		Cust06	German	7992	5-May-17		Total From SUMIFS	1045296
10		Cust06	Italy	13202	16-Apr-17		Total From Table	1053288
11		Cust04	Germany	12684	4-Jun-17		Error-Check	-7992

图 8.15 条件格式来加强突出错误

- 在上述产品收入增长示例中，总会有一些输入值出现以下情况：其中一种产品的收入永远不会达到另一种产品的收入，因此使用的 MATCH 函数将返回 #NA。
- PPMT 函数（见第 20 章）仅为贷款期间内的时间段生成数值，否则返回 #NUM！
- IRR 函数（见第 20 章）在所有输入现金流都为正时将返回 #NUM！

IFERROR 函数（见第 17 章）可用于掩盖错误，并用替代值替换返回的错误，尤其是在错误可预期且不会产生后果的情况下。例如，在 PPMT 函数的情况下，贷款合同结束后没有到期付款的（结构性）事实相当于零金额，因此在大多数实际情况下，替代值可以设置为 0（尽管在技术或法律意义上，没有还款义务与还贷值为 0 产生的意义完全不同）。

另一方面，我们在试图使用 IFERROR 函数时应该谨慎：如果过度控制所有错误，不管它们是如何出现的，我们就会忽略其他形式的错误，这些错误应该以某种方式纠正或处理。因此，使用 IF 函数只识别特定的（预期的）情况并进行处理，这种方法更优，因为任何其他形式的错误都是可见的，并且可以被处理。例如，在使用 PPMT 函数时，我们仅对时间段超出贷款期限的情况使用 IFERROR 函数处理，而不是对任何性质的错误做处理。

在其他情况下，特别是在处理大型数据集时，保留数据中的错误可能更为合适，但我们会在最终分析阶段过滤或忽略错误，例如，使用 AGGREGATE 函数（见第 18 章）或过滤过的数据透视表（见第 27 章）。

8.5.10 使用数据验证限制变量的输入范围

在某些情况下，某些公式只有在输入仅限于特定值时才有效。典型示例包括：

- 限制为整数（例如 1、2、3）定义方案编号的值，或代表项目开始日期（整个期间）的延迟值。
- 确保仅使用预定义列表中的值或文本字段。例如，可以限制数据集中可能的条目，以便只能输入 "YES" 或 "NO"。特别是当执行特定函数时，例如 "=COUNTIF(…, "Yes")"，可以限制无效条目的使用，如输入 "Y" 将导致函数返回错误的值（即使我们一眼也能明白"Y"代表的意思)。

数据/数据验证可用于限制输入值。尽管很大程度上是不言自明的,但仍有几点值得强调:

- "设置(Settings)"选项卡上的允许框(Allow)用于定义限制的性质(例如整数列表)。选择允许框下拉菜单中的选项,允许框下方将出现相关信息的文本框,将该类型限制所需的详细信息输入其中。
- "输入信息(Input Message)"选项卡可用于创建当用户将光标悬停在单元格上时显示的消息。这可用于提供信息,如单元格的作用和允许输入的性质。如果用户试图使用无效数据,则可以使用"出错警告(Error Alert)"选项卡显示消息。
- 可以使用"设置"选项卡上的自定义条件定义逻辑公式,该公式对有效数据的计算结果为真。这也可用于限制必须保持多个输入之间存在关系的输入,例如,一个输入值必须大于另一个输入值。
- 勾选"数据验证"菜单中的"输入无效数据时显示出错警告"选项可以突出显示不符合特定条件的区域中的单元格。

图 8.16 显示了一个示例,其中使用自定义条件来确保在列表中最多输入一次(当然,条件格式会是用来突出显示潜在重复的另一种方式)。

图8.16 数据验证的自定义标准

8.5.11 保护区域

Excel 有几个工具可用于保护区域、工作表或工作簿。例如:

- 通过右键单击"工作表"选项卡并选择"隐藏"来隐藏工作表。

- 工作表的密码保护（鼠标右键单击"工作表"选项卡，或使用"审阅/保护工作表"菜单）。可用于防止更改工作表的内容。
- 工作簿的密码保护（使用审阅/保护工作簿）。这可用于确保不添加任何工作表（通过保护其结构），或确保隐藏工作表的存在被屏蔽（除非也保护了 VBA 项目，否则可以在其中看到隐藏工作表的存在）。
- 需要密码才能打开或修改工作簿。这可以通过"文件/另存为"，然后选择"更多选项/工具/常规选项"来完成。此菜单可以建议以只读形式使用工作簿（即不受密码保护），这样就不会发生意外更改（只读工作簿可以用新名称保存，然后正常编辑，因此保护级别很低）。

通常情况下，我们可能希望只保护某个区域内的公式，以使其不被更改或覆盖。这可以通过锁定相关单元格，然后用密码保护工作表来实现。请注意，Excel 的默认设置是所有单元格都被锁定，但通常我们意识不到，因为默认情况下工作表是不受密码保护的。因此，要锁定区域，必须进行如下操作：

- 解锁工作表上的所有单元格。这可以通过单击左上角的主页框来选择所有工作表单元格，然后使用快捷键"Ctrl+1"来调用"设置单元格格式"菜单，最后取消"保护"选项卡上的"锁定"框的勾选。
- 选择希望保护的区域，然后使用快捷键"Ctrl+1"调用"格式单元格"菜单，勾选"保护"选项卡上的"锁定"框。
- 如上所述，对工作表应用密码保护。

使用 VBA 来保护模型通常非常方便。例如：

- 当使用隐藏工作表时，可以对 VBA 项目进行密码保护以确保这些工作表不可见。
- 可以编写事件代码，在打开文件时显示免责声明，在用户单击按钮接受免责声明后才显示工作表，否则隐藏。

8.5.12 处理结构限制：公式和说明

在某些情况下，由于模型的结构限制，可能会出现潜在错误（或意外值）。通常，处理这些问题的最佳选项包括：

- 扩展某些区域的大小，或修改公式，使其更普遍地适用。
- 将错误处理程序作为模型公式的一部分。
- 限制允许的输入值。
- 提供有关模型有效性限制的说明文档。
- 在模型中构建纠错。
- 使用 VBA 克服区域大小的限制。

图 8.17 作为扩展区域的一个例子，显示了一个模型的截屏，它计算了一个产品线的收入将超过另一个产品线的收入的时间（文件和更详细的解释请参见第 25 章）。显然，如果产品 2（product 2）的假定收入增长率下降，则产品 2 的收入超过产品 1（product 1）所需的时间将被进一步推向未来。在某种程度上，这可以通过简单地延长时间轴来处理。实践中，在大型模型里扩展所有相关区域可能会很麻烦，而且容易出错（因为需要调整公式以确保正确引用新的区域）。此外，总会有情况导致输入值的区域永远不够大（例如，在产品 2 的增长率与产品 1 的增长率相同的情况下）。

	B	C	D	E	F	G	H	I	J	K	L	M	N	O	P
2			2018	2019	2020	2021	2022	2023	2024	2025	2026	2027	2028	2029	2030
3	Product 1	100	103	106	109	113	116	119	123	127	130	134	138	143	147
4	Growth (% p.a.)	3.0%	3.0%	3.0%	3.0%	3.0%	3.0%	3.0%	3.0%	3.0%	3.0%	3.0%	3.0%	3.0%	3.0%
5	Product 2	70	74	79	83	88	94	99	105	112	118	125	133	141	149
6	Growth (% p.a.)	6.0%	6.0%	6.0%	6.0%	6.0%	6.0%	6.0%	6.0%	6.0%	6.0%	6.0%	6.0%	6.0%	6.0%
7	Test Prod2>=Prod1	13	0	0	0	0	0	0	0	0	0	0	0	0	1

图8.17 拥有扩展区域的模型

在某些情况下，VBA 可用于创建在结构上有限制的模型，能简单地将限制变成一般的参数、计算公式、或更通用的模型。例如，图 8.17 的示例完全可以在一个简单的 VBA 循环内构建（每年算作一个循环），对于给定的输入假设，该循环将一直持续，直到满足收入条件为止。同样，当我们基于二项树的方法进行期权估值时，与其在 Excel 中根据固定的结构构建树，不如在 VBA 中实现树中潜在的计算，树中的分支数只是用户自定义函数（或子例程）的输入。

如果模型包含结构限制（或情景假设），则应在文档中说明这些限制，以确保模型不会在不适当或没有意义的情况下被使用。

第9章 选择Excel函数以提高透明度、灵活性和效率

9.1 介绍

本章重点介绍与 Excel 函数选择或计算方法相关的核心问题。通常，尽管存在许多方法可以产生相同（和正确）的数据，但是模型构建者更倾向于采用第一个想到的方法，或者对他们来说最熟悉的方法。对于可能的选择和每种选择的优点或缺点，涉及灵活性、计算效率或透明度方面的，我们通常没能给予足够的重视。

9.2 主要考虑事项

为避免混淆重点，在展开讲述前我们需要明确，下文中所示的方法都将产生正确的数值结果，换句话说，计算结果本身并不是主要考虑因素。我们将准确度作为所有方法的一个基本前提，并将重点放在如何选择最合适的函数或计算方法上。

9.2.1 直接计算 vs 使用函数，单个单元格 vs 区域

在处理基本的算术运算（加、减、乘、除）时，通常需要考虑是使用 Excel 函数还是直接计算。例如，当我们需要对一组项目汇总时，可以进行如下操作：

- 使用 SUM 函数。
- 使用 "+" 运算符，连接各单元格。

如果需要求和的项在一个连续的区域内，使用 SUM 函数可以快速求和，并且可以在添加新项目（尤其是通过在该区域内插入或删除行、列来添加新项目）时方便调整求和范围。但是，这样就会失去在该模型以外范围移动项目的灵活性。如果希望保留数据移动的灵活性，即剪切和粘贴单个单元格，则使用 "+" 运算符更有效，例如模型在构建之初，建模者并不清楚最适合该模型的布局，后期有改的需求。然而，这种方法的一个主要缺点是添加或删除数据很麻烦，并且如果在执行此操作时忘记更新公式，则存在出错的风险。此外，该方法增加了我们审核模型的难度，因为检查所有相关单元格是否已包含在计算中是一项十分耗时的工作（例如，添加一行的时候要确保没有单元格被遗漏）。

类似的情况（关于区域或单个单元格的引用）不仅适用于将简单的直接算术运算用作替代项的许多其他类型的函数（包括 PRODUCT、COUNT、AVERAGE、SUMPRODUCT

和 NPV 函数），而且也适用于逻辑函数，例如 AND 和 OR，或者 MIN 和 MAX，还有许多其他函数。

图 9.1 展示了引用连续输入区域下 OR 函数的示例。请注意，该函数被放置的位置接近模型的输入（如第 7 章所述，通常情况下，我建议大家这样做）。当然，如果需要对图 9.1 中第 2 行或第 3 行进行移动，这种方法则不太适用。例如，标识 1（inclusion flag1）可能与运营有关，标识 2（inclusion flag2）可能与融资有关，在某些模型中，将这些标识放在单独的计算区域可能更合适。

	A	B	C	D
1				
2		Inclusion Flag 1	0	
3		Inclusion Flag 2	1	
4		Inlusion flag	TRUE	=OR(C2:C3)

图9.1 连续输入区域的OR函数使用

在图 9.2 中，我们用了一个替代方法，展示了引用单个单元格的 OR 函数。如此，便可让单元格（即图 9.2 中第 2 行和第 3 行的单元格）移动到模型的不同部分。

注意，当我们需要将一个非常小的模型开发成一个大点的模型时，如果使用图 9.1 中的方法，我们可能会发现：当行被移动时，该方法是不适用的。因此，在进行结构更改（例如移动行）前，我们可以将图 9.1 的引用单元格方式更改为图 9.2 中使用的方式。但是，如果在审核路径较长的模型中使用这种（连续输入区域的）方法（见图 9.3），当移动第 2 行或第 3 行时，我们很容易忽略图 9.3 中第 244 行的公式将随之出错。

	A	B	C	D
1				
2		Inclusion Flag 1	0	
3		Inclusion Flag 2	1	
4		Inlusion flag	TRUE	=OR(C2,C3)

图9.2 独立输入单元格的OR函数使用

	A	B	C	D
1				
2		Inclusion Flag 1	0	
3		Inclusion Flag 2	1	
4				
5				
240				
241				
242				
243		Amount before effect of inclusion flags	154	
244		Inlusion flag	TRUE	=OR(C2:C3)
245		Amount after effect of inclusion flags	154	=C243*C244

图9.3 连续输入区域的OR函数使用和长审核路径

SUM 函数也能以多参数形式使用,即用逗号分隔单个区域。例如,我们可以使用"SUM(A2,A3,A4)",而不是使用"SUM(A2:A4)"。拓展到更普遍的情况是使用"SUM(A2,A3,A4,B6,B7,B8)",而不是使用"SUM(A2:A4,B6:B8)"。如果我们知道引用的区域可能需要移动,并且每个区域内的项目彼此不分离,则后一种方法可能更有效。另一方面,在实践中,如果移动各个部分,各部分很可能不会离得近,从而使模型的审核路径变得更长、更不透明。因此,"混合使用"形式通常不是最佳的。例如,与其使用"B12 = SUM(B10,C3 : C10)",不如使用"C12 = SUM(C3 : C10)"和"B12 = B10 + C12"来得更透明(见第 7 章)。

9.2.2 IF 函数 vs MIN/MAX 函数

许多情况下,我们的第一反应可能是使用 IF 函数,因为 IF 函数贴合人们二选一的思维逻辑。然而在某些情况下,函数的名称可能会误导我们错过选择最佳或最清晰的方法。实际上,MIN/MAX 函数通常比 IF 函数更合适。例如,当我们创建公式以将金额分配给不同的区域(或片、层、区或"桶")时,有多种实现方式。图 9.4 显示当我们将单元格 C2 中显示的金额分配给资产端或负债端时,采用了 IF 函数和 MIN/MAX 函数两种方法。

	A	B	C	D	E
1					
2		Excess Cash/(Borrowings)		5,000	
3					
4		**Using IF**, allocation to	Result	Formulae	
5		Asset side (i.e. excess cash)	5,000	=IF(C2>=0,C2,0)	
6		Liability side (i.e. additional borrowing)	0	=-IF(C2<=0,C2,0)	
7					
8		**Using MIN, MAX**, allocation to	Result	Formulae	
9		Asset side (i.e. excess cash)	5,000	=MAX(C2,0)	
10		Liability side (i.e. additional borrowing)	0	=-MIN(C2,0)	

图9.4 分配剩余现金和额外借款的可能实现方式

在这种简单的情况(只有两层逻辑)下,是选择 IR 函数还是 MIN/MAX 函数可能不是很重要。这里唯一直接的区别是,虽然 IF 函数可以更直观地表示底层逻辑(通过其名称),但它需要 3 个参数(其中单元格 C2 被重复使用),而 MIN/MAX 函数只需要两个参数,且没有重复。

然而,在简单的模型中,可能只有一个或两个区分,但在更普遍的情况(数值为正、负或二者兼有)下,可能有更多的划分。例如,当我们根据应纳税所得额(数值为正)计算应缴纳的所得税时,不同的税率可能适用于不同划分的收入。图 9.5 告诉我们需要将应纳税所得额(Taxable Income)(单元格 D2)分配到不同的划分中(区域 D5:D8,由区域 C5:C7 中的参数定义),以便在后续计算中,可以对每个区间内的收入应用不同的税率。

根据作者的经验，大多数建模者最初都会尝试使用 IF 函数来构建所需的公式，这很快导致我们构建复杂的嵌套 IF 函数的公式。这类公式不仅很难读取和测试，而且如果我们需要添加一个额外的区间（每个额外的区间都将在函数中包含一个额外的嵌套），就很难对公式进行适当的调整。当需要两个以上的划分时，采用 IF 函数构建公式会很难，而且容易出错。

	A	B	C	D
1				
2		Taxable Income		120000
3				
4		Allocation to Tranche	Layer Capacity	Allocated
5		First	10000	
6		Second	35000	
7		Third	55000	
8		Final		

图9.5 收入分配例子的参数

图 9.6 展示了使用 MIN 函数而不是嵌套 IF 函数的完整公式示例。在这种情况下，中间区间都基于相同的复制公式（如果引入新区间，也可以复制），仅需要调整第一个和最后一个区间的公式（例如，用来反映最后一个区间具有无限容量）。

	A	B	C	D	E	F	G
1							
2		Taxable Income		120000			
3							
4		Allocation to Tranche	Layer Capacity	Allocated	Cumulative Allocation	Formulae in col D	Formulae in col E
5		First	10000	10,000	10,000	=MIN(D$2,C5)	=SUM(D$5:D5)
6		Second	35000	35,000	45,000	=MIN(D$2-E5,C6)	=SUM(D$5:D6)
7		Third	55000	55,000	100,000	=MIN(D$2-E6,C7)	=SUM(D$5:D7)
8		Final		20,000	120,000	=D$2-E7	=SUM(D$5:D8)
9							
10		Total		120,000		=SUM(D5:D8)	
11		Error-check		0		=D2-D10	

图9.6 完整的收入分配案例

类似的情况出现在许多应用情境中，包括财务报表建模、项目融资、税务计算和生产份额或特许权使用费协议。在财务报表模型中，该金额最初是根据现金流量表计算的，并且需要与资产负债表保持一致，即资产负债表需要平衡：该金额要么对应现金流量产生的额外现金余额（在金额为正数时），要么对应额外所需借款金额（在金额为负数时）。

9.2.3 嵌套 IF 函数

在需要（或可能需要）顺序逻辑的情况下，嵌套 IF 函数（即在另一个 IF 函数中使用 IF 函数）的需求会非常频繁——检查是否满足第一个条件，如果不满足第一个条件，就检查第二个条件，如果不满足第二个条件，就检查第三个条件，以此类推。

文件 Ch9.1.EmbeddedIFs.1.xlsx 包含一个示例，用于预测两个产品线的收入：一个产品线的收入最初较高但正在下降，另一个产品线的收入最初较低但增长很快。第 10 行包含一个标识字段，该字段表明每年产品线 2 的收入是否大于产品线 1 的收入。它的主要目的是找出（作为一个计算字段）第二条生产线的收入预计首次大于第一条生产线收入的年份（从单元格 F10 中我们可以看到，满足该条件的年份为 2019 年）（见图 9.7）。

	A	B	C	D	E	F	G	H	I
1									
2			2016	2017	2018	2019	2020		Formulae in Column G
3									
4		Product Line 1	100	90.0	81.0	72.9	65.6		=F4*(1+G5)
5		Growth (% p.a.)	-10.0%	-10.0%	-10.0%	-10.0%	-10.0%		=F5
6									
7		Product Line 2	50	57.5	66.1	76.0	87.5		=F7*(1+G8)
8		Growth (% p.a.)	15.0%	15.0%	15.0%	15.0%	15.0%		=F8
9									
10		PL2>PL1	0	0	0	1	1		=IF(G7>G4,1,0)
11									
12		Many Embedded IFs	0	0	0	1	0		=IF(G10=1,IF(F10=1,0,IF(E10=1,0,IF(D10=1,0,1))))
13		Two Embedded IFs	0	0	0	1	0		=IF(G10=1,IF(F10=0,1,0),0)
14		IF with AND	0	0	0	1	0		=IF(AND(G10=1,F10=0),1,0)

图 9.7 两条产品线的核心收入预测

当然，有多种方法可以找到所需的信息，其中一些方法可以使用 IF 函数，另一些实现的如图 9.7 中第 12 行到第 14 行所示，具体包括：

- 第一种方法：在第 12 行中使用一系列 IF 函数，其中每个公式都是自包含的，并计算该行所有以前的列。因此，最后一列（G 列）中的公式具有与到该点为止的列数相同的嵌套级别。毫无疑问，这不仅很复杂，而且创建或修改该嵌套函数都会非常麻烦（因为不能跨列复制单个公式）。
- 第二种方法：在第 13 行中根据前一列的结果仅使用两个 IF 语句，基于第一种方法进行改进。
- 第三种方法：在第 14 行中使用前一列的结果以及 AND 函数，如此只需要嵌套一个函数。这种方法可能是这三种方法中最透明的，因为它直接说明了 IF 函数返回 1 时需要的条件（逻辑序列中第一个逻辑部分已经匹配），而第二种方法则不是对最终相同逻辑的直接说明。

原则上，一组逻辑判断嵌套到另一组逻辑中的用法通常是不透明、不灵活且容易出错的。因为很难正确测试模型，可能会出现意外错误；理想情况下，此类测试要求：无论输入如何变化，需确保计算沿着可能出现的所有逻辑路径正确执行。但是，如果不能看到各个逻辑步骤的结果，就很难知道哪些路径是由特定的输入值组合激活的。因此，可能存在不正确的逻辑路径，但只有当另一个用户使用一组不同的输入值集合时，逻辑路径才会被首次激活。

在所有的实际情况下，当嵌套两个以上的逻辑函数（通常为嵌套 IF 语句）时，几乎总有一种更方便、透明和灵活的方法。这些方法通常包括：

- 使用 MIN/MAX 函数或 AND/OR 函数（如上述示例）。

- 使用查找类函数（见第 25 章）。在上述示例中，MATCH 函数（见第 25 章）通常是确定产品线 2 的收入预计首次大于第一条生产线收入的年份的更优方法（基于第 10 行中的标识）。

文件 Ch9.2.EmbeddedIFs.2.xlsx 展示了使用查找类函数消除嵌套 IF 函数的示例（见图 9.8）。该文件包含一个数据表，显示每天不同时段的平均温度（区域 B2:C7）。用户可以输入一天中的任一时段（见单元格 B11 或单元格 B15），函数返回该时段的平均温度（分别是单元格 C11 和单元格 C15）。在第一种情况下，使用嵌套的 IF 函数序列，而在第二种情况中使用 INDEX-MATCH 函数组合。后者显然更容易阅读，如果一天中引入新的时段（例如傍晚），那么公式即刻生效，而第一种方法将需要显著的调整。嵌套 IF 函数还有一个额外的缺点，即数据需要按时间顺序放置，而在本例中，当使用查找类函数时，数据集可以是任意顺序的。

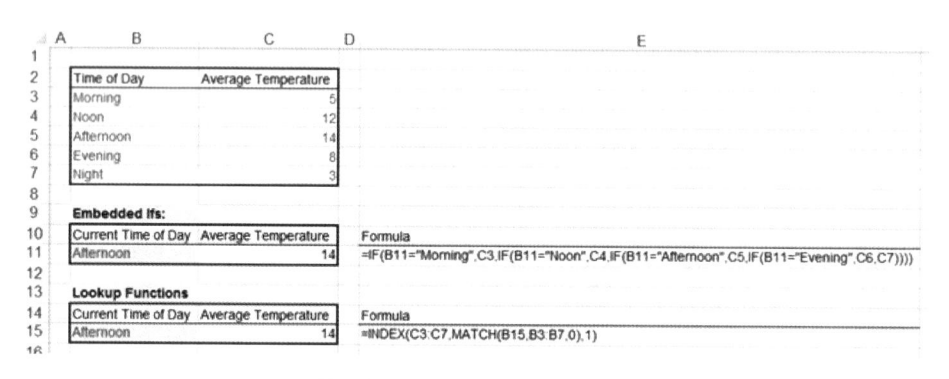

图 9.8 使用查找类函数代替嵌套 IF 函数的示例

9.2.4 函数的简化形式

一般来说，逻辑上更清晰、更透明的方式是避免较短函数形式的使用，而采用稍长但逻辑更清晰的表达式。接下来我们将讨论这些问题。

比如说：

IF(F7>F6,1,0)

通常比简单的公式是：

=F7>F6

虽然第二个更短，但它要求用户明确地考虑每种情况的输出结果。

同样地，如 =IF(G3, 值 1, 值 2) 这样的表达式也不令人满意，因为它没有明确我们要判断单元格 G3 的哪个方面。事实上，如果单元格 G3 包含任何非零数字，它将返回值 1；如果单元格 G3 包含数字为 0 或为空，它将返回值 2；如果单元格 G3 包含的是文本项，它将返回 #VALUE。这可以进一步明晰我们测试判断的是单元格 G3 的哪个方面。例如，根据上下文，我们可能需要使用 ISBLANK 函数、ISNUMBER 函数或 ISTEXT 函数，也可能与 AND 函数、OR 函数或 NOT 函数结合使用。

如果使用完整表达式，如下所示：

$$= IF(AND(G10 = 1, F10 = 0), 1, 0)$$

出于同样的原因，可以说比如下公式更清晰，因为测试结果更明确。

$$= AND (G10 = 1, F10 = 0)$$

此外，长度较短的函数经常返回 TRUE 或 FALSE，这会导致建模错误，原因如下：

- 许多建模者可能会将返回值理解为文本字段，并在随后的公式中编写此表达式，如下所示：

$$= IF (B3 = "TRUE", ...)$$

- 尽管此类返回语句通常被（Excel）视为 0 或 1，但情况并非总是如此。图 9.9 中，当纯 SUMPRODUCT 函数的输入是以短逻辑的形式（单元格 C14 包含值 0）时，该函数的计算结果可能与预期不符。要创建正确的计算，我们需要按照单元格 C15 中所示的去修改。然而，我们很容易忽略这种修改，而且它还导致了一个更复杂的公式的产生。

	A	B	C	D
1				
2		Values	Include	Formula
3		1	TRUE	=B3<5
4		2	TRUE	=B4<5
5		3	TRUE	=B5<5
6		4	TRUE	=B6<5
7		5	FALSE	=B7<5
8		6	FALSE	=B8<5
9		7	FALSE	=B9<5
10		8	FALSE	=B10<5
11		9	FALSE	=B11<5
12		10	FALSE	=B12<5
13				
14			0	=SUMPRODUCT(B3:B12,C3:C12)
15			10	=SUMPRODUCT(B3:B12,C3:C12*1)

图9.9 使用短逻辑形式的SUMPRODICT函数

9.2.5 文本格式与数值格式

如上所述，我们通常最好确保 Excel 中的公式在可能的情况下返回值的格式为数值。这样的原则有助于确保后续（相关）计算是可靠且正确的。例如，可以编写返回文本字段 "TRUE" 的函数通常应该返回 1（同理，"FALSE" 的函数应该返回 0）。这是对上述要点的补充（其中，使用 1 通常比某些简化函数输出的 TRUE 更可取）。同样，通常最好使用 "=NA 函数"，而不是文本字段 "N"（或类似字段）（有关详细信息，请参阅第 22 章）。

9.2.6 单标准的 SUMIFS 函数

对于 SUMIF 函数和 AVERAGEIF 函数，最后一个参数表示求和或取平均值的区域，第一个参数表示条件标准的区域。这与 SUMIFS 函数和 AVERAGEIFS 函数相反。因此，尽管仅需要使用 SUMIF 函数或 AVERAGEIF 函数（即只有一个条件需要检查），通常最好还是使用 SUMIFS 函数或 AVERAGEIFS 函数，这种方法在必要时便于添加额外的标准，或者使函数更容易复制或用于其他公式。

相比之下，如果需要添加一个额外的标准，COUNTIF 函数可以直接转换成 COUNTIFS 函数。然而，为了保持一致，有些人可能会争论说要尽量使用 COUNTIFS 函数，即使 COUNTIF 函数已经足够满足要求了。

9.2.7 部分求和

在某些情况下，我们可能还不知道在最终计算中应该包括哪些项目。例如，我们可能需要选择一部分人组成一个团队，同时还要尊重对总预算的一些限制，这是通过添加所选团队中每个人的薪酬来确定的。在找到一个能够在满足预算约束的同时交付项目的团队之前，可以通过反复尝试来探索可能的期望团队。

文件 Ch9.3.FlexSUM.xlsx 包含此示例。图 9.10 展示了一种经常看到的方法，其中通过直接引用单元格（文件中的表 Sheet1）得到"测试团队"的成本。

	A	B	C	D	E
1					
2			Name	Total Comp	
3			Amelia	39477	
4			Olivia	51607	
5			Emily	36457	
6			Ava	41536	
7			Isla	60284	
8			Jessica	51366	
9			Poppy	32527	
10			Isabella	84495	
11			Sophie	15000	
12			Mia	67321	
13			Ruby	15000	
14			Lily	39672	
15			Grace	87395	
16			Evie	79219	
17			Sophia	36099	
18			Ella	70585	
19			Scarlett	79436	
20			Chloe	44954	
21			Isabelle	56400	
22			Freya	45169	
23					
24			Total	1034000	=SUM(D3:D22)
25					
26					
27			Sub-Group/Team	428733	=D3+D6+D7+D10+D12+D16+D21

图9.10 单元格直接引用的方式

毫无疑问，对于许多读者来说，更透明、更灵活的方法是使用标志字段（图9.10中B列）来明确定义和标识团队中是否包含某个人，然后使用函数计算该团队的总成本（文件中的表Sheet2）。如图9.11所示，可以通过使用SUMIFS函数或DSUM数据库函数（将在第26章中讨论）来计算团队成本。这种方法也可以作为使用优化技术或工具的基础（例如，找到1或0的最佳组合以使成本最小化，同时实现目标的优化方法）。

	A	B	C	D	E
1					
2		Incl?	Name	Total Comp	
3		1	Amelia	39477	
4			Olivia	51607	
5			Emily	36457	
6		1	Ava	41536	
7		1	Isla	60284	
8			Jessica	51366	
9			Poppy	32527	
10		1	Isabella	84495	
11			Sophie	15000	
12		1	Mia	67321	
13			Ruby	15000	
14			Lily	39672	
15			Grace	87395	
16		1	Evie	79219	
17			Sophia	36099	
18			Ella	70585	
19			Scarlett	79436	
20			Chloe	44954	
21		1	Isabelle	56400	
22			Freya	45169	
23					
24			Total	1034000	=SUM(D3:D22)
25					
26			Sub-Group/Team		
27		1	With SUMIFS	428733	=SUMIFS(D3:D22,B3:B22,B27)
28					
29		Incl?	With DSUM	428733	=DSUM(B2:D22,D2,B29:B30)
30		1			

图9.11 灵活的标识字段方法

9.2.8 AGGREGATE 函数与 SUBTOTAL 函数 vs 单个函数

SUBTOTAL 函数和 AGGREGATE 函数（见第17章）有各种各样的选项，在某种程度上，可以始终用它来代替基础函数（例如，使用AGGREGATE函数而不是SUM函数、COUNT函数或AVERAGE函数）。然而，对于用户来说，这种一般化的方法通常更加难以理解和审核；往往需要检查在特定情况下使用了哪些功能编号和选项（因为大多数建模者都不会记住这些细节）。

因此，除非它们提供了一种独特的功能（或一些潜在函数不具备的灵活性），否则通常应该使用更特殊（非一般化）的函数。

通用函数应该考虑的情况包括：

- 从计算中排除错误值的可能性（使用 AGGREGATE 函数时）。
- 通过更改单个函数的参数，从一种计算类型快速更改为另一种计算类型（例如，从求和改为平均值或计数）的能力。
- 需要使用 SUBTOTAL 函数向导（以便将函数放在类别标识符中每次更改的末尾）。

9.2.9 数组函数 vs VBA 用户自定义函数

通常，我们可以选择是使用（Excel）数组函数还是使用 VBA 用户自定义函数。如果计算将值返回到单个单元格（而不是返回到一组单元格），并且基本上涉及处理"幕后"的表格数据，则这两种方法通常都可行。例如，数据集的标准差计算可以作为数组函数（见第 18 章）进行，也可以作为用户自定义函数（见第 33 章）进行。同样，这两种方法也可用于其他一些计算，如已知频率的统计以及两个数据集之间的秩序相关性（见第 33 章）。

在某些情况下，我们可以很好地平衡这两种方法的使用。虽然人们可能希望避免使用 VBA，除非它确实有必要（或已经在模型中的其他地方使用过），但数组函数使用起来更麻烦，而且通常不太灵活。例如，如果驱动函数的单元格区域的大小发生了变化，那么改变数组函数的区域引用通常比改变用户自定义函数的区域引用要稍微困难一些（在自定义函数中，如果正确地写入，可以确保每个区域只被引用一次）。

9.2.10 易失性函数

易失性函数是指即使其参数值没有更改，也会在每次重新计算 Excel 时更新其值的函数。由于计算效率的原因，大多数 Excel 函数只在参数值发生变化时更新（即它们不易变）。

主要的易失性函数是 NOW 函数、TODAY 函数、RAND 函数、OFFSET 函数、INDIRECT 函数、CELL 函数和 INFO 函数。

使用易失性函数会减慢每次重新计算的速度（尤其当使用了许多函数时），因此一般情况下，它们只会在需要提供其他函数无法提供的独特功能时应用：

- 只有在创建灵活区域或引用时，才应优先选择 OFFSET 函数和 INDIRECT 函数。如果不需要这样做，使用其他函数（如 INDEX 函数或 CHOOSE 函数）就足够了（见第 25 章）；
- 在某些情况下，可以优先选择 ADDRESS 函数而不是 CELL 函数。

9.2.11 正确选择查找类函数

查找类函数的有效使用和选择是构建灵活、透明和高效的模型的重要方面之一。关键点在第 25 章中有详细介绍。这里为了知识的完整性，我们简单阐述一下，具体如下：

- 查找类函数通常应在具有嵌套逻辑函数时考虑，尤其是在嵌套 IF 函数时。
- 我们应尽量避免使用 VLOOKUP 函数和 HLOOKUP 函数，更应使用 INDEX/MATCH 组合函数（或 LOOKUP 函数）。在第 25 章中详细讨论了这一点的原因，简单概括为：灵活性（例如，数据区域的放置和移动部分区域的能力）、稳健性（避免行号或列号的硬编码，避免二维区域）、审核（减少先例和依赖区域的大小）和计算效率（避免多个相同的隐式匹配过程的重复，以及由于审核路径而导致的模型过大）。
- 由于 SUMIF 函数或 SUMIFS 函数可用于构成列表中所有项目的条件和，因此它们也可用于在具有某些属性的列表中查找单个项目的值。然而，查找类函数通常应该用于这样的目的，因为它们在这个情境中更透明、更有效；
- 如果一个逻辑语句只有两个结果，那么我们很难在 IF 函数或 CHOOSE 函数之间进行决择。如果逻辑部分是一般分支的结果，那么使用 IF 函数似乎是有意义的；如果分支过程的角色与将要作出的显式决定对应，那么使用 CHOOSE 函数似乎是有意义的；
- 在构建场景的输入数据时，CHOOSE 函数将用于构建可能需要移动（剪切和粘贴）的数据集的输入，而 INDEX 函数将用于数据始终只在连续区域内的情况；
- OFFSET 函数和 INDIRECT 函数可用于创建灵活的区域和引用，但作为易失性函数，它们的计算效率很低，因此只能在需要特殊功能的情况下使用。

第10章 处理循环

10.1 介绍

本章讨论与循环相关的一些问题。我们需要先区分两类循环：一种是实际场景中蕴含的循环；另一种是建模中用到的循环公式，也称为循环引用。我们将讨论使用循环公式的利弊、处理循环逻辑的方法，更重要的是，如何在建模时尽量避免使用循环公式的同时还能保留实际场景中的循环逻辑。

10.2 循环的驱动因素和性质

本节讨论实际场景中蕴含的循环与 Excel 公式中用到的循环引用之间的根本区别。

10.2.1 逻辑内置的循环（均衡或自洽）

现实中有许多现象可以用数学方程式来描述，这类方程式通常用于描述系统的某种均衡或自适应状态。例如，恒温控制器产生多少热量取决于当前室温和目标水平之间的差，但散热器本身在此过程中产生的热量又会影响室温。类似地，在经济学中模拟经济系统的某种均衡状态也是用"循环"的逻辑来描述的，具体的实现方法是将同一个变量放在方程的等式两边。

在金融建模的实际应用中，内置循环逻辑的例子还包括：

- 公司高层的奖金理应取决于公司的净利润，但净利润本身又是通过扣除奖金后计算而来的，写成公式就是：

$$奖金 = 提成比例 \times 净利润$$

$$净利润 = 未扣除奖金净利润 - 奖金$$

简单起见，我们在此忽略税收因素，即假定奖金是从税前利润中扣除而来的。

- 一个公司的贷款利率取决于无法兑付债务本金或定期利息等类似的违约风险。如果将利息保障倍数（息税前利润与利息费用的比值）作为衡量该风险的一个指标，则会产生一个循环逻辑：更高的贷款金额会导致更高的利息支出，进而导致更低的利息保障倍数，但这样却又使得可贷金额更少（抵消了可增加的贷款金额）。同样，对于参与债务融资的项目，融资规模取决于偿债能力，偿债能力又与息税后现金流水平有关，而此水平又与该融资规模有关。
- 用于计算公司价值的折现率（当使用现金流折现的方法时）取决于公司的负债股权比（或负债价值比）。然而，这样确定的公司价值可能与最初确定贴现率所假设的值不一致。例如，我们给定负债水平，那么股权价值就是公司价值减去债权价值后的剩余项，进而导致新的隐含负债股权比可能与一开始用的负债股权比不同，所以理论上正确的公司价值只有在所有假设都自洽的情况下才能得到。这同时也是一个均衡逻辑。
- 税务机关可以根据个人净资产征收财富税，但净资产又是在扣除财富税后得到的。

10.2.2 公式中的循环（循环引用）

当某个 Excel 单元格（或区域）的计算公式重复用到同一单元格或区域的值时，则会出现循环引用。循环引用通常出现在一系列的单元格引用或公式中。例如，公式中第一步用到的值依赖于最后一步的计算结果，这种循环既可能是有意的，也可能是无意的，具体如下：

- 无意的循环通常是由于创建公式时的错误或疏忽造成的。最常见的原因是模型结构不当或逻辑链条不清晰，例如违背从左到右或从上到下的原则，或同时使用多个相互之间链接复杂的工作表。举个简单的例子，如果在单元格 B6 中输入公式"=SUM(B4:B6)"，那么 B6 的计算过程就会引用自身单元格，相比之下公式"=SUM(B4:B5)"就不会。
- 有意的循环引用一般用于实际场景本身就蕴含循环（或均衡）逻辑的情况，例如：
  - 任何一个用于描述类似 10.2.1 中提到的场景（即管理层奖金、债务成本、融资能力、现金流估值、财富税）的模型，都可能是有意识地用包含循环引用的方式实现的。
  - 当基于营业收入和期间利息计算期末现金余额时，某一期间的利息可能取决于该期间内的平均现金余额（乘以利率），这其中也包含一个循环引用，因为我们需要知道期末余额，才能得出平均现金余额，表达式如下：

  期末余额 = 期初余额 + 无息现金流 + 利率 × （期初余额 + 期末余额）÷ 2

  可见方程式两边都存在期末余额，这显然也是一个循环。

10.2.3 循环的一般类型

考虑到循环逻辑和循环公式的各种组合方式，建模时一共只会遇到以下四类情况：

- NCL/NCF（no circular logic and no circular formulae）：既没有循环逻辑，也没有循环公式。大部分传统模型都属于这类情况：实际应用场景中既不需要循环逻辑（模型本身除了意外的引用错误外），也不包含循环逻辑。

- CL/NCF（circular logic but no circular formulae）：有循环逻辑，但没有循环公式，也就是类似前文提到过的自适应或均衡的状态，即实际应用场景本身就包含循环逻辑，但出于简化处理或表达清晰的考虑，搭建模型时暂不考虑这一点。也有许多传统模型属于这一类，例如搭建公司的估值模型时，一般都无需考虑 10.2.1 节提到过的涉及利息的循环逻辑。
- CL/CF（circular logic and circular formulae）：循环逻辑和循环公式同时存在，即在模型中用循环公式实现应用场景中蕴含的循环或平衡状态。
- NCL/CF（no circular logic but circular formulae）：没有循环逻辑，只有循环公式。显然这种情况并不存在，除非是由错误引用产生的循环引用，但在少数情况下，某个实际应用场景的初始状态并不包含循环，但对实际场景的前提假设稍加修改就会产生循环逻辑。前文关于利息的计算实际上就属于这类情况，因为利息的计算一般不是基于一整个期间内的平均现金余额，而是该期间内每一时段的现金余额（模型里用到的"平均余额"本身就是对真实情况的一种近似[1]）。换言之，这种实际上属于简化假设后的"CL/CF"形式。

10.3 循环公式的解决方法

在本节中，我们将介绍解决循环引用的主要方法，具体如下：
- 修正公式中因失误或拼写错误而导致的循环。
- 避免引入逻辑上的循环，建模前对真实场景进行简化，并且公式中不包含循环。
- 使用数学表达式做代数变换，也就是先根据模型本身的循环逻辑写下数学公式，然后通过代数变换分离变量，使得每个变量只出现在等式的某一边（同一个变量同时出现在等式的两边就会导致循环），可见该方法也保留了循环背后的均衡逻辑。
- 使用迭代方法找到一组各个变量之间保持稳定、自洽关系的方程组。实践中可以通过以下其中一种方法来实现：
  - 使用 Excel 内置的迭代计算方法来实现含有循环公式的模型。
  - 使用 VBA 宏（或手动复制粘贴）将循环路径"切断"后进行迭代。

10.3.1 修正导致循环引用的错误

因失误或错误产生的带有循环的公式当然应该及时删除或修正，因为循环没有起点，前后项的路径追踪较为困难，所以建模完成后再回头找哪里出现了循环非常消耗精力，因此一旦检测出来就应该立即修改，一般需要删除整条循环路径上的公式，然后重新建模才

---

[1] 当时间段的切分足够密集，用区间内均值的均值近似总体均值。——译校注

能定位或修正循环。

10.3.2 通过修改模型设定避免逻辑上的循环

有些实际场景可能本身就包含循环逻辑，但我们仍然可以绕开这点搭建一个准确度尚可的模型，例如许多公司估值模型就避免了陷入贴现率和债务成本的循环逻辑。在考虑期末现金余额时，我们同样可以通过假设在期初就已经确定了利息来避免循环，公式如下：

$$期末余额 = 期初余额 + 无息现金流 + 利率 \times 期初余额$$

这种方法在实践中易于实现，但在某些情况下却不够精确。我们可以通过引入更为复杂的方法来提高准确性，比如让利息等于期初余额加上平均无息现金流，公式如下：

$$期末余额 = 期初余额 + 无息现金流 + 利率 \times (期初余额 + 无息现金流) \div 2$$

不过重新改写公式后得到的计算结果显然并不完全精确，尤其当放在具体的应用场景中来看，例如用扣除奖金前的利润（而不是扣除后的或净利润）来计算奖金显然不包含循环，但这样会导致奖金与最终净利润不匹配，使得计算结果不可靠（尤其是奖金这类属于较为敏感的数据更需要一个令人信服的计算方法，而并不特别引人注意的计算结果可能允许前后稍有差别）。

10.3.3 通过代数（数学）变换消除循环引用

从纯数学的角度来看，一个包含循环的公式如下：

$$B6 = 1 + (1/10) \cdot B6$$

移项后得到：

$$(9/10) \cdot B6 = 1$$

最终得到：

$$B6 = 10/9$$

同样，在上述奖金的例子中，公式如下：

$$奖金 = 提成比例 \times 净利润$$
$$= 提成比例 \times (未扣除奖金净利润 - 奖金)$$

移项后得到：

$$奖金 \times (1 + 提成比例) = 提成比例 \times 未扣除奖金净利润$$

即：

$$奖金 = 提成比例 \times 未扣除奖金净利润 \div (1 + 提成比例)$$

进而得到：

$$净利润 = 未扣除奖金净利润 - 奖金$$

所以根据最后两个公式依次计算奖金就能避免循环引用，同时不破坏实际场景蕴含的循环逻辑。

再看另一个例子，在计算期末现金余额时，循环方程为：

期末余额 = 期初余额 + 无息现金流 + 利率 × (期初余额 + 无息现金流) ÷ 2

我们可以通过移项把期末余额移到等式的左边：

期末余额 × (1 − 利率 ÷ 2) = 期初余额 × (1 + 利率 ÷ 2) + 无息现金流

即：

期末余额 = [期初余额 × (1 + 利率 ÷ 2) + 无息现金流] ÷ (1 − 利率 ÷ 2)

通过最后一个公式，我们可以直接用期初余额、利率和带息现金流来计算期末现金余额，从而避免了循环。计算出期末余额后，利息收入也就可以通过如下公式得到（同样避免了循环）：

利息收入 = 利率 × (期初余额 + 期末余额) ÷ 2

需要注意的是用代数变换的方法时，计算顺序可能与直觉相悖。例如，上述公式中，奖金是通过使用未扣除奖金的净利润计算得到的，得到奖金后才能计算净利润，相比之下，本章开头部分却将奖金定义为净利润的一部分。

我们同样使用代数变换的方法计算利息，也是在得到利息前先得到 Cend 的值，然后再通过 Cend 计算利息，计算顺序同样与期末余额是一个依赖于利息的值的定义相反。

10.3.4 启用迭代计算求解循环

当一个变量同时出现在等式的两边时，我们一般可以通过迭代来求解（无论是 Excel 里内置的迭代还是通过更普遍的编程方法），也就是说我们先给变量设定一个初始值，然后带入等式的一边（等式另一边的这个变量不带入初始值）。例如：

$$B6=1+(1/10)*B6$$

我们将等式右边的 B6 的初始值设为零，整个迭代过程将生成序列 0、1、1.1、1.11、1.111……，也就是说如果序列是有唯一且非无穷的极限值（即 10/9），那么一般很快就能通过迭代收敛到该极限值。

理论上我们可以通过在 Excel 中将一个模型复制成多个相同的样本，然后将初始值带入第一个样本，得到的输出值带入第二个样本，以此类推。举个例子，图 10.1 中展示的是奖金的计算（使用净利润的 5% 作为提成水平），净利润（单元格 D5）是从未扣除奖金的利润中减去奖金（单元格 D4）后得到的，而奖金（单元格 D4）本身又取决于净利润（单元格 D5），从而导致循环引用。注意，当第一次输入循环公式并按完回车后，结果可能为零（单元格 D4），但这个数据是错误的，即计算出的奖金等于净利润的 0%，而不是 5%。

在图 10.2 中，我们演示了如何通过复制模型的多个相同样本进行迭代的过程，其中每个模型样本的输出都是下一个模型样本的输入，可见第 4 行（区域 D4:I4）和第 5 行

（区域 D5:I5）中的值迅速收敛到了共同的极限值。

图10.1 用循环引用实现均衡逻辑的示例

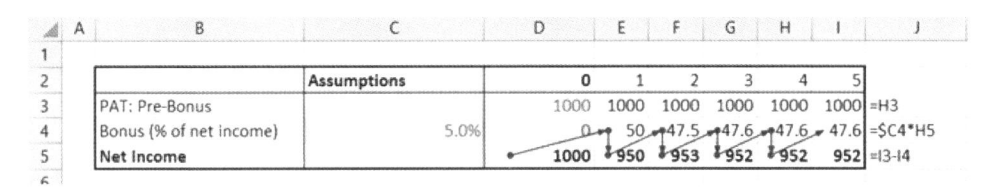

图10.2 复制一个模型的多个样本进行迭代计算的示例

显然实践中不太可能用复制样本的方法来进行迭代计算，不过我们下一节介绍的其他几种方法也能达到相同目的。

10.4 实践中的迭代方法

实践中的迭代方法通常是先获取某个单元格的值，然后计算迭代路径上某个依赖该值的公式，直到最初的这个单元格被重新计算一次后，值被最新的计算结果替代，循环往复，如果我们认为该模型是收敛的，则各单元格的值将逐渐收敛到一个极限值。

本节讨论在 Excel 建模过程中实现迭代的三种主要方法：

- 使用 Excel 的默认迭代法。
- 将迭代路径"切断"后手动迭代。
- 将迭代路径"切断"后用 VBA 进行自动迭代。

10.4.1 Excel 中的迭代方法

当存在循环引用时，Excel 本身并不能通过变换方程来找到正确的代数解，而是使用其内置的迭代法，该功能会将迭代路径上依赖某个单元格的所有公式全部计算一遍，而后回到该单元格并更新初始值，然后，此更新值又再次被带入所有的依赖公式进行重新计算，依此类推。

文件 Ch10.1.BonusCircRef.xlsx 中包含了带有循环引用的奖金计算模型。图 10.3 展示了应用 Excel 迭代法后的模型，其生成的结果与前面复制模型样本所生成的结果一致。

当存在循环引用时，Excel 的状态栏里会显示"计算（calculate）"（如图 10.3 底部所示）。此外，计算选项设置（在"文件 / 选项 / 公式"菜单下）也会根据用户设定的选项发

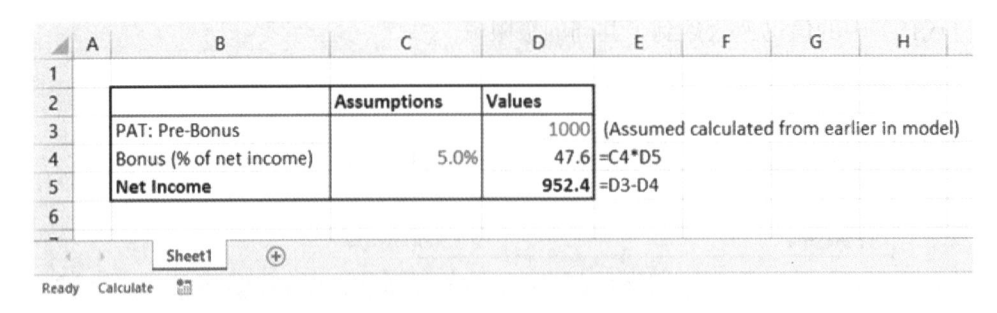

图10.3 使用Excel的迭代法计算含有循环引用的奖金计算模型

生相应改变：
- 如果 Excel 中"启动迭代计算"的功能开启（默认启用）
  - 当启用"自动计算"方法（默认启用）：
    - 输入公式时不会出现循环引用的警告。
    - 模型直接进入迭代过程，得到的结果取决于最大迭代次数（在计算选项中定义，例如默认允许 100 次迭代）和每次迭代前后、两次重新计算的结果之间可接受的最大误差。
    - 当存在循环引用时，底部状态栏会显示"计算"。
    - 每按一次 F9 键都会重新迭代一次，但计算结果只有在前一次的迭代计算并不等于收敛值的情况下才会改变。
  - 当启用"手动计算"方法：
    - 首次输入包含循环引用的公式时，不会出现循环引用的警告。
    - 模型只会计算一次（通常会得到一个非零值，但需要视具体模型而定），不会进入后续的迭代。
    - 当存在循环引用时，底部状态栏会显示"计算"。
    - 按下 F9 键后，模型会执行迭代计算，得到的结果取决于最大迭代次数和每次迭代前后两次重新计算结果之间可接受的最大误差。
    - 每按一次 F9 键都会重新迭代一次，但计算结果只有在前一次的迭代计算并不等于收敛值的情况下才会改变。
- 如果"启用迭代计算"的功能关闭
  - 当启用"自动计算"方法：
    - 首次输入包含循环引用的公式时，会显示循环引用的警告。
    - 输入公式或重新计算公式后的计算结果为零。
    - 底部状态栏会指出存在循环引用，并指向循环路径上某个单元格的位置。
    - Excel 工作表会在循环引用路径上的每个节点高亮显示箭头原点的被依赖单元

格与箭头所指的依赖单元格。
- 关闭"启用迭代计算"后，按 F9 键不会对模型的计算值产生任何影响，因此无法解决循环引用的问题。
- 当启用"手动计算"方法：
  - 首次输入包含循环引用的公式时，不会出现循环引用的警告。
  - 尽管不会执行所需的所有迭代与计算，但模型还是会计算一次（通常会得到一个非零值，但需要视具体模型而定）。
  - 状态栏会指出存在循环引用，但不会高亮显示以及用箭头指向表示存在循环引用的单元格。
  - 按 F9 键会出现存在循环引用的警告，底部状态栏同时显示存在循环引用，Excel 中还会用箭头表示循环路径上的某个被依赖单元格及其依赖单元格，但因为关闭了迭代计算的功能，因此模型中各种初始值不会发生改变，循环引用的问题同样无法得到解决。

值得注意的是，由于 Excel 安装时的默认设置通常是将"自动计算"和"启用迭代计算"同时开启，所以唯一可能存在循环引用的情形是当状态栏中显示"计算"的时候，但由于其他原因（例如当 Excel 发现由于模型输入值发生变化，且默认设置为手动计算的时候，模型需要重新计算），状态栏在其他情况下也可能会显示"计算"，因此作为审核模型的一个重要步骤，需要非常仔细和小心地检测模型是否存在循环引用。

好在检测是否存在循环引用还是比较方便的，因为当关闭"启用迭代计算"功能后，如果存在循环引用，就会有警告的弹出框，而且状态栏也会显示哪些单元格位于循环路径上，Excel 工作表中会在依赖单元格与被依赖单元格之间显示箭头（"自动计算"功能开启后，这些消息会自动显示，而在"手动计算"功能中，需要按 F9 键才能显示）。

10.4.2 "切断"循环路径：主要步骤

另一种在 Excel 中实现迭代的方法是"切断"循环路径，主要步骤如下：
- 对模型稍加修改，使得涉及循环的某个变量或计算公式只位于一个单元格内。
- 添加一个同样代表该原始变量的新单元格（或区域），但只包含数值，而且可以用任何初始值（如零）来填充。
- 将依赖该原始变量的公式修改为依赖新单元格的变量，但这样的话所有依赖该原始变量的公式都需要修改，所以最好只设置一个被依赖单元格，这样操作后就不会再出现循环，但同时也出现了两个代表相同变量的区域：只包含纯数值的新区域和也包含公式的原始区域，如果这两个单元格的值不同，说明仍没有完全解决循环的问题。
- 迭代：即重新计算模型（如按 F9 键），每迭代一次，就需要将原始单元格的更新值复制到仅包含数值的新单元格中，循环往复，直到每个单元格中的值收敛到相同的数字，或者与前值的差变得非常小。

文件 Ch10.2.Bonus.Iterations.Manual.xlsx 中包含了实现前文提到的奖金计算的例子（见图 10.4）。如果我们从图 10.3 所示的模型开始，需要执行以下步骤：第一步，确定单元格 D4 和单元格 D5 是否位于循环路径上（见图 10.3），并且确定单元格 D4 是否只有一个依赖单元格；第二步，添加一个新单元格（图 10.4 中的第 5 行）；第三步，将依赖单元格 D4 的公式（图 10.4 中的单元格 D6，对应于图 10.3 中的单元格 D5）重新链接到单元格 D5；第四步，一旦重新计算模型，单元格 D6 中的净利润和单元格 D4 中奖金的值都会更新，因为它们依赖于新单元格（单元格 D5），而不像原始模型中那样依赖原单元格的值，由于新单元格（单元格 D5）只包含数值，因此循环不复存在。

	A	B	C	D	E
1					
2		Step 1	Assumptions	Values	
3		PAT: Pre-Bonus		1000	
4		Bonus (% of net income): Calculated	5.0%	50	=C4*D6
5		Bonus (% of net income): Pasted Values		0	
6		Net Income		=D3-D5	=D3-D5
7					

图10.4 "切断"循环路径

虽然用这种方法调整模型一开始可能看起来很复杂，但实际上，如果模型一开始就是以这种方式构建的，那么求解起来就会非常简单清晰。

10.4.3 将循环路径手动"切断"后使用 VBA 宏进行迭代

如上所述，如果模型是收敛的，一般只需要迭代几次就能收敛到一个稳定值，这意味着迭代过程可以通过以下几种方式实现：

- 将单元格 D4 的奖金计算值手动粘贴到新单元格 D5 中，然后确保粘贴后的模型重新计算了一次，重复此过程，直到模型充分收敛。
- 编写一个 VBA 宏让单元格 D4 的值复制到单元格 D5，同时确保复制后模型会重新计算一次，重复此操作直到模型充分收敛。该检查操作也可以用 VBA 代码自动实现。

例如，图 10.5 展示了将单元格 B4 值粘贴到单元格 B5 并触发一次重新计算后的结果，随后再计算一次的结果如图 10.6 所示，多次计算后的结果构成的序列如单元格 D4、E4 和 F4 所示，而且与图 10.2 中的第一步具有相同的序列：0、50、47.5……

对于那些只需以基本操作就能处理的简单模型，手动迭代即可。但实践中，基于以下优点的 VBA 宏更有吸引力：

- 减少出错概率，尤其是当需要重复粘贴覆盖多个单元格的区域时。

	A	B	C	D	E
1					
2			Assumptions	Values	
3		PAT: Pre-Bonus		1000	
4		Bonus (% of net income): Calculated	5.0%	47.5	=C4*D6
5		Bonus (% of net income): Pasted Values		50.0	
6		Net Income		950	=D3-D5

图10.5 在"切断"的循环路径上执行一次粘贴后的计算结果

	A	B	C	D	E
1					
2			Assumptions	Values	
3		PAT: Pre-Bonus		1000	
4		Bonus (% of net income): Calculated	5.0%	47.6	=C4*D6
5		Bonus (% of net income): Pasted Values		47.5	
6		Net Income		953	=D3-D5

图10.6 在"切断"的循环路径上执行两次粘贴后的计算结果

- 减少耗时，因为用按钮运行宏，比通过重复复制粘贴区域来检查模型的收敛速度要快。
- 避免在计算下一次循环前未及时更新模型（如第6部分所述，事实上宏可以在打开或修改工作簿的同时自动运行）。
- 实行敏感性分析更方便，因为我们可以将实现循环引用的宏嵌入进一个更复杂的宏中（见第14章），此时若手动操作将非常烦琐，因为每次都需要进行多次复制和粘贴才能使输入值发生变化。

在第6部分中，我们描述了一个简单的宏，功能是将值从一个区域赋给另一个区域（而不是使用复制/粘贴），功能非常简单，例如将"BonusCalc"（单元格D4的名称）的值赋给"BonusValue"（单元格D5的名称）的代码如下：

Range ("BonusValue") .Value = Range ("BonusCalc") .value

当然，为了确保所有单元格的值都是最新的，每次赋值语句被执行后都需要重新计算一次，因此执行多次（以10次为例）赋值并重算操作的简单宏如下：

Sub MRResolveCirc ( )

For i = 1 To 10

Range ("BonusValue") .Value = Range ("BonusCalc") .Value

Application.Calculate

Next i

End Sub

该宏位于文件 Ch10.3.CircRef.BasicMacro.xlsm 中，并配备了一个带有文本框的触发按钮（见图10.7）。

在此基础上，我们可以非常简单地用宏实现更复杂的功能，例如引入一个误差项（如

图10.7 在"切断"的循环路径上执行宏

0.000 01）参与迭代，当迭代序列的最新两个结果之间的差异小于此误差，则迭代结束，如果迭代次数已满但收敛目标还未达到，我们还可以增加最大迭代次数：

```
Sub MRResolveCirc2()
NitsMax = 100 'Set Max no. of iterations
Tol = 0.00001 'Set tolerance
icount = 0


Do While VBA.Abs (Range ( "BonusValue).Value - Range ( "BonusCalc") .
Value) >= Tol
  icount = icount + 1
  If icount <= NitsMax Then
    Range ( "BonusValue" ) .Value = Range ( "BonusCalc" ) .Value
    Application.Calculate
  Else
  Exit sub
  End If
Loop
```

此外，如果在迭代次数已满或者异常处理已执行等条件都满足之后，循环引用的问题仍未得到解决，还可以设置向用户发送消息对话框。

10.5 实际应用

在本节中，我们通过一个实例演示上述提到的每一种处理循环的方法。我们假设有一个根据期初余额、无息现金流和利息来预测期末现金余额的模型，如前所述，我们讨论以下 5 种实现方法：

- 根据期间平均现金余额计算利息收入，这其中存在一个循环逻辑，该问题可以通过以下方式解决：

- 使用 Excel 的迭代法解决循环引用。
- 编写 VBA 宏解决循环引用。
- 使用代数变换避免循环引用。
- 基于扣除无息利润的现金余额计算利息收入。为避免循环逻辑和循环引用，需要对模型和计算方式进行如下修改：
  - 仅使用期初现金余额计算利息收入。
  - 使用期初现金余额和无息现金流计算利息收入，进而提高计算结果的准确性（因为相比仅使用期初现金余额，该方法得到的结果更接近使用循环逻辑获得的结果）。

10.5.1 使用 Excel 迭代法解决循环引用

文件 Ch10.4.1.CircRef.Res.xlsx 包含的模型中，利息收入（interest income）（图 10.8 中第 5 行）是通过期初（starting）和期末（end）的现金余额（cash balance）平均值计算而得，图 10.8 展示了使用 Excel 迭代法后模型的最终收敛值。

图10.8 在含有循环引用的模型中使用Excel迭代法

10.5.2 使用宏"切断"循环路径来解决循环引用

文件 Ch10.4.2.CircRef.Res.xlsm 包含的模型与上述具有相同的底层逻辑，即利息收入取决于期间平均现金余额，解决方法是用宏"切断"循环路径（见图 10.9），其中第 7 行只包含纯数值区域，便于宏在每次迭代时将第 6 行的值复制（赋值）给第 7 行，直到第 6 行和第 7 行单元格中数值绝对值的差（在单元格 C8 中计算）处在宏设置的误差范围内。

图10.9 使用宏解决循环引用的问题

10.5.3 使用代数变换解决循环引用

文件 Ch10.4.3.CircRef.Res.xlsx 包含的模型通过代数变换后的公式（本章之前推导过）来求解问题（见图10.10）。值得注意的是，尽管模型的底层逻辑仍然包含循环，但代数变换后的公式已经不包含循环，除此之外，计算顺序也不同于原始模型：期末现金余额的计算是在已知利息收入之前，利息收入的计算使用的也是平均期间现金余额。

	A	B	C	D	E	F	G	H	I
1									
2		Algebraic Manipulation: No circularity		1	2	3			
3		Cash Flow							
4		Operating Cash Flows		100	100	100			
5		Interest Income	3.0%	3.05	6.18	9.42	=$C5*AVERAGE(F9,F11)		
6		Total Cash Flow		103.05	106.18	109.42			
7									
8		Cash Balance							
9		Starting		50.000	153.05	259.23	=E11		
10		Increase		103.05	106.18	109.42	=F6		
11		End	50	153.05	259.23	368.65	=(F9*(1+$C5/2)+F4)/(1-$C5/2)		

图10.10 使用代数变换解决循环引用的问题

10.5.4 简化模型1：逻辑或公式中不含循环

另一种消除任何形式的循环的方法是重构模型，即对真实场景做假设或者近似来重新定义或简化模型。

文件 Ch10.4.4.CircRef.Res.xlsx 包含的模型中，利息收入从期初现金余额中就可以计算出，这样就避免了循环，因为利息的计算不再依赖期末现金余额（见图10.11）。请注意，期末现金余额的值不等同于上述保留循环的例子中的值。

	A	B	C	D	E	F	G
1							
2		Altered Model 1: No circularity		1	2	3	
3		Cash Flow					
4		Operating Cash Flows		100	100	100	
5		Interest Income	3.0%	1.50	4.55	7.68	=$C5*F9
6		Total Cash Flow		101.50	104.55	107.68	
7							
8		Cash Balance					
9		Starting		50.000	151.50	256.05	=E11
10		Increase		101.50	104.55	107.68	=F6
11		End	50	151.50	256.05	363.73	=F9+F10

图10.11 将期初余额作为计算起点来简化模型，从而避免循环

10.5.5 简化模型2：不含循环逻辑的公式

重构模型的另一种方法是通过包括期初现金流在内的所有无息现金来计算利息，这样能够在避免循环的同时，获得与保留循环的情况下相近的计算结果。文件

Ch10.4.5.CircRef.Res.xlsx 就包含了这么一个模型（见图 10.12），我们可以发现，期末现金余额的值与之前使用循环的例子中的计算结果（见图 10.11）很接近。

	A	B	C	D	E	F	G
1							
2		Altered Model 2: No circularity		1	2	3	
3		Cash Flow					
4		Operating Cash Flows		100	100	100	
5		Interest Income	3.0%	3.00	6.09	9.27	=$C5*(F9+F4/2)
6		Total Cash Flow		103.00	106.09	109.27	
7							
8		Cash Balance					
9		Starting		50.000	153.00	259.09	=E11
10		Increase		103.00	106.09	109.27	=F6
11		End	50	153.00	259.09	368.36	=F9+F10

图10.12 将期初余额和无息现金流作为计算起点来简化模型，从而避免循环

注意到在这个例子中，唯一的无息现金流是经营性现金流（operating cash flows），在更复杂的模型中还可以包括所有无息现金流（比如投资性现金流，支付股息或其他筹资性现金流），但在实践中，这样操作可能有点麻烦，因为我们需要构建一个包括所有与利息无关的现金流项目，也就是一个几乎完整的现金流量表。方便起见，一个折衷办法是只考虑报表中可以提前估算出来的几个主要项目。

10.6 选择处理循环的方法：主要标准

当面临可能出现循环引用的情况时，我们需要选择哪种方法，其考虑的因素不仅是如何将方法应用到模型中，同时也考虑如何求解，本节讨论与这些因素相关的几个主要问题。

目前，对于是否以及如何使用循环似乎很少有共识或标准，具体如下：

- 一些建模者认为应该不惜一切代价避免循环引用。
- 考虑到准确性和一致性，一些建模者（尤其是一些在财务报表和项目融资相关的工作中需要建模的从业者）认为在计算中保留循环引用或许具有重要价值。
- 有些建模者倾向于避免建模时生成循环逻辑，包括前面提到的许多估值相关的从业者。

尽管对于是否应使用（或避免）循环通常没有明确的定论，但大部分观点都认为应根据不同的场景、不同建模者的经验、能力和个人偏好来讨论这个问题。综合来看，在选择处理存在循环嫌疑的模型时，需要考虑以下几个问题：

- 底层逻辑的准确性和有效性。
- 模型的复杂度和模糊度。

- 迭代过程看似收敛却缓慢发散或摆动的模型设定错误。
- 不易修正的非数值型误差沿着循环路径扩散，导致模型瘫痪。
- 编写的宏有严重问题，不够稳健，甚至是包含错误，尤其是在 VBA 经验还不丰富的时候编写的代码中更是普遍。
- 在执行代数变换时可能会出错（例如等式左右两边同时除以一个可能为零的数），导致计算错误。
- 可能需要牺牲一点计算速度。
- 相比没有循环的模型，在有循环的模型中实施敏感性分析可能更麻烦。

这些问题将在本文剩下的部分详细讨论。

10.6.1 模型的准确性和有效性

如果实际场景中包含循环或均衡逻辑，那么应该尽量在建模时予以体现。另一方面，虽然经济学中的均衡概念被广为认同，但"循环论证"的理念一般还是会受到质疑，因此在某些情况下，我们不得不降低准确性来让模型变得更易于理解，论证过程更容易被接受，具体如下：

- 如果强烈追求计算的准确性和逻辑的一致性，那一般情况下不得不接受模型中循环的逻辑。例如，通常在项目融资类的建模过程中，债务协议或其他合同方面的条款设置可能会参考模型中的数字。同样，在前面的奖金计算的例子中，如果奖金对应的净利润前后不一致，表明这些数字不太可靠，逻辑上也是错误的。在这种情况下，我们可以选择使用代数变换（如果不是隐函数的情况下）[1]，也可以使用 Excel 中的功能或 VBA 实现迭代。
- 如果对计算准确性或逻辑一致性的要求不那么严格，或者循环逻辑本身就不太可靠，那么建模时可以放弃考虑循环逻辑；如果降低准确性对结果没有重大影响（如果计算中利息只占现金流很小的一部分），或者忽略循环是特定场景下的标准做法，那么忽略循环是可以接受的。

需要注意的是，理论上代数变换提供了上述两种情况下的最佳选择——在不使用循环公式的情况下保留隐式循环逻辑，但很可惜这种方法也存在一些局限性和缺点：

- 实践中只有很有限的情况才适用该方法，现实中的许多情况通常都包含过于复杂以至于无法用代数变换来简化的计算过程。例如，如果为追求精确，在计算利息的多个科目中让利率发生非常微小的变化，那代数变换就行不通了（这会导致等式中引入 IF 函数或 MIN/MAX 函数）[2]。

---

[1] 隐函数无法将一个变量完全剥离到等号的某一边。——译校注
[2] 假设利率从x移动到x+dx，有可能变成高次方程使得代数变换后的方程无解析解。——译校注

- 即使代数变换可行，通常也难以察觉变换过程中是否存在错误，为了与原始公式的计算结果作比较，我们也需要用迭代方法求解带循环引用的原始公式。
- 对代数变换方法不熟悉的用户可能很难理解模型，他们不仅不清楚底层的代数变换的过程（除非在模型文档或注释中清楚），而且对相应的 Excel 公式也不理解。此外，计算顺序看似也较为混乱，并不直观（例如，在利息收入之前计算期末现金余额）。

10.6.2 复杂性和透明度

具有循环引用的模型很难检查且非常耗时（在跨工作表模型中更是如此），在理解公式并检查其准确性时，理论上循环依赖的路径会促使我们进行循环检查，但最终只是在尝试沿着计算路径跟踪每一步的计算逻辑后，又返回到了开始的位置，得不到任何新的有用信息。此外，有些用户可能本身就不太熟悉或不理解迭代的过程。最后，以宏来迭代的优势使得我们更不愿意使用循环了。就方法选择的必要性而言，这表明：

- 应该尽可能避免使用循环公式。
- 需要保留循环逻辑（但不适用循环公式）的地方：
  - "切断"循环路径使得依赖路径上具有明确起点和终点的同时，再结合宏进行迭代，是既能保留循环或均衡逻辑，又能保证模型精确性的两全方法
  - 使用代数变换（如果可行）并不一定比"切断"循环路径的方法更透明，复杂度更小，因为不熟悉，或无法理解背后的代数变换的用户可能会发现模型更难操作
- 换一种建模方法可以降低迭代造成的复杂性，但模型整体的复杂性不会显著降低，因为替代模型和"切断"循环路径（或循环公式）的模型理论上具有相似的透明度和复杂性，所以相比之下，使用替代模型的缺点是精度更低。

10.6.3 不收敛的循环

使用迭代可能不利于模型的稳健性、结果的可解释性，以及是否收敛到正确的极限值，而且我们使用迭代过程的初衷是默认模型会收敛，但实际情况并非如此，实际上迭代的结果最终可能是：

- 收敛。
- 发散。
- 摆动[1]。

例如，我们之前提到的一个迭代公式：

$$B6 = 1+(1/10) \cdot B6$$

该公式仅在几次迭代后即收敛（收敛到 10/9）。

---

[1] 数学上，序列在固定的数之间摆动同样视为发散——译校注

另一方面，另一个看似简单的公式：

$$B6 = 1 + 2 \cdot B6$$

该公式的解为 B6 = –1，迭代后（使用初始值为零）却生成了一个快速发散的序列：0、1、3、7、15、31、63、127、255、511、1023……

事实上，迭代过程的敛散速度可能都很快，因此除非不用迭代进行求解，否则发散的循环结果其实是很常见的。

文件 Ch10.5.1.CircRef.Res.xlsx 包含上述提到过的存在循环引用的利息计算模型，为了便于展示，该文件包含了模型的第二个复制的样本（见图 10.13），在第二个样本中，单元格 C16 的利率被设为 200%，可见如果设置成该值或更大，迭代过程都会是发散的（但因为在 Excel 中，默认迭代次数为 100，所以图中显示的数字虽然很大，但还不是非常大，每按一次 F9 键都会再进行 100 次迭代，从而使数字逐渐变大）。

	A	B	C	D	E	F	G	H	I
1									
2		Circularity		1	2	3			
3		Cash Flow							
4		Operating Cash Flows		100	100	100			
5		Interest Income	3.0%	3.05	6.18	9.42	=$C5*AVERAGE(F9,F11)		
6		Total Cash Flow		103.05	106.18	109.42			
7									
8		Cash Balance							
9		Starting		50.000	153.05	259.23	=E11		
10		Increase		103.05	106.18	109.42	=F6		
11		End	50	153.05	259.23	368.65	=F9+F10		
12									
13		Circularity		1	2	3			
14		Cash Flow							
15		Operating Cash Flows		100	100	100			
16		Interest Income	200.0%	20000.00	1980400.00	127518800.00	=$C16*AVERAGE(F20,F22)		
17		Total Cash Flow		20100.00	1980500.00	127518900.00			
18									
19		Cash Balance							
20		Starting		50.000	19950.00	1960650.00	=E22		
21		Increase		20100.00	1980500.00	127518900.00	=F17		
22		End	50	20150.00	2000450.00	129479550.00	=F20+F21		

图10.13 发散的循环引用示例

这种发散行为（当利率为 200% 或更高时）是由于逻辑中蕴含的循环造成的（不只是针对本文中这个具体的案例所呈现的结果），感兴趣的读者可以验证当使用宏进行迭代，或是使用代数变换的情况下是否还会得到发散（或错误）的结果，但利息与期末现金余额无关的替代模型则没有这个问题。

既不发散也不收敛的循环也是存在的，我们称之为“摆动循环”，如下列方程：

$$x = y + 10$$

$$y = -x$$

求解方程得到 x=5，y=5，换做用 Excel 单元格表示迭代过程，公式如下：

$$E3 = D3 + 10$$

$$D3 = -E3$$

此方程组会得到一组在 D3 和 E3 之间来回摆动的序列值，既不收敛，也不发散，循环目标变量的最终值将取决于所设定的迭代次数，以及在第一次迭代时已设定或隐含的初始值（比如说 D3）。

文件 Ch10.6.1.CirRef.Floating.xlsx 也包含一个示例，文件设置为手动重算并启用迭代计算，但只进行一次迭代（每按一次 F9 键就会迭代一次）。图 10.14、图 10.15 及图 10.16 分别展示了执行一次、两次、三次迭代的结果，结果是图 10.16 与图 10.14 中的值相同，但都与图 10.15 中的值不同，由此可见循环的结果是一个摆动序列。

	A	B	C	D	E	
1						
2		Model	Constant	Calc 1	Calc 2	
3			10	-1	9	
4				=-E3	=C3+D3	

图10.14 迭代一次摆动循环的结果

	A	B	C	D	E	
1						
2		Model	Constant	Calc 1	Calc 2	
3			10	-9	1	
4				=-E3	=C3+D3	

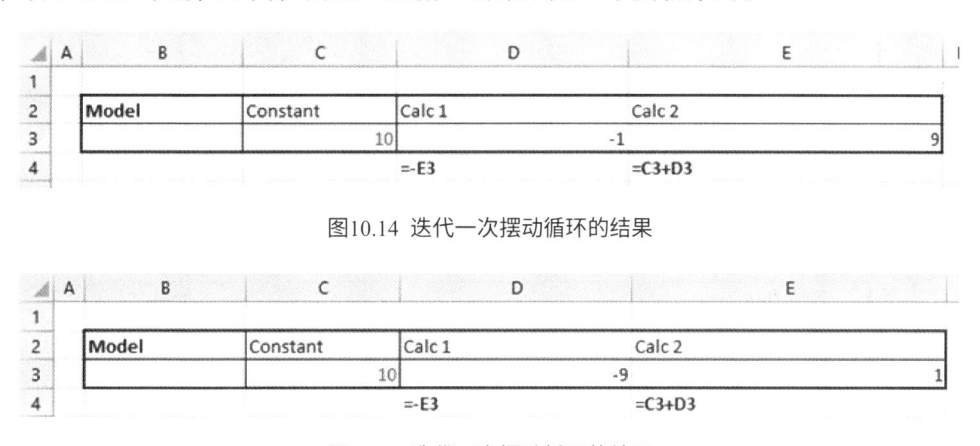

图10.15 迭代两次摆动循环的结果

	A	B	C	D	E	
1						
2		Model	Constant	Calc 1	Calc 2	
3			10	-1	9	
4				=-E3	=C3+D3	

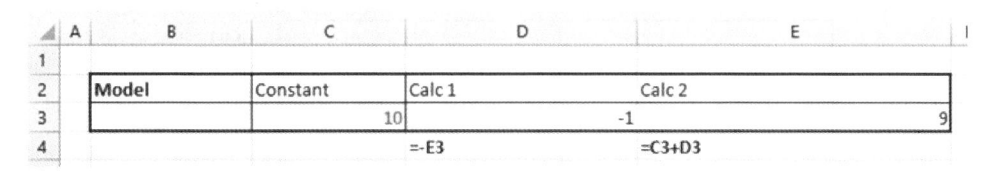

图10.16 迭代三次摆动循环的结果

如图 10.17 所示，我们可以更清楚地看到迭代结果是一个摆动序列，图中第一列为迭代次数，迭代过程从设置在单元格 D3 的初始值开始，用户可以自行尝试不同的初始值，可以看见生成的序列也是不同的。

摆动循环可能不容易察觉。例如，我们从基于所有未来现金的来源、用途和现金余额的计算开始，模型预测的结果显示未来余额始终为正，如图 10.18 所示。然后我们可以额外增加一行表示提取的现金，该行的初始值设定为未来现金余额的最低提取值（可假定提取该部分的现金供他处急用）。换言之，用区域 D4:H4 的最小值（负数）的公式取代单元格 C3（见图 10.19 中单元格 C8 与区域 D9:H9，为方便起见显示了两种模型），从中可见该循环的结果是一个摆动序列：一旦提取现金，未来的最低余额就降为零，因此提取未来现金并不可行，所以未来的最低现金余额应设置为一个正数，这样就可以提取现金，以此类推。

	A	B	C	D	E
1					
2		Model	Constant	Calc 1	Calc 2
3			10	-1	9
4				=-E3	=C3+D3
5					
6		Iteration Number	Value of C3	Value of D3 using D3=-E3	Value of E3 using E3=C3+D3
7		0	10	-1	9
8		1	10	-9	1
9		2	10	-1	9
10		3	10	-9	1
11		4	10	-1	9
12		5	10	-9	1
13		6	10	-1	9
14		7	10	-9	1
15					

图10.17 摆动循环中单元格数值随着迭代次数的变化而变化

	A	B	C	D	E	F	G	H	I	J
1										
2			0	1	2	3	4	5		Column C:
3		Cash flow	0	10	10	10	10	10		#N/A
4		Cumulative Cash	0	10	20	30	40	50		=C3
5			=C3	=C4+D3	=D4+E3	=E4+F3	=F4+G3	=G4+H3		

图10.18 初始预测模型

	A	B	C	D	E	F	G	H	I	J
1										
2			0	1	2	3	4	5		Column C:
3		Cash flow	0	10	10	10	10	10		#N/A
4		Cumulative Cash	0	10	20	30	40	50		=C3
5			=C3	=C4+D3	=D4+E3	=E4+F3	=F4+G3	=G4+H3		
6										
7			0	1	2	3	4	5		Column C:
8		Cash flow	2	10	10	10	10	10		=-MIN(D9:H9)
9		Cumulative Cash	2	12	22	32	42	52		=C8
10			=C8	=C9+D8	=D9+E8	=E9+F8	=F9+G8	=G9+H8		

图10.19 修改后含有摆动循环的预测模型

值得注意的是，摆动循环属于最危险的情况，具体原因如下：

- 由于它们并不发散，序列的终值看起来可能是合理的，但并不稳定，同时也取决于设定的迭代次数。
- 摆动循环出现的原因可能很难察觉。尤其在假定模型收敛因而有意使用循环的过程中很难察觉，该情况下循环引用的警告也会被建模者或用户忽视，所以更有可能无意间导致了摆动循环引用的出现。

总的来说，如果使用 Excel 的迭代法，有可能会导致意外的摆动循环，或被其他有意设置的循环覆盖而难以察觉的风险，所以为了避免这种情况，原则上不建议使用 Excel 的迭代法。

10.6.4 出错公式的潜在问题

在具有循环公式的模型中，如果没有简单的纠错机制，错误可能会沿着循环路径传播而导致严重的问题，此时最理想、最安全的方式是将文件恢复到出错之前，若不幸保存了错误的模型（也有可能是在保存文件的时候触发自动重新计算而形成的错误）导致模型瘫痪，那么只能重新建模了。

一般情况下该问题是由于循环路径上出现非数值型的错误值（如 #DIV/0!），并被迭代过程扩散到他处，但是如果仅修正路径上的一个单元格，迭代过程一般仍无法恢复正常，因为路径上被感染的其他一些单元仍旧包含着该非数值型错误值，因此迭代过程（需要纯数值作为输入）还是无法继续下去。

图 10.20 展示了前面提到的循环计算利息模型（即利息取决于平均现金余额），其中的期间利率被设置为 250%，随后模型进行多次迭代计算，但由于该循环是发散的，所以最终我们处在循环路径上的单元格都是 #NUM! 的错误。

	A	B	C	D	E	F	G	H
1								
2		Circularity		1	2	3		
3		Cash Flow						
4		Operating Cash Flows		100	100	100		
5		Interest Income	250.0%	#NUM!	#NUM!	#NUM!	=C*AVERAGE(F9,F11)	
6		Total Cash Flow		#NUM!	#NUM!	#NUM!		
7								
8		Cash Balance						
9		Starting		50.000	#NUM!	#NUM!	=E11	
10		Increase		#NUM!	#NUM!	#NUM!	=F6	
11		End	50	#NUM!	#NUM!	#NUM!	=F9+F10	
12								

图10.20 错误初始值因循环发散而传播

在图 10.21 中我们将 250% 的利率替换为 3% 的定期利率，然后再迭代多次，我们可以看到循环路径上的计算结果并没有被修正。

	A	B	C	D	E	F	G	H
1								
2		Circularity		1	2	3		
3		Cash Flow						
4		Operating Cash Flows		100	100	100		
5		Interest Income	3.0%	#NUM!	#NUM!	#NUM!	=C*AVERAGE(F9,F11)	
6		Total Cash Flow		#NUM!	#NUM!	#NUM!		
7								
8		Cash Balance						
9		Starting		50.000	#NUM!	#NUM!	=E11	
10		Increase		#NUM!	#NUM!	#NUM!	=F6	
11		End	50	#NUM!	#NUM!	#NUM!	=F9+F10	
12								

图10.21 导致发散的错误被更正后错误仍然存在

在图 10.22 中，我们可以看到即使在第 5 行重新输入公式并进行迭代时，模型仍是无效的，就算在第 6 行或第 10 行中输入公式，情况也是如此。

	A	B	C	D	E	F	G	H
1								
2		Circularity		1	2	3		
3		Cash Flow						
4		Operating Cash Flows		100	100	100		
5		Interest Income	3.0%	#NUM!	#NUM!	#NUM!	=$C5*AVERAGE(F9,F11)	
6		Total Cash Flow		#NUM!	#NUM!	#NUM!		
7								
8		Cash Balance						
9		Starting		50.00	#NUM!	#NUM!	=E11	
10		Increase		#NUM!	#NUM!	#NUM!	=F6	
11		End	50	#NUM!	#NUM!	#NUM!	=F9+F10	

图10.22 重构部分模型后错误仍然存在

实际上，只有一直把公式输到第 11 行后模型才真正被完整重构，图 10.23 展示仅第 1 列被更正的情况，因此要恢复模型，需要从第 11 行开始重构，从左到右一次一个单元格依次进行（通过在每个单元格中重新输入公式，然后迭代或重新计算）。

	A	B	C	D	E	F	G	H
1								
2		Circularity		1	2	3		
3		Cash Flow						
4		Operating Cash Flows		100	100	100		
5		Interest Income	3.0%	3.05	#NUM!	#NUM!	=$C5*AVERAGE(F9,F11)	
6		Total Cash Flow		103.05	#NUM!	#NUM!		
7								
8		Cash Balance						
9		Starting		50.00	153.05	#NUM!	=E11	
10		Increase		103.05	#NUM!	#NUM!	=F6	
11		End	50	153.05	#NUM!	#NUM!	=F9+F10	

图10.23 成功重构模型的一列

但实际中许多更大更复杂，而且通常没有严格的从左到右的计算顺序的模型基本上不可能以这种方式重建，所以非数值型错误很容易使模型瘫痪。

值得注意的是，如果模型中的循环路径被“切断”，处理起来就会方便很多。如果类似的错误出现，“切断”路径的纯数值单元格也会出错（例如 #NUM!），所以除了更正导致错误或发散的输入值外，我们还可以用比如零来覆盖这些起“切断”作用的单元格。由于公式中没有循环，一旦将单元格的错误值修正为其他正常数值，就又可以正常迭代、正常计算相关公式了。

图 10.24 展示了前面提到的模型的循环路径被“切断”的版本，可见迭代过程中出现了“#NUM!”错误。图 10.25 是修正模型的结果，通过更改单元格 C5 中的期间利息，并用 0 覆盖第七行中的 #NUM!，然后执行迭代。

	A	B	C	D	E	F	G	H	I	J
1										
2		Circular logic resolved using macro		1	2	3				
3		Cash Flow						执行单次迭代		
4		Operating Cash Flows		100	100	100				
5		Interest Income	250.0%	#NUM!	#NUM!	#NUM!	=$C5*AVERAGE(F11,F13)			
6		Total Cash Flow Calc		#NUM!	#NUM!	#NUM!	=F4+F5	执行全部迭代		
7		Total Cash Flow Values		#NUM!	#NUM!	#NUM!				
8		*Difference (absolute terms)*	*#NUM!*	*#NUM!*	*#NUM!*	*#NUM!*				
9										
10		Cash Balance						Named Ranges used in Macros:		
11		Starting		50.00	#NUM!	#NUM!	=E13	MaxDifference	=Sheet1!$C$8	
12		Increase		#NUM!	#NUM!	#NUM!	=F7	TCFFormulae	=Sheet1!$D$6:$F$6	
13		End	50	#NUM!	#NUM!	#NUM!	=F11+F12	TCFValues	=Sheet1!$D$7:$F$7	

图10.24 出现在循环路径被“切断”的模型中的错误

第 10 章 处理循环

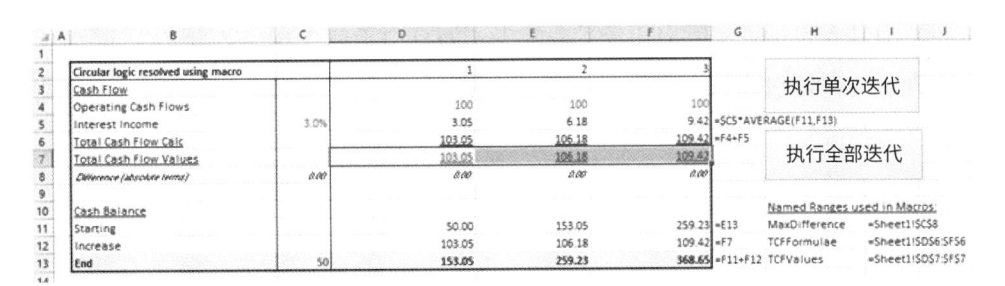

图10.25 简单修正出现在循环路径被"切断"的模型中的错误

总的来说，为了避免模型瘫痪，避免大规模重构模型，相比 Excel 迭代法，使用"切断"循环路径更合适。

10.6.5 计算速度

由于每次迭代都是一次重新计算，因此对于那些不需要迭代、没有循环公式的模型而言，迭代更耗时。此外，Excel 中的迭代法一般来说会比使用 VBA 宏更快，因为 Excel 的内部计算引擎是经过高度优化的，一般的程序很难超越其性能。

总的来说，从速度的角度来看，循环公式的效率较低，因此最好使用代数变换或不含循环的公式来修改模型，并且在需要循环公式的情况下，VBA 宏的计算效率通常都要比 Excel 迭代功能低。

10.6.6 敏感性分析的便捷性

我们在从模型的输入和输出项之间进行动态计算的过程中，无论是否涉及循环公式，Excel 的数据表（DataTable）对任何输入项的高度敏感性可能非常明显（见第 12 章），因此为了解决循环引用而使用宏，反倒有可能导致该功能被禁用，此时我们就需要使用宏进行敏感性分析（见第 14 章）。所以从敏感性分析的角度来看，"切断"循环路径比使用其他方法更麻烦。

10.6.7 总结

本节的大致讨论结论如下：

如果实际场景中蕴含循环逻辑，我们应考虑有无必要为了准确性、一致性或便于表述，而实现该逻辑，抑或能否找到一种足够精确且没有循环逻辑的替代方法。如果能，那么以这种不需要宏或迭代的标准方法来构建模型，计算速度会很快，并且还能用 Excel 内置的标准敏感性分析功能进行分析，所以在任何情况下，它应该是被优先考虑的方法。

如果需要实现模型中的循环逻辑，则可以考虑以下几种方法：

- 代数变换。该方法可以在避免任何循环公式的情况下实现模型的循环逻辑。此时的模型计算不需要迭代，计算效率很高，还可以通过使用 Excel 数据表进行敏感性分析。但缺点包括：实际应用场景非常少，而且由于检查其结果的正确与否需要同时实现包含循环引用的原始模型，因此操作过程中很容易出错，并且模型的透明度可能会有所降低，因为对某些用户来说，变换的过程可能根本不清晰，某些项的计算顺序也会改变，而且也不直观。

- Excel 迭代法。该方法允许使用 Excel 数据表进行敏感性分析，并且计算效率比使用宏进行迭代循环更高，但显著的缺点包括：
  - 检验模型很困难。
  - 无法检测是否存在摆动循环，因此模型的结果可能是错的。
  - 模型瘫痪，需要大规模重构模型。
  - 对用户来说，Excel 迭代法既不透明也不直观，因此很难弄清楚内部处理迭代的机理。
- "切断"循环路径并迭代。该方法的好处很明显，包括：
  - 存在一条有始有终、因而更易于检验的标准追踪路径。
  - 能对循环进行可见的控制，便于检测是否存在类似摆动循环等无意且容易导致模型出错的循环引用。这主要得益于 Excel 会将任何存在循环引用的警告告诉用户，同时也是提醒用户模型公式存在错误的信号。
  - 出现错误值后纠正模型的过程要比使用其他方法简单得多。
- 使用 VBA 宏。与使用 Excel 迭代法相比，宏的主要缺点包括：需要编写、运行敏感性分析的流程稍显烦琐，计算效率有轻微的降低。

在作者看来，如果可能的话，最好是通过重构模型来避免循环（尽管精度可能稍有下降）；其次，尝试代数变换的方法；再次，将循环路径"切断"后使用宏来求解；而选择 Excel 的迭代法则是最后一根稻草。

第11章 模型的复查、审核和验证

11.1 介绍

本章讨论与模型审核相关的内容，此处的审核对象一般是指他人构建的模型。本章旨在为审核目标、结论输出和操作流程提供一个体系化的介绍。

11.2 目标

审核模型时，我们一般会考虑三种审核目标和审核结果，这些会在本节中介绍（只是作者的见解，而非一般公认的标准）。

11.2.1 纯粹的审核

纯粹的审核只涉及模型各个方面的描述，但不会对模型做任何修改，也不做任何直接的判断，而典型的审核结论包含如下内容：

- 结构特征，包括模型所用的工作表的数量、与其他工作簿的链接，以及工作表的列、行或区域的可见性、可访问性和是否被保护。
- 布局和流程，包括输入参数的位置、审核路径的精简程度、是否存在循环引用（或循环逻辑）、输出是否清晰可辨、是否内置了任何具有敏感性分析功能的组件（如使用数据表），以及工作表之间交互计算的深度和复杂度。
- 公式和函数，包括用到的函数、公式的数量、连续区域内公式的一致性（如按行排列的数组公式），以及公式是否符合最佳实践原则（例如有无混合公式，如"=E4*1.3"；是否存在多重嵌套函数；查找类函数是否高效等）。还必须注意是否存在命名区域，以及命名区域的使用情况（无论是在导航中还是在VBA代码中）。
- 是否使用了VBA代码、宏或用户自定义函数（以及代码是否可访问，或VBA模块是否受密码保护）。
- 是否存在其他对象，如数据透视表、图表、数据筛选器和注释。
- 用到的格式的性质，例如常规单元格格式、边框、斜体、条件格式和自定义格式。还需要注意是否存在合并单元格，或者是否存在多个空白行和列。
- 如果没有正式的模型说明，就需要根据模型的计算过程，推测模型的目标及结果对决策的支持作用。
- 是否存在输入限制，例如使用数据经过验证的区域。
- 其他环境设置，如计算的设置、作者、上次修改的日期。
- 运行模型的过程中是否需要用到其他 Excel 加载项。
- 改进模型计算方式、可读性、用户体验、灵活性或效率（有时候需要重组才能实现）。

需要认识到的是，单纯的审核过程不会对模型的效率、优缺点给出任何判断，也不会给出模型是否支持某个决策的结论，也不会做任何改进或更正。因此，单纯的审核过程能给模型增加的价值往往是有限的。

11.2.2 验证

验证涉及两个核心要素：
- 确定模型是否符合其规范；是否充分很好地模拟了真实场景；是否充分支持决策需求（包括灵活性和敏感性）等。本质上与图 1.1 所示的建模过程中的第一步相对应。
- 验证模型中的公式是否正确（图 1.1 中的第二步）。

理论上，经过验证的模型可以用于包括敏感性分析等在内的决策支持。然而实践中，从模型是否直观或灵活的角度来说，仅计算结果正确且支持敏感性分析的模型可能并不是最理想的，因为其可读性未必强或并未完全遵循最佳实践原则。

此外，在许多实际情况下，真实的验证过程往往会因为整个建模过程没有足够精确且规范的日志（建模步骤、中间结果、测试参数等记录）而受阻，因此通常只能进行有限的验证，谈不上真正的（从外部进行全面的）验证。验证的目的是寻找错误或不一致的地方，但模型在很大程度上是"自我验证"的，即公式和标签的使用本身就已经是符合规范的了。

11.2.3 改进、重组或重建

为了让模型更规范、可读性更高、更灵活，改进其对决策支持的作用更符合之前提到的最佳实践原则，有可能需要通过重组或重构来改进模型。

根据作者的经验，在 Excel 建模环境中，与单纯的审核或验证相比，重构模型所能创造的价值最大。首先，一般情况下只有模型不符合，或者用户在建模时发现很难遵循最佳实践原则（例如，由于数据结构、流程、格式和公式等的不恰当）的情况下我们才会审核模型，这一点听上去似乎有些矛盾。第二，在一个漏洞百出的模型中检查错误、测试或敏感性分析往往非常耗时（甚至根本无法完整地执行）。第三，由于错误之间很有可能是相互影响的，一旦发现模型中的错误，我们如果不纠正，则很难或几乎不可能继续检查其他错误。例如，我们可以假设一连串复杂的计算过程和公式是正确的，但由于已经发现了一个错误，显示的结果肯定是不正确的，如果不纠正该错误，一般很难通过公式来继续排查第二个错误。因此，改进后的模型表现会更好，而且审核或验证也会更容易，甚至有时候都可以省略。

重组的基本目标是构建一个遵循最佳实践原则、可读性高且比原始模型更易于测试和验证的模型。

我们对最佳实践原则不再赘述，但实际做到这点还需要注意以下几点：

- 使用合适的工作簿、工作表和数据结构。
- 将工作表的数量减少到最小。
- 为了尽可能缩短审核路径，创建一个尽可能符合垂直（从上到下）顺序或水平（从左到右）顺序，而不是对角线顺序（即过于跳跃）的逻辑链条。
- 让模型的布局更清晰，并用合适的格式突出显示关键部位。一般来说格式化是提高模型可读性的最简单、高效，甚至是唯一的方法。格式化还可以用于突出显示暂时不需要修改的区域，如果模型的其他部分经过检查或有所变化后，我们再迅速定位回来并立即修改此区域，修改完后再进行后续的操作，并删除该格式。更普遍的方法是将模型的各个模块分不同的区域显示。
- 方便执行敏感性分析。例如避免包含具有多个输入参数的单元格，这样可以使得模型的测试更便捷、更能适应多种场景。
- 纠正公式使之更清晰、更强大或更高效。当然，如果原始模型的计算过程是正确的，那么即使具有完全不同的结构和公式，原始模型和重构后的模型也会给出相同的结果。但一般情况下，如果发现错误并及时纠正，前后模型肯定是不一样的。
- 减少重复计算。当我们将模型中各个相互分开的部分合并计算，而非独自计算时，我们往往会发现一些可以消除的重复计算。

当然在实践中，值得投入多少精力去改善模型结构还得取决于模型所代表的实际应用场景和模型目标。

11.3 流程、工具和技巧

如果模型是按照最佳实践原则构建的，那么审核或验证的流程通常来说会相对简单一点，如若不然会很复杂。在任何情况下建模都应该遵循一些具体的流程和技巧：

- 避免被意外更改。
- 构建模型的全景图。

- 添加有助于模型理解的逻辑链条、输入输出等方面的注释、文档或其他形式的说明等。
- 测试和检查公式，尤其是那些可能发生意外错误的公式。

事实上，不仅仅是构建模型，重组模型（尤其在重组过程的最初几个步骤中）一般也需要遵循上述流程。例如移动公式或合并多个工作表的公式时，我们总是希望不改变计算结果，只有在公式本身修改后才允许计算结果发生相应的变化。

11.3.1 避免意外的变动

为避免模型发生无意间的变化，需要注意以下原则：

- 在复制的模型上做修改。
- 打开模型时不要更新带有链接的数值，如果模型中有链接到其他工作簿的部分，一般来说需要用更规范、更安全的方法来进行更新，比如之前提到过的镜像工作表，甚至是将多个目标工作簿合并到单个工作簿中。
- 在宏没有完全投入使用之前，不要运行任何宏（或按下任何可能触发宏的按钮）。
- 在所有正确的操作结束之前，不要插入行或列。在以下情况中，如果不经过仔细研究就盲目插入行或列，很容易出错：
  ○ 用到了覆盖多个单元格的区域名称（见第 7 章）。
  ○ 用到了查找功能（尤其是涉及二维区域的查找，甚至是当 VLOOKUP 函数或 HLOOKUP 函数中目标查找列号是硬编码的时候）。
  ○ 宏引用的是单元格，而不是命名区域。
- 定期将工作成果保存为新文件（例如文件名中使用序列号），便于在发现意外或错误后可以快速退回到正确的版本。
- 移动公式或区域时使用剪切和粘贴（而不是复制和粘贴）来保留单元格引用，但在确认不会产生错误之前，理论上不应该移动区域。例如，如果移动的是输入参数可以是区域的函数（SUM、MAX、MIN、OR、AND、VLOOKUP 等）所引用的区域，有可能会出错。正确的方法应该是先在他处重建等价的模型，然后再移动原始模型，例如，一个 SUM 函数可能需要替换成各元素相加（"=SUM(A1:C1)" 替换成 "=A1+B1+C1"），或者用几个 INDEX/MATCH 组合函数替换一个 VLOOKUP 函数，或类似地将引用包含多个单元格的连续区域的 OR 函数重新写成引用各个单个单元格。
- 记录所做的每一个更改。例如，一旦公式修改后就将修改说明添加到单元格注释中。一般来说，我们应该新建一个单独的文档（如 Word 文件）来专门记录关于错误，或值得日后斟酌的地方，或已经做过的更改等方面的说明和注释，而且记录操作应与模型操作完全同步，而不是事后再补充记录。通过这种方式，在整个建模过程完成后，也就自然得到了关于原始模型和后续一系列更改操作的说明文档。
- 使用本节稍后讨论的方法跟踪最新值和原始值。

11.3.2 创建概览图，然后了解细节

审核过程的主要步骤中，第一步是获得模型的总体概览图（获取操作本身应避免对模型产生的意外改动），其主要目的是从宏观上理解模型，类似于单纯的审核。一旦建立了概览图，接下来就需要深入了解细节，尤其是对模型整体的逻辑链条和运行路径的理解。从某种意义上说，后一步是通过一些工具和技巧来加深第一步的理解，但会更为详细。

有助于创建概览图的常见工具和技巧包括：
- 阅读所有关于模型目标、用途、局限性、用到的技巧、如何修改模型等的文档。
- 检查受保护或隐藏的工作表或区域，比如使用"审阅"选项卡，或者右键单击工作表标签（隐藏/取消隐藏）。例如，如果在"审阅"选项中有一个"取消工作簿保护"的选项，则说明可能存在隐藏的且只能通过密码访问的工作表。显然，为了充分了解模型，有必要使所有工作表都可见，特别是当模型的可见部分中有公式引用来自隐藏工作表的单元格时。
- 检查宏模型（简单情况打开 Visual Basic 编辑器即可），扩展名为 XLS 或 XLSX 的文件可能不包含宏，而扩展名为 XLSM 的文件就有可能包含。此外，我们可能还希望检查 VBA 代码是否可以被访问或是否受密码保护，在可访问的部分，尽量花时间对代码的质量和功能进行仔细的检查。
- 解冻所有冻结的窗格（在"视图"选项卡上）。
- 检查公式，确认用到的函数和公式的类型，查看其是否含有混合公式、嵌套函数、查找类函数及其他高级 Excel 函数等，这可以通过选项卡上的"公式/显示公式"实现，这样就可以快速查看所有公式，也可以检查相邻单元格公式的一致性。
- 检查循环引用。关闭迭代计算，窗口会弹出循环引用警告，状态栏也会显示循环路径上单元格的位置，同时 Excel 工作表中也会显示单元格之间的相关关系和引用方向的箭头（在自动计算的模式下，这些信息是直接显示的，而在手动计算中，需要按 F9 键才能显示这些信息），但如果使用切割路径的方式解决循环引用问题，则无法检测到被引用的单元格。通常情况下，含有循环引用的模型会使用宏（如第 10 章所述）进行循环引用的检测（诸如 MyRangeCalculated 和 MyRangePasted 等名称的命名区域也是可能存在此类逻辑循环的标志），而且该宏一般会嵌入用于检查整个模型的宏中。只在极少数情况下才需要手动解决循环引用问题，而且一般很难检测到。

- 检查命名区域的使用情况（使用 Excel 中的名称管理器）。
- 检查指向其他工作簿的链接。打开包含指向其他工作簿的链接的工作簿时，会显示有关链接的警告。首先，在检查这些链接之前，应该避免更新这些链接。菜单中的"数据/现有链接"可用于列出源工作簿，而且以直接引用为链接。如包含"=[Source.xlsx]Sheet1!$D$18"的单元格可以通过"查找"菜单搜索"["（可使用"查找"框中的"选项"子菜单将查找范围设置为公式，以避免查找到文本标签中的方括号）来找到它们在目标工作簿中的位置。如果通过使用命名区域创建链接，语法形式类似"=Source.xlsx!DataToExport"，其中不涉及"["，此时可以搜索".xlsx!"".xlsm!"和".xls!"等字段来搜索。
- 对总体结构和布局进行初步的目视检查，例如对工作表的数量，跨表计算链条的走向、审核路径的长短等进行初步检查与评估（只有在模型已经建立了概览图的情况下才可以对模型的逻辑链条进行详细检查）。
- 检查跨表（即带有工作表名称的"三维"）公式的使用情况（见第 6 章），如果存在跨表公式，则添加、删除或移动工作表等任何操作都可能会造成意外的错误。
- 检查输入参数及其位置，并检查输入、输出（不仅仅只是计算过程）是否清晰可辨，是否内嵌了可用于敏感性分析或汇总计算的数据结构。
- 检查操作环境的设置和信息，如计算模式、作者、上次修改日期。
- 检查是否存在数据透视表、图表、数据筛选器和注释等对象，并进行简单的检查。
- 如果正式的模型说明文件没有或不充分，则可以通过模型的计算过程与使用的标签来推断模型的目标，判断对决策的支持作用。
- 还可以罗列模型中可以改进的地方，尤其在需要重构模型时，其中可以改进的地方包括：优化工作簿、工作表和数据的结构，改进逻辑链条、格式、可读性，修改函数，更正或改进公式，改进可以自动化的部分，修改结构便于进行敏感性分析，用 Excel 迭代法替换宏来提高计算效率等。

一旦对模型有了一个大致的了解后，就可以对计算过程和逻辑链条进行更详细的分析，在这方面，可以用到以下一些工具（在构建概览图时也可以用，只是频率会低一点）：

- 可以通过选项卡中的"公式/追踪引用"或"公式/追踪从属单元格"，并以某个单元格为切入点，跟踪该单元格参与的一整条计算路径，这么操作可以：
  - 了解模型的逻辑和计算过程。
  - 如果模型的逻辑不十分清晰，需要根据逻辑链条和计算路径判断模型的输出值及输出范围，一般来说，路径的起点对应模型的输入，终点对应输出，但有时候中间计算过程也是模型输出的一部分，因此整个过程中主观判断也是必要的。
- 还有一些技巧可以节约审查时间：
  - 双击包含引用或跟踪方向的箭头会展示追踪路径（再次双击可以向前或向后跳转），包括跨工作表的路径。
  - 使用快捷键"Ctrl+["和"Ctrl+]"可以跳转到单元格的直接引用项和从属项，这样可以节省大量时间。
- 在"开始/查找和选择"的下拉菜单中，选择符合各种标准的单元格（或其他对象），例如：
  - 常量（通常作为模型的输入）。
  - 包含条件格式或用到"数据/验证"的区域（包含条件格式的区域也可以使用"开始/样式/条件格式/管理规则"，然后在"显示其格式规则"中选当前工作表来显示）。
  - 对象。
- 在"开始/查找和选择/定位条件"或"F5键/定位条件"下可以显示更完整的菜单，其中包括其他定位选项（见图11.1）：
  - 错误。
  - 引用或从属单元格。
  - 最后一个单元格。

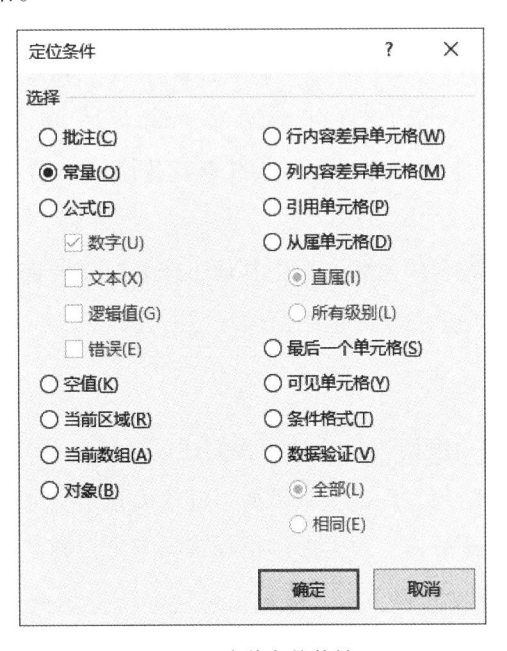

图11.1 定位条件菜单

- 通过使用"公式/显示公式"进行目视检查，可以搜索包含混合公式（如 =E4*1.3）

或纯数值公式（如"=5*300"）的所有单元格。
- 使用Excel内置的错误检查工具（位于"在文件/选项/公式"下）（见图11.2），该功能可以检查例如引用空单元格的公式，不一致的公式，或包含错误的公式。

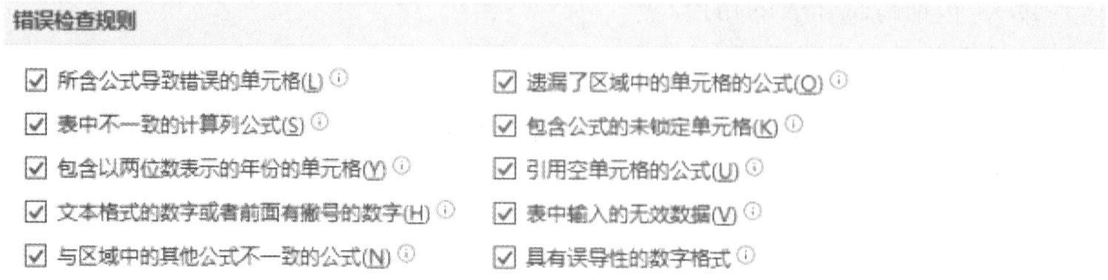

错误检查规则

☑ 所含公式导致错误的单元格(L)　　　☑ 遗漏了区域中的单元格的公式(O)
☑ 表中不一致的计算列公式(S)　　　☑ 包含公式的未锁定单元格(K)
☑ 包含以两位数表示的年份的单元格(Y)　☑ 引用空单元格的公式(U)
☑ 文本格式的数字或者前面有撇号的数字(H)☑ 表中输入的无效数据(V)
☑ 与区域中的其他公式不一致的公式(N)　☑ 具有误导性的数字格式

图11.2 Excel自带的错误检查选项

在模型重组前通常都需要了解上述提到的所有流程，这不但有助于查找错误，而且也可以帮助开发人员改进计算过程，提高可读性以及用户体验，改善灵活性和效率，了解模型的局限性，同时还能知晓实现这些改进需要对模型的结构所做的调整（例如移除一些二位查找过程，并将模型拆分到不同的区域）。

关于为了改进模型所需要做的修改，还有几点需要注意：
- 由于循环没有起点，因此追踪引用项和从属项可能会非常耗时和困难，此时可能需要删除循环路径上的公式并重构模型的局部结构。
- 在移除非必要的计算路径或重复引用时，通常都是从第一个从属单元格开始逐步向后操作，这样可以避免位于计算链条中的后续单元格出现引用错误（#REF!）。
- 当需要用剪切、粘贴的方法将多个工作表合并到一张工作表时，被移动的公式中会新添加目标工作表的表名（如包含"Model!......"的公式被移动到Model表），这种表名引用其实是多余的，可以通过查找替换将表名和感叹号替换成空值达到删除的目的。
- 在移动包含工作表表名的命名区域到其他工作表时需要谨慎行事，尤其在需要删除原始工作表时，最好重新生成引用命名区域的公式。

11.3.3 测试和检查公式

除了从逻辑和概念的角度检查公式外，我们还需要用一些具体的输入值来测试公式，用于确保给出正确的计算结果。理论上只需要手动输入几个具体的值，并观察模型输出的相应变化，就能完成敏感性分析。更一般的情况下，本文提到的其他方法和技巧，例如多个输入值同时变化、使用数据表、输入极端值来观察模型的有效作用范围（压力测试），以及检查计算过程的中间结果等也会对模型的检查起到显著的作用。输入参数的变化如何影响纠错过程及结果也同样需要测试。

11.3.4 使用监视窗口和其他方法跟踪

当使用敏感性分析对公式进行常规检查，或对模型结构、布局或公式进行更改时，使用监视窗口（在"公式"选项卡上）是观察更改效果的一种有效方法，我们可以通过该功能观察在输入值发生变化时其他几个变量的变化情况。

使用监视窗口时，我们可以只关注几个关键的计算步骤。另一种方法是观察多个（甚至是全部）模型的计算过程及结果的变化，可以通过如下方法达到该目的：

- 添加新工作表，使得新工作表中包含原始工作表中模型计算值的复制值（通过粘贴值以及粘贴相同格式），然后新建一组工作表，并以公式的形式记录原始模型值与更改后模型的输出值之间的差异，由于工作表的结构都是相同的，因此公式的创建也相对简单（复制即可），但如果用于改进模型的工作表的结构发生任何变化，这种对应关系也就消失了。所以在决定更改任何一个错误之前，应该确保公式给出的差异值为零（即使是在工作表结构发生变化并重新修正对应关系后）。
- 更好的方法是将同一个模型的不同形式分别保存在三张单独的工作簿中：原始模型、调整后的模型、两者之间的差，并确保这三张工作簿都同时处于打开状态。这种方法的优点是不仅可以将改进结果与原始模型进行比较，而且也可以观察输入值同时发生变化后，（两张表）的模型会如何发生相应变化。

第四部分

敏感性分析和情景分析、模拟和优化

Sensitivity and Scenario Analysis, Simulation and Optimisation

第12章 建模的核心技术：敏感性分析和情景分析

12.1 介绍

本章介绍了进行敏感性分析和情景分析所需的技术。从最基本的角度来说，该技术可以用来回答假设中"如果？"的问题，并且通常能有效地辅助决策。此外，如前几章所述，敏感性相关技术是整个建模过程（从模型设计到最终使用）都涉及的关键部分。本章第一节概述了进行敏感性分析的方法和相关工具。第二节详细描述了其中的一种方法，即 Excel 的模拟运算表功能。第三节展示了使用此功能的一些实例，包括敏感性分析和情景分析。本书的后续章节还将详细介绍敏感性分析的其他方法。

12.2 敏感性相关技术概述

进行敏感性分析有以下几种简单的方法：
- 手动更改输入值并观察其对输出的影响。虽然这是一种对正在构建的公式进行测试的非常有用的方法，但使用此方法对已完成的模型进行敏感性分析会比较麻烦且效率低下，原因如下：
    - 该方法需要记录使用的输入值和对应产生的输出值。当需要更改多个输入值时，这样做将会很麻烦。
    - 如果对模型做了任何修改，因为输入和敏感性分析结果之间缺乏动态链接，所以该分析需要被重复执行。
- 通过多次复制模型，并在每个副本中使用不同的输入值来实现敏感性分析。当然，虽然这将保留所用输入和计算输出的记录，但这样做通常效率低下且容易出错，尤其是如果随后需要以某种方式修改模型，则需要重复整个过程。

在本书中，重点是如何使用更有效和自动化的方式来进行敏感性分析和情景分析。这些方法包括：
- 使用有限预定义下的敏感性分析或情景分析：
    - 使用 Excel 模拟运算表同时更改一个或两个模型输入。这可以与查找类函数结合起来运行情景分析，它将允许同时修改多个输入。本章后面将详细介绍此内容。

- 使用 VBA 宏更改输入值并记录输出结果。每当模型在更改输入值后还需要运行其他进程时（例如，如果自循环需要用宏来求解），通常都需要执行此操作。这些内容将在第 14 章中介绍。
- 自动生成多个输入组合：
  - 模拟方式可通过对可能值的随机抽样来生成组合。这些将在第 15 章中介绍，并将在第 16 章中进行更详细地讨论。
  - 优化技术可以用来搜索输入值的组合，使得输出等于某个特定值，要么就是达到最小值或最大值。为了保证特定的输入组合是有效的，通常需要对这些输入或输出值应用约束（限制）。在第 13 章中，我们介绍了 Excel 的变量求解和规划求解的关键工具，而第 15 章提供了关于一般情况下如何优化模型的更多细节。

12.3 模拟运算表

本节主要介绍 Excel 模拟运算表功能。同时，建议读者在学习时参考本章后面的示例模型。

12.3.1 概述

模拟运算表是一种可以通过一组预定义的输入值变化来展示模型计算或输出值的 Excel 功能。换句话说，它对每个显式定义的输入值的集合进行重新计算，并展示特定预选输出的结果。

模拟运算表的关键用途如下所示：

- 显示选定输出对输入的敏感性，尤其可以帮助那些希望看到敏感性分析结果而不必熟悉模型细节的用户（例如高级决策者）。模拟运算表中的值也可用于生成展示此类更改效果的图形。
- 通过显示关键计算值或输出值（因为某些输入值不同）来创建和检查公式（包括检测潜在错误）。例如，如果我们看到输入值发生变化而输出值不受影响（或以意外的方式受到影响），那么这可能是存在错误的标志。

根据同时变化的输入数量的不同，模拟运算表可以以单维度或双维度的形式存在：

- 单维度模拟运算表展示由于单个输入值发生变化后所对应的一个或多个计算（或输出）值的变化。这种表可以以列或行的形式存在。在列的形式中，用于输入的值集被放置在列中（在行的形式中，它被放置在行中）。它们可以追踪模型的多个输出值（在列的形式中，这些输出被放置于表的顶行中）。
- 双维度模拟运算表同时改变两个输入值，并展示模型单个输出（或计算）的值。要更改的输入值被放置在表的左列和顶行中，而输出值被放置在表的左上角。

12.3.2 实现

模拟运算表可以通过以下方式实现：

- 在列或行（对于单维度表）或者行和列（对于双维度表）中创建适当的输入值区域。
- 通过使用模型中相关计算的直接单元格引用来设置表中显示的输出（或中间计算）。输出引用被放置在单维度列表的顶行或左列，或者双维度表的左上角单元格中。
- 选择表的整个区域（包括顶行和左列），并使用数据/模拟分析/模拟运算表将列或行中的值链接到输入单元格（在单维度表中，其中一个单元格引用框将保留为空）。一个常见的错误是对列表使用行输入，从检查表中的值通常可以清楚地看到这些错误的存在。

（读者可以简要参考图 12.1 和图 12.2 来查看具体内容。）

请注意，为了确保计算结果的正确，当计算的设置不是自动（手动或者"除模拟运算表外，自动重算"）时可能需要按 F9 键来执行。

12.3.3 限制和提示

由于模拟运算表的使用存在一些限制，这里将介绍一些有效使用模拟运算表的技巧，具体如下：

- 只有当模型输入和输出计算之间存在动态链接时，才能正确使用模拟运算表。例如，如果每次更改输入值时都需要先执行另一个操作（如变量求解或宏的运行）。那么，因为模拟运算表不会执行此过程，所以输出值通常不正确。当然，如果我们只是希望简单地改动输入，同样的问题也会发生。在这种模型中创建敏感性分析的有效方法是使用一个宏来运行必要的过程（如变量求解），并使用另一个宏来运行敏感性分析。后者在每次模型输入值更改时都调用前者即那些必要的过程（见第 14 章）。
- 因为公式或输入值的任何更改都将导致所有表的重新计算，所以模拟运算表的存在将减慢模型的计算速度。尤其是对于大型模型而言，我们可能希望切换到"除模拟运算表外，自动重算"的设置，并在想要重新计算模拟运算表时按 F9 键。如果在模型生成过程中使用了模拟运算表导致进行了错误检查，则可以在模型生成后将其删除。
- 在测试模型时，只需更改输出引用以链接不同的计算单元或模型输出，就可以"重用"模拟运算表。通过这种方式，可以快速看到对几个计算的影响（包括对错误检查的影响），并且可以避免构建不需要的大数据量的表。模拟运算表的输出引用单元格也可以包含一个 CHOOSE 函数（而不是纯单元格引用），以便可以使用它来指向多个输出中的某一个。

- 模拟运算表不应按顺序使用，即一个模拟运算表的输出不应作为另一个模拟运算表的输入。因为所应用的计算逻辑顺序（依赖序列）可能不明确，序列中除第一个模拟运算表，其他表中的值通常可能都不正确。

- 表中的值可以是其他模型的输出，其值根据所选输入值的不同而变化。换句话说，其他模型输入的当前值将影响表中显示的值。因此，一般来说，应该确保所有输入都设置为基本情况值。

- 我们可以方便地将模型的基本情况作为模拟运算表的输出之一进行展示，这可以通过对基本情况的单元格以某种格式突出显示来实现。但是，由于定义基本情况的值本身可以被更改，因此模拟运算表中基本情况输出的位置也会变动。解决这一点的方法之一是建立既包含输入的基值，也包含应用于该基值的变化变量的模型，并以此代替原始的输入（见第 4 章）。这样模拟运算表在敏感性分析运行时更改的是变化变量（而不是直接的基值）。通过这种方式，基值在表中的物理位置总是相同的（即其变化为零），因此表格也可以被格式化（如带边框和颜色标注）以突出显示这种情况。

- 如果不引用表中单元格内的公式，则无法直接看到模拟运算表中不同输入的标识。尤其是当不同的输入是同一类型（例如所有美元数字或所有百分比）并且具有相似的数量级时，很容易误解行和列对应的输入。单维度表的优点是可以对左上角进行标识，而对于双维度表，标签可以直接在左列或顶行中键入。

- 由于表的计算区域在 Excel 中形成了一个数组函数，因此我们无法更改其中的单个单元格。通过选择新区域并覆盖原始表，可以实现表区域的扩展（例如，向单维度表中添加额外的输出引用，或者希望向特殊输入的测试集添加额外的值）。但是，如果需要缩小区域，则需要重新创建表。在实践中，可以使用清除内容来删除表内部的（数组）公式，并从保留的行和列的输入值中重建所需的结构，而不是删除整张表。

- 原则上，因为表具有二维结构，一个表中最多可以同时更改模型的两个输入。如果需要更改两个以上的输入，则需要预先定义多个场景，并进行（单维度）敏感性分析，其中需要更改的输入是场景编号或定义（参见本章后面的示例）。

- 该表必须与不同的输入放在同一张工作表中。在实践中，可以通过以下几种方式来实现这一点：尽可能地在单张工作表中构造模型；将输入的位置移动到与模拟运算表相同的工作表中；通过使用查找类函数来实现（如第 25 章中讨论的 INDIRECT 函数）。

12.4 实际应用

示例1：净现值对增长率的敏感性

文件 Ch12.1.RevSensitivityDataTables.xlsx 中包含了一个模型的完整单维度和双维度模拟运算表示例，该模型根据历史数据和输入假设预测收入、成本和利润。图12.1 展示了流程中的最后一步，即在单维度（列形式）模拟运算表的对话框中输入 $E$5 从而进行单元格引用，其中表左列（区域 B21:B23）中的数字代表的是引用收入增长率（单元格 E5）作为假设。

	A	B	C	D	E	F	G	H	I
2		Income Statement		2016	2017	2018	2019	2020	2021	2022
4		Revenues		400	410	430.5	452.0	474.6	498.4	523.3
5		% growth			2.5%	5.0%	5.0%	5.0%	5.0%	5.0%
7		Variable Costs		140	160	155.0	162.7	170.9	179.4	188.4
8		% revenues		35.0%	39.0%	36.0%	36.0%	36.0%	36.0%	36.0%
10		Fixed Costs (incl. depreciation)		70	72	73.4	74.9	76.4	77.9	79.5
11		% growth			2.9%	2.0%	2.0%	2.0%	2.0%	2.0%
13		EBIT		190	178	202	214	227	241	255
15		Total from 2018		1,140						
18		ONE -AND TWO-WAY DATATABLES								
20				1,140	=C15					
21		0.0%								
22		5.0%								
23		8.0%								

模拟运算表对话框：输入引用行的单元格(R): ；输入引用列的单元格(C): $E$5

图12.1 通过将值链接到模型的输入单元格来生成模拟运算表

	B	C	D	E	F	G
18	ONE -AND TWO-WAY DATATABLES					
20		1,140	=C15			
21	0.0%	930				
22	5.0%	1140				
23	8.0%	1280				
25		202	214	227	241	255
26	0.0%	189	187	186	184	183
27	5.0%	202	214	227	241	255
28	8.0%	210	231	254	279	306
30		0.0%	5.0%	8.0%		
31	1,140	930	1140	1280		
33	1,140	34.0%	35.0%	36.0%	37.0%	38.0%
34	0.0%	971	950	930	909	889
35	5.0%	1188	1164	1140	1116	1093
36	8.0%	1332	1306	1280	1254	1228

图12.2 单维度表和双维度表的示例

图12.2展示了这样做的输出结果，并提供了一些额外的模拟运算表示例。请注意，第二个表（第25行到第28行）是具有多个输出的单维度列模拟运算表（附加了随时间变化的EBIT），第三个表是单维度行模拟运算表，第四个表是双维度模拟运算表。

示例2：实现情景分析

情景分析通过使用显式的预定义组合（每个组合表示实际可能出现的逻辑集），评估多个输入（通常超过两个）同时更改时对输出的影响。例如，当考虑利润场景时，最坏的情景是由低价格、低销售量、高投入成本构成。

情景分析有许多应用场景，包括：

- 当考虑到变量值可能存在不同的情况（可能是离散），而不仅是连续区域。
- 开始探索多个输入变量同时变化时对模型计算的影响。这既可以作为全面模拟的第一步，也可以作为寻找最佳实践的优化方法。情景分析尤其可以帮助我们对复杂情况有更好的理解。首先考虑特定的场景，以及每个场景的交互作用和结果；然后逐渐巩固想法并创建更全面的理解。
- 作为一种替代工具来实现变量之间的依赖性（或条件关系），特别是在已知存在关系但通过显式（参数化）的公式表达关系是不可能的或过于复杂时。例如：
    - 在考虑销售量与产品价格关系的模型中，我们很难为任何假设价格的销售量创建有效公式。然而，我们可以（通过判断、专家估计或市场研究）估计在某些特定价格点的销量。换言之，尽管不可能以参数化的方式捕获整个需求曲线，但可以将特定"价格-数量"组合视为离散的场景，从而隐式地实现依赖关系。
- 销售人员数量与每个人的生产力关系，或者员工士气与生产力之间的关系可能很难以公式形式构建，但特定的组合却是可以预计的。
- 在宏观经济预测中，我们可能希望对几个变量（可能源自历史数据中产生的案例）得出的值进行假设，但不必定义它们之间显式参数化的关系，这种定义即使进行保守估计也很难得到结果。

通常情况下，通过将查找类函数（如CHOOSE函数或INDEX函数）与模拟运算表结合在一起，可以在Excel中实现最佳方案：每个方案关联一个整数，用于驱动一个查找函数，该函数返回适用于该方案的模型输入值。此时，敏感性分析是通过更改方案编号来进行的。（我们也可以命名方案，使得敏感性分析由方案名称驱动，但还额外需要一个 MATCH 函数或 SWITCH 函数。）注意，尽管 Excel 的方案管理器（在"数据/模拟分析"下）可用于创建方案，但它的缺点是方案在工作表中不直观可见且也不能通过计算方式去访问。（本文不会进一步讨论这种方法，作者在实践中也没有普遍使用这种方法。）

文件 Ch12.2.RevScenario.DataTable.xlsx 中包含一个示例（见图 12.3）。其中有三种预定义的收入增长方案（第 3 行至第 5 行），其中要采用的方案在第 2 行中展示，并通过单元格 A2 中的值进行选择。原始输入值（第 10 行）将替换为对应方案中对应的单元格引用。模拟运算表（第 25 行至第 28 行）是一个单维度列模拟运算表，它使用场景编号作为输入。

	A	B	C	D	E	F	G	H	I	J
1										
2	2	Revenues Scenarios			5.0%	5.0%	5.0%	5.0%	5.0%	=CHOOSE($A2,I3,I4,I5)
3		Low			-2.0%	-2.0%	3.0%	4.0%	5.0%	
4		Base			5.0%	5.0%	5.0%	5.0%	5.0%	
5		High			6.0%	8.0%	8.0%	10.0%	12.5%	
6										
7		Income Statement	2016	2017	2018	2019	2020	2021	2022	
8										
9		Revenues	400	410	431	452	475	498	523	
10		% growth			5.0%	5.0%	5.0%	5.0%	5.0%	=I2
11										
12		Variable Costs	140	160	155.0	162.7	170.9	179.4	188.4	
13		% revenues	35.0%	39.0%	36.0%	36.0%	36.0%	36.0%	36.0%	
14										
15		Fixed Costs (incl. depreciation)	70	72	73.4	74.9	76.4	77.9	79.5	
16		% growth		2.9%	2.0%	2.0%	2.0%	2.0%	2.0%	
17										
18		EBIT	190	178	202	214	227	241	255	
19										
20		Total from 2018		1,140						
21										
22										
23		ONE-WAY DATATABLE								
24										
25				1,140						
26			1	940						
27			2	1140						
28			3	1279						

图 12.3 使用模拟运算表和 CHOOSE 函数实现情景分析

第13章 使用单变量求解和规划求解

13.1 介绍

本章介绍 Excel 的单变量求解（GoalSeek）和规划求解（Solver），两者都可以被视为优化工具，更具体来说就是通过遍历指定范围内的输入参数，找到满足特定条件的模型输出值及其对应的输入参数。规划求解的功能比单变量求解的功能更丰富，因此本章只关注其最一般的功能，更详细的讨论会放在第 15 章中进行。

13.2 单变量求解和规划求解概述

13.2.1 与敏感性分析的关系

第 12 章中讨论的敏感性分析方法在本质上被认为是"正向"（输入自变量值，观察因变量）计算，而单变量求解和规划求解则是"逆向"计算方法：

- 单变量求解（在"数据/模拟分析"菜单下）通过迭代搜索来确定当模型输出值等于指定值时对应的输入参数。
- 相比之下，规划求解可以确定当模型输出值等于指定值或最大化（最小化）模型输出值时对应的一组输入参数。我们也可以对输入值和输出值施加一些限制条件。规划求解是一个免费的 Excel 加载项，使用前需要在"Excel 选项 / 加载项 / 规划求解加载项"中进行安装，然后就可以在 Excel 的"数据 / 分析"菜单下找到，也可以通过"Office/Excel 选项 / 加载项下的加载项管理工具"安装（和卸载）。

13.2.2 建议、技巧和局限性

虽然单变量求解和规划求解的操作对用户是非常友好的，但我们依然建议单独设置一个单元格，存放理论上只需要在单变量求解的对话框中输入的目标值（一般为零），所以我们至少要在模型中添加两个单元格，一个是真正的目标值（以硬编码形式存放的数字），另一个就是实际计算结果与目标值之间的差，从而优化的目标就变成了使得第二个单元格中的差值等于零。这种将优化目标变换为零的方法有以下几个优点：

- 更清晰。因为原始目标值始终保留在单元格中，而不是每次运行单变量求解时都需

要输入。
- 高效且不易出错。如果该功能需要运行多次（一般情况下都需要多次，尤其是在与其他模型存在交互，并且交互模型的输入值也发生变化的情况下），那么将单变量求解或规划求解的输入值设置成 0，比其他复杂的值（比如 12.75%）要更容易实现目标。
- 如果将整个优化过程录制下来，录制的宏更容易扩展，适应性更好。
- 用很简单的方法就能提高精度：在包含差值的单元格中，可以将其数值放大（比如乘以 1 000 等数字），同时将该放大的目标设置为单变量求解的新目标。该方法一般都能提高精度，因为规划求解过程是在软件内部进行的，因此迭代误差一般是无法控制的[1]。类似的方法也可适用于规划求解中，但一般不需要，同样是因为无法控制迭代误差。

当使用规划求解时，还需要注意以下几点：
- 优化问题只能设置成一个优化目标加上多个约束条件，所以实际场景中类似"以最低成本实现最大利润"的多目标需要改写成仅一个的优化目标，并将其他目标变换成约束条件，例如在成本低于 1 000 万美元的情况下实现利润最大化，并在 3 年内交付项目。
- 规划求解（和单变量求解）只在有解的情况下才能找到最优解。虽然这看起来显而易见，但还是会存在无解的情况，主要原因有：第一，一个方案可能有太多的约束条件（有些是通过调整优化目标变换而来的）；第二，随着自变量的变化，优化问题的可行域可能会变成一个非凸集（但可行域为凸集却不是最优解存在的必要条件）；第三，如果约束条件设置不当，有可能存在多个甚至是无穷多个解，此时模型不收敛，即便有解也是发散的解；第四，可能会出现无穷多解的特殊情况，例如，我们需要寻找一个最优的投资组合，其中只包含两个所有特征都相同的资产，那么优化出的权重一定是无穷多组解，因为任何一个资产都可以替代另外一个。
- 从模型设计的角度来看，将优化涉及的所有自变量都放在一个连续范围显示的区域内通常是最方便和最直观的。

13.3 实际应用

两个优化工具有许多应用场景，例如我们需要找到以下事项的最优解：
- 企业实现盈亏平衡所需的销售量。

---

[1] 比如对于 100 000 000 数量级的优化问题，迭代误差为 1，一般就可以认为达到目标了，但内置的误差有可能还是设置为 0.000 1，因而导致无解，所以这就是缩放目标的必要性。——译校注

- 所有能达到项目指定收益率的现金流中最大的初始投资额。
- 项目的内部收益率，即计算使得净现值为零对应的贴现率，结果可以与 IRR 函数的计算结果相比较。
- 为了在固定时间段内清偿抵押贷款，可以将每年需要支付的固定偿付额与 PMT 函数的计算结果相比较。
- 在资本利得税负债最小化的目标下，投资组合中需要出售的资产组合。
- 用二次曲线拟合指定样本数据时，最佳拟合曲线对应的曲线参数。
- 欧式期权的隐含波动性，即当布莱克-斯科尔斯公式给出的某个期权的理论价格等于市场价格时对应的波动率。

下面列出的示例涵盖了上述大部分场景。

示例1：业务的盈亏平衡分析

文件 Ch13.1.GoalSeek.Breakeven.xlsx 中包含一个简单的模型，该模型根据售价、销量以及固定（可变）成本计算企业利润。我们需要通过单变量求解来确定盈亏平衡（即利润为零）时对应的销量（假设所有其他自变量都不变）。图 13.1 展示了模型的初始状态（当单元格 C4 代表的销量为 1 200 时，单元格 C11 中显示的利润为 1 000），以及求解完成后"单变量求解"对话框中的内容。该模型是按照前面讨论的差值方法建立的，即将优化目标（也就是对话框中需要填入的目标值）设为零。

图 13.2 中展示了最终结果（即点击两次"确定"按钮后，一次开始运行，一次确认结果），单元格 C4 代表的销量最终锁定在 1 000，单元格 C11 则如预期一样显示利润为零。

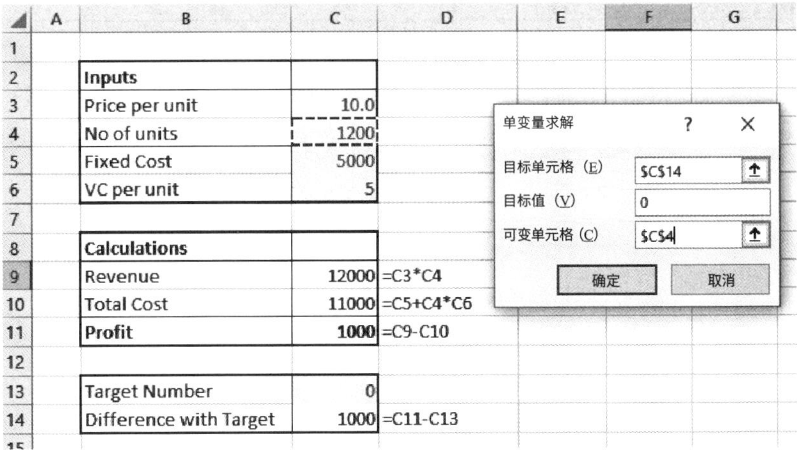

图13.1 模型优化完毕后单变量求解对话框

	A	B	C	D
1				
2		Inputs		
3		Price per unit	10.0	
4		No of units	1000	
5		Fixed Cost	5000	
6		VC per unit	5	
7				
8		Calculations		
9		Revenue	10000	=C3*C4
10		Total Cost	10000	=C5+C4*C6
11		**Profit**	0	=C9-C10
12				
13		Target Number	0	
14		Difference with Target	0	=C11-C13

图13.2 盈亏平衡分析的单变量求解结果

示例2：投资金额的门槛

文件 Ch13.2.InvestmentThreshold.IRR.xlsx 中包含的示例使用了单变量求解来得到所有能达到指定内部收益率的税后现金流中最大的期初投资额。图 13.3 展示了求解前的单变量求解对话框。请注意，为了达到更精确的结果，单元格 C12 中的差值已缩放了 1 000 倍，读者还可以尝试其他的缩放倍数，原则上应足够大，但作者的实践经验是：非常大的值会产生不太稳定的结果，而且常规的精度目标也不需要非常大的倍数。

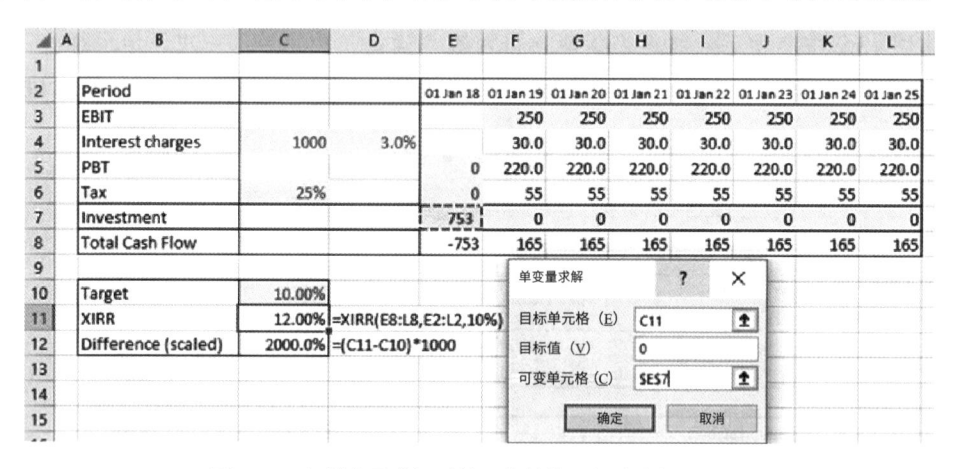

图13.3 运行单变量求解时使用缩放的目标值来提高精度

示例3：期权的隐含波动率

Ch13.3.GS.ImpliedVol.xlsx 文件中包含用布莱克-斯科尔斯公式（有六个输入参数，

其中一个是波动率）计算欧式期权的价值的示例。单变量求解用于确定当布莱克-斯科尔斯公式计算的理论价值等于人们观察到的市场价格时对应的波动率，图13.4显示了单变量求解的运行结果。

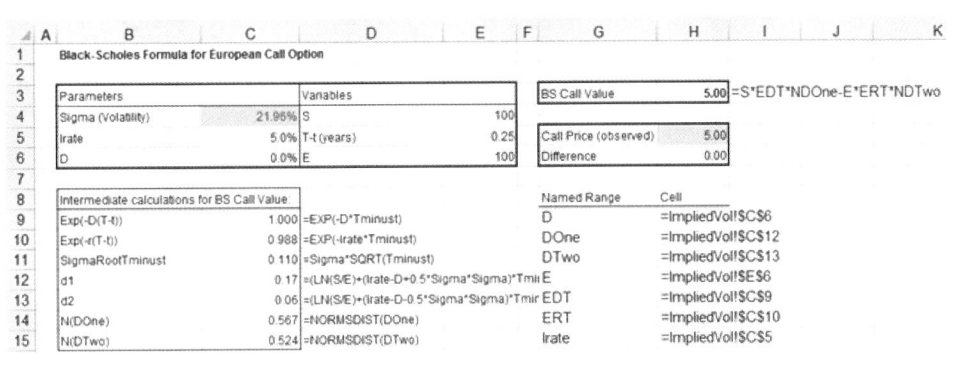

图13.4 使用单变量求解得到欧式期权的隐含波动率

示例4：最小化资本利得税负债

文件 Ch13.4.Solver.AssetSale.OneStep.xlsx 中包含了一个使用规划求解的示例，其目的是找出需要出售的资产组合使得总收益最大化，但同时也要确保已实现的资本收益(当前价值减去购买成本)不超过需要缴纳资本利得税的阈值。图13.5展示了该模型，其中包括计算整个投资组合的收益和资本利得所需的数据（C、D、E列），以及假设给定出售比例（当前设置为100%）后的收益和出售价值（F、G、H列）。可见如果出售投资组合中的所有当前价值为10.1万英镑的资产将实现3.1万英镑的资本利得，而资本利得税的起征点为10 500英镑，我们可以看到如果每一项资产的出售占比约为 10 500/31 000英镑（即约33.9%，如H12单元格所示），则资本利得与起征点完全相等，此时收益为34 210英镑（单元格H13）。在该结论（作为约束条件）的基础上，我们还可以以资本利得最大化为新的优化目标，得到最优且不超过起征点的出售比例。

图13.5 计算出售比例和资本利得的模型

图 13.6 展示了完整的规划求解对话框（如本章开头所述，安装后可在数据选项卡上调用）。请注意，权重（模型中的出售比例）限制为 0 到 1（即只能出售自己拥有的资产，不能进行额外的购买或卖空）。图 13.7 展示了规划求解运行完毕后，自变量（权重）的值和最终实现的总收益——4.55 万英镑，该组结果满足所有约束条件，包括资本利得刚好等于起征点。很显然，每项资产的出售比例与第一次估计的比例不同，但收益更高（4.55 万英镑）。

图13.6 使用规划求解优化销量

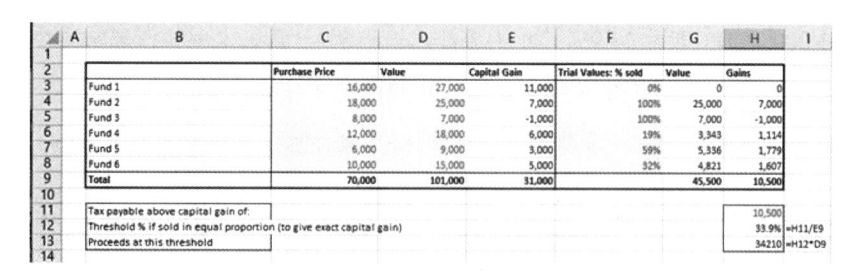

图13.7 用规划求解找到资产组合的最优出售比例

同样值得注意的是，由于这是一个连续优化问题（即自变量是连续变化的，模型的计算结果自然也是连续值），因此我们预计的最优解理论上应该是一个能够精确满足约束条件的解（如果整个资产组合的价值低于该起征点，或需要对个别权重加以其他特殊的限制，显然就不需要或不能应用规划求解）。

示例5：非线性曲线拟合

在某些场景中，我们需要探索两组数据之间的关系，即样本数据是已知的，但关系未知。如果做出散点图，我们可能肉眼就能观察到两者的关系：如果两者的关系不是线性的，那么就需要通过拟合的方式探索其他形式的函数关系；如果拟合效果达不到预期的精度，则可以考虑使用情景分析，其中每个样本点都代表场景中的某种状态，只有在状态发生变化时，我们才能观察数据之间的关系。

文件 Ch13.5.Solver.CurveFitAsOptimisation.xlsx 中包含一个通过优化方法拟合曲线的示例。我们用每个样本数据来估计拟合函数（此处预先假定是对数关系）的参数，然后再将自变量带回已确定参数的函数，最终得到因变量（本例中为以 FTE[1] 为度量单位的产出）的预测值。估计过程中，通过将这些参数设置为规划求解的自变量，优化目标设为最小化原始值和预测值之间的差的平方来估计这些参数，图13.8展示了整个估计过程与结果，图中可见曲线参数（称为 A、B、C）的估计值分别位于单元格 C6、C7 和 C8 中，因变量的预测值位于第 11 行，需要最小化的目标（平方差之和）位于单元格 K13 中。

我们还可以通过这种方式估计其他函数形式的关系，比如估计标准最小二乘（回归）法的参数来近似拟合线性关系（而不是使用本文后面讨论的 SLOPE、INTERCEPT 或 LINEST 函数），再比如其他非线性关系，例如生产率与成本的平方根（而非对数）之间的关系等等，这些留给感兴趣的读者作为练习使用。

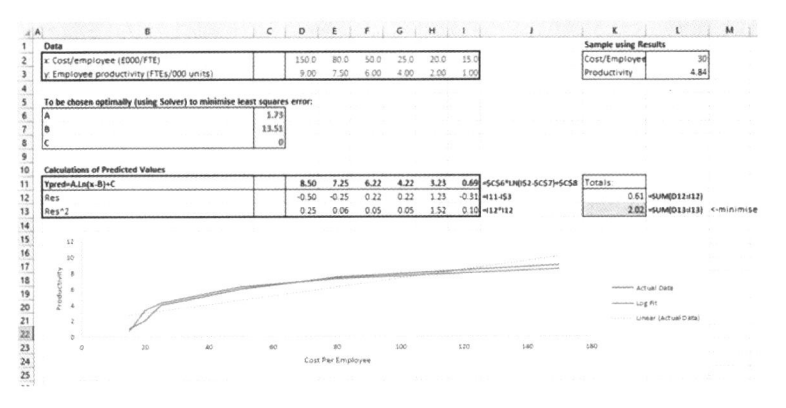

图13.8 用规划求解拟合数据之间的非线性关系

---

[1] FTE = Full-time equivalents 意为全时当量，用于将总的工作时间，转化为等量的全职工作时间。例如某月份所有员工总工作时间为7056小时，则该月份的FTE=员工工作总时间/每月全职工作时间 = 7 056 / (22 x 8) = 40FTE。图13.8中£000/FTE相当于将一段时间内的总成本除以这段时间的总FTE，FTEs/000 units相当于每一千个员工贡献的FTE，用于标准化度量工作产出。——译校注

第14章 使用VBA宏运行敏感性分析和情景分析

14.1 介绍

本章讨论如何使用 VBA 宏来运行敏感性分析和情景分析，如果一个模型从输入参数发生变化开始，直到模型重新给出计算结果的整个过程中需要额外干预或其他计算过程介入的，该分析过程是非常有必要的。

这一类的场景包括：
- 需要使用宏来求解包含循环引用的模型（见第 10 章）。
- 在输入参数发生变化后，需要调用单变量求解或规划求解功能才能得到最终的计算结果。
- 由于某种原因，输入参数的任何变化都会触发某个宏。例如，每次重新计算都需要调用外部数据的模型。

请注意，不熟悉 VBA 的读者最好也遵循本章的核心原则，或者可以先学习第六部分的内容。

当使用 VBA 宏进行敏感性分析时，通常需要将自动化过程分为两部分进行：
- 第一部分是敏感性分析或情景分析的输入部分，该部分构成了整个过程的外部循环（在不同的输入变量上循环），并且这也是此类分析的一般步骤。
- 第一部分中每次循环需要运行的部分为第二部分，此部分中还可以调用其他附加的计算过程（例如求解循环、调用单变量求解、调用外部数据等），所以作为分析过程的内部循环，该部分与应用的模型场景的关系也最为紧密。

14.2 实际应用

本节所涵盖的例子包括：
- 说明如何构建敏感性分析和情景分析用到的外部循环，此处的目标在于了解一般的外部循环用到的核心概念和对应的 VBA 代码。
- 介绍实现自动化过程的步骤和语法，特别是单变量求解和规划求解（第 10 章讨论了用宏解决循环引用的问题，此处不再介绍）。更一般地，我们还可以用第六部分中介绍的方法和技巧来开发旨在自动化其他过程（例如调用外部数据）的宏。

示例1：使用宏运行敏感性分析

文件 Ch14.1.ProfitSensitivity.xlsm 中包含一个使用宏运行敏感性分析的示例（见图 14.1、图 14.2）。通过循环，将一组输入值轮流输入模型并依次进行计算，将每一个输入值对应的计算结果输出。该模型与第 13 章中在给定例如售价在内的输入变量后，通过单变量求解寻找盈亏平衡对应的销量的模型类似。而在本例中，我们（到现在还）没有用到单变量求解，相反，我们的目标是计算给定不同的输入价格（PriceHeader）（见区域 E3:E11）下不同的输出利润（ProfitHeader）（见区域 F3:F11）（这一步也可以只用数据表，无需调用单变量求解）。为了将不同价格的输入过程自动化，我们对宏中引用到的区域进行命名。图 14.1 展示了运行宏之前的模型（包括运行宏的按钮），图 14.2 展示了宏运行之后的模型，其核心部分的 VBA 代码如下：

```
N = Range("PriceHeader").CurrentRegion.Rows.Count - 1
For i = 1 To N
    Range("Price") = Range("PriceHeader").Offset(i, 0)
    Application.Calculate
    Range("ProfitHeader").Offset(i, 0) = Range("Profit")
Next i
```

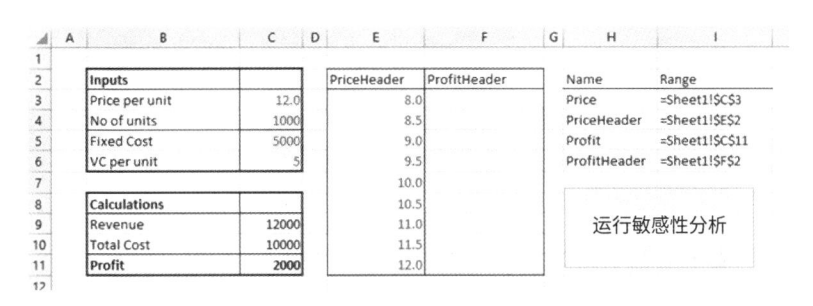

图14.1 敏感性分析的宏运行之前的模型

图14.2 敏感性分析的宏运行之后的模型

如第六部分所述，在实践中，符合最佳实践原则的代码可以比本例的代码更复杂，比如：每次运行宏之前清除输出区域；使用完整的引用路径；在宏运行之前检测其初始状态（即对代表价格的原始数据进行一些预处理等），然后在宏运行后将模型重置为初始状态；关闭界面更新；等等。

示例2：使用宏运行情景分析

文件 Ch14.2.RevScenario.xlsm 中包含使用宏运行情景分析的示例。该宏在一组代表不同场景的整数上进行循环，每次循环中使用查找类函数（如 CHOOSE 函数）筛选出适用于对应场景的数据。在宏的编写过程中，所有在 VBA 代码中引用的单元格或区域都被设置成 Excel 的命名区域，图 14.3 显示了宏的运行结果，其核心代码如下：

```
For i = 1 To 3
  Range("ScenarioNo") = i
  Application.Calculate
  Range("ResultsHeader").Offset(i, 0) = Range("Output")
Next i
```

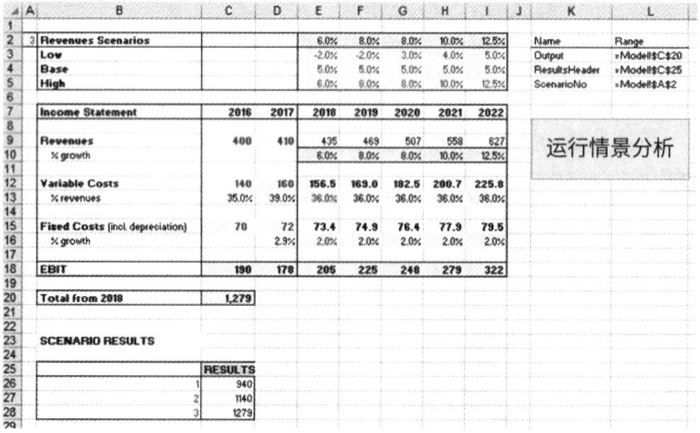

	A	B	C	D	E	F	G	H	I	J	K	L
1												
2	3	Revenues Scenarios			6.0%	8.0%	8.0%	10.0%	12.5%		Name	Range
3		Low			-2.0%	-2.0%	3.0%	4.0%	5.0%		Output	=Modell$C$20
4		Base			5.0%	5.0%	5.0%	5.0%	5.0%		ResultsHeader	=Modell$C$25
5		High			6.0%	8.0%	8.0%	10.0%	12.5%		ScenarioNo	=Modell$A$2
6												
7		Income Statement	2016	2017	2018	2019	2020	2021	2022			
8											运行情景分析	
9		Revenues	400	410	435	469	507	558	627			
10		% growth			6.0%	8.0%	8.0%	10.0%	12.5%			
11												
12		Variable Costs	140	160	156.5	169.0	182.5	200.7	225.8			
13		% revenues	35.0%	39.0%	36.0%	36.0%	36.0%	36.0%	36.0%			
14												
15		Fixed Costs (incl. depreciation)	70	72	73.4	74.9	76.4	77.9	79.5			
16		% growth		2.9%	2.0%	2.0%	2.0%	2.0%	2.0%			
17												
18		EBIT	190	178	205	225	248	279	322			
19												
20		Total from 2018	1,279									
21												
22												
23		SCENARIO RESULTS										
24												
25			RESULTS									
26		1	940									
27		2	1140									
28		3	1279									

图14.3 使用宏运行情景分析

示例3：使用宏和单变量求解运行盈亏平衡分析

文件 Ch14.3.GoalSeekMacro.Breakevenanalysis.xlsm 中包含的示例演示了如何在宏中调用单变量求解。该示例类似于本章的第一个示例，只是多加了一行用单变量求解功能计算每个价格下盈亏平衡的销量的语句。该宏是在将单变量求解的手动过程录制下来的宏的基础上，外层再套一个价格的循环而得的，图 14.4 展示了宏的运行结果。

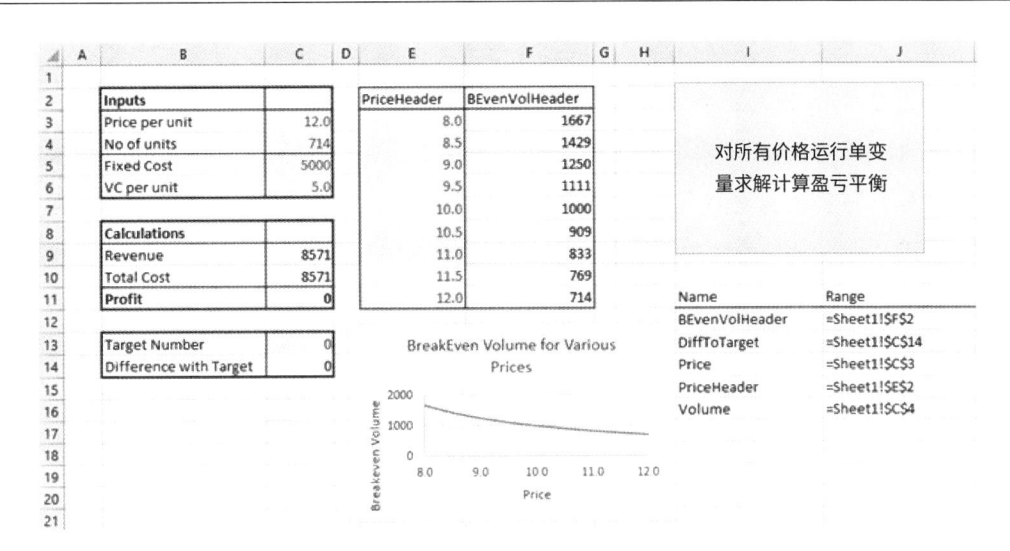

图14.4 在宏中使用单变量求解来计算盈亏平衡曲线

值得注意的是，此处的优化目标也设置成了零，正如前面的章节中提到的将目标变换为零的那段中所述，该示例的代码核心部分如下：

N = Range("PriceHeader").CurrentRegion.Rows.Count - 1

For i = 1 To N

Range("Price") = Range("PriceHeader").Offset(i, 0)

Range("DiffToTarget").GoalSeek Goal:=0, Changing-

Cell:=Range("Volume")

Range("BEvenVolHeader").Offset(i, 0) = Range("Volume")

Next i

示例4：在宏中使用规划求解找到最佳解决方案的有效前沿

很多情况下，在 VBA 代码中实现规划求解与单变量求解是类似的，理论上最高效的方法是将手动求解的过程录制成宏，并确保所有引用的区域都是命名区域，再将得到的代码嵌入循环（需要注意查看循环内的核心求解代码中用到的循环变量的值是否是最新的目标值，在 For 循环中一般不会出现这种问题，用 while 循环就要特别注意），有以下几点值得关注：

- 首先需要在 Visual Basic 编辑器的加载项中调用宏，这可以通过点击"开发工具 / 加载项"并勾选规划求解来实现。当然，我们需要事先在计算机上安装规划求解加载项（见第 13 章）。因此，如果运行此优化功能的操作人员不熟悉该过程（例如，将文件通过电子邮件发送给其他人，则其他人需要执行此过程），则可能会带来不便。
- 录制下来的宏一般还不能直接放到循环中，为了进一步自动化整个求解过程，一般还需要在代码中的 SolverSolve 语句之后添加 True 语句，该语句是无法通过录制得到的，这样才能在规划求解完成后自动关闭消息框。

文件 Ch14.4.SolverAssetSale.OneStep.xlsm 的示例同样用到了第 13 章中的给定资本利得税起征点约束下最优化利润的模型，只是这里稍微做了一些调整，相比之前的模型，此处的代码是在一组起征点上进行循环，在每一次循环内做一次最优化。核心代码如下所示，其中用到了事先定义好的命名区域，还可以特别关注一下这里添加了前面提到的 True 语句：

```
N = Range("ResultsHeader").CurrentRegion.Rows.Count – 1


For i = 1 To N
' CHANGE CGT Threshold Values
Range("CGTThreshold").Value = Range("CGTThresholdsHeader").Offset(i, 0).Value
Application.Calculate


' RUN SOLVER
    SolverOk SetCell:=Range("ValueRealised"), MaxMinVal:=1, ValueOf:=0, _
    ByChange:=Range("TrialValues"), _
    Engine:=1, EngineDesc:="GRG Nonlinear"
    SolverSolve True


' RECORD RESULTS
    Range("ResultsHeader").Cells(1, 1).Offset(i, 0).Value = Range("ValueRealised").Value
    Range("ResultsHeader").Cells(1, 1).Offset(i, 1).Value = Range("Gains").Value
Next i
```

完整模型如图 14.5，其中的表格展示了不同资本利得税起征点下可实现的最大利润。

	CGThresholds	Realised Value	Gains (cross-check)
17	8,000	38000	8000
18	8,500	39500	8500
19	9,000	41000	9000
20	9,500	42500	9500
21	10,000	44000	10000
22	10,500	45500	10500
23	11,000	47000	11000
24	11,500	48500	11500
25	12,000	50000	12000
26	12,500	51500	12500
27	13,000	53000	13000
28	13,500	54500	13500
29	14,000	56000	14000
30	14,500	57500	14500
31	15,000	59000	15000

运行规划求解

图14.5 在宏中运行规划求解计算不同资本利得税起征点下的利润

第15章 模拟及优化入门

15.1 介绍

本章主要介绍模拟（第 16 章会有更全面的讨论），同时也会对前面章节中讨论过的优化做进一步的拓展，这两个主题都是敏感性分析和情景分析的自然扩展。本章第一节讨论这些方法之间的关系，并通过一个实践中的案例进行说明。之后的几个小节会着重强调在一般场景中应用优化模型时需要注意的几个要点。

15.2 敏感性分析及情景分析、模拟和优化之间的关系

模拟和优化方法实际上是敏感性分析和情景分析的特例，理论上可以应用到任何结构较为稳定的模型中，两者的主要特征如下：

- 如果多个输入参数同时发生变化，就需要注意其中的组合效应。也就是说，有多少种输入的组合方式，就有多少种输出结果。
- 不同类型的输入参数是可控的还是不可控的对模型有着显著的影响。

接下来会详细阐述上述两点。

15.2.1 多个输入参数产生的组合效应

当一个模型有多个输入参数且每个参数又有多种可能的取值时，该模型会有非常多种参数组合，对应的也会有非常多的输出结果。举例来说，如果有 10 个输入参数，每个参数有 3 种可能的值，则总共会产生 3^{10}（即 59 049）种可能的组合：当第 1 个参数值确定（从 3 种取值中选择 1 种）后，第 2 个参数也可以有 3 种取值，所以这两个参数一共可以生成 9 种组合，如果是 3 个变量的话，这种组合会有 27 种，以此类推。

实践中，对于有一定规模的数据集，我们需要用自动化的方法来计算所有可能的组合。举个例子，传统的敏感性分析和情景分析需要为某个变量假定一个初始值，而模拟和优化通常会自动化初始值的选择过程。本文后面还会讨论模拟和优化的自动化过程，二者在本质上是不一样的。

15.2.2 可控和不可控：输入参数的选择和风险

传统的敏感性分析和情景分析简单地假设只要每个输入参数的变化都是相互自洽的，则模型就是有效的，并不需要我们去考虑或定义实际场景——即一个参数的变化过程对某一个参与方来说是不是可控的。例如，对于一家公司来说，如果没有某商品的定价权（假设从现货市场上购买石油），那么这个价格就是不可控的（即具有不确定性）。反之，如果可以自行决定（基于高价减少销量，低价增加销量的规律）以什么样的价格出售自己的商品，那么此时的价格就是一个可控的价格，又称为"机会"[1]。换句话说，如果一个输入参数的值是可以通过控制来达到的，那么该值就是一个"机会"，所以问题就归结于什么值能给出最好的"机会"（从分析师或者决策者的角度看），而当输入参数的值不可控时，我们就面临着不确定性或者说风险。因此，敏感性分析也分为以下两类：

- 以优化为目标时，如果输入值完全可控，我们需要选择最优值。
- 如果输入值在模型的任何情景下都不是可控的，那么必须着眼于风险或不确定性（有趣的是，选择哪种情景进行优化本身也是一个优化问题，后文会对此进行讨论）

图 15.1 阐述了上述两点：

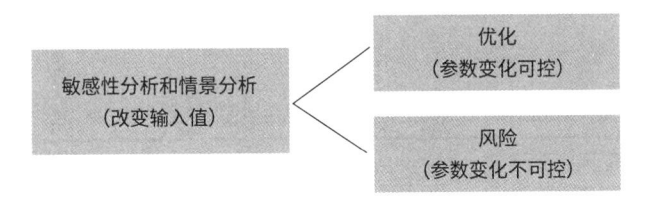

图15.1 区分"机会"和"风险"

当然，决定一个人面临的情景是属于风险还是机会取决于当事人的角色和观点。举个例子，一个人计划某一天几点起床属于个人的选择，对另外一个人来说，起床的时间可以是完全不确定的。

15.3 实际应用：项目组合

15.3.1 描述

文件 Ch15.1.TimeFlex.Risk.Opt.xlsx 包含的示例（见图 15.2）中有一个由 10 个项目构成的组合和每个项目在时间轴上的现金流（项目启动后一般都会在未来发生一系列正的现金流）。图 15.2 中第二张表内允许每个项目都有自己的启动时间，各自的启动时间位于区域 C15:C24，取值可以是任意年份（模型是通过查找类函数和其他函数来定位的，读者可

---

[1] 原文为choice，考虑到与uncertainty（风险）对应，以及可控和非可控的对应，此处译成了"机会"。——译校注

以在文件中自行查看），其中所有项目都自2018年起，这样就构成了一个前十年现金流的净现值（NPV）为12.12亿美元、贴现率为10%的投资组合。同时，对于任何给定的大于或等于2018年的年份，前五年的最大融资额为22.7亿美元（见单元格D25）。

如前所述，不同的启动日期对于整个组合的作用需要视具体情况而定：

- 在目标为优化的情况下，启动时间完全在决策者的控制范围内，因而可以站在决策者的角度，以对决策者来说最恰当的方式进行选择。
- 在面临风险时，每个项目的启动时间不在决策者的控制范围内，此时每个项目的时间表随时可能发生改变，因此未来的现金流和融资状况也充满不确定性。

图15.2 组合中各个项目不同的启动时间

15.3.2 优化问题

如果在上述模型中我们的目标是在每年的投资额不超过配额的情况下最大化前10年的净现值，那么这就是一个在优化中寻找最优解的问题。例如，如果我们规定前5年内每一年投资活动产生的净现金流总额都不低于–5亿美元，那么每个项目的启动时间（见图15.2）就不满足要求，因为2018年的现金流为–22.7亿美元，我们自然会选择推迟一些项目，这样虽然会减少第一年的投资压力，但也降低了净现值，因此我们需要寻找一个最优化解决方案来平衡两者的取舍。

文件Ch15.2.TimeFlex.Risk.Opt.Solver.xlsx中包含一组备选的启动时间（见图15.3），这些日期是经规划求解后而得的，其中一些项目的启动时间晚于2018年。由于单元格C28中的值大于单元格C29的值，因此该组启动日期满足投资要求，而且这组时间可能是当前约束下的最优时间，但也可能存在一组更优的时间（在连续的线性优化问题上，最优解是完全满足约束条件的，但当前的情形是一个离散的整数优化问题，即所有自变量都是离散的整数，因此满足约束条件的最优整数解不一定是对应的连续优化问题的最优解）。

15.3.3 风险问题（运用模拟）

如果在上述模型中我们无法确定项目的启动时间，即启动时间的驱动因素未知或不在用户的控制中，那这就是一个风险问题。

考虑到每个项目都有一个启动时间，因此有大量的时间组合，所以相比手动输入某几组时间组合，自动化遍历所有或足够多的时间组合，进而找到最优解的方案显然更实际。蒙特卡罗模拟正是一个能满足该需求的自动化方法，它可以一次性随机抽取多个元素形成一组样本作为模型输入，并计算得到模型的一个解，然后多次重复执行该抽样操作，就能得到多组解。回到该示例，我们可以用将未来年份（即整数）的随机抽样值替换启动时间，每抽样一次就能得到一个净现值，然后多次重复执行该操作，并记录结果。

图 15.4 展示的就是一个启动时间是通过随机抽样得到的现金流时间序列模型，其中每个启动时间都是独立的，是从 2018 年、2019 年、2020 年、2021 年和 2022 年中随机且等概率地抽取而得的。

图15.3 使用规划求解得到的最佳启动日期

显然，任何一组随机抽取的输入参数都会产生不同的输出结果（即不同的现金流的时间线、投资额和净现值），因此一个模型的模拟结果可以用频率分布表示。图 15.5 展示的是使用 Excel 加载项 @RISK 执行模拟操作，随机生成 5000 个样本，带入模型后得到的计算结果。正如第 16 章和第 33 章所述，该过程也可以通过 VBA 实现，但使用 Excel 自带插件有几个优点，其中一个便是方便生成可以迅速直观地查看模拟结果的图表。

通常情况下，即使输入值的分布是一致的（一般是从均匀分布中随机抽取），输出的分布图通常也有一部分处于特别集中的状态，即位于分布两端的输入参数的频数要低于位于分布中心附近的输入参数。换句话说，由于多个输入参数同时变化而产生的组合效应，我们只能使用频率分布来描述输出值的范围和分布。

需要提到的一点是，在前面的优化问题中，我们也可以用模拟的方法进行全局搜索得到最优解，对应的模型计算结果就是最优结果。但实践中这种方法的效率非常低下，尤其是某些优化问题只能用特定的算法才能得到满足约束条件的可行解或最优解（比如非凸可行域的情况）。所以我们需要明白，模拟不等同于风险建模，模拟只是一种可以在风险建模中运用的工具，还有其他风险建模的方法，例如布莱克-斯科尔斯公式、二叉树和许多其他超出本文范围的方法。

	Specific dates	Start date (year 1)	2018	2019	2020	2021	2022	2023	2024
14									
15	Project 1	2022	0	0	0	0	(250)	67	67
16	Project 2	2018	(300)	87	87	87	87	78	70
17	Project 3	2021	0	0	0	(160)	43	43	43
18	Project 4	2019	0	(120)	46	46	46	41	37
19	Project 5	2020	0	0	(240)	97	97	97	97
20	Project 6	2021	0	0	0	(300)	80	80	80
21	Project 7	2021	0	0	0	(160)	44	44	44
22	Project 8	2022	0	0	0	0	(200)	77	77
23	Project 9	2019	0	(180)	72	72	72	72	72
24	Project 10	2022	0	0	0	0	(360)	95	95
25	Cash Flow		-300	-213	-35	-318	-340	696	684
26									
27	Disc Cash flow yrs 1-10	611	=NPV(10%,D25:M25)						
28	Min CF years 1-5	-340	=MIN(D25:H25)						
29	Min acceptable	-500							

图15.4 模型的启动时间是通过随机抽样后得到的计算结果

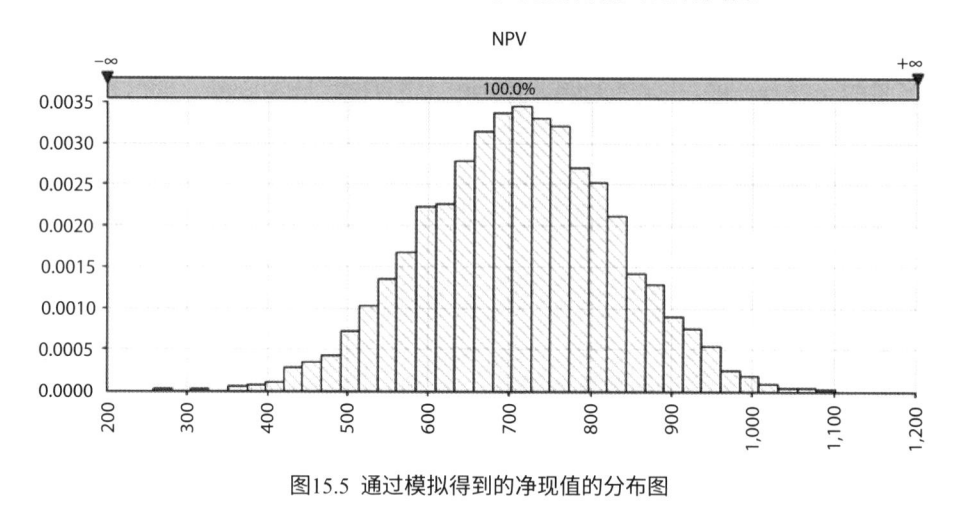

图15.5 通过模拟得到的净现值的分布图

15.4 优化建模的其他方面

15.4.1 结构选择

虽然上文中我们已经默认将优化问题定义为：在给定大量自变量、优化目标以及约束条件的情况下找到最优目标值，但如果面临的是一个结构上的选择问题，即不同的情形有不同的逻辑，就要考虑本节的问题了，例如：

- 我们正在考虑到底是去度一次豪华假期，还是购买一辆新车。在这种情况下，这就是一种需要主动做出选择的优化问题，此时可能只有少数几个选项，但每个选项都需要用不同的模型和方法来比较（决策树是一种常见的方法）。
- 一家企业的扩张到底是通过有序、正常的步骤（比如再投资、购买设备等）进行，还是通过收购或合并企业来进行。这是一个只有几种选择的决策，但每种决策在结构上具有完全不同的性质。

图 15.6 展示了两类优化情境，本章后续内容将简要讨论这个主题。

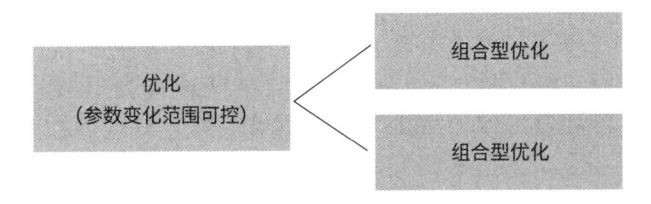

图15.6 结构型和组合型优化

15.4.2 不确定性

到目前为止，我们讨论的前提是假定其他变量不变，某个变量取何值能达到最优目标。然而在某些情况下，这些其他参数的变化可能是不确定的，例如：

- 我们需要寻找一条穿越整个城市的最短路径，假设每条路的通过时长、红绿灯个数及其他交通状况（拥挤度等）是已知的，或者是未知的，但显然如果不考虑时间或其他影响实际穿越过程的不确定因素，最优路径只在数学几何上是确定的，那些不确定因素显然会影响实际的穿越过程。所以如果需要确保在固定时间到达目的地（例如因为会议时间确定），就需要选一条平均路径可能比最优路径长但不确定性最低的路线，来确保计划的可行性。
- 在传统的投资组合优化的框架中，我们需要在每类资产的回报不确定的情况下（描述不确定性的参数已知，如回报的均值和标准差）确定各自的权重。

15.4.3 综合优化方法

从上面的讨论中可以清楚地看到，一般来说，我们不仅要考虑结构上的优化，而且还要同时考虑组合上的优化和风险，例如：

- 假设我们现在需要做出一个结构上的决定：要么待在家里，要么在小镇上与朋友见面，如果选择与朋友见面，那么有好几条驾驶路线可选，而且每条路线的时长也不确定。
- 在做一个大型项目的设计时（包括决定进行风险评估和风险管理的时点），总体结构的设计或技术解决方案通常都会有多种选择，而且每种方案的设计也都有优化的空间、可以降低的风险和无法进一步减少的系统性风险，因此最优项目的设计和风险的缓释（或充分的响应机制）通常都需要考虑结构型优化和组合型优化两方面，当然也包括风险。结构型优化决定选择哪个情景（或哪个总体技术方案），组合型优化的目标是在选定的情景，以及其中不能有效规避的风险下，找到最优的风险缓释措施。

- 在决定是否继续实施项目方案前，任何有利于项目成功的未来信息都有可能改变决策。例如石油钻探或制药的项目开始后，任何信息都有可能使得项目如预期进行下去，或中断，或扩大生产规模。不过有的信息虽然看起来很有价值，但很可能是片面的，需要付出一定的成本后才能完善，而且可能会因此延误项目（相比没有额外信息的情况下的项目进度）。实际商业环境中，在不确定性被完全消化之前或之后做出决策的状态（初始决策–出现机会–结构性的决策）也称为"实物期权[1]"的状态。

15.4.4 建模问题和工具

在优化问题下的建模中可能会出现以下几个主要事项：

- 清晰且准确地区分可控和非可控参数。
- 捕捉模型中隐藏的优化逻辑。如果优化主要由约束条件驱动（即线性模型），通常很容易就能找到最优解。但随着输入参数的变化，模型可能呈现出U型特征（凸性），此时最优解的寻找过程就稍显复杂，比如在销售收入等于价格和销量的乘积的定义下，模型用于简单的敏感性分析（比如营收如何随着价格的变化而变化等）绰绰有余，但如果要寻找最优售价，除非我们清楚地知道销量和价格间精确的函数关系，否则该定义对优化问题的求解帮助不大，因此，与用于简单"假设"分析或使用情景方法的模型相比，旨在寻找最优解的模型对其逻辑的要求可能更高。
- 大部分情况下方案只有一个优化目标，而且大多数算法允许的优化目标也只能是一个，但实际上很多业务有多个优化目标，比如相关利益方各自都有各自的目标，所以我们通常需要选定一个优化目标，将其他目标表述成约束条件。虽然从客观的角度看，整个方案的最优解是唯一的。但实践中，执行优化的参与方一般都会着重于对自己有利的优化目标，若其他参与方执行，则自己的目标会被转化为约束条件，因而可能无法得到最优解。毕竟从心理学上讲，被人们设定为应该努力实现的目标具有积极的暗示作用，若被设置为限制，则有可能被淡化、忽略，或被视为可以随意修改或可以协商的无关紧要的细节。因此，当一个人的目标被视为一组约束中的

---

[1] 一个项目所能创造的价值，来自于目前的产出，加上一个改变项目状态的选择，即一个使项目继续运作下去、中断或转让等的权力，该权力的费用就是前文中提到的完善信息的成本以及拖延的成本，该期权就称之为实物期权。——译校注

一项时，就有可能会被忽视。
- 不要设置过多的约束条件。当我们从管理层的视角出发，将所有的约束条件一次性全部加到优化问题中，常常会得不到可行解，更别说最优解了。所以一般来说，我们都是从少数且较宽松的约束条件开始，先保证找到一个最优解，然后逐渐添加越来越严格的约束条件，在此过程中观察对最优解的影响，即使最终还是得不到最优解，整个分析过程也是非常有用的。

所以根据不同的实际情况，可以选择不同的方法和数学工具，具体包括：
- 基本的组合优化工具，如 Excel 的规划求解。如果优化问题的可行域是非凸的（或具有其他复杂的特征），则规划求解有可能无法找到全局最优解，此时可考虑采用其他工具或插件（如 Palisade 开发的基于遗传算法的 Evolver 插件）。
- 将优化与解析方法相结合。例如，投资组合的传统优化方法，是基于组合中各个标的的收益率与波动率，使用矩阵变换的方法，导出整个投资组合的波动率的解析表达式，以此来降低模型的不确定性，然后再使用标准的组合优化算法。
- 将优化与模拟相结合。如果模型的不确定性无法通过推导解析解或其他方法来降低，就只能使用模拟方法。例如，参考本章前面的例子，如果每个项目启动后，未来的现金流水平都存在不确定性，那么每一组方案允许的启动时间都需要参与模拟，通过模拟的方法来查看每一组启动时间下的项目表现（例如，可以将最优化目标设定为最大化 NPV 的平均值，或者某个 90% 的概率会高于 NPV 的数字等）。如果每次寻找最优解的过程都需要进行完整的模拟，那一般来说就要考虑任何不确定性的扰动是否会对最优解产生显著的干扰。许多模拟可能非常耗时，但每次得到的解之间没有显著的不同，例如在穿越城市的最佳路线问题中，无论每段路的穿越时间是不确定的还是固定的，最短意义上的最优路线基本上是唯一的。这类模拟方法可以使用以下几种工具实现：
  - 用 VBA 宏运行规划求解和模拟。
  - 使用 Excel 加载项。例如企业版的 Excel 插件 @RISK 中的 RiskOptimizer 工具允许通过模拟来进行优化。
- 决策树和网格法。决策树因其算法的可视化特征而被广泛应用。事实上，该算法的功能不能仅局限在图形可见的部分，其数值方面的功能同样强大。在一个顺序决策的结构中，每个决策都必须按顺序制定，中间可能还有不确定项的干扰，此时只能通过比较该决策的后续结果与其他决策的后续结果来决定是否选择该决策。所以我们就必须借助树的结构进行反向追溯计算（其逻辑在 Excel 中也能实现），即需要先计算各个决策在明天的结果，然后才能做出今天的决策。决策树的扩展包括基于网格的方法，比如在网格上的每个数据点进行有限差分或有限元方法，这超出了本书的范围。

- 决策树通常也需要与模拟或其他方法相结合。例如，如果某几个决策结点之间出现了意外的计算结果，那么每个结点可以通过最大化决策结果的平均值（或其他度量值）来绕开该意外，继续往后续节点走，而最后一个决策的反向追溯计算基于的结果是不确定的，一旦最后的决策也定下来了，就可以逐步确定前一个决策，这属于随机优化的范畴，已经超出了本书的讨论范围。

尽管上文提到了许多复杂的问题，但回到最初的优化情况中，如果模型是一个凸优化的问题，最终可能会给出多个类似但可能是次优的方案。在全局最优解的附近，任何微小的扰动都可能使得结果偏离最优解，但由于最优点附近是平坦的，所以偏离不会非常大，也就是说在很多实际情况下，次优解也足够精确，这就是为什么我们会经常使用启发式方法（基于直觉和判断，而非数值方法）寻找最优方案。

第16章 风险和不确定性建模以及模拟

16.1 介绍

本章将进一步扩展第 15 章中讨论的模拟问题,介绍模拟方法(着眼于风险建模)的起源、用途和主要优点,同时也会介绍模型的一般实现方法。本章还会涵盖 VBA 宏的基本用法,也会提到使用如 @RISK 这样的 Excel 插件的一些主要优点,而且还会通过简单的示例来展示如何使用 Excel 和 VBA、@RISK 实现几个典型的应用(如风险跟踪和成本预算)。与此同时,作者的 *Business Risk and Simulation Modelling in Practice: Using Excel, VBA and @RISK* 这本书中对风险评估流程、在设计和执行风险模型过程中涉及的问题进行了更多的探讨,感兴趣的读者可以参阅该书。

16.2 蒙特卡罗模拟的定义、起源和使用

16.2.1 定义和起源

蒙特卡罗模拟(monte carlo simulation,英文简称"MCS",或更简单地称之为"模拟")是自动化实现用随机抽样的方式生成多组输入参数,并且每生成一组参数都会重新计算一次模型的过程。生成随机样本本身并不是模拟的目标,模拟的主要作用在于自动化实现计算过程的同时,确保输入的参数组合尽可能多地覆盖所有可能的组合。

模拟的首次大规模使用发生在 20 世纪 40 年代美国洛斯阿拉莫斯国家实验室。当时,正在进行核武器项目相关研究的科学家们需要通过模拟方法来计算积分 $\int_0^1 f(x)dx$ 的值,该积分等于在 x 位于 0 和 1 之间时函数 $f(x)$ 的平均值。因此,通过从 0 到 1 均匀分布的随机变量中随机抽取 x 值并计算 $f(x)$,如此重复执行多次,得到的这些 $f(x)$ 的平均值就是该积分的估计值。科学家们认为这种方法类似于赌博,并把它命名为"蒙特卡洛模拟"。

模拟与风险建模不一样,模拟是一种可以用于评估风险或其他模型的方法。例如,模拟可以用于求最优解,具体方式是通过生成多组输入参数,并带入优化目标进行计算,随后寻找满足约束条件的输入参数及对应的最优目标值,此时随机样本来自何种分布并不重要,而且也不需要担心输入变量本身存在哪些风险,事实上,作为一个优化问题,我们默认输入变量本身是可控的,不受任何风险的影响。

另一方面，在实践中，模拟主要用于风险及不确定性的探测及其影响的评估，此时的随机抽样还有另一个目的（除了自动化实现过程），即描述输入变量本身蕴含的风险，也就是描述生成输入变量的分布是否与不确定性的真实分布匹配，因此风险建模是一个比模拟更复杂的课题。

16.2.2 敏感性分析和情景分析的局限性

传统的敏感性分析和情景分析有以下几个局限性：

- 只能分析事先假定好的有限情景。
- 即便是假定好的情景也有可能不具备代表性，或者无助于决策的最优化，例如：
  - 模型结果的出现概率是未知的（例如初始方案在多大程度上可以认为是可行的）。
  - 出现概率最高的输入参数得到的模型结果不一定是出现概率最高的模型结果。
  - 模型的"平均"结果是度量项目价值以及现金流状况最经济实用的统计量，但该统计量不存在于传统的敏感性分析和情景分析中。
  - 由于未明确定义基准情景，因此派生的情景自然也缺乏准确定义，例如某个输入参数为正负10%，但其基准的定义如果模糊不清（即哪个数字的百分之十），那么后续计算出来的均值或其他代表最"好"或最"差"的结果自然也没有可信度。
  - 在决策中设定恰当的指标或任务的长期目标，同时又需要充分反映风险容忍度（或给出应急方案），做到这一点并不容易。
  - 当项目之间的不确定性差异较大时，不太合适将它们直接作比较。
- 无助于形成对模型的风险驱动因素和风险缓释方法进行深入探索的良好思维方式，因此和实际情景还是有一定的距离。
- 无法区分风险变量和待优化变量。

相比之下，模拟能使我们通过对风险或不确定性的建模来确定每种结果的发生范围和出现频率，从而帮助我们克服上述的局限性。

16.2.3 风险建模的主要优势及可解决的问题

从决策及流程规范的角度来看，单独设置考虑风险（或不确定性）的一步有许多优势：

- 明确告知用户模型存在多种计算结果的可能性。现实中的结果往往不同于单一模型或基准场景所给出的结果，但这种差异并不一定代表模型本身的解释力不够，而是现实本就如此。
- 鼓励我们考虑风险来源，并对各种可能的情况进行深入的思考，提出深刻的问题（例如如何控制风险，如何管理不确定性）。
- 鼓励我们对模型进行积极的修改，使得在新模型中考虑的因素比原始模型更多，例如事件冲击以及对冲方法。不过实际操作中需要先明白风险来源的重要性，以及风险应对措施能多大程度改变风险，然后才能确定缓释风险的最佳策略。
- 对本身就带有随机性的场景（如股票价格的变动）进行建模时，有必要尝试捕捉其中可能蕴含的某种形式的依赖关系（比如相关性）。
- 能够给出效益评估、决策制定、风险管理等工作相关的统计数据，例如：
  - 关于模型结果范围的中点的统计量：
    - 平均结果是什么情况？
    - 最有可能发生的结果是什么？
    - 中点是什么情况，也就是说，何时会出现不好又不坏的情况？
  - 与模型结果范围的大小相关的统计方式：
    - 现实情况下最坏和最好的情况分别是什么？
    - 基准场景在每个方向上暴露的风险是否均衡？
    - 我们是否可以使用单独一个统计量来度量风险？
  - 基准结果或预期结果的实现概率：
    - 预期情况实现（或无法实现）的可能性有多大？
    - 我们应该继续执行当前的决策，还是应该将风险缓释方法和风险响应机制进行迭代更新，来进一步修改和优化决策方案？
- 能够计算项目的风险准备金（例如为了保证资金在 95% 的情况下是充足的，还需要将风险预算提高 15%），实践中一旦模型结果范围确定，就能确定准备金，例如给定某个项目成本的范围或分布，并定义 90 分位数，其代表在 90% 的情况下风险预算满足充足条件的临界值，那么需要加入预算的风险准备金就等于当前情况与该临界值之间的差。
- 有助于纠偏方案制定中的部分过程。如果我们把基准场景放在全局范围内作比较，有些偏差可能更显著，一般可能有以下几种形式的偏差：
  - 有意识的偏差。人们通常由于一些动机和政治原因故意将乐观或悲观情绪带入模型的计算或项目制定过程。
  - 无意识的偏差。该类偏差起初并未被意识到，一般需要人为指出或深入揣酌某个细节后才会意识到。无意识偏差中有一种重要形式叫作"最值谬误"，在这种谬误中，我们总是不假思索地认为如果输入参数为出现概率最高的值，那么模型的输出结果也一定是出现概率最高的值（若是均值，则称为"均值谬误"）。事实上这种观念往往是不合理的，因为很多情况下非对称的不确定性、事件冲击的存在以及模型中的非线性逻辑（如 MIN、MAX 或 IF 函数，或者涉及某个不确定值的除法）等因素都可能会导致模型的结果有偏差。

16.2.4 模型输出的性质

模拟显然是为了得到一些关键指标的结果以及其可能的范围，如成本、利润、现金流、融资需求、资源需求、项目进度等，关于这类输出值，有以下几点需要注意：

- 输出的结果是一组离散数据集，其中的数据视为来自"真实"分布的样本而非分布函数，但简单起见，我们常常假设模拟会基于一个"分布"。
- 该数据集允许我们估计真实分布的特征，例如平均值或最坏的后 10% 的结果（的均值等），或将特征以图像方式绘制出来（例如频率分布的柱状图）。模型的该类输出结果还可以用于计算变量之间的关系（尤其是输入和输出之间的相关系数），并生成关于变量的 X-Y 散点图（这需要每次重新计算时将相关数据保存下来）。
- 重复计算的次数越多，估计的特征就越接近真实分布的特征。一个重复计数次数最少的模型必须满足的前提是其足以为决策的制定提供必要的依据，确保所有决策结果的有效性和稳定性。这本身也将取决于模型场景、所使用的决策指标以及对准确性的要求。
- 如果想要根据特定的模型输出结果反推这是哪个输入参数导致的，一般来说很困难，因为可能会有很多这样的输入参数（尤其是非线性问题）。

16.2.5 模拟的适用范围

模拟在很多领域都有应用，主要因为：

- 无论何种应用和领域，模拟几乎可以适用于任何模型。
- 模拟理解起来非常简单，本质上就是通过重复计算来生成多组场景，而且只要求了解统计、概率、依赖关系（区别于相关关系）的核心概念，有时候可能还会涉及其他的建模方法，可见所需要的数学知识非常有限。
- 目前是最简单的评估不确定性或风险的方法。
- 即使重复计算的次数相对较少，通常也能给出对分布特性足够合理且准确的估计。
- 对解析方法（导出方程的解析解）是一个非常好的补充方法，特别是在复杂情况下，有助于对模型的底层数据生成过程或机理形成直观的理解。
- 在时间上的消耗和财务上的投入相对较少，但却能得到对模型较为深刻的理解，以及可能的意料之外的发现。

16.3 风险建模中的主要步骤

模拟是模型的多次重复计算过程的自动化实现方式，相比之下，风险建模则涉及模型的设计和构建，旨在反映风险和不确定性在特定环境下的影响。从表面上看，风险建模的主要步骤与一般的风险管理的主要步骤相似，例如必要的风险和不确定性的识别。另一方面，在捕捉不确定性的性质及其影响方面上，风险建模过程比纯定性的风险管理过程更具体、更精确。本节从宏观的角度描述了整个建模流程中的核心要素。同样，感兴趣的读者也可以参考作者的 *Business Risk and Simulation Modelling in Practice* 来详细讨论这些要素。

16.3.1 风险识别

很显然，任何形式的分析都始于识别影响在允许范围内的风险和不确定性，而且识别过程本身也会很自然地引发对风险缓释或响应措施的讨论，以及采取措施后对残留风险的识别。最后，经过识别后的模型结构以及风险处理措施的成本和效果都会体现到最终的模型上。

16.3.2 风险映射和输入分布的作用

风险映射过程就是可以用能量化到模型中去的因子的形式描述风险或不确定性，所以需要对风险的性质有较为全面的认识，比如描述风险的因子是离散还是连续、单次还是多次事件；时间序列方向上的特征；与模型中其他因子的关系；等等。

实践中，风险映射这一步具有一定的难度。首先从整个建模的流程来看，大部分建模者只会专注于风险管理，不会对风险进行系统性的建模，因而没有充分意识到描述风险性质的必要性。其次，量化风险的过程比单纯为风险来源选择一个分布要复杂得多，因为很多风险的生成过程具有一定的复合效应，即随着时间的推移，某风险的生成过程可能会与其他过程相互作用、相互依赖，这些特征都需要在模型中用逻辑叙述、用公式表达。

风险映射过程中比较重要的一步是输入参数的分布选择，目的在于使得所选的分布尽可能准确描述模型的真实随机来源、风险和不确定性的变化方式，可见这比单纯用一个分布来描述已知风险要复杂得多。

16.3.3 建模环境和参数分布的意义

在风险建模的过程中有一点看似显然但容易被忽视，即输入参数的分布是模型不可控的重要来源之一。这一点初看起来可能影响不大，但实际影响却很微妙。模型代表的场景事前看似是可控的，但事后的实际结果却不是，例如：

- 过马路时，我们可以选择看多少遍来往车辆后再穿过去，但就算做出选择，最终的实际结果（是否安全到达马路另一边）仍可能会受到不确定因素的影响。当然我们也可以选择不过马路，而是通过在线订购所需商品来代替亲自过马路购买的方式。
- 在建设项目的早期评估阶段，采购材料的成本范围可以认为服从某个不确定的分布，但随着进度推进，获取的相关信息越来越多（例如报价或其他进展相关的信息），该范围会逐步缩小。虽然模型每个阶段的变化都会影响最终结果，但这仍不影响其中的某些阶段需要借助某个分布来描述当时的不确定性。

因此建模的一个重要的目标是找到最优的建模环境，这不能通过假设一个简单的分布来代替。事实上，在风险建模的批评声中，有一条就是模型结果可能会不利于激励措施的制定，但如果过于排斥分布的作用，类似的其他问题也同样会出现。

16.3.4 参数之间依赖关系的影响

使用概率分布也有助于捕捉随机过程之间可能存在的依赖关系，常见的依赖关系包括：

- 具有因果或方向性的关系。例如，一个事件的发生可能会增加另一个事件发生的概率，那么一个分布或随机过程的样本（或由样本构成的中间变量）就可能会用于估计另一个分布或随机过程的参数。
- 通过样本各自的分布得到样本之间的关系，比如相关性就是一个典型的例子。

此时我们需要注意，输入参数之间的任何依赖关系都有可能改变模型的输出结果。例如在一个需要对输入参数进行求和的模型中，某个依赖关系可以描述为：只要其中一个参数取较小（大）值，则其他参数都会取到较小（大）值，那么与输入参数都是相互独立的模型相比，该模型出现极端输出值的概率更高。

16.3.5 随机数和重复计算或迭代的所需次数

一般情况下，模拟能生成一组与真实分布较为接近的数值，而基于该数值的统计量与真实分布的统计量的差值就被称为"误差"，理论上真实统计量很难获取（这也是之所以采用模拟的首要原因），但以下方法能提高模拟的准确性：

- 进行多次模拟，即对同一模型进行多次重复计算。
- 采用更"高端"的随机数生成算法：
  - 生成的随机数应具有代表性且不存在偏差。因此，如果样本量足够大，所有结果的发生概率将无限趋近真实概率。
  - 计算机的有限内存不可能使得理论上所有可能的样本都参与模拟，因此从某种程度上来说，任何随机数生成算法的计算结果最终都是封闭的，即给出的随机数都取自某个有限的集合，只要循环次数足够多，最终都会给出之前生成过的某个随机数，而更高端的算法无非就是该封闭集合更大，需要遍历的范围更大而已。

许多实践中使用的随机数生成算法一般都适用"平方根反比定律"，即在重复计算的过程中，当模拟次数为4的倍数时误差会随之减半，因此较为精确的结果只能通过大量的迭代（每增加100倍模拟次数才能将精度向小数点后提高一位）才能实现，初看起来这可能是模拟的一个缺点，但得出该结论前还需要注意以下几点：

- 虽然精度的提高需要非常多次的模拟，但即使次数很少的时候，计算结果也已经很接近真实结果了,也就是说,只有在误差已经很小的情况下,平方根反比定律的作用才较为明显。

- 合理的模拟次数可能取决于模拟目标,例如均值或其他"中心附近"的值(如众数,中位数等)的估计所需的模拟次数,要大大少于估计 99 分位数的模拟次数,但即使是估计比如 90 分位数,次数也不需要非常大就能达到较高的精度。

- 我们必须接受一个现实,那就是模型的结果永远不会与真实结果一致,无论模拟多少次,一般情况下误差永远不会是零。在实际应用中,由于对模型和实际场景的理解或观察角度不可能是绝对全面的,因此模型也不太可能是绝对精确的。一般来说,相比模型结果的精确性,决策的稳定性和有效性显然更重要,因此就模拟次数而言,我们理应追求"足够",而非"多多益善"。此外,在实际应用中,如果不是风险管理的特殊领域,我们一般不会特别关注异常值,只会对"中心附近"的值感兴趣(有时也包括 90 分位数),而这些值只需要少量的模拟次数就能达到满意的精度了。

- 在实际的模型搭建与测试过程中,如果想先得到一个大致的方向性结论时,最高效的是先通过较少的模拟次数(几百或几千次即可)得到一个大概的结论,如果该结论被接受,确定需要进一步细化该结论后,再增加模拟次数(可以通过固定随机种子来重复模拟)。

- 若在第一印象中,模型背后理应是一个平稳连续的随机过程,那我们总是希望能从图表中印证这一点,所以很自然地希望以图像而非纯粹的统计数据来展示模型的结果,但一般情况下,此时需要更多的模拟次数。例如,我们通过定义若干个区间,并将所有样本根据各自的大小指派到各个区间,然后根据每个区间的样本数量做出柱状图后,得到的概率密度柱状图看上去并不光滑(由于样本的随机性,一个点可能会被分配到当前区间的相邻区间内),但随着模拟次数、区间个数和样本量的增加,柱状图的形状会逐渐逼近实际概率密度曲线。另一方面,累积概率密度曲线和统计量虽然可以克服随机性带来的缺点,但整体而言,以图像展示的方法还是没有用统计量描述的方法来得稳定和可靠。

16.4 使用Excel和VBA实现风险与模拟模型

在 Excel 和 VBA 中通过模拟方法实现风险模型相对比较简单。在最简单的情况下,我们可以用 RAND 函数生成一组服从均匀分布的随机数,将此视为概率值后带入分布函数的反函数得到服从指定分布的随机样本。有些反函数在 Excel 中有现成的公式,有些需要人工逐步计算。我们也可以编写 VBA 宏来执行模拟,并将最终结果输出到单个单元格或某一区域内。如果需要生成的随机数之间存在相关性,也只需要添加一些额外的操作即可。

本节中我们就举例演示该方法,但实际上该方面还有很多内容可以讨论,比如:结构化模拟过程的方法；模拟所需要的一些输入变量来自模型工作页之外的其他工作页；用 VBA 生成随机数；针对某一分布创建用户自定义函数；优化计算效率与结果呈现（例如图像化）等，这些内容超出了本书范围，读者可以前往作者的 Business Risk and Simulation Modelling in Practice 一书，其中有更多详细讨论。与此同时，该方面的多样性内容使得我们也可以考虑使用具有其他优势的插件（如 @RISK）。

本节我们只是简单地介绍如何在 Excel 和 VBA 中进行以下操作：

- 创建服从某种分布的随机样本。
- 重复计算模型并保留计算结果。

16.4.1 随机样本的生成

如果需要生成服从某种分布的随机样本，可以先用 RAND 函数从均匀分布区间 [0, 1] 中进行采样，采样值被视为一个概率值，用于确定目标分布的区间分位数。换句话说，给定概率值求所对应的百分位数等价于求该概率值对应的累积分布反函数的值，如果概率值取自均匀分布，则对应的分布函数反函数值则代表来自该分布的一个随机数。例如，如果均匀地在 [0, 1] 内抽样，则在假定最高不超过 10% 的发生概率下会得到一个 0 到 0.1 之间的随机数，该随机数对应的正态分布反函数值位于 $-\infty$ 到 -1.28 的区间内，最终我们就得到该区间内的一个服从正态分布的随机样本。例如：

- 连续范围内的均匀分布。

$$数值或影响 = 最小值 + (最大值 - 最小值) * RAND()$$

- 是否发生风险事件。

$$发生或不发生 = IF(RAND() <= 指定概率值, 1, 0)$$

- 标准正态分布。

$$概率密度值 = NORM.S.IV(RAND())$$

注意，前两个例子是解析解，而最后一个例子使用的是 Excel 中的一个反函数，其他 Excel 的反函数包括：

- BINOM.INV 从二项式分布中进行抽样，函数的参数 Alpha 指的是成功概率临界值。
- LOGNORM.INV 从对数正态分布中进行抽样（请注意此时的参数为对数值，而非原始值）。
- BETA.INV 从 Beta 分布中进行抽样。
- GAMMA.INV 从 Gamma 分布中进行抽样。

16.4.2 重复重新计算和结果的存储

一个简单的 VBA 循环可以用来重复计算模型并保存计算结果。例如，假定以下代码用于对某个模型进行模拟,而且该模型已包含三个命名区域,第一个区域是模拟次数,第二个为输出范围,第三个为输出范围的标题。该代码一旦触发,即可根据指定的模拟次数进行重复计算,并将每次的结果输出到指定的范围内。

```
Sub MRRunSim()
NCalcs = Range("NCalcs").Value
For i = 1 To NCalcs
  Application.Calculate
  Range("SimResultsHeader").Offset(i, 0).Value = Range("SimOutput").Value
Next i
End Sub
```

示例:使用Excel和VBA估算包含不确定性和事件风险的成本模型

文件 Ch16.1.CostEstimation.BasicSim.xlsm 中包含了一个用于计算家庭度假成本的简单模型,其中只用到了均匀分布和事件风险,模拟结果显示在了文件中(可以使用宏重复进行模拟)(见图 16.1)。

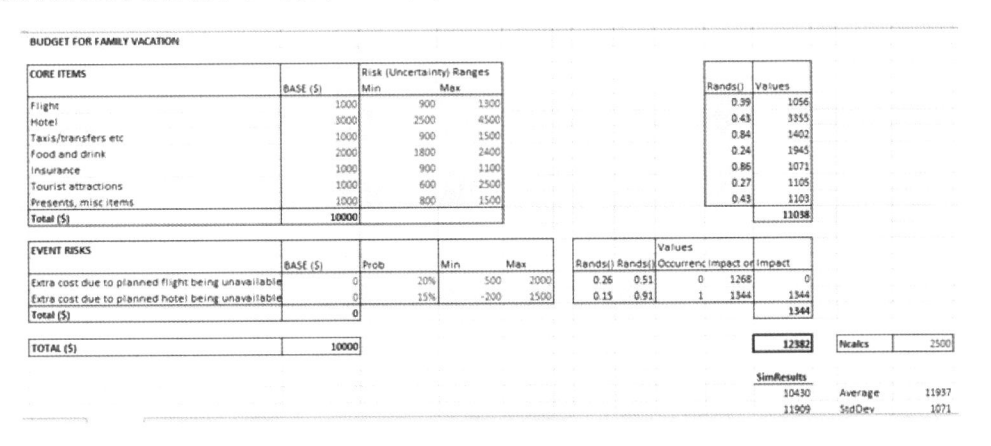

图例16.1 使用Excel随机采样,使用VBA宏来模拟,输出多个计算结果

16.5 使用插件进行模拟和风险模型的搭建

市场上有许多商业插件可用于帮助构建风险建模和模拟运算(主要的大型插件有 @RISK、CrystalBall、Risk 规划求解和 ModelRisk)。本节讨论插件相对于 Excel 和 VBA 方法的优势,并演示了使用 @RISK 得到的一些结果。

16.5.1 插件的优势

与编写 VBA 代码相比，插件有许多优势：

- 使得风险模型的构建更方便，模型的概念阐述、过程展示以及结果解释更透明，而且主要步骤也更精炼、更高效、更易于理解，这些都得益于图像化功能以及统计工具，同时这些工具也方便了依赖关系的描述，尤其在对带有相关性的随机数进行采样时。
- 包含大量现成的分布和参数，可以直接使用。同样的一些特殊分布如果用 Excel 和 VBA 实现，则过程会非常麻烦。
- 构建模型时无需特别考虑风险的分布，以及该分布是连续的还是离散的。
- 模拟和随机数选择方面操作简单、功能强大，可实现的功能包括给定准确度要求下的重复模拟、同时进行多次模拟、选择随机数生成算法以及采样方式等。此外，如果想在每次模拟中调用某个计算过程也非常方便。
- 可以在其他工具的帮助下检查模型，对结果进行更细致的分析。
- 一般来说不需要编写 VBA 代码。
- 插件包含的应用程序都是经过严格测试的，而自定义的 VBA 代码很有可能包含错误，或不够稳健。

总之，插件可以让我们将更多的时间放在发现问题、提出建议以及给出解决方案等能创造更多商业价值的领域里。

示例：使用@risk进行不确定性和事件风险的成本估算

文件 Ch16.2.CostEstimation.Basic.@risk.xlsx 包含的模型与之前提到过的使用 @Risk 实现的模型是同一个模型，模型及模拟结果如图 16.2 所示。

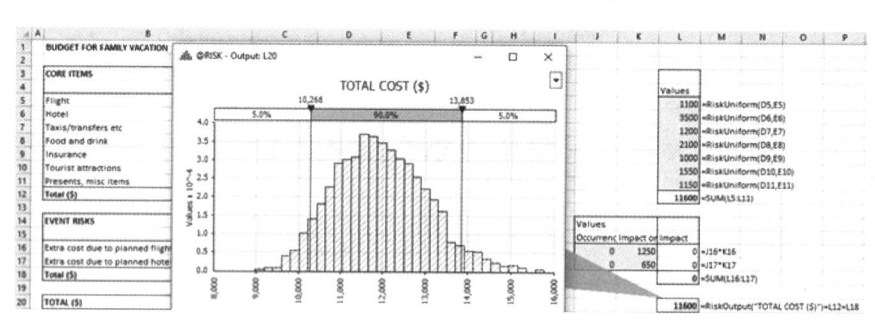

图例16.2 使用@RISK的简单模型

第五部分

Excel 函数及其功能

Excel Functions and Functionality

第17章 核心算法和逻辑函数

17.1 介绍

本章讨论金融建模过程中需要用到的一些核心函数，包括收支评估、基础统计及数据分析、常规预测、财务报表整体建模、现金流估值、项目融资建模等。我们从各类 Excel 函数中挑选了如下函数：

- IF、AND、OR 和 NOT。
- MIN、MAX、MINA、MAXA、MINIFS 和 MAXIFS。
- COUNT、COUNTA、COUNTBLANK、COUNTIF 和 COUNTIFS。
- SUM、AVERAGE、AVERAGEA、SUMIF、SUMIFS、AVERAGEIF 和 AVERAGEIFS。
- PRODUCT 和 SUMPRODUCT。
- AGGREGATE 和 SUBTOTAL。
- IFERROR。
- SWITCH。

许多读者可能对其中大部分函数已经非常熟悉了，而且函数本身的功能也一目了然，但使用时仍需要注意每个函数各自的特点，包括一些特殊场景下的处理方式〔比如，如何处理非数值（文本格式）数据、空白值、错误值〕，以及在功能相同的多个函数中如何选择涉及的一些问题（见第9章）。

17.2 实际应用

图 17.1 显示的是本章前半部分的几个案例中用到的数据——每个病人拜访医生的次数。

	A	B	C	D	E
1					
2					
3		**Family Name**	**First Name**	**Primary Physician**	**Annual Visits 2016**
4	1	Smith	Amelia	Cooper	3
5	2	Jones	Olivia	Clarke	2
6	3	Taylor	Emily	Patel	1
7	4	Williams	Ava	Mitchell	4
8	5	Brown	Isla	Clarke	7
9	6	Davies	Jessica	James	2
10	7	Evans	Poppy	Cooper	4
11	8	Wilson	Isabella	Clarke	8
12	9	Thomas	Sophie	James	
13	10	Roberts	Mia	Cooper	12
14	11	Johnson	Ruby	Clarke	0
15	12	Lewis	Lily	James	4
16	13	Walker	Grace	Cooper	3
17	14	Robinson	Evie	Clarke	6
18	15	Wood	Sophia	Patel	3
19	16	Thompson	Ella	Patel	7
20	17	White	Scarlett	Mitchell	4
21	18	Watson	Chloe	Clarke	2
22	19	Jackson	Isabelle	Cooper	8
23	20	Wright	Freya	Cooper	4

图17.1 第17章前几个案例中用到的数据

示例1：IF、AND、OR和NOT函数

文件 Ch17.1.IF.AND.OR.NOT.xlsx 包含了以下几个函数的使用范例（见图 17.2、图 17.3）。

理论上 IF、AND、OR 和 NOT 这样的函数使用起来非常简单，但仍有一些细节值得注意：

- 简体型（short-form）。很多逻辑函数的使用方式简洁明了，比如“=AND(E19=1, E20=1)”或“=F7>F6”。这类函数隐含了一个 IF 函数，因此返回值为真（TRUE）或假（FALSE），这种逻辑返回值会在 Excel 的后续计算中被编译为非文本格式以 0 或 1 表式，比如“=50*(F7>F6)”返回的是 50 或 0。与其等价的完整型（long-form）是直接用 IF 函数表示的，例如“=IF(F7>F6, 1, 0)”，需要注意，它不同于“=IF(F7>F6, “TRUE”, “FALSE”)”，因为该公式返回的是字符串，不便于后续需要用到该返回值的数值计算。但如果将简体型的公式嵌套在其他 Excel 函数（如第 9 章用到的 SUMPRODUCT 函数）中使用，可能会返回意料之外的结果（即简体型表达式部分的返回值并不等于 0 或 1），因此为了表达更清晰、结果更稳定，建议应倾向于使用完整的逻辑

表达式，即完整型的公式。

- 空值检查。我们想要检查单元格是否为空不应该用语句"=IF(G3,1,0)"，如果单元格 G3 包含的是严格正（或负）值，则返回 1，如果等于 0 或为空，则返回 0，但如果是文本格式数据，则会返回 #VALUE，而且用这样的语句，检查的是 G3 单元格的哪个属性也不清晰，所以最好选择形式更明确，逻辑更清晰的函数（如 ISBLANK、ISNUMBER 或 ISTEXT 函数，或者与 AND、OR 或 NOT 的函数组合）。

D	E	F	G	H
		6	Cooper	
Primary Physician	Annual Visits 2016	Threshold passed?	Physician Match	Both conditions ?
Cooper	3	=IF(E4>F$1,1,0)	=IF(D4=G$1,1,0)	=IF(AND(F4=1,G4=1),1,0)
Clarke	2	=IF(E5>F$1,1,0)	=IF(D5=G$1,1,0)	=IF(AND(F5=1,G5=1),1,0)
Patel	1	=IF(E6>F$1,1,0)	=IF(D6=G$1,1,0)	=IF(AND(F6=1,G6=1),1,0)
Mitchell	4	=IF(E7>F$1,1,0)	=IF(D7=G$1,1,0)	=IF(AND(F7=1,G7=1),1,0)
Clarke	7	=IF(E8>F$1,1,0)	=IF(D8=G$1,1,0)	=IF(AND(F8=1,G8=1),1,0)
James	2	=IF(E9>F$1,1,0)	=IF(D9=G$1,1,0)	=IF(AND(F9=1,G9=1),1,0)
Cooper	4	=IF(E10>F$1,1,0)	=IF(D10=G$1,1,0)	=IF(AND(F10=1,G10=1),1,0)
Clarke	8	=IF(E11>F$1,1,0)	=IF(D11=G$1,1,0)	=IF(AND(F11=1,G11=1),1,0)
James		=IF(E12>F$1,1,0)	=IF(D12=G$1,1,0)	=IF(AND(F12=1,G12=1),1,0)
Cooper	12	=IF(E13>F$1,1,0)	=IF(D13=G$1,1,0)	=IF(AND(F13=1,G13=1),1,0)
Clarke	0	=IF(E14>F$1,1,0)	=IF(D14=G$1,1,0)	=IF(AND(F14=1,G14=1),1,0)
James	4	=IF(E15>F$1,1,0)	=IF(D15=G$1,1,0)	=IF(AND(F15=1,G15=1),1,0)
Cooper	3	=IF(E16>F$1,1,0)	=IF(D16=G$1,1,0)	=IF(AND(F16=1,G16=1),1,0)
Clarke	6	=IF(E17>F$1,1,0)	=IF(D17=G$1,1,0)	=IF(AND(F17=1,G17=1),1,0)
Patel	3	=IF(E18>F$1,1,0)	=IF(D18=G$1,1,0)	=IF(AND(F18=1,G18=1),1,0)
Patel	7	=IF(E19>F$1,1,0)	=IF(D19=G$1,1,0)	=IF(AND(F19=1,G19=1),1,0)
Mitchell	4	=IF(E20>F$1,1,0)	=IF(D20=G$1,1,0)	=IF(AND(F20=1,G20=1),1,0)
Clarke	2	=IF(E21>F$1,1,0)	=IF(D21=G$1,1,0)	=IF(AND(F21=1,G21=1),1,0)
Cooper	8	=IF(E22>F$1,1,0)	=IF(D22=G$1,1,0)	=IF(AND(F22=1,G22=1),1,0)
Cooper	4	=IF(E23>F$1,1,0)	=IF(D23=G$1,1,0)	=IF(AND(F23=1,G23=1),1,0)

图17.2 示例：使用公式视图后展示的IF函数和AND函数

D	E	F	G	H
		6	Cooper	
Primary Physician	Annual Visits 2016	Threshold passed?	Physician Match	Both conditions ?
Cooper	3	0	1	0
Clarke	2	0	0	0
Patel	1	0	0	0
Mitchell	4	0	0	0
Clarke	7	1	0	0
James	2	0	0	0
Cooper	4	0	1	0
Clarke	8	1	0	0
James		0	0	0
Cooper	12	1	1	1
Clarke	0	0	0	0
James	4	0	0	0
Cooper	3	0	1	0
Clarke	6	0	0	0
Patel	3	0	0	0
Patel	7	1	0	0
Mitchell	4	0	0	0
Clarke	2	0	0	0
Cooper	8	1	1	1
Cooper	4	0	1	0

图17.3 示例：显示计算结果的IF函数和AND函数

示例2：MIN、MAX、MINA和MAXA函数

如图 17.4 所示，文件 Ch17.2.MAX.MIN.xlsx 展示的是 MAX 函数和 MIN 函数的使用范例，它们分别用于计算输入数据的最大值和最小值，图中同时也展示了 MAXA 函数和 MINA 函数的使用方式，值得注意的是：

- MIN 函数和 MAX 函数会忽略空白单元格和文本格式单元格。更准确地说，空白单元格并不会被视作 0，例如将一组包含空值和正（非零）数的数据输入最小值函数（MIN），返回的是最小的正数（而不是 0）。
- MINA 函数和 MAXA 函数则不会忽略空白单元格，因此，同样将一组包含空白值和正（非零）数的数据输入函数 MINA，返回的是 0。此外，这两个函数也不会忽略文本格式数据，但其实文本格式数据对返回结果也没有任何影响（相比之下文本格式数据的存在会改变 COUNTA 函数的计算结果）。

Item	Result	Formula
Maximum number of visits	12	=MAX(E4:E23)
Minimum number of visits	0	=MIN(E4:E23)
Minimum number of visits including blank cells, but with no zeros in the range	1	=MIN(D4:E12)
Minimum number of visits including blank cells, but with no zeros in the range	0	=MINA(D4:E12)

图17.4 示例：MIN和MAX函数

示例3：MINIFS函数和MAXIFS函数

文件 Ch17.3.MAXIFS.MINIFS.xlsx 展示的是使用 MAXIFS 函数执行条件查询的范例，图 17.5 显示的是其中部分医生的最大出诊次数（maximum number of visits）。

请注意，MINIFS 函数和 MAXIFS 函数是在 2016 年初才被引入 Excel 的，在此之前，同样的功能可以通过使用与数据库相关的函数（DMIN 函数和 DMAX 函数）、数组公式或 AGGREGATE 函数的数组形式来实现，上述内容都将在后续章节中进行讨论。

Item	Result	Formula
Maximum number of visits		
Cooper	12	=MAXIFS(E$4:E$23,D$4:D$23,G5)
Clarke	8	=MAXIFS(E$4:E$23,D$4:D$23,G6)
Patel	7	=MAXIFS(E$4:E$23,D$4:D$23,G7)
Mitchell	4	=MAXIFS(E$4:E$23,D$4:D$23,G8)

图17.5 示例：MAXIFS函数

示例4：COUNT、COUNTA、COUNTIF函数和其他类似函数

如图17.6所示，文件Ch17.4.CountAndVariants.xlsx展示的是COUNT类函数的使用范例，包括COUNT、COUNTA、COUNTBLANK、COUNTIF和COUNTIFS函数。

Item	Result	Formula
Number of non-blank visit entries	19	=COUNT(E4:E23)
Number of non-blank visit entries	19	=COUNTA(E4:E23)
Number of blank visit entries	1	=COUNTBLANK(E4:E23)
Number of patients, using COUNT (incorrect for patient numbers using list of names)	0	=COUNT(B4:B23)
Number of patients, using COUNTA	20	=COUNTA(B4:B23)
Number of non-blank cells in range B11:E11	4	=COUNTA(B11:E11)
Number of non-blank cells in range B12:E12	3	=COUNTA(B12:E12)
Number of non-blank cells in range B13:E13 that contain only numbers	1	=COUNT(B13:E13)
Number of patients with blank entry	1	=COUNTIF(E4:E23,"")
Number of patients with 0 entry	1	=COUNTIF(E4:E23,0)
Number of patients with 2 visits (taken from cell G23)	3	=COUNTIF(E4:E23,G24)
Number of patients who actually visited, excluding blanks and those with 0 entry	18	=COUNTIF(E4:E23,">0")
Number of patients who visited between 2 and 4 time inclusive (blanks and those with 0 entry would	11	=COUNTIFS(E4:E23,">=2",E4:E23,"<=4")
Using cell references (trial 1): Number of patients who visited between 2 and 4 times inclusive	0	=COUNTIFS(E4:E23,">=G24",E4:E23,"<=G25")
Using cell references (trial 2): Number of patients who visited between 2 and 4 times inclusive	11	=COUNTIFS(E4:E23,">="&G24,E4:E23,"<="&G25)

图17.6 示例：COUNT、COUNTA、COUNTIF和COUNTIFS函数

有几点值得注意：

- COUNT函数用于计算输入引用范围内的数字个数，同时忽略空白单元格，即空白单元格不会被视为0，而是不存在（即被排除在输入单元格之外）。
- COUNTA函数用于计算输入引用范围内的文本格式数据和数字的个数，同样会忽略空白单元格。
- COUNTBLANK函数用于计算输入引用范围内的空白单元格的数目，COUNTIF函数也可以。
- COUNTIF函数用于进行条件计算，但需要注意以下情况：
  - 我们可以直接将指定数值或单元格引用作为该函数的输入参数，来实现"相等"的判断条件（例如计算某范围内等于某个数值的单元格个数）[1]。
  - 要实现"不相等"的判断条件需要输入相应的不等号（例如>、<、>= 或 <=），而且前后需要加上双引号，如">=2"。
  - 当"不相等"的判断条件需要引用单元格（而不是使用"硬编码[2]"的数值）时，需要手动编辑函数公式，举例来说，形如">=G24"这样需要引用单元格的条件判断语句应该写成">="&G24。

---

[1] 例如 =COUNTIF(A2:A5,"London") 或 =COUNTIF(A2:A5,A4)，不需要加上等号 "="。——译校注
[2] 硬编码（hard-coded）是指将变量用一个固定值来代替，例如=COUNTIF(A2:A5,A4)中A4替代为"London"。——译校注

- 我们还可以使用 COUNTIFS 函数，并且将引用同一范围的两组条件语句同时当作函数的输入参数，来实现"介于……之间"的判断（例如在同一范围内使用">="和"<="及两个对应的边界值）[1]。
- 在只有一个判断条件的情况下，使用 COUNTIF 函数还是 COUNTIFS 函数本质上是无差异的，前者仅用在只有一个判断条件的情况下，后者适用于需要添加多个判断条件的情况（向函数名中添加一个"S"即可）。

示例5：SUM、AVERAGE和AVERAGEA函数

文件 Ch17.5.sum.Average.xlsx 给出了 SUM 函数和 AVERAGE 函数的使用范例、用 COUNT 函数计算平均值的详细过程以及使用 AVERAGEA 函数的例子（见图17.7）。

Item	Result	Formula
Number of annual visits (total)	84	=SUM(E4:E23)
Sum, including text within the range	8	=SUM(D11:E11)
Average of two cells: a zero and another number	6	=AVERAGE(E13:E14)
Average of a cell containing a number and blank cell	8	=AVERAGE(E11:E12)
Average of only numerical fields	8	=AVERAGE(D11:E11)
Average number of annual visits, including those with 0 entry	4.42	=AVERAGE(E4:E23)
Average number of annual visits, including those with 0 entry	4.42	=SUM(E4:E23)/COUNT(E4:E23)
Average of all fields	4	=AVERAGEA(D11:E11)

图17.7 示例：SUM函数和AVERAGE函数

有几点需要注意：

SUM 函数会把空白单元格和文本格式单元格都视为 0（或者是忽略，对该函数而言不影响结果）。

AVERAGE 函数也会忽略空白单元格和文本格式单元格（计算分母时不计入这些单元格的个数），因此该函数给出的结果与使用 SUM 除以 COUNT 的表达式的结果相同。

AVERAGEA 函数将文本格式单元格视为 0，因此会被包含在分母的单元格计数中，而不影响分子的求和，所以有可能会给出一个与 AVERAGE 函数的计算结果不同的答案。例如，当计算范围内包含正数和文本格式数据的单元格时，AVERAGEA 函数的返回值小于 AVERAGE 函数的返回值。

---

[1] 例如 =COUNTIFS(B2:B8,">=75", B2:B8,"<=90")——译校注

示例6：SUMIF、SUMIFS、AVERAGEIF和AVERAGEIFS函数

文件 Ch17.6.SUM.AVG.IF.IFS.xlsx 展示的是 SUMIF、SUMIFS、AVERAGEIF 和 AVERAGIFS 函数的使用范例（见图 17.8）。

Item	Result	Formula
Total number of visits to physician Cooper using SUMIF: Cooper	34	=SUMIF($D$4:$D$23,G6,$E$4:$E$23)
Total number of visits to physician Cooper using SUMIFS with one criteria: Cooper	34	=SUMIFS($E$4:$E$23,$D$4:$D$23,G9)
Average number of visits to physician Cooper using AVERAGEIF: Cooper	5.67	=AVERAGEIF($D$4:$D$23,G12,$E$4:$E$23)
Average number of visits to physician Cooper using AVERAGEIFS with one criteria: Cooper	5.67	=AVERAGEIFS($E$4:$E$23,$D$4:$D$23,G12)

图17.8 示例：SUMIF、SUMIFS、AVERAGEIF和AVERAGIFS函数

值得注意的是：

- 我们可以通过简单地在公式中添加一个附加准则就可以很容易地将 COUNTIF 函数转化为 COUNTIFS 函数，但如果试图以同样的方式将 SUMIF 函数或 AVERAGEIF 函数转化到 SUMIFS 函数和 AVERAGEIFS 函数却行不通，因为后面两个函数要求和或求平均值的引用范围必须是第一个输入参数，而这个参数在 SUMIF 函数和 AVERAGEIF 函数中却是最后一个（但也是可选的）输入参数。

- 在 Excel 2013 之前的 Excel 版本中，可以在"条件求和向导（Conditional Sum Wizard）"功能的指导下逐步创建适用于多标准，且以数组形式表达的公式，这些公式与后续的 Excel 版本仍是兼容的，但该功能目前来看却是多余的，因为"IFS"类型的函数很容易就能代替它。

示例7：PRODUCT函数

文件 Ch17.7.PRODUCT.xlsx 展示的是 PRODUCT 函数的一些使用范例，该函数用于计算多个数据的乘积，输入值也可以是一组连续范围内的单元格。在只有两个单元格做乘法的情况下，我们当然可以使用标准的乘法运算符，所以该函数在计算一组连续范围内的多个数据的乘积时才更有用，在这种情况下，该函数可以避免用许多乘法运算符创建公式（例如"=E5*E6*E7*E8"），这样的公式不仅写起来很麻烦，

第 17 章 核心算法和逻辑函数

而且在需要插入其他单元格的情况下也容易出错（类似于使用 SUM 函数代替用多个加法运算符计算单元格求和的公式）。

PRODUCT 函数的另一个应用是概率的计算：如果几个独立事件以各自给定的概率发生，则它们全部发生的概率是每个个体的发生概率的乘积。类似地，全部都没有发生的概率也是每个个体没有发生的概率的乘积。通过图 17.9 所示的计算结果，我们可以发现在人数大于或等于 23 的一群人中，两个人生日相同的概率略高于 50%（换句话说，如果一群人中有两个人是同一天生日的概率超过 50%，那么该组的人数必定大于或等于 23）（见图 17.10）。

	A	B	C	D	E
1					
2			Probability(occur)	Probability(not occur)	Formulae
3		Event number 1	60%	40%	=1-C3
4		Event number 2	80%	20%	=1-C4
5		Event number 3	60%	40%	=1-C5
6		Event number 4	50%	50%	=1-C6
7		Event number 5	90%	10%	=1-C7
8		P(all)	13.0%	0.2%	=PRODUCT(D3:D7)
9			=PRODUCT(C3:C7)	=PRODUCT(D3:D7)	

图17.9 使用PRODUCT函数计算事件发生和不发生的概率

Person Number	No. days to choose from	Prob. Different date=No. days/365	Cumulative Probability	Formulae
1	365	100.0%	100.0%	=PRODUCT(I$3:I3)
2	364	99.7%	99.7%	=PRODUCT(I$3:I4)
3	363	99.5%	99.2%	=PRODUCT(I$3:I5)
4	362	99.2%	98.4%	=PRODUCT(I$3:I6)
5	361	98.9%	97.3%	=PRODUCT(I$3:I7)
6	360	98.6%	96.0%	=PRODUCT(I$3:I8)
7	359	98.4%	94.4%	=PRODUCT(I$3:I9)
8	358	98.1%	92.6%	=PRODUCT(I$3:I10)
9	357	97.8%	90.5%	=PRODUCT(I$3:I11)
10	356	97.5%	88.3%	=PRODUCT(I$3:I12)
11	355	97.3%	85.9%	=PRODUCT(I$3:I13)
12	354	97.0%	83.3%	=PRODUCT(I$3:I14)
13	353	96.7%	80.6%	=PRODUCT(I$3:I15)
14	352	96.4%	77.7%	=PRODUCT(I$3:I16)
15	351	96.2%	74.7%	=PRODUCT(I$3:I17)
16	350	95.9%	71.6%	=PRODUCT(I$3:I18)
17	349	95.6%	68.5%	=PRODUCT(I$3:I19)
18	348	95.3%	65.3%	=PRODUCT(I$3:I20)
19	347	95.1%	62.1%	=PRODUCT(I$3:I21)
20	346	94.8%	58.9%	=PRODUCT(I$3:I22)
21	345	94.5%	55.6%	=PRODUCT(I$3:I23)
22	344	94.2%	52.4%	=PRODUCT(I$3:I24)
23	343	94.0%	49.3%	=PRODUCT(I$3:I25)

图17.10 使用PRODUCT函数计算在同一天生日的概率

PRODUCT 函数的另一个应用是计算初始值经过一段时间的增长后的终值，具体来说，假设一个初始值在期限 1 内的增长率为，期限 2 内的增长率为，以此类推，则在 N 期结束时其终值为：

$$V_N = V_0(1+g_1)(1+g_2)\ldots(1+g_N)$$

图 17.11 中显示了该计算过程，假设我们先在 O 列计算 1+g，然后再基于该列和初始值用 PRODUCT 函数计算他们的乘积，结果放在了单元格 O14。

Period Number	Growth Rates	Value & adjustment	Formulae
0		100	
1	2.0%	102.0%	=1+N4
2	3.0%	103.0%	=1+N5
3	5.0%	105.0%	=1+N6
4	8.0%	108.0%	=1+N7
5	7.0%	107.0%	=1+N8
6	6.0%	106.0%	=1+N9
7	5.0%	105.0%	=1+N10
8	4.0%	104.0%	=1+N11
9	2.0%	102.0%	=1+N12
10	2.0%	102.0%	=1+N13
		153.5	=O$3*PRODUCT(O$4:O13)

图17.11 使用PRODUCT函数计算增长终值

示例8：SUMPRODUCT函数

SUMPRODUCT 函数用于计算若干组长度相等的行或列数据（每组单元格必须同时处于行或列中）的乘积和，SUMPRODUCT 函数会先把每组中的所有元素进行相乘得到每个组的乘积，然后把所有组的乘积相加，虽然该函数可以用在多组数据的情况，但最常见的是两组数据（如果希望将行与列的数据相乘，则可以使用 TRANSPOSE 或 MMULT 这样的数组函数，见第 18 章）。

文件 Ch17.8.SUMPRODUCT.1.xlsx 展示的是 SUMPRODUCT 函数在投资组合分析中的一个应用，该函数在此用于根据投资组合中各类资产的加权平均值，来计算组合收益（见图 17.12）。

Asset Number	% in Each Asset	Return (expected)
1	40.0%	10%
2	25.0%	15%
3	20.0%	18%
4	15.0%	20%
Total	100%	14.4%
	=SUM(C3:C6)	=SUMPRODUCT(C3:C6,D3:D6)

图17.12 使用SUMPRODUCT函数计算投资组合回报

类似地，文件 Ch17.9 SUMPRODUCT.2.xlsx 展示的是如何使用"三角"结构来计算在资本支出和一般折旧都给定的情况下的总体折旧（见图 17.13）。

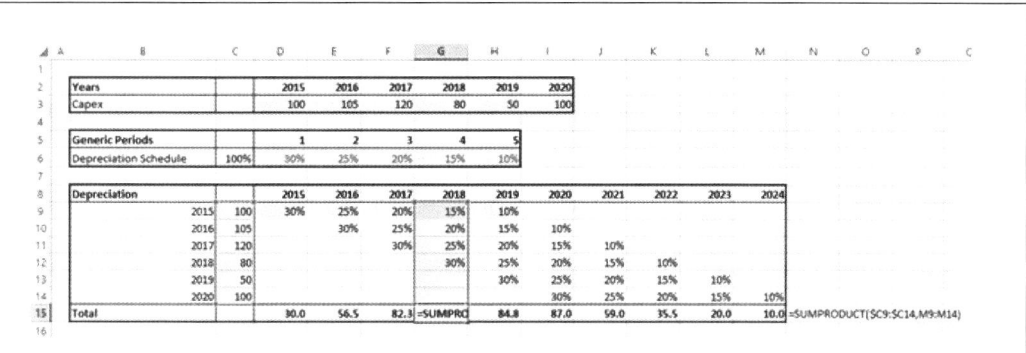

图17.13 使用SUMPRODUCT函数计算折旧

示例9：SUBTOTAL函数

SUBTOTAL 函数用来对一组列（而不是行）数据执行各种汇总计算，该函数会忽略指定引用范围内的其他 SUBTOTAL 函数，从而避免了重复计数（和循环引用），而且还允许用户指定隐藏行的处理方式。

文件 Ch17.10.SUBTOTAL.1.xlsx 展示的是该函数如何基于图17.14 中的编号所代表的底层函数实现各种不同的计算，其中第一列代表包含隐藏值的底层函数编号，第二列表示忽略隐藏值的底层函数编号。值得注意的是，在同时使用隐藏单元格和 Excel 的"筛选"功能时需要格外小心（见第26章）。

Function	FunctionNumber	
	To include hidden values	To ignore hidden values
AVERAGE	1	101
COUNT	2	102
COUNTA	3	103
MAX	4	104
MIN	5	105
PRODUCT	6	106
STDEV	7	107
STDEVP	8	108
SUM	9	109
VAR	10	110
VARP	11	111

图17.14 SUBTOTAL函数可调用的底层函数的编号

使用该函数的方式有两种：

- 直接将公式写入单元格，这样使用比较直观。例如在财务报表模型中，总资产可以通过计算固定资产及流动资产的总和而来，而用于计算总资产的每一项资产本身也是由更为详细的子项（固定设备、营运资金等）求和而来。
- 在 Excel 的"数据"选项卡上使用"分类汇总向导"。如果一组数据的其中一列包含了已排好序（如使用"数据选项卡/排序"后的返回结果），因此该列也没有空行，那么此时使用该向导就特别有效，进而可以按类别进行合并求和的计算。

文件 Ch17.11 SUBTOTAL.2.xlsx 演示了第一种方法，我们以图中所示的方式在对应单元格内手动输入 SUBTOTAL 函数，计算结果既给出了每个部分（part）的章节（chapter）页数的总和，也给出了整本书的总页数（见图17.15）。

	A	B	C	D
1				
2			Pages	Formulae
3		PART I	80	=SUBTOTAL(9,C4:C6)
4		Chapter 1	25	
5		Chapter 2	20	
6		Chapter 3	35	
7		PART II	100	=SUBTOTAL(9,C8:C12)
8		Chapter 4	15	
9		Chapter 5	20	
10		Chapter 6	30	
11		Chapter 7	20	
12		Chapter 8	15	
13		PART III	55	=SUBTOTAL(9,C14:C15)
14		Chapter 8 ….	25	
15		Chapter 9 ….	30	
16		PART IV	100	=SUBTOTAL(9,C17:C18)
17		Chapter 10 ….	75	
18		Chapter 11 ….	25	
19		Total	=SUBTOTAL	=SUBTOTAL(9,C3:C18)

图17.15 直接在单元格中写入SUBTOTAL函数

文件 Ch17.12.SUBTOTAL.3.Wizard.xlsx 演示了第二种使用向导的方法。第一步需要对所需要汇总的类别进行排序（可以使用"数据"选项卡上的"排序"菜单），在图17.16中我们按客户类别对数据进行了排序。第二步，点开向导（在"数据选项卡/分级显示/分类汇总"中），根据分好类的客户身份计算每一类的金额之和（见图17.17），图17.18显示的是向导功能计算过程结束后的最终结果。

图17.16 使用向导按类别插入SUBTOTAL函数

第 17 章 核心算法和逻辑函数

图17.17 使用向导按类别插入SUBTOTAL函数

图17.18 根据操作向导插入SUBTOTAL函数后的最终结果

示例10：AGGREGATE函数

AGGREGATE 函数（从 Excel 2013 开始）虽然也能处理按行排列的数据，但与 SUBTOTAL 函数一样，主要是为列数据（而不是行）设计的，不过如果输入单元格含有隐藏列，有可能会给出意料之外的计算结果。

AGGREGATE 函数与 SUBTOTAL 函数的主要区别如下：

- AGGREGATE 函数比 SUBTOTAL 函数有更多的用于处理输入数据的选项，包括忽略错误值选项，这是一个关键区别，因为大多数 Excel 函数都要求输入数据中没有错误值（例如 SUM、MAX 和 SUBTOTAL 函数），在第 18 章中我们还会看到在实现用数组形式的函数复制基于判断条件的函数的过程中，该属性是如何利用的。
- SUBTOTAL 函数的可调用的底层函数（如图 17.14 中 C 列所示只有 11 个）比 AGGREGATE 所能调用的要少一些。
- 该函数不受 Excel 中的"筛选"功能的影响。
- AGGREGATE 中没有类似 SUBTOTAL 中的"分类汇总向导"的功能，因而不能方便地在表的不同位置插入该函数。

如图 17.19 所示，文件 Ch17.13.AGGREGATE.xlsx 列出了可供选择的底层函数，并给出了一些使用范例。这些底层函数都是通过将函数对应的编号赋值给"FunctionNumber"参数来调用的，至于 SUBTOTAL 函数，虽然目前为止本文只演示了部分底层函数的调用方式，但该函数的所有底层函数的调用方式基本上也是一样的。

Function	FunctionNumber
AVERAGE	1
COUNT	2
COUNTA	3
MAX	4
MIN	5
PRODUCT	6
STDEV.S	7
STDEV.P	8
SUM	9
VAR.S	10
VAR.P	11
MEDIAN	12
MODE.SNGL	13
LARGE(array,k)	14
SMALL(array,k)	15
PERCENTILE.INC(array,k)	16
QUARTILE.INC(array,quart)	17
PERCENTILE.EXC(array,k)	18
QUARTILE.EXC(array,quart)	19

图17.19 AGGREGATE函数可用的底层函数及编号

该文件里还显示了不同的处理输入数据的方式所代表的编号，例如 6 表示忽略错误值（见图 17.20）。除此之外，文件还提供了 AGGREGATE 函数的其他使用范例（见图 17.21），第二个工作表表示可选的附加参数 k 只适用于编号为 14 到 19 的底层函数。

Values to ignore	OptionNumber
Ignore nested SUBTOTAL and AGGREGATE functions	0 or omitted
Ignore hidden rows, nested SUBTOTAL and AGGREGATE functions	1
Ignore error values, nested SUBTOTAL and AGGREGATE functions	2
Ignore hidden rows, error values, nested SUBTOTAL and AGGREGATE functions	3
Ignore nothing	4
Ignore hidden rows	5
Ignore error values	6
Ignore hidden rows and error values	7

图17.20 在AGGREGATE函数中不同的忽略方式代表的编号

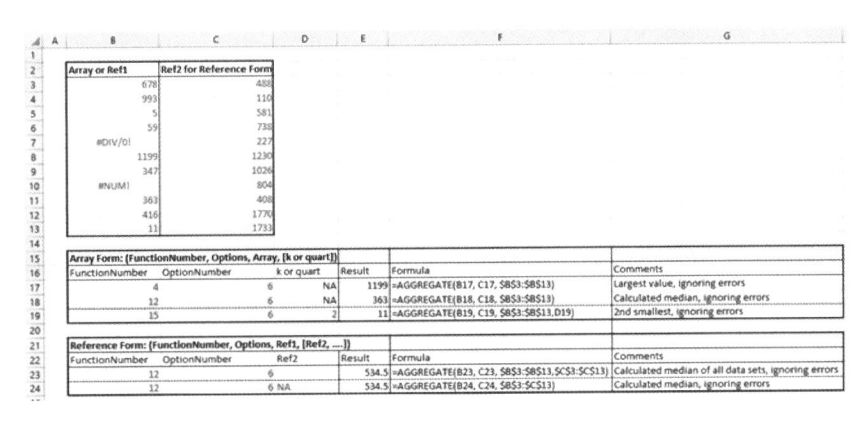

图17.21 示例：AGGREGATE函数的应用

示例11：IFERROR函数

IFERROR 函数属于 Excel 逻辑类函数中的一种，该函数将公式计算的错误结果返回为另一个指定的值。

文件 Ch17.14.IFERROR.xlsx 展示了一个示例（见图 17.22），该例子的背景如下：第 7 章中提到过的 PPMT 函数，该函数的主要作用是基于固定利率及等额分期付款方式，返回投资在某一给定期间内的本金偿还额，而且只在偿还期内返回有效数值，而在偿还期之外，即使全部清偿完毕，函数仍会返回 #NUM！错误。在本例中，偿还期被分成 7 期，但模型仍设置为 10 期，因此，计算出来的第 8、第 9 和第 10 年（对应区域 K8:M8）的本金偿还额为 #NUM！。现实中大部分的实际情况是，从现金流结构上来说，贷款合同到期，全部清偿完毕相当于即便继续偿还，偿还金额也是 0，但从技术层面或法律层面上来说，不可能将没有负债视为仍背负着负债，只是额度为 0，即便函数的计算结果也是如此，因此最现实的做法是把错误值当做 0，尤其是后续还需要用到这些返回值的时候。图 17.22 第 9 行中我们用 IF 函数来表示如果贷款合同到期，则将偿还额设置为 0，但需要注意的是 IF 函数没有判断 PPMT 函数是否返回了一个错误，相反 IF 只能用在提前知道会出现错误的单元格。另一种方法是直接使用 IFERROR 函数（第 11 行）来简单地将 PPMT 的任何错误返回值都替换为 0。

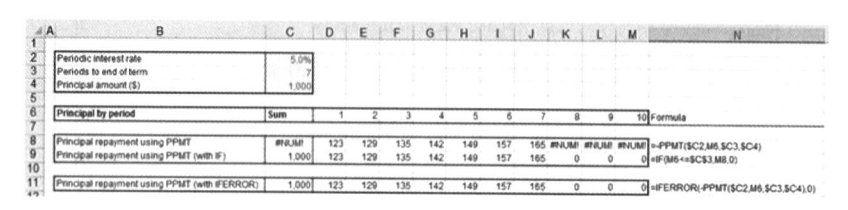

图17.22 示例：IFERROR函数

值得一提的是，在 Excel 2007 之前的版本中可以通过在 IF 函数中嵌入 ISERROR 函数来实现与 IFFERROR 函数相同的功能。

尽管 IFERROR 函数使用方便，但用起来也需要谨慎一点，一般来说，最好将该函数用在已知的某个具体的错误上，否则如果只要有可能出现错误就都用该函数，就会忽略那些其实是可以被纠正的错误，所以从这个角度来说，上述例子中用 IF 函数反倒是最优选择，因为这样写只是避免了超出贷款期限而引发的错误，而不是所有类型的错误。

示例12：SWITCH函数

SWITCH 函数可以用来避免 IF 函数的嵌套，从这个意义上来说，它类似于许多查找类函数（见第 25 章）。文件 Ch17.15.SWITCH.1.xlsx 展示了一个示例（参见图 17.23）。

图17.23 最常用的SWITCH函数的使用方式

文件 **Ch17.16.SWITCH.2.xlsx** 的例子中，SWITCH 函数被用于将一组文本返回值映射到数值返回值（见图 17.24），在实际场景中，数值返回值一般用于后续查找所有模型的输入值中哪几个起了实际的驱动模型的作用。

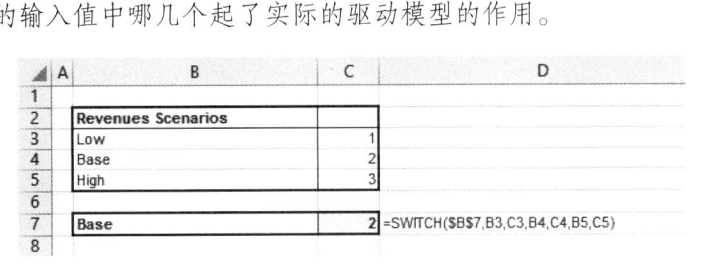

	A	B	C	D
1				
2		Revenues Scenarios		
3		Low	1	
4		Base	2	
5		High	3	
6				
7		Base	2	=SWITCH($B$7,B3,C3,B4,C4,B5,C5)
8				

图17.24 使用SWITCH函数将文本返回值更改为数字

第18章 数组函数和公式

18.1 介绍

本章对数组函数和公式进行初步讨论，在介绍其他 Excel 函数之前，应该先介绍本章的函数，因为数组函数不仅存在于多个 Excel 函数类中，而且任何一个 Excel 函数实际上都可以以数组方式进行使用，本章涵盖的核心原理在其他章节也适用。

18.1.1 函数和公式的定义

数组函数和公式的一个重要特征是，它们在"幕后"执行那些原本需要在多个区域或多个单元格表中进行的计算，而输出（或返回）区域通常涵盖多个连续单元格的区域，但是有些返回值仅需要返回到单个单元格中即可。

函数和公式的区别是：

- 数组函数属于内置 Excel 函数，理论上需要依赖连续单元格组成的区域进行计算和输出，同时，数组函数是一种函数类型（type），而不是单独一个函数类别（category），包含的具体函数包括 TRANSPOSE（查找和参考类别）、MMULT、MINVERSE（数学计算类别）以及 FREQUENCY 和 LINEST（统计类别）函数等，一些用户自定义的 VBA 函数也可以编写成数组函数。
- 如果使用标准的 Excel 函数（例如 SUM、MIN 或 IF 函数）对数组函数进行操作，这些公式内部的计算步骤本质上是在"幕后"执行的，而不会将中间计算结果清晰地显示在多个单元格构成的 Excel 区域内。

18.1.2 实施过程

数组函数或公式的输入需要先将输出区域全部选中，然后点击公式栏，输入公式后按 Ctrl+Shift+Enter，或者先选中一个单元格，然后公式栏内输入公式后回车，然后再选中以该单元格为最左上角的单元格的区域作为输出区域，再点击公式栏并按 Ctrl+Shift+Enter，这样就使得数组函数输出到了目标区域内。

18.1.3 优势与劣势

在某些特定的场景中，我们只能使用数组函数，因为替代方法的效率要低得多（本章后半部分和后续章节中的示例会进行介绍)，另一方面，一般我们都会优先选择使用数组公式，主要优势包括：

- 为了使得模型更简洁明了，可见的单元格一般用于输出关键的计算结果和摘要信息，中间计算结果（尤其是没有实际意义的中间过程）尽量放在幕后进行。
- 创建的公式更灵活、更能适应数据范围（比如时间轴）的变化。
- 可以避免类似只能通过编写 VBA 自定义函数才能实现功能的，较为麻烦的计算过程。

但数组函数和公式还有几个劣势：

- 输入公式的方式错误（例如，仅键入了 Enter 而不是 Ctrl + Shift+ Enter）可能导致单元格中出现不正确的值（例如 0)，此时的错误值比较隐蔽，并不会报错（相比出现 #VALUE 这样的消息)，因此难以察觉，很容易被忽略。
- 许多用户不熟悉它们，这可能导致模型更难被其他人理解或操作（操作中用户甚至可能无意间输完公式后按的是 ENTER 而不是 Ctrl + Shift+ Enter 导致出错)。
- 在某些情况下，数组函数会减慢工作簿的计算速度。

18.2 实际应用：数组函数

示例1：使用TRANSPOSE函数的资本和折旧表

TRANSPOSE 函数可用于将行数据转换为列数据，反之亦然，这种转换即可以在 Excel 区域内逐步执行，也可以统一将其嵌入最终的公式。

文件 Ch18.1.SUMPRODUCT.RANSPOSE.1.xlsx 展示了用三角方法计算折旧费用的示例（见第 17 章)。

在“Range”工作表中，转置函数用于先将资产支出数据转置到区域 C9:C14 中，然后再用 SUMPRODUCT 函数计算此列数据与折旧百分比的各列数据的乘积和（见图 18.1)。而在“Formula”工作表中，不需要先输出转置后的资本支出数据，而是将转置需要的 TRANSPOSE 函数嵌入了 SUMPRODUCT 公式中（见图 18.2)。

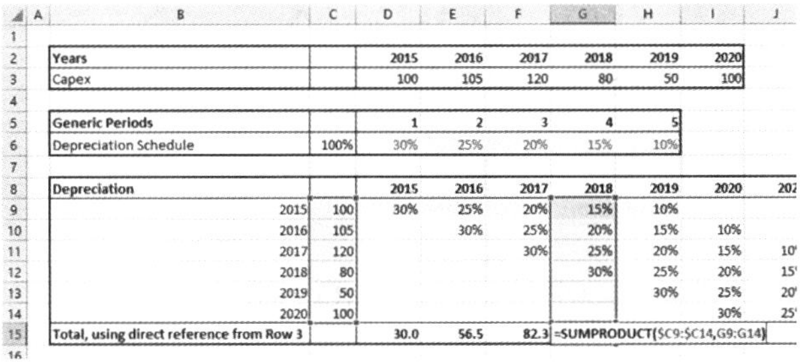

	A	B	C	D	E	F	G	H	I	J
1										
2		Years		2015	2016	2017	2018	2019	2020	
3		Capex		100	105	120	80	50	100	
4										
5		Generic Periods		1	2	3	4	5		
6		Depreciation Schedule	100%	30%	25%	20%	15%	10%		
7										
8		Depreciation		2015	2016	2017	2018	2019	2020	202
9		2015	100	30%	25%	20%	15%	10%		
10		2016	105		30%	25%	20%	15%	10%	
11		2017	120			30%	25%	20%	15%	10
12		2018	80				30%	25%	20%	15
13		2019	50					30%	25%	20
14		2020	100						30%	25
15		Total, using direct reference from Row 3		30.0	56.5	82.3	=SUMPRODUCT($C9:$C14,G9:G14)			
16										

图18.1 使用TRANSPOSE函数进行数据的转置

		2015	2016	2017	2018	2019	2020	
Years		2015	2016	2017	2018	2019	2020	
Capex		100	105	120	80	50	100	
Generic Periods		1	2	3	4	5		
Depreciation Schedule	100%	30%	25%	20%	15%	10%		

Depreciation		2015	2016	2017	2018	2019	2020	2021
2015		30%	25%	20%	15%	10%		
2016			30%	25%	20%	15%	10%	
2017				30%	25%	20%	15%	10%
2018					30%	25%	20%	15%
2019						30%	25%	20%
2020							30%	25%
Total, using direct reference from Row 3		30.0	56.5	82.3	=SUMPRODUCT(TRANSPOSE($D3:$I3),G9:G14)			

图18.2 将TRANSPOSE函数嵌入公式

示例2：使用TRANSPOSE函数和SUMPRODUCT函数进行成本分配

文件 Ch18.2.SUMPRODUCT.RANSPOSE.2.xlsx 展示了一个应用案例，如图 18.3 所示，其中的核心管理部门需要根据分配矩阵，将项目费用分配给各条业务线，模型的公式中，再次用到了 TRANSPOSE 函数进行转置，来确保 SUMPRODUCT 函数的两个输入参数同时为行数据或列数据，否则无法相乘。另一种方法是将两组数据中的一组进行转置后单独存放到一个区域，然后再求乘积和。

Example 1: Using Array functions

Indirect Expenses	2017	2018	2019	2020	2021
Development	6,000	6,300	6,615	6,946	7,293
Research	25,000	26,250	27,563	28,941	30,388
Supply Chain	7,000	7,350	7,718	8,103	8,509
Group IT	12,000	12,600	13,230	13,892	14,586
Sales & Marketing	25,000	26,250	27,563	28,941	30,388
Group Support	8,000	8,400	8,820	9,261	9,724
Total ($k)	83,000	87,150	91,508	96,083	100,887

Business Units	Development	Research	Supply Chain	Group IT	Sales & Marketing	Group Support
BU1	35%	20%	20%	25%	30%	25%
BU2	20%	25%	35%	20%	20%	20%
BU3	30%	35%	25%	25%	20%	35%
BU4	15%	20%	20%	30%	30%	20%
Total	100%	100%	100%	100%	100%	100%

Business Units	2017	2018	2019	2020	2021
BU1	21,000	22,050	23,153	24,310	25,526
BU2	18,900	19,845	=SUMPRODUCT(E$5:E$10,TRANSPOSE($C15:$H15))		
BU3	23,100	24,255	25,468	26,741	28,078
BU4	20,000	21,000	22,050	23,153	24,310
Total ($k)	83,000	87,150	91,508	96,083	100,887

图18.3 TRANSPOSE函数和SUMPRODUCT函数在成本分配中的使用

示例3：使用矩阵乘法函数MMULT进行成本分配

Excel 有几个与数学方法有关的数组函数，事实上图 18.3 所示的成本分配模型也可以看作是一个矩阵乘法，可以用 MMULT 函数将其中的一个行向量和一个列向量进行相乘，此时需要注意，按照矩阵乘法的规则，需要将行向量放在第一个参数，而列向量放在第二个参数。文件 Ch18.3.MMULT.1.xlsx 中展示了用 MMULT 函数实现上述成本分配模型的结果，如图 18.4 所示。

Example 1: Using Array functions

Indirect Expenses	2017	2018	2019	2020	2021
Development	6,000	6,300	6,615	6,946	7,293
Research	25,000	26,250	27,563	28,941	30,388
Supply Chain	7,000	7,350	7,718	8,103	8,509
Group IT	12,000	12,600	13,230	13,892	14,586
Sales & Marketing	25,000	26,250	27,563	28,941	30,388
Group Support	8,000	8,400	8,820	9,261	9,724
Total ($k)	83,000	87,150	91,508	96,083	100,887

Business Units	Development	Research	Supply Chain	Group IT	Sales & Marketing	Group Support
BU1	35%	20%	20%	25%	30%	25%
BU2	20%	25%	35%	20%	20%	20%
BU3	30%	35%	25%	25%	20%	35%
BU4	15%	20%	20%	30%	30%	20%
Total	100%	100%	100%	100%	100%	100%

Business Units	2017	2018	2019	2020	2021
BU1	21,000	22,050	23,153	24,310	25,526
BU2	18,900	19,845	=MMULT($C15:$H15,E$5:E$10)		22,973
BU3	23,100	24,255	25,468	26,741	28,078
BU4	20,000	21,000	22,050	23,153	24,310
Total ($k)	83,000	87,150	91,508	96,083	100,887

图18.4 MMULT函数在成本分配中的使用

示例4：作业成本管理以及多因素资源预测

现在我们需要建立一个模型来预测需要投入多少资源才能达到目标营业收入，与此同时，我们手头上正好有若干由多个因素驱动的资源可利用，此时可以根据各个驱动因素来评估对投入资源的影响，然后就可以对所有场景做出最终估计，如果假设因素的变化会线性地影响资源需求，就可以据此确定尺度系数（scaling coefficient）。

例如，观察到某条业务线上代表资源水平的员工人数为 30 人，且正在为分布在 150 多个站点的 25 个客户服务，同时另一条业务线上又需要 35 名工作人员为超过 200 个站点的 20 个客户服务，则可以用作业系数来描述：

$$R = A_0 S + A_1 C$$

其中，R 表示资源水平；S 表示站点数量；C 表示客户数量。如果两个方程能准确描述对应的场景，那么通过矩阵代数就可以用来求解系数和，文件 Ch18.4.CostDriverForecasting.xlsx 中对该方程组进行了求解（见图 18.5）。此外，如果将系数和组成列向量，则它们是以下方程的解：

$$R^T = D^T A$$

其中，R 表示使用的资源集（区域 C5:D5）；D 表示站点和客户的详细数据（区域 C3:D4）；T 表示转置操作。因此，我们可以通过对 D 的转置求逆后，再乘以资源向量来得到最终的 A：

$$A = (D^T)^{-1} R^T$$

	A	B	C	D	E
1					
2			BU1	BU2	
3		No of sites	150	200	
4		No of customers	25	20	
5		Staff Level	30	35	Staff=A0.Sites+A1.Customers
6					
7		Transpose	150	25	{=TRANSPOSE(C3:D4)}
8			200	20	
9					
10		Inverse	-0.01	0.01	{=MINVERSE(C7:D8)}
11			0.10	-0.08	
12					
13		Transpose	30		{=TRANSPOSE(C5:D5)}
14			35		
15					
16		Coefficients			
17		A0	0.14		{=MMULT(C10:D11,C13:C14)}
18		A1	0.38		
19					
20		Example			
21		No of sites	320		
22		No of customers	40		
23		Staff Level	59		=SUMPRODUCT(C17:C18,C21:C22)

图 18.5 使用数组函数来矩阵计算得出成本驱动系数

图 18.5 中第 7 行到第 18 行展示了此操作的各个步骤（如果需要，可以将公式进行嵌套，合并输出到单个列区域，而不显示每个步骤的中间计算过程）。一旦确定了每个变量的值，就可以用来预测模型在自变量发生变化的情形下因变量的值（在该模型中，客户和站点的数量都是预测变量，此外模型还给出了资源的最低要求，即因变量 R），如区域 C21:C23 所示，其中使用到的数组函数是 TRANSPOSE、MINVERSE 和 MMULT 函数。

示例5：求从1开始的整数幂次和

MINVERSE 数组函数用于计算方阵的逆（熟悉数学的读者可以先使用 MDETERM

函数来检查其行列式是否为非零,是否能够找到一个逆矩阵),虽然该函数在更高级的金融建模领域中也有重要用途(例如优化金融资产组合,确定风险中性状态下的价格),但此处我们还是着重于在解决一般数值问题中的应用。

例如,众所周知,从整数 1 到 N 的和可以由以下公式得到:

$$1 + 2 + 3 + \dots + N = \frac{N(N+1)}{2}$$

或:

$$S_N^1 = \frac{N(N+1)}{2}$$

该公式可以简单地通过将整数集进行两次排列,一次按升序,一次按降序,将两次排列的结果并排置于列单元格中,这样就产生了 N 对整数,每对整数和为 $N+1$。

为了更清楚地与下文衔接上,我们可以将公式改写成:

$$S_N^1 = \frac{1}{2} N^2 + \frac{1}{2} N^1 + 0 N^0$$

很自然地,我们可以进一步将表达式拓展到从 1 到任意整数 N 的幂次之和的表达式(例如,每个整数的平方和,或每个整数的立方和),换句话说,对于指定的幂次,我们的目的是求出:

$$S_N^p = 1^p + 2^p + 3^p + \dots + N^p$$

由于有 N 个项,p 次幂,假设上述表达式是以下表达式的特殊形式:

$$S_N^p = C_{p+1} N^{p+1} + C_p N^p + \dots + C_1 N^1 + C_0 N^0$$

例如,在 $p = 2$ 的情况下,表达式为:

$$S_N^2 = C_3 N^3 + C_2 N^2 + C_1 N^1 + C_0 N^0$$

其系数 C_i 还未确定(i=0~3)。如果将 N 依次设为 0~3,我们得到:

$$S_0^2 = 0^2 = 0$$
$$S_1^2 = 1^2 = 1$$
$$S_2^2 = 1^2 + 2^2 = 5$$
$$S_3^2 = 1^2 + 2^2 + 3^2 = 14$$

所以:

$$0 = S_0^2 = C_0$$
$$1 = S_1^2 = C_3 + C_2 + C_1$$
$$5 = S_2^2 = C_3 2^3 + C_2 2^2 + C_1 2^1$$
$$14 = S_3^2 = C_3 3^3 + C_2 3^2 + C_1 3^1$$

我们可以发现对于的任何幂，C_0 都等于 0，因此，该特殊系数可以暂时不用讨论。其他系数可以通过代数消元法进行求解（首先是正向消元，然后是反向替换），对于正向消元，先通过第二个方程来消除 C_1：

$$C_1 = 1 - C_3 - C_2$$

带入第三个方程后变成：

$$5 = C_3 2^3 + C_2 2^2 + (1 - C_3 - C_2) 2^1$$

然后整理一下，用 C_3 表示 C_2：

$$C_2 = \left(\frac{3 - 6C_3}{2}\right)$$

得到上述两个表达式后，带入第四个方程，第四个方程就完全可以 C_3 用来表示，即用 C_1 代替 C_3，然后用 C_2 代替 C_3，得出一个只包含 C_3 的方程：

$$14 = C_3 3^3 + \left(\frac{3 - 6C_3}{2}\right) 3^2 + \left[1 - C_3 - \left(\frac{3 - 6C_3}{2}\right)\right] 3^1$$

$$C_3 = \frac{1}{3}$$

然后再反向替换，即通过得到的 C_3 的值计算 C_2，得到 $C_2 = 1/2$，然后用 C_3 和 C_2 的值计算 C_1，得到 $C_1 = 1/6$，最终得出：

$$S_N^2 = \frac{1}{3} N^3 + \frac{1}{2} N^2 + \frac{1}{6} N$$

另一方面，与其以这种方式逐步求解各变量，不如用矩阵代数将后面三个方程（因为第一个方程的解为 $C_0 = 0$）改写为如下形式：

$$\begin{bmatrix} 1 & 1 & 1 \\ 8 & 4 & 2 \\ 27 & 9 & 3 \end{bmatrix} \begin{bmatrix} C_3 \\ C_2 \\ C_1 \end{bmatrix} = \begin{bmatrix} 1 \\ 5 \\ 14 \end{bmatrix}$$

这样就可以通过矩阵求逆找到 C_i 中各个元素的值：

$$\begin{bmatrix} C_3 \\ C_2 \\ C_1 \end{bmatrix} = \begin{bmatrix} 1 & 1 & 1 \\ 8 & 4 & 2 \\ 27 & 9 & 3 \end{bmatrix}^{-1} \begin{bmatrix} 1 \\ 5 \\ 14 \end{bmatrix}$$

这一步我们可以使用 Excel 中的 MINVERSE 函数进行计算。

文件 Ch18.5.MINV.SumofPowers.xlsx 如图 18.6 所示，展示了上述计算过程以及最终所有幂次的系数。顺便提一下，我们将方程的解表示为分数格式以避免因无法显示无限小数而带来的误差。

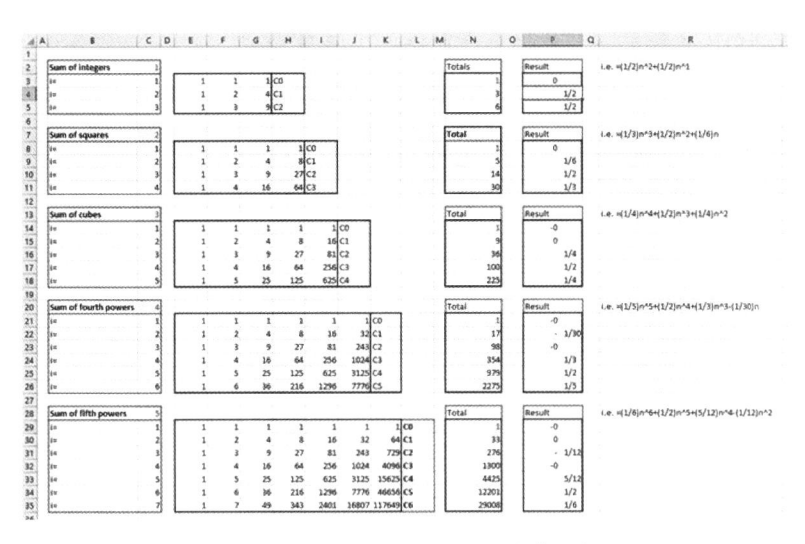

图18.6 用MINVERSE函数计算整数的幂次和

最终我们得到：

$$S_N^1 = \frac{1}{2}N^2 + \frac{1}{2}N$$

$$S_N^2 = \frac{1}{3}N^3 + \frac{1}{2}N^2 + \frac{1}{6}N$$

$$S_N^3 = \frac{1}{4}N^4 + \frac{1}{2}N^3 + \frac{1}{2}N^2$$

$$S_N^4 = \frac{1}{5}N^5 + \frac{1}{2}N^4 + \frac{1}{3}N^3 - \frac{1}{30}N$$

$$S_N^5 = \frac{1}{6}N^6 + \frac{1}{2}N^5 + \frac{5}{12}N^4 - \frac{1}{12}N^2$$

当然，同样的方法继续操作下去还可以得到更高次幂方程的解。

18.3 实际应用：数组公式

示例1：在列表中找到第一个正值

在第17章中，我们提到Excel是在2016版本后才引入了"MAXIF"函数和"MAXIFS"函数，在此之前（包括在此之前构建的模型中），可以通过将MAX（或

MIN）函数和 IF 函数组合到数组公式中来实现等价功能。

文件 Ch18.6.MAXIF.MINIF.FirstCashFlow.xlsx 如图 18.7 所示，其中展示的示例用于返回现金流时间序列中首次转负和首次转正的日期（当然也可以使用其他例如查找函数的方法来实现，见第 25 章）。

如果将 MIN 函数和 IF 函数嵌入数组公式，还可以用于在一组数值型日期中找到满足条件（现金流转正或转负）的最小值，正如单元格 C7 中的公式所示：

C7={MIN(IF(E7 : BL7<0,E2 : BL2))}

	A	B	C	D	E	F	G	H	I	J	K	L	M
1													
2			Period Start		1-Jan-16	1-Apr-16	1-Jul-16	1-Oct-16	1-Jan-17	1-Apr-17	1-Jul-17	1-Oct-17	1-Jan-18
3			Period End		31-Mar-16	30-Jun-16	30-Sep-16	31-Dec-16	31-Mar-17	30-Jun-17	30-Sep-17	31-Dec-17	31-Mar-18
4													
5			First Negative Cash Flow	First Positive Cash Flow	Cash Flows								
6		Project 1	1-Jul-16	1-Apr-17	-	-	(200)	(80)	(30)	20	30	45	45
7		Project 2	1-Jan-17	1-Jan-18	-	-	-	-	(100)	(50)	(45)	(40)	50
8		Project 3	1-Jan-16	1-Oct-16	(400)	(300)	(200)	50	80	110	150	150	170
9													
10		Project 1	First Negative Cash Flow	Formula									
11		Correct	1-Jul-16	{=MIN(IF(E6:BL6<0,$E$2:$BL$2))}									
12		Incorrect	0-Jan-00	{=MIN(IF(E6:BL6<0,1,0)*($E$2:$BL$2))}	Returns zeros due to zeros being the default multiplier when the condition is not met								
13													
14		Using MINIFS	First Negative Cash Flow	First Positive Cash Flow									
15		Project 1	1-Jul-16	1-Apr-17									
16		Project 2	1-Jan-17	1-Jan-18									
17		Project 3	1-Jan-16	1-Oct-16									
18													

图18.7 将MIN函数和IF函数嵌入数组公式查找现金流转正的日期

请注意公式中 IF 函数的语法，公式中没有明确指定若不满足 IF 条件（如“E7:BL7<0”）的情况下的处理方式，仅指定了满足条件的情况下的操作，即引用日期区域，所以我们可以尝试将其补充完整，参考如下公式：

C7 ={MIN(IF(E7 : BL7<0,1,0)*(E2 : BL2))}

但即便不指定（不满足条件的处理方式），返回的结果同样是最小值 0，因为当条件不满足时，IF 函数返回的结果本身也是 0，然后乘以相应的数值型日期（正值）后，给出的数据要么是正值，要么是 0，所以最小值当然为 0。可见若不指定不符合条件的情况的处理方式，确实会降低模型的透明度，尤其当用户必须了解（或需要逐步调试）数组公式在这种情况下是如何处理的，所以这可能就是有选择余地的情况下仍需要谨慎采取该方法的原因。

该文件还展示了使用 MAXIFS 函数和 MINIFS 函数进行同样的计算的示例（这些函数没有展示截图，感兴趣的读者可以参考）。

示例2：查找条件最大值

我们可以将前面的例子进行扩展，使得能够在多个条件的约束下找到数组的最大值或最小值。

文件 Ch18.7.MAXIF.MAXIFS.DataSet.xlsx 展示的示例如图 18.8 所示，在该示例

中，我们需要分别在客户、国家以及客户与国家组合的字段下找到“金额（£）”的最大值，文件中对应的 IF 函数如图 18.8 所示：

C5 ={MAX(IF(B7 : B106 = B3,IF(C7 : C106 =C3,E7 : E106)))}

C6 = {MIN(IF(B7 : B106 =B3,IF(C7 : C106 =C3,E7 : E106)))}

	A	B	C	D	E	F	G	H	I
1									
2		Customer	Country				Item	As array formulae	Formula
3		Cust10	UK				Maximum amount: Cust10	14647	{=MAX(IF((B7:B106=B3),E7:E106))}
4							Minimum amount: Cust10	-11862	{=MIN(IF((B7:B106=B3),E7:E106))}
5							Maximum amount: Cust10 and UK	14001	{=MAX(IF(B7:B106=B3,IF(C7:C106=C3,E7:E106)))}
6		Customer	Country	Due Date	Amount £		Minimum amount: Cust10 and UK	-11862	{=MIN(IF(B7:B106=B3,IF(C7:C106=C3,E7:E106)))}
7		Cust02	UK	21-Mar-15	12232				
8		Cust06	Italy	17-Mar-15	4749				
9		Cust07	Italy	13-Apr-15	7282		Incorrect:		
10		Cust03	Italy	15-Jun-15	12759		Minimum amount: Cust10 and UK	0	{=MIN(IF(AND(B7:B106=B3,C7:C106=C3),1,0)*E7:E106)}
11		Cust10	UK	25-May-15	12334		Non-embedded conditions	15851	{=MAX(IF(B7:B106=B3,C7:C106=C3),E7:E106)}
12		Cust05	Italy	25-Mar-15	4283				
13		Cust06	Germany	6-May-15	7992				
14		Cust06	Italy	17-Apr-15	13202				
15		Cust04	Germany	5-Jun-15	12684				
16		Cust10	UK	14-Jun-15	-11862				

图18.8 使用数组公式计算多约束下的最大值和最小值

请注意单元格 G10 和 G11：

- 重申下，如果在公式中试图明确指定不符合判断条件情况下的处理方式（单元格 G10）很可能导致错误的结果（若条件不满足，最小值为 0，而非真实最小值——单元格 E16 中的 -11862）。
- 使用多条件并列而非嵌套的单个 IF 函数也是不正确的。

示例3：使用AGGREGATE函数作为数组公式查找条件最大值

上面的例子表明，虽然可以使用数组公式来计算条件最大值和最小值，但也有一些缺点，包括不符合条件的情况下的处理方式较为模糊，通常需要将多条件以嵌套的方式加入 IF 函数等。

AGGREGATE 函数（在 Excel 2013 以后的版本中）可作为替代方法，其中一个优点是 AGGREGATE 函数可以支持更多的底层函数（如图 17.19 所示），使得我们可以方便快速地修改所需的计算（汇总）方式，而不用对公式进行较大改动，例如在求最大，最小和平均值之间只需要修改代表函数的编号就能迅速切换。

若要使用该函数进行条件查询，可以指定在不满足查询条件时，让公式忽略错误值（将 AGGREGATE 函数中的 Option 参数设为 6 即可）。

由于我们使用的是数组公式，AGGREGATE 函数的使用方式理应也是数组形式（而非引用形式）的，也就是说，对于最大值，我们应该使用 LARGE 函数而非 MAX 函数；对于最小值，也应该使用 SMALL 函数而非 MIN 函数。在这两种情况下，可选 k 参数应被设置为 1[1]，文件 Ch18.8.MAXIFS.AGGREGATE.xlsx 展示的示例如图 18.9 所示。

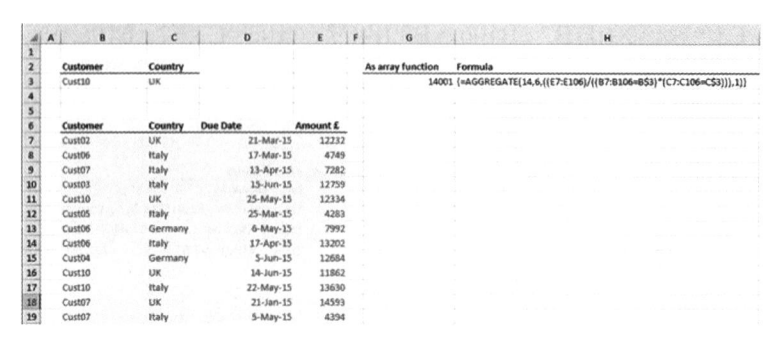

图18.9 使用AGGREGATE的数组公式计算条件最大值的示例

同一文件的 J 列到 M 列用于展示如何使用 AGGREGATE 函数的非数组形式直接执行计算，也就是将数组公式幕后隐藏的计算步骤明确地显示在单元格中（见图 18.10），可见数组公式可以节省大量空间，在某些情况下可能更容易修改（例如数据集的大小发生变化），此外，MAX 函数或 MIN 函数不能用来替代 AGGREGATE 函数，因为两者不允许输入数据中有错误值。

图18.10 使用基于单步计算的非数组形式AGGREGATE函数

---

[1] 当AGGREGATE函数的第1个参数是LARGE或SMALL函数时，k就是索引号，因此1=最大（小）值。——译校注

第19章 数学函数

19.1 介绍

本章介绍与算术和数学计算相关的 Excel 函数,我们把重点放在 Excel 的数学运算函数(Math&Trig)上,这些函数通常是金融建模应用中最常用的函数(不再重复讨论第17章节已经讨论过的函数),本章还会提到其他几类函数,读者可以根据应用场景,从中挑选出有用的函数。

提供的例子用到了以下函数:

- LN、EXP。
- ABS、SIGN。
- INT、ROUND、ROUNDUP、ROUNDDOWN、TRUNC。
- MROUND、CEILING.MATH、FLOOR.MATH。
- MOD。
- SQRT、POWER。
- FACT、COMBIN。
- SINE、ASIN、COS、ACOS、TAN、ATAN。
- DEGREES、PI、SQRTPI。
- BASE、DECIMAL。
- ARABIC、ROMAN。

19.2 实际应用

示例1:EXP函数和LN函数

EXP 函数计算任意一个数字的自然指数,即对于任何输入值 x,根据如下公式计算得出 y:

$$y = e^x$$

LN 函数是 EXP 函数的反函数，LN 函数计算数值 y 的自然对数，也就是当 y 是输入值时，通过求解上面方程得到 x 值，即 $x = \mathrm{LN}(y)$。

请注意，两个数乘积的对数是它们各自对数的和，即：

$$\mathrm{LN}(y_1 y_2) = \mathrm{LN}(y_1) + \mathrm{LN}(y_2)$$

这很容易推导，因为如果：

$$y_1 = e^{x_1} 、 y_2 = e^{x_2}$$
$$x_1 = \mathrm{LN}(y_2) 、 x_2 = \mathrm{LN}(y_2)$$

那么：

$$y_1 y_2 = e^{x_1} e^{x_2} = e^{x_1 + x_2}$$

因此（下面两个等式中第一个等式两边取对数，然后用 y 的定义带入第二个等式即可）：

$$\mathrm{LN}(y_1 y_2) = x_1 + x_2 = \mathrm{LN}(y_1) + \mathrm{LN}(y_2).$$

这两个函数的一个重要用途是计算和校准时间序列，例如衡量资产价值（或其他比如收入等非负数据）收益率（变化，增长率等）的一种方法是在时间序列方向对这些数据的前后比值取对数：

收益率、变化或增长率 = LN(期末值 / 期初值)

然后，如果有一组由多个时间区间（日、月、年）的收益率组成的数据，由于对数的可加性，我们可以通过简单地将这些时间区间的收益率相加，来计算任何区间的收益率（例如第 3 个月到第 7 个月之间的收益率）。

该计算方法与许多传统或公司金融中的算法不同，在那些领域中，人们通常将收益率（变化，增长率等）的计算方法定义为：

收益率、变化或增长率 = (期末值 / 期初值) − 1

在后一种方法中，收益率将不再可加，因此只给出收益率（增长率或价格变化）数据时，通常需要另外再算一下绝对价格的序列作为中间过程，才能计算区间收益率。

文件 Ch19.1.LN.EXP.Returs.xlsx 展示了上述两种收益率的计算方式，在工作表"LNEXP"中，收益率是通过将资产价格带入 LN 函数中计算而得，SUM 函数用于计算从开始到对应时间点的累计收益率，右边区域使用 EXP 函数反算出价格序列，如图 19.1 所示。

	B	D	F	G	I	J	K	M	N
1									
2	Period No.	Prices at Period End	Returns Calculations	Formula	Cumulative Return	Formula	Comments	Prices Calculated using Additive Returns	Formula
3	0	100.00					Formulae do NOT rely on prior period calculation of cumulative return	100.00	
4	1	105.55	5.40%	=LN(D4/D3)	5.40%	=SUM(F$4:F4)	"	105.55	=M$3*EXP(I4)
5	2	97.28	-8.16%	=LN(D5/D4)	-2.76%	=SUM(F$4:F5)	"	97.28	=M$3*EXP(I5)
6	3	94.95	-2.42%	=LN(D6/D5)	-5.18%	=SUM(F$4:F6)	"	94.95	=M$3*EXP(I6)
7	4	94.01	-1.00%	=LN(D7/D6)	-6.18%	=SUM(F$4:F7)	"	94.01	=M$3*EXP(I7)
8	5	95.99	2.09%	=LN(D8/D7)	-4.09%	=SUM(F$4:F8)	"	95.99	=M$3*EXP(I8)
9	6	96.76	0.80%	=LN(D9/D8)	-3.29%	=SUM(F$4:F9)	"	96.76	=M$3*EXP(I9)
10	7	96.92	0.16%	=LN(D10/D9)	-3.13%	=SUM(F$4:F10)	"	96.92	=M$3*EXP(I10)
11	8	98.35	1.47%	=LN(D11/D10)	-1.67%	=SUM(F$4:F11)	"	98.35	=M$3*EXP(I11)
12	9	99.49	1.16%	=LN(D12/D11)	-0.51%	=SUM(F$4:F12)	"	99.49	=M$3*EXP(I12)

图19.1 使用LN函数和EXP函数计算收益率以及价格重现

在同一文件的工作表“OnePlus”中，原价格数据相同，但收益率是通过传统的比例形式而非对数形式计算的，从中可见，如果需要用收益率来反算资产价格，每一个累计收益率的计算需要知道上一期的累计收益率，相比之下对数收益率的计算方式只需要知道每期的原始收益率值就行，因此就需要额外的中间计算步骤，即为了得到当期值，必须知道前一期反算出来的价格数据，才能计算区间收益率，如图19.2 所示。

	B	D	F	G	I	J	K	M	N
1									
2	Period No.	Prices at Period End	Returns Calculations (Logarithmic)	Formula	Cumulative Return	Formula	Comments	Prices Calculated using Additive Returns	Formula
3	0	100.00					Formulae DO rely on prior period calculation of cumulative return	100.00	
4	1	105.55	5.55%	=D4/D3-1	5.55%			105.55	=M$3*(1+I4)
5	2	97.28	-7.83%	=D5/D4-1	-2.72%	=(1+F5)*(1+I4)-1	"	97.28	=M$3*(1+I5)
6	3	94.95	-2.39%	=D6/D5-1	-5.05%	=(1+F6)*(1+I5)-1	"	94.95	=M$3*(1+I6)
7	4	94.01	-0.99%	=D7/D6-1	-5.99%	=(1+F7)*(1+I6)-1	"	94.01	=M$3*(1+I7)
8	5	95.99	2.11%	=D8/D7-1	-4.01%	=(1+F8)*(1+I7)-1	"	95.99	=M$3*(1+I8)
9	6	96.76	0.80%	=D9/D8-1	-3.24%	=(1+F9)*(1+I8)-1	"	96.76	=M$3*(1+I9)
10	7	96.92	0.16%	=D10/D9-1	-3.08%	=(1+F10)*(1+I9)-1	"	96.92	=M$3*(1+I10)
11	8	98.35	1.48%	=D11/D10-1	-1.65%	=(1+F11)*(1+I10)-1	"	98.35	=M$3*(1+I11)
12	9	99.49	1.16%	=D12/D11-1	-0.51%	=(1+F12)*(1+I11)-1	"	99.49	=M$3*(1+I12)

图19.2 使用传统的公司金融法中的方式计算区间收益率和价格重现

还需要注意以下几点：

- 如果上述两种方法计算正确，重现的价格应该都是一模一样的，而且如果收益率的波动较小，得出的收益率也是相似的。
- 当使用传统的（非对数）收益率时，可以直接用 FVSCHEDULE 函数将单期收益率转化为区间收益率，而不用经过重现原始价格的中间计算过程，第 20 章将对此进行讨论。

由于 EXP 函数和 LN 函数在连续时间序列的计算中扮演的重要角色，它们在许多其他领域也很有用，例如优化模型中的操作与维护[1]。

[1] 例如用极大似然估计模型参数值，似然函数的计算中大量用到对数函数。——译校注

示例2：ABS函数和SIGN函数

ABS 函数用于给出一个数字的绝对值，即当数字是正数时，返回值等于数值本身，当数字是负数时，返回该负数的负数。SIGN 函数返回一个数字的符号（正数为 1，负数为 -1，零为 0）。

ABS 函数在建模上的一个重要应用是建立有效的查错公式，即通过比较同一个初始值经由模型的多条路径计算出来的各个终值（好比敏感性分析），计算他们之间的绝对值的差值，理论上如果模型是封闭的，该误差应该等于 0。

如果需要为一个复杂的模型进行全局检验，就需要检查每个局部部位，最后再将局部检查结果加总（正确情况下为 0）即可，此时就可以用 ABS 函数进行局部检查，然后加总得到全局检查结果，使用绝对值函数的好处是它有助于避免模型各个局部错误相互抵消（比如正负抵消，或在处理财务报表模型中碰到非平衡资产负债表的情况）。

值得一提的是，ABS、SIGN、IF、MAX、MIN 等函数是相互关联的，例如：

$$ABS(N)=IF(N>=0,N,-N)$$

$$ABS(N)=MAX(N,0)-MIN(N,O)$$

$$N=SIGN(N)*ABS(N)$$

文件 Ch19.2.SIGN.ABS.xlsx 包含的示例如图 19.3 所示，其中展示了 IF 函数，MAX/MIN 函数以及 ABS 函数三者之间如上述公式所呈现的关系。

	A	B	C	D	E	F	G	H	I	J	K
1											
2		Number		ABS	Formulae		IF	Formulae		MAX-MIN	Formulae
3		93.270		93.270	=ABS(B3)		93.270	=IF(B3>=0,B3,-B3)		93.270	=MAX(B3,0)-MIN(B3,0)
4		62.430		62.430	=ABS(B4)		62.430	=IF(B4>=0,B4,-B4)		62.430	=MAX(B4,0)-MIN(B4,0)
5		-83.200		83.200	=ABS(B5)		83.200	=IF(B5>=0,B5,-B5)		83.200	=MAX(B5,0)-MIN(B5,0)
6		-81.000		81.000	=ABS(B6)		81.000	=IF(B6>=0,B6,-B6)		81.000	=MAX(B6,0)-MIN(B6,0)
7		76.501		76.501	=ABS(B7)		76.501	=IF(B7>=0,B7,-B7)		76.501	=MAX(B7,0)-MIN(B7,0)
8		-4.326		4.326	=ABS(B8)		4.326	=IF(B8>=0,B8,-B8)		4.326	=MAX(B8,0)-MIN(B8,0)
9		-7.700		7.700	=ABS(B9)		7.700	=IF(B9>=0,B9,-B9)		7.700	=MAX(B9,0)-MIN(B9,0)
10		0.000		0.000	=ABS(B10)		0.000	=IF(B10>=0,B10,-B10)		0.000	=MAX(B10,0)-MIN(B10,0)
11											

图19.3 使用ABS、IF、MAX和MIN函数计算绝对值

图 19.4 也来自同一文件，其中使用了 SIGN 函数和 ABS 函数来执行每一行的错误检查，最后将它们相加得到整体的误差总和（本例中的错误检查是为了验证 IF 函数给出的数字与 MAX-MIN 函数组合是否一致）。

L	M	N	O	P	Q	R	S	T
	SIGN	Formulae		ABS*SIGN	Formulae		Error checking	Formulae
	1	=SIGN(B3)		93.270	=ABS(B3)*SIGN(B3)		0.000	=ABS(G3-J3)
	1	=SIGN(B4)		62.430	=ABS(B4)*SIGN(B4)		0.000	=ABS(G4-J4)
	-1	=SIGN(B5)		-83.200	=ABS(B5)*SIGN(B5)		0.000	=ABS(G5-J5)
	-1	=SIGN(B6)		-81.000	=ABS(B6)*SIGN(B6)		0.000	=ABS(G6-J6)
	1	=SIGN(B7)		76.501	=ABS(B7)*SIGN(B7)		0.000	=ABS(G7-J7)
	-1	=SIGN(B8)		-4.326	=ABS(B8)*SIGN(B8)		0.000	=ABS(G8-J8)
	-1	=SIGN(B9)		-7.700	=ABS(B9)*SIGN(B9)		0.000	=ABS(G9-J9)
	0	=SIGN(B10)		0.000	=ABS(B10)*SIGN(B10)		0.000	=ABS(G10-J10)
							Global Error Check	
							0.000	=SUM(S3:S11)

图19.4 使用SIGN函数和ABS函数检查全局误差和

示例3：INT、RONDDOWN、ROUNDUP、ROUND和TRUNC函数

INT、RODDDOWN、ROUNDUP 和 ROUND 函数提供了截断数字（例如四舍五入）的各种方法：

- INT 函数向下取整到最近的整数，一个负的输入值（如 -4.2）截断后会保持不变或更小（如 -5），换句话说，即向左截断。
- 其他相关函数包括 ROUNDDOWN、ROUNDUP、ROUNDUP 和 TRUNC，每个函数都有一个参数用于控制截断的位数。
- ROUNDDOWN 函数向 0 截断，一个大于 0 的输入值将截断为相等或更小的数字，而负数则会相反，即截断为相等或更大的数。相反，ROUNDUP 函数朝着远离 0 的方向进行截断。TRUNC 和 ROUNDDOWN 两个函数非常相似，但在 ROUNDOWN 函数中，数字位数是必需的参数，但在 TRUNC 函数中，数字位数是可选的（如果省略，位数则等于零）。
- ROUND 函数根据指定位数对数字进行四舍五入，因此截断方向取决于该数字是正数还是负数，以及数字本身的值（例如，-4.324 保留两位小数取整后为 -4.32，即向上截断，而 -4.326 为 -4.33，即向下截断）。

文件 Ch19.3.INT.ROUND.1.xlsx 包含的示例如图 19.5 所示，其中演示了上述各个截断函数的计算结果。

Number, #	INT	ROUNDDOWN(#,0)	ROUNDUP(#,0)	ROUND(#,2)	TRUNC(#,0)
98.730	98.000	98.000	99.000	98.730	98.000
76.501	76.000	76.000	77.000	76.500	76.000
63.326	63.000	63.000	64.000	63.330	63.000
-4.324	-5.000	-4.000	-5.000	-4.320	-4.000
-4.326	-5.000	-4.000	-5.000	-4.330	-4.000
-7.700	-8.000	-7.000	-8.000	-7.700	-7.000

图19.5 INT和各种ROUND函数对有正有负的输入值的返回

这类函数在金融建模中用途广泛，其中之一是输入一个月份（例如四月的月份数为4）返回该月份所在的季度（一季度是一月至三月，二季度是四月至六月，依此类推），这些截断函数中的任何一个都可以将月份转换为季度（还可以使用 Excel 的查找功能）。文件 Ch19.4.INT.ROUND.2.Quadis.xlsx 展示的示例如图 19.6 所示。

Month Number	Calculations of Quarter		Using ROUNDDOWN	Formula	Using ROUNDUP	Formula	Using ROUND	Formula
	INT	Formula						
1	1	=INT((B4-1)/3)+1	1	=ROUNDDOWN((B4-1)/3,0)+1	1	=ROUNDUP((B4-3)/3+1,0)	1	=ROUND((B4+1)/3,0)
2	1	=INT((B5-1)/3)+1	1	=ROUNDDOWN((B5-1)/3,0)+1	1	=ROUNDUP((B5-3)/3+1,0)	1	=ROUND((B5+1)/3,0)
3	1	=INT((B6-1)/3)+1	1	=ROUNDDOWN((B6-1)/3,0)+1	1	=ROUNDUP((B6-3)/3+1,0)	1	=ROUND((B6+1)/3,0)
4	2	=INT((B7-1)/3)+1	2	=ROUNDDOWN((B7-1)/3,0)+1	2	=ROUNDUP((B7-3)/3+1,0)	2	=ROUND((B7+1)/3,0)
5	2	=INT((B8-1)/3)+1	2	=ROUNDDOWN((B8-1)/3,0)+1	2	=ROUNDUP((B8-3)/3+1,0)	2	=ROUND((B8+1)/3,0)
6	2	=INT((B9-1)/3)+1	2	=ROUNDDOWN((B9-1)/3,0)+1	2	=ROUNDUP((B9-3)/3+1,0)	2	=ROUND((B9+1)/3,0)
7	3	=INT((B10-1)/3)+1	3	=ROUNDDOWN((B10-1)/3,0)+1	3	=ROUNDUP((B10-3)/3+1,0)	3	=ROUND((B10+1)/3,0)
8	3	=INT((B11-1)/3)+1	3	=ROUNDDOWN((B11-1)/3,0)+1	3	=ROUNDUP((B11-3)/3+1,0)	3	=ROUND((B11+1)/3,0)
9	3	=INT((B12-1)/3)+1	3	=ROUNDDOWN((B12-1)/3,0)+1	3	=ROUNDUP((B12-3)/3+1,0)	3	=ROUND((B12+1)/3,0)
10	4	=INT((B13-1)/3)+1	4	=ROUNDDOWN((B13-1)/3,0)+1	4	=ROUNDUP((B13-3)/3+1,0)	4	=ROUND((B13+1)/3,0)
11	4	=INT((B14-1)/3)+1	4	=ROUNDDOWN((B14-1)/3,0)+1	4	=ROUNDUP((B14-3)/3+1,0)	4	=ROUND((B14+1)/3,0)
12	4	=INT((B15-1)/3)+1	4	=ROUNDDOWN((B15-1)/3,0)+1	4	=ROUNDUP((B15-3)/3+1,0)	4	=ROUND((B15+1)/3,0)

图19.6 使用INT函数和各种ROUND函数计算季度

相应的公式如下：

$$\text{Quarter using INT} = \text{INT}((\text{Month}-1)/3)+1$$

$$\text{Quarter using ROUNDDOWN} = \text{ROUNDDOWN}((\text{Month}-1)/3,0)+1$$

$$\text{Quarter using ROUNDUP} = \text{ROUNDUP}(\text{Month}-3)/3+1,0)$$

$$\text{Quarter using ROUND} = \text{ROUND}(\text{Month}+1)/3,0)$$

一个日期的月份还可以用 MONTH 函数来确定（详见第 23 章）。

关于上述公式，还有两点：

- 如果想返回日期对应哪个半年（上半年还是下半年），可以将公式中的分母改成 6 而不是 3。
- 如果需要改变第一季度的定义（如第一季度开始于 4 月份，比如英国财政年度），也可以适当地修改上述公式。

示例4：MROUND、CEILING.MATH和FLOOR.MATH函数

MROUND函数将输入值截断到指定数值的所有倍数中与之最近的值。例如，公司需要根据各种输入变量设计出一个精确的公式来计算每个员工的年度奖金，但最终还是需要以$100的倍数，即需要将公式的计算值截断到最接近$100的倍数来确定最终要支付的金额（例如将$1 365.23奖金截断为$1 400）。

文件Ch19.5.MROUND.xlsx展示了一个MROUND函数的示例，该函数针对各种数值型的输入值和指定的倍数给出计算结果。注意，在编写本书时，只有当输入数字和倍数是相同的符号时，函数才能工作，如若不然，我们可以使用ABS函数先将数字和倍数都转换为正数，然后使用SIGN函数返回与原输入数值相同符号的结果，如图19.7所示。

Number, #	Multiple	MROUND(#, 5)	Formulae	Adaptation	Formulae
93.270	5	95	=MROUND(B3, C3)	95	=MROUND(ABS(B3), ABS(C3))*SIGN(B3)
62.430	5	60	=MROUND(B4, C4)	60	=MROUND(ABS(B4), ABS(C4))*SIGN(B4)
-83.200	-5	-85	=MROUND(B5, C5)	-85	=MROUND(ABS(B5), ABS(C5))*SIGN(B5)
-81.000	-5	-80	=MROUND(B6, C6)	-80	=MROUND(ABS(B6), ABS(C6))*SIGN(B6)
76.501	-5	#NUM!	=MROUND(B7, C7)	75	=MROUND(ABS(B7), ABS(C7))*SIGN(B7)
-4.326	5	#NUM!	=MROUND(B8, C8)	-5	=MROUND(ABS(B8), ABS(C8))*SIGN(B8)
-7.700	5	#NUM!	=MROUND(B9, C9)	-10	=MROUND(ABS(B9), ABS(C9))*SIGN(B9)

图19.7 使用MROUND截断到最近的倍数，以及用ABS和SIGN函数进行扩展

CEILING.MATH函数（历史版本CEILING函数的一个扩展）将一个数值向上截断到指定数的所有倍数中最近的值（相比之下，MROUND函数既可以向上也可以向下截断），该函数还有一个可选参数用于选择是否允许朝着远离0的方向截断（因此对于负数，向上截断后的结果将小于等于原始数值）。文件Ch19.6.CEILING.xlsx展示的示例将CEILING.MATH函数与MROUND函数进行了比较，如图19.8所示。

类似地，FLOOR.MATH函数（及其历史版本FLOOR）将一个数字向下截断到最近的倍数。

Number, #	Multiple	MROUND(#, 5)	Adapted MROUND	CEILING.MATH(#,multiple,0)	CEILING.MATH(#,multiple,1)
93.270	5	95	95	95	95
62.430	5	60	60	65	65
-83.200	-5	-85	-85	-80	-85
-81.000	-5	-80	-80	-80	-85
76.501	-5	#NUM!	75	80	80
-4.326	5	#NUM!	-5	0	-5
-7.700	5	#NUM!	-10	-5	-10

图19.8 CELING.MATH函数

示例5：MOD函数

MOD 函数返回两数相除后的余数，即指定的除数一份一份地从被除数中减去，直到最后剩下的小于除数的数字。例如，如果用 5 做除数，1 的余数是 1，2 的余数是 2，而 5 的余数是 0，6 的余数是 1，7 的余数是 2，10 的余数是 0，依此类推。实际中较常见的应用是将一组样本切割成若干组，然后按序在各组之间进行某类周期性操作，比如临床试验中的病人分配、服务中心的客户分配等。

文件 Ch19.7.MOD.xlsx 的示例如图 19.9 所示。假定有五个组（组数作为除数），如果将从单元格 B5 开始的列视为一个栈的话，我们把一组样本逐行添加进栈，然后根据进栈的顺序将样本依次标记为 1，2，3……，并用 MOD 函数依据该标号将他们分成 5 组，此外由于 MOD 函数在被除数恰好为除数倍数时返回为零，因此需要将返回组号的公式稍加调整（被除数减 1 后在 MOD 函数的计算结果后再加 1），使得组号为 1、2、3、4、5（即没有组号 0）。

	A	B	C	D
1				
2		# Groups to Allocate To	5	
3				
4		Item Number	Group Allocation	Formula
5		1	1	=MOD(B5-1,C$2)+1
6		2	2	=MOD(B6-1,C$2)+1
7		3	3	=MOD(B7-1,C$2)+1
8		4	4	=MOD(B8-1,C$2)+1
9		5	5	=MOD(B9-1,C$2)+1
10		6	1	=MOD(B10-1,C$2)+1
11		7	2	=MOD(B11-1,C$2)+1
12		8	3	=MOD(B12-1,C$2)+1
13		9	4	=MOD(B13-1,C$2)+1
14		10	5	=MOD(B14-1,C$2)+1
15		11	1	=MOD(B15-1,C$2)+1
16		12	2	=MOD(B16-1,C$2)+1
17		13	3	=MOD(B17-1,C$2)+1
18		14	4	=MOD(B18-1,C$2)+1
19		15	5	=MOD(B19-1,C$2)+1
20		16	1	=MOD(B20-1,C$2)+1
21		17	2	=MOD(B21-1,C$2)+1
22		18	3	=MOD(B22-1,C$2)+1

图19.9 使用MOD函数将样本进行分组

示例6：SQRT函数和POWER函数

在 Excel 中，如果要计算一个数字的幂和次方根，可以直接使用算术运算符或 POWER 函数，如果是平方根，还有直接可用的 SQRT 函数。

文件 Ch19.8.POWER.SQRT.xlsx 给出的示例如图 19.10 所示，该示例表明，POWER 函数相对于一般的算术方法有一个（仍有争议）优点 —— 直观。

	A	B	C	D
1				
2		Example	Formulae	
3		729	=POWER(9,3)	
4		9	=729^(1/3)	
5		9	=POWER(729,1/3)	
6		1.414	=2^(1/2)	
7		1.414	=POWER(2,0.5)	
8		1.414	=SQRT(2)	

图19.10 POWER函数和SQRT函数的示例以及与算术运算的比较

示例7：FACT函数和COMBIN函数

COMBIN 函数和 FACT 函数在一些概率和统计领域中经常用到，例如将资产价值或某种商品的价格随时间的变化视为一个随机过程，其中每期价格以固定概率发生指定幅度的上涨或下跌，那么我们可以使用这两个函数计算到达树中每个节点的所有路径的数量，以及概率。

文件 Ch19.9.COMBIN.FACT.xlsx 包含一个示例，图 19.11 截取自工作表 "RecombiningTreeSimple"，其中假定价格上涨或下跌的幅度为 10%，同文件的另一张工作表 "RecombiningTreeLN"（没有图示）也包含类似的树状图，其中将 10% 的价格变化幅度转换为一个指数值，即价格在每期向上和向下的幅度为 exp(0.1) 和 exp(-0.1)。

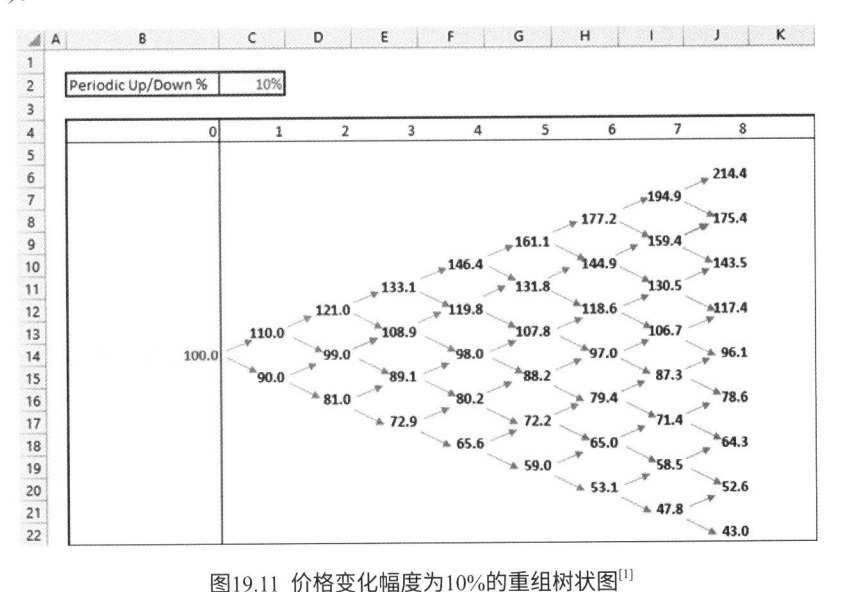

图19.11 价格变化幅度为10%的重组树状图[1]

---

[1] 中间节点既可以通过上面的路径到达，也可以通过下面的路径到达，此时叫recombining tree，否则叫non-recombining tree。——译校注

图 19.12 取自该文件，其中使用了 COMBIN 函数计算得到在第 8 期结束后，在所有九种可能的价格变化路径终值中，到达每一个终点的所有路径的数量，该结果也可以用 FACT 函数计算得到（FACT 函数计算数的阶乘，即从 1 到这个数的所有整数的乘积）。

	# Up	# Down	# Paths	Formula		Using FACT	Formula
8							
214.4	8	0	1	=COMBIN(8,L6)	1		=FACT(8)/(FACT(L6)*FACT(M6))
175.4	7	1	8	=COMBIN(8,L8)	8		=FACT(8)/(FACT(L8)*FACT(M8))
143.5	6	2	28	=COMBIN(8,L10)	28		=FACT(8)/(FACT(L10)*FACT(M10))
117.4	5	3	56	=COMBIN(8,L12)	56		=FACT(8)/(FACT(L12)*FACT(M12))
96.1	4	4	70	=COMBIN(8,L14)	70		=FACT(8)/(FACT(L14)*FACT(M14))
78.6	3	5	56	=COMBIN(8,L16)	56		=FACT(8)/(FACT(L16)*FACT(M16))
64.3	2	6	28	=COMBIN(8,L18)	28		=FACT(8)/(FACT(L18)*FACT(M18))
52.6	1	7	8	=COMBIN(8,L20)	8		=FACT(8)/(FACT(L20)*FACT(M20))
43.0	0	8	1	=COMBIN(8,L22)	1		=FACT(8)/(FACT(L22)*FACT(M22))

图19.12 在二叉树中到达每个节点的所有路径的数量

到达一个状态的频率（概率或可能性）可以通过将到达该状态的所有路径的数量，再乘以其中一条路径的实现概率而得，具体来看，假设 p 是向上移动的概率，COMBIN 函数给出所有路径的数量，而且任何一条通往结果 i 的路径的发生概率是 $p^i(1-p)^{8-i}$，那么向上移动 i 步的概率就是：

$$p(i) = p^i(1-p)^{8-i} \text{COMBIN}(8, i)$$

若将 8 期改成其他期数，树和上述公式的调整也非常简单，图 19.13 的例子中假设上涨概率为 60%。

	# Up	# Down	# Paths	Formula		Using FACT	Formula	Direct Calc	Formula
								60% p	
								40% =1-T2	
8									
214.4	8	0	1	=COMBIN(8,L6)	1		=FACT(8)/(FACT(L6)*FACT(M6))	1.68%	=($T$2^L6)*($T$3^M6)*N6
175.4	7	1	8	=COMBIN(8,L8)	8		=FACT(8)/(FACT(L8)*FACT(M8))	8.96%	=($T$2^L8)*($T$3^M8)*N8
143.5	6	2	28	=COMBIN(8,L10)	28		=FACT(8)/(FACT(L10)*FACT(M10))	20.90%	=($T$2^L10)*($T$3^M10)*N10
117.4	5	3	56	=COMBIN(8,L12)	56		=FACT(8)/(FACT(L12)*FACT(M12))	27.87%	=($T$2^L12)*($T$3^M12)*N12
96.1	4	4	70	=COMBIN(8,L14)	70		=FACT(8)/(FACT(L14)*FACT(M14))	23.22%	=($T$2^L14)*($T$3^M14)*N14
78.6	3	5	56	=COMBIN(8,L16)	56		=FACT(8)/(FACT(L16)*FACT(M16))	12.39%	=($T$2^L16)*($T$3^M16)*N16
64.3	2	6	28	=COMBIN(8,L18)	28		=FACT(8)/(FACT(L18)*FACT(M18))	4.13%	=($T$2^L18)*($T$3^M18)*N18
52.6	1	7	8	=COMBIN(8,L20)	8		=FACT(8)/(FACT(L20)*FACT(M20))	0.79%	=($T$2^L20)*($T$3^M20)*N20
43.0	0	8	1	=COMBIN(8,L22)	1		=FACT(8)/(FACT(L22)*FACT(M22))	0.07%	=($T$2^L22)*($T$3^M22)*N22
								100.00%	

图19.13 每个最终状态的概率

示例8：RAND函数

RAND 函数从连续均匀分布中生成 [0, 1) 的随机数，若按一下 F9 键，或工作簿重算一次，该函数都会重新抽样（另外，RANDBETWEEN 函数只返回整数值，而不是连续数）。如果视随机数为概率，我们可以用该函数从其他分布中获得取自该分布的随机样本：

对于均匀连续范围：

$$样本 = 最小值 + (最大值 - 最小值)*RAND()$$

对于事件风险的发生（伯努利过程）：

$$是否发生 = IF(RAND() \leq 概率, 1, 0)$$

可见，我们还可以将 RAND 函数的返回值输入到累积分布函数的逆函数来获取其他分布的随机样本（本书后文将展示几个更深入的抽样示例，本书作者的 *Business Risk and Simulation Modelling in Practice* 一书中提供了更多细节）。

文件 **Ch19.10.RAND.xlsx** 展示了一个示例如图 19.14 所示，假定模型中每一期上升概率为 60%，资产价格的涨跌幅度由 RAND 函数给出，具体来看，示例中每一期的价格以 RAND 函数给出的当期概率移动到下一期，移动的幅度（即涨跌幅）10% 的指数数值，因此给出的路径与之前的示例中重组树中的各条路径一一对应。

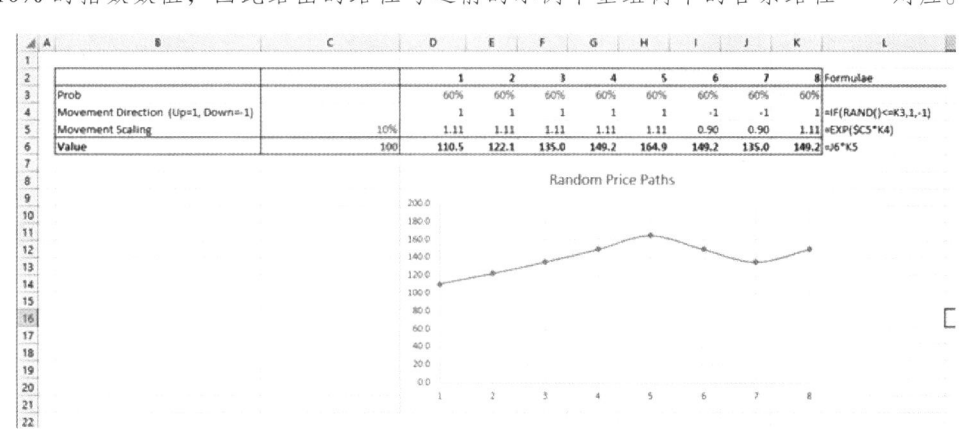

图19.14 使用RAND函数的随机可能的价格路径

在实践中，生成和保存表示所有可能场景的树状图通常是通过 VBA 宏实现的，这样就可以反复重新计算并生成，然后保存工作簿（见第 16 章）。

示例9：SINE、ASIN、DEGREES和PI函数

大部分三角函数和与之类似的函数在金融建模中非常有用，例如，评估中继站

的建设过程中需要多少资本支出才能覆盖某一区域中的所有手机时，可能需要计算出空间站和人群中心之间电磁辐射的传播角度，因此直角三角形中，指定一个角度（或该角度的正弦、余弦或切线值）后，就可以用三角函数来计算直角三角形的边长，同样的，当边长已知时，也可以类似地用反函数计算三角形的角度。

如图19.15所示，文件Ch19.11.SINE.ASIN.xlsx展示的是SINE、ASIN、COS、ACOS、TAN和ATAN函数的示例，可见，用ASIN函数计算出∠B≈26.57°，即直角三角形两边长度为10和20，两个非直角约为26.57°和63.43°。

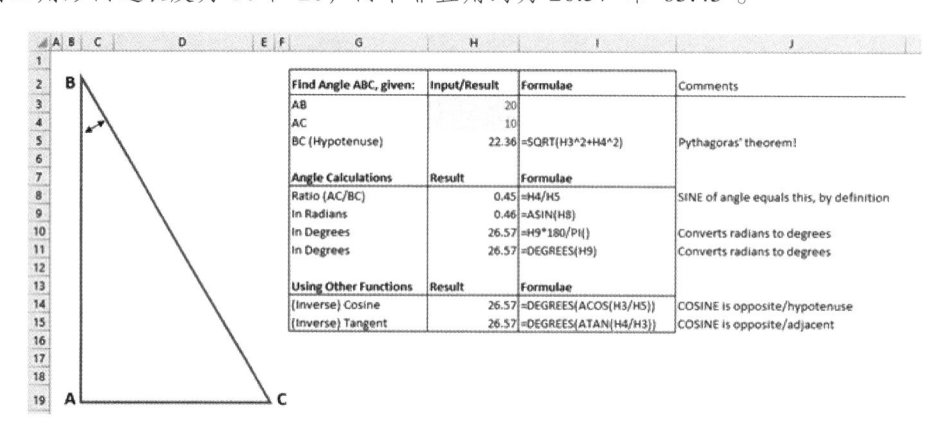

图19.15 使用ASIN函数计算三角形内的角

默认情况下，Excel以弧度作为角度的衡量单位，若要将弧度转化为角度，可以用DEGREES函数，或者直接乘以$180/\pi$，也可以使用PI函数（精确到小数点后15位左右）来绕过手动输入π（3.141592653589793……）的值，SQRTPI函数返回的是π的平方根，该常量在统计相关的领域中应用很广泛[1]。

值得一提的是，在该例子中反函数（从长度到角度的转换）的作用也非常重要，如果用户只知道SINE函数，但不知道ASIN函数，也可以使用单变量求解功能实现等价的求逆过程(见第13章)，但毕竟比使用已实现该功能的内置函数的效率要低。

示例10：BASE函数和DECIMAL函数

我们有时需要将数字从一种进制转换为另一种进制，尤其是在操作以二进制形式呈现的原始输入数据时，这类操作更是频繁，此时可以用BASE函数和DECIMAL函数来实现数字在进制之间进行转换，而且非十进制数字（decimal number）会以文本形式返回到单元格（包括二进制），正如文件Ch19.12.BASE.

---

[1] 例如正态分布、Gamma分布等的概率密度函数。——译校注

DECIMAL.xlsx 包含的示例所示（见图 19.16）。

	A	B	C	D	E
1					
2		Decimal number	Radix (Base)	Result	Formulae
3		215	2	11010111	=BASE(B3,C3)
4					
5		Text	Radix (Base)	Result	Formulae
6		11010111	2	215	=DECIMAL(B6,C6)

图19.16 数字在不同进制之间的转换

在日常应用（通常在文本或数值形式的变换中）中，我们经常需要将罗马数字（文本格式）转换为了阿拉伯数字（数值格式），或反之。如图 19.17 所示，文件 Ch19.13.ARABIC.ROMAN.xlsx 包含的示例就使用了 ARABIC 函数和 ROMAN 函数实现了该转换过程。

	A	B	C	D
1				
2		Roman Number	Result	Formulae
3		MCMLXXXIV	1984	=ARABIC(B3)
4				
5		Arabic Number	Result	Formulae
6		1984	MCMLXXXIV	=ROMAN(B6)

图19.17 阿拉伯数字和罗马数字之间的转换示例

第20章 财务函数

20.1 介绍

本章重点介绍 Excel 的财务类函数及其应用，其中的案例涉及：
- 年金的增长或贴现的计算。
- 抵押贷款与资本偿还。
- 联合投资评估与分析。
- 折旧的计算。
- 收益率、债券、一般证券和特定的财务计算。

20.2 实际应用

介绍开始前需要记住以下几点：
- 许多函数默认返回的是负数，尤其是涉及到现金流出或其他应付账款等相关科目的计算，尤其是将它们嵌入如 IF、MIN 或 MAX 函数等的逻辑函数时，需要谨慎使用。
- 财务类函数经常需要与 IF 函数或 IFERROR 函数配合使用，例如有些函数会在参数超出有效时间范围（例如抵押贷款的期限）的时候返回错误值，因此正如第 17 章所述，此时最好为这些特殊情形单独设置额外的操作过程（例如 IF 函数），而不是通过使用 IFERROR 函数来覆盖所有的错误，毕竟这些特殊情况实际上是客观存在的，不能算真正的"错误值"。
- 许多函数用的是当地货币格式（即与本地 Excel 版本的语言对应的货币），但遇到涉及国际项目相关的计算时就会稍有不便，所以切换到通用格式可能更为方便。
- 在用到利率（或增长率，收益率）的模型中，确保所使用的利率与模型的期限（例如年度、季度或月度）相一致。

示例1：FVSCHEDULE函数

FVSCHEDULE函数用于计算给定增长率的情况下某个变量的未来值，该函数所需的参数有：

- 初始值（或"本金"）。
- 增长率、收益率或利率的时间序列（包含时点和增长率）。

文件Ch20.1.FVSCHEDULE.xlsx包含该函数的各种示例，其中包含了固定增长率和时变增长率的情况（见图20.1）。

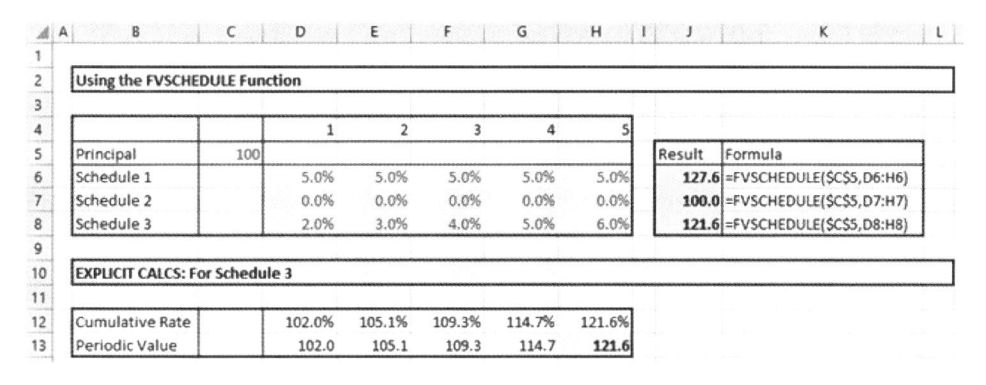

	A	B	C	D	E	F	G	H	I	J	K
1											
2		Using the FVSCHEDULE Function									
3											
4				1	2	3	4	5			
5		Principal	100							Result	Formula
6		Schedule 1		5.0%	5.0%	5.0%	5.0%	5.0%		127.6	=FVSCHEDULE($C$5,D6:H6)
7		Schedule 2		0.0%	0.0%	0.0%	0.0%	0.0%		100.0	=FVSCHEDULE($C$5,D7:H7)
8		Schedule 3		2.0%	3.0%	4.0%	5.0%	6.0%		121.6	=FVSCHEDULE($C$5,D8:H8)
9											
10		EXPLICIT CALCS: For Schedule 3									
11											
12		Cumulative Rate		102.0%	105.1%	109.3%	114.7%	121.6%			
13		Periodic Value		102.0	105.1	109.3	114.7	121.6			

图20.1 FVSCHEDULE函数的示例

我们现在考虑一个跨期模型（或数据集），其中每期的增长率是不同的，而且增长率的计算公式是采取传统的比例形式，而非对数形式（见第19章）。我们先将原始（本金）设为1，FVSCHEDULE函数会在每期返回"1+当期增长率"与前一期累计增长率的乘积，然后再从这个乘积中减去1，就得到了总增长率，如果再通过开次方根对时间进行调整，就能得到了平均年化复合增长率（例如两年期的总增长率的平方根[1]）。

文件Ch20.2.FVSCHEDULE.Returs.xlsx包含一个示例，其中原始数据给出了一组传统的收益率（或增长率），我们希望直接从这些数据中计算出两期（每期5个Periods）的平均收益率（或增长率），如果使用FVSCHEDULE函数（如图20.2所示），则整个计算过程中不需要资产每期的实际价值，也不需要额外手动计算每期的累计复合增长率，公式直接通过第5到第15期的收益率数据计算总回报，文件中该区域的右侧是手动计算的过程，结果与公式计算的结果相同，插图中没有显示出来。

---

[1] 例如根据两年内各期计算总增长率，然后根据计算出平均年化增长率

图20.2 使用FVSCHEDULE函数计算总增长率和平均增长率

示例2：FV函数和PV函数

FV 函数用于给定初始支付，计算随时间不断增长（但次数有限）的未来现金流支付的总和，除了必要参数外，函数还有两个可选参数：一个是一组未来支付的现值的累计和，若省略则默认为 0；另一个是以 0 或 1 变量标识的，用以指定各期的付款时间是在期初还是期末。PV 函数与 FV 函数相似的，只是将未来支付进行了贴现（向前贴现而非向后增长）。

文件 ch20.3.fv&PV.xlsx 展示的示例如图 20.3 和图 20.4，其中每个函数都单独显示在一个名称对应的工作表中，该文件还显示了如何用简单运算符逐步计算出同样的结果。

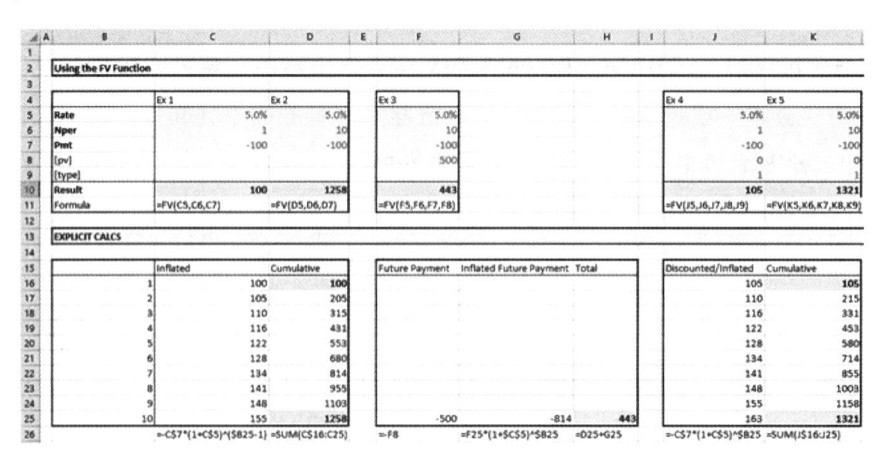

图20.3 FV函数的示例

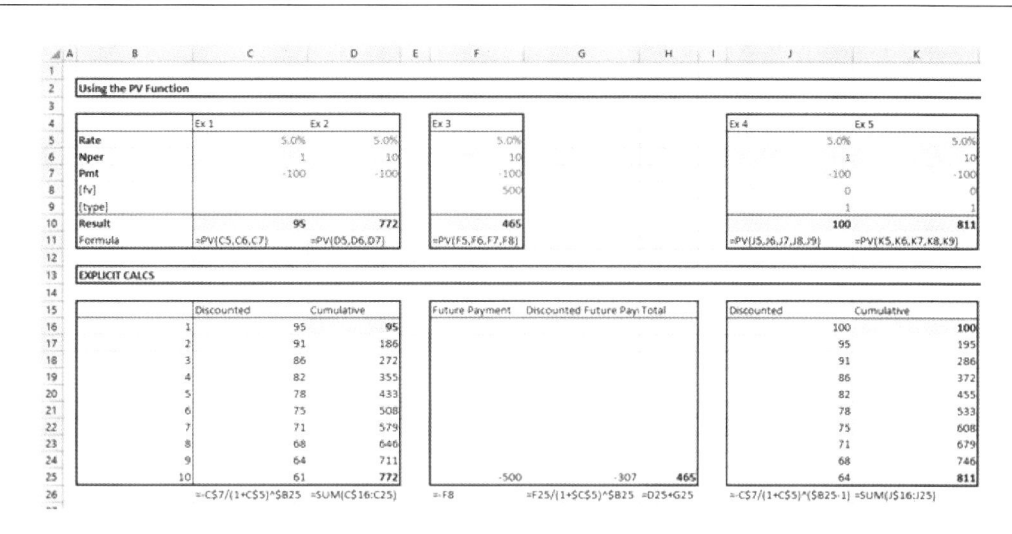

图20.4 PV函数的示例

熟悉数学的读者会注意到，这些数值可以直接通过数学变换得到，例如：

$$S = 1 + (1+g) + \ldots + (1+g)^{N-1}$$

两边同时乘以 (1+g)：

$$S(1+g) = (1+g) + (1+g)^2 + \ldots + (1+g)^N$$

然后第二个方程减去第一个方程，再除以 g，得到：

$$S = \frac{(1+g)^N - 1}{g}$$

同样的，以下公式：

$$T = 1 + \frac{1}{1+d} + \ldots + \frac{1}{(1+d)^N}$$

可以得出：

$$T = \frac{(1+d)^N - 1}{d(1+d)^N}$$

这些公式也在 Excel 文件中得以实现（第 29 行未在图 20.3 和图 20.4 中显示）。

示例3：PMT、IPMT、PPMT、CUMIPMT、CUMPRINC和NPER函数

Excel 中有几个函数是关于贷款和抵押贷款偿还额的计算：

- PMT 函数用于根据固定的还款总额和固定的利率计算每期的还款额，若按此计划还款，贷款在到期前将全部清偿，该函数计算出的金额包含了利息偿还部分和本金偿还部分，由于本金部分是逐步还清的，因此每期的利息在还款

金额中的比例是在减少的，而本金的比例是增加的。
- IPMT 函数和 PPMT 函数用于在固定利率及等额分期还款方式的设定下，计算每期的利息还款额和本金还款额，两个函数相比 PMT 多了一个可选的参数，用以指定各期的付款时间是在期初还是期末。
- CUMIPMT 函数和 CUMPRINC 函数分别用于给出期间内累计偿还的利息和本金。
- NPER 函数计算等额还款方式下清偿本息总额所需的期数。

文件 Ch20.4.PMT.PPMT&CUM.xlsx 展示了以上这些函数的示例（NPER 函数在 NPER 工作表中，其他函数在 PMT 工作表中），其中还有不使用函数的手动逐步计算过程，只是其中的还款额被设置成了一个常量数字，其值等于 PMT 函数的运算结果，如果无法使用或不想使用函数，也可以手动设置还款额，也可以由 Excel 的单变量求解或规划求解的功能进行更高效地确定，如图 20.5 和图 20.6 所示。

	A	B	C	D	E	F	G
1							
2		Periodic interest rate	5.0%				
3		Periods to end of term	15		Needs to be <=15 if using the		
4		Principal amount ($)	100,000				
5		FV	0		Optional argument (not used i		
6		Type	0		Optional for some of the functi		
7							
8		For CUM functions					
9		First period	2				
10		Last period	3				
11							
12		Using PMT, CUMIPMT, CUMPRINC, IPMT and PPMT					
13							
14		Total Constant Payment using PMT	-9,634	=PMT(C2,C3,C4)			
15							
16		Period by period Split into interst and principal		1	2	3	4
17		Interest part of total, using IPMT	-44,513	-5,000	-4,768	-4,525	-4,270
18		Principal part of total, using PPMT	-100,000	-4,634	-4,866	-5,109	-5,365
19							
20		Cumulative interest between periods using CUMIPMT	-9,293	=CUMIPMT(C2,C3,C4,C9,C10,C6)			
21		Cumulative principal between periods using CUMPRINC	-9,975	=CUMPRINC(C2,C3,C4,C9,C10,C6)			
22							
23		Explicit Calculation					
24							
25		Periodic payment assumed	9,634	Set so that ending balance is :			
26		Ending balance at end of term	0	Cross-check, or for use with G			
27							
28		Direct calculation of interest and principal by period		1	2	3	4
29		Starting balance		100,000	95,366	90,500	85,391
30		(+) Interest (=balance * interest rate)	9,293	5,000	4,768	4,525	4,270
31		(-) Principal repayment (=assumed payment-interest)	9,975	4,634	4,866	5,109	5,365
32		Ending balance		95,366	90,500	85,391	80,026
33							

图20.5 PMT、IPMT、PPMT、CUMIPMT和CUMPRINC函数的示例

第 20 章 财务函数

	A	B	C	D
1				
2		Rate	5.0%	
3		PMT	-9634	
4		PV	100000	
5		FV	0	
6		Type	0	
7		**NPER**	15.0	=NPER(C2,C3,C4,C5,C6)

图20.6 NPER函数的示例

示例4：NPV函数和IRR函数用于购买或租赁的决策

NPV 函数和 IRR 函数在常规的投资评估和分析中应用广泛，对于等间隔时间发生的现金流，NPV 函数按固定的贴现率计算这些现金流的现值，IRR 函数计算它们的内部收益率（即使净现值等于 0 的贴现率）。

如果用户熟悉贴现的概念的话，那么可以直接用 NPV 函数计算一组现金流的贴现值，公式理解起来也非常简单，但一个常见的错误是用户可能没有注意到，该函数默认的贴现方式是第一期现金流贴一期，第二期现金流贴两期，以此类推[1]，这相当于假设所有现金流都发生在每期的期末。如果现金流的计划发生变化，公式需要进行一些调整，例如在项目启动时所作的投资如果不贴现，则不应加到 NPV 函数的输入参数中，而是在最终计算结果上再加回去（或减掉）。

文件 Ch20.5.NPV.IRR.1.Leasing.xlsx 中是一个选择租赁还是购买某项资产的决策场景，其中的第 13 与第 17 行分别为租赁和购买资产对应的现金流，第 18 行是两者的差，我们看到示例中在购买资产的情形下，期初的现金流支出并没有贴现（租赁情形下无支出，因此为 0），随后计算现金流的差额，接着用 IRR 函数和 NPV 函数计算现金流差额的净现值（按税后利率贴现）。该文件还展示了如果将 IRR 函数用作贴现率，则其净现值为 0（见图 20.7）。

---

[1] $NPV = \sum_{i=1}^{n} \frac{value_i}{(1+r)^i}$，其中，$n$ 为现金流笔数；r 为贴现率；value 为现金流。——译校注

	A	B	C	D	E	F	G	H	I	J	K	L	M	N
2	Asset cost		1,000,000											
3	Asset life		10											
4	Annual depreciation		100,000											
5	Interest rate (pre-tax)		6.0%											
6	Tax rate		30.0%											
7	Interest rate (post-tax)		4.2%											
8	Lease rental payment		125,000			(Could also use Goal Seek on this figure to set NPV to zero to find maximum acceptable to pay)								
9														
10	Cash flows					0	1	2	3	4	5	6	7	8	9	10
11	If Leasing														
12	Lease expense: Pre-tax		-125,000											
13	Lease expense: Post-tax		-87,500			-87,500	-87,500	-87,500	-87,500	-87,500	-87,500	-87,500	-87,500	-87,500	-87,500
14	If Buying														
15	Asset cost		-1,000,000		-1,000,000	0	0	0	0	0	0	0	0	0	0
16	Tax shield from depreciation		30,000			30,000	30,000	30,000	30,000	30,000	30,000	30,000	30,000	30,000	30,000
17	Net cash flow				-1,000,000	30,000	30,000	30,000	30,000	30,000	30,000	30,000	30,000	30,000	30,000
18	Differential cash flow				-1,000,000	117,500	117,500	117,500	117,500	117,500	117,500	117,500	117,500	117,500	117,500
19														
20	IRR of differential		3.05%		=IRR(D18:N18,10%)									
21	NPV of differential (at after-tax interest rate)		4.20%		-56388	=D18+NPV(C21,E18:N18)								
22														
23	NPV of differential (at IRR)		3.05%		0	=D18+NPV(C23,E18:N18)								

图20.7 净现值和IRR用于购买与租赁的决定[1]

IRR 函数也可以用来计算债券的收益率。但使用 IRR 来作为项目业绩的度量标准还是有一些缺点的，包括：

- 输入的现金流必须有正有负，例如，无论贴现率多大，全是正现金流的贴现值永远是正的，此时是求不出 IRR 的。
- 如果现金流的符号在存续期内多次发生变化，即流入流出的变化过于频繁，则有可能有多个 IRR（理论上变化几次就有几个 IRR），所以对于具有完整的初始投资、稳定的现金流和退出成本的项目，至少有 2 个 IRR（此时 NPV 和贴现率的函数关系类似二次函数，在横轴上有两个零点），函数 IRR 只会返回其中的一个，但至于哪个，还需要更复杂的操作才能确定（例如通过 Guess 参数）。
- 计算结果是百分比，不适用于将现金流的数量级不同的项目进行简单的比较[2]。
- 以此做决策的时候无法考虑风险，两个项目可能有相同的内部收益率，但风险情况可能大相径庭，相比之下，NPV 方法则需要事先确定一个贴现率，而贴现率的设置本身就已经适当考虑了风险。
- IRR 对于现金流发生的时间较为敏感，因此可能导致无效或错误的决策。

下面的例子说明了其中的一些问题。

文件 Ch20.6.NPV.IRR.2.CFSigns.xlsx 展示了不同现金流（包括仅为正现金流）情况下的 NPV 和 IRR 的计算过程（见图20.8）。第一种情况中，现金流是纯流出，

---

[1] 图中Tax shield from depreciation（折旧税盾）是一种策略，其重点在于通过使用现有资产的折旧来申请税收减免，从而降低整体纳税义务，这类活动的一般方法要求确定纳税期内允许的折旧额，并将该金额乘以当前税款税率，所得数字被视为与所涉纳税年度相关的特定资产的税收抵免。——译校注

[2] 有的项目IRR高，但绝对收益低，有的反之。——译校注

因此 IRR 根本不存在，第二种情况是既有前期投入，也有后期退出成本的付出。由图 20.8 可见，未来现金流中只有几年能算出 IRR，因此并不能很好地代表该资产的未来价值，例如，在 G 列（2022 年）中，未来现金流量的净现值为正，而 IRR 为负数。

	A	B	C	D	E	F	G	H	I	J	K	L	M	N	O	P	Q
1																	
2			2018	2019	2020	2021	2022	2023	2024	2025	2026	2027	2028	2029	2030		Formulae in column F
3																	
4		Cash Profile 1	50	300	500	400	300	250	150	100	75	50	0	0	0		
5		Future NPV @10%	1,444	1,539	1,393	1,032	735	509	310	190	110	45	0	0	0		=NPV(10%,F4:$O4)
6		Future IRR	#NUM!	#NUM!	#NUM!	#NUM!	#NUM!	#NUM!	#NUM!	#NUM!	#NUM!	#NUM!	#NUM!	#NUM!	#NUM!		=IRR(F4:$O4,10%)
7																	
8		Cash Profile 2	-300	-100	100	250	300	250	150	100	75	50	-50	-100	0		
9		Future NPV @10%	343	678	845	830	663	429	222	94	4	-71	-128	-91	0		=NPV(10%,F8:$O8)
10		Future IRR	32%	160%	#NUM!	#NUM!	-32%	-29%	-23%	-13%	8%	100%	#NUM!	#NUM!	#NUM!		=IRR(F8:$O8,10%)

图 20.8 非标准现金流情况下的 IRR 计算结果

文件 Ch20.7.NPV.IRR.3.DelayEvaluation.xlsx 展示了在某项投资完成后，现金流的流入发生延迟的情形对 IRR 和 NPV 的影响（见图 20.9）：

- 在第 4 至第 5 行的第一个示例中，在初始发生了一笔现金流流出的投资，并在未来的 1 期及 10 期后有一笔等额现金流的流入，在这两种情况下，IRR 都是 0，而 NPV 在延迟的情况下比非延迟的情况更低，这说明 IRR 对延迟的敏感性较低（特别是对于 IRR 在期初就比较低的投资项目）。

	A	B	C	D	E	F	G	H	I	J	K	L	M	N
1														
2		NPV @10%	IRR		0	1	2	3	4	5	6	7	8	9	10
3														
4		-41	0.0%		-500	500									
5		-279	0.0%		-500										500
6														
7		69	13.7%		-500	100	100	100	100	100	100	100	100	100	
8		21	11.0%		-500		100	100	100	100	100	100	100	100	100

图 20.9 在现金流入发生延迟的情况下 NPV 和 IRR 的比较

- 在第二个例子中，投入后第一期的现金流流入延迟了一期，后续所有的现金流也都相应被延后一期，此时 NPV 的变化比 IRR 的变化要大得多，这也说明，对于 NPV 为非常小的正数的项目，延迟的影响非常大。

这个例子说明，当只使用 IRR 时，人们很容易低估现金流发生延迟的风险（或影响），特别是那些现金流仅为略微流入的项目，这可能导致决策者们认为延迟一个期几乎没有什么后果，因而没有给予足够的重视和注意。

文件 Ch20.8.NPV.IRR.SalesTiming.xlsx 展示了 IRR 可能导致决策非次优的另一个例子，该例子的假设条件如下，假定有一组现金流的时间序列，我们可以随时通过放弃获得未来现金流的权利，来换取这些未来现金流的现值（比如出售债权），图 20.10 的计算结果表明 IRR 取决于转让或出售的时点，如果选择 IRR 作为绩效衡量标准，则理论上被激励者很有可能会尽早出售此类项目来获得更高的 IRR，久而久之形成短期思维。

最后介绍较为实用的 NPV 和 IRR 函数的变体，包括：

- XNPV 和 XIRR 的关系类似于 NPV 和 IRR，不同的是前两者允许现金流的发生时间可以是不等间距的。
- 当正、负现金流的融资利率不同时，可以用 MIRR 函数计算内部收益率。

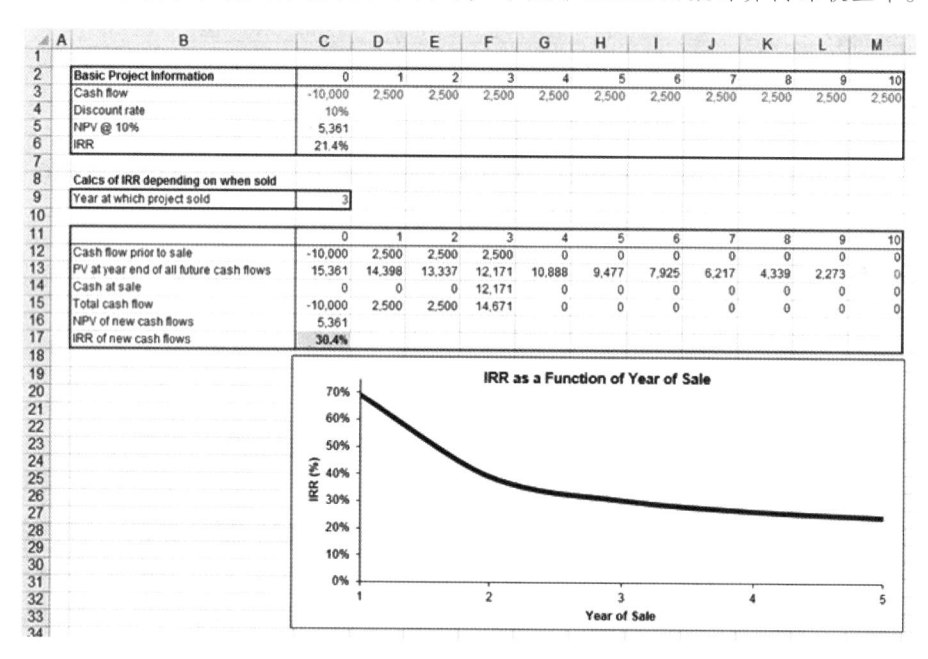

图20.10 NPV为正的项目的出售年份与IRR的函数关系

示例5：SLN、DDB和VDB函数

Excel 具有多种计算折旧的函数，包括：

- DB 函数和 DDB 函数使用固定余额递减法（fixed-declining）和双倍余额递减法（double-declining）计算指定期间的资产折旧
- SLN 函数计算一个时间区间内资产的线性折旧（straight-line depreciation）
- VDB 函数通过选择递减余额方法计算指定期间或部分期间的资产折旧。
- SYD 函数计算指定期间内资产按年限积数折旧法（sum-of-years' digits depreciation）计算的折旧。

文件 ch20.9.vdb.decision.singleyear.xlsx 包含使用 SLN、DDB 和 VDB 函数的示例（见图20.11）。

第 20 章 财务函数

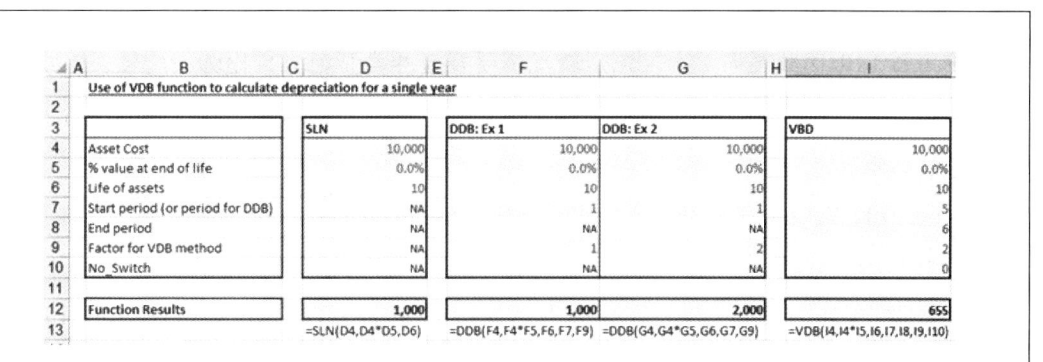

图20.11 SLN、DDB和VBB函数示例

在实践中，用这些函数计算折旧概况显然需要一个指定的（或者根据其他假设计算而得的）资本支出（CapEx）作为输入数据。

文件 Ch20.10.VDB.DeprequitionTriangle.xlsx 显示了上述这些函数的示例，其中折旧的计算结果是通过"三角"计算法（前文已有所赘述，也可以使用 TRANSPOSE 函数将日期和 CapEx 所在区域进行转置）计算而来，并且 VDB 函数也被嵌入在错误检查语句中，注意到例子中使用了 IF 函数和 AND 函数以确保在 Capex 被折旧完毕之后的年份中仍不会返回错误（见图20.12）。

图20.12 基于CapEx情况计算折旧

示例6：YIELD函数

YIELD 函数用于计算支付定期利息证券的收益率，它在很多方面与 IRR 函数非常类似，只不过 YIELD 函数需要明确给定到期日和结算日，而且不需要每期的现金流（与 IRR 函数不同），其应用情况需要视债券类型而言，比如一次性买入或现金流出后随即就是流入的债券，而 IRR 函数可以应用到存续期内有多期的期初现金流为负的情况。

Ch20.11.YIELD.IRR.xlsx 文件中是 YIELD 函数的使用示例，以及相同场景下如何用 IRR 函数计算出同样的收益率（见图 20.13）。

与收益率有关的其他函数包括 YIELDDISC、YIELDMAT、TBILLYIELD、ODDFYIELD 和 ODDLYIELD。

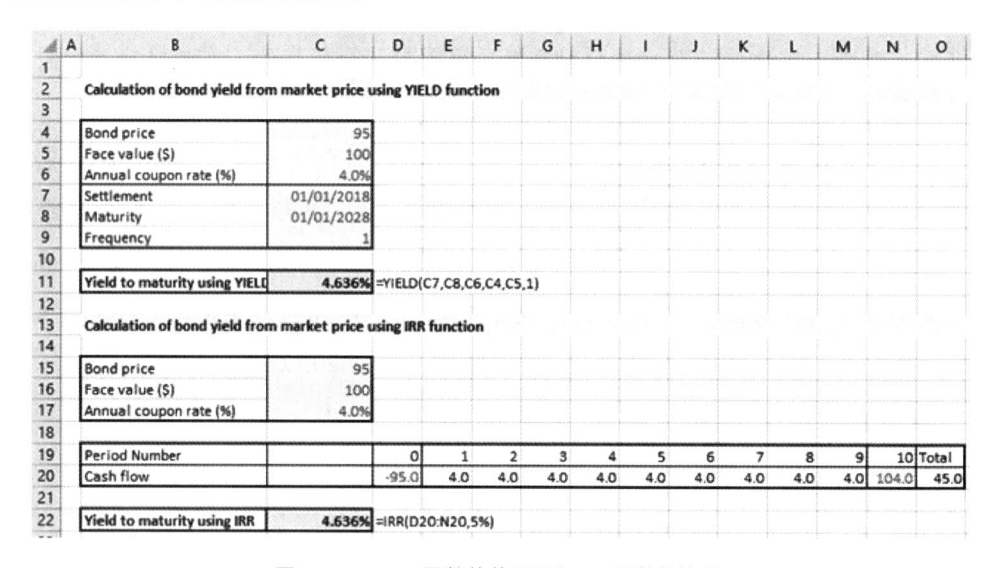

图20.13 YIELD函数的使用及与IRR函数的比较

示例7：现金流的久期

面对任何的现金流，我们可以采用以下几种衡量平均时间的方法：

- 时间加权平均非贴现名义现金流。
- 时间加权平均贴现现金流（需要假定一个贴现率）。
- 其他可用于标准化的改进后的度量方式。

非贴现时间加权值可被视为现金流的"久期"，贴现现金流的时间加权平均值通常被称为"麦考利久期（Macaulay duration）"，当麦考利久期被进一步贴现（除以"1+YTM"）后，被称为"修正久期（modified duration）"。

文件 ch20.12.cashduration.xlsx 展示了根据一般现金流计算上述几个时间加权现金流的示例（见图 20.14）。

图20.14 现金流的久期、麦考利久期和修正久期的计算

示例8：DURATION函数和MDURATION函数

我们在计算债券价格的过程中，可以根据各个要素（价格、息票、结算和到期日等）直接计算久期而无需给定现金流，请注意，Duration 函数计算麦考利久期（即基于收益率贴现的现金流），而 MDDuration 函数则用于计算麦考利久期的修正久期，但退一步来说，即使没有现成的 Excel 函数可以计算"原始"或非贴现的"久期"，也可以通过 SUMPRODUCT 函数计算而得。

文件 ch20.13.bondDuration.xlsx 显示的示例（见图 20.15）中，久期的计算需要用到 YIELD 函数的计算结果（即确定贴现率）作为输入变量，而在给定未来现金流情况下的手动计算过程在该文件中也有所显示。

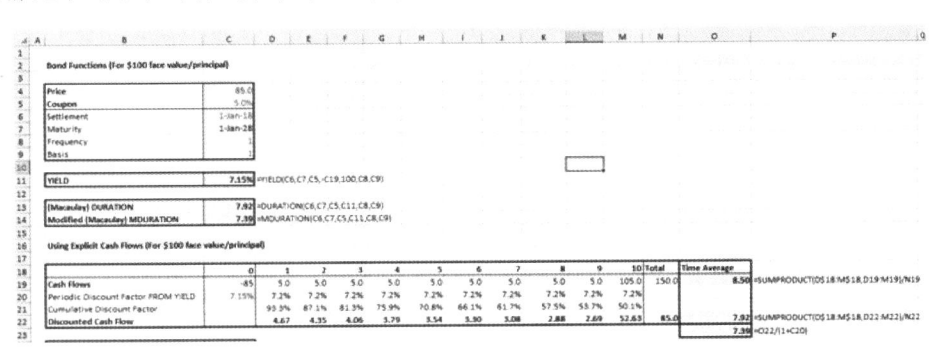

图20.15 DURATION函数和MDURATION函数的使用以及与手动逐步计算的比较

示例9：PDURATION函数和RRI函数

PDURATION 函数与债券方面的计算以及上述提到过的函数都无关，该函数用于计算在增长率固定的情况下，投资额通过增值达到目标值所需要的期数，换句话说，该函数给出下面公式的 n 的数值：

$$FV = PV(1+g)^n$$

当然，不使用这个函数，也可以求解这个方程直接得到 n：

$$n = \frac{\mathrm{LN}\left(\frac{FN}{PN}\right)}{\mathrm{LN}(1+g)}$$

同样，RRI 函数通过求解以下方程找到 g 的值（如果将 g 视为收益率而不是增长率，则 RRI 可被视为"隐含收益率"）：

$$g = \mathrm{EXP}\left(\mathrm{LN}\left(\frac{FN}{PN}\right)/n\right) - 1$$

文件 Ch20.14.PDURATION.RRI.xlsx 提供了这些函数的示例（见图 20.16）。

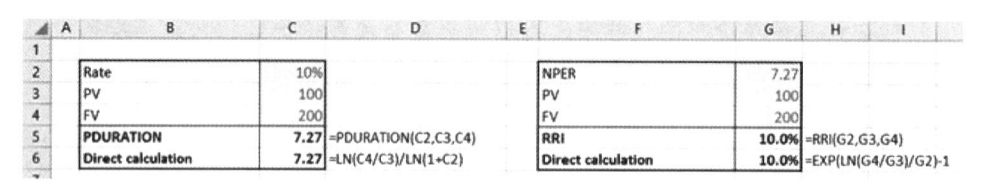

图20.16 PDURATION函数的使用以及与手动计算的比较

20.3 其他财务函数

Excel 财务类别中的其他涉及到利率和债券的函数：

- ACCRINT 函数和 ACCRINTM 函数分别计算定期以及到期日支付利息的证券的应计利息。
- COUPDAYBS、COUPDAYS、COUPDAYSNC、COUPNCD、COUPNUM 和 COUPPCD 函数用于与应付票息相关的日期、天数、金额等的计算。
- DISC 函数计算证券的贴现率。
- DOLLARDE 函数和 DOLLARFR 函数用于将分数表示的美元价格转换为以十进制表示的价格，也可进行反向转换。
- EFFECT 函数用于给定名义年利率和每年的复利期数，计算实际年利率，NOMINAL 函数相反。
- INTRATE 函数计算足额投资证券（fully invested security[1]）的利率。
- RATE 函数计算年金的各期利率。
- ODDFPRICE（ODDLPRICE）函数计算首期付息日不固定（长期或短期）的面值为

---

[1] fully invested security是指到期前不会支付任何利息，只在到期日支付的证券，利息就是赎回金额与初始投资额之差。——译校注

100 元的有价证券的价格。
- PRICE 函数计算定期付息的面值为 100 元的有价证券的价格。
- PRICEDISC 函数计算折价发行的面值为 100 元的有价证券的价格。
- PRICEMAT 函数计算到期付息的面值为 100 元的有价证券的价格。
- TBILLEQ 函数计算国库券的债券等值收益率（bond-equivalent yield）[1]。
- TBILLPRICE 函数计算国库券的价格。

读者有兴趣可以更深入地探索这些函数间的联系。

---

[1] BEY =（利息额 / 折价）×（365 / 到期天数）。——译校注

第21章 统计函数

21.1 介绍

本章提供 Excel 统计类函数的一些使用范例，这些函数通常用于进行数据分析、考察变量之间的关系，估计或校准模型的输入输出等，其中大多数的计算涉及到：

- 数据集的定位、排名、离差和形状。
- 概率分布（X-to-P 和 P-to-X 的计算）。
- 相关性与回归分析。
- 预测和其他统计计算。

自 Excel 2010 以来，统计类函数发生了重大变化，主要原因如下：

- 提供了更明确的定义，例如计算是基于样本数据还是基于总体数据。
- 有更多的函数以及参数可供选择，例如概率分布是以累积分布函数的形式，还是以密度函数的形式表示。
- 增加了新的计算类型，例如 FORECAST 系列函数。

考虑到与早期 Excel 版本的向后兼容性，新版本函数发生的变化主要是通过在新函数名称后加一个"."来体现，例如 MODE.SNGL、RANK.EQ 或 STDEV.S 等。

值得一提的是，Excel 函数的分类在某些情况下具有一定的随机性，比如有些函数所属的类别可能与想象的不太一样，尤其是统计函数与数学运算函数的区别并不是很清楚，例如 SUMIFS、COMIN 和 RAND 属于数学运算类函数，而 AVERAGEIFS、PERMUT、NORM.DIST、NORM.IN 和 PROBE 属于统计类函数。请注意，本章不再介绍前面已经介绍过的函数的具体使用方法（例如 AVERAGE、AVERAGEA、AVERAGEIF、AVERAGEIFS、MAXIFS、MINIFS、COUNT、COUNTA、COUNTBLANK、COUNTIF、COUNTIFS、MAX、MAXA、MIN、MINA）。

21.2 实际应用：定位、排名和中间值

一般来说，面对一个数据集，用户总是希望先从中获取一些能概括样本的基本统计特征的信息，例如：

- 平均值、最小值和最大值。
- 众数（出现次数最多的数）。
- 中位数，即数据集中高于或低于该值的比例都是 50%。
- 10%（90%）分位数，即数据集中有 10% 的数据低（高）于此值。
- 数据的离散度，表示数据集分开地有多远的极差。

相关的主要函数有：

- 如果数据集中有重复值，MODE.SNGL 函数会计算该数据集中的众数的第一个值。MODE.MULT 函数以数组形式返回众数的所有值，包括重复值，MODE 函数是 MODE.NGL 函数的旧版本。
- GEOMEAN 函数和 HARMEAN 函数计算一组数据的几何平均数和调和平均数，TRIMMEAN 函数计算数据集的内部，也就是截尾后的平均值。
- LARGE 函数和 SMALL 函数计算数据集的最大或最小值（例如，第一、第二、第三大的或最小的）。
- RANK.EQ 函数（在早期版本的 Excel 中为 RANK）计算某数在一个序列中的排名，RANK.AVG 函数给出多个具有相同的排名的情况下的平均排名。
- PERCENTILE.EXC 函数和 PERCENTILE.INC 函数（早期版本中为 PERCENTILE）分别计算数组的第 K 个百分位数，K 介于 0 和 1 之间，PERCENTILE.EXC 函数不包含 0 和 1，PERCENTILE.INC 函数包含 0 和 1。QUARTILE.EXC 函数和 QUARTILE.INC 函数（早期版本中为 QUARTILE）计算特定的第 25 个百分位点。MEDIAN 计算给定数字的中位数，即第 50 个百分位点。
- PERCENTRANK.INC 函数（早期版本的 PERCENTRANK）和 PERCENTRANK.EXC 函数分别给出某个特定数值在一组数中的百分比排名（在 0 和 1 之间），包含和不包含 0 和 1。

示例1：计算平均值和众数

一组数据的平均值可以通过对所有单个值求和，并除以数据的总个数而得，在 Excel 中，可以直接用 AVERAGE 函数计算，也可以用 SUM 除以 COUNT 得出。

- 关于平均数需要提到一点，一个原始的完整的数据集中，所有单个数据的平均值也称为"加权平均"，因为每个数字的个数也被包含其中。
- 在数学中，加权平均值也被称为"均值"或"期望值（EV）"，在编写本书时，Excel 中没有"MEAN"函数或"WEIGHTED AVERAGE"函数，但是，即便没有提供完整数据集（包括重复值）中的每一个数字，只要给出所有单个数据的值和频率，用 SUMPRODUCT 函数也可以计算出（加权）平均值。

- 为了计算数据集中每个数字的频率，可以使用 COUNTIFS 类型函数（见第 17 章），也可以使用 FREQUENCY 数组函数（见第 18 章），一个典型的应用是用于计算一个数据集中落在某个指定范围内的数据的频率，也称之为“桶（buckets）”或“箱（bins）”。
- 其他的基于一定判断条件的函数有 AVERAGEIFS，MINIFS 和 MAXIFS 函数（以及对应的数组形式的函数）等，他们可用于根据预先设定的准则，计算出数据集的某个样本的部分特征，这些内容在第 17 章和第 18 章中有介绍，因此不做进一步展开。

数据集中最频繁（或最经常发生）的值称为众数，其主要特征包括：

- 众数可以被认为是对数据集中最“期望”出现的数字的最佳估计，而其他任何不在“期望”范围内的数字都不太可能发生，因此众数通常会被作为模型在最一般情况下的默认值，尤其是需要主观判断或专业估计来确定该值的时候。
- 与数学中被定义为加权平均值的“期望值”不同，一般来说，这两个“期望”是不同的，除非数据集是对称的。
- 众数只在数据集中有重复值的时候才存在，因此，对于数值各不相同，不存在重复值的序列，众数是不存在的，函数公式会返回错误消息。

文件 Ch21.1.MODE.xlsx 显示了 MODE 函数、MODE.SNGL 函数以及 MODE.MULT 数组函数的示例（见图 21.1）。可以看到，当众数具有多个时，MODE.MULT 函数将返回所有的众数（区域 C5:C7 为所有的三个众数，最后一个单元格返回 #N/A，因为公式将 C5~C8 四个单元格选为数组形式的输出区域）。

	A	B	C	D
1				
2		**Data 1**		
3		1.59	1.59	=MODE(B3:B15)
4		-1.78	1.59	=MODE.SNGL(B3:B15)
5		1.12	1.59	{=MODE.MULT(B3:B15)}
6		1.56	-1.78	{=MODE.MULT(B3:B15)}
7		0.59	1.56	{=MODE.MULT(B3:B15)}
8		-0.34	#N/A	{=MODE.MULT(B3:B15)}
9		1.03		
10		1.06		
11		1.05		
12		0.80		
13		1.56		
14		1.59		
15		-1.78		
16				

图21.1 MODE系列函数的应用

从图 21.2 可见，当数组中的每个值只出现一次时，这些函数将返回 #N/A。

E	F	G	H
	Data 2		
	1.59	#N/A	=MODE(F3:F102)
	-1.78	#N/A	=MODE.SNGL(F3:F102)
	1.12	#N/A	{=MODE.MULT(F3:F102)}
	1.56		
	0.59		
	-0.34		
	1.03		
	1.06		
	1.05		
	0.80		
	0.61		
	0.87		
	-0.22		
	2.40		
	0.46		
	2.10		
	0.40		

图21.2 没有重复值的情况下应用MODE系列函数

注意，虽然 Excel 中没有基本的 MEAN 函数，但 TRIMMEAN、GEOMEAN 和 HARMEAN 函数是存在的：

- TRIMMEAN 函数计算去除指定个数的最值（最大及最小）后数据集的平均值，值得注意的是，截尾是对称的，即若要在 10 个数据中去除 2 个数据，即最大的一个和最小的一个，那么用户指定的百分比应该是：2/10=0.2，所以当设置成 0.2 时，不代表"去除最大的：10×0.2=2（个），并去除最小的：10×0.2=2（个）"，也就是一共去除了 4 个，所以设置百分比的时候要注意这点。
- GEOMEAN 函数计算一组数据中 n 个正数的几何平均值，即这 n 个数乘积的 n 次根。
- HARMEAN 函数计算了一组正数的调和均值，即所有数据的倒数的平均值的倒数。

文件 Ch21.2.MEANS.xlsx 展示了这些示例（见图 21.3）。

	A	B	C	D
1				
2		Data 1		
3		1.59	0.668	=AVERAGE(B3:B12)
4		-1.78	0.668	=TRIMMEAN(B3:B12,0%)
5		1.12	0.668	=TRIMMEAN(B3:B12,10%)
6		1.56	0.859	=TRIMMEAN(B3:B12,30%)
7		0.59		
8		-0.34	1.010	=GEOMEAN(B5:B7)
9		1.03	1.010	=PRODUCT(B5:B7)^(1/COUNT(B5:B7))
10		1.06		
11		1.05	0.931	=HARMEAN(B5:B7)
12		0.80	0.931	=1/((1/3)*(1/B5+1/B6+1/B7))

图21.3 TRIMMEAN、GEOMEAN和HARMEAN的示例

示例2：使用LARGE进行数据动态排序

尽管可以使用Excel"数据"选项卡上的工具对数据进行排序，但这个过程只能手动完成（或运行排序过程的VBA宏），另一种方法是使用LARGE函数，该函数在动态建模中特别有用，尤其是动态加入新数据或需要进行敏感性分析的时候，不过一般来说，只有在需要找最大，第二大，第三大等比较靠前的最大值的时候，大家才会考虑用该函数，不太会用该函数来对所有数据进行排序，SMALL函数也类似，用于返回最小的一系列数字，当然，如果你只需要返回最大或最小值，使用MAX函数或MIN函数即可。

文件Ch21.3.LARGE.SMALL.xlsx展示了一个示例（见图21.4），其中的LARGE函数和SMALL函数用于在一组长度为100的数据集中，找出前11个最大和最小的值。

	A	B	C	D	E	F	G	H
1								
2		Data 1		Largest 11			Smallest 11	
3	1	1.59		3.30	=LARGE(B$3:B$102,$A3)		-1.78	=SMALL($B$3:$B$102,$A3)
4	2	-1.78		2.78	=LARGE(B$3:B$102,$A4)		-1.62	=SMALL($B$3:$B$102,$A4)
5	3	1.12		2.66	=LARGE(B$3:B$102,$A5)		-1.20	=SMALL($B$3:$B$102,$A5)
6	4	1.56		2.41	=LARGE(B$3:B$102,$A6)		-0.77	=SMALL($B$3:$B$102,$A6)
7	5	0.59		2.40	=LARGE(B$3:B$102,$A7)		-0.57	=SMALL($B$3:$B$102,$A7)
8	6	-0.34		2.39	=LARGE(B$3:B$102,$A8)		-0.54	=SMALL($B$3:$B$102,$A8)
9	7	1.03		2.39	=LARGE(B$3:B$102,$A9)		-0.51	=SMALL($B$3:$B$102,$A9)
10	8	1.06		2.30	=LARGE(B$3:B$102,$A10)		-0.47	=SMALL($B$3:$B$102,$A10)
11	9	1.05		2.25	=LARGE(B$3:B$102,$A11)		-0.46	=SMALL($B$3:$B$102,$A11)
12	10	0.80		2.21	=LARGE(B$3:B$102,$A12)		-0.36	=SMALL($B$3:$B$102,$A12)
13	11	0.61		2.20	=LARGE(B$3:B$102,$A13)		-0.34	=SMALL($B$3:$B$102,$A13)
14	12	0.87		2.10				
15	13	-0.22		2.10				
16	14	2.40		2.09				
17	15	0.46		2.08				
18	16	2.10		2.07				

图21.4 使用LARGE和SMALL对数据进行排序和操作

示例3：RANK.EQ函数

一个数据的排名就是其在排好序后的数据集中的位置，也就是说，最大值的排名为1（或最小值，根据升序还是逆序的设置），次大值（或次小值）的排名为2，依此类推，该排名与LARGE或SMALL函数密切相关，本质上两者互为逆过程，也就是说排名返回一个数字在排序后数据集中的位置，而LARGE函数反过来是根据指定位置返回对应位置的值。

在财务模型中有时需要对数据进行排序，例如根据重要程度来做汇报数据，而在分析多个数据集之间的关系时，秩（spearman）相关系数的计算也需要对数据排序，本章后面讨论。

文件 Ch21.4.RANKEQ.xlsx 展示了将 RANK.EQ 函数应用于100个互不相同的数字构成的数据集的结果，同时也包含了省略可选参数和包含可选参数的两种情况下的结果（也对应了降序和升序两种情况）（见图21.5），旧函数RANK也显示在该文件中，但不选择在图21.5显示。

	A	B	C	D	E	F	G	H
1								
2		Data			Rank Order Descending		Rank Order Ascending	
3		1.59		29	=RANK.EQ(B3,B$3:B$102)	72	=RANK.EQ(B3,B$3:B$102,1)	
4		-1.78		100	=RANK.EQ(B4,B$3:B$102)	1	=RANK.EQ(B4,B$3:B$102,1)	
5		1.12		44	=RANK.EQ(B5,B$3:B$102)	57	=RANK.EQ(B5,B$3:B$102,1)	
6		1.56		30	=RANK.EQ(B6,B$3:B$102)	71	=RANK.EQ(B6,B$3:B$102,1)	
7		0.59		68	=RANK.EQ(B7,B$3:B$102)	33	=RANK.EQ(B7,B$3:B$102,1)	
8		-0.34		90	=RANK.EQ(B8,B$3:B$102)	11	=RANK.EQ(B8,B$3:B$102,1)	
9		1.03		50	=RANK.EQ(B9,B$3:B$102)	51	=RANK.EQ(B9,B$3:B$102,1)	
10		1.06		48	=RANK.EQ(B10,B$3:B$102)	53	=RANK.EQ(B10,B$3:B$102,1)	

图21.5 RANK.EQ函数的示例

示例4：RANK.AVG函数

文件 Ch21.5.RANKAVG.xlsx（见图21.6）显示了包含重复值的数据集（如单元格B5和B16）的应用结果，可见每个重复值的排名是相同的。RANK.EQ函数为每个重复值提供一个相等的排名，不管排序后的位置（例如没有排名为4的项），相比之下，RANK.AVG提供了这些重复值的排名的平均值（即3.5，即本例中的平均值3和4）。

	A	B	C	D	E	F
1						
2		Data	Rank Order Descending		Rank Order Descending	
3		1.59	1	=RANK.EQ(B3,B$3:B$16)	1	=RANK.AVG(B3,B$3:B$16)
4		-1.78	14	=RANK.EQ(B4,B$3:B$16)	14	=RANK.AVG(B4,B$3:B$16)
5		1.12	3	=RANK.EQ(B5,B$3:B$16)	3.5	=RANK.AVG(B5,B$3:B$16)
6		1.56	2	=RANK.EQ(B6,B$3:B$16)	2	=RANK.AVG(B6,B$3:B$16)
7		0.59	11	=RANK.EQ(B7,B$3:B$16)	11	=RANK.AVG(B7,B$3:B$16)
8		-0.34	13	=RANK.EQ(B8,B$3:B$16)	13	=RANK.AVG(B8,B$3:B$16)
9		1.03	7	=RANK.EQ(B9,B$3:B$16)	7	=RANK.AVG(B9,B$3:B$16)
10		1.06	5	=RANK.EQ(B10,B$3:B$16)	5	=RANK.AVG(B10,B$3:B$16)
11		1.05	6	=RANK.EQ(B11,B$3:B$16)	6	=RANK.AVG(B11,B$3:B$16)
12		0.80	9	=RANK.EQ(B12,B$3:B$16)	9	=RANK.AVG(B12,B$3:B$16)
13		0.61	10	=RANK.EQ(B13,B$3:B$16)	10	=RANK.AVG(B13,B$3:B$16)
14		0.87	8	=RANK.EQ(B14,B$3:B$16)	8	=RANK.AVG(B14,B$3:B$16)
15		-0.22	12	=RANK.EQ(B15,B$3:B$16)	12	=RANK.AVG(B15,B$3:B$16)
16		1.12	3	=RANK.EQ(B16,B$3:B$16)	3.5	=RANK.AVG(B16,B$3:B$16)

图21.6 重复项的RANK.EQ函数和RANK.AVG函数

示例5：计算百分位数

另一个重要的统计量是百分位数（percentile，也叫作centile），返回的是一个数据集中所有小于等于指定百分比的最大数，或者说处于$x\%$位置的值称为第 x 百分位数，例如，第 10 百分位数（或 P10）表示有10%的数据都小于该值，而 P90 则表示有90%的数据都小于该值，所以最小值和最大值分别是第 0 个百分位点和第 100 个百分位点，比较特殊的一个分位数是第 50 个百分位点（P50），即有50%的数据高于或低于这个值，即所谓的中位数。

我们可以使用 PERCENTILE、PERCENTILE.INC 和 PERCENTILE.EXC 等函数计算数据集的百分位数，具体采用哪个取决于所使用的 Excel 版本（特殊情况下，P0、P100 和 P50 也可以通过 MIN、MAX 和 MEDIAN 函数来计算）。

虽然这些统计量理论上只定义在连续（无限）的数据集上，但也可以应用于实际场景中有限（离散）的数据集，尽管应用起来需要非常谨慎，所以对返回的结果需要理解透彻。为了找到真实数字的近似值（隐含假设是底层的数据生成过程是连续的），PERCENTILE 类函数通常需要在数据之间进行插值。例如，"PERCENTILE.INC({1,2,3,4,5}，10%)"的值返回为1.4，"PERCENTILE.INC({1,2,3,4,5}，20%)"的值返回为1.8。

文件 Ch 21.6.percentiles.xlsx 显示了 PERCENTILE 类函数的一些应用。注意，尽管 PERCENTILE.INC 和传统的 PERCENTILE.INC 函数可以应用于任何百分位数（包括0%或100%），但 PERCENTILE.EXC 函数的输入值只能是介于 $1/n$ 和 $1-1/n$

之间的百分比值，其中 n 是数据集中的数据个数，在该范围内，通过插值方法可以找到更准确的百分比估计值，我们可以从该文件中看到有关 P10 计算的这部分内容。另外，文件右侧使用 LARGE 函数来显示排序后的数据，可以看到 PERCENTILE.EXC 函数的返回值更准确（见图 21.7）。在本章后续内容中，我们进一步提供一个例子来说明 PERCENTILE.EXC 函数更准确，但一些常规测试表明也不是在所有情况下该结论都成立。

	B	C	D	F	G	H
1						
2	Data 2					
3	1.59	2.203	=PERCENTILE(B3:B102,90%)	1	3.302	=LARGE(B$3:B$102,$F3)
4	-1.78	2.203	=PERCENTILE.INC(B3:B102,90%)	2	2.78	=LARGE(B$3:B$102,$F4)
5	1.12	2.212	=PERCENTILE.EXC(B3:B102,90%)	3	2.66	=LARGE(B$3:B$102,$F5)
6	1.56			4	2.41	=LARGE(B$3:B$102,$F6)
7	0.59	3.044	=PERCENTILE(B3:B102,99.5%)	5	2.40	=LARGE(B$3:B$102,$F7)
8	-0.34	3.044	=PERCENTILE.INC(B3:B102,99.5%)	6	2.39	=LARGE(B$3:B$102,$F8)
9	1.03	#NUM!	=PERCENTILE.EXC(B3:B102,99.5%)	7	2.39	=LARGE(B$3:B$102,$F9)
10	1.06			8	2.30	=LARGE(B$3:B$102,$F10)
11	1.05	3.302	=PERCENTILE(B3:B102,100%)	9	2.25	=LARGE(B$3:B$102,$F11)
12	0.80	3.302	=PERCENTILE.INC(B3:B102,100%)	10	2.213	=LARGE(B$3:B$102,$F12)
13	0.61	#NUM!	=PERCENTILE.EXC(B3:B102,100%)	11	2.202	=LARGE(B$3:B$102,$F13)
14	0.87			12	2.10	
15	-0.22			13	2.10	

图21.7 PERCENTILE类函数和MEDIAN函数的使用

示例6：PERCENTRANK类函数

文件 Ch21.7.PERCENTRANK.xlsx（见图 21.8）包含一些 PERCENTRANK 类函数的示例，该类函数计算某个值在数据集中的百分比排名。“PERCENTRANK.INC (INC=inclusive)”对应的旧版本是 PERCENTRANK 函数，而“PERCENTRANK.EXC (EXC=exclusive)”的计算方式与 .INC 不一样[1]。

	B	D	E	F	G	H	I
1							
2	Data	Rank Order Ascending		PERCENTRANK.INC		PERCENTRANK.EXC	
3	1.59	72	=RANK.EQ(B3,B$3:B$102,1)	72%	=PERCENTRANK.INC(B$3:B$102,B3)	71%	=PERCENTRANK.EXC(B$3:B$102,B3)
4	-1.78	1	=RANK.EQ(B4,B$3:B$102,1)	0%	=PERCENTRANK.INC(B$3:B$102,B4)	1%	=PERCENTRANK.EXC(B$3:B$102,B4)
5	1.12	57	=RANK.EQ(B5,B$3:B$102,1)	57%	=PERCENTRANK.INC(B$3:B$102,B5)	56%	=PERCENTRANK.EXC(B$3:B$102,B5)
6	1.56	71	=RANK.EQ(B6,B$3:B$102,1)	71%	=PERCENTRANK.INC(B$3:B$102,B6)	70%	=PERCENTRANK.EXC(B$3:B$102,B6)
7	0.59	33	=RANK.EQ(B7,B$3:B$102,1)	32%	=PERCENTRANK.INC(B$3:B$102,B7)	33%	=PERCENTRANK.EXC(B$3:B$102,B7)
8	-0.34	11	=RANK.EQ(B8,B$3:B$102,1)	10%	=PERCENTRANK.INC(B$3:B$102,B8)	11%	=PERCENTRANK.EXC(B$3:B$102,B8)
9	1.03	51	=RANK.EQ(B9,B$3:B$102,1)	51%	=PERCENTRANK.INC(B$3:B$102,B9)	50%	=PERCENTRANK.EXC(B$3:B$102,B9)
10	1.06	53	=RANK.EQ(B10,B$3:B$102,1)	53%	=PERCENTRANK.INC(B$3:B$102,B10)	52%	=PERCENTRANK.EXC(B$3:B$102,B10)
11	1.05	52	=RANK.EQ(B11,B$3:B$102,1)	52%	=PERCENTRANK.INC(B$3:B$102,B11)	51%	=PERCENTRANK.EXC(B$3:B$102,B11)
12	0.80	43	=RANK.EQ(B12,B$3:B$102,1)	42%	=PERCENTRANK.INC(B$3:B$102,B12)	43%	=PERCENTRANK.EXC(B$3:B$102,B12)
13	0.61	35	=RANK.EQ(B13,B$3:B$102,1)	34%	=PERCENTRANK.INC(B$3:B$102,B13)	35%	=PERCENTRANK.EXC(B$3:B$102,B13)

图21.8 PERCENTRANK函数示例

[1] .INC将最大值最小值映射为100%和0%的百分比后计算指定数据的百分比，而.EXC只通过在最大最小值之间进行插值来计算，不涉及到与0%和100%的映射。——译校注

> 注意，虽然 RANK.EQ、RANK.AVG 和 RANK 函数的默认设置（即省略可选参数时）是以降序形式显示，而对于 PERCENTRANK 类函数，默认的排序是升序。

21.3 实际应用：数据点的离差和总体"形状"

数据点的离差和总体"形状"也是数据集的主要特征，两者都提供了数据集总体的信息，而不是只针对单个数据点。

与"形状"相关的主要统计量包括：

- FREQUENCY 是一个数组函数，它计算数据集内的数据在指定范围（或箱）内的出现次数，即频率分布。
- SKEW 函数用于描述数据集的对称性：在 Excel 中，SKEW.P（Excel 2013）计算总体数据的偏度，而 SKEW 基于的是样本数据（在编写本书时，SKEW.S 还不存在）。
- KURT 函数用于描述尾部（偏向最小或最大值）数据个数相对于中间数据个数的多少程度，也即描述总体中所有取值分布形态的陡缓程度，KURT 基于样本数据估计总体数据的峰度（相对正态分布的额外峰度）（在编写本书时，KURT.P 和 KURT.S 还不存在）。

衡量某个数据集中数据点的离散程度主要有以下指标：

- 数据范围的极差（最大值减去最小值），或两个百分点值之间的差（P90 减去 P10），这方面的函数有 MIN、MAX、PERCENTILE 类和其他相关函数（请参阅本章前面的内容）。
- 标准差或其他偏差度量，如半离差，在编写本书时，已经有了许多与计算数据集的标准差和方差有关的函数，但不存在半离差函数（关于计算方法，请参阅本章后面的部分，以及第 33 章中使用 VBA 自定义函数来实现的方法）：
- 假设数据代表整个总体，VAR.P（早期版本中为 VARP）计算一组数据的总体方差，即点与平均值的偏差的平方的平均值。同样假设数据集代表总体中一个样本，VAR.S（早期版本中为 VAR）估计的是总体方差（因此公式中需要使用偏差修正项）。
- STDEV.P（早期版本中的 STDEVP）和 STDEV.S（早期版本中的 STDEV）函数分别基于总体或样本数据估计总体的标准差。
- AVEDEV 函数计算数据相对于平均值的绝对偏差的平均值（相对于均值的平均偏差显然为 0）。

其他函数还有：

- VARPA、STDEVPA、VARA 和 STDEVA 函数在计算总体和样本的统计量时，会将数字、文本和逻辑值都参与计算。
- DEVSQ 函数计算数据集偏离平均值的平方和。
- STANDARDIZE 函数计算输入值与指定数值之间的偏差，并用指定的标准差进行调整，即一般说的标准化。

值得注意的是，在大多数情况下，此类函数假定给定的数据集是取自同一样本或总体中的所有单个实例构成的集合，因此，此类函数不支持任何与频率相关的数据（一个例外情况是使用 SUMPRODUCT 函数时，频率是一个输入参数）。

示例1：使用FREQUENCY函数生成收益率的直方图

FREQUENCY 函数用于统计位于一组指定范围（或"箱"）内的数据个数，该函数可以用于计算数据的频率，进而可以将频率表现为条形图（柱状图）。注意，它是一个数组函数，输入范围必须是垂直，而非水平的。

文件 Ch21.9.FREQUENCY.xlsx 展示了将 FREQUENCY 函数应用于市场收益率的时间序列数据的统计上（见图 21.9），其中单元格 G2 还画出了柱状图的迷你图（Sparkline）形式，该图是通过 Excel "插入"菜单中的迷你图选项创建的。

	A	B	C	D	E	F	G
2		Period	Returns		Xbins	FREQUENCY	
3		1	5.40%		-10.0%	0	{=FREQUENCY(C3:C202,E3:E23)}
4		2	-8.16%		-9.00%	0	{=FREQUENCY(C3:C202,E3:E23)}
5		3	-2.42%		-8.00%	1	{=FREQUENCY(C3:C202,E3:E23)}
6		4	-1.00%		-7.00%	0	{=FREQUENCY(C3:C202,E3:E23)}
7		5	2.09%		-6.00%	0	{=FREQUENCY(C3:C202,E3:E23)}
8		6	0.80%		-5.00%	1	{=FREQUENCY(C3:C202,E3:E23)}
9		7	0.16%		-4.00%	2	{=FREQUENCY(C3:C202,E3:E23)}
10		8	1.47%		-3.00%	4	{=FREQUENCY(C3:C202,E3:E23)}
11		9	1.16%		-2.00%	6	{=FREQUENCY(C3:C202,E3:E23)}
12		10	1.24%		-1.00%	10	{=FREQUENCY(C3:C202,E3:E23)}
13		11	1.43%		0.00%	31	{=FREQUENCY(C3:C202,E3:E23)}
14		12	2.51%		1.00%	52	{=FREQUENCY(C3:C202,E3:E23)}
15		13	1.51%		2.00%	54	{=FREQUENCY(C3:C202,E3:E23)}
16		14	-0.86%		3.00%	24	{=FREQUENCY(C3:C202,E3:E23)}
17		15	2.30%		4.00%	7	{=FREQUENCY(C3:C202,E3:E23)}
18		16	1.06%		5.00%	6	{=FREQUENCY(C3:C202,E3:E23)}
19		17	1.61%		6.00%	1	{=FREQUENCY(C3:C202,E3:E23)}
20		18	-1.36%		7.00%	0	{=FREQUENCY(C3:C202,E3:E23)}
21		19	-0.63%		8.00%	1	{=FREQUENCY(C3:C202,E3:E23)}
22		20	0.57%		9.00%	0	{=FREQUENCY(C3:C202,E3:E23)}
23		21	1.35%		10.00%	0	{=FREQUENCY(C3:C202,E3:E23)}
24		22	2.38%		Infinity	0	{=FREQUENCY(C3:C202,E3:E23)}
25		23	-2.01%				

图21.9 使用FREQUENCY函数

请注意与此函数有关的其他几点：

- 由于是数组函数，用户必须一次性选中要统计的范围内的所有数据，而且该范围必须是比"箱"的范围至少要多一个单元格，因为可能存在大于最大那根"箱"的上限的数据。
- 选择"箱"的宽度很重要，如果太宽，柱状图不够详细，如果太窄，柱状图将看起来"鳞次栉比"，有多个局部峰值。
- 由于该函数计算的是每一个"箱"内，位于该"箱"的最大最小值之间的数据数量，因此可以在每个"箱"内使用COUNTIFS函数来达到相同的目的。这里有两个统计标准：对于一个"箱"的边界值，到底算在前一根，还是算在后一根的数量里，这点需要注意，其次，对没有下限的第一根"箱"或没有上限的最后一根"箱"都需要进行适当调整，使得整个柱状图是封闭的。另外，我们也可以将PERCENTRANK函数的应用场景稍加变化来创建直方图，但在实践中，这样做通常没有什么好处，图21.10展示了COUNTIFS函数在相同场景中的使用情况。

Xbins	COUNTIFS	
-10.0%	0	=COUNTIFS($C$3:$C$202,"<="&I3)
-9.00%	0	=COUNTIFS($C$3:$C$202,">="&I3,$C$3:$C$202,"<="&I4)
-8.00%	1	=COUNTIFS($C$3:$C$202,">="&I4,$C$3:$C$202,"<="&I5)
-7.00%	0	=COUNTIFS($C$3:$C$202,">="&I5,$C$3:$C$202,"<="&I6)
-6.00%	0	=COUNTIFS($C$3:$C$202,">="&I6,$C$3:$C$202,"<="&I7)
-5.00%	1	=COUNTIFS($C$3:$C$202,">="&I7,$C$3:$C$202,"<="&I8)
-4.00%	2	=COUNTIFS($C$3:$C$202,">="&I8,$C$3:$C$202,"<="&I9)
-3.00%	4	=COUNTIFS($C$3:$C$202,">="&I9,$C$3:$C$202,"<="&I10)
-2.00%	6	=COUNTIFS($C$3:$C$202,">="&I10,$C$3:$C$202,"<="&I11)
-1.00%	10	=COUNTIFS($C$3:$C$202,">="&I11,$C$3:$C$202,"<="&I12)
0.00%	31	=COUNTIFS($C$3:$C$202,">="&I12,$C$3:$C$202,"<="&I13)
1.00%	52	=COUNTIFS($C$3:$C$202,">="&I13,$C$3:$C$202,"<="&I14)
2.00%	54	=COUNTIFS($C$3:$C$202,">="&I14,$C$3:$C$202,"<="&I15)
3.00%	24	=COUNTIFS($C$3:$C$202,">="&I15,$C$3:$C$202,"<="&I16)
4.00%	7	=COUNTIFS($C$3:$C$202,">="&I16,$C$3:$C$202,"<="&I17)
5.00%	6	=COUNTIFS($C$3:$C$202,">="&I17,$C$3:$C$202,"<="&I18)
6.00%	1	=COUNTIFS($C$3:$C$202,">="&I18,$C$3:$C$202,"<="&I19)
7.00%	0	=COUNTIFS($C$3:$C$202,">="&I19,$C$3:$C$202,"<="&I20)
8.00%	1	=COUNTIFS($C$3:$C$202,">="&I20,$C$3:$C$202,"<="&I21)
9.00%	0	=COUNTIFS($C$3:$C$202,">="&I21,$C$3:$C$202,"<="&I22)
10.00%	0	=COUNTIFS($C$3:$C$202,">="&I22,$C$3:$C$202,"<="&I23)
Infinity	0	=COUNTIFS($C$3:$C$202,">="&I23)

图21.10 使用COUNTIFS函数替代FREQUENCY函数

示例2：方差、标准差和波动性

标准差（σ）提供了范围或离差的标准化度量方式，它是对均值的"平均"偏差的度量。在所有其他条件相同的情况下，标准差大的分布比标准差小的分布更离散，且具有更大的不确定性或风险。

标准差定义为方差的平方根（V）：

$$V(x) = \sum p_i(x_i - \mu)^2$$

进一步的：

$$\sigma = \sqrt{V} = \sqrt{\sum p_i(x_i - \mu)^2}$$

其中：

$$\mu = \sum p_i x_i = E(x)$$

其中 p 是对应的 x 值的相对概率（或发生频率），μ 和 E 表示均值或数学期望。

我们还可以将方差写成：

$$V = E[(x - \mu)^2]$$
$$V = E\{[x - E(x)]^2\}$$

重排为：

$$V = E[x^2 - 2xE(x) + E(x)^2]$$

或：

$$V = E(x^2) - 2E(x)E(x) + E(x)^2$$

因此

$$V = E(x^2) - [E(x)]^2$$

最后一个方程一般认为是计算方差最有效的方法，也便于推导其他相关公式，该方程将方差描述为"平方的期望值减去期望值的平方"。

还有其他几点值得注意：

- 标准差是先计算与平均值之间的距离，再求距离平方的平均值，最后再开方，它与（非平方）距离的平均偏差不同，计算标准差的过程中，平方这一步使得标准差比绝对偏差更接近平均值，因此，在某些情况下用绝对偏差（用 AVEDEV 函数计算）作为离差或风险的衡量标准可能更合适。
- 标准差与样本数据（如美元或其他货币的价值、时间、空间等）的测量单位相同，因此一般可以直接得到物理或直观意义上的解释，而方差不具有此属性（如当应用到货币时，方差的单位为美元的平方）。
- 作为一种风险度量，标准差是描述正态分布和对数正态分布的参数之一（另一种是均值），这些分布在金融建模中非常重要，特别是与资产回报、股票价格等有关的模型中。
- 在许多金融市场场景中，资产收益（或价格变化）的标准差被认为是衡量风险的核心指标，通常被称为波动性，其他衡量标准如在险价值（value-at-risk）、单边风险、半离差和违约概率也很重要，但在不同应用场景中扮演的角色也各有不同。

一般来说，我们只能对数据集中的样本（即子集）进行统计，因此我们需要考虑样本的标准差是否代表了抽取样本的整个总体的标准差。换言之，一个样本的任何统计量都可以被视为只是对相应总体的估计值（而不是真实数字），样本中的数据可能来自另一个其均值或标准差略有不同的真实（总体）数据生成过程，因此，有两个问题需要考虑：

- 当数据是样本数据时，如何计算总体参数的无偏估计值。
- 如何计算这些参数的所有可能的值构成的范围（置信区间），因为基于样本数据的计算值只是对真实数字的一个估计值。

在这个例子中，我们展示了如何估计方差和标准差，以及相关的校正因子，包含原始估计值的置信区间的估计公式要求使用T分布的逆分布（用于估计均值）和卡方分布（用于估计标准差），这些将在本章后面讨论。

为了计算无偏估计值：

- 一个样本的均值是对总体均值的一个无偏估计。
- 样本的标准差略低估总体的标准差，因此为了提供总体的无偏估计，需要原始公式乘以校正因子：

$$\sqrt{\frac{n}{n-1}}$$

其中n是样本数。STDEV.S（或旧版本的STDEV）函数用于计算基于样本的总体标准差的估计值，而且函数中已经内置了校正因子。另一方面，STDEV.P（或STDEVP）函数是在假定数据是完整的总体（因此不需要修正项）的前提下进行标准差的计算。

- 考虑方差（使用VAR.S函数或VAR.P函数）时方法同上，但校正因子是：

$$\frac{n}{n-1}$$

不用开根号。

- 其他统计指标（偏态和峰度，见下文）也需要引入校正因子来计算无偏估计值。

文件Ch21.9.VARIANCE.STDDEV.xlsx包含了这样一个示例：标普500（S&P

500）指数 5 年的月度对数回报数据的方差和标准差计算（见图 21.11）。

	A	B	C	D	E	F	G
1							
2		Month	Log Changes				
3			S&P		Item	Value	Formula
4		1	-1.4%		Variance	0.0013	=VAR.S(C4:C63)
5		2	-2.2%		Sqrt of Variance	3.58%	=SQRT(F4)
6		3	1.4%		Standard deviation	3.58%	=STDEV.S(C4:C63)
7		4	1.3%				

图21.11 基于样本数据的收益率方差和标准差

图 21.12 来自同一文件，相比图 21.11，图 21.12 还显示了将统计量的计算应用到完整的总体上计算结果，而且为了使得结果具有可比性，还用样本量做了调整参数。

文件 Ch21.10.DeviationsGeneral.xlsx 展示了其他与偏差相关的函数的示例，包括 DEVSQ 函数（它将所有与均值的偏差开方后加总，因此类似 VAR.P 除以样本量，但不用修正），还有 AVEDEV 函数，它给出的是所有与均值的偏差绝对值的均值（见图 21.13）。

	A	B	C	D	E	F	G
1							
2		Month	Log Changes				
3			S&P		Item	Value	Formula
4		1	-1.4%		Variance	0.0013	=VAR.S(C4:C63)
5		2	-2.2%		Sqrt of Variance	3.58%	=SQRT(F4)
6		3	1.4%		Standard deviation	3.58%	=STDEV.S(C4:C63)
7		4	1.3%				
8		5	1.6%		Based on Sample Representing the Whole Population:		
9		6	3.1%		Variance	0.0013	=VAR.P(C4:C63)
10		7	2.4%		Standard deviation	3.55%	=STDEV.P(C4:C63)
11		8	2.1%		Ratios:		
12		9	0.5%		Variance	1.0169	=F4/F9
13		10	0.0%		Standard deviation	1.0084	=F6/F10
14		11	-3.1%		Cross-check		
15		12	1.2%		Sample Size, N	60	=COUNT(C4:C63)
16		13	1.1%		N/(N-1)	1.0169	=F15/(F15-1)
17		14	0.0%		Sqrt(N/(N-1))	1.0084	=SQRT(F16)

图21.12 将样本和总体的统计量通过样本量进行可比调整

	A	B	C	D	E	F
1						
2						
3		Data		Result	Formula	
4		-1.4%		0.001	=VAR.S(B4:B63)	
5		-2.2%		3.58%	=STDEV.S(B4:B63)	
6		1.4%				
7		1.3%		0.0013	=VAR.P(B4:B63)	
8		1.6%		3.55%	=STDEV.P(B4:B63)	
9		3.1%				
10		2.4%		0.0755	=DEVSQ(B4:B63)	
11		2.1%		60	=COUNT(B4:B63)	
12		0.5%		0.0013	=D10/D11	
13		0.0%		3.55%	=SQRT(D10/D11)	
14		-3.1%				
15		1.2%		2.6%	=AVEDEV(B4:B63)	

图21.13 DEVSQ函数和AVEDEV函数示例

示例3：偏度和峰度

偏度（skewness）是对分布不对称的度量，定义为：

$$\text{偏度系数} = \frac{\sum p_i(x_i - \mu)^3}{\sigma^3}$$

分子是"与均值的距离的三次方"的平均值，分母是标准差的三次方，因此偏度是一个无量纲的数（即它是一个没有类似美元、时间或空间这样的单位的数字）。

对于总体数据，可以使用 SKEW.P 函数。对于样本数据，这个函数将低估总体的偏度，所以总体偏度的无偏估计量需要样本估计值再乘以一个校正因子：

$$\frac{n^2}{(n-1)(n-2)}$$

SKEW 函数已经内置了该因子（目前还没有 SKEW.S 函数），因此给出的统计量是样本的无偏估计。

虽然偏度可以用一些通用的经验法则来解释，但是由于很多情况下仍有例外，因此进行精确和广义的解释还是存在困难，一般的符合经验判断的结论包括：

- 对称分布偏度为0，因为每一个大于均值的值都恰好有一个小于均值的值抵消，所以对均值附近的偏差取任何奇数次方，例如三次方时，它们就会相互抵消掉。
- 一个正的偏度表示分布的尾部在右边，一般说来，当偏度超过0.3时，分布的不对称性是显而易见的，尤其当数据用图表（直方图或类似的图）来表示时。

峰度（kurtosis）定义为与均值的距离的四次方的平均，再除以标准差的四次方，返回一个无量纲的数：

$$\text{峰度} = \frac{\sum p_i(x_i - \mu)^4}{\sigma^4}$$

峰度可能很难解释，从某种意义上说，它是对分布在中间区域（均值出）的峰值高低程度的描述，同时也有相对肥尾特征。正态分布的峰度为3，峰度等于、大于或小于3的分布分别被称为尖峰分布（mesokurtic）、低峰分布（leptokurtic）或平峰分布（platykurtic）。

Excel 的 KURT 函数用标准分布的峰度减去3，来表示超额峰度（excess kurtosis）：

$$\text{超额峰度} = \frac{\sum p_i(x_i - \mu)^4}{\sigma^4} - 3$$

正如标准差和偏度一样，我们也可以通过将样本峰度乘以修正项来得到总体峰度的无偏估计，但目前为止，Excel还没有内置该函数。

文件 Ch21.11.Moments.xlsx 使用与前面示例相同的数据集显示了其中几个函数的示例（标普500指数的5年对数收益率）（见图21.14）。

	A	B	C	D	E
1					
2					
3		Data		Result	Formula
4		-1.4%		-0.754	=SKEW.P(B4:B63)
5		-2.2%		-0.773	=SKEW(B4:B63)
6		1.4%			
7		1.3%		1.913	=KURT(B4:B63)
8		1.6%			

图21.14 SKEW.S和KURT函数的示例

示例4：单边波动率（半离差）

如前所述，STDEV 型函数可用于计算标准差，从而得到波动率，这类统计量通常只适合作为常规风险或变化的衡量指标，并且实践中也的确成为了金融市场中风险度量以及投资组合优化的许多核心理论和概念的基础。

另一方面，标准差表示的是偏离均值的程度，这些偏差视应用场景而言，有些是有利的，有些是不利的，在一些风险计算中，人们可能只希望把焦点放在不利的后果（视为消极的或不利的风险）上，而无视有利的结果，该做法会导致一个极端的结果即给出的风险度量值都是基于最坏的情况，而一个较不极端的方法是使用与标准差相似的半离差，半离差给出的只是相对均值的不利结果的均值。

在编写本书时，没有Excel函数能直接计算数据的半离差，但我们有三种主要的替代办法：

- 在 Excel 中的表格范围内执行带公式的逐步计算：先计算数据的均值，然后将所有高于（或低于）均值的偏差进行平方，而后加和，再数一下高于（或低于）均值的有多少个数据，最后将上述的平方和除以该个数后再开一下平方根。
- 使用数组函数计算平均值以上或以下的偏差总和以及数据集个数（即不必计算每个单独数据的对应值）。
- 通过创建一个自定义的函数来直接计算基于原始数据的统计量（所有计算都在VBA代码中进行，通过一个参数控制计算的是正偏差还是负偏差），对于许多其他自定义函数，此方法可以避免在 Excel 表中创建带公式的计算表，并允许直接引用数据集，如果数据集发生变化，计算结果也能快速发生相应的改变。

文件 Ch21.12.SemiDeviation.xlsx 展示了一个带公式的逐步计算过程和数组公式配合使用的示例，正如图 21.15 所示，读者可以在此 excel 文件中查阅以上这些计算步骤（有关如何实现自定义函数的内容请参考第 33 章）。

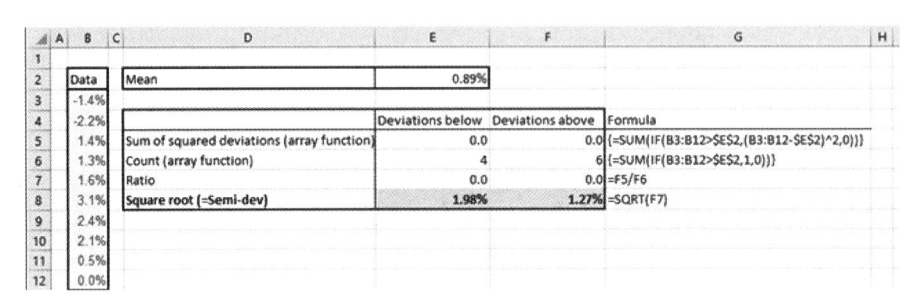

图21.15 使用数组公式计算数据的半离差

注意，半离差的传统定义是基于数据与平均值的偏差，但是该定义可以很简单的推广到与其他任何统计量的偏离（例如可接受的最低收益率）来衡量偏差，只需要在计算中将该统计量替换平均值。

21.4 实际应用：相互关系和依赖关系

在数据分析和建模中，探索变量之间可能存在的关系也很重要的一方面，X-Y 图（或散点图）是很好的分析起点，因为肉眼观测有助于发现潜在的关系并预先做出假设，例如：

- 没有任何明显的关系，数据点是随机分布的。
- 一般的线性关系，但其中还有一些无法解释甚至有可能是随机的因素，这种关系可以是正相关的（一个变量值的增加通常与另一个变量值的增加有关），也可以是负相关的，如果关系看起来是相当线性的，我们也可以选择让 Excel 画一条回归线，列出方程和相应的统计量。
- 更复杂的关系类型，例如 U 型曲线，或者明显的相关关系只存在于一部分变量之间，而另一部分则关系疏远。

注意，为了用肉眼观测数据中的潜在关系而创建 X–Y 散点图时，还不需要引入任何依赖（因果关系）或独立变量的概念（即使当将更为外生的变量设置为 X 轴时）。

示例1：散点图（X-Y图）和估计相关性

文件 Ch21.13.Scatter.SLOPE.CORREL.xlsx 显示了一个散点图示例（图 21.16），通过右键单击图表上的任何数据点（调用 Excel 中的数据依赖的敏感性分析菜单），在图表上显示一些相关的统计信息：

- SLOPE 函数和 INTERCEPT 函数用于计算回归方程的斜率（也就是说，回归方程的斜率理论上应该与图表方程中显示的斜率相同）。
- Pearson 乘积矩方法被用来计算"线性"相关性，用的是 CORREL 或 PEARSON 函数中的一种（或二者都用），RSQ 函数被用来计算相关系数的平方。
- STDEV.S 函数计算每个数据集的标准差。
- 用相关系数除以标准差得到斜率，即：

$$\text{斜率} = \frac{\rho_{xy} \sigma_y}{\sigma_x}$$

方程的斜率描述的是当 x 改变一个单位时，y 会相应变化多少个单位，因此上述斜率公式描述的也是如果 x 变化 σ_x 个单位，那么 y 的变化为 $\rho_{xy} \sigma_y$ 个单位。

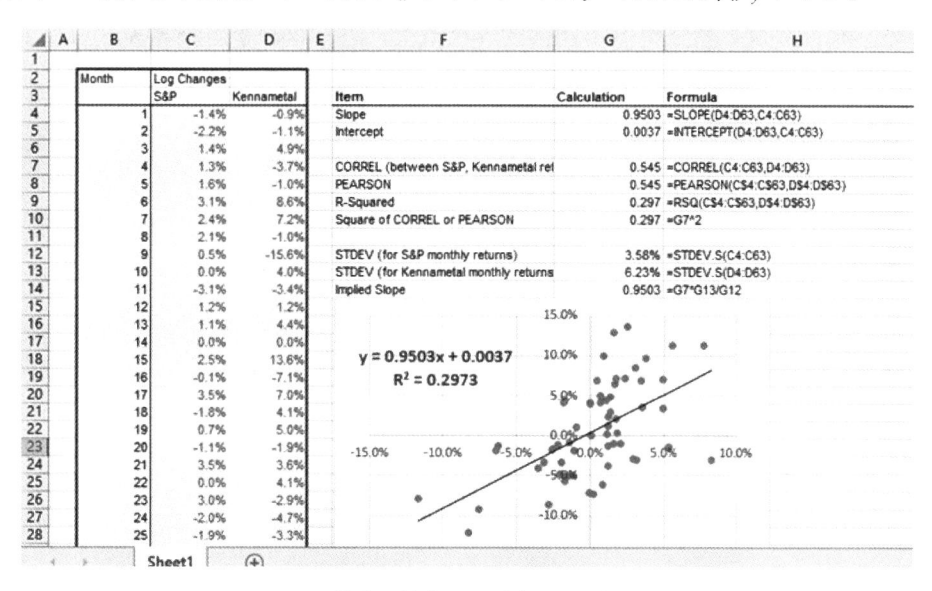

图21.16 散点图的使用，斜率与相关性的关系

示例2：关于相关系数和秩相关的更多介绍

上面的示例说明了用 CORREL 函数和 PEARSON 函数计算变量之间的（线性、乘积矩或 Pearson）相关性，数学上，这个（ρ）被定义为：

$$\rho = \frac{\sum(x-\mu_x)(y-\mu_y)}{\sqrt{\sum(x-\mu_x)^2(y-\mu_y)^2}}$$

其中 x 和 y 代表各自数据集的单点值，μ_x 表示数据集 X 的平均值（均值或期望值）（类似地，μ_y 则是数据集 Y 的均值）。

从这个公式可以看出：

- 只有两个数据集的样本量相同，才可以计算数据集之间的相关性。
- 相关系数是介于 –1 和 1 之间的无量纲数量值（通常以 –100% 到 100% 之间的百分比表示）。
- 相关性描述的是每个变量相对于自身均值的同步变化规律，即衡量两个过程是否同时发生高于自身均值，或低于自身均值的变化，或者两者在这种相对均值的变化上根本没有关系。结合上述公式的分子看，如果单个值 x 和其对应值 y 两者都高于或低于各自的均值（因此分子是正的），则计算出的相关性是正数（分子是正数，只能是两个负数或两个正数的乘积）。
- 如果其中一个数据集的每一项都加上一个常数，相关系数保持不变，因为计算过程会消除该常数的影响（因为每个值会减去所在数据集的均值）。
- 如果数据集中的每一项都乘以一个常数（对分子和分母效果是相等的），相关系数也保持不变。

从建模的角度来看，存在统计上显著的相关系数并不意味着这些数据之间有任何直接的依赖关系（带方向的因果关系），相反，每个数据的变化可能是由另一个不明确或未知的因素驱动的，但该因素会导致每个数据都发生变化，从而使它们看起来是一起变化的。例如，两种石油衍生品的市场价格波动会有相关性，虽然油价是决定每一种产品的生产成本的重要因素，但也会有一些其他的独立因素影响成本，更何况市场价格还有除成本外的其他影响因素。

此外，计算出的相关系数通常有很高的统计误差，因此有可能是统计意义上不显著或不稳定的，降低这类误差的方法是使用更多的样本。

虽然上面使用的相关性计算公式（使用 CORREL 函数或 PEARSON 函数，线性、乘积矩或 Pearson 方法）在日常统计工作中是最常见的，但还有其他几种定义相关性的方法：

- 秩或 Spearman 方法（有时称为"非线性"相关性）该方法用每个数在数据集中的排序（升序或降序排列）位置（秩）而不是数据本身大小来参与线性相关性的计算。请注意，这种相关性表示的变量之间的相关关系并不严格，例如，两个变量的散点图显示出大概的递增趋势，不是一条完美的直线，但秩相关性有可能为100%（这种更宽泛的定义使得应用起来具有一定的灵活性，比如在需要构建多元分布并采样的数值模拟过程中）。本书编制时，还没有一个现成的Excel函数来计算秩相关性，只能通过逐步计算、数组公式或VBA自定义的函数来完成。

- Kendall tau 系数 该方法同样用到了每个数的排序，然后计算衡量该排序是否是一致的统计量，也就是说，对两个具有X-Y坐标的点而言，当他们的X值的排序差异与Y值的排序差异是相同的时候，就会被认为是一致的。请注意，该计算过程需要将每个点的秩与其他每一个点的秩进行比较，因此操作次数与数据个数的平方成正比，相反的，对于Pearson和秩相关性的方法，操作次数与数据个数成线性关系，因为每个点只有在偏离了自己所在的数据集均值时才需要参与计算。

文件 Ch21.14.RankCorrel&Arrayforma.xlsx 展示了计算两个数据集的秩相关性的示例。图21.17展示了在Excel中带公式的计算过程，即使用CORREL函数前（单元格G14），先将数据进行排序（F和G列表示由B和C列中的原始数据计算得出的排序），此外，单元格C16中的数组公式显示了如何从原始数据直接得到相关系数，而无需显示中间过程中的排序值：

C16={CORREL(RANK.AVG(B3 : B12,B$3 : B$12,1),RANK.AVG(C3 : C12,C$3 : C$12,1))}

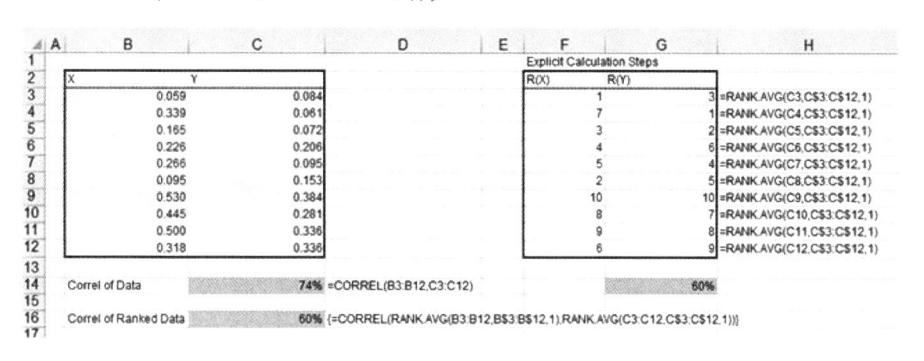

	A	B	C	D	E	F	G	H
1						Explicit Calculation Steps		
2		X	Y			R(X)	R(Y)	
3		0.059	0.084			1	3	=RANK.AVG(C3,C$3:C$12,1)
4		0.339	0.061			7	1	=RANK.AVG(C4,C$3:C$12,1)
5		0.165	0.072			3	2	=RANK.AVG(C5,C$3:C$12,1)
6		0.226	0.206			4	6	=RANK.AVG(C6,C$3:C$12,1)
7		0.266	0.095			5	4	=RANK.AVG(C7,C$3:C$12,1)
8		0.095	0.153			2	5	=RANK.AVG(C8,C$3:C$12,1)
9		0.530	0.384			10	10	=RANK.AVG(C9,C$3:C$12,1)
10		0.445	0.261			8	7	=RANK.AVG(C10,C$3:C$12,1)
11		0.500	0.336			9	8	=RANK.AVG(C11,C$3:C$12,1)
12		0.318	0.336			6	9	=RANK.AVG(C12,C$3:C$12,1)
13								
14	Correl of Data		74%	=CORREL(B3:B12,C3:C12)			60%	
15								
16	Correl of Ranked Data		60%	{=CORREL(RANK.AVG(B3:B12,B$3:B$12,1),RANK.AVG(C3:C12,C$3:C$12,1))}				

图21.17 使用带公式的步骤和数组公式计算排序相关性

示例3：测量协方差

两个数据集之间的协方差与它们之间的相关系数密切相关：

$$Covar(X, Y) = \sum(x - \mu_x)(y - \mu_y).$$

$$Covar(X, Y) = \rho\sigma_x\sigma_y$$

从这些公式（以及与标准差有关的公式）可以清楚地看出：

- 对其中一个数据集中的所有点进行缩放（或加权）将产生一个新的数据集，其协方差也会同比例缩放：

$$Covar(wX, Y) = \rho w\sigma_x\sigma_y$$

- 某个数据集与自己的协方差其实就是方差（因为相关性是100%）：

$$Covar(X, X) = \sigma_x\sigma_x = V(x)$$

COVARIANCE.S 函数（早期 Excel 版本的 COVAR）计算样本协方差（即总体协方差的估计，假设所提供的数据只是总体的一个样本），COVARIANCE.P 计算的是取自完整总体的两个数据集的总体协方差。

文件 Ch21.15.CORREL.COVAR.xlsx 展示了这些函数的示例，以及直接使用 COVARIANCE.S 函数的计算的协方差，与从相关系数和标准差间接计算出的协方差（见图 21.18）基本一致。

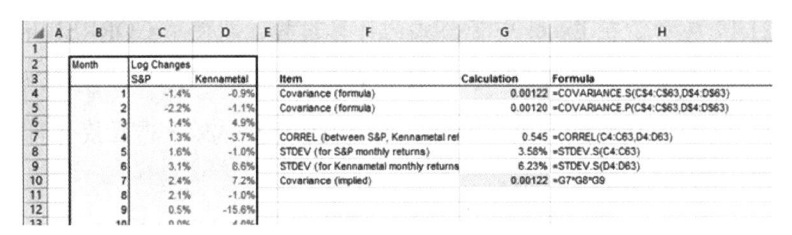

图21.18 使用多种函数计算两个数据集之间的协方差

示例4：协方差矩阵、投资组合波动性和波动性时间调整

如果有两个及以上变量的数据，则可以计算出一个完整的相关系数矩阵，它的每个点对应矩阵的行变量与列变量之间的相关性（即矩阵的第1行第1列代表的是第一个变量），从定义相关系数的公式中可以直接得到以下几个结论：

- 相关系数矩阵的对角线都等于1（或100%），因为每一变量都与其本身完全正相关。
- 矩阵是对称的：X 和 Y 数据集也是对称的，交换变量顺序不改变已知的相关系数。

类似地也可以构建一个协方差矩阵，矩阵上的每一项都等于变量之间的相关系数乘以各自的标准差。

相关系数矩阵和协方差矩阵的一个特别重要的应用是投资组合分析。假设一个投资组合具有两个相同波动性的资产，组合波动性将小于仅由其中一个资产组成的同等规模的投资组合（除非这两资产是完全正相关），但这只在两者的市值变化相反的时候才成立，因此将两者放在一个组合中就会产生中心化（分散）效应，而且资产之间的相关性越低，这种效应就越强。

请注意，如果变量 X 是其他（基础或底层）资产的总和：

$$X = Y_1 + ... + Y_n$$

那么，

$$V(X) = \sum_{i=1}^{n} \sum_{j=1}^{n} Cov(Y_i, Y_j)$$

其中的 Cov 表示（同时也是定义）的是 Y 之间的协方差，也就是说，投资组合的方差是资产之间的所有协方差的总和。

因此，如果投资组合由一组数据生成过程（或底层资产）加权组成：

$$X = w_1 Y_1 + ... + w_n Y_n$$

那么：

$$V(x) = \sum_{i=1}^{n} \sum_{j=1}^{n} Cov(w_i Y_i, w_j Y_j)$$

因此：

$$V(x) = \sum_{i=1}^{n} \sum_{j=1}^{n} w_i w_j Cov(Y_i, Y_j)$$

实际上，在计算投资组合收益的方差（或标准差）时，一开始得到的一般都是底层资产的收益率数据，而不是加权后的值，例如当组合中持有的个股的权重不同（例如沃达丰、苹果、亚马逊、埃克森美孚等股票构成的组合），来自数据源的原始收益率数据就是个股的收益率，所以具体用哪个公式得视具体情况而言。

文件 Ch21.16.COVAR.PORTFOLIO.xlsx 包含的是每种计算方法的示例。D 列到 F 列为 3 个底层资产的收益率数据，图 21.19 展示了从底层资产获取收益率数据，并在方差（单元格 M4）的数组公式中加入投资组合的权重的例子：

M4 = MMULT(I4 : K4,MMULT(I8 : K10,TRANSPOSE(I4 : K4))

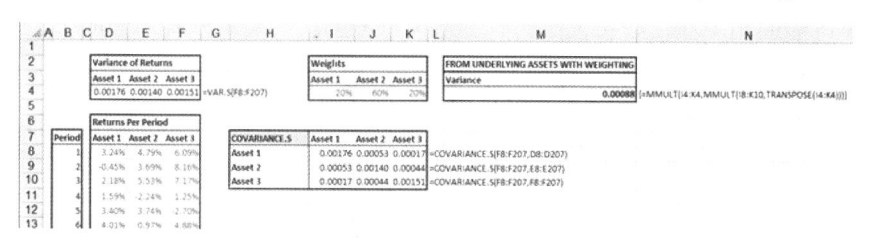

图21.19 基于底层资产的数据进行投资组合波动率的计算

另一方面，图21.20显示了计算加权资产收益率（即实际投资组合构成）的过程，因此方差（显示在单元格U4）就等于对应协方差矩阵的每个项的和：

$$U4 = \text{SUM}(V8:X10)$$

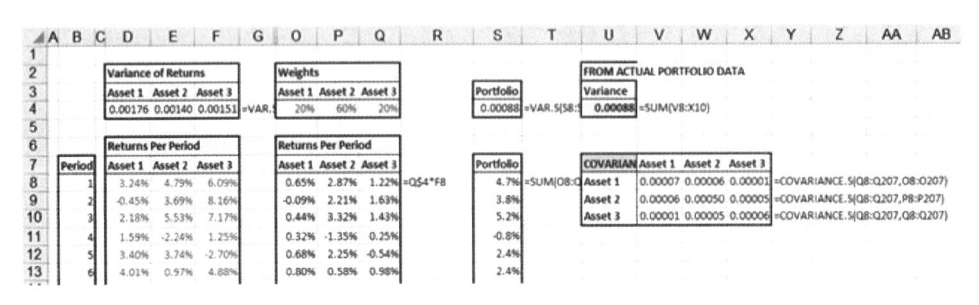

图21.20 基于加权资产数据的投资组合波动性计算

请注意，如果变量之间的协方差为0（尤其对大规模数据来说，每个变量理论上都相对比较独立），则它们的和的方差等于方差的和（即每个变量与自身的协方差之和），因此当变量是时间序列的情况下，每个时期的收益独立于其他时期的收益，总收益的差异将是各期间回报差异的总和。如果方差在时间上保持不变（即在每个时期都相同），那么收益率的总体方差将随时间变化而线性增加，从而标准差与时间的平方根成正比：

$$\sigma_T = \sigma \sqrt{T}$$

其中，σ表示收益率的单期标准差，σ_T表示T期的标准差，该公式可以用来在年度、月度或日度波动之间进行自由转换（但这种转换方法在半离差作为风险度量的情况下不适用）。

21.5 实际应用：概率分布

使用频率（概率）分布本质上就是一种通过将个体的相对不确定性（或权重）进行加总来概括出整体不确定（风险或随机性）性的过程，正确区分自变量值（x轴）和因变量值（y轴）可能的相关性（或累积似然值）是很重要的，一般有两种不同的函数类型：

- "X-to-P"过程。该过程用于在给定随机变量的值的情况下，计算随机变量的取值小于或大于该值的概率（或给定取值情况下的相对概率），诸如NORM.DIST（Excel 2010之前为NORMDIST）等函数都属于此类过程。
- "P-to-X"过程。此时概率是输入变量，目的在于找到与该百分比对应的随机变量的值（百分位数），也就是求概率分布函数的逆函数。在Excel中，诸如NORM.

INV（或 NORMINV）函数就是这种类型，主要应用领域是随机抽样、假设检验和计算置信区间。（PERCENTILE 类的函数与之类似，但适用于单个样本构成的数据集，而不是连续的分布函数）

在本节中，我们提供了一些函数的示例（本书中不作详细介绍，作者的另一本书 Business Risk and Simulation Modelling in Practice 中包含对大约 20 个主要分布的详细分析，这些分布可以直接使用其解析式，也可以在 Excel 中轻松构建）。

Excel 中的 X-to-P 分布函数（或定义）包括：

- BETA.DIST 函数以概率密度函数或累计概率分布函数的形式（以下简称密度或累积形式）估计 Beta 分布（BETADIST 在早期 Excel 版本中仅提供累积分布函数）。
- BINOM.DIST（早期 Excel 版本中为 BINOMDIST）函数估计的是二项（binomial）分布密度或累积形式的概率，BINOM.DIST.RANGE（Excel 2013 以后版本）计算特定的实验结果出现的概率。
- CHISQ.DIST.RT 函数估计的是卡方（chi-squared）分布的密度或累积形式的右尾概率（以前版本中的 CHIDIST 只计算累积分布函数），与之类似的 CHISQ.DIST 函数计算的是左尾的概率。
- EXPON.DIST（早期版本的 EXPONDIST）函数计算的是指数（exponential）分布的密度或累积形式的概率。
- F.DIST.RT 函数计算 F 分布右侧尾部的密度或累积形式的概率（早期版本中只计算累积形式），类似地，F.DIST 计算的是左侧尾部。
- GAMMA.DIST（早期版本中为 GAMMADIST）函数计算 gamma 分布的密度或累积形式的概率。
- HYPGEOM.DIST 函数计算超几何（hypergeometric）分布的密度或累积形式的概率（早期版本中的 HYPGEOMDIST 只计算累积分布函数的概率）
- LOGNORM.DIST 函数基于对数化后的随机变量计算对数正态（lognormal）分布的密度或累积形式的概率（早期版本中的 LOGNORMDIST 只计算累积概率）。
- NEGBINOM.DIST 函数计算负二项（negative binomial）分布的密度或累积形式的概率（早期版本中的 NEGBINOMDIST 只计算累积概率）。
- NORM.DIST 函数和 NORM.S.DIST（早期版本中为 NORMDIST 和 NORMSDIST）函数分别计算一般正态分布和标准正态分布密度或累积形式的概率。PHI 函数（Excel 2013 以后版本）计算标准正态分布的概率密度，高斯（GAUSS）（Excel 2013 以后版本）计算的正态分布的概率密度比标准正态分布少 0.5[1]。

---

[1] GAUSS(z) 计算的是随机变量处于标准正态分布的均值与均值加上 z 倍标准差之间的概率，因此 GAUSS (z) 等于 NORM.S.DIST(z,True) - 0.5。——译校注

- POISSON.DIST 函数（早期版本中为 POISSON）计算泊松（poisson）分布的密度或累积形式的概率。
- PROB 函数计算指定区域中的数值落在指定区间内的概率（即指定上下限的范围）。
- T.DIST.2T（早期版本中为 TDIST）函数计算 Student（T）分布的双尾概率，类似地，T.DIST.RT 函数计算右尾概率，T.DIST 计算左尾概率。
- WEIBULL.DIST 函数（早期版本中为 WEIBULL）计算威布尔（weibull）分布的密度或累积形式的概率。

可直接在 Excel 中用的 P-to-X（计算百分位数的 X-to-P 的逆函数）分布函数如下：

- BINOM.INV 函数（在 Excel 2007 之前，没有等价的函数，即"BINOMINV"不存在，但有类似的函数 -CRITBINOM）。
- 一般正态分布的 NORM.INV（或 NORMINV）函数，标准正态分布的 NORM.S.INV 函数或 NORMSINV 函数（均值为 0，标准差为 1）。
- LOGNORM.INV（或 LOGINV）函数计算对数正态分布的逆（基于的是对数化后而非原始的值）。
- BETA.INV（或 BETAINV）函数用于 Beta 分布。
- GAMMA.INV（或 GAMMAINV）函数用于 Gamma 分布。
- T.INV.2T（早期版本的 TINV）函数计算双尾 T 分布的逆，T.INV 返回的是左尾（注意版本之间的语法变化）。
- CHISQ.INV.RT（早期版本的 CHIINV）函数计算卡方分布右尾的逆。CHISQ.INV 函数计算左尾的逆（同样需要注意函数语法的变化）。
- F.INV.RT（早期版本的 FINV）函数计算 F 分布右尾的逆，返回左尾分布的逆（注意语法变化）。

> **示例1：石油勘探过程中给定成功次数情况下的成功概率**
>
> 伯努利（bernoulli）过程（或分布）是指一次试验只有两种可能的结果（通常被描述为成功/失败，或正面/反面，或0/1）的随机过程，同时也是二项（binomial）过程[1]的一个特例，在二项过程中可能有多个试验，每个试验都是独立于其他试验每次试验的每种结果都有相同的发生概率。二项过程的例子包括一枚硬币的多次抛出，在不同的地质区域进行一系列的石油钻探活动（每一次钻探都可能成功或失败）等。在丢硬币的场景中，用户可能会提出以下问题：

---

[1] 二项过程即每个独立随机变量符合二项分布的离散随机过程。——译校注

- 成功 3 次的可能性有多大？
- 成功 0,1 或 2 次（即 3 次以下）的可能性有多大？
- 成功次数在 2 到 5 之间的可能性有多大？

文件 Ch21.17.BINOMDISTRANGE.xlsx 中的 BINOM.DIST 和 BINOM.DIST.RANGE 函数示例可以用来回答这类问题（参阅文件中给每个函数单独设置的工作表），每个函数如图 21.21 和图 21.22 所示。值得注意的是，BINOM.DIST.RANGE 函数的应用范围更广，因为它可以生成等价的密度函数形式（通过将两个"次数"参数设置为相等），或累积分布函数形式（通过将"次数下限"的参数设置为 0）或范围形式（通过适当地选择"次数下限"和"次数上限"参数）。还请注意，对于这两个函数，所需参数的顺序并不相同。

	B	C	D
		Binom.Dist Density	Binom.Dist Cumulative
3	Number_s (number of successes)	3	3
4	Trials (number of trials)	10	10
5	Probability_s (probability of success)	30%	30%
6	Cumulative	0	1
7	Result	26.7%	65.0%
8	Formulae in row 7	=BINOM.DIST(C3,C4,C5,C6)	=BINOM.DIST(D3,D4,D5,D6)

图21.21 返回密度和累积分布函数形式的BINOM.DIST函数

	B	C	D	E
		Binom.Dist.Range Single Point	Binom.Dist.Range Range from Lower	Binom.Dist.Range with Range
3	Trials (number of trials)	10	10	10
4	Probability_s (probability of success)	30%	30%	30%
5	Number_s (number of successes)	3	0	2
6	Number_s2 (upper number of successes)	3	3	5
7	Result	26.7%	65.0%	80.3%
8	Formulae in row 7	=BINOM.DIST.RANGE(C3,C4,C5,C6)	=BINOM.DIST.RANGE(D3,D4,D5,D6)	=BINOM.DIST.RANGE(E3,E4,E5,E6)

图21.22 BINOM.DIST.RANGE函数在不同成功次数范围内的计算结果

示例2：实验结果处在1到2个标准差之间的频率

通过选择合适的可选参数，NORM.S.DIST 函数可以用来计算标准正态分布（均值等于 0，标准差等于 1）的概率密度函数形式或累积分布函数形式。文件 Ch21.18.NormalRanges.xlsx 展示了如何应用该函数计算概率密度函数以及累计分布函数，如图 21.23 所示，如果将对应大于均值一个标准差的累计分布概率减去小于均值一个标准差的累积分布概率，得到的是单元格 E19 的 68.27%，表示一个取自正态分布的随机变量有 68.27% 的概率其值落在均值两边各一个标准差的范围内，类似地，大

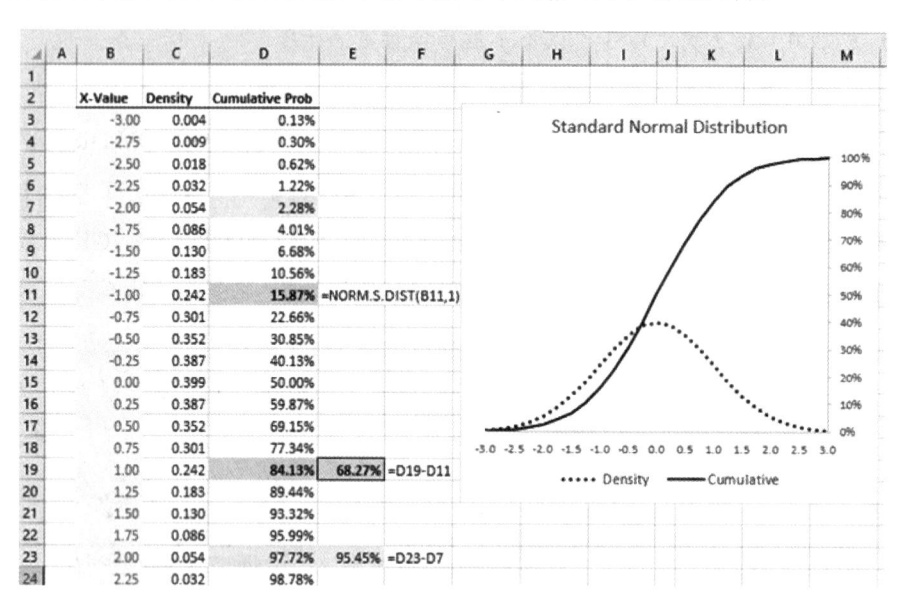

约 95.45% 的概率落在均值两边两个标准差（单元格 E23）的范围内。

图21.23 均值附近范围的正态分布和实验频率

示例3：通过概率分布创建随机样本

P-to-X 或逆（百分位数）函数可用于从任何具有可逆密度函数的分布中取样构成一组随机变量的样本。具体来看，我们可以从标准均匀随机过程（即 0 到 1 之间的连续区间）中抽取一个随机样本来作为代表 P 的百分比，然后计算随机变量 X 中对应该百分比的值，由于百分比取自均匀分布，因此其值可以视为正确的频率。

文件 Ch21.19.NORMSINV.Sample.xlsx 展示了如何使用 Excel 的 RAND 函数随机生成一个代表概率的百分比，以及如何使用 NORM.S.INV 函数求出与标准正态分布的累积概率分布值相对应的随机变量的值（见图 21.24）。

图21.24 从标准正态分布生成随机样本

由于标准正态分布均值为 0，标准差为 1，因此可以用于生成其他正态分布的样本：将标准正态分布中的样本乘以目标标准差，再加上平均值，或对参数同样为该均值和标准差的 NORM.INV 函数直接取逆。

示例4：自定义随机抽样的逆函数

Excel 中提供的逆函数（如 NORM.S.INV）通常是那些不能用简单的解析式写出表达式的逆函数，对于许多分布，逆过程实际上是有解析表达式的（这可能就是 Excel 没有单独提供这些函数的原因之一），方法是令 P 值等于任意一点 x 的累积概率分布函数，然后求解关于 x 的方程即可。

例如，威布尔分布最常用来描述在一个连续时间段中，从开始到指定时间点某个事件发生第一次的概率，但发生的"强度"可能不固定，该分布有两个参数 α 和 β，其中 β 充当比例参数，对于 $x>=0$ 的密度函数是：

$$f(x) = \frac{\alpha x^{\alpha-1}}{\beta^{\alpha}} e^{-\left(\frac{x}{\beta}\right)^{\alpha}}$$

累积函数是：

$$F(x) = 1 - e^{-\left(\frac{x}{\beta}\right)^{\alpha}}$$

令方程左边等于指定概率值 P，求解得出 x：

$$x = \beta \left[\text{LN}\left(\frac{1}{1-P}\right) \right]^{\frac{1}{\alpha}}$$

所以得到的就是代表百分比的样本表达式，也就是分布的逆函数，也就实现了 P-to-X。

文件 Ch21.20.Weibull.Sample.xlsx 展示了构造威布尔分布的随机样本的示例（见图 21.25），在文件中还可以看到威布尔分布的累计概率分布函数的图形，该图是通过将几个固定的百分比数值带入分布函数的公式计算得出的。

	A	B	C	D
2		Item	Result	Formulae
3		Random Percentage	19.9%	=RAND()
5		Alpha	2	
6		Beta	2	
7		Random Sample	0.94	=C6*(LN(1/(1-C3))^(1/C5))

图21.25 生成威布尔分布的随机样本

示例5：二项过程概率的样本值

连续分布中的逆函数同样适用于离散分布（如二项分布），只是在一些情况下，必须经过迭代搜索才能找到与累积概率值对应样本值。

文件 Ch21.21.BinomialInverseDists.xlsx 显示了 BINOM.INV 函数的一个示例，

同时还有旧版本 CRITBINOM 函数，两者都用于计算累积概率值对应的样本值，从图 21.26 中可以看到，如果成功的概率约为 65%，那么成功的次数将是 3 次或更少。

	A	B	C	D
1				
2				
3			CRITBINOM (legacy)	BINOM.INV
4		Trials (number of trials)	10	10
5		Probability_s (probability of success)	30%	30%
6		Alpha	65.0%	65.0%
7		Result	3	3
8		Formula in row 7	=CRITBINOM(C4,C5,C6)	=BINOM.INV(D4,D5,D6)

图21.26 二项过程的逆函数

示例6：使用T分布和正态分布的均值置信区间

在前面的一节中，我们提到类似均值标准差这种统计量只是计算了用于生成样本分布的参数的估计值，但均值不同的分布也能生成同样的样本数据，尽管两者的均值差可能非常小。我们还注意到，样本均值是真实均值的一个无偏估计（尽管样本生成过程存在不确定性），而样本的标准差需要经过校正因子的调整才能提供总体的真实标准差的无偏的估计。事实上，总体的估计值的范围（或置信区间）是：

$$\mu_s \pm t \frac{\sigma_s}{\sqrt{n}}$$

其中 t 是相应置信水平的 T 分布的值，也就是说，给定该百分之多少的置信水平后，带入 T 分布的逆函数求出的那个值就是 t。σ_s 是从样本中估计出的矫正后的无偏标准差，换句话说，虽然我们可以 100% 确定实际均值位于 $(-\infty, \infty)$，但该结论在实践中根本没用，相反，为了确定一个有意义且可靠的范围，我们需要先确定一个百分之多少的置信水平，对于 95% 的置信度，置信范围就是 T 分布的密度函数的两边尾部各留 2.5% 的面积，中间剩下的 95% 的面积对应的样本取值范围。标准 T 分布是以 0 为中心的对称分布，它有一个称为自由度数（等于样本规模减去 1）的参数，其标准差为公式：

$$\sqrt{\frac{v}{v-2}}$$

可见这是一个大于 1 但随着 v 的增大会逐渐接近于 1 的值，极限情况下，T 分布非常接近于标准正态分布，所以对于大样本，我们常采用正态分布来代替 T 分布。

注意，在使用T分布函数时，应该注意Excel的版本，T.INV函数返回的仅仅是分布左尾的样本值，而历史版本的TINV函数返回的是分布两边尾部，且互为相反数的样本值，因此，TINV(10%)给出的是剔除分布左右两侧尾部各2.5%后的 t 值，等同于T.INV(5%)给出的值及对应的相反数。事实上与历史版本的TINV函数最接近的是T.INV.2T函数。总的来说，95%的置信水平意味着需要剔除5%，或从分布的左右两侧尾部中各剔除2.5%，因此我们可以将显著性水平（即1-置信水平）除以2带入T.INV函数，也可以直接将显著性水平带入T.INV.2T函数，最后得到的结果需要检查一下样本值的符号是否正确。

文件Ch21.22.TINV.dists.xlsx是根据不同概率值计算样本值的示例（见图21.27）。文件Ch21.23.ConfInterval.Mean.xlsx包含的这些函数用于确定样本均值的置信区间，根据公式，我们不需要实际样本，所需的唯一数据就是样本的均值和标准差，以及数据个数（样本规模）和指定的置信水平，随后用分布的逆函数计算目标百分比，然后再根据均值标准差进行适当缩放（见图21.28）。

	A	B	C	D	E
2		Degrees of freedom			
3		999			
4					
5		Cumulated Probabilty	T.INV(p)	TINV(p)	T.INT.2T
6		5%	-1.646	1.962	1.962
7		10%	-1.282	1.646	1.646
8		15%	-1.037	1.441	1.441
9		20%	-0.842	1.282	1.282
10		25%	-0.675	1.151	1.151
11		30%	-0.525	1.037	1.037
12		35%	-0.385	0.935	0.935
13		40%	-0.253	0.842	0.842
14		45%	-0.126	0.756	0.756
15		50%	0.000	0.675	0.675
16		55%	0.126	0.598	0.598
17		60%	0.253	0.525	0.525
18		65%	0.385	0.454	0.454
19		70%	0.525	0.385	0.385
20		75%	0.675	0.319	0.319
21		80%	0.842	0.253	0.253
22		85%	1.037	0.189	0.189
23		90%	1.282	0.126	0.126
24		95%	1.646	0.063	0.063

图21.27 Excel中T分布的逆函数的各种函数

	A	B	C	D
1				
2		Sample Data		
3		Mean of Sample	30.0	
4		StdDev of Sample	5.0	
5		Number of Data Points	1000	
6		Standard error of mean	0.16	=C$4/SQRT(C$5)
7		Degrees of Freedom	999	=C5-1
8				
9		Mean		
10				
11		Confidence Level	95.0%	
12		Exclusion probability	5.0%	=1-C11
13		t-value using "T.INV.2T"	1.96	=T.INV.2T(C12,C7)
14		Probability outside either tail	2.5%	=(1-C11)/2
15		t-value using "-T.INV"	1.96	=-T.INV(C$14,C$7)
16				
17		Lower Band Around Sample Statistic	-0.31	=-C$13*C$6
18		Upper Band Around Sample Statistic	0.31	=+C$13*C$6
19		Lower estimate	29.69	=C$3+C17
20		Upper estimate	30.31	=C$3+C18

图21.28 基于样本数据的均值置信区间

示例7：CONFIDENCE.T函数和CONFIDENCE.NORM函数

关于平均值的置信区间，Excel有两个函数，比前面T分布的例子中的逆函数用起来简单很多，一个是CONFIDENCE.T，一个是CONFIDENCE.NORM，使用哪个取决于是否希望将分析建立在T分布或正态分布的基础上，但两者只在样本规模比较大的情况才较为相近。文件 Ch21.24.CONFIDENCE.Mean.xlsx 展示了其中的一个示例（见图21.29）。

	A	B	C	D
1				
2		Sample Data		
3		Mean of Sample	30.0	
4		StdDev of Sample	5.0	
5		Number of Data Points	1000	
6		Standard error of mean	0.16	=C$4/SQRT(C$5)
7		Degrees of Freedom	999	=C5-1
8				
9		Mean		
10				
11		Confidence Level	95.0%	
12				
13		Width of interval using CONFIDENCE.T	0.3103	=CONFIDENCE.T(1-C11,C4,C5)
14		Lower estimate	29.69	=C$3-C13
15		Upper estimate	30.31	=C$3+C13
16				
17				
18		Width of interval using CONFIDENCE.NORM	0.3099	=CONFIDENCE.NORM(1-C11,C4,C5)

图21.29 使用CONFIDENCE函数计算均值置信区间

示例8：使用卡方的标准差置信区间

标准差的置信区间需要通过卡方分布的分布函数的求逆来计算（而不是像均值的置信区间中的例子那样用的是 T 分布），此时，卡方分布与前面示例中的 T 分布具有相同的参数和自由度（v），然而因为卡方分布是一种正偏分布，随着自由度的增加而变得更加对称（即较小的偏度），因而标准差的置信区间也是正偏的，不同于均值对称的置信区间。

文件 Ch21.25.ConfInterval.StdDev.xlsx 包含一个示例（见图 21.30），该示例为左尾概率和右尾概率使用了不同的历史版本的函数，即 CHISQ.INV 和 CHISQ.INV.RT 函数，尽管历史版本的左尾 CHIINV 函数也是可以使用的。

	A	B	C	D
1				
2		Sample Data		
3		Mean of Sample	30.0	
4		StdDev of Sample	5.0	
5		Number of Data Points	1000	
6		Standard error of mean	0.16	=C$4/SQRT(C$5)
7		Degrees of Freedom	999	=C5-1
8				
9		StdDev		
10				
11		Confidence Interval	95.0%	
12		Exclusion probability	5.0%	=1-C11
13		Single-sided probability	2.5%	=(1-C11)/2
14				
15		Lower Band Scaling	0.96	=SQRT(C$7/CHISQ.INV.RT(C$13,C$7))
16		Upper Band Scaling	1.05	=SQRT(C$7/CHISQ.INV(C$13,C$7))
17		Lower estimate	4.79	=C$4*C15
18		Upper estimate	5.23	=C$4*C16

图21.30 基于样本数据的标准差置信区间

示例9：回归线（或Beta）斜率的置信区间

在本章前面，我们注意到，线性回归的斜率与标准差相关，两者的关系式如下：

$$斜率 = \frac{\rho_{xy}\sigma_y}{\sigma_x}$$

在金融市场中，如果 x 值是代表风险充分分散化的市场指数的周期性回报，y 值是某些资产（如股票价格的变动）的周期性回报，则回归线的斜率称为资产的（经验）β：

$$\beta_s = \frac{\rho_{sm}\sigma_s}{\sigma_m}$$

其中 ρ_{sm} 是市场回报与资产回报之间的相关系数，σ_s 和 σ_m 分别代表资产和市场的收益率的标准差）。

因此，作为资本市场线的斜率的 β 代表了资产回报对市场指数变动的平均敏感性。

估计 β 值的重要性（对于任何资产）是因为它在资本资产定价模型（CAPM）中的应用，该模型基于的观点是，理论上资产价格应该与通过承担市场的不可分散风险带来的预期收益成正比，换句话说，资产的预期回报及预期价格与 β 值呈线性关系。

当然，根据样本数据回归得到的斜率只是真实 β 的估计值，而该斜率的置信区间可以用标准计算置信区间的公式来计算，如同前面计算总体均值标准差的置信区间的公式一样。

文件 Ch21.26.Beta.ConfInterval.Explorer.xlsx 就是该公式的一个示例（参见图21.31），计算过程需要得到观测到的因变量与自变量 x 之间的残差（误差），但这之前需要先通过回归得到斜率和截距，才能得到残差。

值得注意的是（对于超过 5 年的月度数据，即 60 个数据点），斜率的置信区间相当宽，一般来说，虽然提高单个资产的样本量会提高计算的准确性，但收集数据的时间越长，企业或宏观经济环境的基本面越有可能发生变化，企业对市场的实际敏感性可能因此也发生了变化，因此数据集内部的逻辑可能就不一致了，数据集的有效性大打折扣，这对于估计资产的 β 值来说是个挑战。因此在实践中，为了估计某资产（例如某一公司的股票）的 β 值，很少会在单个资产的数据上做回归，而是通过同行业中多家公司的大规模数据进行截面回归，从而得到行业的 β 值。

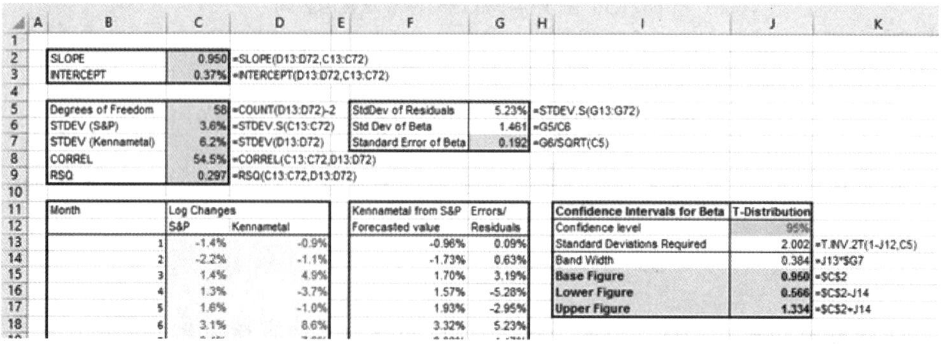

	A	B	C	D	E	F	G	H	I	J	K
1											
2		SLOPE	0.950	=SLOPE(D13:D72,C13:C72)							
3		INTERCEPT	0.37%	=INTERCEPT(D13:D72,C13:C72)							
4											
5		Degrees of Freedom	58	=COUNT(D13:D72)-2		StdDev of Residuals	5.23%	=STDEV.S(G13:G72)			
6		STDEV (S&P)	3.6%	=STDEV.S(C13:C72)		Std Dev of Beta	1.461	=G5/C6			
7		STDEV (Kennametal)	6.2%	=STDEV(D13:D72)		Standard Error of Beta	0.192	=G6/SQRT(C5)			
8		CORREL	54.5%	=CORREL(C13:C72,D13:D72)							
9		RSQ	0.297	=RSQ(C13:C72,D13:D72)							
10											
11		Month	Log Changes			Kennametal from S&P	Errors/		Confidence Intervals for Beta	T-Distribution	
12			S&P	Kennametal		Forecasted value	Residuals		Confidence level	95%	
13		1	-1.4%	-0.9%		-0.96%	0.09%		Standard Deviations Required	2.002	=T.INV.2T(1-J12,C5)
14		2	-2.2%	-1.1%		-1.73%	0.63%		Band Width	0.384	=J13*$G7
15		3	1.4%	4.9%		1.70%	3.19%		Base Figure	0.950	=$C$2
16		4	1.3%	-3.7%		1.57%	-5.28%		Lower Figure	0.566	=$C$2-J14
17		5	1.6%	-1.0%		1.93%	-2.95%		Upper Figure	1.334	=$C$2+J14
18		6	3.1%	8.6%		3.32%	5.23%				

图21.31 斜率（β）的置信区间计算过程

21.6 实际应用：其他关于回归分析和预测的内容

除了先前提到的回归和预测的基础功能（如 X-Y 散点图、线性回归、预测和置信区间），Excel 还有其他几个函数也可以估计回归的参数值，参数的置信区间，简单多元回归，以及基于历史数据的简单外推，这些函数包括：

- LINEST 函数计算与现有数据拟合度最优的直线斜率，并估计误差。
- STEYX 函数返回通过线性回归预测每个 x 值的 y 值时所产生的标准误差。
- LOGEST 函数计算与现有数据拟合度最优的指数函数的参数。
- TREND 函数和 GROWTH 函数分别给出用直线和曲线进行拟合后的预测值，类似的，FORECAST.LINEAR 函数（Excel 2016 之前的版本为 FORECAST）也是根据当前值预测未来值。
- FORECAST.ETS 类型函数，包括：
  - FORECAST.ETS 函数通过使用三次指数平滑（ETS）算法，根据当前（历史）值预测未来值。
  - FORECAST.ETS.CONFINT 函数计算指定目标日期的预测值的置信区间。
  - FORECAST.ETS.SEASONALITY 函数返回已知数据的季节性规律在时间轴上的周期步长。
  - FORECAST.ETS.STAT 函数返回基于时间序列预测结果的统计量。

示例1：使用LINEST函数计算斜率（或Beta）的置信区间

LINEST 是一个数组函数，它给出的不但有回归线的斜率和截距，还有统计误差和置信区间等其他统计量，实际上该函数提供的功能可以在不需要预测残差（如之前章节的操作）的基础上，直接确定 β 的置信区间。

文件 Ch21.27.Beta.ConfInterval.LINEST.xlsx 展示了一个示例（见图 21.32），H3:I7 的范围内是公式，F3:G7 的范围内是手动输入的统计量名称，估计置信区间需要的参数在单元格（H3、H4、I6）中，置信区间的估计值在区域 G13:G15 内（和前面章节一样，这需要另外对置信水平和 T 分布的求逆过程做假设）。

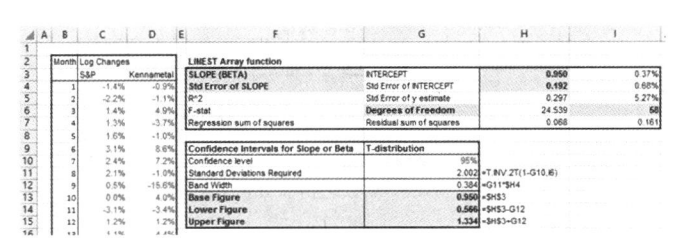

图21.32 使用LINEST函数估计 β 的置信区间

Excel 中的 STEYX 函数返回 Y 估计值的标准误差，该误差与 LINEST 函数在单元格 I5 中显示的值相等。

还需注意的是，如果用户只关心斜率和截距，而不需要估计其他统计量，那么函数的输入变量中最后的可选参数 stats 可以留空，此时该数组函数会将结果输出到单独的一行中（而不是五行）。

示例2：使用LINEST函数执行多元回归

LINEST 函数也可用于执行多元回归（多个自变量和一个因变量），每个自变量都有一个对应的斜率，描述的是因变量对每个独立自变量值变化的敏感性。

文件 Ch21.28.LINEST.MultipleRegression.xlsx 展示的示例是对基于办公室的各项数据预测其市场价值的模型中，使用 LINEST 函数估计每项数据的斜率，截距项和其他有关的统计量（见图 21.33），有几点值得注意：

- 数组函数的输出范围需要的列数需要大于等于自变量个数（上述例子中即有 5 行，自变量个数也是 5 个），每个自变量都需要一列，而截距项也需要单独一列。
- 每个单元格的值所代表的含义正如前面示例中对应单元格相对位置的字段名所示，简单来说，第一行显示的是每个自变量的斜率（最后一列显示的是截距），第二行显示的是这些变量的标准误差。
- 斜率和标准误差的显示顺序与自变量数据的输入顺序相反，因此在使用这些数据进行预测时，斜率的处理需要非常小心（如单元格 L11 的公式所示）。

同样的，如果用户只关心斜率和截距，那么 LINEST 函数的输入变量中最后的可选参数 stats 可以留空，此时该数组函数会将结果输出到单独的一行中（而不是五行）。

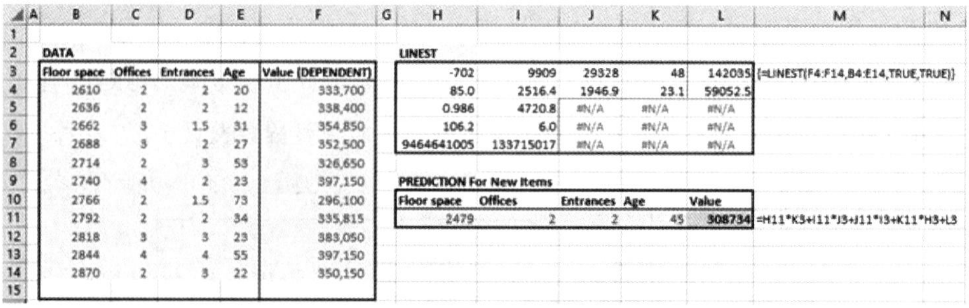

DATA

Floor space	Offices	Entrances	Age	Value (DEPENDENT)
2610	2	2	20	333,700
2636	2	2	12	338,400
2662	3	1.5	31	354,850
2688	3	2	27	352,500
2714	2	3	53	326,650
2740	4	2	23	397,150
2766	2	1.5	73	296,100
2792	2	2	34	335,815
2818	3	3	23	383,050
2844	4	4	55	397,150
2870	2	3	22	350,150

LINEST

-702	9909	29328	48	142035	{=LINEST(F4:F14,B4:E14,TRUE,TRUE)}
85.0	2516.4	1946.9	23.1	59052.5	
0.986	4720.8	#N/A	#N/A	#N/A	
106.2	6.0	#N/A	#N/A	#N/A	
9464641005	133715017	#N/A	#N/A	#N/A	

PREDICTION For New Items

Floor space	Offices	Entrances	Age	Value	
2479	2	2	45	308734	=H11*K3+I11*J3+J11*I3+K11*H3+L3

图21.33 使用LINEST函数进行多元回归和相关预测

示例3：使用LOGEST函数查找指数拟合

如果用户想通过类似 LINEST 的函数来用曲线描述变量之间的关系，可以使用 LOGEST 函数。例如：

$$y = bm^x$$

也可以写成：

$$y = be^{x\log(m)}$$

两种表达方式代表的是同一根曲线。

此外，还可以将这种函数关系描述成如下公式：

$$\log(y) = \log(b) + x\log(m)$$

从上述公式中可见，通过对原始 Y 数据进行对数变换后，我们就可以利用 LINEST 函数计算截距和斜率，分别为 $\log(b)$ 和 $\log(m)$，进而得到 b 和 m，而 LOGEST 函数可以不经过对数变换直接从原始数据中计算出 b 和 m 的值。

文件 Ch21.29.LOGEST.LINEST.xlsx 展示的示例是在名为 **Data** 的工作表中用 LOGEST 函数描述数据中可能存在的指数关系，如图 21.34 所示，图中添加了一条指数趋势线（右击数据弹出相关菜单后可见），同时还显示带有拟合参数的趋势线方程，其中单元格 G3 所示的 $1.5466 \approx e^{0.436}$。

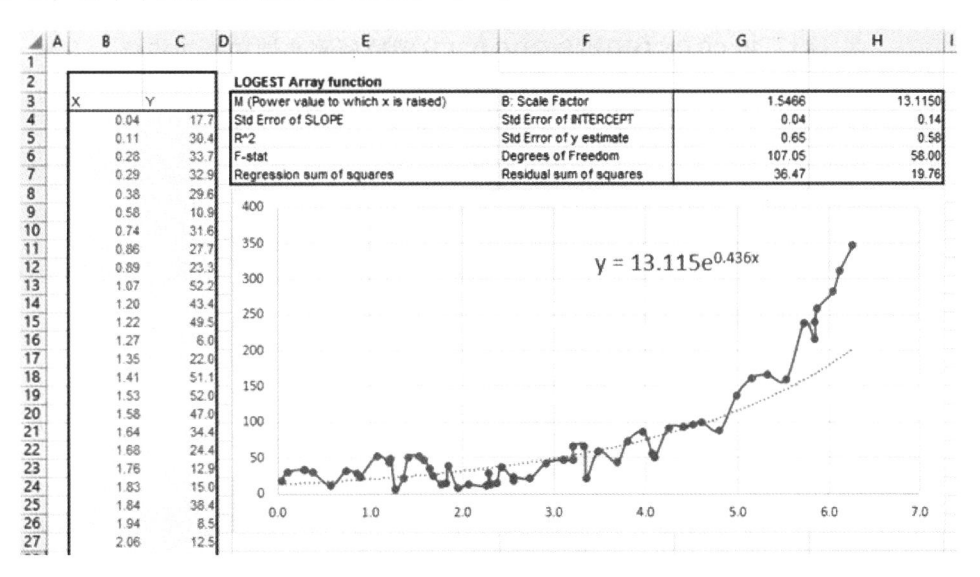

图21.34 使用LOGEST函数

在同一个文件中，名为 LNofData 的工作表显示了将 LINEST 函数应用于同一组但取了自然对数后的数据的拟合结果，可见该线性方程拟合出的斜率与截距正好等于使用 LOGEST 函数计算的参数的对数（见图 21.35）。

LOGEST 函数也可以用于多个自变量，与 LINEST 执行多元回归的方式相同，即对于满足以下公式的情形：

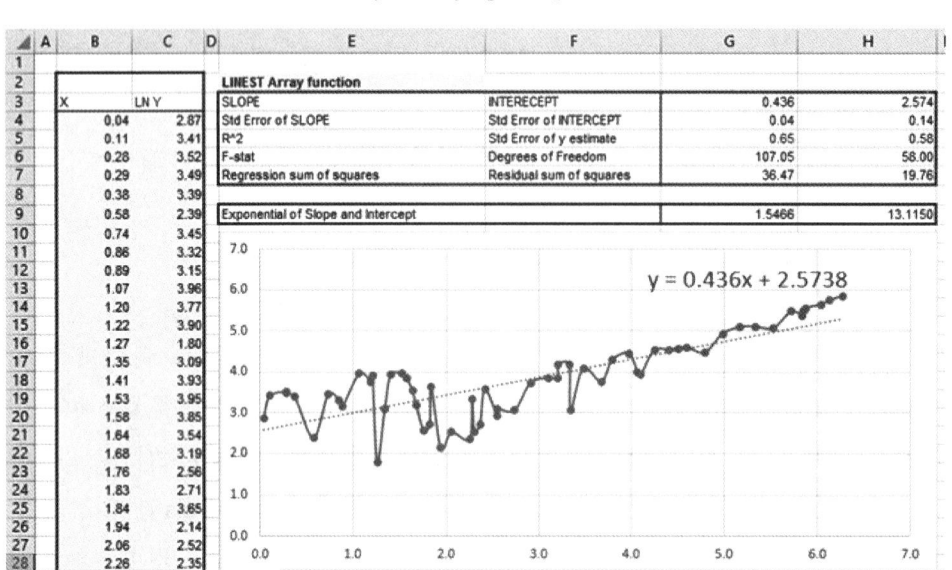

$$y = bm_1^{x_1}m_2^{x_2}...m_n^{x_m}$$

图21.35 LOGEST函数的拟合结果和将LINEST函数应用在对数数据后的拟合结果的比较

示例4：用TREND函数和GROWTH函数预测线性和指数趋势

对于给定的一组 x，TREND（线性增长）函数和 GROWTH（指数增长）函数可以用来预测 y 值的趋势，我们很容易联想到该预测结果理论上应该和用趋势线方法预测出斜率和截距后再得到的预测值是相同的。

- 对于 TREND 函数，等价的逐步预测需要用到 SLOPE 和 INTERCEPT，或直接采用 LINEST 的预测值。
- 对于 GROWTH 函数，可以先对对数后的 Y 值做逐步预测，得到 SLOPE 和 INTERCEPT 并取其指数值，或者直接用 LOGEST 函数计算规模参数 b 和 m。

文件 Ch21.30.TREND.GROWTH.xlsx 展示了每种方法的示例（见图 21.36），作为解释变量的 x 在任何场景下都是通用的，不变的，如果假设是线性关系，用的理论上应该是 Y1 数据集，若假设是指数关系，用的应该是 Y2 数据，文件给出了预测的两种计算方法，一个是对数据取对数后用 TREND 函数，另一个是对原始数据采用 GROWTH 函数。注意，在使用 LOGEST 函数预测 Y2 值的方法中，该函数只是在一行中给出了两个回归拟合后的参数，而不是所有的统计量。

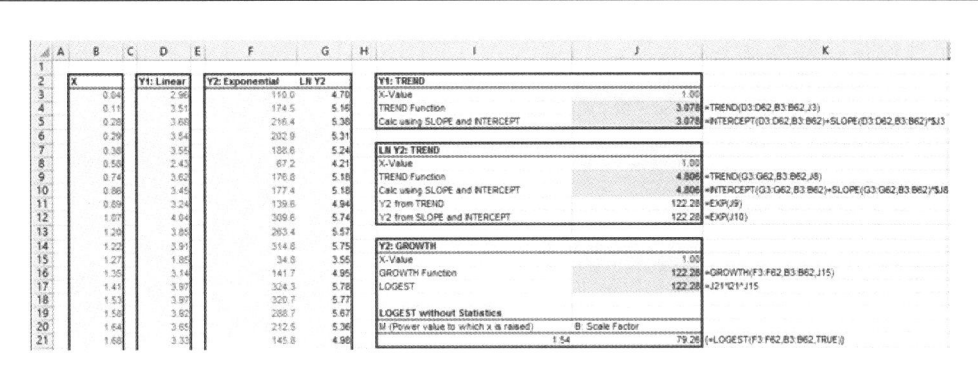

图21.36 TREND函数和GROWTH函数的使用和与公式逐步计算的比较

示例5：使用FORECAST.LINEAR函数进行线性预测

FORECAST.LINEAR 函数（和旧版本 FORECAST 函数）与 TREND 相似，都是用于线性预测，只是两者参数的顺序不同。

文件 Ch21.31.FORECASTLINEAR.xlsx 展示的示例与前面几个非常类似，表结构与相关公式的应用也一目了然，都在此就不再赘述（见图 21.37）。

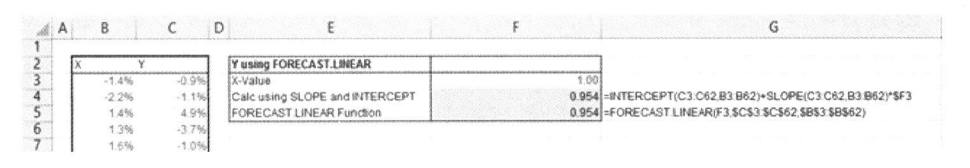

图21.37 FORECAST.LINEAR函数的使用和与公式逐步计算的比较

示例6：使用FORECAST.ETS函数集进行预测

FORECAST.ETS 系列的函数在时间序列的预测上比之前讨论的线性函数表现更好，这些函数基于"三次指数平滑"方法，该方法能够让用户捕捉到数据集的 3 个主要特征：

- 基准值。
- 长期趋势。
- 潜在的季节性。

文件 Ch21.32.FORECASTETS.xlsx 显示了一个示例（见图 21.38），其中的核心函数是简单的 FORECAST.ETS，该函数用于计算该时间序列在未来某个指定日期的均值的预测值，FORECAST.ETS.CONFINT 函数用于计算该预测值的置信区间（默认的置信水平为 95%），FORECAST.ETS.SEASONALITY 函数用于计算已知数据季节性规律在时间轴上的长度，FORECAST.ETS.STAT 函数用于计算基于三次指数平滑法的时间序列预测结果的 8 个主要统计量。

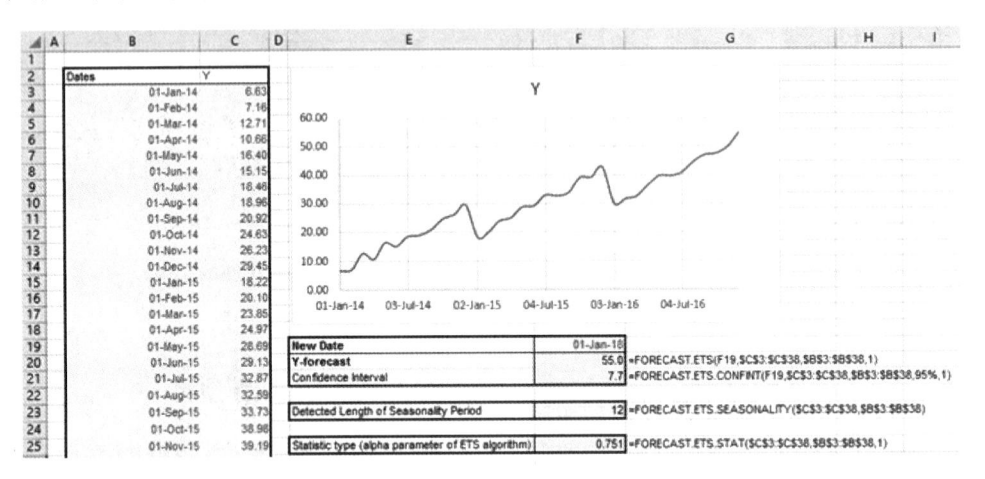

图21.38 FORECAST.ETS系列函数的使用示例

需要注意的是，时间轴必须固定步长，例如每月或每年等，而可选参数包括了季节性（即若大于等于 2 则视为季节长度，若为 1 则自动检测季节性，并使用正整数步长作为季节长度，0 则使用线性方法预测）、遗漏数据的填充方式（若为 0 即遗漏的数据当做 0 来计算，而 1 或省略则将遗漏数据两侧数据的平均值作为该遗漏数据的值）和数据点的汇总方式（即如何处理同一日期的点，默认为平均值）。

另外还值得一提的是，Excel 有另外一个有用的功能，即带作图的预测表功能，用于选择带时间线和实际值的数据集后，在 Excel 的"数据"选项卡上选择"预测表"功能，Excel 将创建一个带有预测值图表和置信区间的新工作表，如图 21.39 所示。

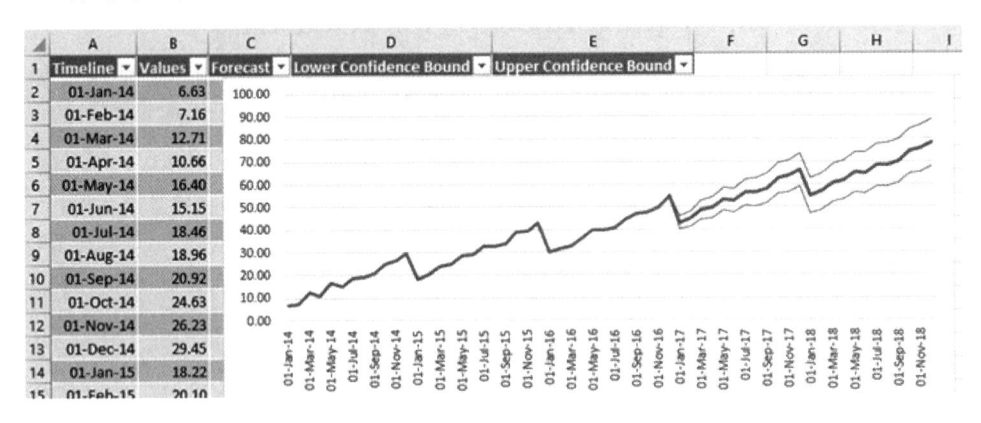

图21.39 使用Excel的预测工作表功能的计算结果

第22章 信息函数

22.1 介绍

本章介绍 Excel 的信息函数，信息函数用于提供与单元格的内容、位置、格式相关的信息，或者与单元格区域、工作表或工作簿的位置与环境相关的信息：

- 如果函数 ISTEXT 的参数为文本，则返回 TRUE；如果 ISNONTEXT 函数的参数不是文本格式，则返回 TRUE。
- 如果 ISNUMBER 函数的参数为数字，则返回 TRUE。
- 如果 ISBLANK 函数的参数为空，则返回 TRUE。
- 如果 ISFORMULA 函数引用的单元格包含公式，则返回 TRUE。
- 如果 ISLOGICAL 函数参数是 TRUE/FALSE 这样的逻辑值，则返回 TRUE。
- 如果 ISREF 函数的参数是数据引用，则返回 TRUE。
- 如果 ISEVEN 函数的参数为偶数，则返回 TRUE；如果函数 ISODD 的参数为奇数，则返回 TRUE。
- 如果 ISERROR 函数的参数属于错误值（#N/A, #VALUE!, #REF!, #DIV/0!, #NAME?, #NULL），则返回 TRUE；如果 ISERR 函数的参数是除 #N/A 以外的任何错误值，则返回 TRUE。
- ERROR.TYPE 函数返回错误类型所对应的编号。
- NA 函数返回错误值 #N/A。
- 如果 ISNA 函数的参数为 #N/A，则返回 TRUE。
- N 函数将非数字转换为一个数字或者一串数字。
- TYPE 函数返回参数的数据类型。
- CELL 函数返回与引用的单元格的格式、位置或内容相关的信息。
- INFO 函数根据信息参数返回关于当前操作环境的信息。
- SHEET 函数返回引用的工作表在工作簿中的顺序，并且 SHEETS 函数会返回被引用的工作表所包含的工作表数。

此外，还有其他 Excel 函数也提供了与上面函数类似的信息，例如 ADDREESS、

ROW、ROWS、COLUMAN 和 COLUMNS（在 Excel 的查找和引用类别中）函数具有与 CELL 函数相同的特性；这些将在第 25 章中讨论。

22.2 实际应用

本节展示在数据分析和操作中如何使用上述信息函数的若干示例，比如评估数据完整性，提供其他信息等。

示例1：使用ISTEXT、ISNUMBER或N函数创建嵌入公式的注释

ISTEXT 函数可以通过将所需信息嵌入到公式内部来注释或说明模型，这种方法可以替代单独附加到单元格的注释（比如批注），它的优点是当 Excel 切换到公式视图（公式/显示公式）时，仍然可以看到注释，因此，当需要通过公式来检查模型时，所有单元格的注释都一目了然，而不用逐个激活单元格查看。

文件 Ch22.1.InCellComments.xlsx 展示了这两种方法的使用示例，文件已经切换到了显示公式的视图（见图 22.1），在单元格 C6 中，我们使用 ISTEXT 函数为单元格提供注释，由于此函数的计算结果为 TRUE（Excel 使用 1 来代表 TRUE），因此计算结果等于原始值（12 000），相比之下，在单元格 D6 中，注释是通过批注的方式添加的，所以只能通过激活该单元格单独查看注释内容。

	A	B	C	D
1				
2			Salaries 2017 $	
3			In-Formula Comment	Attached Comment
4		Fred	27000	27000
5		Bill	35000	35000
6		Harry	=12000*ISTEXT("Works half-time")	12000
7		Jo	43000	43000
8		Mary	57000	57000
9		Christine	45000	45000
10				

图22.1 使用ISTEXT函数将注释嵌入到公式中

请注意，ISNUMBER 函数或 N 函数也可以以类似方式使用，但将"ISNUMBER（"注释……"）"或"N（"注释……"）"嵌入核心公式时，不能是"乘以"的组合方式，因为如果输入参数为文本格式（注释在大部分情况下都是文本格式），两个函数的输出都为 0。

示例2：建立一个可以根据实际报告的数据进行更新的预测模型

ISBLANK 函数可用于判断一个单元格是否为空的，有时还需要将 ISBLANK 嵌

入在NOT函数中的来确保单元格是非空的，一个实际应用是当某个模型需要更新时，先检查实际数据是否到位，如果到位则直接更新，否则用预测值代替。

文件 Ch22.2.UpdateActuals.xlsx 是一个示例（见图22.2）：

A	B	C	D	E	F	G	H	I	J
1									
2	TRADITIONAL			2016	2017	2018	2019	2020	2021
3	SALES	Historic/Forecast	100.0	105.0	110.3	115.8	121.6	127.6	=H3*(1+I4)
4		Assumptions		5.0%	5.0%	5.0%	5.0%	5.0%	
5									
6	UPDATING			2016	2017	2018	2019	2020	2021
7	SALES	Historic/Actuals	100.0	104.0					
8		Assumptions if No Actuals		5.0%	5.0%	5.0%	5.0%	5.0%	
9		Assumptions To Use		4.0%	5.0%	5.0%	5.0%	5.0%	=IF(ISBLANK(I7),I8,I7/H10-1)
10	SALES To Use	Growth Rate	100.0	104.0	109.2	114.7	120.4	126.4	=H10*(1+I9)

图22.2 使用ISBLANK更新报告数据的预测值

- 文件的第一部分（区域B2:I4）是一个原始的预测模型，该模型使用2016年的年度销售数字，和假设的未来每年的增长率来预测未来销售额，这种方法适合应用在只需计算一次的模型中（例如企业融资交易），但是，一旦得到了未来年份的真实销售额（例如到2017年底真实销售额基本就确定了），则更新模型需要重新进行大量的计算，当然，如果模型只有一个两行，重新计算并不会非常耗时，但是对于包含海量数据的大型模型，重算过程将非常烦琐，而且容易出错。

- 文件的第二部分展示了如何调整模型，其中我们使用了ISBLANK函数来检查计算增长率需要的实际销售额数据是否已经到位，如果没有，则使用增长率的原始假设值进行预测，否则更新最近一期的增长率，使得增长率的预测基于的都是最准确最新的销售额数据。

请注意，当单元格G3有内容时，公式"=NOT(ISBLANK(G3)"返回的是1，而（如第17章和第9章所述）如果单元格G3包含非零数字，则公式"=if(G3,1,0)"返回的是1，如果G3为零，则返回0，如果G3包含文本格式内容，则该函数返回#VALUE。此外，空白单元格与含有零的单元格之间的差别非常大，空白单元格代表不含有任何实际的数字，而包含零的单元格代表已经包含了实际的数字，只不过该数字的值为零，在很多情况下，零值是有效的，比如它可能代表在一个月内发生严重事故的数量。

示例3：检查数据是否满足条件判断

在某些情况下，ISBLANK函数可以用来检查数据集是否满足条件判断。

文件 Ch22.3.ISBLANK.Consistency.xlsx（见图22.3）显示的是关于一系列的合

同日期要素的示例，其中的起始日和截止日要么都非空（到期合同），要么都为空（当前正在谈判的合同），我们在 IF 函数中嵌入 ISBLANK 函数来找出起始日与截止日不属于这两种情况的合同，如果不属于，则公式的计算结果为零（还可以用条件格式还来突出显示这些值）。当然，在类似的情况下还可以使用其他函数（如 ISNUMBER 函数或 ISTEXT 函数）。

A	B	C	D	E
2	Start	End	Consistency Check	Formula
3	1-Nov-16	31-Oct-19	1	=IF(ISBLANK(B3)=ISBLANK(C3),1,0)
4	1-Sep-15	31-Aug-19	1	=IF(ISBLANK(B4)=ISBLANK(C4),1,0)
5	1-Sep-15	31-Aug-19	1	=IF(ISBLANK(B5)=ISBLANK(C5),1,0)
6	1-Nov-16	31-Oct-19	1	=IF(ISBLANK(B6)=ISBLANK(C6),1,0)
7	1-Jan-17	31-Dec-20	1	=IF(ISBLANK(B7)=ISBLANK(C7),1,0)
8	1-Jul-15	30-Jun-19	1	=IF(ISBLANK(B8)=ISBLANK(C8),1,0)
9	1-Oct-15	30-Sep-19	1	=IF(ISBLANK(B9)=ISBLANK(C9),1,0)
10		31-Oct-19	0	=IF(ISBLANK(B10)=ISBLANK(C10),1,0)
11	1-Jun-18	31-May-19	1	=IF(ISBLANK(B11)=ISBLANK(C11),1,0)
12	1-Nov-18	31-Oct-19	1	=IF(ISBLANK(B12)=ISBLANK(C12),1,0)
13	1-Nov-18	31-Oct-19	1	=IF(ISBLANK(B13)=ISBLANK(C13),1,0)
14	1-Jul-15	30-Jun-19	1	=IF(ISBLANK(B14)=ISBLANK(C14),1,0)
15	1-Oct-19		0	=IF(ISBLANK(B15)=ISBLANK(C15),1,0)
16	1-May-18	31-May-19	1	=IF(ISBLANK(B16)=ISBLANK(C16),1,0)
17	1-Jun-16	31-May-20	1	=IF(ISBLANK(B17)=ISBLANK(C17),1,0)

图22.3 使用ISBLANK函数检测不满足判断条件的数据条目

示例4：在公式中表达"N/A"

有的时候我们会在 IF 函数中使用字符串"NA"来表示不满足查询条件后的返回值，但一般来说，用这种字符串是很不可取的，尤其是当还有依赖于该公式返回值的后续计算公式，因为基于该结果的后续计算很容易出错，例如，如果以表达式"IF(G56="na"……)"开始创建一系列相互依赖的公式链，那么复杂性会非常高，透明度也很低，更容易导致错误（例如由于拼写错误（如写成"#N/A"）或对字符串"NA"的错误解析导致的错误）。

正确的方案有：

- 使用数字（比如0）来替代，这是作者比较喜欢的方法，因为它基本保留了模型在计算上的连贯性，尤其是在还有后续依赖计算的模型中，而且数值型的结果使得后续依赖的公式设计起来也较为简单。
- 统一使用 NA 函数来处理。

文件 Ch22.4.NA.Consistency.xlsx 中的示例使用的是后一种方法，如图 22.4，示例中对比了使用字符串"NA"的公式和使用 NA 函数的公式的计算结果，从中可见，当数据不满足判断条件时，后面这种方法由于得出的 #N/A 错误值对后续计算更为友好，使得该方法比前者更可取。

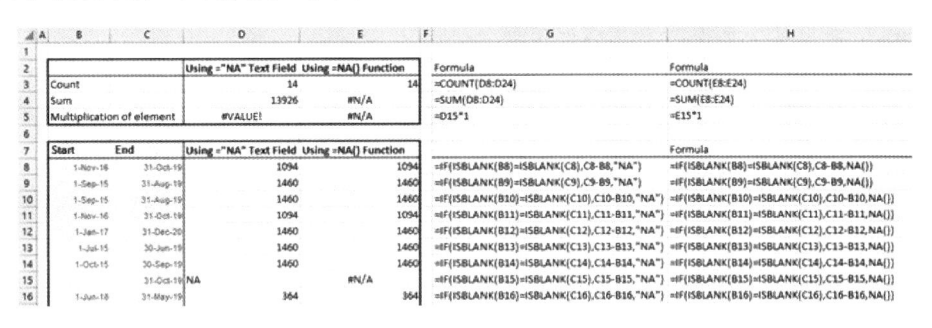

图22.4 NA函数的使用

示例5：INFO函数和CELL函数的应用：概览

INFO 函数和 CELL 函数对于编辑模型的说明文档，以及查找当前操作环境的信息都很有帮助，在更高级的应用中尤其重要，包括编写 VBA 代码。

INFO 函数用于返回与工作簿或操作环境相关的信息：

- 当前目录或文件夹的路径（如果编写的 VBA 代码需要与核心模型所在的目录下的所有文件一起运行，该信息很重要）。
- 在打开的工作簿中被激活的工作表的数量。
- 可见范围的最左上角的单元格引用（以文本格式返回，以下简称文本）。
- 当前操作系统的版本（文本）。
- 当前环境的重新计算的模式：自动或手动（文本）。
- 正在使用的 Microsoft Excel 版本（文本）（在编写 VBA 代码时，该信息用于确保使用的是最新版本的 Excel，例如创建"包装器（wrapper）"[1]功能，相关示例请参阅第 33 章）。
- 操作系统的名称："Mac"或"PC-DOS"。

CELL 函数用于返回与单元格或一组引用范围相关的位置、内容或格式方面的信息，包括：

- 文件的完整路径（包含指定引用范围）（文本）。

---

[1] wrapper函数指的是"调用第二个函数的函数"。——译校注

- 引用范围中第一个单元格的地址（文本）（如果省略引用范围，则返回工作簿中最近更改的单元格的地址）。
- 所引用的单元格的列号。
- 所引用的单元格的行号。
- 是否为包含负值的单元格标上颜色。
- 引用范围的最左上角的单元格的内容。
- 单元格的数字格式（例如货币、百分比、小数、日期、电话号码等）。
- 单元格的显示是只为正值，还是为任何值都加上括号。
- 单元格的前缀标签（例如如果单元格包含的文本左对齐，则返回单引号，如果单元格包含的文本右对齐，则返回双引号）。
- 单元格是否被锁定（被保护）。
- 单元格中的数据类型（例如，如果单元格为空，返回"b"代表空白，如果包含字符串常量，则返回"l"代表标签，如果包含任何其他内容，则返回值"v"）。
- 单元格的列宽度（四舍五入为整数）（默认列宽等于默认字体大小中一个字符的宽度）。

文件 Ch22.5.INFO&CELL.Overview.xlsx 的示例包含上述所有函数（见图22.5）

	A	B	C	D
1				
2		**INFO Function**		
3		Type	Example	Formulae
4		Directory	C:\Users\Michael\Documents\	=INFO(B4)
5		Numfile	33	=INFO(B5)
6		Origin	$A:$A$1	=INFO(B6)
7		OSVersion	Windows (32-bit) NT 10.00	=INFO(B7)
8		Recalc	Automatic	=INFO(B8)
9		Release	16.0	=INFO(B9)
10		System	pcdos	=INFO(B10)
11				
12		**CELL Function**		
13		Type	Example	Formula
14		Filename	C:\Users\Michael\Desktop\aaaFMPIIDraft\FM	=CELL(B14)
15		Address	$A$1	=CELL(B15)
16		Address	$B$5	=CELL(B16,$B$5:$C$6)
17		Col	2	=CELL(B17,$B$5:$C$6)
18		Row	5	=CELL(B18,$B$5:$C$6)
19		Color	0	=CELL(B19,$B$5:$C$6)
20		Contents	Numfile	=CELL(B20,$B$5:$C$6)
21		Format	G	=CELL(B21,$B$5:$C$6)
22		Parentheses	0	=CELL(B22,$B$5:$C$6)
23		Prefix	'	=CELL(B23,$B$5:$C$6)
24		Protect	1	=CELL(B24,$B$5:$C$6)
25		Type	l	=CELL(B25,$B$5:$C$6)
26		Width	31	=CELL(B26,$B$5:$C$6)

图22.5 CELL函数和INFO函数概览

示例6：为单元格中的数据或公式创建实时更新的标签

一般说来，为单元格或区域创建标签会带来很大方便，例如，我们可能需要给一个以单元格 C5 为左上角的数据集创建一个类似"数据从单元格 C5 开始"的标签，这样的话，一旦区域左边或上面引入新行或新列时，标签就会自动更新，标签的创建公式如下：

="Data starts in "& CELL("address ",C5)

文件 Ch22.6.formaLabels.xlsx 包含了这么一个示例（如图 22.6）。

	A	B	C	D	E	F
1						
2		Data For Vodafone starts in $C$5		="Data For Vodafone starts in "&CELL("address",C5)		
3						
4				Daily returns		
5		Day	VOD	ICI	Barclays	
6		1	1.7%	1.0%	-2.5%	
7		2	-2.1%	1.1%	1.1%	
8		3	0.1%	2.9%	-1.3%	
9		4	0.0%	-1.7%	0.2%	
10		5	-1.0%	-0.7%	-1.8%	
11		6	1.1%	0.3%	0.9%	
12		7	-1.3%	-3.6%	-1.9%	
13		8	0.0%	-1.1%	-1.3%	
14		9	1.4%	-1.7%	-0.4%	
15		10	-2.1%	-0.8%	0.3%	

图22.6 用CELL函数为数据创建实时更新的标签

示例7：显示文件的重新计算模式

很多情况下，用户需要清晰的了解当前的文件被设置成了何种重新计算的模式（手动还是自动），例如，一些模型可能需要设置为手动计算，因为模型计算量很大，或者由于其他原因使得自动重新计算会非常缓慢，因此只有在必要时才需要重新计算，而不是在每次有任何更改后都自动计算。当然，使用手工重新计算可能容易出错，例如有人更改了输入数据但没有手工进行重新计算，因此用户可能希望明确地显示当前文件被设置成了何种重新计算的模式，并且后续可能还会使用 Excel 的条件格式设置成，一旦进入手动计算模式，工作簿的某处就会突出显示。

文件 Ch22.7.RecalcInfo.xlsx 包含一个使用以 "Recalc" 为 "type_text" 参数的 info 函数的使用示例，在一般实践中，该信息会放在非常醒目的位置，或者放在对模型的描述中，示例中还使用了条件格式用于在单元格显示 "手动" 时用黄色高亮显示（如图 22.7）。

	A	B	C	D
1				
2		The recalcuation of this workbook is:	Manual	=INFO("Recalc")
3				

图22.7 使用CELL函数显示重新计算的模式

示例8：返回当前的Excel版本，并创建能兼容后续版本的公式

INFO（RELEASE）函数用于返回当前Excel版本的信息，Excel 2003是第11版，Excel 2007是第12版，Excel 2010是第14版，Excel 2013是第15版，Excel 2016是第16版，用到该信息的一个例子是在创建公式时，用户需要保证当前使用的是最新版的Excel，例如，用户可能需要用到NORM.S.INV函数（见第21章），但是在版本11或更早的版本中，该函数的名称是NORMSINV。

文件Ch22.8.ReleaseCompatability.xlsx包含的示例如图22.8，虽然INFO(RELEASE)函数返回的信息是一个文本格式的字符串，但在大多数情况下，我们将其视为数值格式也不会带来任何副作用。当然，通常情况下我们还是会用VALUE函数（见第24章）将该返回的字符串转换为相应的数字，毕竟版本信息本身也是个数字，方便可能的后续计算。示例中，单元格C6中的公式用于在给定由RAND函数确定的标准正态分布的累积概率密度值，以及与当前Excel版本对应的反函数的函数名称，来计算对应的随机变量的值。

	A	B	C	D
1				
2		Item	Calculation	Formula
3		Release as Text	16.0	=INFO("RELEASE")
4		Release as Value	16	=VALUE(C3)
5		Rand	0.194	=RAND()
6		Percentile of N(0,1)	-0.865	=IF(C4>=12,NORM.S.INV(C5),NORMSINV(C5))
7				

图22.8 使用RELEASE信息确定与版本对应的函数名称

如第33章所述，这种功能可以内置到自定义的VBA"包装器"函数中，这样更容易维护，尤其当Excel更新版本，或当文件中有多处需要用到该功能时。

示例9：使用CELL、INFO、SHEET和SHEETS函数显示文件的位置和结构信息

如上所述，CELL函数和INFO函数可用于提供当前文件的文件名和地址，其他有用的信息还包括工作簿中的工作表数量，以及工作表的编号（特别是在编写

VBA 代码时）。

　　文件 Ch22.9.FileDir&Sheets.xlsx 展示了 CELL 函数和 INFO 函数以及 SHEETS 函数和 SHEET 函数的使用示例（见图 22.9），其中工作表的顺序是 Sheet 1、Sheet 2、Sheet 4、Sheet 3，其中 Sheet 2 是隐藏的。

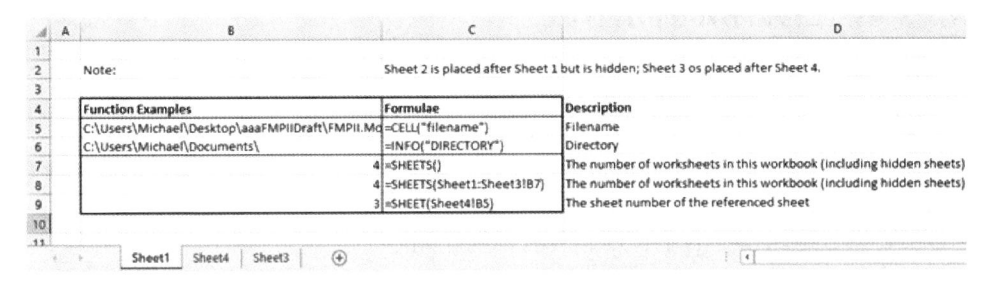

A	B	C	D
	Note:	Sheet 2 is placed after Sheet 1 but is hidden; Sheet 3 os placed after Sheet 4.	
	Function Examples	Formulae	Description
	C:\Users\Michael\Desktop\aaaFMPIIDraft\FMPII.Mo	=CELL("filename")	Filename
	C:\Users\Michael\Documents\	=INFO("DIRECTORY")	Directory
	4	=SHEETS()	The number of worksheets in this workbook (including hidden sheets)
	4	=SHEETS(Sheet1:Sheet3!B7)	The number of worksheets in this workbook (including hidden sheets)
	3	=SHEET(Sheet4!B5)	The sheet number of the referenced sheet

图22.9 将INFO、CELL、SHEETS和SHEET函数集成到一个示例中

　　SHEETS 函数的结果显示有四个工作表（即也包含隐藏的工作表），而且 Sheet 4 是工作簿的第三个工作表（算上隐藏的工作表），该函数还会将图表页也统计进来，而不仅仅只统计工作页，因此，如果在示例文件中输入一些数据并按 F11 键插入图表，就会看到表单数量有所增加。

第23章 日期和时间函数

23.1 介绍

本章介绍 Excel 日期类和时间类的函数,包括:

- DATE 函数返回指定的年、月、日的日期序列号[1]。
- DATEDIF 函数计算两个日期之间相隔的天数、月份数或年数。
- DATEVALUE 函数将文本形式的日期转换为日期序列号。
- DAY 函数从一个日期中提取该日期处于某个月的几号,返回 1—31 之间的某个整数。
- DAYS 函数返回两个日期之间的天数。
- DAYS360 函数按照一年 360 天的算法计算两个日期之间的天数。
- EDATE 函数返回与指定日期向前或向后间隔指定月份数的日期的序列号。
- EOMONTH 函数返回与指定日期向前或向后间隔指定月份数的日期所在月份中最后一天的日期序列号。
- YEAR 函数返回以序列号表示的某日期中的年份。
- MONTH 函数返回以序列号表示的某日期中的月份。
- WEEKDAY 函数返回以序列号表示的某日期中的星期几。
- HOUR 函数返回以序列号表示的某时间的小时数值。
- MINUTE 函数返回以序列号表示的某时间的分钟数值。
- SECOND 函数返回以序列号表示的某时间的秒数值。
- TODAY 函数返回当天的日期序列号。
- NOW 函数返回当前日期和时间的序列号。
- TIME 函数返回特定时间的十进制数字。
- ISOWEEKNUM 函数返回给定日期在全年中的 ISO 标准下的周数[2]。
- WEEKNUM 函数返回给定日期的周数(例如,包含 1 月 1 日的周为该年的第 1 周,

---

[1] 此处的序列号意为Excel所能识别的代表1900年1月1日以来的天数,例如2012年3月9日这个日期对应的日期序列号为40977,说明该日期距离1900年1月1日有40 977天。——译校注

[2] ISO规定:1.每年有52周或者53周;2.周一至周日为一个完整周;3.每周的周一是该周的第1天,周日是该周的第7天;4.每年的第一周为每年的第一个周四所在的周。——译校注

则其编号为第 1 周）。
- NETWORKDAYS 函数返回两个日期之间的工作日天数。
- NETWORKDAYS.INTL 函数以参数形式定义哪些天是周末后，返回两个日期之间的工作日天数。
- TIMEVALUE 函数返回由文本字符串表示的时间的十进制数字。
- WORKDAY 函数返回与指定日期向前或向后相隔指定工作日天数的日期的序列号。
- WORKDAY.INTL 函数以参数形式定义哪些天是周末后，返回与指定日期向前或向后相隔指定工作日天数的日期的序列号。
- YEARFRAC 函数可计算两个日期之间的天数（取整天数）占一年的比例。

23.2 实际应用

需要先指出一点，Excel 中的日期其实是格式化为日期形式的数字，表示自 1900 年 1 月 1 日以来的天数，有些文本字段可能看起来像日期，但其实不是，而且也不能直接对其进行数值操作或计算。

示例1：任务期限、资源和成本估算

文件 Ch23.1.DatesAndResources.xlsx 的示例中展示了如何直接将两个日期相减来算出它们之间相隔的天数，如果某项任务从某一天开始（起始日的期初）并持续到另一天结束（截止日的期末），则该任务的持续时间是两个日期的差额+1 天（例如，从第 2 天早上开始到第 4 天晚上结束的任务持续时间为 3 天）。我们还可以使用 DAYS 函数来计算任务的持续时间，但 DAYS 函数计算的是起始日的期初到截止日的期初（而不是截止日的期末）的持续时间，所以可能需要根据具体情况对结果进行调整。示例中的应用是将任务持续时间乘以资源密集度〔例如全职人员数（full-time-equivalent - FTEs）或每天的成本等〕来计算资源总额（见图 23.1）。

	A	B	C	D	E	F	G	H	I	J	K
2			Start	Finish	Duration (in Days)		DAYS			FTEs/Day	FTEs
3			Beginning of ...	End of ...							
4		Task 1	13/12/2014	17/01/2015	36	=D4-C4+1	35	=DAYS(D4,C4)		10	360
5		Task 2	03/02/2015	07/04/2015	64	=D5-C5+1	63	=DAYS(D5,C5)		50	3200
6		Task 3	08/04/2015	28/04/2015	21	=D6-C6+1	20	=DAYS(D6,C6)		70	1470
7		Task 4	01/05/2015	16/05/2015	16	=D7-C7+1	15	=DAYS(D7,C7)		30	480
8		Task 5	17/05/2015	26/06/2015	41	=D8-C8+1	40	=DAYS(D8,C8)		10	410
9		Total			178	=SUM(E4:E8)					5920

图23.1 使用DATE函数和DAYS函数预估任务持续时间和使用的资源总数

示例2：跟踪订单、预订或其他活动的动向

DATE 函数用于将输入的年、月、日转换为日期。文件 Ch23.2.DATE.ToDate.xlsx 展示的示例中，先输入酒店预订信息中的年、月和日，然后使用 DATE 函数将其转换为日期，再使用 DAYS 函数计算出入住时间（与前面的示例1不同，这里的结果不需要再加1来得到准确的日期）（见图23.2）。

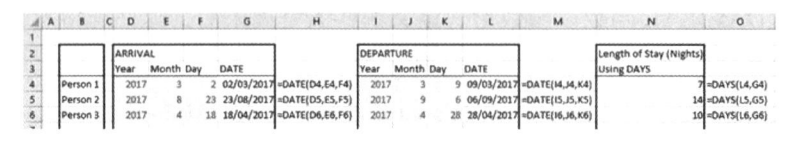

图23.2 使用DAYS函数计算酒店客人的入住时间

示例3：创建精确的时间轴

EOMONTH 和 EDATE 函数可以用来创建精确的时间轴，例如，EOMONTH 计算与日期向前或向后间隔指定月份数的日期所在月份的最后一天，如果将起始日设置为一个月的第一天，该函数可计算出该月有多少天，便于自动创建时间轴。EDATE 用于计算与初始日期向后间隔指定月份数的日期（例如，3月15日是1月15日的两个月之后的日期），当模型的时间区间的起始日与指定区间的起始日不一致时，可用该函数进行调整。此外，为了进行精确的预测，我们需要知道某一段时期内确切的天数，例如根据每天24小时运转的生产流水线计算每个季度的生产总量。

文件 Ch23.3a.DateAxis.EOMONTH.xlsx 展示了以某个月的第一天（2017年1月1日）为期初，创建一个季度轴的示例，其中每列假定间隔时间为三个月（可更改单元格 C3 中的值来指定任意以月为单位的区间长度：每月、每季度、每年或其他）（见图23.3），当然，间隔区间长度还可以根据开始日期（period start）和结束日期（period end）计算得出（比如上文提到的使用两个日期直接相减或使用 DAYS 函数）。

图23.3 使用EOMONTH创建时间轴

文件 Ch23.3b.DateAxis.EDATE.xlsx 展示了 EDATE 函数示例（见图 23.4）。

图23.4 使用EDATE函数创建时间轴

示例4：计算日期的年份和月份

文件 Ch23.4.ysAndMonths.xlsx 展示了如何使用 YEAR 和 MONTH 函数来确定某日期所处的（数字形式的）年份和月份（见图 23.5）。

图23.5 YEAR函数和MONTH函数示例

示例5：计算发生日期所在的季度

虽然 Excel 有 YEAR 和 MONTH 函数，但（在编写本书时）还没有 QUARTER 函数，如果 QUARTER 函数存在，它必须适应世界各地对季度的不同定义，人们普遍认为一月至三月是第一季度，但也有例外，比如英国的财政年度在四月初才结束。

文件 Ch23.5.Quarters.xlsx 展示了计算一个日期所处季度的几种方法，假设一月至三月为第一季度，首先（使用 MONTH 函数）计算出月份，之后的第一种方法是使用 INT 函数，第二种方法是使用 ROUNDUP 函数，第三种方法是使用查找函数在预先设置好的月份与季度的对应表中查找（除了查找类函数，这些函数在前文中都已经介绍过，查找函数将在第 25 章中介绍）（见图 23.6）。

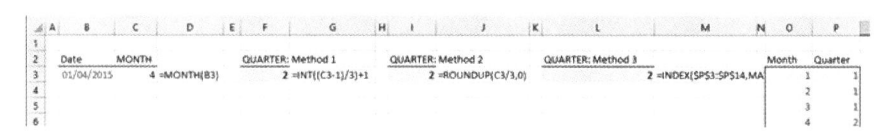

图23.6 计算给定日期所处的季度的多种方法

示例6：从数据集中创建基于时间的报表和模型

若给定任何日期的年、月和季度，通常可以基于数据库中的数据生成报告。事实上，有时候最合适的构建模型的方法是将其设置为数据驱动的模型，而模型本质上就是一组报告(可能还有一些基于这些报告的计算)，第5章讨论了这种建模方式。

文件 Ch23.6.DatesToModelBuild.xlsx 展示的示例中，我们用了一组与物业租赁相关的数据（租金收入、代理成本、修理费等）来生成一份关于收入、总成本和利润的季度报告，其中的日期用于计算年、月和季度，然后将其以文本格式呈现并生成为用于查找的键(如“2014 Q1”)。报告(在区域 K4:M12 内)使用 SUMIFS 函数，并在数据集中查找出对应该键值的数据后进行求和，最后根据本报告的数据计算出每个季度的利润（N 列）（见图 23.7）。

	A	B	C	D	E	F	G	H	I	J	K	L	M	N
1		Database of revenue and costs feeds summary calculation of revenue and costs, which is then used to calculate quarterly profit												
2		Items can be added at any point in the database, not only in time order												
3														
4		Date	Item	Category	Amount	Month	Year	Quarter	Year-Quarter Key		Quarter	Revenue	Cost	Profit
5		11-Mar-13	Rental Income	Revenue	1064.52	3	2013	1	2013 Q1		2013 Q1	1065	2211	-1147
6		11-Mar-13	Agents Fees (Mgmt)	Cost	51.10	3	2013	1	2013 Q1		2013 Q2	9000	4240	4760
7		11-Mar-13	Agents Fees (Rental upfront)	Cost	2160.00	3	2013	1	2013 Q1		2013 Q3	9000	3390	5610
8		1-Apr-13	Rental Income	Revenue	3000.00	4	2013	2	2013 Q2		2013 Q4	9000	3390	5610
9		1-Apr-13	Agents Fees (Mgmt)	Cost	150.00	4	2013	2	2013 Q2		2014 Q1	9000	7423	1577
10		1-May-13	Rental Income	Revenue	3000.00	5	2013	2	2013 Q2		2014 Q2	9000	6200	2800
11		1-May-13	Agents Fees (Mgmt)	Cost	150.00	5	2013	2	2013 Q2		2014 Q3	9000	6200	2800
12		1-Jun-13	Rental Income	Revenue	3000.00	6	2013	2	2013 Q2		2014 Q4	9000	6200	2800
13		1-Jun-13	Agents Fees (Mgmt)	Cost	150.00	6	2013	2	2013 Q2					

图23.7 基于带时间戳的数据集创建报告和模型

示例7：找出你的生日是周几

WEEKDAY 函数可用于查找给定日期是周几，需要注意的是，默认设置一周从周日开始，如果用户希望从星期一开始，则可以将第二个可选参数 return_type 设为 2。文件 Ch23.7.WEEKDAY.xlsx 展示了两种使用方式的示例（见图 23.8）。

	A	B	C	D
1				
2		Date	WEEKDAY	
3		28 January 1974	2	=WEEKDAY(B3)
4		28 January 1974	1	=WEEKDAY(B4,2)

图23.8 WEEKDAY函数的使用示例

示例8：计算每个月最后一个星期五的日期

日期类函数可以相互配合使用，例如，若要计算详细现金流的计划，用户可能想要知道每个月最后一个星期五的具体日期（例如公司发放工资的日期）。

文件 Ch23.8.LastFridayofMonth.xlsx 展示了如何使用 EOMONTH 函数和 WEEKDAY 函数根据给定日期计算当月最后一个星期五的日期（见图 23.9）。

	A	B	C	D	E	F	G
1							
2		Date	EOMONTH	WEEKDAY	Next Friday	EOMONTH	LastFriday
3		01 February 2016	29/02/2016	1	04/03/2016	31/03/2016	26/02/2016

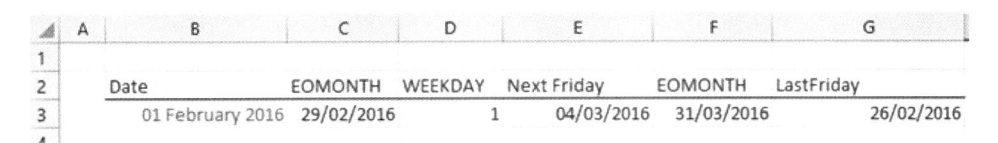

图23.9 计算给定日期所在当月的最后一个星期五的具体日期

示例9：DATEDIF函数和完整的时间段

在前面的示例中，我们使用 EOMONTH 函数和 WEEKDAY 函数来计算任意一个月中最后一个星期五的日期，其他类似的例子包括计算自某一日期开始到指定日期的完整月份数（此处将起始日与截止日所在的月份都算上了，因为有些合同规定，合同方也应支付起始日所在月的款项）。有以下几种方式：

- 使用 EDATE（而不是 EOMONTH）函数计算自起始日开始已经过去的月份数，并适当地结合 YEAR 函数和 MONTH 函数，留给读者练习。
- 使用 DATEDIF 函数可以计算两个日期之间以不同单位计量的时间跨度，如相隔多少年、月或天。例如，给定两个日期，该函数可以计算期间自起始日开始经过了多少个完整的月份。尽管该函数可能有功能，但（在编写本书时）我们尚不清楚它在多大程度上得到了官方支持（例如，搜索 Excel 日期函数时，DATEDIF 函数虽然被列在 Microsoft Office 技术支持网站上，但不在 Excel 的日期类函数菜单上）。

文件 Ch23.9.DATEDIF.xlsx 展示了该函数的使用示例（见图 23.10）。

	A	B	C	D	E	F	G	H
1								
2		First Date	Second Date	Interval	DATEDIF		Between dates:	
3		01-Jan-15	01-Mar-15	d	59	=DATEDIF(B3,C3,D3)	Number of days	
4		01-Jan-16	01-Mar-16	d	60	=DATEDIF(B4,C4,D4)	Number of days	
5		04-Jan-16	03-Mar-16	m	1	=DATEDIF(B5,C5,D5)	Complete calendar months	
6		01-Jan-16	05-Mar-18	y	2	=DATEDIF(B6,C6,D6)	Complete calendar years	
7		01-Jan-16	05-Mar-18	ym	2	=DATEDIF(B7,C7,D7)	Complete months, ignoring year	
8		01-Jan-16	01-Mar-23	yd	60	=DATEDIF(B8,C8,D8)	Complete days, ignoring year	
9		01-Jan-16	05-Mar-16	md	4	=DATEDIF(B9,C9,D9)	Complete days, ignoring month and year	

图23.10 DATEDIF函数的示例

第24章 文本函数及其功能

24.1 介绍

本章介绍 Excel 的文本类函数，文本函数可以应用到许多场景，对数值型数据的操作也能起一定的辅助作用（例如，先将数值格式转换为文本格式，接着对生成的文本进行操作后，再转换回数字），本章重点介绍的函数有：

- CONCAT 函数（Excel 旧版本中为 CONCATENATE）用于连接多个区域的文本或字符串，也可以将多个单元格的内容连接后置于单独一个单元格内。TEXTJOIN 函数功能也相同，但还有个额外功能，即允许使用特定的分隔符进行拼接（如果未定义分隔符，则等同于 CONCAT 函数的连接），并指定是否忽略空的单元格。
- VALUE 函数将文本格式的数字转换为数值格式的数字。NUMBERVALUE 函数用于在给定小数分隔符和数组分隔符后，将文本（不包含单元格地址）转换为数字。T 函数用于检测给定的值是否为文本，如果是则返回文本本身，否则返回空字符。
- LEFT（RIGHT）函数用于返回某个文本从左（右）边开始数指定数量的字符，MID 函数用于从一个字符串中截取出指定数量的字符。
- LEN 函数返回文本包含的字符个数。
- FIND 函数用于在某文本中查找指定字符或字符串的位置（区分大小写）。SEARCH 函数类似 FIND 函数，但不区分大小写。
- REPLACE 函数用于将文本中给定始末下标的字符串替换为新的字符串。与替换指定位置的字符串的 REPLACE 函数不同，SUBSTITUTE 函数用于替换指定内容的字符串。
- REPT 函数按照给定的次数重复显示文本。
- 除单词之间的空格外，TRIM 函数会删除其他经 7bit 编码后的空格（ASCII 码为十进制下的 32）。CLEAN 函数用于删除当前系统无法打印的 7 位 ASCII 字符（十进制的 ASCII 码为 0 到 31）。
- CHAR 函数和 UNICHAR 函数根据指定的代码编号生成 ASCII 和 Unicode 字符，CODE 函数和 UNICODE 函数可提供字符（或字符串中的第一个字符）的代码编号。

- LOWER函数和UPPER函数将文本分别转换为小写和大写。PROPER把每个单词的第一个字母显示为大写，其余的字母显示为小写。
- EXACT函数检查两个文本是否相同。
- TEXT函数将数字转换为指定格式的文本。

Excel中还有其他本书暂不介绍的文本函数，包括ASC（将双字节全角字符转换为单字节半角字符）、DBCS（将单字节半角字符转换为双字节全角字符），BAHTTEXT（将数字转换为泰语文本并添加后缀"泰铢"），PHONETIC（提取文本中的拼音字符），FIXED（将数字截断到指定的小数位数并以文本形式返回）和DOLLAR（将数字转换为文本并添加后缀"美元"）。诸如LEFTB、LENB、RIGB、MIDB、FINDB、SEARCHB和REPLAACC等函数都适用于使用双字节字符集（包括日语、汉语和韩语）的语言。

24.2 实际应用

示例1：使用CONCAT函数和TEXTJOIN函数连接文本

Excel中有多种连接文本的方法，最简单的是"&"运算符，该运算符会将其左右两边的文本进行连接，这与CONCAT函数和CONCATENATE函数的基础功能类似，此外，CONCAT函数还可以用于连接一个区域内的多个字符，而CONCATENTATE函数却不能。

更通用、更灵活的方式是使用TEXTJOIN函数，该函数可以连接单个单元格或区域，并且元素之间可以包含指定的分隔符，还可以指定是否忽略空白单元格（如果没有使用分隔符的话，则默认忽略空白单元格）。当函数将文本连接在一起时，一般来说最好使用分隔符，这样不仅更容易阅读，而且还有助于反向还原（例如，如果将已连接好的字符串复制到另一个文件中，则用于连接的、处于分隔状态的原始数据则会丢失，需要反向拆分后才能还原）。

文件Ch24.1.TEXTJOIN.CONCAT.xlsx展示的示例如图24.1所示，需要注意的是，在单元格F10（其公式显示在单元格G10中）中，TEXTJOIN函数中的"ignore_empty"参数被设置为忽略空白单元格，因此分隔符只出现了一次，而在单元格F11（其公式显示在单元格G11中）中，D列的空白单元格不会被忽略，因此会出现连续的分隔符。

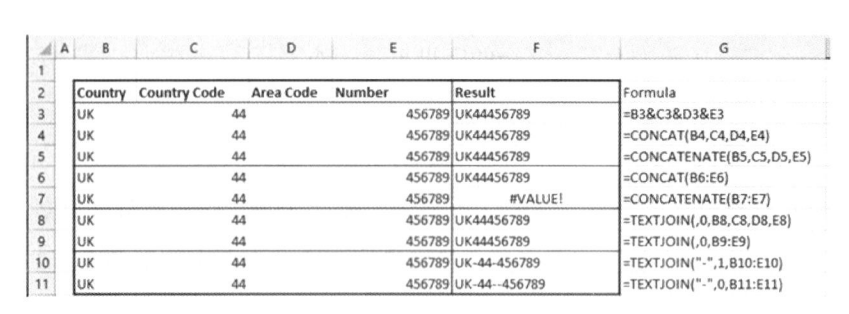

图24.1 CONCAT函数和TEXTJOIN函数的示例

示例2：使用分列功能将一列数据拆分到多列

Excel 数据选项卡上的分列（向导）可以一次性将单列数据分隔为多列（但源数据与分列结果之间不存在函数关系或动态链接），该过程有三个步骤：

- 选择数据，确定数据的分隔是基于固定宽度还是分隔符号。
- 确定固定宽度或分隔符的类型。
- 选择数据的存放位置及格式（默认是覆盖原始数据集）。

文件 Ch24.2.TextToColumns.xlsx 展示了一个数据分列的示例，其中分完列的数据被放在从单元格 C3 开始的区域内，图 24.2 展示的是该过程的第二步。

图24.2 数据分列向导的第二步

示例3：将数值型文本转换为数字

VALUE 函数将文本格式的数字转换为数值型的数字，事实上，Excel 在内部处理时一般都会把这种文本格式的数字当作数值型数字来处理，但在某些情况下，这么做可能会导致错误或意外，例如在使用 Excel 的数据库函数时，其中的数据库包含文本型数字，但查询条件是用数值型数字写的，此时就有可能不匹配，参阅第26章。因此，在通常情况下，更有效的方法是将可能是文本格式的值以非常明确的方式（如函数）转换为数值型数字。

文件 Ch24.3.VALUE.NUMBERVALUE.xlsx 展示的示例如图 24.3 所示，其中单元格 B3 中的文本字段"23"被视为一个简单公式的输入参数，计算结果存放在单元格 C3 中，可见 Excel 在计算该公式时先在内部将其转换为数值型数字，再参与公式的计算。单元格 C4 中，我们用 VALUE 函数将这种文本格式的数字转换为相应的数值型数字。值得注意的一点是，单元格 B4 是文本格式，但通过 Excel 默认的对齐方式（文本是左对齐的，数字是右对齐的）可以看出单元格 C4 是数值。将上述示例中的输入参数换成文本格式的日期，结论也是类似的，不再赘述。

NUMBERVALUE 函数的功能类似，但允许用户在特殊情况下使用自定义符号来表示小数点或字符分隔符，如图 24.3 中单元格 B10 所示。

	A	B	C	D
1				
2		Text	Result	Formula
3		23	23	=B3*1
4		23	23	=VALUE(B3)
5		1987/05/13	31910	=B5*1
6		1987/05/13	31910	=VALUE(B6)
7				
8		23	23	=NUMBERVALUE(B8)
9		1987/05/13	31910	=NUMBERVALUE(B9)
10		2p500	2.5	=NUMBERVALUE(B10,"p")

图24.3 使用VALUE和NUMBERVALUE函数

示例4：将文本动态分隔为各个部分（I）

前面显示的分列的功能对于一次性的数据操作来说非常有用，但只适用于列与列之间的分隔符都是相同形式，而且分隔标准相对比较简单〔固定宽度或有限个标准分隔符（空格，逗号，分号等）〕的情况。

在许多情况下，使用函数分隔数据更为合适，因为函数能将分隔的数据与合并的数据直接连接在一起，如果原始数据更新，合并的数据也会自动更新，而且还能适应更复杂的分隔符。

LEFT函数和RIGHT函数是最简单的用来将数据分隔成两部分的函数，一部分为左（右）边N个字符，剩下的字符为另一部分，但用户需要事先确定字符数N（例如将最左或最右的字符与其他字符分隔开时，N=1），或者通过其他方法来确定N。

文件Ch24.4.SplitText.LEFT.RIGHT.xlsx展示了一个示例，其中C列中的文本被分隔为最左边的一个字符和最右边的一个字符，然后将RIGHT函数的返回结果作为VALUE函数的输入参数，就能将文本型数字转换为数值型数字（见图24.4）。

该文件中（但不在图24.4中）还展示了将上述分隔后的数据应用到后续的条件求和(使用SUMIFS函数)的运算中，例如筛选出满足条件的贷款收入比和历史风险[1]的组合（Combined Loan-to-Income & Risk History）后，求这些组合的贷款余额总和。读者可能会发现，即使没有用VALUE函数进行转换，SUMIFS函数仍会计算出正确的结果。

	A	B	C	D	E	F	G
1							
2		Loan Balance	Combined Loan-to-Income & Risk History		Loan-to-income	Formula	Risk History	Formula
3		49,878	E1		E	=LEFT($C3,1)	1	=VALUE(RIGHT($C3,1))
4		4,433	A1		A	=LEFT($C4,1)	1	=VALUE(RIGHT($C4,1))
5		52,774	E3		E	=LEFT($C5,1)	3	=VALUE(RIGHT($C5,1))
6		41,708	C3		C	=LEFT($C6,1)	3	=VALUE(RIGHT($C6,1))
7		89,999	G1		G	=LEFT($C7,1)	1	=VALUE(RIGHT($C7,1))
8		38,299	F2		F	=LEFT($C8,1)	2	=VALUE(RIGHT($C8,1))
9		43,900	G1			=LEFT($C9,1)	1	=VALUE(RIGHT($C9,1))

图24.4 使用LEFT和RIGHT函数

示例5：将文本动态分隔为各个部分（II）

MID函数用于提取从指定下标开始，向后数指定长度个字符组成的字符串，尤其是当需要提取的子串位于母串的中间时，该函数尤其有用。

文件Ch24.5.SplitText.MID.xlsx展示了一个简单的应用，示例中我们将一组数字分隔成若干组，其中每组的长度为1，字符串分隔的起始下标由第2行的整数确定，参见图24.5（VALUE函数被用来确保计算结果为数值型数据）。

---

1 历史风险（Risk History），一般为历史信用记录生成的代表资质的指标，如信用卡违约次数等。——译校注

	A	B	C	D	E	F	G	H	I
1									
2		Number	1	2	3	4	5	6	Formula
3		201739	2	0	1	7	3	9	=VALUE(MID($B3,H$2,1))
4		103401	1	0	3	4	0	1	=VALUE(MID($B4,H$2,1))
5		208736	2	0	8	7	3	6	=VALUE(MID($B5,H$2,1))

图24.5 使用MID函数提取文本的一部分

示例6：比较LEFT、RIGHT、MID和LEN函数

本质上 LEFT 函数和 RIGHT 函数是 MID 函数的特殊形式，如果 MID 函数的起始下标设为 1，即从左边第一个字符开始，那么就与 LEFT 函数完全相同，如果先用 LEN 函数确定整个字符串的长度，然后将其设为起始下标，那与 RIGHT 函数的功能也是一样的，进一步的，如果希望使用 MID 函数而不是 RIGHT 函数来提取最右边的 N 个字符，那么起始下标的公式如下：

$$起始下标 = 整个字符串长度 - N + 1$$

	A	B	C	D	E	F	G	H	I	J	K
1											
2		Data		Chars Reqd	LEFT	Left via MID		Chars Reqd	RIGHT	Right via MID	
3		201739		2	20	20		2	39	39	=MID(B3,LEN(B3)-H3+1,H3)
4		103401		2	10	10		2	01	01	=MID(B4,LEN(B4)-H4+1,H4)
5		208736		2	20	20		2	36	36	=MID(B5,LEN(B5)-H5+1,H5)
6											

图24.6 比较LEFT、RIGHT、MID 和LEN函数

文件 Ch24.6.MID.LEFT.RIGHT.LEN.xlsx 展示的是上述几个公式的示例（见图24.6），需要说明，因为我们把重点放在了函数功能的对比上，所以此处没有使用 VALUE 函数。

示例7：将文本动态分隔为组成部分（III）

如果事先不清楚或还没确定字符串起始字符或结束字符的下标，则需要使用 SEARCH 函数进行查找。

文件 Ch24.7.SplitText.SEARCH.xlsx 展示了一个示例，其中 SEARCH 函数用于查找数据集（单元格 B7 的所在列）中每个单元格内括号的位置，其中括号是每个单元格都包含的元素，其所在位置可以用于识别出客户名称和课程时长（例如，可以使用 MID 函数从字符"CustA"中提取括号前两个字符得到客户名称 A，以及括号后的一个字符得到课程时长），在此基础上，就可以汇总数据生成报告了（例如使用 COUNTIFS 函数生成每个客户的课程总时长）（见图 24.7）。

需要注意的是，如果上述示例中想通过对数据进行分列来达到同样的分隔目的，可能需要进行多次分列，因为每次使用的分隔符不同（例如先用左括号作为分隔符，再用"Days"分隔，得到时长后，对第一列用 RIGHT 函数得到客户名称）。

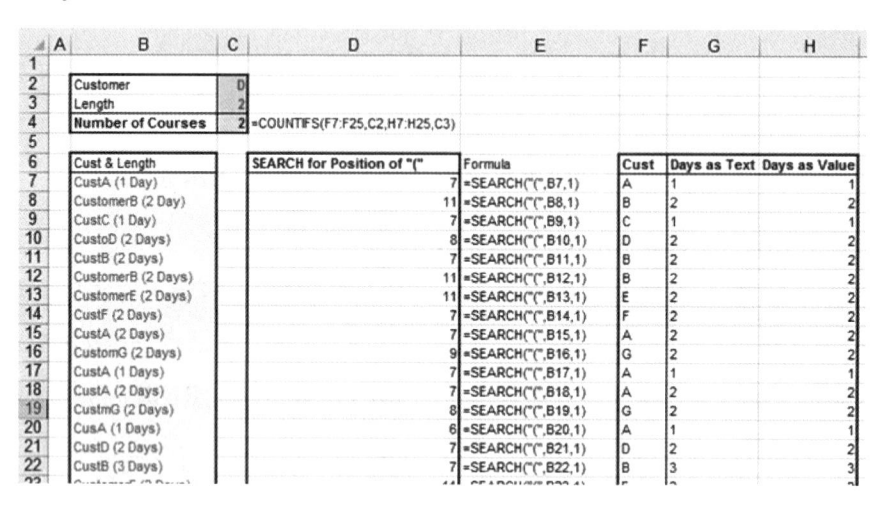

图24.7 使用SEARCH和MID函数组合

示例8：比较FIND函数和SEARCH函数

FIND 和 SEARCH 函数理论上功能是相似的，但 FIND 是区分大小写的，但 SEARCH 对大小写不敏感，读者需要根据具体情况选择合适的函数。文件 Ch24.8.FIND.SEARCH.xlsx 展示了一个区分大小写的示例（见图 24.8）。

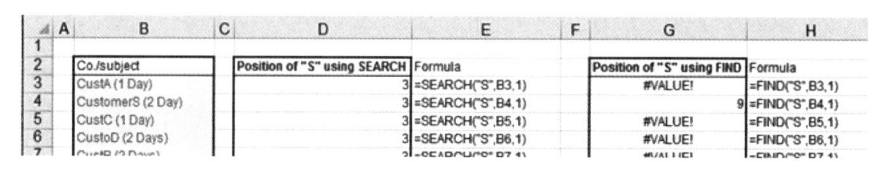

图24.8 比较FIND函数和SEARCH函数

示例9：UPPER函数和LOWER函数

UPPER 函数和 LOWER 函数用于将输入的文本分别转换为大小写字母，不再赘述。

文件 Ch24.9.UPPER.LOWER.xlsx 展示的示例中使用到了 SEARCH、MID 和 LEN 函数，整个过程是先提取了第一列数据中每个名字的第一个字母和其余部分，然后将该首字母转换为大写字母，其余的字母转换为小写，再将它们重新组合在一起（见图 24.9）

示例10：PROPER函数

文件 Ch24.10.PROPER.xlsx 展示了如何使用 PROPER 函数直接实现前面示例中的结果（见图 24.10），需要注意的是（在示例中未展示），该函数还能将一个句子中的每个单词（而不仅是第一个单词）的第一个字母转换为大写。

图24.10 PROPER函数的示例

示例11：EXACT函数

EXACT 函数用于检查两段文本是否相同，可以用于检查无法一眼就能识别出来的空格，而且该函数也是区分大小写的。

文件 Ch24.11.EXACT.xlsx 展示的示例如图 24.11 所示，其中的 LEN 函数用于检查单元格中是否存在空格，注意到单元格 C5 的末尾也包含了一个空格，因此单词长度为 7，如果不仔细识别是看不出来的，但 EXACT 函数可以发现它和单元格 B5 的差异（和 LEN 函数一样）。

图24.11 EXACT函数的使用

示例12：比较REPALCE函数和SUBSTITUE函数

REPLACE 和 SUBSTITUE 函数在理论上功能也是相似的，但在实际应用场景中有显著的不同。REPLACE 函数用于将指定字符开始后的指定数量的字符替换为新的指定字符，而 SUBSTITUTE 函数（默认会搜索整个字符串进行替换）会将所有的指定字符替换为另一个指定的新字符，而且还包含一个可选参数，允许用户指定只替换第几个匹配字符。

文件 Ch24.12.REPLACE.SUBSTITUTE.xlsx 展示的示例如图 24.12 所示，其中第二个例子展示了如何设置 SUBSTITUTE 函数的可选参数使得只有第二次出现的"."才会被替换。

	A	B	C	D
1				
2		Text	Result	Formula
3		1987.05.13	1987/05.13	=REPLACE(B3,5,1,"/")
4		1987.05.13	1987/13	=REPLACE(B4,5,4,"/")
5				
6		1987.05.13	1987/05/13	=SUBSTITUTE(B6,".","/")
7		1987.05.13	1987.05/13	=SUBSTITUTE(B7,".","/",2)

图24.12 比较REPLACE函数和SUBSTITUE函数

示例13：REPT函数

REPT 函数可用于按照给定的次数重复显示文本，该函数在生成可视记分板（visual scoreboards）、仪表板（dashboards）或图形显示等应用中非常有用，文件 Ch24.13.REPT.xlsx 展示的示例如图 24.13 所示。

	A	B	C	D	E
1					
2		Number	Symbol	Result	Formula
3		10	✓	✓✓✓✓✓✓✓✓✓✓	=REPT(C3,B3)
4		4	✗	✗✗✗✗	=REPT(C4,B4)
5		3	☹	☹☹☹	=REPT(C5,B5)
6					

图24.13 REPT函数的示例

示例14：CLEAN函数和TRIM函数

CLEAN 函数和 TRIM 函数分别从文本中删除系统无法打印的字符和空格，两者都可用于"清理"可能来源于早期数据源（如从 Internet 或大型机服务器下载）的数据。

CLEAN 函数用于移除那些系统无法打印的 7 位 ASCII 字符，对应的编号是 0 到 31，更大的 Unicode 集合中不可打印的字符也可以删除，而 TRIM 函数用于移除空格字符（编号为 32），但不包括单词之间的空格。

文件 Ch24.14.CLEAN.xlsx（见图 24.14）展示了 CLEAN 函数的使用示例，其中输入字符位于 C 列，结果存放在 E 列中，其中 C 列字符串的第一个字符是由指定的十进制 ASCII 编号经由 CHAR 函数生成的，因此 C 列包含的就是系统无法打印的字符和单词"Clean Text"连接后的新字符串，将其作为 CLEAN 函数的输入变量后就只剩下"Clean Text"，如 E 列所示。

	A	B	C	D	E	F
1						
2		CodeNo	ASCII Item & Clean Text	Formula	CLEAN	Formula
3		1	▯Clean Text	=CHAR(B3)&"Clean Text"	Clean Text	=CLEAN(C3)
4		2	Clean Text	=CHAR(B4)&"Clean Text"	Clean Text	=CLEAN(C4)
5		3	▯Clean Text	=CHAR(B5)&"Clean Text"	Clean Text	=CLEAN(C5)
6		4	▯Clean Text	=CHAR(B6)&"Clean Text"	Clean Text	=CLEAN(C6)
7		5	▯Clean Text	=CHAR(B7)&"Clean Text"	Clean Text	=CLEAN(C7)
8		6	▯Clean Text	=CHAR(B8)&"Clean Text"	Clean Text	=CLEAN(C8)
9		7	▯Clean Text	=CHAR(B9)&"Clean Text"	Clean Text	=CLEAN(C9)
10		8	▯Clean Text	=CHAR(B10)&"Clean Text"	Clean Text	=CLEAN(C10)
11		9	Clean Text	=CHAR(B11)&"Clean Text"	Clean Text	=CLEAN(C11)
12		10	Clean Text	=CHAR(B12)&"Clean Text"	Clean Text	=CLEAN(C12)

图24.14 CLEAN函数的使用示例I

图 24.15 来自同一个文件，图中使用 CLEAN 函数删除无法打印的 Unicode 字符。

G	H	I	J	K	L
	Unicode	Unicode Item & Clean Text	Formula	CLEAN	Formula
	127	▯Clean Text	=UNICHAR(H3)&"Clean Text"	Clean Text	=CLEAN(E3)
	129	Clean Text	=UNICHAR(H4)&"Clean Text"	Clean Text	=CLEAN(E4)
	141	Clean Text	=UNICHAR(H5)&"Clean Text"	Clean Text	=CLEAN(E5)
	143	Clean Text	=UNICHAR(H6)&"Clean Text"	Clean Text	=CLEAN(E6)
	144	Clean Text	=UNICHAR(H7)&"Clean Text"	Clean Text	=CLEAN(E7)
	157	Clean Text	=UNICHAR(H8)&"Clean Text"	Clean Text	=CLEAN(E8)
	160	Clean Text	=UNICHAR(H9)&"Clean Text"	Clean Text	=CLEAN(E9)

图24.15 CLEAN函数的使用示例II

文件 Ch24.15.TRIM.xlsx（图 24.16）展示了如何使用 TRIM 函数从各种不同的字符串中删除所有前置或后缀的空格，空格的数量可以通过字符串长度来计算，如 C 列（使用 LEN 函数）所示，也可以通过 LEFT 和 RIGHT 函数在 D 列和 E 列中的返回结果看出，经过截取后的字符串放在了 F 列，可见返回的字符串中已经删除了前置和后缀的空格，并且每个字符串的长度都相同。

	A	B	C	D	E	F	G	H
1								
2			LEN	1st LEFT	Last RIGHT	TRIM	Formula	LEN
3		Hello World	11	H	d	Hello World	=TRIM(B3)	11
4		Hello World	13	H		Hello World	=TRIM(B4)	11
5		Hello World	12		d	Hello World	=TRIM(B5)	11
6		Hello World	25			Hello World	=TRIM(B6)	11
7		Hello World	17			Hello World	=TRIM(B7)	11
8		Hello World	13			Hello World	=TRIM(B8)	11

图24.16 使用TRIM函数

示例15：更新模型标签和图表标题

有时候我们需要某个标签的显示内容随着模型的计算结果或单元格值的变化而自动更新，例如"10% 贴现率下的净现值"是某个单元格的标签，其中 10% 的数字来自另一个单元格，如果该单元格的值发生了变化，比如从 10% 变化为 12%，此时用户希望标签上的值也可以同步变化为"12% 贴现率下的净现值"。该功能在对比或展示多个假设场景的模型中非常有用，特别是需要以图表或报告的形式呈现结果的时候，用户更希望图例和标题也能随着模型数据的变化而自动变化。

图表的制作分为两个步骤：

- 用 Excel 公式为图例和标题创建标签，这样可以使标签根据数据的变化而更新，该步骤的目的只是希望标签能自动变化，还不涉及图表的制作，所以只需要用 TEXT 函数将标签中的数字格式化即可，当然在这一步可能也会用到其他的 Excel 函数（例如第 22 章的一个示例中，我们使用 CELL 函数来创建自动更新的标签）。

- 将这些公式链接到图例和标题，其中实现图例的自动更新很简单，只需要通过编辑图表的源数据即可，而对于图表标题，需要在 Excel 公式栏中设置标题，即输入"="，然后指向包含所需标题的单元格，再按 Enter 键。

文件 Ch24.16.TEXT.Labels&Graphs.xlsx 展示了一个示例（见图 24.17），其中 TEXT 函数的第二个参数用于设置显示格式（另一个常见的格式是使用"0.0"来代表只有一个小数点的数值型数字，或"0"表示没有小数位，正如图表标题所用的格式），此外，有时我们可能需要在字符串或公式中适当的位置（比如公式中的前引号之后或后引号之前）添加一些空格，使得标题或图例看上去更美观。

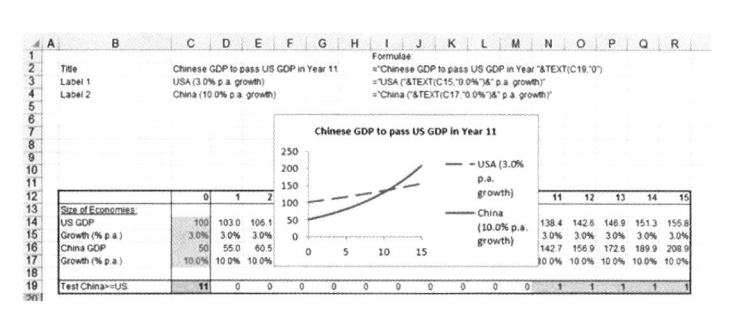

图24.17 使用TEXT函数格式化自动更新的标签和图表标题中的显示数字

示例16：为数据匹配创建唯一标识符或主键

在数据分析和操作中，有时候我们需要将两个数据集通过唯一键进行匹配或查找，此时可以通过将文本函数与其他 Excel 函数结合使用来达到目的。

文件 Ch24.17.CreatingKeys.xlsx 展示的一个示例如图 24.18 所示，其目的是将两种货币计价的金额用一种货币表示（如英镑），示例中的汇率数据按季度变化，第一组数据集（季度和货币）中前两列的数据可以组合为一个主键，而第二个数据集中的第一列需要先进行关键字的提取，然后重新组合，才能得到一个可供匹配使用的主键。文件中的公式显示了如何使用 SEARCH、LEFT 和 RIGHT 函数以及简单的拼接（执行匹配的过程在第 25 章中讨论）来创建该主键（图 24.18 不展示该操作）。

图24.18 通过创建公共主键链接的两个数据集

第25章 查找与引用函数

25.1 介绍

本章讨论查找和引用函数（为了方便，本章统一称之为查找函数），熟练掌握这些函数是搭建中高级模型所需的最重要的能力之一。

本章从包含最基本的引用方式的示例开始（其中大多数函数顾名思义，有些已经在前面章节讨论过）：

- FORMULATEXT 函数（以文本形式）显示单元格中的公式。
- TRANSPOSE 函数转置数组。
- COLUMN (ROW) 函数返回单元格或区域的列（行）号。
- COLUMNS (ROWS) 函数查找单元格或区域的列（行）数。
- ADDRESS 函数返回文本形式的单元格引用。
- AREAS 函数显示引用中的区域（相互分离的离散区域[1]）的个数。

本章其余部分主要讨论在其他场景中一些核心函数的使用示例，比如匹配和引用的配合使用，以及创建动态范围和可变数据结构：

- INDEX 函数用于查找连续范围（一维或二维矩阵）中指定行和列中的值，该函数还可以有引用形式，即返回对指定单元格，而不是其中的值的引用[2]。
- CHOOSE 函数根据指定下标返回引用范围内的一组值，该函数相比其他查找函数来说更实用，因为其参数允许是一组离散的区域。
- MATCH 函数返回某数值在指定数组中的下标。
- OFFSET 函数返回以某个单元格或区域为参照原点，偏移指定行数和列数后指向的单元格的值或区域的引用。
- INDIRECT 函数返回由文本字符串指定的单元格引用的值。
- HLOOKUP（VLOOKUP）函数用于在表格或数组的首行（列）查找指定的数据，

---

[1] 此处的离散区域指引用的区域中间存在空行或空列，或不构成一个完整矩形的区域。
[2] 数组形式=INDEX(D2:F11,3,3)，引用形式=INDEX((B2:C11,E2:F11),2,2,2)，其中最后一个2代表第二个区域E2:F11，若省略，默认第一个区域。

并返回表格或数组中指定行（列）的同一列（行）的数据。
- LOOKUP 函数用于在向量或数组中查找值，在向量形式中，该函数用于返回条件列中与指定的值相等的那一行对应查找列中单元格的值，其中列的引用顺序必须是升序的，比如只能输入"A1:A8"，而不能输入"A8:A1"。

本章还将简要地介绍一些提供数据集的链接功能，如超链接和相关主题。

值得注意的是，本章提供的案例中一般不是只有唯一解决方案的，有很多替代方案可选，因此，本章的目的是重点介绍如何在众多可选方案中进行抉择的标准，在第 9 章中也稍加讨论过这一点。

25.2 实际应用：基本的引用过程

示例1：ROW函数和COLUMN函数

文件 Ch25.1.ROW.COLUMN.xlsx 提供了一个 ROW 函数和 COLUMN 函数示例，函数的功能顾名思义（见图 25.1），实践中最为常见的用法就是其核心功能，即返回单元格的行号或列号，但两者也可以以数组形式返回多个单元格所覆盖区域的所有行号，此外，若两者的输入变量是公式所在单元格自身，也将返回自己所在的行号或列号而不会导致循环引用〔例如在单元格 B4 中输入 ROW(B4) 后返回的是行号 4〕。

	A	B	C	D
1				
2		Result		
3		**CORE FORM**		
4		4	=ROW(B4)	
5		2	=COLUMN(B5)	
6				
7		**ARRAY FORMULAE**		
8		4	{=ROW(B4:C5)}	
9		5	{=ROW(B4:C5)}	
10				
11		2	3	4
12		{=COLUMN(B5:D5)}	{=COLUMN(B5:D5)}	{=COLUMN(B5:D5)}

图25.1 ROW函数和COLUMN函数的单元格形式和数组形式

示例2：ROWS函数和COLUMNS函数

文件 Ch25.2.ROWS.COLUMNS.xlsx 提供了 ROWS 函数和 COLUMNS 函数的示例，其功能同样显而易见（见图 25.2）。

	A	B	C	D
1				
2		DATA		
3		22	14	21
4		11	9	11
5		2	1	7
6		14	14	19
7		5	6	18
8				
9		5	=ROWS(B3:D7)	
10		3	=COLUMNS(B3:D7)	
11				

图25.2 ROWS和COLUMNS函数的示例

有一点需要注意，同时本章后续的案例中也会提到，虽然“ROWS (B3:D7)”返回值是指定单元格范围的行数 5，但在 VBA 中，语句 Range(“B3:D7”).Rows 是指范围内所有行构成的一个对象，而不是这些行的行数，而调用该行对象的 COUNT 属性才返回行数：

NRows = Range(“B3:D7”).Rows.Count

示例3：ADDRESS函数的使用和与CELL函数的比较

ADDRESS 函数用于在给定行号和列号后返回工作表中单元格的地址，第 22 章中的 CELL 函数也可以提供与位置相关的（例如地址、行、或列号等）信息，以及与单元格相关的信息（例如单元格格式，单元格中内容的类型等）。

文件 Ch25.3.CELL.ADDRESS.1.xlsx 展示的是 ADDRESS 函数的返回结果，以及同样的结果如何用将“info_type”参数设置为“地址”的 CELL 函数生成（见图 25.3）。

	A	B	C
1			
2		Result	Formula
3		$B$3	=ADDRESS(ROW(B3),COLUMN(B3))
4		$B$4	=CELL("address",B4)
5			

图25.3 ADDRESS函数的使用和与CELL函数的比较

值得一提的是，这两个函数都可以输入到一个引用自身，但不会导致循环引用的单元格，此外，CELL 函数属于易失性函数（volatile functions）[1]，这意味着，即使工作表的参数没有更改，该公式在工作表每次重新计算时也会进行重算，从而降

[1] 易失性函数（volatile functions），无论何时在工作表的任意单元格中进行计算时，都必须重新进行计算的函数，对应的非易失性是只有当改变参数时才重新计算。——译校中

低计算效率，因此在某些情况下，相比 CELL 函数，应优先选择 ADDRESS 函数。

文件 Ch25.4.CELL.ADDRESS.4.xlsx 包含 Address 函数的使用示例（参见图25.4），该示例中，我们通过将函数的最后一个可选参数设定为另一张工作表的名称，进而返回另一张工作表中对应的单元格地址，本例中，单元格 B3 的 ADDRESS 函数返回的是 "Feb" 工作表中单元格 B3 的完整地址，此外，通过连接字符串，使用 CELL 函数并设置 "info_type" 参数为 "address"，也可以得到类似的结果，这种方法特别适用于后面的多工作表模型的案例，我们在第 6 章中已经讨论过了这种方法。

	A	B	C
1	Feb		
2		Result	Formula
3		Feb!$B$3	=ADDRESS(ROW(B3),COLUMN(B3),,,$A$1)
4		Feb!$B$4	=$A$1&"!"&CELL("address",B4)
5			

图25.4 在另一个工作表中查找相应的单元格地址

25.3 实际应用：深入了解引用过程

示例1：使用INDEX、OFFSET或CHOOSE函数创建场景

如果建模中考虑采用场景技术（scenario techniques），那就意味着需要分析的是多个自变量同时变化时因变量的变化情况，一般来说，该技术是对传统的单变量敏感性分析的一个拓展。场景技术可以得出一组计算结果，其中每个结果之间可能存在难以用完整的数学公式表示的依赖关系。

如果用工作簿的数据定义一个场景，无论场景如何变化，我们都可以用查找函数找到我们需要的数据，而查找过程本身可以替代用目标值替换原始值的手动复制粘贴过程，还能在模型的输入和输出之间搭建动态链接。文件 Ch25.5.Scenarios.1.xlsx 展示了一个关于营业收入的示例（见图25.5），其中第 6 行中的 CHOOSE 函数用于实现模型中的查找功能，我们在单元格 A6 中输入所需的代表高低水平的值，并将第 6 行的选择结果作为后续计算的输入变量（单元格 J10 引用了 J6），虽然理论上第 6 行的计算可以直接放在第 10 行中，然而对于大型模型，该方法会使得 CHOOSE 函数与其输入值的距离太远，从而不利于事后排查，降低

整个模型的透明度,此外 CHOOSE 函数在单个场景中对数据的引用都需要是对单元格地址的显式引用(explicit reference)(而非 Excel 表格中的结构化引用)。

图25.5 使用CHOOSE函数选择数据

如果场景中的数据如上例所示是连续的单元格范围,此时使用 INDEX 函数来查找会更高效,更适合添加新场景,另一种选择是 OFFSET 函数,但该函数计算效率较低,且属于易失性函数。

如图 25.6,文件 Ch25.6.Scenarios.2.xlsx 展示了通过 CHOOSE 函数、INDEX 函数和 OFFSET 函数分别实现了上述示例中的选择功能,从中可见,CHOOSE 函数输入的是对目标单元格地址的显式引用,INDEX 函数通过输入一个相邻范围的地址进行引用,OFFSET 函数则通过输入从日期标题所在单元格出发向下漂移指定行数后所指向的单元格的地址来实现引用,因此 INDEX 函数或 OFFSET 函数更能适应场景的变化。

图25.6 使用CHOOSE、INDEX和OFFSET函数进行数据的选择

文件 Ch25.7.Scenarios.3.xlsx 中的示例是对上述选择函数的应用场景的拓展,其中添加了成本和收益的数据(见图 25.7)。

	A	B	C	D	E	F	G	H	I	J
1										
2		Revenues Scenarios	2016	2017	2018	2019	2020	2021	2022	
3		Low			387	407	439	483	520	
4		Base			431	452	488	537	577	
5		High			474	497	537	591	635	
6										
7	3	To Use: With CHOOSE			474	497	537	591	635	=CHOOSE($A7,I3,I4,I5)
8		To Use: With INDEX			474	497	537	591	635	=INDEX(I3:I5,$A7,1)
9		To Use: With OFFSET			474	497	537	591	635	=OFFSET(I2,$A7,0)
10										
11										
12		Cost Scenarios	2016	2017	2018	2019	2020	2021	2022	
13		Low			354	364	430	480	428	
14		Base			395	367	488	476	563	
15		High			385	482	505	511	527	
16										
17	3	To Use: With CHOOSE			385	482	505	511	527	=CHOOSE($A17,I13,I14,I15)
18		To Use: With INDEX			385	482	505	511	527	=INDEX(I13:I15,$A17,1)
19		To Use: With OFFSET			385	482	505	511	527	=OFFSET(I12,$A17,0)
20										
21										

图25.7 多变量模型中选择函数的使用

在实际情况下，通常可以通过以下两种方式之一选择应用场景中的数据：

- 先枚举所有营收场景（revenues scenarios），随后计算对应的成本模型。
- 对于每个场景（例如从低到高排列后），逐个确定其收入（revenue）与成本（cost）。

文件 Ch25.8.Scenarios.4.xlsx 展示的示例中，场景中的数据按照第二种方法进行排列（图25.7选择了第一种方法），在该情况下，用 CHOOSE 函数实现选择的功能通常是最简单透明的方法（见图25.8）。

	A	B	C	D	E	F	G	H	I	J
1										
2		Scenarios	2016	2017	2018	2019	2020	2021	2022	
3		Low								
4		Revenue			387	407	439	483	520	
5		Cost			354	364	430	480	428	
6		Base								
7		Revenue			431	452	488	537	577	
8		Cost			395	367	488	476	563	
9		High								
10		Revenue			474	497	537	591	635	
11		Cost			385	482	505	511	527	
12										
13		To Use: With CHOOSE	2016	2017	2018	2019	2020	2021	2022	
14	3	Revenue			474	497	537	591	635	=CHOOSE($A$14,I4,I7,I10)
15		Cost			385	482	505	511	527	=CHOOSE($A$14,I5,I8,I11)
16										

图25.8 离散数据集场景中选择函数的使用

示例2：将图表数据源链接到多个或可变的数据源

用户还可以使用 CHOOSE 函数、INDEX 函数或 OFFSET 函数返回作图所需的数据，而后将其链接到图形上展示。TEXT（ADDRESS 或其他）函数可用于对图表数据的地址进行实时更新。

文件 Ch25.9.Scenarios.5.xlsx 展示了一个示例，其中图表数据和图表标题随着场景编号的更改而自动更新（见图 25.9）。

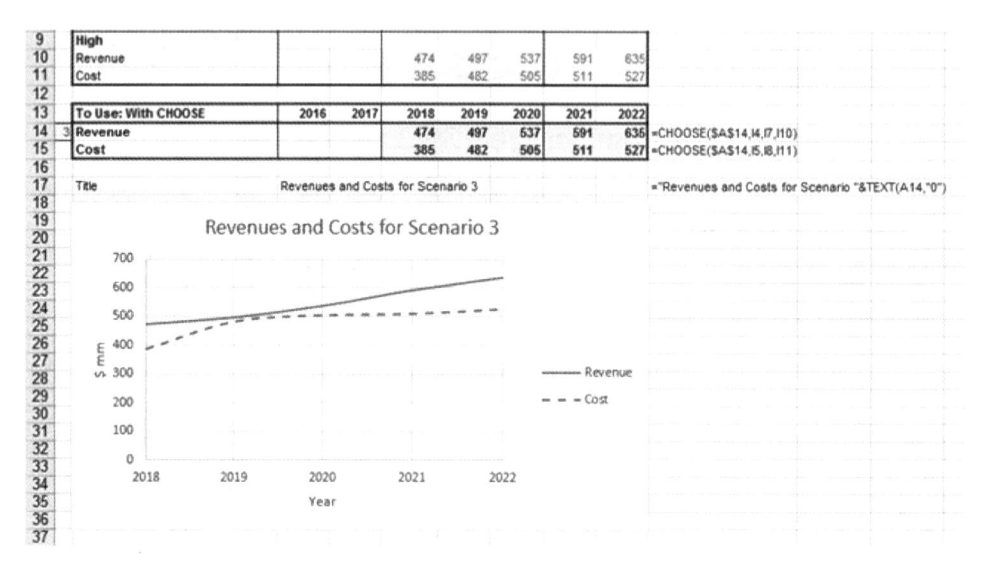

图25.9 用场景选择功能进行作图

示例3：使用INDEX或OFFSET函数逆序和转置数据

在许多情况下，用户可能需要翻转或转置数据集，比如从外部数据源导入时间序列数据，使用三角方法计算折旧或其他相似的报表科目（见第18章），以及在多元回归中使用 LINEST 数组函数进行预测（因为该函数返回的系数和数据集的顺序相反，见第21章），此时，还可以用 INDEX 函数和 OFFSET 函数在原始数据集与翻转或转置后的数据集之间创建动态链接。

文件 Ch25.10.ReversingTimeSeries.1.xlsx（见图 25.10）展示了一个示例，其中原始数据集展示在 B 列和 C 列中，E 列只是用于标识下标的中间数据，OFFSET 函数通过将整个数据集的行数与该下标列中每一项的差作为输入变量，实现对原始数据下标的倒序引用，进而实现数据逆序排列。

用 INDEX 函数代替 OFFSET 函数可以得到类似的结果，需要再次说明的是，如二者选一的话，一般都倾向于 INDEX 函数，因为虽然 OFFSET 函数听上去可能更有吸引力或更易于理解，但它是一个易失性函数，因此计算效率很低，这点对于较大的数据集和模型来说尤其重要（为展示方便，案例中的数据集的规模都比较小，但实际应用中，数据集要大很多）。

文件 Ch25.11.ReversingTimeSeries.2.xlsx（见图 25.11）展示了同一组数据中用 INDEX 函数实现翻转的示例。

	A	B	C	D	E	F	G	H	I
1									
2		Count	15						
3							Using OFFSET		
4		Date	Adj Close				Date	Adj Close	
5		30/10/2008	4,869.30		1		10/10/2008	4,544.31	=OFFSET(C$5,C$2-E5,0)
6		29/10/2008	4,808.69		2		13/10/2008	5,062.45	=OFFSET(C$5,C$2-E6,0)
7		28/10/2008	4,823.45		3		14/10/2008	5,199.19	=OFFSET(C$5,C$2-E7,0)
8		27/10/2008	4,334.64		4		15/10/2008	4,861.63	=OFFSET(C$5,C$2-E8,0)
9		24/10/2008	4,295.67		5		16/10/2008	4,622.81	=OFFSET(C$5,C$2-E9,0)
10		23/10/2008	4,519.70		6		17/10/2008	4,781.33	=OFFSET(C$5,C$2-E10,0)
11		22/10/2008	4,571.07		7		20/10/2008	4,835.01	=OFFSET(C$5,C$2-E11,0)
12		21/10/2008	4,784.41		8		21/10/2008	4,784.41	=OFFSET(C$5,C$2-E12,0)
13		20/10/2008	4,835.01		9		22/10/2008	4,571.07	=OFFSET(C$5,C$2-E13,0)
14		17/10/2008	4,781.33		10		23/10/2008	4,519.70	=OFFSET(C$5,C$2-E14,0)
15		16/10/2008	4,622.81		11		24/10/2008	4,295.67	=OFFSET(C$5,C$2-E15,0)
16		15/10/2008	4,861.63		12		27/10/2008	4,334.64	=OFFSET(C$5,C$2-E16,0)
17		14/10/2008	5,199.19		13		28/10/2008	4,823.45	=OFFSET(C$5,C$2-E17,0)
18		13/10/2008	5,062.45		14		29/10/2008	4,808.69	=OFFSET(C$5,C$2-E18,0)
19		10/10/2008	4,544.31		15		30/10/2008	4,869.30	=OFFSET(C$5,C$2-E19,0)
20									

图25.10 使用OFFSET翻转时间序列数据

	A	B	C	D	E	F	G	H	I
1									
2		Count	15						
3							Using INDEX		
4		Date	Adj Close				Date	Adj Close	
5		30/10/2008	4,869.30		1		10/10/2008	4,544.31	=INDEX(C$5:C$19,C$2-E5+1,1)
6		29/10/2008	4,808.69		2		13/10/2008	5,062.45	=INDEX(C$5:C$19,C$2-E6+1,1)
7		28/10/2008	4,823.45		3		14/10/2008	5,199.19	=INDEX(C$5:C$19,C$2-E7+1,1)
8		27/10/2008	4,334.64		4		15/10/2008	4,861.63	=INDEX(C$5:C$19,C$2-E8+1,1)
9		24/10/2008	4,295.67		5		16/10/2008	4,622.81	=INDEX(C$5:C$19,C$2-E9+1,1)
10		23/10/2008	4,519.70		6		17/10/2008	4,781.33	=INDEX(C$5:C$19,C$2-E10+1,1)
11		22/10/2008	4,571.07		7		20/10/2008	4,835.01	=INDEX(C$5:C$19,C$2-E11+1,1)
12		21/10/2008	4,784.41		8		21/10/2008	4,784.41	=INDEX(C$5:C$19,C$2-E12+1,1)
13		20/10/2008	4,835.01		9		22/10/2008	4,571.07	=INDEX(C$5:C$19,C$2-E13+1,1)
14		17/10/2008	4,781.33		10		23/10/2008	4,519.70	=INDEX(C$5:C$19,C$2-E14+1,1)
15		16/10/2008	4,622.81		11		24/10/2008	4,295.67	=INDEX(C$5:C$19,C$2-E15+1,1)
16		15/10/2008	4,861.63		12		27/10/2008	4,334.64	=INDEX(C$5:C$19,C$2-E16+1,1)
17		14/10/2008	5,199.19		13		28/10/2008	4,823.45	=INDEX(C$5:C$19,C$2-E17+1,1)
18		13/10/2008	5,062.45		14		29/10/2008	4,808.69	=INDEX(C$5:C$19,C$2-E18+1,1)
19		10/10/2008	4,544.31		15		30/10/2008	4,869.30	=INDEX(C$5:C$19,C$2-E19+1,1)
20									

图25.11 使用INDEX翻转时间序列数据

不过下标列 E 列只是为了演示方便而添加上去的，并不是必须的，我们还可以用 ROW 函数计算每个元素所在的行号来代替下标（ROWS 函数也可以代替单元格 C2 中的 COUNT 函数）。文件 Ch25.12.ReversingTimeSeries.3.xlsx（见图 25.12）展示了同一组数据里用 INDEX 函数加上 ROW 函数实现翻转的示例。

图25.12 使用ROW函数返回每个数据的下标

INDEX 函数或 OFFSET 函数也可代替数组公式 TRANSPOSE 函数来实现数据的转置，具体方法与上述示例中类似，只不过在编辑函数时，随着查找单元格向垂直方向移动，被查找单元格应该沿着水平方向移动。

文件 Ch25.13.TranposingWithLookup.xlsx（见图 25.13）展示了该过程，我们在 B 列返回了下标，不过 ROW、COLUMNS 和 COUNT 函数也可以用来创建下标，而且既可以把结果写入 B 列，也可以将其嵌入 OFFSET 函数。

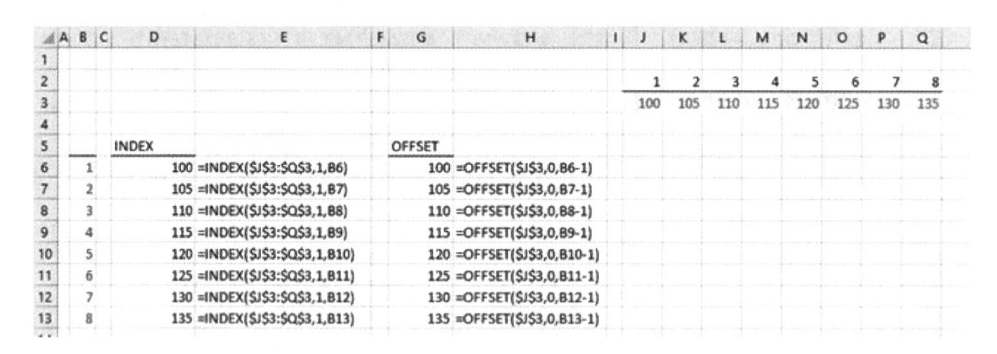

图25.13 使用查找函数对数据进行转置

示例4：现金流量或其他项目随时间而变化

在许多情况下，用户可能希望模拟延迟对生产、现金流量或某些其他经营情况的影响，此时时序上的颗粒度可能会影响目标公式的复杂性，接下来我们讨论下列情况：

- 长度最多为一个时间单位（例如半个）的延迟。
- 长度为整数个时间单位的延迟。
- 长度为任意正数个时间单位的延迟。

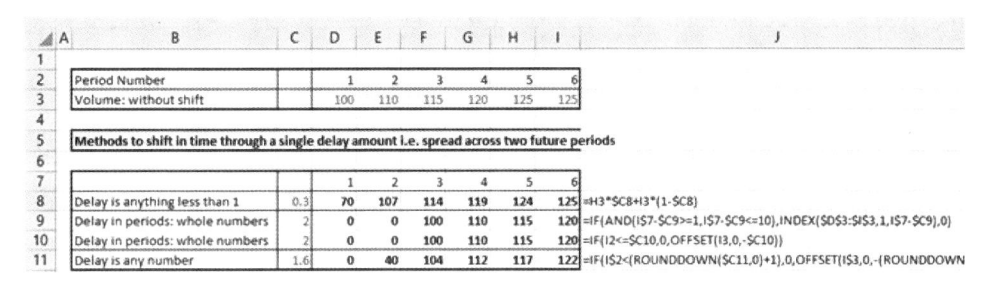

	A	B	C	D	E	F	G	H	I	J
1										
2		Period Number		1	2	3	4	5	6	
3		Volume: without shift		100	110	115	120	125	125	
4										
5		Methods to shift in time through a single delay amount i.e. spread across two future periods								
6										
7				1	2	3	4	5	6	
8		Delay is anything less than 1	0.3	70	107	114	119	124	125	=H3*$C8+I3*(1-$C8)
9		Delay in periods: whole numbers	2	0	0	100	110	115	120	=IF(AND(I$7-$C9>=1,I$7-$C9<=10),INDEX($D$3:$I$3,1,I$7-$C9),0)
10		Delay in periods: whole numbers	2	0	0	100	110	115	120	=IF(I2<=$C10,0,OFFSET(I3,0,-$C10))
11		Delay is any number	1.6	0	40	104	112	117	122	=IF(I$2<(ROUNDDOWN($C11,0)+1),0,OFFSET(I$3,0,-ROUNDDOWN

图25.14 计算时变现金流量的各种方法

文件 Ch25.14.TimeShiftVarious.xlsx 展示了其中的一个示例（见图 25.14），第一种就是简单的加权平均，第二、第三种是通过 INDEX 函数或 OFFSET 函数实现的，当然还需要配合其他的 Excel 函数（例如第二种情况下的 IF、AND 以及第三种情况下的 ROUNDDOWN 函数），读者可以查看文件中的完整公式，对于单元格 I11，实现的公式是：

$$=IF(I\$2<(ROUNDDOWN(\$C11,0)+1),0,OFFSET(I\$3,0,-ROUNDDOWN(\$C11,0)+1))*(\$C11-INT(\$C11))+OFFSET(I\$3,0,-ROUNDDOWN(\$C11,0))*(1-(\$C11-INT(\$C11))))$$

由于该公式过于复杂，用 VBA 将其定义为自定义函数来用更恰当（见第 33 章）。

示例5：采用"三角"方法计算折旧

文件 Ch25.15.INDEX.Transpose.Depn.xlsx 展示了一个示例，其中用三角计算的方法将数据进行转置，并实现时序漂移的过程中就用到了 INDEX 函数，随后用 SUMPRODUCT 函数来计算定期折旧（见图 25.15），其中的 IF 函数和 AND 函数语句用于筛选有效时间区间，但此时使用 IFERROR 函数有一定风险，因为 INDEX 函数有可能会在引用下标为 0 的时候返回第一个元素而不报错，从而无法触发 IFERROR 中的 ERROR。

	A	B	C	D	E	F	G	H	I	J	K	L
1												
2		Years		2015	2016	2017	2018	2019	2020			
3		Capex	575	100	105	120	80	50	120			
4												
5		Depreciation Schedule		1	2	3	4	5				
6		Percentage	100%	40%	30%	20%	10%	0%				
7												
8		Years	Capex	2015	2016	2017	2018	2019	2020	2021	2022	2023
9	1	2015	100	40%	30%	20%	10%					
10	2	2016	105		40%	30%	20%	10%				
11	3	2017	120			40%	30%	20%	10%			
12	4	2018	80				40%	30%	20%	10%		
13	5	2019	50					40%	30%	20%	10%	
14	6	2020	120						40%	30%	20%	10%
15												
16		Depreciation		40	72	100	99	79	91	54	29	12
17												

图25.15 在使用"三角"方法计算折旧的过程中用到INDEX函数

25.4 实际应用：结合匹配和引用过程

示例1：使用MATCH函数查找条件所在的时间段

很多情况下我们需要确定模型中第一次满足某条件时所处的位置或时间点，例如：

- 某一种产品的营业收入首次高于另一种产品的时间。
- 营业收入首次达到盈亏平衡点，或者当业务下滑到某个点以下的时间。
- 由于石油产量随着油田的枯竭和时间的推移需要确定停产日期，以及未来净资产首次转负的时间。
- 某项贷款首次满足允许以更低成本再融资的条件，或满足某项特定条款的时间。

在这些模型中，最合适的是 MATCH 函数，其一般语法是这样的：

=MATCH(ValueToFind(查找目标值)，

RowOrColRangeToLookIn(查找区域)，

[OptionalMatchType](匹配类型))

一般来说，最方便的查找方法是在查找区域内添加一列逻辑变量，即对应的行或列数据满足查找条件时，IF 函数返回"TRUE"（或"1"），不满足则返回"FALSE"（或"0"）的变量。另一个要点是 MATCH 函数的最后一个可选参数"OptionalMatchType"，即匹配类型，若该参数为 0，则返回第一个精确匹配的下标；如果省略，则公式会将查找区域中的数据按升序排列，并返回小于等于查找值的最大值，这点很容易被用户忽略，从而导致返回不匹配的下标。

文件 Ch25.16.RevenueComp.xlsx 展示的示例中，我们需要根据公司的预期收入增长（见图 25.16）确定一个产品的营收何时超过另一个产品。图中可见，区域 F7:O7 内包含了表示是否超过的逻辑变量，而单元格 C7 包含的是 MATCH 函数，如果可选参数为空，则该函数将返回最后一个，而不是第一个匹配的下标（单元格 C9）。最后，需要重申的是，该函数返回首次满足条件的相对位置（即下标或索引号），因此单元格 C7 中的值不是第 2 行的年份数，而是匹配值所处的位置，而返回匹配值可以配合使用 INDEX 函数（单元格 C11）。

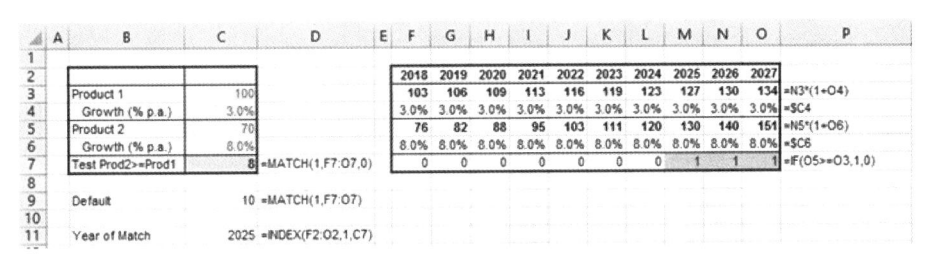

图25.16 使用MATCH函数查找营业收入首次达标的时间

示例2：使用匹配键查找离散场景中的数据

之前我们在离散场景中使用 CHOOSE 函数，在连续场景中使用 INDEX 函数或 OFFSET 函数来达到查找的目的，一般来说，这些方法较为可靠，但我们也可能会遇到需要使用更复杂、更非理想化的方法进行建模的情况，所以需要有所准备。

文件 Ch25.17.Scenarios.6.xlsx 展示了一个示例，其中每个场景都有一个文本格式的唯一值作为查找键，用于查找目标数据。MATCH 函数用于返回目标数据在数据集中的下标，INDEX 函数根据下标返回目标数据（见图 25.17）（如第 17 章所述，在此也可以考虑使用 SWITCH 函数）。

图25.17 使用MATCH函数在离散场景中进行数据的选择

示例3：创建和查找匹配的文本字段或键

有时候我们需要将多个数据集进行合并，或在一个数据集的操作中用到另一个数据集，此时可能需要将多个函数嵌套使用，例如用文本类函数返回某一列的唯一值作为查找键，进而查找匹配值。

文件 Ch25.18.Text.CurrencyMatch.1.xlsx 展示了一个示例（见图 25.18），在第一个汇率数据（区域 B4:C15）的数据集中，文本函数用于给每个原始数据创建一个用于查找的主键（区域 G4:G15），并且该过程也应用在了第二个数据集中，最后在区域 H19:H32 中返回每个键值在第一个数据集中 G 列里的下标，最后一步根据下标返回 B 列中对应的汇率，该步骤将在示例 4 中介绍。

	A	B	C	D	E	F	G	H	I
1									
2		EXCHANGE RATE TABLE							
3		Xrate/€	Orig Key	Search for Q	LEFT	RIGHT	Key to Match		
4		1.60	DollarQr_1	7	DollarQ	1	DollarQ_1		
5		1.58	DollarQs_2	7	DollarQ	2	DollarQ_2		
6		1.55	DollarQt_3	7	DollarQ	3	DollarQ_3		
7		1.62	DollarQ_4	7	DollarQ	4	DollarQ_4		
8		1.20	EuroQ_1	5	EuroQ	1	EuroQ_1		
9		1.16	EuroQ_2	5	EuroQ	2	EuroQ_2		
10		1.22	EuroQ_3	5	EuroQ	3	EuroQ_3		
11		1.25	EuroQ_4	5	EuroQ	4	EuroQ_4		
12		1.00	PoundQ_1	6	PoundQ	1	PoundQ_1		
13		1.00	PoundQ_2	6	PoundQ	2	PoundQ_2		
14		1.00	PoundQ_3	6	PoundQ	3	PoundQ_3		
15		1.00	PoundQ_4	6	PoundQ	4	PoundQ_4		
16									
17		MAIN ("LARGE") CUSTOMER DATABASE							
18		Location	Customer no.	Quarter	Amount (loca	Currency	Key to Match	Position of Matching Item	
19		Germany	C314	1	32,143	Euro	EuroQ_1	5	=MATCH(G19,$G$4:$G$15,0)
20		London	C159	3	17,203	Pound	PoundQ_3	11	=MATCH(G20,$G$4:$G$15,0)
21		France	C265	2	16,993	Euro	EuroQ_2	6	=MATCH(G21,$G$4:$G$15,0)
22		US	C358	2	78,888	Dollar	DollarQ_2	2	=MATCH(G22,$G$4:$G$15,0)
23		London	C979	3	43,957	Pound	PoundQ_3	11	=MATCH(G23,$G$4:$G$15,0)
24		US	C323	4	25,898	Dollar	DollarQ_4	4	=MATCH(G24,$G$4:$G$15,0)
25		London	C486	1	26,856	Pound	PoundQ_1	9	=MATCH(G25,$G$4:$G$15,0)
26		London	C729	2	63,652	Dollar	DollarQ_2	2	=MATCH(G26,$G$4:$G$15,0)
27		US	C266	3	29,188	Dollar	DollarQ_3	3	=MATCH(G27,$G$4:$G$15,0)
28		Germany	C357	4	47,153	Euro	EuroQ_4	8	=MATCH(G28,$G$4:$G$15,0)
29		France	C989	1	51,737	Euro	EuroQ_1	5	=MATCH(G29,$G$4:$G$15,0)
30		London	C323	2	36,332	Pound	PoundQ_2	10	=MATCH(G30,$G$4:$G$15,0)
31		Germany	C486	3	33,363	Euro	EuroQ_3	7	=MATCH(G31,$G$4:$G$15,0)
32		Germany	C729	1	17,635	Euro	EuroQ_1	5	=MATCH(G32,$G$4:$G$15,0)
33									

图25.18 使用文本函数和MATCH函数查找汇率数据

示例4：INDEX函数与MATCH函数的配合使用

如上所述，由于 MATCH 函数只返回匹配值的下标，所以通常后续的查找函数会用到该下标。文件 Ch25.19.Text.CurrencyMatch.2.xlsx 展示了示例 3 的最后一步，即用 INDEX 函数返回目标汇率，将 E 列中以本币计价的金额按照查找出的汇率换算成英镑，最后再加总求出总金额（见图 25.19）。

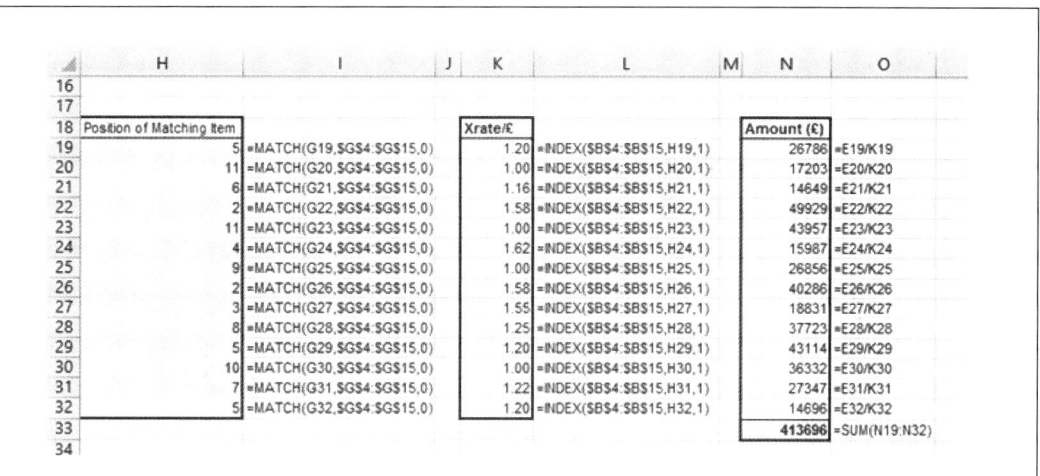

图25.19 INDEX函数和MATCH函数配合使用的过程

示例5：比较INDEX-MATCH函数组合与 H(V)LOOKUP函数

以下示例旨在强调 INDEX-MATCH 的函数组合总是优于 H(V)LOOKUP 函数，该判断是基于模型的灵活性、有效性、计算效率以及便捷性的综合检验后得出的。文件 Ch25.20.VLOOKUPINDEXMATCH.1.xlsx 展示了使用 VLOOKUP 函数返回目标汇率的示例（见图 25.20），从结果看也是正确的，因此也是一个不错的查找方法。

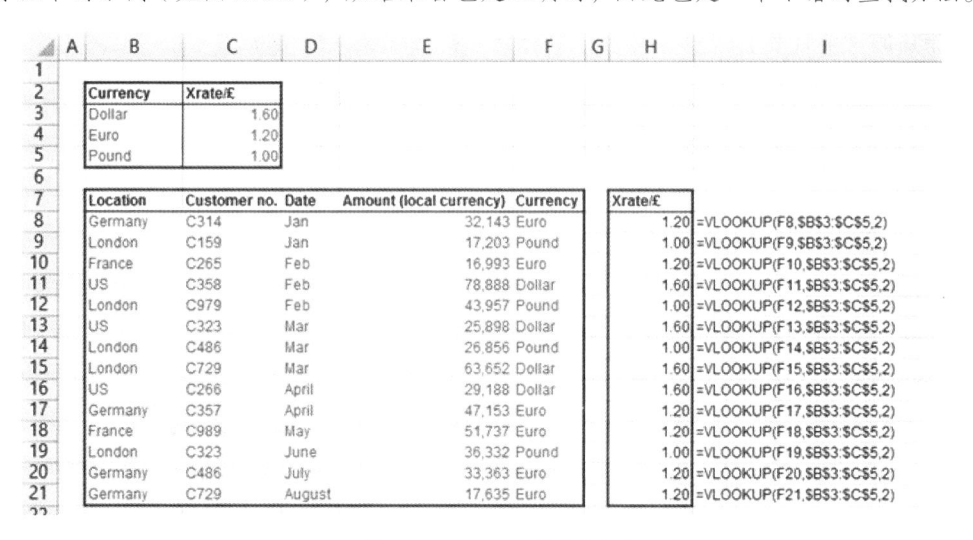

图25.20 使用VLOOKUP函数查找相关汇率

但文件 Ch25.21.VLOOKUPINDEXMATCH.2.xlsx 的示例说明，由于 VLOOKUP 函数需要将匹配值所在的列放在数据集的左侧，因此限制了查找的灵活性。如果为了满足左侧的限制而多次复制数据集，则更是一种效率低下且容易出错的选择（见图 25.21）。

Xrate/£	Currency
1.60	Dollar
1.20	Euro
1.00	Pound

Location	Customer no.	Date	Amount (local currency)	Currency	Xrate/£	
Germany	C314	Jan	32,143	Euro	#N/A	=VLOOKUP(F8,$C$3:$D$5,2)
London	C159	Jan	17,203	Pound	#N/A	=VLOOKUP(F9,$C$3:$D$5,2)
France	C265	Feb	16,993	Euro	#N/A	=VLOOKUP(F10,$C$3:$D$5,2)
US	C358	Feb	78,888	Dollar	#N/A	=VLOOKUP(F11,$C$3:$D$5,2)
London	C979	Feb	43,957	Pound	#N/A	=VLOOKUP(F12,$C$3:$D$5,2)
US	C323	Mar	25,898	Dollar	#N/A	=VLOOKUP(F13,$C$3:$D$5,2)
London	C486	Mar	26,856	Pound	#N/A	=VLOOKUP(F14,$C$3:$D$5,2)
London	C729	Mar	63,652	Dollar	#N/A	=VLOOKUP(F15,$C$3:$D$5,2)
US	C266	April	29,188	Dollar	#N/A	=VLOOKUP(F16,$C$3:$D$5,2)
Germany	C357	April	47,153	Euro	#N/A	=VLOOKUP(F17,$C$3:$D$5,2)
France	C989	May	51,737	Euro	#N/A	=VLOOKUP(F18,$C$3:$D$5,2)
London	C323	June	36,332	Pound	#N/A	=VLOOKUP(F19,$C$3:$D$5,2)
Germany	C486	July	33,363	Euro	#N/A	=VLOOKUP(F20,$C$3:$D$5,2)
Germany	C729	August	17,635	Euro	#N/A	=VLOOKUP(F21,$C$3:$D$5,2)

图25.21 VLOOKUP函数对数据集位置的限制

文件Ch25.22.VLOOKUPINDEXMATCH.3.xlsx中的示例可见，VLOOKUP函数使用的是硬编码（见第17章）的列序数，即本例中以第2列为主键，公式就用数字2来表示该列（见图25.22）。若此时操作人员由于其他情况在B列后新添加了一列，导致新添加的空列为第2列，因而I列中返回的是C列中的0。在数据区域更大或需要定期更新的数据集中，这种错误更是经常发生，而且公式不会报错，所以经常被忽视，尤其是当不同列的数据看上去非常相近（例如不同期间的工资数据），发现错误的可能性还会进一步降低，更难识别出匹配错误的结果。

Currency	Xrate/£
Dollar	1.60
Euro	1.20
Pound	1.00

Location	Customer no.	Date	Amount (local currency)	Currency	Xrate/£	
Germany	C314	Jan	32,143	Euro	0.00	=VLOOKUP(G8,$B$3:$D$5,2)
London	C159	Jan	17,203	Pound	0.00	=VLOOKUP(G9,$B$3:$D$5,2)
France	C265	Feb	16,993	Euro	0.00	=VLOOKUP(G10,$B$3:$D$5,2)
US	C358	Feb	78,888	Dollar	0.00	=VLOOKUP(G11,$B$3:$D$5,2)
London	C979	Feb	43,957	Pound	0.00	=VLOOKUP(G12,$B$3:$D$5,2)
US	C323	Mar	25,898	Dollar	0.00	=VLOOKUP(G13,$B$3:$D$5,2)
London	C486	Mar	26,856	Pound	0.00	=VLOOKUP(G14,$B$3:$D$5,2)
London	C729	Mar	63,652	Dollar	0.00	=VLOOKUP(G15,$B$3:$D$5,2)
US	C266	April	29,188	Dollar	0.00	=VLOOKUP(G16,$B$3:$D$5,2)
Germany	C357	April	47,153	Euro	0.00	=VLOOKUP(G17,$B$3:$D$5,2)
France	C989	May	51,737	Euro	0.00	=VLOOKUP(G18,$B$3:$D$5,2)
London	C323	June	36,332	Pound	0.00	=VLOOKUP(G19,$B$3:$D$5,2)
Germany	C486	July	33,363	Euro	0.00	=VLOOKUP(G20,$B$3:$D$5,2)
Germany	C729	August	17,635	Euro	0.00	=VLOOKUP(G21,$B$3:$D$5,2)

图25.22 使用VLOOKUP时，将参数设置成硬编码的列序数容易导致匹配错位

文件Ch25.23.VLOOKUPINDEXMATCH.4.xlsx展示了如何使用MATCH函数来确定列号，进而避免上述由于使用硬编码的参数带来的匹配错位（见图25.23），其中可见用MATCH函数配合VLOOKUP函数的组合方法可以克服第一个限制，但另一个限制仍存在，即数据集的查找依旧依赖只能处于左边的主键。

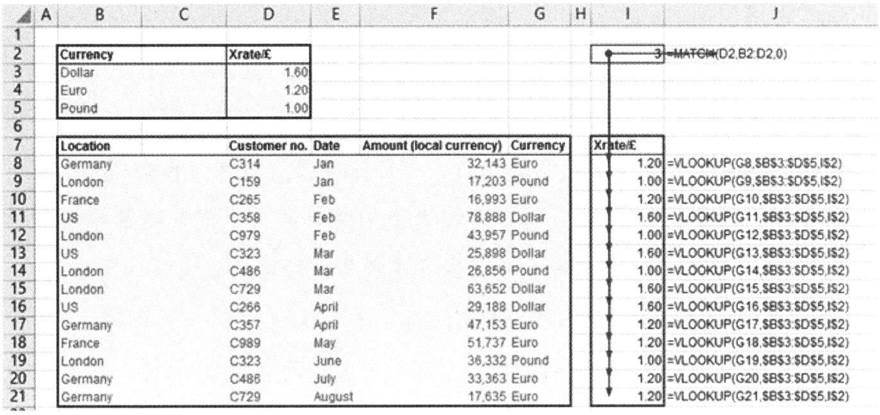

	A	B	C	D	E	F	G	H	I	J
1										
2		Currency		Xrate/£					3	=MATCH(D2,B2:D2,0)
3		Dollar		1.60						
4		Euro		1.20						
5		Pound		1.00						
6										
7		Location		Customer no.	Date	Amount (local currency)	Currency		Xrate/£	
8		Germany		C314	Jan	32,143	Euro		1.20	=VLOOKUP(G8,$B$3:$D$5,I$2)
9		London		C159	Jan	17,203	Pound		1.00	=VLOOKUP(G9,$B$3:$D$5,I$2)
10		France		C265	Feb	16,993	Euro		1.20	=VLOOKUP(G10,$B$3:$D$5,I$2)
11		US		C358	Feb	78,888	Dollar		1.60	=VLOOKUP(G11,$B$3:$D$5,I$2)
12		London		C979	Feb	43,957	Pound		1.00	=VLOOKUP(G12,$B$3:$D$5,I$2)
13		US		C323	Mar	25,898	Dollar		1.60	=VLOOKUP(G13,$B$3:$D$5,I$2)
14		London		C486	Mar	26,856	Pound		1.00	=VLOOKUP(G14,$B$3:$D$5,I$2)
15		London		C729	Mar	63,652	Dollar		1.60	=VLOOKUP(G15,$B$3:$D$5,I$2)
16		US		C266	April	29,188	Dollar		1.60	=VLOOKUP(G16,$B$3:$D$5,I$2)
17		Germany		C357	April	47,153	Euro		1.20	=VLOOKUP(G17,$B$3:$D$5,I$2)
18		France		C989	May	51,737	Euro		1.20	=VLOOKUP(G18,$B$3:$D$5,I$2)
19		London		C323	June	36,332	Pound		1.00	=VLOOKUP(G19,$B$3:$D$5,I$2)
20		Germany		C486	July	33,363	Euro		1.20	=VLOOKUP(G20,$B$3:$D$5,I$2)
21		Germany		C729	August	17,635	Euro		1.20	=VLOOKUP(G21,$B$3:$D$5,I$2)

图25.23 使用MATCH在VLOOKUP中创建可随数据集变化的列序数

文件 Ch25.24.VLOOKUPINDEXMATCH.5.xslx 展示了如何使用 INDEX-MATCH 函数组合，使得查找功能可以适应列数据以任何顺序排列的数据集，并且插入新列也不会导致错误（见图 25.24），而且匹配和查找过程既可以单独使用（见 H 和 I 列），也可以嵌套使用（见 K 列）。

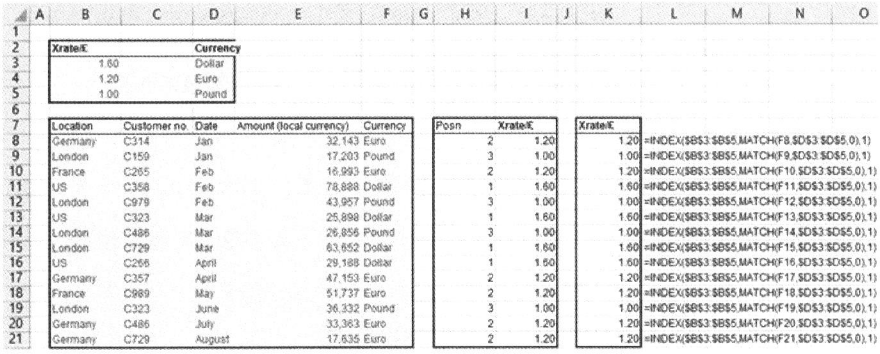

	A	B	C	D	E	F	G	H	I	J	K	L
1												
2		Xrate/£		Currency								
3		1.60		Dollar								
4		1.20		Euro								
5		1.00		Pound								
6												
7		Location	Customer no.	Date	Amount (local currency)	Currency		Posn	Xrate/£		Xrate/£	
8		Germany	C314	Jan	32,143	Euro		2	1.20		1.20	=INDEX($B$3:$B$5,MATCH(F8,$D$3:$D$5,0),1)
9		London	C159	Jan	17,203	Pound		3	1.00		1.00	=INDEX($B$3:$B$5,MATCH(F9,$D$3:$D$5,0),1)
10		France	C265	Feb	16,993	Euro		2	1.20		1.20	=INDEX($B$3:$B$5,MATCH(F10,$D$3:$D$5,0),1)
11		US	C358	Feb	78,888	Dollar		1	1.60		1.60	=INDEX($B$3:$B$5,MATCH(F11,$D$3:$D$5,0),1)
12		London	C979	Feb	43,957	Pound		3	1.00		1.00	=INDEX($B$3:$B$5,MATCH(F12,$D$3:$D$5,0),1)
13		US	C323	Mar	25,898	Dollar		1	1.60		1.60	=INDEX($B$3:$B$5,MATCH(F13,$D$3:$D$5,0),1)
14		London	C486	Mar	26,856	Pound		3	1.00		1.00	=INDEX($B$3:$B$5,MATCH(F14,$D$3:$D$5,0),1)
15		London	C729	Mar	63,652	Dollar		1	1.60		1.60	=INDEX($B$3:$B$5,MATCH(F15,$D$3:$D$5,0),1)
16		US	C266	April	29,188	Dollar		1	1.60		1.60	=INDEX($B$3:$B$5,MATCH(F16,$D$3:$D$5,0),1)
17		Germany	C357	April	47,153	Euro		2	1.20		1.20	=INDEX($B$3:$B$5,MATCH(F17,$D$3:$D$5,0),1)
18		France	C989	May	51,737	Euro		2	1.20		1.20	=INDEX($B$3:$B$5,MATCH(F18,$D$3:$D$5,0),1)
19		London	C323	June	36,332	Pound		3	1.00		1.00	=INDEX($B$3:$B$5,MATCH(F19,$D$3:$D$5,0),1)
20		Germany	C486	July	33,363	Euro		2	1.20		1.20	=INDEX($B$3:$B$5,MATCH(F20,$D$3:$D$5,0),1)
21		Germany	C729	August	17,635	Euro		2	1.20		1.20	=INDEX($B$3:$B$5,MATCH(F21,$D$3:$D$5,0),1)

图25.24 使用INDEX-MATCH代替VLOOKUP

除了数据集结构的限制和列顺序变化导致的引用错位，VLOOKUP 函数（和同类型的 HLOOKUP 函数）还有其他缺点：

- 在使用左边的主键进行多列查找时，隐藏的主键匹配过程会重复进行，从而降低了计算效率，而使用 MATCH 函数只需要进行一次匹配，并可以将返回的下标应用到多个单独的查找过程，这样的话整个过程的计算效率更高。
- 包含这类函数的模型的检验通常很麻烦，因为 VLOOKUP 函数的查找区域除了匹配值所在的列外，左边还有一块很大的冗余区域（即如果函数最后一个列（行）序数是 6 的话，则主键后的 1 到 5 列（行）构成的区域）也是一个二维区域，因此对错误的反向跟踪就会变得非常困难，包含模型的文件也会非常占用空间。

- 相比一维向量，该类函数由于需要一个二维的连续查找区域，因此很难重构数据集。我们在开发模型时，通常很看重数据集的灵活性，例如重新调整数据集位置使得其与引用公式的距离更近，方便后续排查错误与模型检验。此外，许多模型有一个逻辑主轴（例如传统模型中的时间轴，或数据库模型中的唯一键），此时沿着一维方向进行查找的方法通常更可取、更灵活、更有效。

文件 Ch25.25.VLOOKUPINDEXMATCH.6.xlsx 提供了一个示例，其中每个 VLOOKUP 函数都需要进行主键的匹配，而不是像前面提到的那样，进行一次匹配后就只需要进行单纯的查找过程即可，如上文所述，这种同一主键的多次匹配会降低计算效率（见图 25.25）。

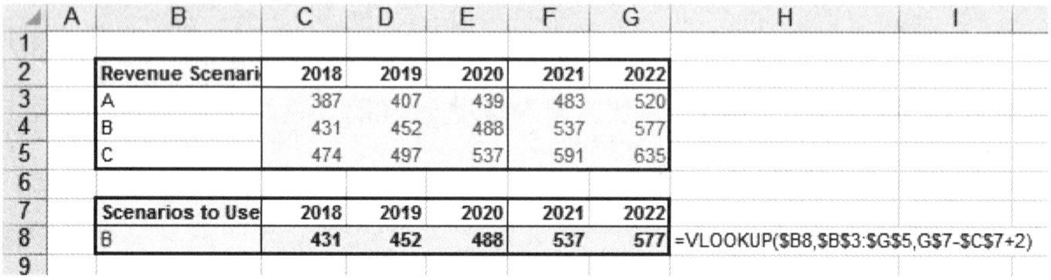

图25.25 同一个键需要进行多次匹配使得VLOOKUP的计算效率低下

图 25.26 和图 25.27 显示了依赖项和被依赖项的跟踪过程，查找区域中每个单元格都是引用该区域的所有 VLOOKUP 函数的被依赖项，例如查找 B 场景在 2019 年的值时，其 VLOOKUP 函数的区域中也会包含比如 A 场景在 2018 年的值等冗余数据。

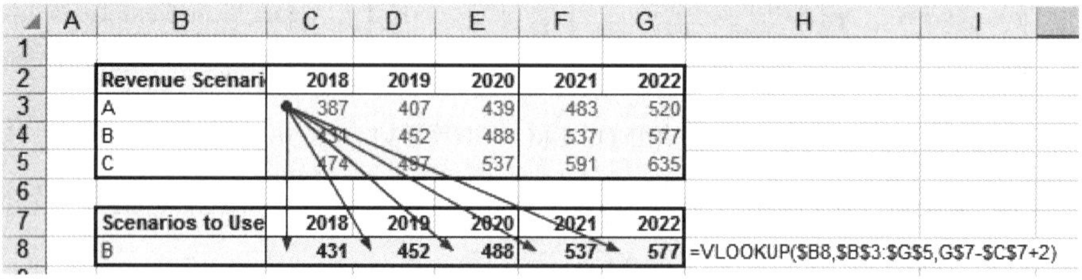

图25.26 使用VLOOKUP函数时依赖项的跟踪

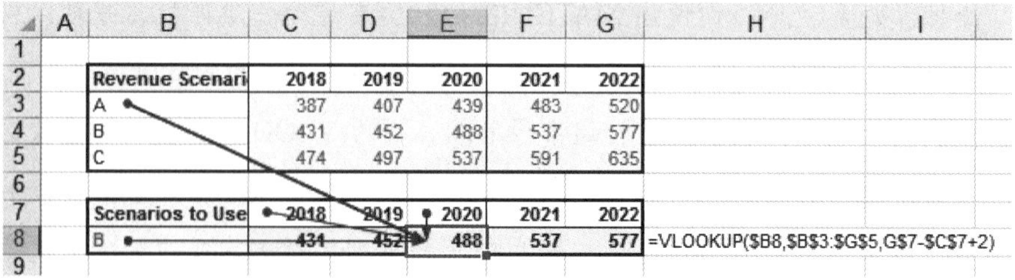

图25.27 使用VLOOKUP函数时被依赖项的跟踪

文件 Ch25.26.VLOOKUPINDEXMATCH.7.xlsx 展示了一个替代方案，首先创建一个包含 MATCH 函数的单元格，用于查找目标场景在所有场景中的序号（单元格 A8），而 INDEX 函数只需要在一维区域内查找即可，而不用查找整个二维区域，依赖关系更清晰，计算效率更高（见图 25.28）。

	A	B	C	D	E	F	G	H
1								
2		Revenue Scenari	2018	2019	2020	2021	2022	
3		A	387	407	439	483	520	
4		B	431	452	488	537	577	
5		C	474	497	537	591	635	
6								
7		Scenarios to Use	2018	2019	2020	2021	2022	
8	2	B	431	452	488	537	577	=INDEX(G$3:G$4,$A8,1)
9								

图25.28 INDEX-MATCH方法具有更高透明度和计算效率

不过需要注意的是，虽然每个 INDEX 函数中都可以嵌入一个 MATCH 函数，而且同样的匹配位置（即与第 2 列对应的场景 B）可以用在多个查找函数中（即区域 C8:G8 中的函数），但是将 MATCH 函数的查询结果单独放在一个单元格中计算效率会更高，因为这样可以实现只匹配一次的结果用于多个查找的目的。

虽然上面的例子是参照 VLOOKUP 函数而言的，但是类似的结论也同样适用于 HLOOKUP 函数，所以我们只用一个具体的例子来说明。

文件 Ch25.27.HLOOKUPINDEXMATCH.8.xlsx 中可见，如果新添加一行的话，HLOOKUP 函数很容易出错。图 25.29 中的一组公式起初还能正确地选出目标成本，但图 25.30 显示，如果插入一行而不手动调整行序号，那么参数中不变的硬编码的行序号就会导致引用错位，即第 17 行显示的是营业收入数据而不是成本数据。

	A	B	C	D	E	F	G	H
1								
2			2018	2019	2020	2021	2022	
3		Costs	800	840	882	926	972	
4		Capex	100	105	110	116	122	
5								
6			2018	2019	2020	2021	2022	
7		Costs	800	840	882	926	972	=HLOOKUP(G$6,$B$2:$G$4,2)
8								

图25.29 使用HLOOKUP从表格中进行选择

9							
10							
11		2018	2019	2020	2021	2022	
12	Revenues	1000	1050	1103	1158	1216	
13	Costs	800	840	882	926	972	
14	Capex	100	105	110	116	122	
15							
16		2018	2019	2020	2021	2022	
17	Costs	1000	1050	1103	1158	1216	=HLOOKUP(G$16,$B$11:$G$14,2)
18							

图25.30 在HLOOKUP函数的查找区域内插入空行后显示的错误值

示例6：比较INDEX-MATCH函数组合和LOOKUP函数

LOOKUP 函数有两种使用形式：向量形式和数组形式。虽然 Excel 帮助菜单中建议使用 VLOOKUP 或 HLOOKUP 函数代替数组形式，但作者建议使用 INDEX-MATCH 函数组合。事实上，向量形式的 LOOKUP 函数类似于 INDEX-MATCH 函数组合，此时该函数用于先在数值按升序排列的一维区域内查找指定值，并返回另一组一维区域中相应位置的值（如果查找区域内找不到指定值，返回小于或等于指定值的最大值；如果指定值小于查找区域中的所有值，则函数返回 #N/A）。

文件 Ch25.28.LOOKUPINDEXMATCH.xlsx 中的示例类似于上面的例子，首先在字段（区域 E3:E5）中查找对应的货币名称，然后返回在汇率列（区域 C3:C5）中对应位置的汇率（见图 25.31）。

	A	B	C	D	E	F	G	H	I
1									
2			Xrate/£		Currency				
3			1.60		Dollar				
4			1.20		Euro				
5			1.00		Pound				
6									
7		Location	Customer no.	Date	Amount (local currency)	Currency		Xrate/£	
8		Germany	C314	Jan	32,143	Euro		1.20	=LOOKUP(F8,$E$3:$E$5,$C$3:$C$5)
9		London	C159	Jan	17,203	Pound		1.00	=LOOKUP(F9,$E$3:$E$5,$C$3:$C$5)
10		France	C265	Feb	16,993	Euro		1.20	=LOOKUP(F10,$E$3:$E$5,$C$3:$C$5)
11		US	C358	Feb	78,888	Dollar		=LOOKUP(F	=LOOKUP(F11,$E$3:$E$5,$C$3:$C$5)
12		London	C979	Feb	43,957	Pound		1.00	=LOOKUP(F12,$E$3:$E$5,$C$3:$C$5)
13		US	C323	Mar	25,898	Dollar		1.60	=LOOKUP(F13,$E$3:$E$5,$C$3:$C$5)
14		London	C486	Mar	26,856	Pound		1.00	=LOOKUP(F14,$E$3:$E$5,$C$3:$C$5)
15		London	C729	Mar	63,652	Dollar		1.60	=LOOKUP(F15,$E$3:$E$5,$C$3:$C$5)
16		US	C266	April	29,188	Dollar		1.60	=LOOKUP(F16,$E$3:$E$5,$C$3:$C$5)
17		Germany	C357	April	47,153	Euro		1.20	=LOOKUP(F17,$E$3:$E$5,$C$3:$C$5)
18		France	C989	May	51,737	Euro		1.20	=LOOKUP(F18,$E$3:$E$5,$C$3:$C$5)
19		London	C323	June	36,332	Pound		1.00	=LOOKUP(F19,$E$3:$E$5,$C$3:$C$5)
20		Germany	C486	July	33,363	Euro		1.20	=LOOKUP(F20,$E$3:$E$5,$C$3:$C$5)
21		Germany	C729	August	17,635	Euro		1.20	=LOOKUP(F21,$E$3:$E$5,$C$3:$C$5)

图25.31 使用LOOKUP函数的向量形式作为INDEX-MATCH的替代方法

总的来说，最合适的方法是在所有考虑使用 VLOOKUP（或 HLOOKUP）函数的情况下使用 INDEX-MATCH 函数组合，即使是在 LOOKUP 函数的向量形式也可以使用的情况下也是如此。而 VLOOKUP（和 HLOOKUP）函数由于缺乏灵活性，容易出错，难以检查，而且计算效率通常很低，虽然在简单模型中（例如那些只包含两列数据，而且查找列位于查找键左列的模型），使用 VLOOKUP 函数要比 INDEX-MATCH 组合快一些，但随着模型复杂度逐渐提高，缺乏灵活性的函数会逐渐变得不合适，如果模型有错误需要纠正的话只能全部推倒重来。

INDEX-MATCH 函数组合也略优于 LOOKUP 函数的向量形式，表现有三：第一，如果查找结果用于后续计算过程，那么相比将匹配结果隐藏在复杂的嵌套公式的内部而言，将每个匹配步骤的结果单独放置在不同单元格会使得计算效率更高；第二，该方法简洁明了，给出的结果逻辑自洽；第三，LOOKUP 函数似乎已经被微软视为过时但难以被替代的函数了。

示例7：使用数组和其他函数组合查找最接近的匹配值

从上述例子可见，我们只需要通过将几个 Excel 函数结合起来使用，就能在数据集中查找到最接近目标值的数据。此外，还可以考虑使用数组公式的方法。

文件 Ch25.29.ClosestinList.xlsx 展示（见图 25.32）的例子中，用户在单元格 C20 中输入目标值，查找类公式就能返回区域 C3:C18 中与该目标值最接近的数值。其中从右边的 E 列开始的区域是带公式的详细计算步骤及中间结果，F 列是查找区域内每个数据与目标值之间的差的绝对值，然后将绝对值的最小值放在单元格 I2，将该最小值所在的下标放在单元格 I3，最后将查找范围内对应该下标的数值返回到 I4 单元格，整个查找最接近数值的计算过程就结束了。而等价的数组公式显示在了单元格 C21 中，用数组公式的话无需额外辟出一个区域显示计算中间步骤，而单元格 C22 显示的是该公式的另一个变形，其中的查找功能是用 OFFSET 函数实现的。

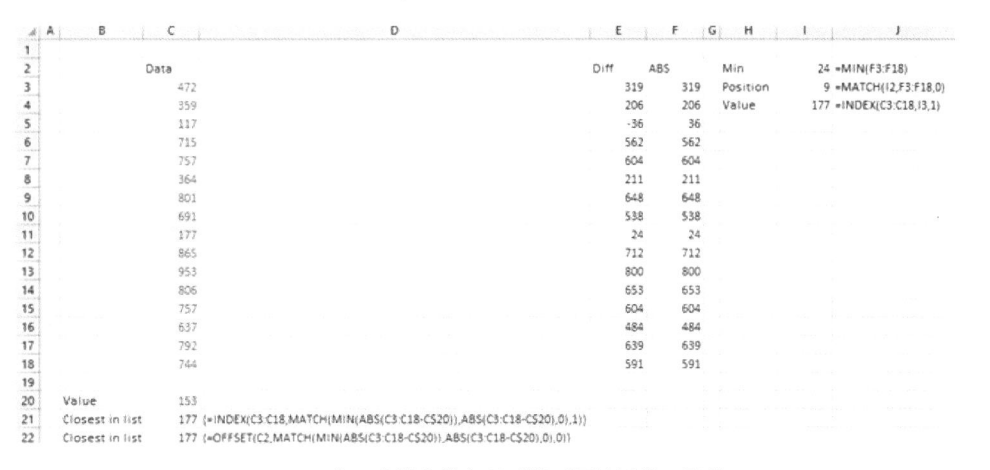

图25.32 使用查找和数组公式找到最接近的匹配值

25.5 实际应用：关于OFFSET函数和动态区域的更多内容

如果我们需要创建一个引用范围可以灵活变动（即引用范围的规模和具体位置都是根据输入的变化而变化的）的公式时，OFFSET 函数是一个特别有用的公式，下面通过引用范围发生三种变化的示例来介绍 OFFSET 函数的使用：

- 引用范围是单元格，返回的引用也是单元格。
- 引用范围是一个区域，返回的引用也是一个区域（不使用函数中代表高度和宽度的可选参数）。
- 引用范围是单元格，但返回的引用是范围（使用函数中代表高度和宽度的可选参数）。

值得注意的是，INDEX 函数也可以有引用形式，而不是前面章节提到的数组形式。因此，其中的许多操作 INDEX 函数同样可以完成，但我们发现与其他公式相比，以这种形式运用 INDEX 函数通常不那么灵活，透明度也较低，因此在本书中不作进一步讨论。

示例1：在可变范围内使用OFFSET函数(I)

一个简单的用 OFFSET 创建动态区域的示例是，将一个范围内的一个单元格到另一个单元格之间的所有单元格的数值进行相加，例如，用户可能希望一行中某一区域单元格的加总随着该区域起点与终点位置的变化而相应改变。

文件 Ch25.30.DynamicRange.SumColumn.1.xlsx 展示了一个示例。在该示例中，用户通过输入起始和结束的期数来定义计算的是一系列现金流中哪一部分的现金流的总和（见图25.33），其中单元格 C7 的公式是：

= SUM(OFFSET (D3,0,C6-1,1,C7-C6+1))

	A	B	C	D	E	F	G	H	I	J	K	L	M
1													
2				1	2	3	4	5	6	7	8	9	10
3		Cash Flow/Model Results		-100	-50	-5	542	583	538	541	537	598	581
4													
5		Sum	3339	=SUM(OFFSET(D3,0,C6-1,1,C7-C6+1))
6		Start Period	4	
7		Finish Period	9	

图25.33 在用户定义的单元格之间使用OFFSET函数求和

在这个公式中，OFFSET 函数的最后两个可选参数用于确定返回的引用范围的大小——从区域 D3:M3 中的第四个单元格（取自单元格 C6 和 C7 中用户的输入）开始的高度为 1 宽度为 6 的区域。

文件 Ch25.31.DynamicRange.SumColumn.2.xlsx 的示例是一个扩展应用。其中求和的起点是根据模型的计算确定的。具体来看，我们用 MATCH 函数检测到第四年（由单元格 C6 中的数组函数的计算结果确定）现金流转正，然后我们计算该年后的 6 年内现金流之和。不过在现实的模型中，第 3 行的现金流可能是通过其他输入参数或公式来确定的，因此很有可能随时发生变化。而随着输入值的改变，求和的起始点也会发生相应变化（见图25.34），此时通过上述类似的公式计算就可以动态计算起点，而后求出指定范围内的现金流之和。再比如在税务方面的计算中，只有过去有限年度的税务亏损可以结转，因此该方法可能也会用到。

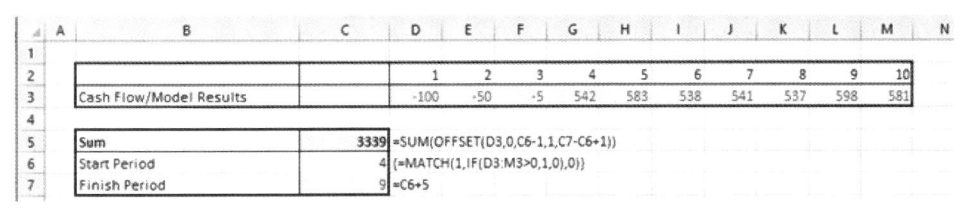

图25.34 使用OFFSET函数计算范围内数值的和

示例2：在可变范围内使用OFFSET函数(II)

使用OFFSET创建灵活区域的另一个简单示例是对公式所在单元格的上方指定行数内的单元格进行求和。此时如果上方插入了一行，公式不必修改，求和结果依然是正确的。

文件Ch25.32.DynamicRange.SumRowsAbove.xlsx展示了一个示例（见图25.35）。如果我们在该例中的原始数据的最后一行和公式单元格之间新添加一行（如图所示的第10行和第11行之间），C列的SUM公式会从起初的单元格C11移动到单元格C12，但该SUM公式不会将该新插入的行包括进来，且右边单元格F11中的OFFSET函数会自动将新插入行纳入计算，即求和范围自动调整为原始起点到与公式单元格上方相邻的单元格的范围（但Excel最新版本中C11单元格中的公式也会随着新行的插入而自动调整求和范围）。

图25.35 使用OFFSET函数对上面的行进行求和

示例3：在可变范围内使用OFFSET函数(III)

以上示例旨在介绍OFFSET函数在引用范围的大小发生变化时的应用。以下介绍当引用范围的位置发生变化时的应用，其中一个例子就是相关矩阵的计算。该例中，数据集中有多个变量，或者在将来的某个时间点需要额外再添加一个变量。显然我们会不假思索地用函数"CORREL(范围1，范围2)"，其中范围1和范围2可以直接输入相应的范围，但在初始单元格中创建的公式不能复制到相关矩阵的其他部分，因为带绝对引用的公式沿着行和列的方向复制的话，每个单元格公式中的引用范围都是不变的。但OFFSET函数此时可以用来创建一个引用范围会自动调整的公式，因此可以复制到相关系数矩阵区域内的所有单元格〔非常小的矩阵（如2×2或3×3）就没必要用复制的方法了〕。这样可以节省时间，而且如果数据集后续需要添加新列的话，也能迅速扩展相关系数矩阵而不用对原矩阵的公式进行任何修改。

文件 Ch25.33.DynamicRange.Correl.xlsx 展示了一个示例（见图25.36）。需要注意的是，OFFSET函数的公式本身返回的是区域的引用（而不是值），因此必须将OFFSET函数嵌入另一个函数，不能单独放在Excel单元格中。例如，单元格F9中的公式如下：

=CORREL (OFFSET ($C$17: $C$77,0,F$8-1),OFFSET($C$17:$C$77,0,$B9-1))

如果在公式栏中选中OFFSET($C$17:$C$77,0,F$8-1)并按F9键，显示的是"资产4（asset 4）"的值：[0.5%,-0.2%,……]，但实际上CORREL函数的输入参数需要的是单元格的引用（例如"=CORREL(A2:A6, B2:B6)"）。因此一方面正如之前提到的，OFFSET函数返回的是单元格的引用，而不是值；另一方面，OFFSET函数不能单独使用。

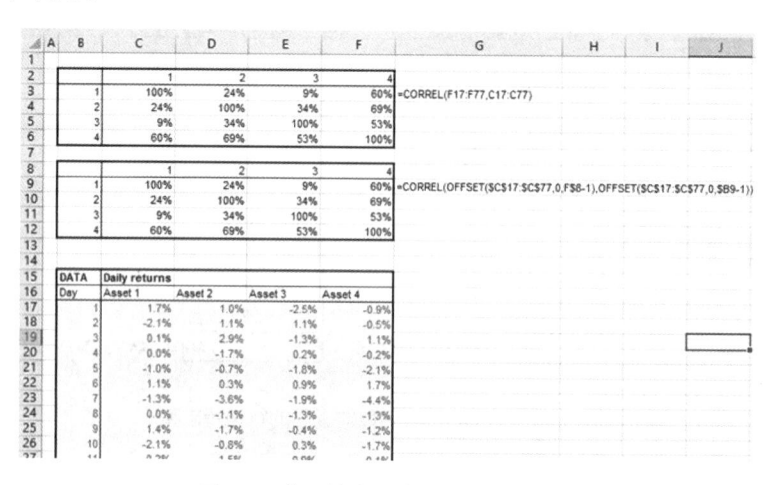

图25.36 使用单个公式创建相关性矩阵

示例4：在可变范围内使用OFFSET函数(IV)

文件 Ch25.34.DynamicRange.Languages.xlsx 展示的最后一个示例中，OFFSET 函数用于将 Excel 函数名从一种语言转换为另一种语言。

图 25.37 展示了如果翻译顺序是将左边的语言翻译成右边，则可以使用 VLOOKUP 函数。但正如之前所说的，使用索引进行匹配的话更灵活，对数据位置没有硬性要求，但当前例子中两个固定语言的翻译顺序都已给定，即把英语翻译成德语，因此 VLOOKUP 函数就已经可以满足条件了。

	A	B	C	D	E	F	G
1							
2		Using VLOOKUP				Using MATCH, then INDEX	
3							
4		English	German		English	German	
5		COUNTA	ANZAHL2		COUNTA	ANZAHL2	
6			=VLOOKUP(B5,B9:C377,2)			=INDEX(E10:E377,MATCH(E5,F10:F377,0),1)	
7							
8							
9		English	German		German	English	
10		ABS	ABS		ABS	ABS	
11		ACCRINT	AUFGELZINS		AUFGELZINS	ACCRINT	
12		ACCRINTM	AUFGELZINSF		AUFGELZINSF	ACCRINTM	
13		ACOS	ARCCOS		ARCCOS	ACOS	
14		ACOSH	ARCCOSHYP		ARCCOSHYP	ACOSH	
15		ADDRESS	ADRESSE		ADRESSE	ADDRESS	
16		AMORDEGR	AMORDEGRK		AMORDEGRK	AMORDEGRC	
17		AMORLINC	AMORLINEARK		AMORLINEAR	AMORLINC	
18		AND	UND		UND	AND	
19		AREAS	BEREICHE		BEREICHE	AREAS	
20		ASC	ASC		ASC	ASC	

图25.37 两种固定语言之间的翻译

图 25.38 展示了同一个文件中的另一个示例。在该示例中，我们可以将任意一种语言翻译到其他语言。此时我们先使用匹配函数来确定每种语言在数据集的标题中的相对位置（例如德语是第二栏），随后在单元格 I6 中输入如下公式：

=MATCH (I5,OFFSET (H10:H377,0,H6-1),0)

该公式返回的 60 代表 ANZAHL2 在被翻译语言列中位于第 60 行，然后再确定目标语言在标题中的位置（英语为第一列，单元格 J6 返回"1"），最后在 K5 单元格中用 OFFSET 函数返回第一列中第 60 行单元格中的函数名 COUNTA，最终达到翻译的目的。

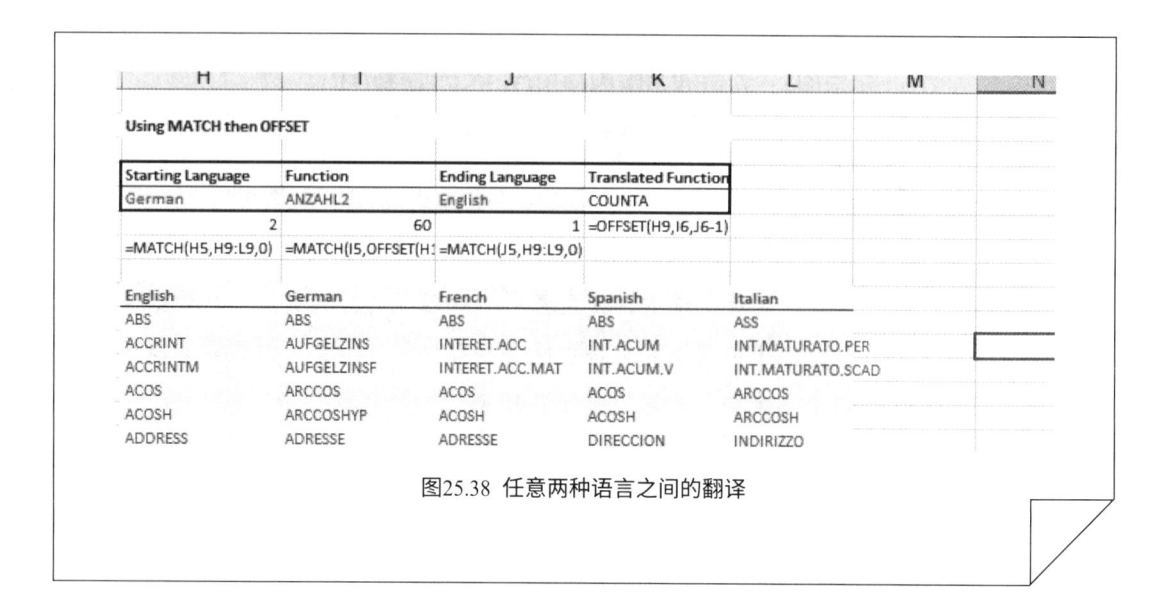

图25.38 任意两种语言之间的翻译

25.6 实际应用：INDIRECT函数和灵活的工作簿或数据结构

示例1：使用INDIRECT函数引用单元格和其他工作表

如果 Excel 单元格中文本内容本身就是单元格或区域的地址，则可以使用间接函数 INDIRECT 来查找该地址对应的单元格的值。例如函数：

$$=\text{INDIRECT ("C2")}$$

将引用单元格 C2，该公式等价于用户直接引用单元格的公式：

$$= C2$$

文件 Ch25.35.INDIRECT.Basic.xlsx 展示了这些示例，如图 25.39 所示，E 列的两个不同公式的单元格都返回了单元格 C2 中的值。

图25.39 INDIRECT函数的基本应用

图 25.40 展示了一个扩展的示例：引用单元格中的 C2 要么是硬编码的（即直接输入单元格 E6 的地址），要么是使用各种形式的 ADDRESS 函数或 CELL 函数确定的。

		C2	
6			
7		100	=INDIRECT(E6)
8		$C$2	=ADDRESS(2,3)
9		100	=INDIRECT(E8)
10		$C$2	=ADDRESS(ROW(C2),COLUMN(C2))
11		100	=INDIRECT(E10)
12		$C$2	=CELL("address",C2)
13		100	=INDIRECT(E12)

图25.40 INDIRECT与ADDRESS或CELL函数相结合

图25.41展示的另一个示例中，引用的数据来自另一个工作表，上下两个公式分别是对单元格地址的直接引用和间接引用[1]。

15		100	=Data!C2
16		100	=INDIRECT("Data"&"!"&"C2")

图25.41 直接和间接引用另一个工作表上的数据

最后，图25.42展示了的示例中，输入的字符串是一个区域，而不是单个单元格。

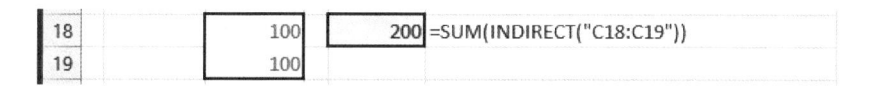

18		100	200	=SUM(INDIRECT("C18:C19"))
19		100		

图25.42 在INDIRECT函数中使用字符串作为区域

在下面几个示例中，我们将上述方法应用到实际场景中。

示例2：集成来自多张工作表模型的数据和灵活的场景建模

INDIRECT函数最大的用途在于构建数据驱动型的模型，该类模型包含诸多张含有大量数据的工作表，而INDIRECT函数要求用户输入提取数据的工作表的表名，然后提取对应表中的数据。如果这些表都具有相同结构，则该方法允许任意添加新的工作表或删除工作表，添加或删除时只需要修改引用公式中的表名，而不需要修改公式本身。

当我们建模的时候经常会碰到不知道场景会有多少种变化的情况。如果变化数目是固定的（如3个或5个），那么只需要为每个场景单独设置工作表进行建模即可，而且用到的函数也只需要是直接引用单元格的函数（如CHOOSE函数或INDEX函数）。但在不知道变化数目的情况下，不得不寻找允许添加或删除工作表（结构必须都相同）的替代方案。

---

[1] 此处的直接引用和间接引用指是否将单元格地址视为字符串，然后作为INDIRECT函数的输入变量来返回该单元格的值，而不是用于区分诸如"=A1"和"=$A$1"的引用方式。——译校注

文件 Ch25.36.INDIRECT.DataSheetSelection.xlsx 包含的示例中有四个工作表，以及一个返回选择结果的工作表（名为 Intermediate）。用户通过在 Intermediate 工作表的单元格 A1 中输入需要提取数据的工作表的名称，只要 Intermediate 工作表中每个函数都准确定位到了自己引用的单元格位置，INDIRECT 函数就会返回多张具有相同的单元格引用的工作表中,只属于目标工作表中的单元格的值（见图25.43）(为了更好说明，示例还使用了 CELL 和 ADDRESS 函数）。

	A	B	C	D
1	Jan			
2		Revenue	100	=INDIRECT($A$1&"!"&CELL("address",C2))
3		Cost	70	=INDIRECT(ADDRESS(ROW(C3),COLUMN(C3),,,$A$1))

图25.43 使用INDIRECT函数返回不同工作表中的数据

请注意：

- 通常在实际的模型中，Intermediate 工作表需要通过直接链接与模型进行交互，模型所在的工作表的结构可以与 Intermediate 工作表和数据工作表的结构都不相同。这种使用中间步骤的方法（即将原始数据表的数据暂时存放在 Intermediate 工作表，再从 Intermediate 工作表输出到模型所在工作表）可以确保 Intermediate 工作表中的单元格和数据源所在工作表的单元格结构是严格一致的，这非常有助于保持间接引用过程的稳定性和可读性。
- 虽然数据表的结构相似对提升建模效率有很大帮助，但是在一些更复杂的实际案例中，每个数据工作表都可能包含特定的计算过程，因此公式可能都是不一样的，但只要能汇总出一个和其他表结构相同的透视表，那么仍然可以使用上述方法。

这些主题与第 5 章和第 6 章讨论过的数据驱动建模方法密切相关。

示例3：间接级联下拉列表的其他用途

当然，除上述功能外，INDIRECT 函数还有许多其他用途。

文件 Ch25.37.INDIRECT.DataValidation.SequentialDropDowns.xlsx 包含的是一个内容相关菜单的下拉列表（或层叠式菜单）的示例。其中用户首先选择一个食品大类，然后使用 INDIRECT 函数创建一个新的下拉列表，其中列出了只属于该大类中的食品选项（见图25.44）。其实这是通过先将属于某大类的食品列表覆盖的区域用该大类名称来命名（例如 ProteinSource 是区域 C5:F5），然后为保证下拉列表仅返回

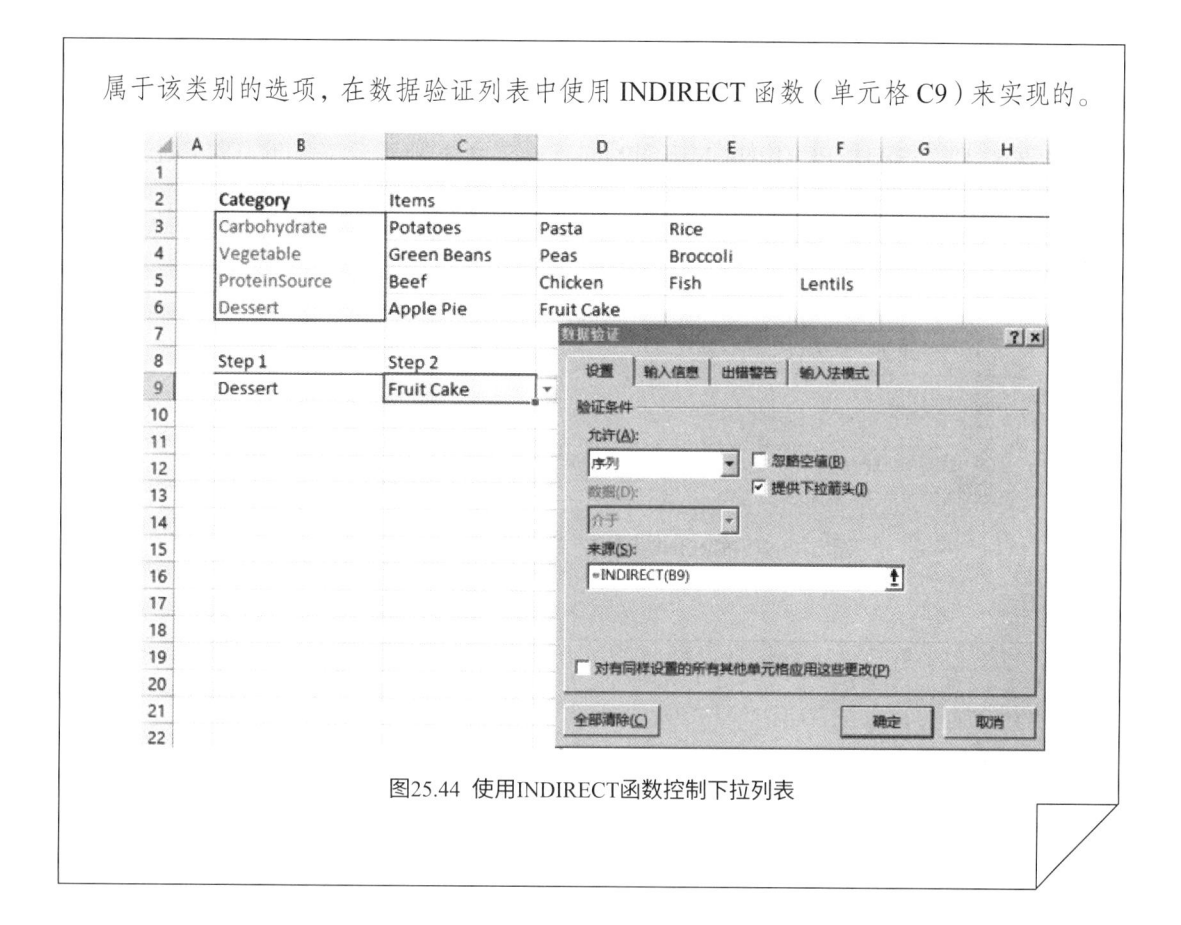

属于该类别的选项，在数据验证列表中使用 INDIRECT 函数（单元格 C9）来实现的。

图25.44 使用INDIRECT函数控制下拉列表

25.7 实际应用：为模型创建超链接或链接到其它数据集

本节简要介绍一些可用于提供数据集链接的函数：

- HYPERLINK 函数会创建一个快捷键或跳转功能，能以函数形式将超链接插入文档中，该超链接可以指向 Excel 文件中的命名区域，也可以是更广义上的指向存储在网络服务器、局域网或互联网上的文档，该函数还有一个可选的参数用于给链接赋予一个易于识别的名称。总的来说，同样的功能也可以通过"插入/超链接"来实现，相比 HYPERLINK 函数，区别仅仅是插入方法直接得到一个链接，而后者是一个返回链接的函数。
- GETPIVOTDATA 函数用于返回数据透视表中的数据。
- RTD 从支持 COM 接口的的程序中自动获取实时数据。

示例：使用命名范围和超链接的模型导航

文件 Ch25.38.HYPERLINK.NamedRanges.xlsx 中分别展示了使用 HYPERLINK 函数，和使用"插入/超链接"操作插入超链接的示例，两种方法都引用了模型中被命名为"DataAreaStart"的范围（单元格 A1）（见图 25.45）。

	A	B
1	Area of Model Where Data Starts	
2		
529		
530		
531	Data Start Area	=HYPERLINK(DataAreaStart,"Data Start Area")
532	Data Start Area	#N/A

图25.45 HYPERLINK函数与"插入/链接"菜单的比较

第26章 筛选器、数据库函数和数据透视表

26.1 介绍

本章讨论一些有助于数据分析的 Excel 函数和功能，其中包括：

- 筛选器（Filters）和高级筛选器（Advanced filters）。两者都可用于返回或提取出一组满足特定筛选条件的数据。
- 数据库函数类。该类函数返回数据库中满足特定筛选条件的数据集，但不返回筛选过程中涉及的相关数据，而且数据库中数据一旦发生变化，筛选结果也会实时地发生相应变化。虽然类似的过程一般可以用常规的 Excel 函数（如 SUMIFS 函数或 MAXIFS 函数）完成，但是数据库函数可以更快地适应筛选条件的变化，因为数据库函数一般都会将输入数据中的错误值或特定数值通过指定的条件或准则进行特殊处理，而不影响正常计算过程及结果的输出。
- 数据透视表（PivotTables）。该表旨在按类别和交叉表（cross-tabulations）创建摘要报告。数据透视表的结果并不会与数据库数据保持实时的链接，因此一旦筛选条件发生变化，结果的变化需要手动刷新才能更新。数据透视表允许条件的类型发生变化，也允许快速地创建报告或快速向下钻取（drill-downs）并进行更详细分析，同时还允许在使用判断条件或筛选器时，忽略（或筛选）掉原始数据中的错误值或其他特定值。

本章不涉及 Excel 与外部数据集的交互，例如 Access 数据库或 SQL 服务器，或数据标签上列出的其他数据库链接，这类功能超出了本书的范围。

26.2 使用数据集时常见的问题

26.2.1 原始数据的清理与操作

在实践中，原始数据通常需要经过处理或清洗，才能用于分析和报告，在这种情况下可能需要采用多种技巧，包括：

- 使用"分列"功能（Data/Text-to-Columns）或 Excel 函数（例如文本函数，参阅第 23 章）将数据的某一列拆分为若干单独列。

- 将两个数据集通过关键词列的查找进行严格匹配来重新组合或数据连接（关于更多常用的底层技巧，请参阅第 23 章、第 24 章和第 25 章）。
- 反转或转置数据，使用复制、粘贴或特殊粘贴、函数（例如数组函数或查找函数，请参阅第 18 章和第 25 章）。
- 识别拼写错误或不清晰的标识符：例如，一个国家的名称（如 Italy）被缩写成了多个标识符（如 Italy、Italie、Italia、Repubblica Italiana，甚至是 It）。类似地，在一个数据集中可能会出现空白或其他冗余数据，其中大多数可以通过筛选器，检查对应列名边的下拉菜单中列出那些特殊值来过滤，或者可以将整列数据复制到单独一列，并应用例如"数据/删除重复项"或"数据/排序"等功能。我们还可以使用 Excel 的条件格式选项突出显示例如错误、重复项、正负值等特殊值。
- 纠正拼写错误或不清晰的标识符：源数据中如果只有几个这样的错误，手动完成即可，也可以使用"查找/替换"之类的操作。
- 删除不需要的数据：有时候我们需要删除部分与分析无关的空行或数据，如果只有几个，我们可以手动完成，但如果很多（见下面的例子），就需要使用筛选器了。若数据量更大，还可以使用宏来自动化完成（见第 32 章）。另一种删除冗余数据的方法是提取（extract）出来，可以使用高级筛选器来实现（见下文）。
- 获取指定的列中所有数据的唯一值（如哪些国家名称和哪些客户），或多列共同组成的组合唯一值（如哪几种"国家–客户"组合），在这种情况下"数据/删除重复"的功能也可以使用。

26.2.2 静态或动态查询

一般而言，在分析完数据后通常有两种方法来创建摘要报告：
- 一种是像函数一样，呈现的结果与数据和筛选条件保持实时同步变化，数据库函数（或者是其他常见 Excel 函数，如 SUMIFS 函数或 MAXIFS 函数）就属于这一类，此类方法通常适合以下情况：
  - 数据集的结构基本上是固定的，并且很好理解，几乎不需要进行任何类似"向下钻取"的深入分析。
  - 数据以固定频率更新，所以涉及的动态计算可以自动更新，无需手动重复计算。
  - 条件的类别相对稳定和简单。
  - 原始数据包含很少的错误值，或即使存在错误，也很容易被（理想情况是自动地）识别、消除或适当地筛选掉。
  - 得出摘要报告只是建模过程的中间步骤，后续的计算还需要用到其结果，并且从整个建模过程来看，输入源数据到输出结果必须是一个完整的动态链接。

- 另一种是纯数值的摘要报告，筛选器和数据透视表就属于这一类，这类方法通常适用于以下情况：
  - 用户想要通过"向下钻取"分析数据之间的关系，只为了更改报告的呈现方式而改变筛选标准或其他方式。

26.2.3 创建新的字段还是用复杂的筛选器

在执行基于多列或特殊条件的复杂数据库查询时，用户可以选择要么保持数据不变的情况下只在报告输出端应用这些条件，要么通过向数据中添加一个新字段作为中间过程，来筛选出满足复杂条件中某一个子条件（例如，生成一个标志字段 0 或 1）的数据。后一种方法通常比用单个复杂的组合条件来查询要更简单和透明，但这种方法会增加数据量，所以如果有很多组这样的组合条件，可能把组合条件应用到报告输出端（比应用在查询过程中）更高效。

在某些情况下，可能需要结合这两种办法。例如如果查询的条件之一是国家名称的长度，或名称的第三个字母，则可能需要在数据库中创建一个新字段（例如使用 LEN 或 MID 函数）来单独存放查询字段的特征。

26.2.4 Excel 数据库和表

Excel 数据库（Excel database）是一个连续的单元格范围，其中每一行包含的是描述某个对象多方面属性（例如出生日期、地址、电话号码）的数据，并带有一组属性名称的列标题。数据库的列排列结构使其不同于一般的 Excel 数据集，一般的 Excel 数据集中，大部分公式都既可以应用于行数据，也可以应用于列数据。

还要注意，最好将字段名（标题）单独存放在单元格，而且用结构化方法生成字段名（特别是对于较大的数据库而言）。如果将数据的类别与次级类别的名称分别放在两行或更多行的单元格里，这样做虽然很常见，但一般不太合适用在数据库数据中。相反，字段标题应该位于一行中。例如，将"标题"和"子标题"分两行放置不如将两者结构化地组合在一起放在一行内。如图 26.1 所示，区域 B2:I3 以两行的方式存放标题。而在图 26.2 中，区域 B3:I3 存放的是调整后的单行标题，显然后一种方式更合适。

Excel 表格（Excel Table）是一个严格定义为表格的数据库，可以使用如下方法：
- "插入 / 表"
- "开始 / 套用表格格式"
- 快捷键 "Ctrl + T"（或 "Ctrl + L"）

在创建表的过程中，如果不给表自定义一个确切的名字，Excel 将自动分配一个名字（如 Table1）。

表的主要属性和优势有：

- 数据扩展：一旦向数据集底部添加新数据，或任何引用表的公式，或使用与表相关的函数和语法，该表格都会自动将新数据包含到模型中并加以调整（格式等）。
- 公式扩展：在某列的第一个单元格中输入公式，该公式会自动复制到该列的所有行。
- 默认情况下，行颜色是交替色显示，便于阅读。
- 使用 VBA 宏时，默认的数字索引命名方式可以很方便地自动化完成一些计算过程。

如果在定义 Excel 表格后想转换为普通区域，可以通过右键单击该表，点击菜单栏中“表工具 / 转换为区域”，或点击表中任何一个单元格，在“设计”选项上出现的“转换为区域”按钮，将其转换回一般的单元格区域。

	A	B	C	D	E	F	G	H	I
1									
2		Name		Compensation 2016			Compensation 2017		
3		First	Last	Salary	Bonus	Pension	Salary	Bonus	Pension
4		data	data	data	data	data	data	data	data
5		data	data	data	data	data	data	data	data
6		data	data	data	data	data	data	data	data
7		data	data	data	data	data	data	data	data
8		data	data	data	data	data	data	data	data
9		data	data	data	data	data	data	data	data
10		data	data	data	data	data	data	data	data
11		data	data	data	data	data	data	data	data
12		data	data	data	data	data	data	data	data
13		data	data	data	data	data	data	data	data

图26.1 使用数据库和表时在多行中放置字段

	A	B	C	D	E	F	G	H	I
1									
2									
3		Name.First	Name.Last	Comp.Salary.2016	Comp.Bonus.2016	Comp.Pension.2016	Comp.Salary.2017	Comp.Bonus.2017	Comp.Pension.2017
4		data	data	data	data	data	data	data	data
5		data	data	data	data	data	data	data	data
6		data	data	data	data	data	data	data	data
7		data	data	data	data	data	data	data	data
8		data	data	data	data	data	data	data	data
9		data	data	data	data	data	data	data	data
10		data	data	data	data	data	data	data	data
11		data	data	data	data	data	data	data	data
12		data	data	data	data	data	data	data	data
13		data	data	data	data	data	data	data	data

图26.2 使用数据库和表时通过组合将多个字段放置在一行内

26.2.5 使用宏进行自动化

在许多实际应用中，如果用 VBA 宏将本章介绍的操作（以及数据操作和分析中的一般过程）自动化实现，效率会更高，例如：

- 虽然可以手动创建一个单独的过滤器来删除指定属性的单元格（例如空白），但在需要重复操作时，通过单击指向特定 VBA 功能的按钮可能更高效，例如点击按钮，自动生成一系列字段名的唯一值，或者将"复制数据/删除重复项"这两个步骤自动化实现。
- 从数据集中提取单独子集并放入新的工作表或工作簿中。
- 查询条件发生结构性变化（例如计算出的空值或并非实际为空的字段）后使用数据库函数进行多个查询的操作。
- 有些数据库可以使用一系列公式生成，如果将这些公式通过宏写入每个单元格，则可以分阶段进行，如果在每个阶段结束后用数值替换公式计算出来的值，就可以减少内存空间和计算的强度。

这些操作的示例将在第 32 章中讨论。

26.3 实际应用：筛选器

示例1：应用筛选器并检查数据是否有需要纠正的错误

想要应用筛选器，只需要先点击数据库范围内的任意单元格，然后点击"数据/筛选"图标就可以打开对话框。需要注意的是，操作前先确认字段或标题的位置，否则第一行将会被默认为标题。

随后，应用筛选的数据集应该放置在单独的一片范围内，其标签与其他数据集的任何一个标签都不相邻，而且没有完全空白的行或列，此时的默认数据集将是当前激活单元格所在的区域，即以原点为起点的所有连续路径中能定义的最大矩形区域。实际应用过程中，筛选器在自动识别数据集的时候都是以空白行（列）为分割，因此必须确保数据集中没有空白行，并且数据集下方或者在标题上方没有其他标签相邻（对于列方向也是如此），一个小提示是，使用快捷键"Ctrl +Shift+*"可以快速看到所选点所在的当前区域。

文件 Ch26.1.DaysLateAnalysis.Initial.xlsx 展示了一个应用筛选器的示例，激活筛选器后，下拉菜单自动添加到每个标题中，这些下拉菜单提供排序，以及基于字段的筛选功能，每个字段〔例如图中"国家（country）"字段〕的筛选列表还提供了快速检查错误（例如拼写错误，或者在所有数字都应该是正数的情况下出现负数，以及存在空值）的功能，图 26.3 展示了数据集的初始状态，图 26.4 展示了在"国家"字段内筛选出空值及将国家名意大利（Italy）拼错的行。

	A	B	C	D	E
1					
2					
3					
4		Customer	Country	Amount £	Due Date
5		Cust02	UK	12232	20-Mar-17
6		Cust06	Italy	4749	16-Mar-17
7		Cust07	Italy	7282	12-Apr-17
8		Cust03	Italy	12759	14-Jun-17
9		Cust10	UK	12334	24-May-17
10			Italy	4283	24-Mar-17
11		Cust06	Germany	7992	5-May-17
12		Cust06	Italy	13202	
13		Cust04	Germany	12684	4-Jun-17
14		Cust10	UK	11862	13-Jun-17
15		Cust10	Ita	13630	21-May-17
16		Cust07	UK	14593	20-Jan-17
17		Cust07		4394	4-May-17
18		Cust09	Italy	15712	8-Apr-17
19		Cust10	UK	6503	28-Mar-17
20		Cust05	France		8-Apr-17
21		Cust02	Germany	9274	17-Jun-17
22		Cust05	Italy	7919	27-Jun-17
23		Cust05	Italy	6402	14-Jun-17
24		Cust04	France	9100	6-Jun-17
25		Cust08	Spain	14120	2-Jul-17
26		Cust06	Spain	8889	8-Jun-17
27		Cust04	France	9547	1-Jun-17
28		Cust10	UK	14001	13-Jun-17
29		Cust01	Spain	4486	27-Apr-17
30		Cust05	Germany	9832	18-Apr-17
31		Cust08	Spain	9022	14-Apr-17
32		Cust02	Germany	14200	1-Jun-17

图26.3 纠正拼写错误或空值之前原始数据集的一部分

	A	B	C	D	E
1					
2					
3					
4		Customer	Country	Amount £	Due Date
15		Cust10	Ita	13630	21-May-17
17		Cust07		4394	4-May-17
34		Cust10	Italia	7250	13-May-17
61		Cust06		15842	1-Jul-17
105					

图26.4 在"国家"字段中筛选出不正确或空值的行

请注意，这种条件筛选方法的潜在缺点：

- 用于筛选数据集的条件是在下拉菜单中选择的，因此除非点开查看，否则筛选条件无处显示。

- 对于多列数据集，想要查看哪几列用了什么样的筛选条件比较麻烦。

删除所有筛选的一个简单方法是快捷键"Alt-D-F-S"[1]。

请注意，如果将数据集的筛选结果作为大部分 Excel 函数的输入变量时需要小心，因为结果可能会不符合预期或不直观，例如对于大多数常见 Excel 函数（例如 SUM、COUNT）而言，无论数据是否可见或是否被筛选过，结果都是相同的。另一方面，SUBTOTAL 函数有包含或忽略隐藏数据的选项（见第 17 章），但是当数据被筛选过后，可能会给出意料之外的结果，因为启用筛选器后，隐藏的行（无论是筛选前本来已经被隐藏，还是筛选后被隐藏）会被认为已被过滤掉而不参与计算，而非只是被隐藏了但未被过滤掉。

图 26.5 展示了将两个函数应用于筛选后的数据集的示例（与图 13.6 不同的是只有一行被隐藏了），在这两种情况下，无论第一个参数是否设置成忽略隐藏值[2]，SUBTOTAL 函数都会只基于可见数据进行统计计算，因而给出相同的结果（见图 26.6），读者可以在删除筛选器后的 Excel 文件中验证，隐藏一行将导致两个参数不同的 SUBTOTAL 函数得出不同的结果。

	A	B	C	D	E
1					
2					
3					
4		Customer	Country	Amount £	Due Date
15		Cust10	Ita	13630	21-May-17
17		Cust07		4394	4-May-17
34		Cust10	Italia	7250	13-May-17
61		Cust06		15842	1-Jul-17
105					
106				1042744	=SUM(D5:D104)
107				41116	=SUBTOTAL(9,D5:D104)
108				41116	=SUBTOTAL(109,D5:D104)

图26.5 函数应用于已筛选后的数据集

	A	B	C	D	E
1					
2					
3					
4		Customer	Country	Amount £	Due Date
15		Cust10	Ita	13630	21-May-17
17		Cust07		4394	4-May-17
61		Cust06		15842	1-Jul-17
105					
106				1042744	=SUM(D5:D104)
107				33866	=SUBTOTAL(9,D5:D104)
108				33866	=SUBTOTAL(109,D5:D104)
109					

图26.6 函数应用于具有隐藏行的筛选后的数据集

---

[1] 新版本的Excel为Ctrl + Shift + L。——译校注
[2] SUBTOTAL函数的第一个参数：1~11包含手动隐藏的值；101~111以可见单元格为统计对象。——译校注

因此，我们通常建议不要将 Excel 函数应用于筛选过的数据，相反，最好使用数据库函数，或将筛选条件明确写入函数表达式（如使用 SUMIFS 函数）。

示例2：识别唯一值和组合唯一值

在分析数据的过程中，用户可能需要确定一个字段内所有数据的唯一值（例如哪些国家名和哪些客户），或多列数据的组合唯一值的列表（如哪几种"国家-客户"组合），此时可以使用"数据"选项上的"删除重复项"功能，该功能可以生成数据的唯一值序列。

文件 Ch26.2.DaysLateAnalysis.UniqueItems.xlsx 展示了一个示例。第一步，用户将相关字段（如国家名称）中的所有数据复制到与数据集不相邻的另一个区域（可以使用快捷键"Ctrl + Shift + ↓"选择全列数据）。第二步，点击"删除重复项"生成数据列的唯一值（注意如果标题字段也同数据一起复制到了新区域，标题也会被纳入参与删除重复的计算的数据中），图 26.7 展示的是该过程的第一步——将"删除重复项"用于"国家"数据列的复制列，结果如图 26.8 所示。

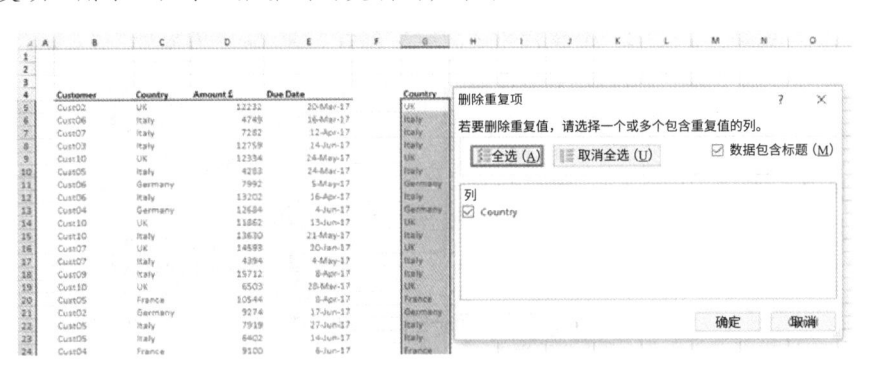

图26.7 对复制的数据应用删除重复项

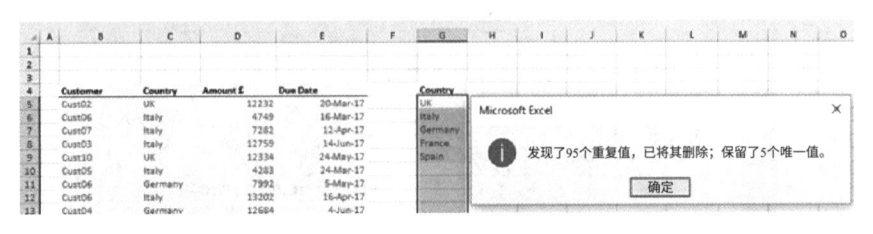

图26.8 应用删除重复项后产生的唯一值

而要识别组合唯一值可以通过以下两种方式进行：
- 通过将需要组合的两列字段进行连接，生成一列新的文本字段（如第 12 章所述），然后在该列上使用"删除重复项"。

- 直接将"删除重复项"应用于复制的具有两个字段的数据集。

文件 Ch26.3.DaysLateAnalysis.UniqueCombinations.xlsx 展示了使用第二种方法的结果，图 26.9 展示了其中的第一步：复制相关的数据集，应用"删除重复项"，需要注意的是如果数据集较大，例如复制了整个数据集，但数据集包含的列中有几列，比如日期或金额这两列，并不需要参与到唯一值查找中，那么删除重复项的对话框的复选框中，就可以将该两列前的勾号取消，图 26.10 展示了删除重复项后的结果。

图26.9 应用删除重复项识别所有组合唯一值

图26.10 应用删除重复项后生成的组合唯一值

示例3：使用筛选删除空值或其他指定项

在清除或整理数据时，用户一般希望能方便快速地删除包含以下内容的行：
- 不完整的数据。
- 有错误的数据。
- 其他不相关或不需要的数据（如与国家 Italy 相关的所有数据）。
- 空行。

如前所述，如果使用快捷键"Ctrl + Shift + *"，所选择的数据会止步于数据集中从上往下数出现的第一个空行，而忽略了剩下的所有行，因此如果数据集中可能存在空白行，则不应使用此快捷键。换句话说，一定要完全确定了数据集的位置后才能应用筛选器。

文件 Ch26.4.DaysLateAnalysis.DeleteUsingFilter.xlsx 展示了一个示例，其中主要步骤如下：

- 使用筛选器来识别并选择用户想要删除的数据（一般来说，复制前最好保留原始数据集，防止后续计算过程中某些部分出现错误而需要从头开始再计算一遍）。
- 选择已筛选好的全部数据范围（即使单元格实际上不是连续的，也可以像选择一个连续的单元格范围一样，按照常用方式选择）。
- 以常用方式删除这些行（即使用"开始 / 删除单元格"，或鼠标右击菜单中的"删除"）。
- 移除筛选器。

假设我们现在需要删除"国家"字段中为空，或等于"意大利"的所有记录（假定因为这两个字段都被视为与所有后续分析无关），图26.11展示了一部分的筛选数据过程，并且筛选出了这些准备删除的行，图26.12展示了经过删除并移除筛选，从而得到清理后的数据集。

此外，用 VBA 宏自动化该过程会更方便，当准备运行宏时，被鼠标选中的单元格需要包含所在字段中准备删除的数据（如前例中的空值或"准备删除"），这样就可以快速清除数据。VBA 代码可以将筛选器的复制、筛选和移除分别作为整个过程的一部分逐一嵌入，并且可以非常迅速地重复运行多次。

第 26 章 筛选器、数据库函数和数据透视表

	A	B	C	D	E	F
1						
2						
3						
4		Customer	Country	Amount £	Due Date	
6		Cust06	Italy	4749	16-Mar-17	
7		Cust07	Italy	7282	12-Apr-17	
8		Cust03	Italy	12759	14-Jun-17	
9		Cust10		12334	24-May-17	
10		Cust05	Italy	4283	24-Mar-17	
12		Cust06	Italy	13202	16-Apr-17	
13		Cust04		12684	4-Jun-17	
15		Cust10	Italy	13630	21-May-17	
16		Cust07		14593	20-Jan-17	
17		Cust07	Italy	4394	4-May-17	
18		Cust09	Italy	15712	8-Apr-17	
21		Cust02		9274	17-Jun-17	
22		Cust05	Italy	7919	27-Jun-17	
23		Cust05	Italy	6402	14-Jun-17	
34		Cust10	Italy	7250	13-May-17	
40		Cust04	Italy	7768	31-May-17	
41		Cust05	Italy	11381	15-Apr-17	
45		Cust02	Italy	4449	14-Jul-17	
47		Cust10	Italy	11433	4-Jul-17	
55		Cust08	Italy	4876	10-May-17	
57		Cust05	Italy	14322	25-May-17	
61		Cust06	Italy	15842	1-Jul-17	
65		Cust10	Italy	13334	15-May-17	
69		Cust07	Italy	13911	13-Jul-17	
71		Cust10	Italy	14647	15-Aug-17	
74		Cust05	Italy	11079	31-Jul-17	
78		Cust05	Italy	4711	26-May-17	
91		Cust08	Italy	9057	29-Aug-17	
103		Cust06	Italy	8726	3-Sep-17	
105						

图26.11 筛选出需要被删除的行

	A	B	C	D	E
1					
2					
3					
4		Customer	Country	Amount £	Due Date
5		Cust02	UK	12232	20-Mar-17
6		Cust06	Germany	7992	5-May-17
7		Cust10	UK	11862	13-Jun-17
8		Cust10	UK	6503	28-Mar-17
9		Cust05	France	10544	8-Apr-17
10		Cust04	France	9100	6-Jun-17
11		Cust08	Spain	14120	2-Jul-17
12		Cust06	Spain	8889	8-Jun-17
13		Cust04	France	9547	1-Jun-17
14		Cust10	UK	14001	13-Jun-17
15		Cust01	Spain	4486	27-Apr-17
16		Cust05	Germany	9832	18-Apr-17
17		Cust08	Spain	9022	14-Apr-17
18		Cust02	Germany	14290	1-Jun-17
19		Cust07	Spain	10007	29-May-17
20		Cust09	France	15080	7-Apr-17
21		Cust03	Germany	9373	3-May-17
22		Cust07	UK	9006	26-Apr-17
23		Cust03	UK	8302	17-May-17
24		Cust03	Germany	10855	30-Jun-17

图26.12 删除指定行后的结果

示例4：使用筛选提取数据

在某些情况下，用户可能希望使用筛选器来筛选出需要的而非不需要的数据，在这种情况下，一开始可以如图26.11所示操作，随后将筛选出的数据复制到一个新的范围内，而不是删除。如果操作过程中每个单元格的原始数值都不受影响（例如确保所有复制操作不会覆盖原始数据），那么理论上这是一个非常简单和标准的操作。此外，为了保证此过程的前后一致性和完整性，Excel会将原数据集中所有带公式的计算值替换为数值本身而不带公式。

示例5：将条件计算添加到数据集

虽然Excel提供了几个关于筛选的内置选项，但在数据集中添加新的筛选条件通常更方便。

文件Ch26.5.DaysLateAnalysis.NewCriteria.xlsx展示了一个示例，该示例旨在识别并删除掉所有不少于两个空字段的行，示例中在F列添加了一个新列，该列使用COUNTBLANK函数计算空白字段的数量（见图26.13），同时为了展示清晰，我们用了条件格式来突出显示那些空白单元格个数超过阈值（单元格F2）的行，换句话说，条件格式标识出了需要删除的行。需要注意的是，由于示例中的原始数据集并没有被转化为Excel表格，因此添加此列后，需要重新应用"数据/筛选"菜单来启用该新列中的筛选器，最后就可以使用与上述示例相同的过程来筛选和删除(或复制)这些行。

	A	B	C	D	E	F
1						
2					Threshold	2
3						
4		Customer	Country	Amount £	Due Date	No. of Blan
5		Cust02	UK	12232	20-Mar-17	0
6		Cust06	Italy	4749	16-Mar-17	0
7		Cust07		7282	12-Apr-17	1
8		Cust03	Italy	12759	14-Jun-17	0
9		Cust10		12334		2
10		Cust05	Italy	4283	24-Mar-17	0
11			Germany	7992	5-May-17	1
12		Cust06	Italy		16-Apr-17	1
13		Cust04	Germany	12684	4-Jun-17	0
14		Cust10	UK	11862	13-Jun-17	0
15		Cust10	Italy	13630		1
16						4
17		Cust07	Italy	4394	4-May-17	0
18		Cust09		15712	8-Apr-17	1

图26.13 添加一个新字段以标识特定或复杂的条件

示例6：表的使用

一般来说，我们最好事先将数据集变换为 Excel 表格，如果原始数据集包含空行，则表格范围需要扩展到包含所有数据的范围，因为"插入 / 表格"的操作会默认选择所选中的单元格所在的当前区域。

文件 Ch26.6.DaysLateAnalysis.Table1.xlsx 展示了一个创建表过程的示例（见图26.14），从中可见默认范围仅到第 15 行（因为第 16 行是空白的），所以需要手动将范围扩展到第 104 行。

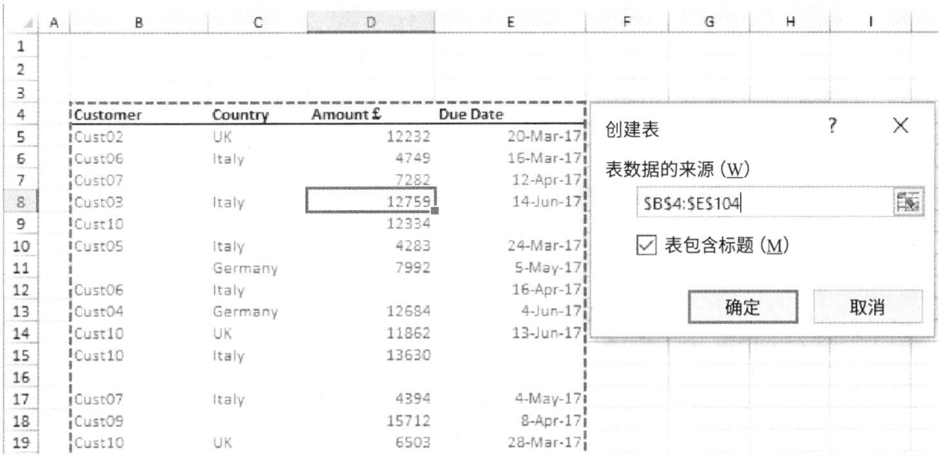

图26.14 定义表的数据范围

一旦数据集被变换为表格，添加的任何新的相邻行或列将自动成为表格的一部分。此外，在某个字段的第一个单元格中输入的公式将被填充到表的所有行。实际上简单的在行方向的相邻单元格中（例如原始表格中的单元格 F5）输入任何计算公式，Excel 都会自动为此添加新的一列。图 26.15 展示了将上述同样的筛选空行的过程应用于表格数据的示例，在此过程中，COUNTBLANK 函数所在列被当成一个新字段被自动添加到表格右边。

可以发现 F 列内每个单元格中公式的语法都是相同（且不依赖于行号）的：

=COUNTBLANK(Table 1[@[客户] : [到期日]])

如果用户要更改公式，例如计算其他范围内的空值个数，只需要删除原始字段名（见图 26.16）即可，随后在弹出的可选字段名的下拉菜单中选择新的字段名，而不需要重新构建公式。此外，在使用表格时，表格生成的标题名称也可以用于创建公式，例如：

=SUM(Table 1)[金额 £])

	A	B	C	D	E	F
1						
2						
3						
4		Customer	Country	Amount £	Due Date	No. of Blanks
5		Cust02	UK	12232	20-Mar-17	0
6		Cust06	Italy	4749	16-Mar-17	0
7		Cust07		7282	12-Apr-17	1
8		Cust03	Italy	12759	14-Jun-17	0
9		Cust10		12334		2
10		Cust05	Italy	4283	24-Mar-17	0
11			Germany	7992	5-May-17	1
12		Cust06	Italy		16-Apr-17	1
13		Cust04	Germany	12684	4-Jun-17	0
14		Cust10	UK	11862	13-Jun-17	0
15		Cust10	Italy	13630		1
16						4
17		Cust07	Italy	4394	4-May-17	0
18		Cust09		15712	8-Apr-17	1
19		Cust10	UK	6503	28-Mar-17	0

图26.15 向表中添加新列

图26.16 使用表格中生成的标题菜单修改公式

最后，当在表格中选择了一个单元格时，菜单栏上会出现"表格工具"选项，该选项包含"删除重复项"和"创建数据透视表"的选项，而且还允许重命名表格，但根据经验，这个过程最好是在第一次创建表时就完成，而不是在构建好引用了表格名称的公式之后才去重命名。

示例7：使用高级筛选提取数据

前面一些示例中，我们在筛选过程中利用内置的下拉菜单来删除不需要的数据，或提取需要单独分析的数据，在实践中，这种方法最适用于删除数据，与此同时，使用"数据/高级筛选"工具可以更有效地将目标数据提取到另一个范围。

文件 Ch26.7.DaysLateAnalysis.ExtractCriteriaRange.xlsx 文件展示了一个示例（见图26.17）。文件中单独设置了一个范围来放置用于提取数据的筛选条件，同时也单独设置了另一个范围来存放复制的数据。从图26.17所示的高级筛选的对话框可见，上述提到的可存放筛选结果的范围是一个可选的选项，另一个选项是在原始数据的位置上进行筛选，这样的筛选过程就和用下拉菜单完成一样。

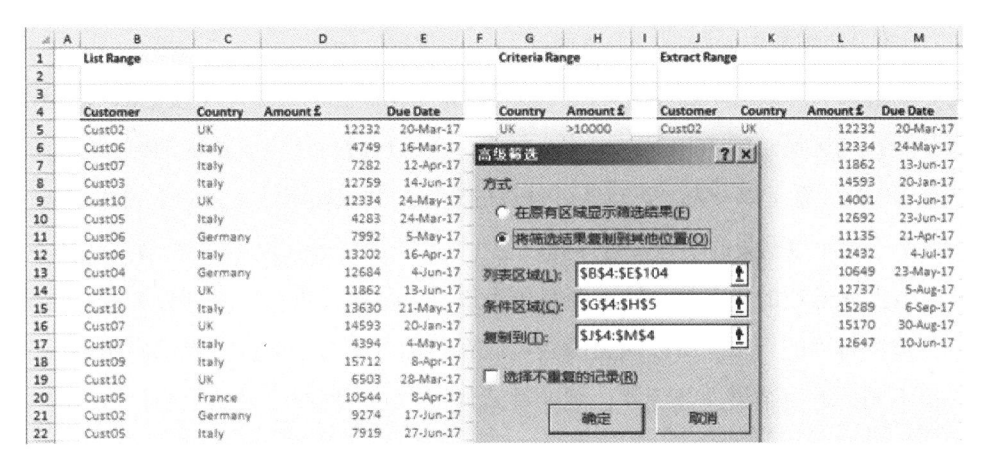

图26.17 高级筛选的使用示例

请注意：

- 筛选条件的范围由一些标题和与标题下方相邻的至少一行组成，当在非标题行的同一行中输入多个条件时，条件与条件之间将被视为"And"的关系，而如果另起同样不是标题的一行，则行与行的条件之间被视为"Or"的关系（即行的筛选结果取并集），一个常见的错误是在筛选条件的范围内如果包含了一个空行，这意味着在筛选后，所有元素都会被提取出来。
- 条件范围中使用的标题字段需要与源数据集的标题字段相同，如果拼写方式稍有不同，则无法进行筛选。
- 对于提取数据的原始数据而言，标题只起到标识列名作用，即使选择提取范围时未包含标题，提取出的数据仍会按照原始数据中的顺序显示，在实践中，最方便的方法当然还是在选择提取范围时把标题包含进来（如上文的示例所示）。

26.4 实际应用：数据库函数

Excel 的数据库函数（Database functions）用于返回数据库中指定字段的计算结果。当需要通过输入一组筛选条件来筛选数据，可以考虑的函数有 DAVERAGE、DCOUNT、DCOUNTA、DGET、DMIN、DMAX、DPRODUCT、DSTDEV、DSTDEVP、DSUM、DVAR 和 DVARP。例如，DSUM 在数据库中提供条件求和的功能，即对一个字段中符合筛选条件的数据进行求和，从某种意义上说，DSUM 函数类似于 SUMIFS 函数（同样地，DAVERAGE 函数类似于 AVERAGEIFS 函数，DMIN 和 DMAX 函数类似于 MINIFS 和 MAXIFS 函数），但其他数据库函数一般没有等价的，非数据库类的条件判断函数（但如第 18 章所述，使用数组函数理论上也能复制这些数据库函数）。

对于高级筛选，数据库函数需要用户指定原始数据所在的数据库（或 Excel 表格本身）、筛选条件所在的区域（标题和下方相邻至少一行，也包含后续连续添加的行，每行的条件之间都是 OR 的关系）以及需要进行条件计算的数据。数据库函数及其等价的非数据库函数都能提供基于原始数据集的动态实时计算结果（与数据透视表相反），但两者的优势不同：

● 非数据库函数的优点是，输入变量既可以是行数据，也可以是列数据，并且结果可以复制到连续排列的行中（所以该类函数可以在范围内的每个数据点上都应用同一个条件查询，但不同的返回结果进行计算，例如月读数据中，返回每个月的上个月或过去 2 个月的数据的和，即移动求和）。

● 数据库函数的输入变量要求是列数据，其优点是允许筛选条件的类型发生变化，用户只需要在筛选条件的范围内输入类型不同的条件及对应的值，就可以快速更改筛选条件（而不仅仅局限于同一类条件的不同值）。例如，用户可能希望先计算上个月所有项的总和，然后再计算价值超过 10000 英镑的所有项的总和，或与特定国家有关的所有项，以此类推。当使用等价的非数据库函数（本例中的 SUMIFS 函数）时，必须为每个新的查询设计函数，以确保引用的数据集和条件区域是正确的。此外，数据库函数需要使用字段标题名（数据透视表也是如此），而非直接引用标题只起到标识作用的数据集（与其他大多数 Excel 函数一样）。

示例1：使用DSUM函数和DMAX函数计算条件总和以及最大值

文件 Ch26.8.DaysLateAnalysis.DatabaseFunctions1.xlsx 展示了一个示例，图 26.18 展示了一部分数据（已变换为表格，并命名为“Dataset 1”）以及使用数据库函数所需的辅助参数信息：分析字段的名称（在本例中字段为“金额 £”）和条件区域（区域 I4:L5）。图 26.19 展示了一些函数的应用情况。

	A	B	C	D	E	F	G	H	I	J	K	L
1		Database					Field		Criteria			
2												
3												
4		Customer	Country	Amount £	Due Date		Amount £		Customer	Country	Amount £	Due Date
5		Cust02	UK	12232	20-Mar-17					UK	>£10000	
6		Cust06	Italy	4749	16-Mar-17							
7		Cust07	Italy	7282	12-Apr-17							
8		Cust03	Italy	12759	14-Jun-17							
9		Cust10	UK	12334	24-May-17							

图26.18 数据库和使用数据库函数所需的参数

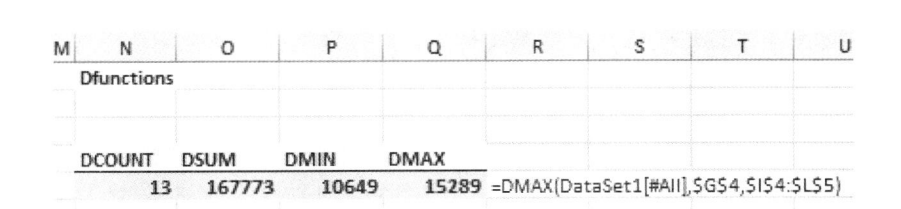

图26.19 指定的数据库函数的计算结果

示例2：实现Between查询

如果用户希望实现一个Between类型的查询（例如，将金额在5 000到10 000英镑之间的所有项加在一起），最简单的方法通常是将原始数据经过两次筛选条件的过滤，然后添加一个辅助列，用于存放过滤后的结果，这类似SUMIFS函数的使用过程，如本书前面所讨论的，另一种方法是实现两个单独的查询，并取它们的交集。

文件Ch26.9.DaysLateAnalysis.DatabaseFunctions2.xlsx包含了一个简单易懂的示例，图26.20展示的是上述例子中的第二种方法，即分两列放置不同的筛选条件来实现Between查询的功能。

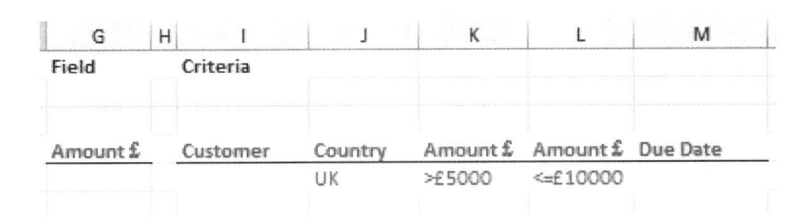

图26.20 扩展到两列的条件区域从而实现Between查询

示例3：实现多个查询

当使用数据库函数时，条件区域由字段标题下方相邻的一个或多个连续的行组成，因此如果需要第二组查询条件，就需要另设一块新的区域用于存放新的一组查询条件。如果需要添加许多组新条件，就会开辟出许多新区域，这样会使得工作簿占用的空间越来越大（每个条件区域至少需要占用三行：标题、查询条件和在下一个条件区域之前的空白分割行）。

另一种方法是设置一块存放查询条件的区域，并将该区域内每个查询所用到的阈值按序排列，这样还能记录下每次的查询结果（就像进行敏感性分析一样），但遗憾的是，我们不能通过将数据放在条件区域内，并使用查找函数来简化这样的过程，因为如果条件区域包含返回空单元格的函数，则数据库函数不会将这些计算结果为空的单元格，与原始数据中满足同样筛选条件，但本来就是空的单元格被视为是一样的。

在实践中，这样的过程可以手动或用VBA宏自动完成（见第32章），因为Excel中把空单元格复制（或在VBA中分配）到条件区域后，会导致它的值被视为真正的空值。

文件Ch26.10.DaysLateAnalysis.DatabaseFunctions3.xlsx展示了这些示例，如图26.21所示，从区域I5:M5的公式栏可见，首先我们要在条件区域内选择一条需要的筛选条件用于数据库函数的计算，但未找到符合条件的情况下公式返回的是空值，而非零。同时，由于该空值是筛选结果，而非本来就是空值，因此将此筛选出来的条件再输入数据库函数，函数返回的是零（区域O5:R5），而非空值，但如果将筛选过后的条件通过粘贴数值复制到新的范围内（见区域I8:M9，返回空值的公式就变成了真正的空值），然后数据库函数再引用该区域的筛选条件后就不会出现这样的问题。用户可以通过修改单元格H5的数值来改变筛选条件，然后复制筛选出来的条件后将其应用到数据库函数中，然后把计算结果粘贴到存储区域中，图中前三个条件已经完成计算，结果粘贴在区域O13:O15中，如第32章所述，这样的过程可以使用VBA宏来实现自动化。

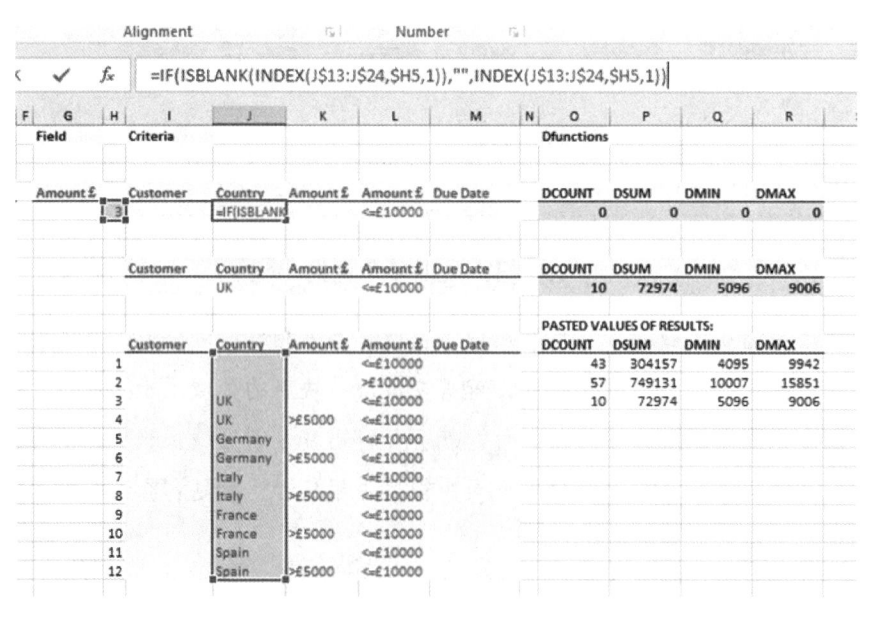

图26.21 数据库函数会区分计算出的空值和真正的空值

26.5 实际应用：数据透视表

数据透视表可生成跨表报告，该报表可以在数据库的各个方面按照类别进行汇总，数据透视表的主要优势包括：

- 一旦汇总条件发生变化，可以非常迅速地创建相应的报告，还可以非常方便快速地对数据进行"向下钻取"或更详细的分析。
- 可以很容易地更改报告的展示方式，例如切换行和列的方向，或者计算平均值而不是总和值，此外还可以通过添加或删除其他筛选器和切片器（Slicers）对数据进行快速查看和分析。
- 可以在应用汇总条件或筛选器时，忽略（或筛选）底层数据中的错误或其他特定值。
- 可以很容易从数据透视表中创建数据透视图。
- 支持 VBA，因此可以将针对数据透视表的操作记录为宏，并根据需要对这些宏进行调整。

尽管数据透视表功能强大，但也有一些潜在的缺点：

- 数据透视表不是实时链接到数据集的，因此如果数据发生变化，就需要手动刷新才能更新计算结果。这是因为透视表的数据来源是原始数据的"缓存"，事实上相同的底层数据可以用于创建多个数据透视表，实践过程中最好将第一个透视表的结果复制出来再进行其他透视表操作，这样才能保证每次透视表用的都是同一组原始数据的"缓存"，而且数据量较大时，不会因一个透视表就占用一部分内存，使得表越多，占用内存越大。
- 如果原始数据表的字段名称发生变化，数据透视表将失效并需要重建。例如如果在年度更新过程中，字段名称更改为"2017工资"，则需要对基于原字段名称为"2016工资"的透视表进行重建，这是常规的非数据库函数和数据库函数不同的地方，因为常规 Excel 函数只对数据域起作用，标题只起到标识名称的作用，而数据库函数能在标题发生变化后自动对数据进行相应改变而不需要重建。因此，对于需要定期更新的复杂查询，使用数据透视表进行展示可能不是一个有效的方法。
- 由于数据透视表的结构一般取决于原始数据的结构（例如行列布局、行数等），而且表中呈现的数据一般不适合参与后续的计算步骤，即 Excel 公式通常应避免引用数据透视表中的单元格。因此，数据透视表通常只适用于一般的考察性分析及最终的呈现报告。

示例1：探索数据集的汇总值

文件 Ch26.11.DaysLateAnalysis.PivotTable1.xlsx 展示了一个简单数据透视表的示例。底层数据库是一张被命名为"Dataset 1"的 Excel 表（尽管创建数据透视表并不需要这样做），数据透视表是通过先点击数据库中的任意单元格，并使用"插入/数据透视表"创建，然后点击对话框中所需的数据或选项，完成后通常会选择将数据透视表放在新工作表中，以便将原始数据与分析数据分开，如果原始数据发生改变或插入新行则透视表能自动适应，不会发生潜在冲突，图26.22展示了自动创建数据透视表的基础结构的对话框。

图26.22 数据透视表的基础结构

此后，用户可以使用表单选择想要汇总的字段名，并拖到行、列、值或筛选区域内，图26.23展示了一个按国家和客户进行汇总的示例，如果国家和客户的汇总位置在行列方向被切换，汇总结果只会被简单地转置一下。

图26.23 数据透视表行列字段的选择和报告结构的创建

图 26.24 展示了如何使用筛选方法来显示结果。在本例中，国家字段已从列中移至筛选区域，其结果是在第一行出现了一个新的筛选项，单元格 A1 代表"国家"字段，A2 代表该字段的可筛选项，如果如图所示选择"德国（Germany）"，则下方区域仅显示与"德国"有关的数据。

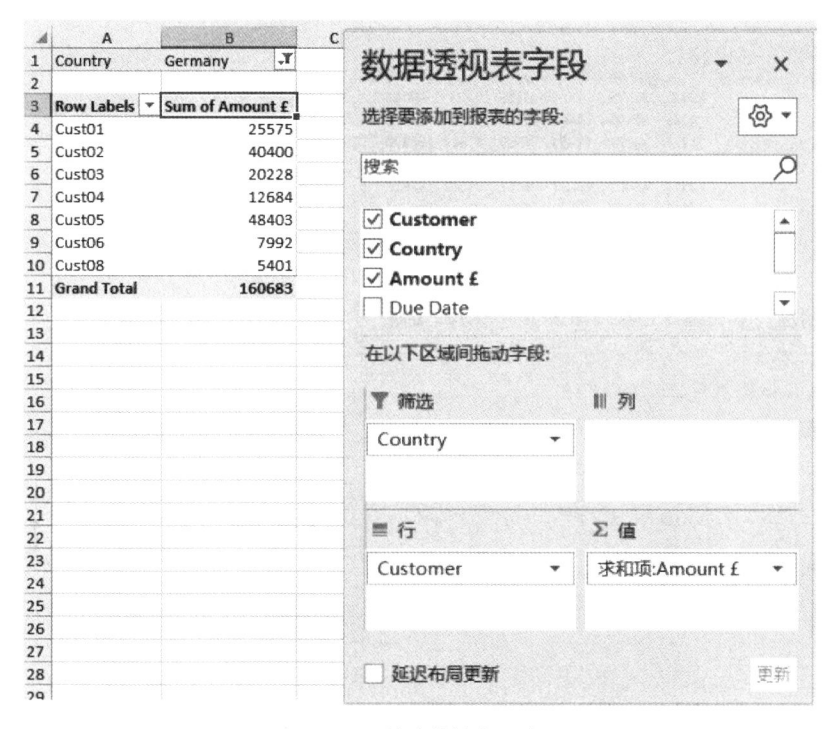

图26.24 筛选的基本用法

其他需要注意的点包括：
- 可以使用排序功能在汇总表格中对数据重新进行排序，或者通过右键单击数据，在弹出的菜单中选择排序进行手动排序，或者直接单击包含标签的单元格的边框，并将该单元格拖动到所需位置即可。
- "数据透视表工具/分析"选项提供了更多的选择，包括通过"计算字段"选择需要计算的字段，以及包含不局限于求和的计算公式，甚至是自定义的计算。
- 想要再创建一个新的数据透视表（基于相同的数据缓存）可以通过在"数据透视表字段"的对话框中使用"更多表格"选项，或者通过在"数据透视表工具/分析"上的"选择"中选择"整个数据透视表"来创建，然后使用"复制/粘贴"操作。删除数据透视表可以通过同样的过程先进行选中，然后使用 Excel 常规的清除内容的功能就可以完成。

图 26.25 展示的示例已经实现了上述部分要点：插入第二个数据透视表，然后列结构的原始数据被替换成了一个筛选器，并且"国家"字段内的数据顺序被手动更改。请注意，数据透视表字段对话框只出现一次，且只针对当前激活的数据透视表。

图26.25 基于复制的数据透视表的报表

示例2：查看摘要报告中数据项的细项

数据透视表的一个重要功能是能够快速查看构成透视表中的每个数据背后的底层数据，即若要详细列出所有在底层数据库中的数据记录，可以通过以下方式：

- 双击数据透视表中的单元格
- 右键单击显示详细信息

图 26.26 展示了上述示例中将该过程应用到单元格 B23〔"法国（France）"的汇总数据〕的结果，如示例文件中"向下钻取"工作表中所展示的。

	A	B	C	D
1	Customer	Country	Amount £	Due Date
2	Cust03	France	11117	07/08/2017
3	Cust02	France	9386	23/07/2017
4	Cust08	France	13337	22/07/2017
5	Cust07	France	15264	29/05/2017
6	Cust04	France	8548	04/06/2017
7	Cust09	France	9942	01/08/2017
8	Cust04	France	12790	04/07/2017
9	Cust01	France	5853	05/07/2017
10	Cust04	France	6509	16/05/2017
11	Cust01	France	13530	17/06/2017
12	Cust08	France	15851	14/07/2017
13	Cust06	France	13594	23/05/2017
14	Cust09	France	15080	07/04/2017
15	Cust04	France	9547	01/06/2017
16	Cust04	France	9100	06/06/2017
17	Cust05	France	10544	08/04/2017
18				

图26.26 示例：数据透视表中对某项数据进行"向下钻取"后的结果

示例3：添加切片器

切片器的基本形式非常类似筛选器，但切片器的数据展示比筛选器更详细，其更大的灵活性也更便于进行数据实验。

切片器可以通过菜单上"数据透视表工具/分析"创建，图 26.27 展示了在第二个数据透视表的"国家"字段中添加一个切片器的示例，然后针对选中的"国家"（按住 Ctrl 键选择多项）显示汇总结果。

图 26.28 展示了添加第二个基于"顾客（customer）"字段的切片器，其中"顾客"字段中的所有项都被选中，图 26.29 展示了使用第二个只显示与"Cust01"顾客相关信息的切片器，我们还可以看到，此时基于"国家"字段的切片器中"意大利"

选项变成灰色，表明该顾客并没有任何与"意大利"相关的信息，这也突出了切片器相对于筛选器的主要的一个优点，即精确反映数据子集之间的交互关系。

图26.27 单个切片器的使用

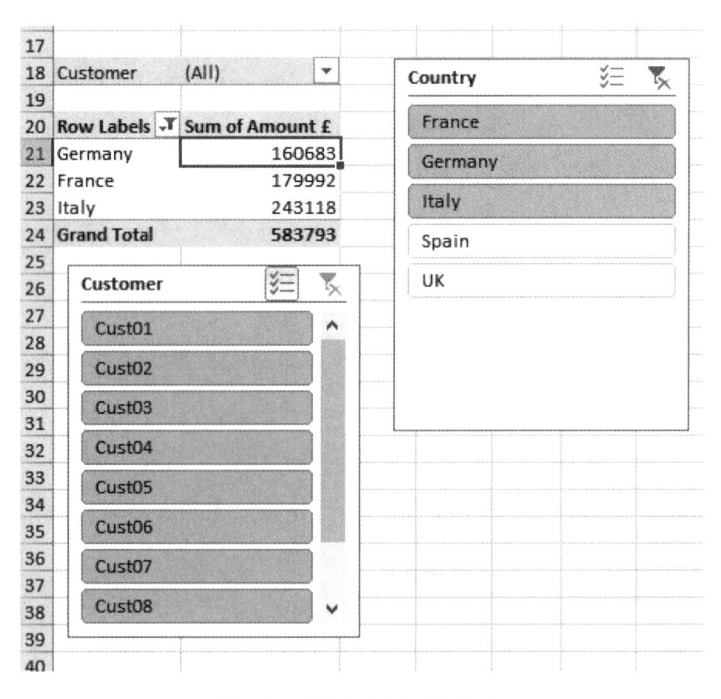

图26.28 添加第二个切片器后

图26.29 切片器之间的联动

示例4：时线切片器

时线切片器是一种特殊形式的切片器，当分析的字段是日期时可以使用（通过"数据透视表工具 - 分析"选项进行选择），使用时，用户不需要使用例如 MONTH 或 YEAR 函数对数据做手动调整，切片器会自动根据不同的时间颗粒度提供分析选项，图 26.30 展示了插入时线切片器（其中所有的客户都被选中）的结果，其中切片器的下拉菜单中选择了"月（month）"选项。

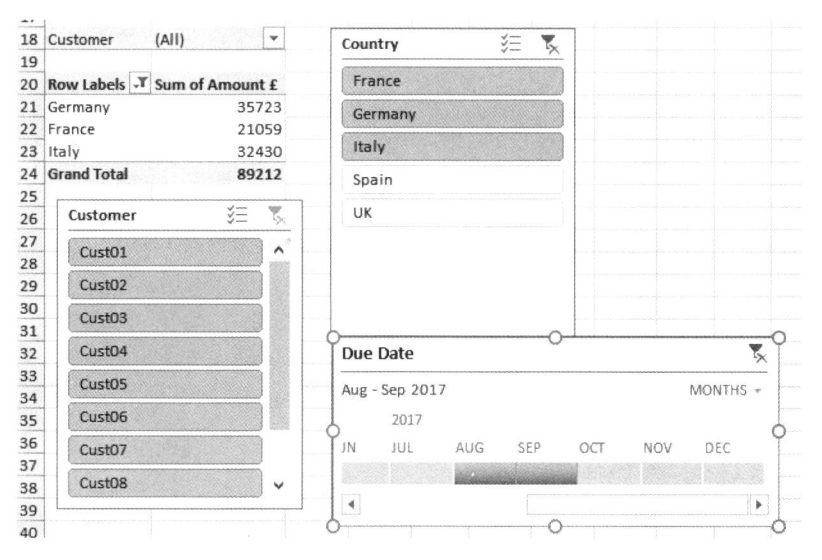

图26.30 时线切片器的使用

示例5：生成忽略错误或其他指定项的报告

数据透视表的另一个有用的特性是能够快速地在摘要报告中通过筛选器或切片器的使用来选择包含或排除哪些数据，例如，数据集中的注释字段可能表示某些项需要以特殊方式处理。

文件 Ch26.12.DaysLateAnalysis.PivotTable2.xslx 展示了一个示例，如图 26.31 所示，示例中是一个有注释字段的数据库，在图 26.32 中我们引入切片器，用于分析注释字段中只包含空值或标记为"OK"或"Checked"的项。

图26.31 带有注释字段的数据集

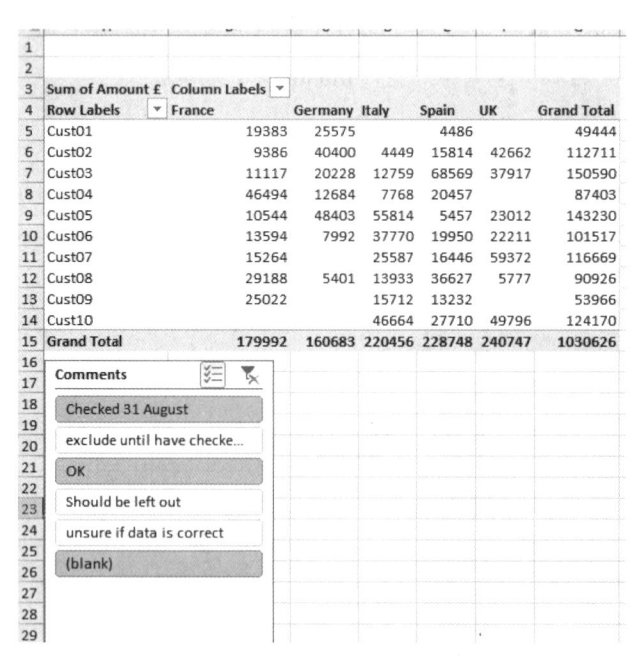

图26.32 使用切片器筛选掉指定注释的数据项

请注意，如果使用函数（数据库或非数据库）进行这类分析，那么对这些"修正"项的特殊处理将更加烦琐，例如，一般需要在数据库中创建一个特殊字段用于存放确定计算中是否包括指定项的条件，然而，由于理论上注释可以是任何东西，因此创建适用的公式可能非常麻烦、耗时和容易出错。

示例6：使用GETPIVOTDATA函数

我们可以使用 GETPIVOTDATA 函数在任何可见的数据透视表中查找一个值，该函数具有以下参数：

- 字段名称（引用时需要加上引号变成一个字符串）。
- 代表数据透视表的参数，该参数必须是一个单元格引用，而该引用指向的是作为数据来源的数据透视表中任意一个单元格（或一个单元格区域，或一个命名区域）。
- 字段名和标签名：这些是可选参数，可能有几个，这取决于数据透视表中变量的颗粒度和数量。

	A	B	C	D	E	F	G	H	I
1									
2									
3		Customer	Cust06						
4		Result		106266	=GETPIVOTDATA("Amount £",$B$12,B3,C3)				
5									
6									
7		Customer	Cust06						
8		Country	Italy						
9		Result		42519	=GETPIVOTDATA("Amount £",$B$12,B7,C7,B8,C8)				
10									
11									
12		Sum of Amount £	Column Labels						
13		Row Labels	France	Germany	Italy	Spain	UK	Grand Total	
14		Cust01	19383	25575		4486		49444	
15		Cust02	9386	40400	4449	15814	42662	112711	
16		Cust03	11117	20228	12759	68569	37917	150590	
17		Cust04	46494	12684	7768	20457		87403	
18		Cust05	10544	48403	60097	5457	23012	147513	
19		Cust06	13594	7992	42519	19950	22211	106266	
20		Cust07	15264		25587	16446	59372	116669	
21		Cust08	29188	5401	13933	36627	5777	90926	
22		Cust09	25022		15712	13232		53966	
23		Cust10			60294	27710	49796	137800	
24		Grand Total	179992	160683	243118	228748	240747	1053288	

图26.33 GETPIVOTDATA函数的使用

文件 Ch26.13.DaysLateAnalysis.PivotTable3.xlsx 包含一个示例，如图 26.33 所示。

因为数据已经是可见的,用户可能会问这样做的好处是什么,一个可能的回答是,如果有很多大型数据透视表,但用户只希望从中查询数据而不做任何操作,那么像 SUMIFS 这样的函数可能更合适(除非同时需要筛选器和切片器)。

示例7:创建数据透视图

创建数据透视表后,还可以使用"数据透视表工具"中的"分析"选项上的"数据透视图"添加数据透视图,数据透视图的数据与数据透视表的数据在内部是链接在一起的,其中的一个筛选器一旦发生调整,另一个的筛选器也会发生相应变化,而且插入一个切片器将同时影响两个筛选器。

文件 Ch26.14.DaysLateAnalysis.PivotTable4.xlsx 包含一个示例。图 26.34 展示了对"国家"字段进行筛选后的数据透视图,数据透视表的列格式会自动调整,插入时线切片器也会影响图上的显示。

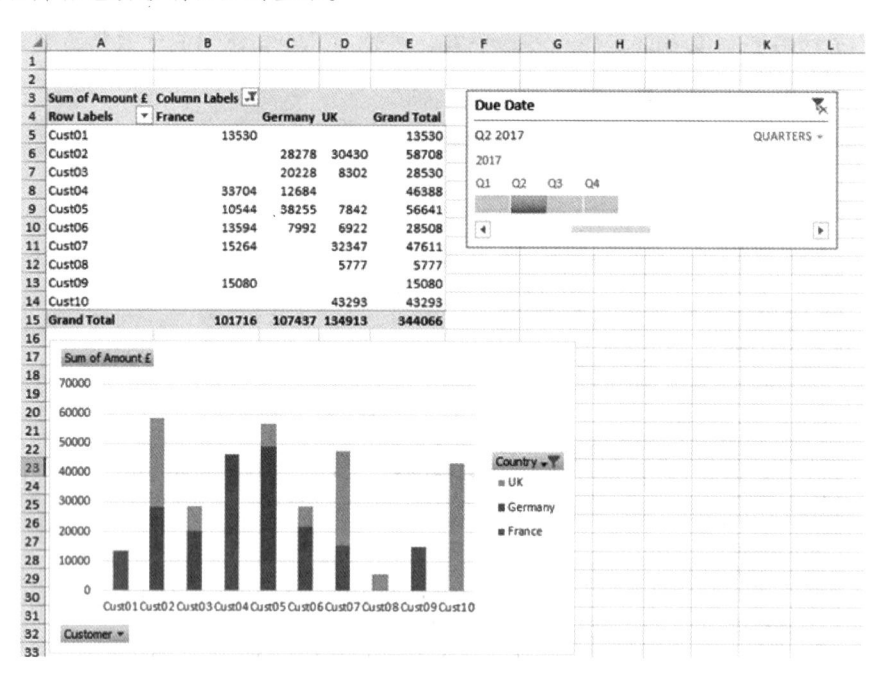

图26.34 数据透视图与取自其数据透视表的筛选器的匹配

示例8:使用Excel数据模型链接表格

如果希望基于多个数据库或表格生成报告,只能将它们合并到一个数据库中,但这样可能很麻烦。Excel 的数据模型(Data Model)允许通过链接将多个数据集链接到数据透视表中，当然，有可能匹配过程还需要通过创建查找键或其他类似形式，然后利用链接来实现，但烦琐且内存占用较多的查找函数还是尽量少用。

文件 Ch26.15.DataModel.xlsx 展示的示例是三个被变换为 Excel 表格的数据集，如图 26.35 所示，第一个数据集为每个客户提供了一个完整且唯一的标识符，第二个数据集提供有关收入和日期的信息，第三个数据集提供成本信息。

	A	B	C	D	E	F	G	H	I	J
1		Table 1: Unique IDS, full list		Table2: Revenues					Table3: Costs	
2										
3		CUSTIDFULL		CustId	Revs	Date	Month		CustId	Costs
4		Cust1		Cust1	100	01/01/2013	1		Cust1	80
5		Cust10		Cust10	90	01/02/2013	2		Cust10	70
6		Cust100		Cust100	80	07/03/2013	3		Cust100	60
7		Cust101		Cust101	75	06/02/2013	2		Cust1	50
8		Cust102		Cust102	70	10/02/2013	2		Cust102	40
9		Cust103		Cust103	120	16/02/2013	2		Cust103	30
10		Cust104		Cust104	150	29/03/2013	3		Cust104	75
11		Cust105		Cust105	92	30/04/2013	4		Cust105	75
12		Cust106		Cust106	73	03/04/2013	4		Cust106	75
13		Cust107		Cust1	200	29/04/2013	4		Cust107	75
14		Cust108		Cust101	150	24/03/2013	3			
15		Cust109		Cust102	50	12/02/2013	2			
16		Cust112								
17		Cust113								
18		Cust115								
19		Cust117								
20		Cust119								
21		Cust12								
22		Cust120								
23		Cust122								
24		Cust123								
25		Cust129								
26		Cust133								
27		Cust135								
28		Cust136								
29		Cust138								
30		Cust139								
31		Cust141								
32		Cust142								

图26.35 用于Powerview示例的数据集

为了用这些信息创建一个数据透视表，而不是将他们机械地合并到某个表格，需要执行以下步骤：

- 将每个数据集定义为一个 Excel 表格。
- 在"数据"选项上，使用"链接"图标依次将每个表格添加到数据模型中，操作如下：在"添加"菜单中的下拉菜单中找到"添加"至数据模型（见图 26.36），并选择"表格"选项，完成后，连接好的列表将如图 26.37 所示。
- 使用"数据/关系/新建"来创建关系。在本例中，第一个表中的 CUSTIDFULL 字段被选择为主键（见图 26.38）。

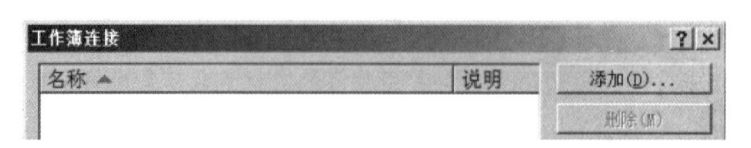

图26.36 添加一个新的工作簿连接

图26.37 连接的完整列表

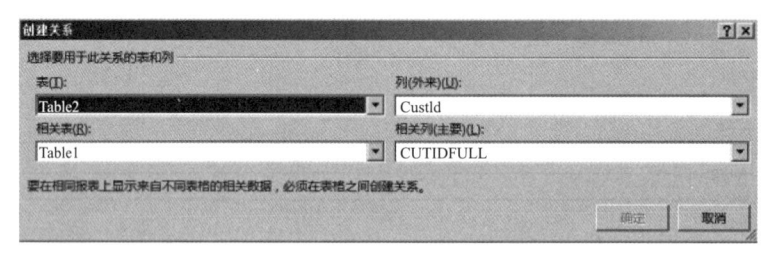

图26.38 创建表之间的关系

- 最后，使用"插入/数据透视表"来创建数据透视表时，需要检查对话框中的"使用外部数据源"，并选择"工作簿数据模型中的表"，如图26.39所示。

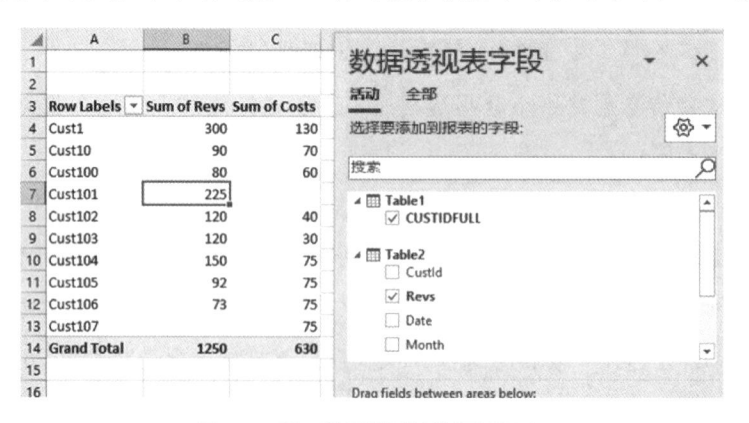

图26.39 基于数据模型的数据透视表

第27章 主要快捷键和其他特征

27.1 介绍

本章介绍作者认为最有用的一些快捷键,这些快捷键大多数是比较简单、常用的,一旦练习几次即可掌握,所以本章只给出少量插图来演示特定的示例。掌握快捷键可以提高工作效率,因此每一位建模者都应该了解工作中常用的快捷键,以及在某些特殊情况下可能也会用到的其他快捷键。值得注意的是,在录制 VBA 宏的时候,快捷键非常重要,因为宏可以捕捉到任何细微操作背后的代码。当然,对于不在本章讨论范围的其他 Excel 快捷键,读者可以自行研究,也可以使用本章中的操作步骤进行初步核对。本章还简要地提到了 Excel 中的键提示(KeyTips)及其他有用的工具,如迷你图(Sparklines)和照相机(Camera)。

27.2 主要快捷键及其用途

本章所涵盖的快捷键按常见应用类别分为:
- 输入和修改数据与公式。
- 格式化。
- 检查、定位和其他项目。

请注意,在英式键盘上,一些快捷键(如 Ctrl + &)涉及到的符号需要使用 Shift 键来输出(如 &),此时我们不会把 Shift 也视为快捷键的一部分。

27.2.1 输入和修改数据和公式

复制数据、公式以及更正键值的主要快捷键包括:
- Ctrl + C:复制单元格或区域。
- Ctrl + X:剪切。
- Ctrl + V:粘贴。
- Ctrl + Z:撤销上一步操作。
- 在公式栏编辑公式时,可用快捷键 F4 实现单元格的绝对引用(即在行号或列号前添加一个 $),重复该键能够在所有的引用组合之间进行循环,直到找到所需要的引用方式（行号和列号前加 $ 或移除 $），但由于该快捷键操作方便，所以也有可能会产生"过度绝对引用"的公式，即如果在行和列的引用之前都插入 $ 符号，就会导致公式被复制到模型的其他位置时无法正确调整到正确的引用单元格，所以尤其在公式需要拖曳的情况下，一般只需要在行或列中的一项前插入 $。

- 选择单个单元格后，可以使用"Ctrl + C"将公式（以及其所在单元格的格式）从单个单元格复制到一个区域内，可选以下任意一种方法：
  - 使用快捷键"Shift"，同时再选中要复制公式的区域的最后一个单元格，实现区域的全选，然后再按快捷键"Ctrl + V"。
  - 使用快捷键 F8，此时左下角状态栏会提示"扩展式选定"，然后点击复制公式的目标区域的最后一个单元格，同样会选中整片区域，然后再按"Ctrl + V"。
  - 使用快捷键"Shift + Arrow"（"Arrow"键即方向键）用方向键选择目标单元格，使得初始单元格和目标单元格构成的矩形区域被选中，然后再按快捷键"Ctrl + V"。如果使用"Ctrl + Shift + Arrow"，则会选中初始单元格到该行或该列的边界单元格构成的区域。

- 我们也可以在某区域的第一个单元格中输入公式，然后使用上述任意一种方法选择复制公式的目标区域，随后在公式栏中输入"Ctrl + Enter"（或 Ctrl + Shift + Enter 用于数组公式），就可以将公式（不带格式）从单个单元格复制到整个区域中。该操作对已经格式化的模型做公式修改时非常有用，因为这样可以避免覆盖已有格式。图 27.1 展示的就是一个实现上述过程的示例，即在公式栏中创建公式，然后选中目标区域，最后使用"Ctrl + Enter"实现公式的复制。

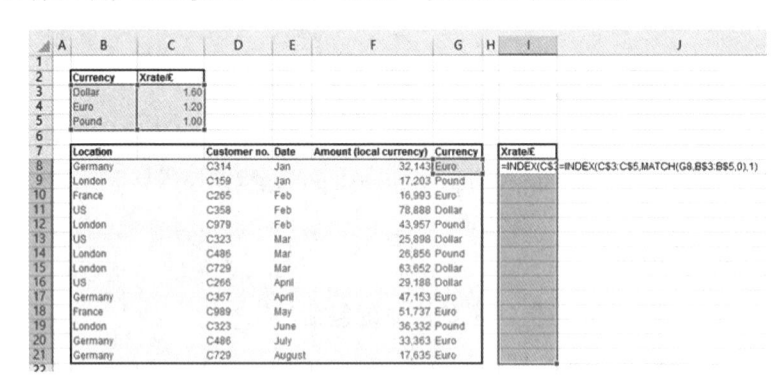

图27.1 在不影响格式的情况下复制公式

- 我们还可以通过双击初始单元格右下角，实现将公式复制到相邻列的包含连续数据区域的最后一行，如果初始单元格的同一列相邻单元格也是数据区域的第一行，进行该添加公式列的操作后，仍将保持整个数据及公式区域为矩形。
- 使用快捷键"Ctrl + '（撇号）"可以直接进入选中单元格的编辑状态（将非绝对引

用的公式复制到别处会更改单元格引用)。例如，用户希望将一个复合公式分解成几个子项，而且每个子项单独成行，首先可以将公式复制到所有用于存放子项的行，然后每一行删除本行的非目标子项，该操作通常比每一行单独输入目标子项更快和更高效。下面是一个简单的示例，例如：

= SUM('Finance Revenue'!P21,'Licence Fee'!P21,'Subscription Fee'!P21)

公式中的每个子项都可以分离出来放在单个单元格中，然后再进行求和。

创建公式时需注意：

- 首先输入一个有效的函数名（例如"MATCH"），然后：
  - 使用快捷键"Ctrl + Shift + A"可以显示函数所需的所有参数名称和括号，并固定在公式栏中，如图 27.2 所示。

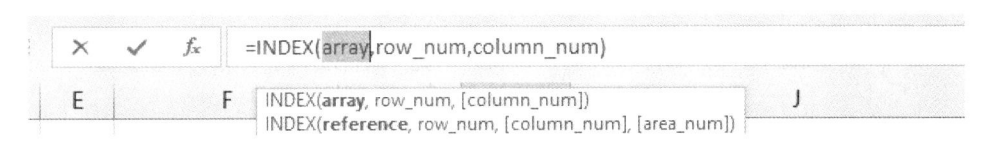

图27.2 使用Ctrl + Shift + A调用公式栏中的函数参数

  - 使用快捷键"Ctrl + A"调用插入函数的对话框，使得用户能清楚地看到输入的单元格是作为函数的哪个参数。

- 定义和使用命名区域：
  - 在创建的公式需要引用已命名区域时，在公式栏中，按下 F3 键就会弹出可用名称（本工作簿内的所有名称）的菜单。在图 27.3 展示的示例中，我们通过按下 F3 键显示所有命名区域，从中选择目标区域来构建公式。

图27.3 通过调用命名区域列表构建公式

  - 使用快捷键"Ctrl + F3"可用于调用名称管理器来选择目标区域。
  - 使用快捷键"Ctrl + Shift + F3"可用于根据所选内容创建名称（但作者通常不建议这样操作，一般来说，给区域起的名称需要适当考虑结构、层次以及范围，使得该名称的含义一目了然，这对于后续操作和模型的说明及解释非常重要，而自动命名通常不会生成这样的名称）。
  - 使用快捷键"Ctrl + K"用于插入一个超链接，包括一个指向已命名区域的链接，超链接在模型定位、说明和解释上非常有用。

- 使用快捷键 Shift +F3 用于调用插入函数（粘贴函数）对话框（但该操作不一定比直接单击按钮快）。

27.2.2 格式化

将模型的外观适当格式化可以显著提高模型的透明度，而且现实中很多模型的弱点也的确是格式混乱，这可能是由于缺乏统一的标准或建模时间太短，所以了解一些设置格式的快捷键对提升模型外观水平（不影响底层计算）非常有帮助，主要操作有：

- 使用快捷键“Ctrl + *”（或“Ctrl + Shift + Space”）选择单元格所在的区域（需要设置成类似格式，或周围有一圈空白的行、列构成的“边框”的区域）（见图 27.4），图中的示例以该方式选中了单元格 D13 所在的区域。

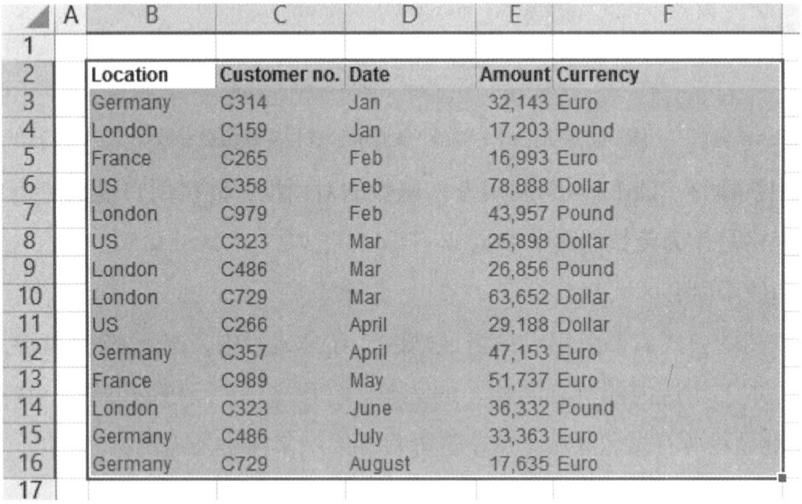

	A	B	C	D	E	F
1						
2		Location	Customer no.	Date	Amount	Currency
3		Germany	C314	Jan	32,143	Euro
4		London	C159	Jan	17,203	Pound
5		France	C265	Feb	16,993	Euro
6		US	C358	Feb	78,888	Dollar
7		London	C979	Feb	43,957	Pound
8		US	C323	Mar	25,898	Dollar
9		London	C486	Mar	26,856	Pound
10		London	C729	Mar	63,652	Dollar
11		US	C266	April	29,188	Dollar
12		Germany	C357	April	47,153	Euro
13		France	C989	May	51,737	Euro
14		London	C323	June	36,332	Pound
15		Germany	C486	July	33,363	Euro
16		Germany	C729	August	17,635	Euro
17						

图27.4 选择单元格D13所在的区域

- 使用快捷键“Ctrl + 1”显示设置单元格格式菜单。
- 在操作单元格或区域内的文本时：
  - 使用快捷键“Ctrl + 2”（或“Ctrl + B”），应用或删除粗体格式。
  - 使用快捷键“Ctrl + 3”（或“Ctrl + I”），应用或删除斜体格式。
  - 使用快捷键“Ctrl + 4”（或“Ctrl + U”），应用或删除下划线。
- 可通过以下方式给区域设置边框：
  - 使用快捷键“Ctrl + &”，设置边框。
  - 使用快捷键“Ctrl + _”，删除边框。
- 格式刷（在开始菜单中）可将一个单元格或区域的格式复制到另一个单元格或区域内（还可以双击格式刷图标使之保持开启状态，然后依次复制到多个区域内，单击可退出开启状态）。
- 使用快捷键"Alt + Enter"，可在编辑单元格内容时在单元格内实现换行。
- 使用快捷键"Ctrl + Enter"，可以在不影响格式的情况下将公式复制到一个区域中。
- 使用快捷键"Ctrl + T"或"Ctrl + L"，可将选中区域创建为 Excel 表格（如第 26 章所讨论的，这不仅仅是一个纯粹的格式方面的操作）。

27.2.3 检查、定位和其他项目

通过使用快捷键，还可以加快模型的检查速度，包括：

- 使用快捷键"Ctrl+'（左单引号）"进入编辑公式状态（等同于"公式/显示公式"），可用于：
  - 搜索隐藏的输入参数。
  - 寻找区域内不一致的公式。
- 从属单元格的追溯：
  - 在含有公式的单元格上使用快捷键"Ctrl + ["可以向下定位到公式引用的所有单元格（但只限定在当前的工作表中）（见图 27.5）。

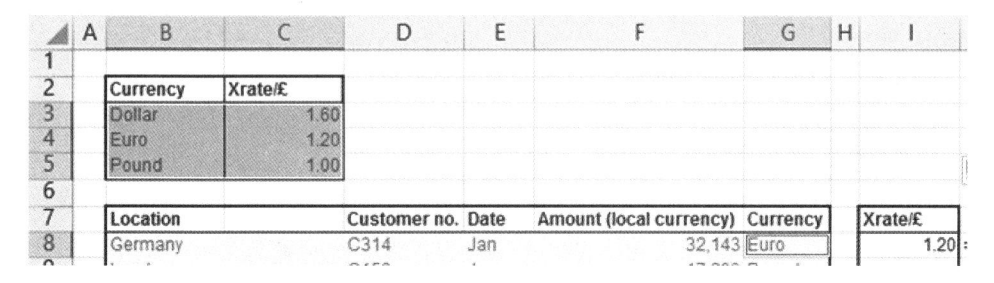

图27.5 使用快捷键跟踪引用（单元格I8）

  - 快捷键"Ctrl + Shift + {"功能同上，但还可以定位到间接引用的单元格，比如单元格 A1 = 单元格 B1+ 单元格 C1，单元格 D1 = 单元格 A1 + 单元格 E1，如果在单元格 D1 中使用快捷键"Ctrl + ["可以追溯到单元格 A1 和单元格 E1，但使用快捷键"Ctrl + Shift + {"可以更深层地追溯到单元格 B1、单元格 C1 和单元格 E1。
  - "Ctrl +]"与"Ctrl + ["的功能相反，即可以向上定位到引用该单元格的公式所在的单元格。
  - "Ctrl + Shift + }"与"Ctrl +]"的关系等于"Ctrl + Shift + {"与"Ctrl + ["的关系。
- 使用"公式/追踪引用单元格"或"公式/追踪从属单元格"时，双击从属箭头可以跳转到相应的单元格，如果是引用的是其他表格中的单元格，还会弹出定位对话框。
- 使用快捷键"Shift + F5（或 Ctrl + F）"可查找指定项，完成后关闭对话框，在激活第一个匹配项的情况下再使用快捷键"Shift + F4"就可以跳转到下一个匹配项（而

不必重新调用查找菜单，使用其中的"查找下一个"功能）。

- 使用快捷键 F5（或"Ctrl + G"）会弹出定位对话框，其中会显示一系列的单元格、区域或命名区域，使用此快捷键后，点击弹出的对话框的左下角"定位条件"，可以使用给出的选项来定位到公式、常量或空值等对象。因此，当模型的所有输入参数都处于同一张工作表时，可以通过"F5 键/定位条件/选择常量（而非公式）"找到，或者选择公式下的数字和文本来查找，定位条件中的"最后一个单元格"选项也很有用，特别是在 VBA 中需要录下该操作的代码时（见图 27.6）。

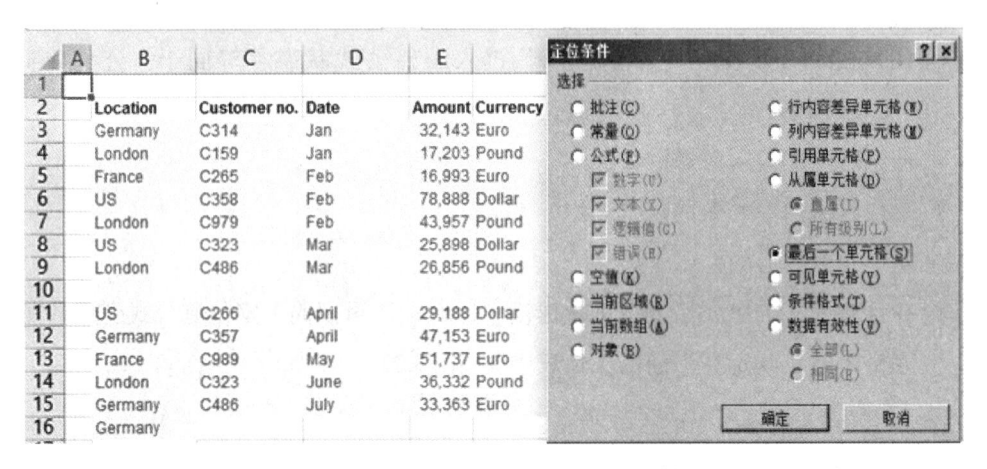

图27.6 在区域内定位到最后一个单元格

- 使用快捷键 F1 可以调用"帮助"菜单。
- 使用快捷键 F2 进入公式编辑状态，用于检查或编辑单元格中的公式（若在公式栏中编辑，则需要在单元格和公式栏之间来回查看，耗时耗力）。
- 批注的操作：
  - 使用快捷键"Shift + F2"将为活动单元格添加批注。
  - 使用快捷键"Ctrl + Shift + O（字母 O）"可以选中所有带有注释的单元格（进而查看、删除和读取这些单元格）。
- 使用快捷键 F3 可以返回工作表中所有被命名的区域的列表（包括工作簿和工作表的名称），该列表不仅对模型的检查和说明非常有用，而且对编写 VBA 代码也很有帮助，比如将名称列表复制到 VBA 有助于确保变量的正确拼写。
- 使用快捷键 F7 可以检查拼写。
- 使用快捷键 F9 可以重新计算所有打开的工作簿。
- 使用快捷键"Alt + F8"可以显示工作簿中所有的宏。
- 使用快捷键"Alt + F11"可以进入 VBA 编辑器。

- 使用快捷键 F11 可以插入图表。
- 工作表中的其他操作：
  - 使用快捷键 Home 可以移动到同一行中的 A 列。
  - 使用快捷键"Ctrl + Home"可以移动到 A1 单元。
  - 使用快捷键"Ctrl + Shift + Home"可以选中当前单元格与单元格 A1 构成的矩形区域。
  - 使用快捷键"Ctrl + Arrow"可以移动到行或列中的第一个非空单元格。
  - 使用快捷键"Ctrl + Shift + Arrow"可以选中当前单元格到列或行中的最后一个非空单元格构成的矩形区域。
  - 使用快捷键"Shift + Arrow"可以使以当前选中范围为出发点向指定方向扩展一个单元格与起点单元格构成的矩形范围被选中。
  - 使用快捷键"Ctrl + Shift + End"将选择范围扩展到工作表上 UsedRange（见 29 章）范围的最右下角单元格。
- 使用快捷键"Ctrl + F1"可以隐藏或取消隐藏 Excel 选项卡下的详细功能区，但保留选项卡中的菜单名和公式栏。
- 使用快捷键"Ctrl + Shift + F1"的功能与"Ctrl + F1"类似，但其涉及的范围更大，其隐藏或取消隐藏的范围可以扩展到选项卡、标题栏以及状态栏，隐藏后得到的类似全屏的视图更有助于公开演示。

27.2.4 Excel 的键提示

EXCEL 的键提示是通过使用 Alt 键触发的，按下 Alt 键后功能区就会显示用于访问菜单的字母，主要的键提示包括：

- Alt-M-H：显示公式（相当于快捷键 Ctrl+'）。
- ALT-M-P：追踪引用单元格。
- ALT-M-D：追踪从属单元格。
- Alt-A-V：打开数据验证菜单。
- ALT-A-T：清除所有筛选器。
- ALT-H-V-T：粘贴。

与传统的快捷方式相反，"-"表示按顺序逐个按字母键，"+"表示同时按下两边的字母键。

键提示是一种简单、直观的操作，本质上比传统的快捷键更容易理解和掌握，因此，读者可以尝试一下，找到自己的应用领域中最常用操作的快捷键。

27.3 其他有用的Excel工具和功能

27.3.1 迷你图

迷你图（Excel 2010 及以后版本）可以用于在单个单元格中显示由一系列数据构成的图表（类似缩略图），其中有三种形式：线、列和盈亏图。具体操作上，如果迷你图位置范围与数据范围位于同一工作表上，我们只需要激活工作表中的目标数据范围，然后点击"插入/迷你图"，选择三种图中的一种，在弹出的"创建迷你图"对话框中选择迷你图的位置范围，就可以创建迷你图，如果数据区域与迷你图分属于不同的工作表上，还需要再选择一次数据范围。

27.3.2 照相机

照相机功能可用于将工作簿中的某个区域转化为实时图片，比如创建一个摘要区域，不需要对数据进行公式引用，即可轻松地将几个区域合并到一个位置进行展示（而且实时图片会随着工作簿中源数据区域的更改而更新）。

可以通过如下方式添加照相机：Excel 选项/快速访问工具栏/从"下列位置选择命令"中选择"不在功能区中的命令"，然后在下拉菜单中双击照相机图标，若添加成功，快速访问工具栏中就会出现照相机的图标，这样就可以使用照相机功能了。使用照相机的具体操作如下：选择希望拍摄的目标区域，单击快速访问工具栏中的照相机图标，待鼠标变成十字星后，在希望输出图片的区域拖曳绘制矩形。

事实上，使用链接图片（不直接访问照相机）也可以获得类似的结果：选择目标数据区域并复制（使用快捷键"Ctrl + C"），然后单击希望放置图片的区域，再通过"开始/粘贴/选择性粘贴/链接的图片"即可达到相同效果。

第六部分

VBA 和宏的基础知识

Foundations of VBA and Macros

第28章 VBA和宏的入门

28.1 介绍

本章讲述关于 Excel 的 Visual Basic for Applications（VBA）的一些核心要点，对于不满足于基础金融建模技术的用户而言，熟练掌握 VBA 技术非常重要。本章侧重于介绍作者认为 VBA 中最重要的内容，目标是使 VBA 初学者能够迅速掌握核心技术，并能够编写和使用一些简单、实用、功能强大的应用程序。其中，着重介绍了子程序（subroutine）和用户自定义函数（user-defined functions），子程序由一系列操作目标或过程（processes）组成，可以没有返回值，而用户自定义函数用于执行 Excel 的内置函数无法实现的定制计算目标。本章不涉及 VBA 的其他领域，如用户表单和类模块。作者希望本章内容对于初学者而言是简单易懂的，对实际建模也有较高的参考价值。

本章只介绍对于 VBA 入门所必需了解的核心内容，至于如何编写通用、实用的代码将在本章 28.4 节示例部分介绍。本章 28.2 节是对 VBA 主要用途的概述，28.3 节介绍一些核心组件和关键操作。

请注意，本章中的"Excel"指的是 Excel 中不包括 VBA 的部分（即由工作簿、工作表网格、函数等组成）。此外，尽管术语"宏"通常指代 VBA，但本章通常用于指代子程序或其他过程，不包括用户自定义函数。

28.2 VBA的主要用途

VBA 的主要用途可概括为：

- 任务的自动化执行。
- 创建用户自定义函数。
- 监视和响应 Excel 的变化或对事件进行建模。
- 丰富或管理用户界面。
- 开发通用的应用程序。

28.2.1 任务的自动化执行

为提高效率，我们可以用 VBA 将需要多次重复且执行方式相似的任务自动化完成，典型的操作包括：

- 数据集的操作，比如底层数据清理或数据合并等。
- 数据库查询和提取，比如需要多次查询数据库，尤其是不便在多个数据库中进行条件查询相关操作的时候。
- 通过迭代来解决循环引用的问题。
- 进行场景分析，多个场景的分析一般只能用宏来实现，尤其是在需要用宏来解决循环引用问题的模型中。
- 进行模拟，模拟（最常见的是蒙特卡罗模拟）是最常用的场景建模方法，许多场景中的样本是通过在某概率分布中随机抽样自动生成的。
- 需要多次运行 Excel 的单变量求解或规划求解。

28.2.2 创建用户自定义函数

在许多情况下，用户自定义函数的功能非常强大，其主要优点包括：将需要手动创建或修改的烦琐计算过程自动化，减少模型中接口部分的代码量；提高模型在结构上的灵活性；将需要多次重复调用的逻辑函数化，提高模型的透明度。本章示例 5 将提供一个简单的操作示例，第 33 章也提供了更详细的介绍和更多示例。

28.2.3 事件的建模以及监视和响应

在某些情形下，我们需要监视工作簿或工作簿内发生的变化，并以指定的方式进行响应，包括：

- 每当打开工作簿时，如果数据被更改或者触发其他工作簿相关的事件，宏都会自动运行，包括：
  - 确保在每次打开工作簿时，面对用户的永远是主模型（或其他指定模型）所在的工作表。
  - 打开工作簿时显示免责声明。
  - 查找当前最后一次被更改的单元格。
  - 当输入区域内的任何单元格被更改时自动运行宏。
- 双击单元格时，突出显示单元格所在的整行和整列。

28.2.4 丰富或管理用户界面

VBA 可用于丰富用户界面。最简单的交互类型是消息框（MSgBox）和输入框（InputBox），更复杂的类型包括用户表单（UserForm），用户表单既可以在结构化的流程中获取用户输入的数据,从而确保一个模型中所有输入数据的完整性和连通性,还可以用输入数据来创建数据库。

28.2.5 应用程序开发

VBA 对于开发一个完整的应用程序而言是一个强大且灵活的开发环境,可实现的应用程序包括搭建用户界面,访问其他应用程序(如 Access)中的数据,操作数据,执行计算,生成报表和图表等。

使用 VAB 生成加载项也相当容易,尤其是实现需要经常运行或者需要访问多个工作簿之类的功能。此外,它很容易实现分享,而且也可以设置密码保护。值得注意的是,只要将原始工作簿用 Excel 的"另存为"保存成 .xlam 文件扩展名,就可以创建加载项了。

28.3 核心操作

这部分将介绍在生成和运行 VBA 代码过程中涉及的核心操作:
- 显示 Excel 工具栏上的"开发工具"选项。
- 访问 Visual Basic 编辑器。
- 录制宏。
- 编写代码及改编录制的代码。
- 运行代码。
- 通过编写而非录制来生成代码。

28.3.1 将"开发工具"选项添加到 Excel 的工具栏

一般来说,在菜单栏显示 Excel 的"开发工具"选项(Excel 的默认设置中是不显示的)会给 VBA 的使用带来极大的方便,该选项需要在 Excel 的选项菜单里设置,不同版本的添加方法不同。图 28.1 展示了在 Excel 2016 中添加"开发工具"选项的过程,图 28.2 显示了添加成功后的 Excel 工具栏。

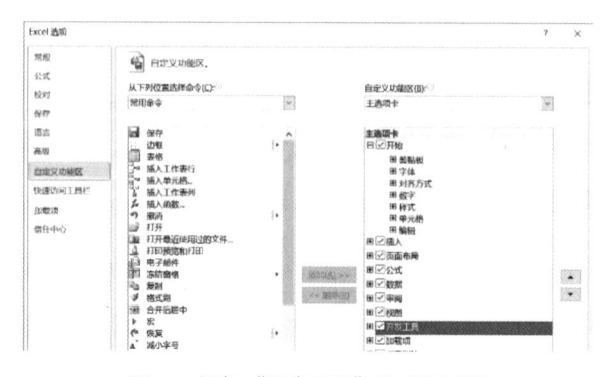

图28.1 添加"开发工具"选项的过程

图28.2 "开发工具"选项添加成功后的工具栏

28.3.2 Visual Basic 编辑器

编写或修改 VBA 代码需要使用 Visual Basic Editor（VBE）编辑器，我们可以使用开发工具选项上的 Visual Basic 键（或快捷键"Alt+F11"）来访问。在默认情况下，工程和属性窗口应该显示在 VBE 中，如果没有，则可以在 VBE 菜单栏中的视图里进行调用（见图 28.3）。

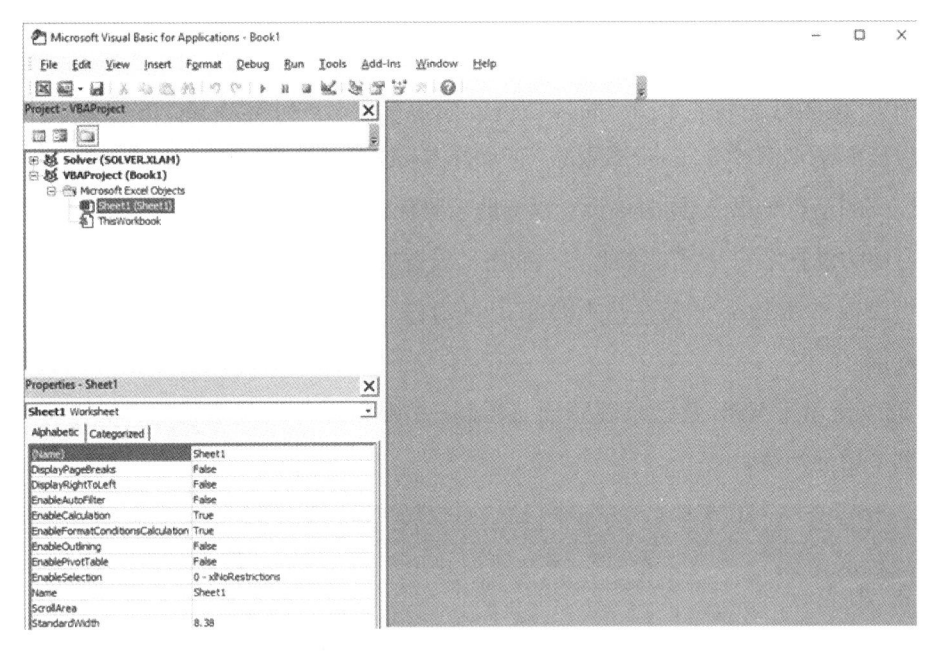

图28.3 Visual Basic Editor 的核心要素

工程窗口中以列表形式显示在当前用户环境中打开的工作簿，因此不同用户或不同会话的工作簿列表是不同的。需要注意的是，一般来说，通过对每个 Excel 和 VBE 窗口的大小进行缩放，可以使各个窗口经垂直拆分后横向排列，更方便使用。

28.3.3 录制宏

宏的录制是指用户在使用 Excel 的过程中将 Excel 环境中的所有变化都以 VBA 代码的形式记录下来的过程，录制过程可以通过使用开发工具选项上"录制宏"按键来启动（见图 28.2），然后点击"停止录制"按键来结束（该键仅在录制过程开始后才显示），需要注意的是：

- 录制宏前，最好先按实际顺序练习一下即将进行的操作，这有助于避免将不必要的操作录制下来（比如不小心选择了错误的工作表或菜单）。
- 在录制开始前可以设置宏的名字，并指定快捷键和描述信息，但这些一般都不是必须的，因为录制过程只录制对应操作的代码，而且该代码一般都直接用于（复制或改编）其他新的代码中，因此录制过程本身的信息就没什么用了。
- 另一种选择是将宏存储在个人宏工作簿（Personal Macro Workbook）中，这种方法将在Excel的XLStart文件夹中创建一个文件，而且每次Excel启动时都会加载该文件。本书不详细介绍这种方法，因为这方法不适用于那些宏（子程序或用户自定义函数）只是整体中一部分的模型（因为有可能该文件需要与他人分享或发送给他人），但对于需要用模型构建器（model builder）创建，但不属于任何模型的独立应用程序，该方法可能是合适的。
- 通常在录制宏前，最好将工作簿设置成手动重算（位于"文件/选项/公式"菜单中），因为这样有助于用户将模型拆分成独立清晰的计算步骤，并在指引（通常写在代码的注释中）下逐步调试（正如在Excel公式中使用快捷键F9手动查看每个公式的运行结果），同时该设置也有助于确保宏在所有环境中都能工作（与手动还是自动的设置无关），若非如此，只能将"设置成手动重算"作为录制过程的第一步。
- 当所需的步骤都完成后，不要忘记点击停止录制，忘记停止录制是一个常见的错误。

图28.4显示了VBE及已录制完毕"复制/粘贴"操作后的宏代码，其中单元格A1被复制到了单元格A4。

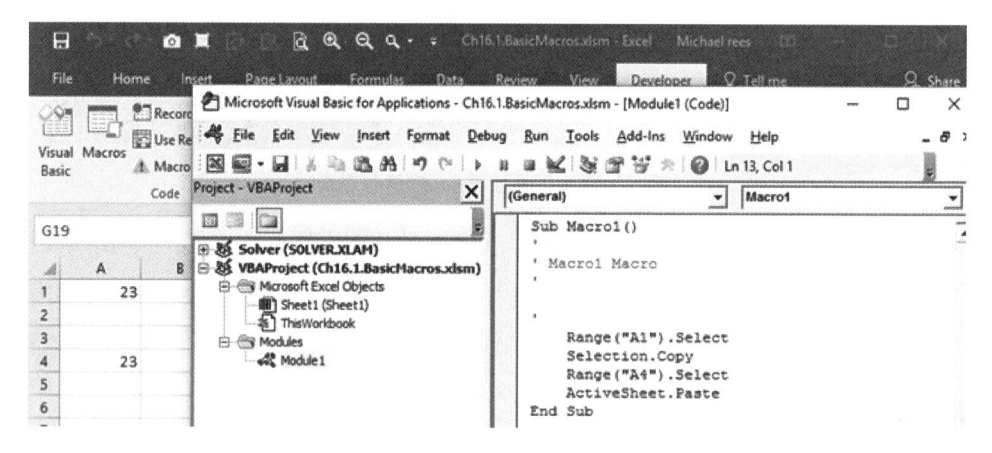

图28.4 录制"复制/粘贴"操作

28.3.4 将录制后的代码进行改写

虽然许多初学者从录制的代码开始（实际上在熟练者编写的模型中也十分常见）操

作，但通常情况下录制的代码较为欠缺通用性、稳健性或者效率不高，因此都需要进行调整或改写，例如：

- 提高代码的通用性：
  - 将固定的单元格引用替换为命名区域，或生成目标区域的函数（例如对数据集起始位置、大小固定的数据区域等的引用）。
  - 使用循环代替重复操作（循环不能被录制）。
  - 添加条件判断语句（条件语句也不能被录制）。
  - 添加 Excel 自动重新计算功能，Excel 的计算模式默认设置为自动重新计算，但已录制的代码如果不手动添加，是不会将代码不包含的部分进行自动重算的，因此为了确保代码在其他设置下（如"手动"）正确运行，可能需要强制在代码的某个特定断点设置整个 Excel 工作簿的重新计算。
- 提高效率：
  - 将涉及选择范围的操作（如"复制/粘贴"）替换为目的更直接的语句（如对从一个范围到另一个范围的值进行赋值），这样的代码执行效率更高，速度更快。同样地，直接定位或引用工作表通常比用 Excel 操作实现对象的选择更有效。
  - 删除或修改录制中出现的不必要的步骤（如格式方面的操作）。

可见录制代码的主要目的是找到指定操作动作的代码（例如，快捷键、刷新数据透视表、运行单变量求解或规划求解等动作对应的代码），换句话说，录制后的代码就是对应操作的具体指令，因此也可以用于加深对某项功能的理解。

但有许多 Excel 的操作或功能无法通过 VBA 进行录制，只能通过编写代码实现，比如循环、条件语句（以及其他控制执行方面的语句）和函数的调用等。

28.3.5 编写代码

完美的代码总是从涂鸦般的草稿开始，VBA 同样如此。我们一般都是从东拼西凑开始，尤其是借助录制好的代码，然后引用之，修改之，再结合自己初写的生涩语句，逐渐完善。

如图 28.4 所示，Excel 操作一旦录制成代码，VBE 中会自动插入一个模块（如果新模块已经存在，录制的代码会添加上去）来存放。如果代码是从头开始编写的，则必须确保工作簿（项目）中有一个模块可写，这可以通过在工程窗口中选择工作簿名称，并使用"插入/模块"来实现。

需要注意几点：

- ThisWorkbook 和 Sheet 是"对象模块"，是保留给与工作簿和工作表的事件相关的过程或函数，不应放置自定义代码，如 ThisWorkbook 模块可以用来编写每次打开该工作簿时要执行的代码。
- 在代码模块中，需要在定义中声明编写的是子程序还是函数：
  - 子程序是通过输入单词 Sub，其后面再跟一个子过程的名称（如 Sub FirstCode()）来定义的，End Sub 会自动显示，名称后面的空括号表示子程序没有关联参数，许多执行一系列操作任务的子程序大部分情况下是不需要参数的（图 28.4 中的代码就是类似的示例）。
  - 函数是通过输入单词 Function，然后再加上名称和参数序列来创建的，End Function 也会自动显示。
- 如果要编写多个过程，这些过程可以包含在同一个模块中，也可以包含在不同的模块中，如果在一个模块中创建了多个过程，可以在"过程"框中的下拉列表里点击对应的名称实现在它们之间的快速切换。不过为了提高透明度以及便于导航，可以选择将代码拆分为多个模块，例如子程序可以放在一个或多个模块中，而函数可以放在另一个模块中，在这种情形下，可以考虑在"属性"窗口中的"名称"框里为每个模块起一个恰当的名称，这样有助于快速定位，方便编辑。
- 模块（子程序或函数）中的过程可以随意命名，但也有一些限制，如名称中不能包含空格、不使用保留字等。
- 只要将工作簿保存为 .xlsm 文件（.xlsx 文件不包含代码），VBA 代码就会保存在文件中。

插入模块后，代码编辑窗口也会自动出现，如未出现，可使用"视图 / 代码"来显示，双击任何模块的名称都可以看到模块中的代码。

在编写代码时，需记住以下几点：
- 注释行是在代码运行时不起作用的文字信息，注释以撇号开头，可以单独成行，也可以放在代码所在行的后面，注释行自动显示为绿色。图 28.4 中录制的宏包含了一些自动插入的注释行。
- 一句代码或注释可以跨行显示，只需要在换行处加上空格和下划线。
- 缩进可以使代码看上去更得体，使用 Tab 键可将代码进行缩进，使用"Shift + Tab"键可取消缩进，VBE 中的"工具 / 选项 / 编辑器"菜单可用于更改 Tab 的宽度（使用多个缩进级别时，默认的四个空格宽度通常会显得太宽）。
- 在代码窗口中，在对象后键入一个点，将出现下拉菜单，其中以列表的形式显示与该对象相关的可用属性或方法，例如键入 Range("A1") 可以看到与"区域"这个对象相关的菜单，例如 Range("A1").Activate 表示激活单元格 A1，Range("A1").ClearContents 用于清除单元格 A1 的内容，Range("A1").Value 用于引用单元格 A1

的值（Value 同时也是区域的默认属性，因此单独一个 Range("A1") 也会被理解为引用该单元格的值）。

28.3.6 运行代码

用户在运行 VBA 的宏之前，必须认识到代码一旦运行，犹如开弓没有回头箭，所以一旦运行结束（如覆盖现有数据或公式），如果不检查，很可能会出错。因此在运行任何代码之前，通常都需要备份文件，或者至少在保存文件之前检查一下代码是否会报错。

宏（或子程序）可以通过以下方式运行：

- 在 VBE 中，将光标放置在要运行的子程序的代码中，使用快捷键 F5（或"运行/运行 Sub"）运行，还可以从另一个宏中调用目标宏，这属于代码较为复杂的情况，这种调用的方式会将代码切分成不同的小模块，这样就可以创建内嵌的或顺序依赖的模型结构。
- 在 Excel 的开发工具选项中，使用宏按键进行宏的选择，然后再选择运行，此外在工作簿的任意地方都能通过快捷键"Alt+F8"调用宏命令。
- 在 Excel 中，我们可以单击已指定的宏中的任意对象来激活宏，这类对象可以通过 Excel 中的标准方式（通过右键单击对象来调用"指定宏"菜单）进行创建（如使用"插入"菜单创建文本框、图表或其他形状或图），也可以在开发工具选项上的"插入/表单控件"中创建按键或其他控件，此时会自动调用指定宏的窗口（一般我们不使用 ActiveX 控件）。当然，文本框或按键等这类对象还可以根据需要再次重命名、调整大小或重新定位（通过右键单击进行编辑）。为了确保宏按计划运行，清楚标记每个宏非常重要，所以我们在设计的时候应该以某种方式告知用户，单击某个控件会触发某个宏等（如在控件上贴标签），若标记不清楚，则有可能会在无意中触发错误的宏，这是我们不希望发生的。例如，最好为图表指定单独用于更新图表数据的宏，但是如果需要宏去执行其他与图表无关的操作，则最好使用单独的按键。
- 从"快速访问工具栏"的"自定义"菜单中，选择"更多命令"，然后选择"宏"，再选择宏名称，最后选择"添加"，整个界面的最左上角会出现新的一个图标来表示插入的宏，当然用户也可以使用菜单中的"修改"来指定表示宏的符号。不过常规的 Excel 界面多了个图标使得界面看上去会稍有变化，而且该图标仅在包含宏的工作簿处于活动状态时才会产生效果，所以可能只有在需要多个工作簿同时使用时才有必要这样做，例如，涉及个人宏工作簿的使用操作。
- 通过用户表单。

28.3.7 调试技术

在正式运行代码之前，通常先进行以下一些检查：

- 通过点击"调试/编译"通常会发现语法上或逻辑上的错误。
- 使用快捷键 F8（或点击"调试/逐语句"）逐行遍历代码，此时出错的地方会突出显示，以下几点需要注意：
    - 即将运行但未运行的行以黄色显示。
    - 如果将光标放在变量上，在代码执行过程中光标处会显示该变量的值。
    - 使用快捷键"Ctrl + F8"或点击"调试/运行到光标处"可以让程序从最开始运行到光标所在的位置，如果用户认为那个位置之前的代码都是没有问题的，并且想最终确认一下的话，该操作是非常有效的。
    - 如果用户想在代码中设置断点，可以通过单击侧栏，或将光标放在待检查的代码行后使用快捷键 F9，或者点击"调试/切换断点"，断点设置完成后可以使用快捷键 F5（假设到该点为止没有错误）让代码运行到断点处，再使用快捷键 F8 进行单步调试检查后续代码。
    - 可以使用简单的消息框（如 MsgBox）显示该行代码执行后返回的变量值，如果日后不在参与代码的运行，可以被注释掉（使用撇号），不再需要的话就直接删除。
- 运行代码时，点击"运行/中断"和"运行/重置"可以停止和中断代码的执行，例如，当一个程序陷入无限死循环时（如果中断不了，还可以在任务管理器里中断 Excel 进程）。
- VBA 的帮助菜单既可以从工具栏访问，也可以在 VBE 中使用快捷键 F1 通过网页访问。

虽然逐步调试和断点设置对于简单的代码基本上够用了，但在更一般的实践中可能需要其他调试技术和代码编写技巧，本书后续章节（尤其是第 31 章）会详细介绍这些内容。

请注意，代码可以在没有崩溃的情况下继续执行操作，这与代码没有错误或不满足预期功能的情况不同在这一方面，VBA 与 Excel 的相同点是，在 Excel 中，公式计算时不返回错误消息并不意味着模型是正确的。此外，大家通常都会认为 VBA 中的错误类型通常比 Excel 中的更多样更隐蔽。

28.4 实际应用

本节提供一些简单的代码示例来说明前文介绍的理论知识，例如：

- 从 Excel 单元格中取值并用于 VBA 代码。

- 将 Excel 区域进行命名，使 Excel 和 VBA 之间的交互更高效。
- 将 VBA 中的值放入 Excel 区域。
- 用赋值语句替换"复制/粘贴"操作。
- 创建一个简单的用户自定义函数。

在示例文件中运行代码，就必须启用文件中的宏，我们可以编辑一个文件就设置一次（可能需要先回应一下安全警告），或者在"信任中心"中的宏设置中临时选择"启用所有宏"（在 Excel 选项菜单上），或者使用"添加受信任位置"选项将包含文件的文件夹设置为信任项。

示例1：在VBA中使用Excel单元格值

文件 Ch28.1.ExcelToVBA.1.xlsm 包含的示例是将两个 Excel 单元格的值读入 VBA，再将它们相乘，并在 MessageBox 中显示相乘结果（见图 28.5），代码如下：

```
Sub MRTakeNumberFromExcel()
i = Range("C2")
j = Range("C3").Value
k = i * j
MsgBox k
End Sub
```

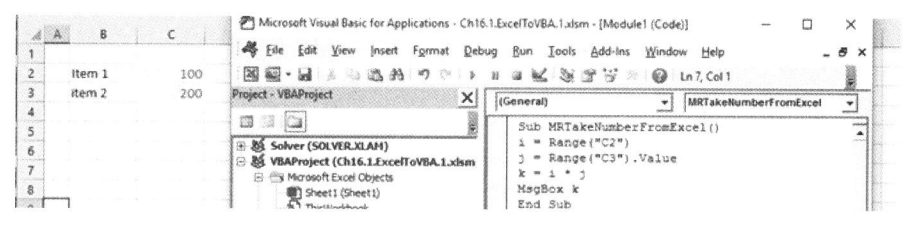

图28.5 在VBA中获取Excel值的简单示例

注意：

- Excel 单元格区域的引用方式是视之为字符串，即 Range ("C2")，而不是 Range (C2)，因此，若在工作表顶部插入了一行，字符串形式的地址不会自动调整，代码的结果也自然不会如预期一样，这就是最好将 Excel 单元格区域进行命名的原因之一。
- 符号"="并非数学上相等的意义，而是将等号右侧的值赋给等号左侧的操作，这与其他计算语言相似。例如，在 Excel 的单元格 B5 中，输入"=B2"代表把 B2 的值赋给 B5。

- 单个 Excel 单元格的 VBA 默认属性就是它的值，因此这里不需要使用 .Value 语句进行赋值，但一般来说，最好还是明确定义操作对象是单元格的哪个属性（例如，其格式、文本颜色或字体规模），这样代码会更清晰，更容易排查错误，毕竟 VBA 代码可以操作单元格和区域的多种属性。
- 如果引用的区域涵盖多个单元格，通常更需要明确指定的是不是 Value 属性，代码才能正确执行。

图 28.6 显示了此代码的运行结果，以消息框（MsgBox）的形式展示给用户。

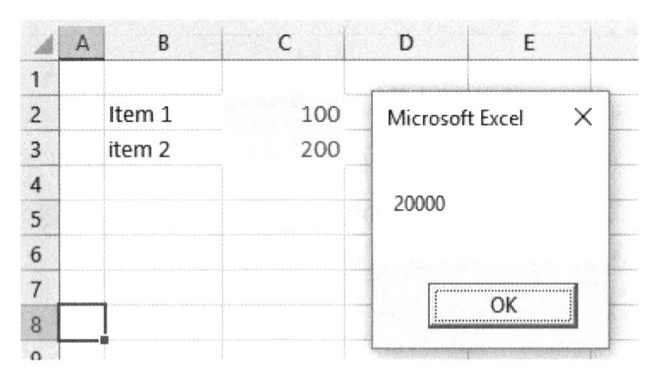

图28.6 运行简单代码，结果以消息框的形式展示

示例2：使用命名Excel区域实现稳健性和灵活性

给 Excel 单元格区域命名有助于使代码和运行过程更加清晰，因为命名后的单个单元格可以移动到任何其他位置（或在其上方插入行或左侧插入列）而不影响结果。

图 28.7 中可见，可以通过 Excel 的"公式 / 名称管理器"菜单查看本例中已经命名的区域和名称，VBA 代码可调整如下：

```
Sub MRTakeNumberFromExcel()
i = Range("Item1")
j = Range("Item2").Value
k = i * j
MsgBox k
End Sub
```

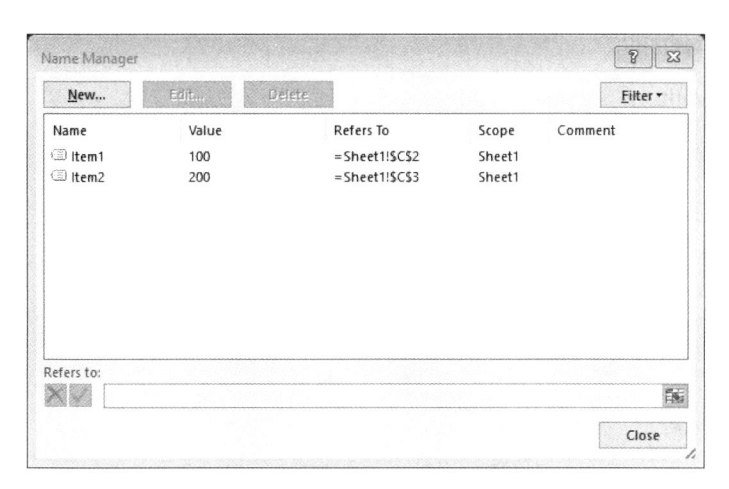

图28.7 在Excel中创建命名区域

注意：

- 如果在Excel工作簿中修改了区域的名称，则在VBA代码中也需要更改，工作簿与代码的链接不是自动的，而且VBA代码中区域的名称是以字符串的形式出现在代码中的（重申一下，这与Excel公式不一样，在Excel公式中，使用的名称是会自动修改的）。
- 检查包含VBA代码的模型时，在更改模型的Excel部分之前，最好先检查VBA代码部分（如若不然，Excel部分中新插入行、列；更改命名区域或其他操作都可能会改变单元格的名称和位置等，使得VBA代码的引用无效）。
- 可以使用快捷键F3创建一个Excel命名区域列表，并将列表复制到VBA代码中，避免拼写错误（第30章中有个代码示例，该宏可用于列出工作簿中的所有命名区域）。

一旦对代码进行上述这些更改，如果需要新插入行或列，代码应该也可以正确运行。

文件Ch28.2.ExcelToVBA.2.xlsm文件是提供给读者进行实验的。

示例3：将VBA代码中的值放入Excel区域

在上面的示例中，Excel工作表中的值是从代码运行过程中获取的，该过程也可以反过来，即代码中变量的值取自Excel工作表。文件Ch28.3.VBAtoExcel.xlsm中包含一个简单的示例，目的是将数字100赋值给Excel的命名区域ValItem（单元格C2），结果如图28.8展示。

```
Sub MRAssignl()
Range("ValItem").Value = 100
End Sub
```

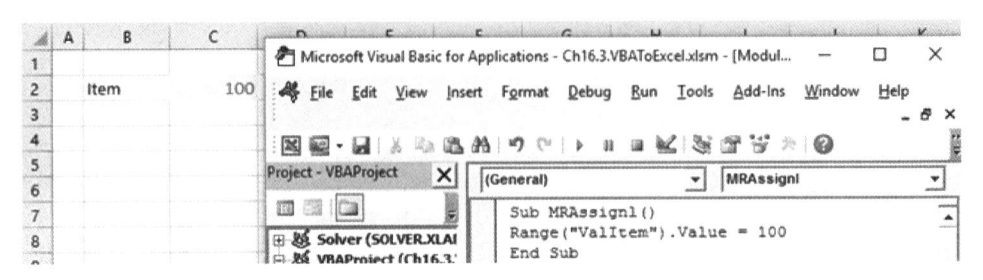

图28.8 运行简单宏将VBA值赋值到Excel工作表的结果

示例4：用赋值替换"复制/粘贴"

通常情况下，使用赋值操作代替"复制/粘贴"可以使运算效率更高，尤其是当操作过程需要按序执行多次的时候，两种操作的速度差异会变得更加明显。

文件 Ch28.4.Assign.xlsm 展示了如何通过不直接引用单元格地址，或在使用"复制/粘贴"的情形下，将一个被命名了的单元格的值赋值到另一个单元格中（见图28.9）。

```
Sub MRAssignl()
Range("ValCopied").Value = Range("ValOrig").Value
End Sub
```

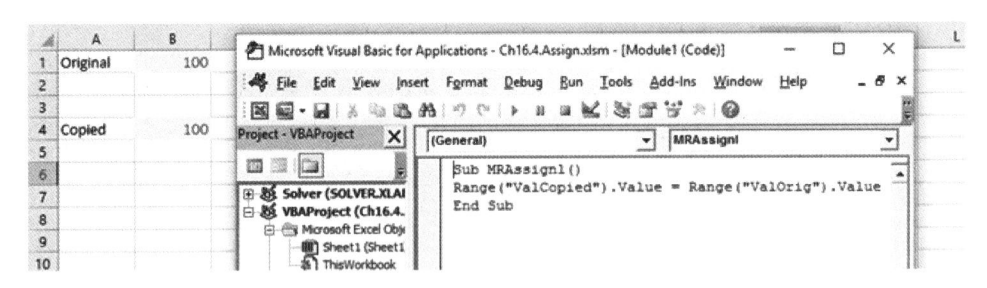

图28.9 使用赋值操作而不是"复制/粘贴"的操作

示例5：简单的用户自定义函数

函数与子程序不同，因为在数组函数的情况下，它们只能将结果返回在 Excel 单元格或区域中，对于 Excel 函数，参数与计算结果之间的链接是实时的，相反，子程序可以执行一个不需要返回值的操作过程（如将值返回到 Excel 单元格等），而且其与输入之间也不是实时链接的，所以如果输入值发生了变化，就需要重新运行。

文件 Ch28.5.UDFSimple.xlsm 显示了一个简单的示例（见图 28.10）。请注意，只要用户自定义函数具有默认的公共（Public）属性，就可以在 Excel 中直接输入函数名来调用，或者使用"公式/插入函数"菜单（这些函数列在用户自定义的类别下）。为了方便直接输入，通常的做法是，函数的创建者通常用自己名字的前 2 个字母（即 MR……）来命名自己名下的所有函数，这种命名方法还有助于在检查整个工程中的模型时，识别某个函数是 Excel 函数还是用户自定义函数。

```
Function MRMULTIPLYUS(x, y)
Z = x * y
MRMULTIPLYUS = Z
End Function
```

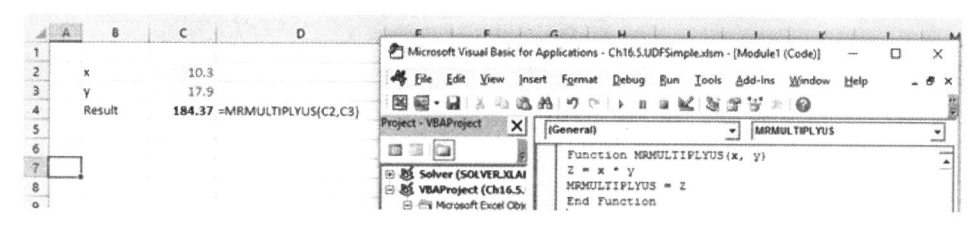

图28.10 用户自定义函数的简单示例

请注意，代码必须包含一个返回语句（在 End 函数前），该语句会明确地将计算值分配给函数返回值，漏写返回语句是个很常见的错误。

当然，与使用其他 VBA 过程一样，用户自定义函数的缺点是：对不熟悉这些函数的用户来说。整个模型不够透明。对此，第 33 章有更详细的介绍。在恰当的设置下，自定义函数也可以是一个强大的工具。

示例6：打开工作簿时显示消息

"打开工作簿时自动显示消息"属于简单的事件激发类代码示例，编写的核心要点是带有 VBA 的保留关键词 Word Workbook_Open() 的子程序必须放在 ThisWorkbook 代码模块中。

文件 Ch28.6.WorkbookOpenDisclaimer.xlsm 中有一个简单的示例，如图 28.11 所示，其中包含免责声明的工作表被命名为"声明（Disclaimer）"，并在 VBA 代码中赋予了 ModelDisclaimer，因此该代码一旦运行，会激活这个工作表，然后向用户显示一个消息框，其中既可以有免责声明的内容，也可以附加一些其他选项或后续操作的按钮等。

```
Sub Workbook_Open()


With ThisWorkbook
    ModelDisclaimer.Activate
    MsgBox ("Please read the disclaimer in the Disclaimer worksheet")
    'MsgBox ("...or you could write the Disclaimer text here ...")
End With
End Sub
```

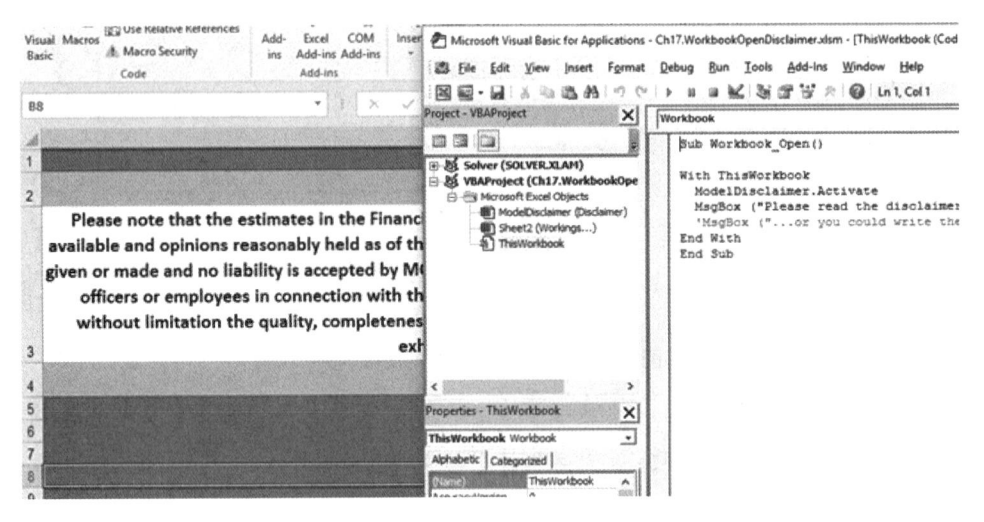

图28.11 打开工作簿时显示消息

如果想关闭工作簿，可以使用子程序 Workbook_Close 来运行，同样的，Workbook_Close 也是一个 VBA 保留关键词，必须放在 ThisWorkbook 代码模块中。

```
Sub Workbook_Close()
'Write code to run here
End Sub
```

第29章 对象和区域

29.1 介绍

本章介绍 Excel 对象（包括其结构和应用），重点放在常见财务模型的应用过程中碰到的问题，特别是：

- 对单元格区域的引用
- 如何使用对象的集合和对象的层次结构

29.2 对象模型的概述

对于许多建模者来说，学习与 Excel 对象相关的内容似乎没有什么必要性：第一，许多传统的 Excel 模型都是基于算术运算和函数，对象似乎没有什么实际作用。第二，不引入对象也可以编写简单的 VBA 代码或录制宏。但是，为了代码的清晰、灵活和高效，以及能访问更多的 VBA 环境支持的功能，了解 Excel 对象的原理非常重要，这样用户就可以开发（或检查）更多的模型。

29.2.1 对象、属性、方法和事件

VBA 中的逻辑与自然语言的逻辑在很多方面是非常相似的：

- 对象本身类似名词，它们本质上属于 Excel 的可见部分，例如单元格、区域、行、列、工作簿、工作表、图表、数据透视表、文本框、单元格注释框、形状等。
- 对象的属性类似形容词，用于描述对象的多个特征，例如书籍的属性包括作者、标题、页数、重量等，而 Excel 单元格的属性包括数值或格式类型等。
- 对象的方法类似动词，例如一本书可以被打开、被合上、被阅读、被放在书架上、被买卖等。
- 对象的事件类似方法，但是由系统触发的，例如打开工作簿时，工作表中的值会更改等。

当然，这些对象、属性、方法和事件是 VBA 中特有的（并不具备自然语言的扩展性和复杂性），作为由计算机执行的一组指令，VBA 的语法比自然语言更加简洁和精确，例如，如果要表达"您介意帮忙洗个碗吗？"，用代码表达就是"碗.洗"。此外，虽然在自

然语言中，我们可以从具体语境中推断出该句指的碗是什么碗（是我们家的脏碗，而不是邻居家里干净的碗），但从计算机的角度考虑时，语境中的各种要素有无穷多种可能的组合，因此合格的代码应该清晰地定义语境中的每一个要素，以免混淆。

与自然语言一样，对象的属性可能还会产生另一个对象，例如计算机的"屏幕属性"也是一个对象（即屏幕）。类似地，在 VBA 中 Range("A2:B5").Rows 指的是该区域的行对象（即第 2、3、4、5 行），而语句 Range("A2:B5").Rows.Count 通过调用该对象的 Count 属性来返回指定范围内的行数（即 4 行），其他与区域对象相关的方法包括 Activate、ClearContents、ClearFormats、Copy、PasteSpecial 和 Select。

注意，有一个特殊的顶层对象是 Application，它代表当前整个 Excel 应用程序。

29.2.2 对象层次结构和集合

在 VBA 中，对象可以存在于集合中，也可以存在于层次结构中，集合的示例包括：

- Workbooks 是所有活动工作簿的集合。
- Worksheets 是指定或活动工作簿中的所有工作表的集合〔工作页（Sheets）对象包括工作表本身（worksheets）和图表（chart sheets）〕。
- ChartObjects 是指定或活动工作表中的图表的集合，此处的图表（Charts）是指定或活动工作簿中的图表页的集合，而不是图表的集合。
- Names 是指定或活动工作簿中的命名区域的集合。
- PivotTables 是指定或活动工作表中所有数据透视表的集合。
- WorksheetFunction 是一个顶层对象，其属性是单个 Excel 函数。

这些集合构成对象的层次结构，所以工作表也属于工作簿的对象：

- Workbooks("Model.xlsm").Worksheets("Data1") 指的是工作簿 Model.xlsm 中指定的工作表 Data 1。
- Workbooks("Model.xlsm").Worksheets.Add 用于向工作簿添加新的工作表。

注意，在操作 VBA 时，如果需要调用对象集合包含的次级对象或属性或方法，在集合后输入"."即可，而且使用集合可以方便地执行一些可能会比较复杂或耗时的操作（请参阅后文的示例）。

29.2.3 使用 Set…=…

在使用 Excel 对象时，Set 语句非常重要。例如在最后一章中，我们会用到以下基本代码：

i = Range("C2")
j = Range("C3").Value

我们可以很清楚地看到，两者中前者含义非常模糊，变量 i 在代码中的目的原本是获取一个数值，而 C2 是一个除了数值外还包含其他属性的单元格，比如：值、字体大小、颜色、其他格式化属性等，所以第一行代码最终结果是将一个多属性对象分配给了单个变量，本质上和第二行代码不同，但用户可能很诧异为什么系统不会报错，代码还是可以执行的，这是因为数值是区域对象或单元格对象的默认属性。第二行代码更清晰，因为它明确地调用了区域属性中的数值这一属性，并且只将数值赋值于变量 j。

Set 语句不仅可以用来避免这种歧义，而且在实践中也是有必要的，特别是当"="语句的左边是一个对象时，例如：

Set DataRange = Range("A1:A100")

Set Rng = ActiveSheet.UsedRange

一个常见的错误是赋值语句未包含 Set 关键词，这会返回错误信息，比如运行代码时会出现 Object variable not set (Error 91)。

29.2.4 使用 With...End With 结构

With...End With 结构用于指向一个对象，并用简洁的语法对该对象执行多个操作，代码如下：

```
With Range("A1").Font
    .Name = "Calibri"
    .Size = 10
    .Color = -16776961
End With
```

我们可以将该结构嵌入其他结构，例如：

```
With Application.ThisWorkbook
   With Range("A1")
      With .Font
         .Name = "Calibri"
         .Size = 10
         .Color = -16776961
      End With
   End With
End With
```

这种结构在实践中的主要用途：

- 在编写需要对同一对象做一系列操作的代码时提高效率。

- 如果代码需要实现全路径引用，不会显得非常臃肿。
- 通过强调当前正在操作的对象，使代码更加易读。

29.2.5 其他选择区域和对象的方法

通常，录制宏产生的代码会包含选择（或激活）单元格、区域或对象这一步骤，但实际操作中一般不需要这种选择过程，而且省略选择过程的代码的计算效率会更高，运行速度也更快（一般情况下是这样，但也有例外），但在某些情况下，例如使用图表或数据透视表时，执行对象的操作还是需要先激活对象，不过在那之前需要先测试一下这样的激活过程是否是必需的。

例如，以下是清除区域 A1:E8 所录制下来的代码：

Range("A1:E8").Select
   Selection.ClearContents

等价的代码为：

Range("A1:E8").ClearContents

其中语句 Selection 是工作表特有的，是一个 VBA 关键词，用于表示当前在该工作表中选中的区域。

类似地，我们也可以直接在对象后加上操作语句（而不是先选择，再用 Selection 调用），比如 xlCellTypeLastCell、CurrentRegion 或 UsedRange（将在后文中讨论）等，相同的操作下，这样的代码比录制的代码（如快捷键 "Ctrl + Shift + RightArrow"）要更高效，如果是录制的代码，大致如下：

Range(Selection, Selection.End(xlDown)).Select
Range(Selection, Selection.End(xlToRight)).Select

29.3 区域对象的操作：核心要素

本节重点讨论区域（区域对象）的操作要点。

29.3.1 基本语法和命名区域

引用 Excel 区域对象的方法有很多：

- Range("B2") 指向单个单元格。
- Range("B2:C10") 指向由单元格 B2 到单元格 C10 组成的区域。
- Range("B2", "C10") 也可以指向由单元格 B2 到单元格 C10 组成的区域。

29.3.2 已命名区域和已命名变量

如上文所述，在 VBA 代码中，最好统一使用已命名区域，而不是直接引用单元格地址，如果工作表结构发生变化，比如新添加行或列，前者这种用法会更透明，更稳健。

在给区域命名时，需要考虑以下情形：

- 在建模或编写 VBA 代码时，如果区域的规模和位置是固定的，那么用户可以在名称管理器中为其定义名称，以这种方式定义的区域在代码中需要使用引号才能调用，如 Range("PriceInput") 或 Range("NumberofTimestoRunLoop") 等，而在检查代码时，可以使用 Excel 名称管理器或 VBA 的立即窗口（immediate window）（参见后文）来找出哪些区域是通过名称引用的。
- 如果区域的规模或位置只有在运行代码的过程中才能确定，则将定义名称这一步放在 VBA 代码中，例如 Set dRange = ……

我们可以将 SET 语句的右边设为只能在运行中确定属性的区域（如大小，可以使用 CurrentRegion、UsedRange 等语句），而左边设置一个对应该区域对象变量，SET 语句设置完成后，就可以在代码中直接通过变量名（非引号格式）引用这种区域，例如：

NRows = dRange.Rows.Count

- 用户还可以使用 Add 方法来实现命名（固定和可变规模的区域均可），例如要给 Sheet1 的区域 A1:B100 的命名时，用户可以使用：

Names.Add Name:="DataRange", RefersTo:=""=Sheet1!a1:$B$100"

但在操作前，用户需要确保该名称还未被占用（例如，我们可以在每次添加一个新名称时，都为其再创建一个用于定位且自动递增的索引号），所以这种方法远不如其他方法来得有用和方便。

29.3.3 当前区域属性

单元格或区域的当前区域（CurrentRegion）属性指向与该区域的所有单元格都相邻的单元格所能构成的最大的二维区域。也就是说，假设从区域内的任意单元格开始，将凡是与之上下左右（不包含对角线方向）相邻的非空单元格都涂上颜色，然后以每个相邻单元格为新的出发点继续向其上下左右的非空单元格扩散，直到无法包含新的非空单元格为止，最终与所有被涂上颜色的单元格外接的最小矩形区域（被空行或空列包围，或受 Excel 的最大行或最大列的限制）。

如果用户不清楚语法，可以录制宏来查看语句，有如下两种方法：

- F5 键 / 定位条件 / 选择 / 当前区域
- 快捷键 "Ctrl + *"（即 "Ctrl + Shift + 8"）

再次注意到录制过程一般会产生选择区域的代码：

Selection.CurrentRegion.Select

但通常情况下，绕过选择过程，直接调用 CurrentRegion 对象的属性或方法等会更高效。

29.3.4 xlCellTypeLastCell 属性

用户可以使用以下两种方法来定位到最近使用过的包含数据或格式的单元格：
- F5 / 定位条件 / 选择 / 最后一个单元格
- 快捷键"Ctrl + End"

同样，录制出来的宏一般也包含选择最近一个改动过的单元格的语句，例如：

```
Sub Macro4()
    Range("A1").Select
    Selection.SpecialCells(xlCellTypeLastCell).Select
End Sub
```

实践中，用户可能需要在不知道具体地址的情况下获取最近一个改动过的单元格，其代码如下：

```
With Range("A1")
    Set lcell = .SpecialCells(xlCellTypeLastCell)
End With
```

然后开展后续操作，如：

```
NRows = lcell.CurrentRegion.Rows.Count
```

因此理论上，假设工作表上的所有数据在结构上都位于一个连续的区域内，那么如下代码就会得到一个包含所有数据（包括标题）的对象：

```
With Range ("A1")
    Set dRange=.SpecialCells(xlCellTypeLastCell).CurrentRegion
End With
```

值得注意的是，如果在操作中更改了单元格的格式或内容，则最近使用的单元格可能为空值（例如单元格的值被插入后又被删除），因此，使用此方法识别数据区域时，可能需要注意类似的这种操作是否也包含在了代码中，如果包含，需要适当调整代码。

29.3.5 工作表名称和代码名称

有时候，用户需要在代码运行期间确定引用的是哪个工作表（或者哪个工作簿），例如，Range("A1") 之类的语句没有明确说明该区域是在哪个工作表上，工作表的引用方法如下：
- 使用模型构建器给出的名称（或使用默认值，如表 Sheet 1 等），代码如下：

```
With Worksheets("Sheet1")
...
End With
```

- 在代码中命名工作表。在 VBE 窗口中，可以这样给工作表命名：在工程窗口中先选择工作表，然后在属性窗口中更改名称，此代码中的名称可能与 Excel 名称不同，因此使用代码中的名称意味着即使在 Excel 中更改了工作表名称，代码仍是可用的：

```
With DataSheet
...
End With
```

29.3.6 UsedRange 属性

UsedRange 是工作表的一个属性，该属性用于给出"已使用"的区域（包括已以某种形式使用过的空白行和列，包括添加之后又删除的行或列）。

调用该属性要求先指定工作表，例如，当指定的工作表表名为 Excel 的表名时：

```
With Worksheets("Sheet1")
Set dRange = .UsedRange
End With
```

若指定的工作表表名是在代码中命名的：

```
With DataSheet
Set dRange = .UsedRange
End With
```

对 UsedRange 执行选择操作的代码如下：

```
With DataSheet
.UsedRange.Select
End With
```

该属性类似 xlCellTypeLastCell 属性，但 UsedRange 的优点是指向的区域可以是非连续的，非矩形的。

请注意，有些实践中可能也需要的区域属性在 VBA 却中不存在（如 CurrentRange、ActiveRegion 或 ActiveRange）。

29.3.7 Cells 属性

Cells 属性用于返回指定行号和列号指向的单元格，或相对一个区域的起点的，平移指定个单位后所指向的单元格，该属性有着非常广泛的应用范围，比如对工作表中的所有单元格进行操作，例如：

With Worksheets("Sheet1").Cells

.ClearContents

End With

或：

With Worksheets("Sheet1").Cells

　With.Font

　　.Name = "CourierNew"

　　.Size = 10

　End With

End With

- 若以整个工作表最左上角单元格为起点，平移指定个单位后指向的单元格需要进行操作，比如在单元格 C5 中放置数值 400，即工作表的第 5 行和第 3 列：

With Worksheets("Sheet1").Cells(5, 3)

.Value=400

End With

- 若以某个区域最左上角单元格为起点，平移指定个单位后指向的单元格需要进行操作，比如要将数值 500 放入从单元格 B2 开始数的向下第 5 行向右第 3 列所在的单元格（即单元格 D6），代码如下：

With Worksheets("Sheet1").Range("B2").Cells(5, 3)

.Value=500

End With

注意，下面的语句引用的是单元格 C7，即从单元格 A3 开始向下数第 5 行向右数第 3 列所在的单元格：

Worksheets("Sheet1").Range("A3:B10").Cells(5, 3)

- 若要引用的是工作表中的区域，例如 A1:C5：

With Worksheets("Sheet1")

Range(.Cells(1, 1), .Cells(5, 3)).Value=800

End With

- 若要引用的是工作表中的 UsedRange，并查找其中的第一个单元格：

With Worksheets("Sheet1").UsedRange

Set dstart = .Cells(1, 1)

End With

Cells 方法的输入参数还可以是工作表中单元格的绝对位置，或以某个单元格为起点的相对位置（从左到右，然后从上到下），例如 Cells(1), Cells(2)，很特别的一个应用是，Cells 可以用于查找区域的起点，即给出 Cells(1) 的位置。然而，在该属性的一般应用中会存在缺乏兼容性和出错的风险，因为如果源代码是在 Excel 2003 中编写的（共有 256 列），那么 Cells(257) 就会返回 A2，而在 Excel 2007 中返回的则是单元格 IW1。

29.3.8 Offset 属性

区域的 Offset 属性在概念上类似于 Excel 的 OFFSET 函数，但也有以下区别：

- Offset 属性是一个区域的属性，而不是一个函数
- Offset 属性的引用区域在该属性的外部（不像函数，引用区域属于参数）
- Offset 属性不像函数，没有可选的高度和宽度参数

使用实例包括：

- Range("A1").Offset(2, 0) 指向单元格 A3，即从单元格 A1 开始向下移动两行，向右移动零列。
- Range("A1:B5").Offset(1,2) 指向区域 C2:D6，即从区域的第一个单元格开始向下移动一行，向右移动两列。

很大程度上，Offset 是 Cells 的一个替代属性，因此是可以替代使用的，在许多情况下，Offset 比 Cells 更直观（就像使用 Excel 函数时，OFFSET 函数往往比 INDEX 函数更直观），但在 Excel 中，OFFSET 函数的稳定性较差（见第 5 章和第 26 章），若非迫不得已，否则尽量避免使用 OFFSET 函数，但在 VBA 中不存在这样的限制，因此使用 Offset 还是 Cells 通常只是用户个人偏好（作者习惯使用 Offset）。

29.3.9 Union 方法

Union 方法用于将几个区域连接起来，例如，Union(Range("B2"), Range("C10")) 指向的是单元格 B2 和单元格 C10，而 Range("B2", "C10") 则指向 B2:C10 整个区域。

以下代码用于设置非连续范围中的值和字体格式：

```
Set uRange = Union(Range("A1"), Range("B7"), Range("C5"))
With uRange
 .Value = 500
 With .Font
    .Name = "Arial"
    .Size = 18
 End With
End With
```

29.3.10 输入框和信息框

InputBox 和 MsgBox 可以为用户实现与系统的简单交互,包括获取代码中的简单数字(例如控制需要运行哪个场景的代号,或仿真模型中重新计算的循环次数)。在下面的代码中,第一个输入框只用于提供一条消息,但不存储用户的输入,而第二个输入框会将用户的输入储存到变量 x 中,并且在消息框中显示其存储值:

```
Sub MRTakeInput1()
InputBox "Type a Number"
x = InputBox("Sorry, retype it")
MsgBox x
End Sub
```

29.3.11 Application.InputBox

在许多应用程序中,有时候需要输入的是单元格引用(而不仅仅是一个数字),例如,用户希望定位到数据集的第一个单元格,那么代码就可以获取与该单元格相邻的全部数据(并将其重新定义供后续操作),在这种情况下,输入的单元格引用会被视为一个对象变量,因此需要 Set 语句,并通过对 Type 参数的设定(令 Type=8)来表明提供的输入参数类型是单元格引用,而非其他类型:

```
Set dInputCell = Application.InputBox("Select Any Cell within Data Range", Type:=8)
```

然后就可以将数据区域定义为(例如)该输入单元格所在的当前区域:

```
Set dFullRange = dInputCell.CurrentRegion
```

接着就可以调用 Cells 属性找到该区域的第一个单元格:

```
Set dStartCell = dFullRange.Cells(1,1)
```

29.3.12 定义多单元格区域

在有些情况下,处理多个单元格区域比处理单个单元格的效率要更高(即代码运行得更快),例如,要在区域 A1:C5 内的所有单元格中填充同一个值,可以使用如下代码:

```
With Worksheets("Sheet1")
Set dRange1=Range(.Cells(1, 1), .Cells(5, 3))
dRange1.value=100
End With
```

同样,若要在区域 A12:C16 内的所有单元格都填充同一个值,可以使用如下代码:

```
With Worksheets("Sheet1").Range("A12")
Set DRange1 = Range(.Offset(0, 0), .Offset(4, 2))
dRange1.Value = 200
End With
```

29.3.13 使用 Target 响应工作表事件

Target 是 VBA 中的一个保留字段，用来指向用户最近一次做过人为更改（不包括 Excel 的重新计算）的区域，可用于对工作表中发生指定事件后做出响应（比如运行宏）。包含 Target 的代码必须被放在工作表所在的代码模块中，使得用户能够检测到指定模块中（而不是在通用的代码模块中）发生的更改，然后使用 WorkSheet_Change 子程序来控制在工作表事件发生后触发指定代码的运行。

例如，以下代码用于工作表中每个被更改过（包括鼠标点击选中）的单元格（如数据、公式或文本的输入）都会以绿色背景和 14 号字体大小显示。

```
Sub Worksheet_Change(ByVal Target As Range)
    With Target.Font
        .ColorIndex = 10
        .Size = 14
        End With
End Sub
```

类似地，下面的代码用于在双击某个单元格后，该单元格所在的整行和整列都被选中（见图 29.1）：

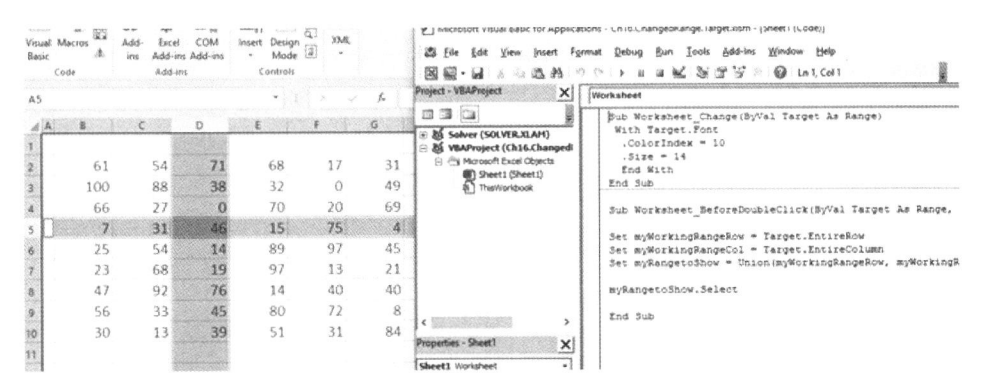

图29.1 选中单元格所在的整行和整列

```
Sub Worksheet_BeforeDoubleClick(ByVal Target As Range, Cancel As Boolean)

Set myWorkingRangeRow = Target.EntireRow
```

```
Set myWorkingRangeCol = Target.EntireColumn
Set myRangetoShow = Union(myWorkingRangeRow, myWorkingRangeCol)

myRangetoShow.Select

End Sub
```

29.3.14 使用 Target 响应工作簿事件

为了检测工作簿中发生的任何更改，并对此进行响应，可以使用 Workbook_SheetChange 子程序，该子程序必须放在 ThisWorkbook 模块中，例如：

```
Sub Workbook_SheetChange(ByVal Sh As Object, ByVal Target As Range)
  str = "You just changed cell " & Target.Address & " of " & Sh.Name & " to " & Target.Value
  MsgBox str
End Sub
```

第30章 运行控制

30.1 介绍

本章讨论如何定义及控制代码的运行，需要遵循的步骤，以及其中涉及的核心要点，本章主要介绍一系列的核心语法和命令，并提供一些具体示例。

30.2 核心主题

30.2.1 输入框和消息框

在上一章中，我们提到了 InputBox、MsgBox 和 Application.InputBox 的使用，因此本章不再详细讨论，但要注意的是，一旦使用这些工具，代码的运行就会暂停，直到用户提供反馈后才会继续，如果用户希望代码不被干预，自动运行下去，这些工具或函数显然不适用。

30.2.2 For...Next 循环

语法为 For...Next 的循环是将计算相关的重复操作自动化的最基本，也是最重要的方法，核心语法通常如下：

For i = 1 To 1000

...Code to be executed(that involves i)

Next i

或者是：

For i = 1 To Range("NLoops")

...Code to be executed(that involves i)

Next i

该语法会创建一个循环过程，其中的索引变量 i 从 1 开始，并在每次循环后以 1 为默认步长进行递增（即索引变量按照序列 1、2、……主键递增）。

需要注意的一些点是：

- Next 语句用于定义在哪里开始重复循环，而不是跳出循环，直接运行循环体后的代码。

- Next 语句后的 i 是可以省略的，但加上 i 会使得代码更易读，不易出错，尤其是存在多个循环或嵌套循环的情形下，最好不要省略 i。
- 循环体内的计算结果在某种程度上（几乎）完全依赖于循环变量 i 的值。
- 循环变量（此处假设为 i）可以设定为任何（有效命名且非关键词）名称，当然，我们推荐的常用方法是，使用的变量名称能使得变量的含义一目了然，例如 i 或 iCount 通常代表整数（其他的如 j、k、l、m 和 n），而 x、y、z 通常代表可以取任何值的连续变量。

在某些情况下，循环的步长可能大于 1，例如：

- For i = 1 to 1000 Step 2 代表循环 i 的取值为 1、3、5、7、⋯、999。
- For i = 1000 To 1 Step -1 代表循环 i 的取值为 1000、999、998、⋯1。

30.2.3 For Each...In...Next

形如 For Each...In...Next 的循环，可以通过遍历对象集合（而不是像 For...Next 循环中的那样遍历的是一组整数，或结构化下标集合）中的元素，实现重复操作的自动化，其典型的语法是：

For Each mySheet in Worksheets

...Code to be executed(that involves mySheet)

Next mySheet

请注意，上面的名称 mySheet 只是一个循环变量，在循环中一般都会在该变量后调用一个表示某种操作的对象（例如 mySheet.Delete），重申一下，循环变量的名称可以是任意的，只要是有效的变量名即可，例如没有空格，也没有关键词，但从代码的可读性来说，根据场景设置变量名使得其含义一目了然显然会大大提升代码的可维护性。

该类循环的应用场景包括：

- 删除工作簿中指定的工作表（例如指定表名或表名开头为指定字符的工作表）
- 为工作簿中所有图表对象（ChartObjects）重新设定格式
- 为工作簿中所有工作表命名

值得注意的还有，在对象集合中的操作顺序都是按照每个对象在集合中隐含的顺序处理的，该顺序对建模人员或用户来说可能根本就不会被注意到，就像 For...Next 循环中一样，默认按照循环变量从小到大，步长为 1 进行循环，例如：

For Each nm in Names

MyStrName = Range(nm).Name.Name

Next nm

以上代码用于提取工作簿中所有命名区域的名称，其中可见，代码中需要调用两次 Name，由于 Names 用于调用命名区域的集合，而 Names.Name 用于调用名称对象（该对象具有也包括自己的名称在内的多个属性），因此 Names.Name.Name 的结果就是调用的名称。

30.2.4 If...Then

If...Then 语句简单易懂，用于根据不同的条件执行不同的操作，其最简单的形式如下：

```
If ConditionTest Then
    ... first possible set of instructions
Else
    ... second set of instructions
End If
```

在某些情形下，我们只需要在满足条件时才执行指定操作，不满足则不需要，此时可以考虑省略 Else 语句。但即便不满足条件也指定一个操作的话，会提高代码的可读性，所以还是建议加上 Else 语句，而且 Else 语句后最好再加上一句简单的注释。

如果需要判断多个条件，可以依次使用 ElseIf 语句，最后再单独加上 Else 语句：

```
If ConditionTest-1 Then
    ... first possible set of instructions
ElseIf ConditionTest-2 Then
    ... second possible set of instructions
ElseIf ConditionTest-n Then
    ... nth possible set of instructions
Else
    ... final possible set of instructions
End If
```

30.2.5 Select Case...End Select

该语句可以根据给定的条件来确定执行一组操作中的某个操作，某种意义上来说，它也能起到 If...Then 语句的作用，在某些情形下甚至更方便（例如在运行多个场景时），原因很简单，如果要实现"根据不同的情况指定不同的操作"这样的功能，该语句看上去比 If...Then 要更清晰，语法如下：

```
ScNo = InputBox("Enter Scenario Number")
```

```
Select Case ScNo
Case 1 To 3
... Apply the relevant operation (e.g. lookup function based on ScNo)
Case 4, 5
... Apply the relevant operation (e.g. lookup function based on ScNo)
Case 6 To 10
... Apply the relevant operation (e.g. lookup function based on ScNo)
Case Else
MsgBox "INVALID CASE NUMBER: RERUN AND CHECK YOUR ENTRY"
End Select
```

30.2.6 GoTo

Goto 语句也可以用于根据不同条件的判断结果指派不同的后续操作或其他分流方式（类似 If...Then 和 Case），或者配合使用 On Error 来返回不同的错误消息（参阅后文）。

在下面的示例中，如果用户通过 InputBox 输入的值不在设定的场景编号中，则代码跳转到 Case Else 语句中，然后通过 Goto 命令回到 SelectCase 语句要求用户重新输入场景编号。

```
TrySelectCaseAgain:
ScNo = InputBox("Enter Scenario Number")
Select Case ScNo
Case 1 To 3
'...Apply the relevant operation(e.g. lookup function based on ScNo)
Case 4, 5
'...Apply the relevant operation(e.g. lookup function based on ScNo)
Case 6 To 10
'...Apply the relevant operation(e.g. lookup function based on ScNo)
Case Else
    GoTo TrySelectCaseAgain
End Select
```

我们可以发现，GoTo 语句的核心语法就是在 GoTo 后加上代码需要返回的行号或行标签（标签可以是任意名称，只要有效即可），而行标签用于代表某个对应的操作，标签与操作之间用冒号连接，如果不添加冒号，代码将视之为一个不指定任何操作的变量，因而报错。

30.2.7 Do...While 与 Until...Loop

如果用户希望无限次地重复执行某段代码，直到满足相应的条件，那么应该考虑用 Do...Loop 循环，需要注意的是：

- 该语句通常与 While 语句或 Until 语句（但不能两者同时）一起使用，前者会在判断满足条件后继续循环，而后者会一直循环，直到第一次满足条件为止。
- While（或 Until）条件判断语句可以在循环的开头或结尾使用，取决于用户是否需要执行至少一次循环操作，也就是说，While 有两种写法（Until 也是）：

Do While ConditionToCheck

. . . Operation to run . . . .

Loop

和：

Do

. . . Operation to run . . .

Loop While ConditionToCheck

另一个类似的结构是 When...Wend 结构（一般认为该结构没有其他循环结构灵活和清晰）：

While ConditionToCheck. . . Operation to run . . . .

Wend

该结构的一个重要示例是求解循环引用，在第 10 章已经讨论过。

注意，在使用这种循环结构时（包括上一个使用 GoTo 语句纠正错误的输入参数的例子中），不指定循环次数的话，代码有可能永远不满足条件而无限循环下去，所以使用这类循环最好配合使用一个用于记录循环次数的循环变量，每循环一次，该循环变量都会以固定步长递增，如果循环超过指定次数则退出循环（在适当的位置添加 Exit Sub 语句）。

30.2.8 计算结果与计算过程

下面我们关注 VBA 代码的运行与重新计算（以下简称重算）模式之间的关系，其中有两个主要的注意点：

- 需要确保代码的运行结果给出的是正确的数值，如果代码在编写或录制的时候，Excel 的计算选项（文件 / 选项 / 公式）是自动模式，那么代码很可能就会默认基于或依赖于该模式，如果改成手动模式，那么与代码没有直接关系的单元格中的数值就不会自动重算，因此结果很可能是错误的。下面的设置可能有助于减少这种情况的发生（需要在整个计算过程中对重新计算模式加以特别的关注）：
- 在代码录制前将 Excel 的计算模式设置为手动模式
- 将设置为手动模式作为录制的第一步
- 在手动模式下编写和（或）测试宏

- 为了提高计算效率，尽可能只进行必要的计算，这一点很重要，代码在执行的同时，如果工作簿也正在进行重算显然会增加计算时间，因此理想情况下，应该只在必要情况下才触发重算，但一般也很难确定是否需要重算，其原因可能是，当 Excel 被设置为自动重算时，用户可能本来就不希望执行一些会触发重算的操作（例如输入新数据、删除或插入一行、重命名工作表、隐藏或取消隐藏行、某些筛选操作、创建或修改命名区域等）。此外，理论上宏在运行时可能只需要更新模型指定部分的数据，例如，某些部分可能只需要在某个宏（或一系列宏）开始运行前或运行结束后才进行重算，而其他部分的计算只在循环内部进行。

工作簿的重算模式也可以在代码中设置，例如放在代码运行开始或结束时，基本语法如下（用户也可以通过录制计算选项的设置过程来得到）：

- Application.Calculation = xlManual 用于设置为手动重算
- Application.Calculation = xlSemiautomatic 用于设置除数据表外区域的自动重算
- Application.Calculation = xlAutomatic 用于设置包括数据表在内的区域的自动重算
- Application.Iteration = TRUE 使用迭代方法来求解循环引用

如前文所述，许多情况下，创建宏之前最好先将工作簿设置为手动重算模式，然后后续只在必要的情况下才启动重算，但另一方面，这样也可能会遗漏一些必要的，甚至还有后续依赖计算过程的重算步骤。

如果用户希望在代码运行时对计算过程有所控制，方法主要有：

- 用 Calculate 或 Application.Calculate（快捷键 F9 录制）来调用 Excel 的"智能"重算引擎，该引擎只计算从上一次重算到现在为止被更改过的单元格、易失性函数和条件格式，以及基于其他数据的单元格，或者被特意标记为需要重算的单元格〔有时被称为"脏（dirty）"单元格〕，简而言之，Calculate 或 Application.Calculate 用于计算所有打开的工作簿中具有上述特征的单元格，如果工作簿设置了"除模拟运算表外自动重算（xlSemiautomatic）"，Excel 还会根据用户指令更新数据表。
- Application.CalculateFull（快捷键"Ctrl + Alt + F9"）用于将打开的工作簿（及其中的数据表）中的所有公式强制进行重新计算。
- Application.CalculateFullRebuild（快捷键"Shift + Ctrl + Alt + F9"）用于将打开的工作簿中所有单元格进行重算，并重建所有依赖关系（类似重新输入所有公式）。

在使用方法上，一般只需要在代码中的适当位置（例如在引入或生成新数据的代码前后）加上一句 Application.Calculate 即可，这是一种可以实现快速重算的方法，因为在大多数情况下，模型中只有一部分数据或公式在计算过程中会发生变化，如果模型需要更深层的构建（例如完全重建，或者包含循环引用），那么"Calculate"一词还会显示在 Excel 的状态栏中。

关于运行过程中重新计算的设置和运行效率的提高，还需注意以下几点：

- 如果不确定是否需要重新计算，则在尽可能多而不是少的地方设置重算。
- 只有对代码进行大的改动才能实质上提高计算效率，而且指望优化到不能再优化的状态也不太现实。如果计算效率是代码最值得关注或要求最严格的方面，那么用户可能还需要到 VBA 环境之外的系统里考虑如何大幅度提升效率，比如通过已经编译好的文件运行该部分，而不是边运行边编译（VBA 本身就是这个机制）。
- 模型结构和代码的底层设计会对代码的运行时间产生很大的影响，例如：
  - 查找函数（如 VLOOKUP 函数）或易失性函数（如 OFFSET 函数和 INDIRECT 函数）若使用不当，会显著降低模型的速度。
  - 在 VBA 代码中，"复制/粘贴"，以及其他常规的选择对象的操作效率远远低于赋值语句，以及其他跳过选择步骤直接作用到对象上的操作。
  - 相比 Excel 单元格或区域，用 VBA 数组来存储数据（请参阅后文）或作为进行中间计算的载体，更能优化代码的运行效率，该操作可以使用户更清楚地了解 Excel 何时进行重新计算，或是否需要重新计算。Excel 不会在只涉及数组的操作中重新计算，相比之下，如果在区域上做同样的操作，那么区域内的数据一旦发生任何改动都会触发重新计算。
  - 理论上我们在构建模型时，就可以确定哪些部分需要重新计算，所以虽然很多情况下模型的细微改动会对计算结果带来一定的影响，但为了大幅度提升计算效率，我们也应该在使用中只在必要时才启动对应部分的重新计算。

为了确保代码运行时，指定工作表的自动计算功能是关闭的，可以使用如下语句：

With AnalysisSheet
    .EnableCalculation = False
End With

但在代码结束后需要再重新开启自动计算功能：

With AnalysisSheet
    .EnableCalculation = TRUE
    .Calculate

End With

也就是说，第一段代码应该置于整个代码的起始位置，第二段置于整个代码的末尾处。

同样，区域的计算可以使用 Range.Calculate 实现，即：

- Application.Calculate 可以计算所有打开的工作簿
- Worksheets("Sheet1").Calculate 只计算指定的工作表
- Worksheets("Sheet1").Rows(2).Calculate 只计算指定区域（指定行）

但不包括区域外的依赖单元格和包含易失性函数的单元格。

30.2.9 界面刷新

提高代码执行速度（一般能提高 30%）的另一个简单方法，是在代码运行时关闭 Excel 界面的实时刷新功能，操作上只需要在代码开始位置插入语句：

Application.ScreenUpdating = False

以及在代码结束位置插入：

Application.ScreenUpdating = TRUE

虽然该实时刷新功能使用户看清代码每一步的运行结果以及进度，也有助于调试或发现问题，但是一旦关闭该功能，这些好处也就荡然无存，所以当代码测试完毕，或已经到了开发后期，或已经对该模型完全掌握后再启用该功能可能更合适。

30.2.10 测量运行时间

理论上，代码的运行时间可以用 VBA Timer 函数来记录，该函数以秒为单位来统计，Timer 函数没有输入参数，因此括号可以省略或设为空，代码如下：

Starttime = Timer()

　　... Conduct calculations or operations

Endtime = Timer()

RunTime = Endtime – Starttime

不过需要注意的是：

- Timer 函数记录的时间从凌晨 00:00 开始，因此如果代码运行时间超过 24 小时，则该函数会给出错误的结果，此时用户可以用更通用的 Time 函数来代替，但 Time 函数提供的当前系统时间以天为单位，因此需要通过乘法转换为秒单位才可以替代 Timer 函数。
- 如果代码运行同时还有其他应用程序（例如病毒检查）或后台进程在运行，那么就会影响运行时间。然而在实践中，我们很难确定每个程序或进程对总体延时的贡献大小，所以需要通过多次测试后，大致了解关闭哪些应用程序会提升总体效率，就可以判断是否需要手动强制关闭影响较大的那几个应用程序。
- 在逐步调试代码的模式下，该函数给出的时间是整个调试过程的时间，而非代码一次性自动运行消耗的时间。

如果想在 Excel 的状态栏上显示整体运行时间，可以添加如下代码：

Application.StatusBar="RunTime" & Round(RunTime,2) & "Seconds"

30.2.11 显示警告消息

在某些情况下，为了代码能流畅地执行，需要关闭 Excel 中显示警告消息的功能，例如，如果用户试图删除工作表，通常 Excel 会跳出提示警告，删除操作不可逆，用户需要手动确认是否执行该指令，同样的操作如果在 VBA 中实现，同样会跳出警告消息。

关闭默认警告的代码如下：

Application.DisplayAlerts = False

不过通常情况下，这种警告消息是非常有帮助的，所以一旦由于某种特定原因在代码中禁用了显示警告消息，最好在该代码的末尾重新恢复该功能，代码如下：

Application.DisplayAlerts = TRUE

30.2.12 访问 Excel 工作表函数

VBA 有几个可以在代码中使用的内置函数。例如，Sqr 返回输入值的平方根（等价于 Excel 的 SQRT）函数，Log 给出的自然对数（等价于 Excel 的 LN）函数，Rnd 返回 0 到 1 之间的均匀分布的随机数（等价于 Excel 的 RAND 函数）。

内置函数有如下几个要点：
- 在代码编辑窗口中输入 VBA. 可以看到所有可用的 VBA 函数的列表，但相比 Excel 中的函数，该列表给出的数学计算方法非常有限，虽然文本操作类函数（如 Left、Mid、IsEmpty）与 Excel 中的文本类函数的数量差不多，但"VBA."中与 Excel 中的 SUM、MIN 和 MAX 函数对应的基本数学计算方法却几乎不存在（更具体的数学和金融函数的列表可以通过输入 VBA.Math. 和 VBA.Financial. 来访问）。
- 在代码窗口输入 WorksheetFunction. 可以看到 VBA 中所有可用的工作表函数，例如 WorkSheetFunction.Sum() 用于在 VBA 调用 Excel 中的 SUM 函数，我们也可以将工作表函数视为一个对象变量，这样就可以更高效地访问单个函数：

Set wsf=Application.WorksheetFunction

Set wsfSum=wsf.Sum

Set wsfCount=wsf.Count

...

- 那些与 Excel 中带"点"的函数对应的工作表函数，例如 Excel 2010 以后的多个统计函数，如要在 VBA 中访问这些函数，则需要使用下划线，比如 WorksheetFunction.StDev_S。
- 如果同样功能的 VBA 和 Excel 函数同时存在，比如 Sqr、Rnd、Log 等，则只能用 VBA 函数。

30.2.13 过程中的执行过程

当代码量很大时，就需要将代码根据各自的功能和结构切割成单独的过程（procedure），这就会用到同一模块、同一工作簿或其他工作簿中的子程序和函数。

在过程的使用中，需要注意每个过程的作用域是否合适，过程的作用域决定了哪些部分的哪些属性是可以被其他函数调用的，哪些只能是自己的成员才可以调用，子程序和函数的属性主要分以下两类：

- 共有属性（Public）。在通用模块中编辑时，具有共有属性的过程可以被任何其他过程调用，包括本工作簿内和其他项目内的过程。Public 是过程的默认作用域（但事件过程默认是 Private 的），所以大多数过程不需要专门将其定义为 Public 属性。
- 私有属性（Private）。如果将一个过程声明为 Private[例如 Private Sub NameofSub()]，意味着能调用该过程的仅局限于同一个模块中的其他过程，而其他模块或其他工作簿中的模块都不能调用。声明为 Private 的子程序不会显示在 Excel 的宏对话框中（其他不显示在对话框中的过程包括必要参数，以及包含加载项的过程），类似的，声明为 Private 的函数〔例如 Private MyFunction(arg1,arg2)〕也无法在 Excel 中访问，只能在 VBA 代码模块中调用。Option Private Module 语句可以放在整个模块的开头，使得模块中的所有过程都是私有属性的。

具有共有属性的子过程和函数也可以通过上述提到的方法在 Excel 工作簿中被调用，例如使用宏对话框或"公式 / 插入函数"等。

当执行的过程需要调用来自同一工作簿中的其他过程时，有以下几种方法：

- 可以通过以下方式运行 Public 子程序（同模块的 Private 子程序也可以）：
  - 输入 Run，然后在后面的引号中键入过程名称，再输入参数（不在括号中），例如 Run "SubName",arg1,arg2。
  - 使用 Call 语句，在括号中输入必要参数，例如 Call SubName(arg1, arg2)。如果省略括号，写成例如 SubName arg1, arg2，则可以省略 Call 语句，但我们更偏向使用 Call 语句，因为这么写会使得代码更易读，表明代码即将运行到另一个过程。
- 一般情况下我们更习惯于使用具有返回值的函数，但上述方式其实也适用于调用 Public 函数（或同模块的 Private 函数），所以只需要对上述方法稍加改进就可以应用到函数上：
- 使用变量来接收函数的返回值，例如 ValueToUse=MyFunction(arg1, arg2)。
- 输入 Run，然后将过程的名称和参数放在括号中，例如 ValueToUse=run ("MyFunction", arg1, arg2)。

当需要在另一个工作簿中执行 Public 过程（VBA 或 Excel 中）时，还可以通过以下方法引用过程：

- 在过程的名称前面加上工作簿的名称，并使用 Run，或指派一个接收返回值的变量，例如，运行 Book2.xlsm!SubName 或 x=Book2.xlsm!MyFunction(arg1, arg2)。
- 使用 VBE 中的"工具/引用"实现对第二个工作簿的引用，此时可以在不使用工作簿名称的情况下调用该过程，并且也不需要打开引用的工作簿。

在过程之间传递参数时，用户还需注意传递是基于 ByRef 方式还是 ByVal 方式，第 31 章会重点讨论这些内容。

30.2.14 访问加载项

在使用加载项（如规划求解）时，首先要在 VBE 中引用加载项，这可以通过"工具/引用"，在框中检查（勾选）目标加载项来实现，如果目标加载项不在列表里，则应先验证加载项是否已加载（使用 Excel 选项菜单中"选项/加载项/管理：下拉框选择 Excel 加载项，转到"，在弹出框里勾选目标加载项）。

30.3 实际应用

本节用简单的例子介绍如何构建一些常用的模块，后面的章节会讨论更高级的应用和更复杂的模型。

示例1：数值循环

我们经常需要将计算结果写入一个区域中的多个单元格，正如图 30.1 所展示的代码和运行结果，示例的目标是在 Excel 中两个相邻的列中输出整数 1 到 10 以及各自的平方，有几点需要注意：

- 从 Project 窗口可以看到，在工作簿中，工作表的名称是"30.1"，而代码中的名称名是"Sheet 1"，此代码名是为了引用工作表，而不是使用工作表"30.1"，因此如果更改了工作簿中的工作表名称，代码仍有效。
- With...End With 语句用于确保所有操作都只针对指定工作表的单元格 A1 执行的。

- 区域的 Offset 属性用于平移指定的行数和列数，循环下标 i 表示要平移的行数，列的平移下标已经固定为 0 或 1 了（Cells 属性可以代替 Offset 属性）。

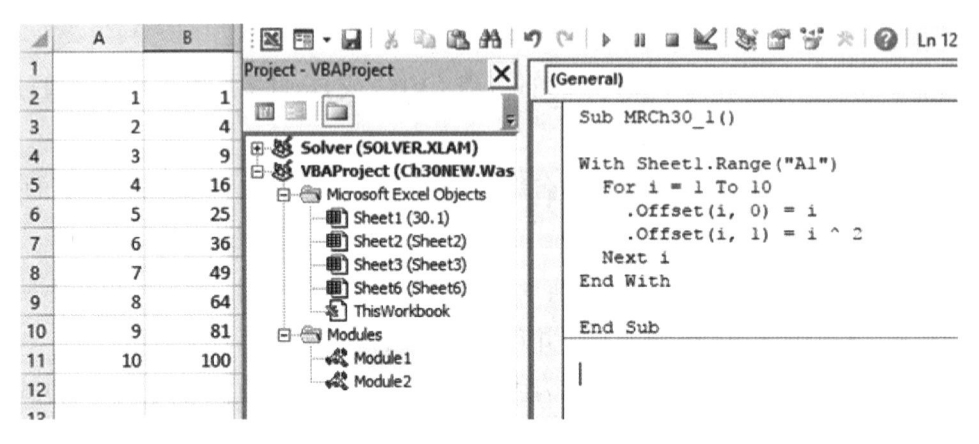

图30.1 For...Next循环的示例

示例2：列出工作簿中所有工作表的名称

以下代码可以获取工作簿中所有工作表的名称，需要注意的是：

- For Each...Next 的循环结构用于遍历工作簿中所有的工作表。
- iCount 变量为索引下标，用于在代码名称为 Sheet1 的工作表中，以单元格 D1 为起点，将所有工作表的名称向下逐行输出，索引下标每循环一次都会增加 1。

```
iCount = 0
For Each ws In Worksheets
    With Sheet1.Range("D1")
        .Offset(iCount, 0) = ws.Name
    End With
    iCount = iCount + 1
Next ws
```

语句 Workbooks.Item(3) 或更简单的 Workbooks(3) 可用于访问单个工作表，这类语句也可以用于访问区域的各个要素，例如 Range("DataSet")(i) 等价于 Range("DataSet").Cells(i, 1).Value。但在例如工作表对象的集合中，用户一般预先不知道集合中有多少元素，因此这种引用方式此时不太适用，除非先确定元素的数量：

```
With ThisWorkbook
    N = Worksheets.Count
End With
```

示例3：向工作簿中添加新工作表

Worksheets还可用于将工作表添加到活动工作簿中并命名。例如，如果需要新建一张工作表用于输出模型计算结果，则可以在宏的开头添加类似如下的语句：

```
Worksheets.Add.Name = "Results"
```

用户也可以一般化这个过程，这样就可以添加多个"Results"工作表，并根据工作簿中已有工作表的数量来命名：

```
With ThisWorkbook
    N = Worksheets.Count
    Worksheets.Add.Name = "Results" & N
End With
```

还可以将添加新工作表和命名这个过程拆开：

```
With ThisWorkbook
    N = Worksheets.Count
    Set Sheetnew = Worksheets.Add
    Sheetnew.Name = "Results" & N
End With
```

注意，上述代码在给"Results"工作表命名时，用到的数字取决于工作簿中工作表的数量，而不是"Results"工作表的数量（因此第一个"Results"表的名称可能是"Results 3"），如果需要根据"Results"表的数量来命名，可以考虑以下方式：例如，可以用0初始化一个计数变量（如上面示例中的iCount），每添加一张"Results"表就递增1，或者可以用一个For Each循环来遍历工作簿，并记录所有表名以"Results"开头的工作表的数量。具体的，对于每次循环，检查表名的前七个字母是否为"Results"，如果是，则计数变量（类似iCount变量）递增1。虽然前者的计算效率更高，但这两种方法一般都用得到，如果工作簿中已经包含了Results工作表，那么此时后面的方法可用于给出变量iCount的初始值，如果后续添加（或删除）新的Results工作表，该变量就能基于初始值逐步递增。

示例4：从工作簿中删除指定工作表

我们可以用VBA代码实现在不弹出警报消息（如前所述）的前提下删除工作表，而且可以只删除指定的而非全部工作表，以下代码用于删除表名以"Results"开头的所有工作表，代码中用到了VBA中的Left函数和Name属性来查找每个工作表名的前7个字符是否符合，以及UCase函数（相当于Excel的UPPER函数）来将字符转换为对应的大写字母，以确保不管表名是大写还是小写还是大小写混合，都能识别出关键词Results。

```
Application.DisplayAlerts = False
With ThisWorkbook
For Each ws In Worksheets
If UCase(Left(ws.Name, 7)) = "RESULTS" Then ws.Delete
Next ws
End With
Application.DisplayAlerts = True
```

示例5：刷新数据透视表、修改图表和处理其他对象集合

使用对象集合有助于高效地修改或操作其他类型的Excel对象，例如，工作表中的数据透视表列表（即数据透视表对象）可以使用下列语句获得：

```
Worksheets("NameofWorksheet").PivotTables
```

在此基础上还可以衍生出其他操作，例如：

```
NPvtTbls= Worksheets("SummarySheet").PivotTables.Count
```

如果需要刷新（一个或全部）数据透视表，最方便的做法是录制刷新的过程，以获得对应操作的基本语法，然后根据需要进行调整，具体代码如下所示：

```
For Each pt In ActiveSheet.PivotTables
    pt.RefreshTable
Next pt
```

如果只想刷新指定的数据透视表，代码如下：

```
For Each pt In ActiveSheet.PivotTables
  Select Case pt.Name
     Case "PivotTable1", "PivotTable3", "PivotTable6"
```

```
            pt.RefreshTable
        Case Else
            ' Do Nothing
        End Select
    Next pt
```

对于分布在多个工作表上的数据透视表，还可以通过循环遍历工作簿中的每个工作表，并刷新每个工作表中的数据透视表：

```
For Each ws In ActiveWorkbook.Worksheets
    For Each pt In ws.PivotTables
            pt.RefreshTable
    Next pt
Next ws
```

当然，类似的方法也适用于其他属性和方法都各不相同的对象，例如，以下代码可用于返回工作簿中所有命名区域，并显示区域名称和所在地址：

```
With ThisWorkbook
With Sheet1
icount = 0
For Each nm In Names
    With Range("A1")
        .Offset(icount, 0) = nm.Name
        .Offset(icount, 1) = nm.RefersToRange.Address
        icount = icount + 1
    End With
Next nm
End With
End With
```

在处理图表时，可以使用 ChartObjects 集合对所有图表执行操作（Charts 是图表工作表的集合，而不是图表的集合），例如，下面的代码用于遍历所有图表，并将图例移到底部（得到录制的代码后就可以用循环实现）：

```
For Each ws In Worksheets
  For Each co In ws.ChartObjects
```

```
        co.Activate
            With ActiveChart
                .SetElement(msoElementLegendBottom)
            End With
    Next co
    Next ws
```

需要注意的是,在代码中需要先激活图表才能操作。

类似地,我们可以使用 Comments 来删除工作簿中的所有注释。

第31章 编写稳健的代码

31.1 介绍

本章讨论如何编写稳健的代码,其中,稳健的定义如下:
- 在很多的类似场景下是通用并可重复使用的
- 透明简洁
- 计算效率合理
- 在发挥核心功能时不出错,并且对代码的局限性加以详细说明

31.2 核心主题

本章涵盖的主题有助于提升代码的稳健性。

31.2.1 从特殊功能拓展到通用功能

一般情况下,我们都是先写一个能实现特殊目的的简单代码,然后随着需要实现的功能越来越复杂,代码也逐渐扩展,灵活性越来越高,通用性好的代码如:

- 修改录制的代码使其能够适应更多的场景,而不是仅局限在录制当时的特殊情形或环境下。
- 一旦以某种方式修改了输入数据,代码仍然可以运行,例如,在数据大小、范围和位置都发生变化的情况下。
- 判断来自另一个数据源的时间序列数据中,日期是否按照升序或降序排列,而且代码能够针对排序方法自行进行调整。
- 添加纠错机制以及错误处理过程,例如,判断输入数据是否符合要求(如需要输入的是数值而不是文本)。
- 添加循环结构使得代码适应多次重复操作,而非单次特殊操作。
- 添加条件语句或用户自定义函数(因为这些语句无法通过录制获得)。
- 代码的输入值是用户在一定范围内随意指定的,而非固定的。

通用性高的代码只有经过多次测试后才能得到,并且编写时注意添加关于详细功能和局限性的说明(如用注释的方式说明)。

31.2.2 调整录制的代码提高稳健性

第 28 章中我们提到录制代码的主要目的是为了更方便地获得某些特别操作的正确语法，所以即便录制后的大部分非核心代码最后是用不到的，而且核心代码也是需要进行调整的（例如，使用命名区域代替单元引用、添加循环或条件语句、使用赋值而不是复制粘贴操作等），该方法也是比较理想的。

31.2.3 事件代码

如前面章节所述，将代码放在正确的模块中很重要。事件驱动的代码最好只放在工作簿和工作表的模块中，而其他普通的代码应该放在其他模块中。

31.2.4 注释和缩进文本

从提高代码可读性的角度来看，运用注释的重要性不言而喻，尤其是在代码逐渐变复杂时，用户可以利用注释给核心函数或关键功能添加说明，或者指明该代码的局限性。VBA 中的注释不影响代码的运行，既可以单独成行，只需在每一行开头输入撇号，也可以与代码处在同一行。对于该行的末尾处，我们在写注释的时候需要考虑以下几点：

- 注释应着重说明核心代码的功能和目标，尤其是看起来非常复杂的片段。
- 注释应该指明哪些可能会超出作用域，并提醒用户哪里会遇到瓶颈或限制。例如，某段代码只在输入数据为连续范围内的列向量，或者代码在运行过程中需要用户额外输入参数（而非从代码中读取）时才会起作用。任何代码都不是无所不能的，所以说明代码局限性的注释至少能告诉用户此段代码已经测试过是可以运行的，而且稳健性也得到了一定的保证。
- 一般来说最好是多用注释，如果隔几天之后，代码编写人员不能很快了解代码的作用，那么说明注释写得可能还不够。
- 以后可能用得到的代码可以通过将其复制或注释（在每行代码前添加一个撇号）来保留，并在需要的时候再删除注释（删除撇号）即可。这对于检查和调试代码非常有用，调试中经常用于显示中间结果的 MsgBox 和 Debug.Print 语句，也可以根据调试需求，在代码中加以注释或删除注释。
- 如果希望用户能及时知晓代码相关的注意事项和警告消息，那么可以把这些消息放在注释中，不过更有效的方法是调用事件模块，这样就可以在工作簿打开时跳出这些消息。

文本缩进的格式也可以使代码看起来更规范，有几点值得注意：

- 快捷键 "Tab" 键用于缩进代码，快捷键 "Shift+Tab" 用于取消缩进。
- VBE 中的 "工具 / 选项 / 编辑器" 菜单可以用来改变制表符的宽度（当使用多级缩

进时，默认的四个空格的宽度就显得太宽了）。

31.2.5 代码模块化

一般来说，将较长的代码切块，并按照主程序中的顺序逐个调用，这种使用方式有助于每个模块的单独测试，也便于其他工作簿的函数或过程调用。

我们应该将功能相似且相互关联的函数或子过程放在同一个模块中，而性质或功能迥异的，可以单独形成一个模块。例如，将用户自定义函数放在一个模块中，而子过程放在另一个模块中，用户自定义函数和子过程还可以再根据功能切分成更细的模块等。

在模块化代码时，请注意：

- 模块的名称可以在属性窗口中设置，给出的名称应该使模块的功能一目了然。
- 通过 Public 和 Private 的定义（如第 30 章所述）来决定哪些模块可供其他模块使用，哪些不行。
- 在过程之间传递参数（变量）时，一定要确认传递的参数（变量）是否正确，定义时可以酌情使用 ByRef 或 ByVal（见下文）。

31.2.6 使用 ByVal 或 ByRef 传递参数

在其他过程中调用带有参数的过程时，VBA 的默认传参方式是使用索引（ByRef），即传递的是参数在内存中的地址，如果后续过程更改了此参数值，那么变更后的值会替代原来的变量值，所以如果想保留原值，就需要在函数定义中的参数前加上关键词 ByVal。

下面是一个示例，以下两个子过程的代码中，第一个子过程使用默认的 ByRef 方式传递参数，而第二个子过程使用的是 ByVal 方式：

```
Sub Sub1(y)
y = y + 2
End Sub


Sub Sub2(ByVal y)
y = y + 2
End Sub
```

调用第一个子过程时，使用如下代码：

```
x = 0.5
Call Sub1(x)
```

然后，x 的值变为了 2.5，并在后续代码中保持该值，如果运行下面代码：

```
x = 0.5
Call Sub2(x)
```

在调用子过程之后，x 的值仍保持为 0.5。

同样的方法也适用于函数，下面的第一个函数使用默认的 ByRef 方式传递参数，而第二个函数使用的是 ByVal 方式：

Function Fn1(y)

y = y + 2

Fn1 = y

End Function

Function Fn2(ByVal y)

y = y + 2

Fn2 = y

End Function

如果使用以下方式调用两个函数：

x = 0.5

Z = Fn1(x)

和：

x = 0.5

Z = Fn2(x)

在这两种情形下，函数调用后 Z 的值都变成了 2.5，但调用 Fn1 函数时，x 的值会变为 2.5，而在 Fn2 中则保持为 0.5，上述这些结果可以通过运行以下代码得到，结果如图 31.1 所见：

Sub CallingRoutine()

x = 0.5

Range("B2") = x

    Call Sub1(x)

Range("D2") = x

x = 0.5

Range("B3") = x

    Call Sub2(x)

Range("D3") = x

x = 0.5

```
        Range("B6") = x
            Z = Fn1(x)
        Range("C6") = Z
        Range("D6") = x


        x = 0.5
        Range("B7") = x
            Z = Fn2(x)
        Range("C7") = Z
        Range("D7") = x


End Sub
```

如果用户在运行或逐步调试代码时给出了错误的结果，则应该考虑是否是该原因导致的。

31.2.7 完全引用

如果遇到类似 Range("A1") 语句，目标单元格 A1 具体处于哪个工作表（或工作簿）其实是未知的，在 VBA 中如果代码没有明确指定工作簿或工作表，则默认指向当前活动的工作簿或工作表，而完全引用的思想就是为了明确需要引用的是哪些工作簿、工作表或对象。

在简单的财务建模过程中，缺乏完全引用可能还不会造成大问题，例如，代码引用的对象可能就在同一张工作簿中，甚至是同一张工作表，或者是同一张工作簿中已命名的区域，此时默认的（相对）引用方式即便不是实践中最合理的方法，但通常也能满足需求（好比一个 Excel 小模型，虽然简陋但结构简单，能一目了然，还能给出正确的计算结果）。

	A	B	C	D
1	**SUBS**	x Before		x After
2	Routine 1	0.5		2.5
3	Routine 2	0.5		0.5
4				
5	**FUNCTIONS**	x Before	z	x After
6	Function 1	0.5	2.5	2.5
7	Function 2	0.5	2.5	0.5
8				

图31.1 ByRef和ByVal两种传递参数的模型计算结果

但在更复杂的情形下，就需要非常明确地给出该操作引用的具体对象是哪个，尤其是当代码需要引用的对象来自非预先设定好的范围时，此时更需要对引用是否完整、是否准确而进行仔细地检查。

跨数据集操作就是一个典型的例子，用户可能需要在多个工作表或工作簿（如合并多个数据源）中进行操作，此时模棱两可的引用路径，或者采用默认的引用方式，都可能会导致错误，降低代码的稳健性。

我们可以使用With…End With结构（见第29章）来系统化地实现完全引用，否则实现相同功能的其他语句可能会非常笨重、冗长和耗时。

例如，如下代码：

x = ThisWorkbook.Worksheets("Sheet1").Range("A1").Value

y = ThisWorkbook.Worksheets("Sheet1").Range("A2").Value

z = ThisWorkbook.Worksheets("Sheet1").Range("A3").Value

可以写成：

With ThisWorkbook.Worksheets("Sheet1")

x = .Range("A1").Value

y = .Range("A2").Value

z = .Range("A3").Value

End With

其语法还可以变形为：

With ThisWorkbook

' Many code lines

End With

或：

With ThisWorkbook

With Sheet1

' Many code lines

End With

End With

Set语句（见第29章）的功能也类似，如：

Set wb=ThisWorkbook

With wb

' Many code lines

End With

实际的完全引用，其目标对象往往还包括 Excel 应用程序，通常需要引入 Application 实现调用：

With Application.Workbooks("Book1.xlsx").Worksheets("Sheet1")

' Many code lines

End With

一般来说，由于 ActiveSheet 和 ActiveWorkbook 是默认的用于激活工作页和工作表的对象，所以经常是配合使用的。

31.2.8 使用工作表在代码中的名称

一般来说，通过在代码中的名称而非在 Excel 工作簿中的名称来实现对工作表的引用，会使得代码更稳健，因为工作簿中的名称很有可能会在无意中被代码修改。

如果要在代码中给某个工作表赋予一个名称，要先在项目窗口中选中工作表，然后在属性窗口中更改名称，该名称就是工作表的新的代码名称[1]，之后引用的就是名称为 ModelSheet 而非 Worksheets("Model") 的工作表。

如果代码在运行中不更改工作表的结构，则最好使用代码名称的方法，因为该方法有助于提高稳健性，但如果代码在运行时需要添加工作表（或其他更改结构的操作），使用代码名称可能会有问题，虽然可以使用工作表的 .CodeName 属性调用代码名称，但 VBA 不允许在代码中修改工作表的代码名称，若将 .CodeName 放在赋值语句的左侧，会使得代码中断并报错，因此在代码执行的过程中，新添加的工作表只能赋予其传统的工作簿中的名称。以下代码用于添加一个工作簿中的名称为 Results 的工作表，系统会自动为其分配一个代码名称：

With ThisWorkbook

    N = Worksheets.Count

    Set Sheetnew = Worksheets.Add

    Sheetnew.Name = "Results" & N

    MsgBox Sheetnew.CodeName

End With

所以如果在代码中需要添加或删除工作表，只能通过其工作簿的名称，而非代码名称。

31.2.9 赋值语句：无需通过先选中或激活来操作对象

在 Excel 中，使用对象（如单元格、区域、图表、数据透视表、注释、文本框等）的

---

[1] 属性窗口中"（名称）"为代码名，而下面还有一个Name，对应的是工作簿中的名称。——译校注

第一步往往是先选中或激活，因此通过宏录制出来的代码通常包含的也是先选中或激活对象，然后才开始主要操作，例如，改变颜色，清除内容等。

在 VBA 中，上述两个不同的步骤都有效率更高的替代方法，除了选中或激活对象，还可以有其他方法来识别或指向对象。第二步的主要操作（例如，"复制/粘贴"）也可以有其他替代方式（如使用赋值语句）。无论如何，只要存在替代方案，效率肯定会比先选中后操作的代码要高，代码运行速度更快，例如，第 29 章中讨论过的，不需要先选中区域就可以清除区域中的内容：

Range("A1:E8").ClearContents

一个比较重要的例子是使用赋值语句代替"复制/粘贴"操作，比如以下代码就是把宏录制的代码复制粘贴下来后，再添加一个循环写成的，代码目标是将单元格 A1 的值复制（如 100 次）到单元格 B5 开始的行区域中：

```
Range("A1").Select
    Selection.Copy
For i = 1 To 100
    Range("B5").Offset(i - 1, 0).Select
    ActiveSheet.Paste
Next i
```

如果写成赋值语句：

```
x = Range("A1").Value
For i = 1 To 100
    Range("C5").Offset(i - 1, 0).Value = x
Next i
```

经 Timer 函数测试，前面这段代码的运行时间大约是后面使用赋值语句这段代码的 200 倍。

31.2.10 使用区域而非单个单元格

接着上面的示例，用户还可以通过使用操作区域的语句来代替循环，来进一步缩减每一步（复制、粘贴及赋值）的运行时间：

```
Range("A1").Select
    Selection.Copy
    Range("B5:B1004").Select
    ActiveSheet.Paste
```

以及：

x = Range("A1").Value
　　Range("C5:C1004").Value = x

上述两段代码都是针对单个区域的操作，所以代码运行得比使用循环更快。经测试，赋值语句比使用复制粘贴的操作快 10 倍左右。

31.2.11 数据类型和变量声明

变量的性质可以由数据类型描述出来，同时也表示在代码运行时被分配的存储空间的类型，虽然程序员无需指定变量的数据类型，但指定的优势如下：

- 代码运行速度更快。
- 代码更稳健，如果变量未声明，则有些错误（例如，输入的变量名出错）不容易察觉，使得后续代码包含隐藏错误的概率更高，更难调试。
- 有助于避免名称冲突。

VBA 中变量的默认类型为 variant 类型，此时变量的存储空间是在代码运行时分配的，如果需要指定数据类型，常见的类型包括：

- Integer ——介于 $-32\,768$ 和 $+32\,767$ 之间的整数。
- Long ——介于 -2^{31} 和 $2^{31}-1$ 之间的整数，一般来说，我们更偏好使用 Long 而非 Integer，Integer 的作用只局限在某些方面，如在模拟中记录重新计算的次数。
- Object Excel 中的对象模型，例如 Range，还包括如 Names 和 Comments 等的集合（Collections）。
- Single 数值的绝对值范围大约在 10^{-45} 到 10^{38} 之间。
- Double 数值绝对值范围大约在 10^{-324} 到 10^{308} 之间。
- String 可变长度的字符串，String * 可用于定义固定长度的字符串。

其他数据类型包括 Boolean（可以是 True 或 False）、Byte（0 到 255 之间的 8 字节无符号数字）、Currency、Date（从公元 100 年为起点开始计时的日期，而 Excel 中只允许从公元 1900 年开始计时）和 Type（用户自定义的类型，该类型超出了本书的讨论区域）。

注意以下几点：

- Dim 语句（如 DimNDataPts As Long）用于声明变量，分配内存地址并确定数据类型。
- 在声明相同类型的变量时，用户必须对每个变量单独使用 As 子句（例如，Dim i As Long, j as Long 是没有问题的，但 Dim i, j As Long 却不行）。
- 根据变量的作用域来确定声明语句在代码中的位置，在很多程序的初始化过程中，有的变量通常具有类似全局变量的作用域，因此该变量的声明应该放在代码最前面。

- 由于历史版本的原因，有的类型声明语句中还存在字符，例如，"!"代表 Single，"#"代表 Double、"%"代表 Integer，"&"代表 Long，"$"代表 String 等，记住这些含义有助于理解尤其在历史版本中编写的代码，但在开发新代码时最好避免使用。
- 我们可以将 Option Explicit 语句放置在模块开头部分，来声明所有变量都需要先定义才能使用，否则程序在使用了未经定义的变量时就会报错。用户既可以在代码窗口上直接输入，也可以通过勾选 VBE 菜单上的"工具 / 选项 / 编辑器"选项下的"要求变量声明"，使变量声明的要求在所有代码中都生效。

31.2.12 名称的选择

对于非常短的代码段（如 3~5 行），代码的功能和其中每个变量的含义及作用通常是一目了然的，此时，用户很少注意名称的选择问题，但对于较长的代码块（包括由模块结构中几个短代码块组成的长代码块），选择合适的名称可以使代码可读性更高，发生错误的概率更低，以下是在区域、变量和过程的名称选择过程中需要注意的地方：

- 名称应该是含义明确，描述清晰的，例如，对于某个循环中用作计数的整数变量，通常用 i_loopcount 表示，一般来说，遵循命名规则会带来很多方便（例如，以字母 i、j 或 k 开头的变量都是 Integer 或 Long 型，以字母 v、x、y 或 z 开头的变量都是 Double 型等），此时可以借助 DefType 语句，该语句一般只影响代码所在的模块，例如，将声明语句改写为：DefInt i-k、DefLng i-k、DefDbl v-z 等。
- 为了让含义更清晰，名称应尽可能短，如果太长，代码再短读起来可能也很困难。
- 不过名称的选择也会受到一些限制，但通常不会给命名带来什么不便：
  ○ 在名称中不能有空格，也不能有"&"符号，下划线是可以的，而且使用得还很频繁。
  ○ 不得使用关键词（如"return"）。
  ○ 名称不能在无意间以函数、过程或区域名称的形式成为单元格的引用方式（如 DCF、NPV、ALL、DEL、Q1、Q2 等）。
  ○ 名称不区分大小写。

31.2.13 操作 VBA 中的数组

VBA 数组可用于将类型相同（比如都是 Double 类型）的数据存储在单个数据集中，VBA 数组有以下用途：

- 在 VBA 中操作数据前，将数据从 Excel 区域读取到 VBA 数组中，然后经过计算后再将结果返回到 Excel 中。

- 用于存储在 VBA 中直接生成的数据。例如，在模拟中，可以将预先生成的所有随机数或样本存储在 VBA 数组中，然后在主模型中调用这些随机数或样本，再对结果进行统计分析。
- 作为计算过程的中间结果的临时存储库，类似于 Excel 中的表格。例如，某个用户自定义函数是以数组形式编写的，且该函数的计算结果有可能需要输出到多个单元格的 Excel 区域，最好每个单元格中的返回值都是以 VBA 数组形式输出的。

下面的代码创建了一个用户自定义函数，该函数用于计算 1 到 N 的加和，其中的 N 是参数，代码调用 Excel 工作表中的 SUM 函数，求得的单个整数值放在了数组中：

```
Option Explicit
Option Base 1
Function MRSum1ToN(ByVal N)
Dim i As Long
Dim DataSet() As Double
ReDim DataSet(1 To N) As Double
For i = 1 To N
DataSet(i) = i
Next i
MRSum1ToN = WorksheetFunction.Sum(DataSet)
End Function
```

该示例中有几个注意要点：

- 数组的声明类似于其他变量的声明，也需要包括数组的大小和维度，例如：

```
Dim myArray(1 to 1000) As Double
```

- VBA 的默认设置中，数组的第一个元素的下标为 0，该设置在很多情况下是合理的。例如，当数组的元素用于表示某资产在时间序列方向上的值时，直观理解起来就很方便，即 AssetValue(0) 代表当前值，AssetValue(1) 表示在时间点 1 上的值，依此类推。如果希望数组以指定的索引号（一般为 0 或 1）开始，可以像上面的例子中那样将 Option Base0 或 Option Base1 等声明语句放在代码开头（在子过程之前）。
- 很多情况下数组的大小只有在运行代码起来后才能确定（例如，数组可能由不同大小的数据集拼接而成），此时用户可以用 ReDim 语句（如上面的示例）来重新定义当前数组的维度，ReDim 语句会删除数组在当前的值，如果需要保留当前值，可以用 ReDim Preserve 语句。
- 数组也可以是多维的（如股票每日价格的存储），允许的最大维数是 60，二维数组可以使用以下语句声明：

```
Dim ResultsArray(1 to 1000, 1 to 1000) As Double
```

由于数组中的元素必须都是相同的数据类型，多维数组一般不能用于存储数据库中的数据（比如某些列包含的是数值，而其他列包含的是文本），此时可以为每一列都创建单独的一维数组或用户自定义数据类型或类（这超出了本书的范围，可以大致理解为一个一维数组，但数组中的每个元素都包含多个属性）。

31.2.14 理解错误代码

VBA 中每一个错误信息都有一个对应的数字，这可以在 VBA 帮助中通过搜索返回的错误消息来查看对应的错误代码，每个错误都可能有很多诱因，最常见的错误及主要原因包括：

- 无效的过程调用或参数（错误 5）：参数超出允许的范围。
- 下标越界（错误 9）：未使用 Dim 或 ReDim 语句明确数组的大小及维度。
- 类型不匹配（错误 13）：变量或属性的类型错误。
- 未设置对象变量（错误 91）：遗漏 Set 语句。
- 对象不支持该属性或方法（错误 438）：指定的是对象不存在的方法或属性。
- 错误来自 Excel 而非 VBA 时会触发错误 1004，但也是由代码触发的。

一般来说，上述这些错误基本涵盖了大部分中断代码运行的编写错误。

31.3 测试、调试和处理错误的高级方法

第 29 章中讨论的逐步调试和断点设置对于简单代码的调试就足够了，本节中，我们将介绍一些更高级的技巧，用于调试更复杂的模块或函数。

31.3.1 普通技巧

普通的调试技巧包括：

- VBE 中的调试菜单中包括的调试方法主要有（也可以用对应的快捷键）：
  - Step Over（快捷键 Shift + F8）用于运行到子函数或子过程返回后的下一条语句（假设子过程已经通过检查，不会报错）。
  - Step Out（快捷键 Ctrl + Shift + F8）用于跳出当前的子过程（如一个正在运行的过程，或者每次循环都会调用的自定义函数），并返回到上一层子过程。
  - 清除或切换断点。
- 在运行过程中，使用"视图 / 本地窗口"查看子过程中所有变量的值，便于同时检查多个变量。
- "视图 / 监视窗口"的用途包括：

- 在逐步调试中监控变量值的变化（右键单击变量，并点击"添加监视"）。
    - 将变量的当前值替换为任何目标值（赋值语句左边的变量），即在监视窗口中显示的值可以被手动输入的其他值覆盖，并用于后续代码的调用。
- "视图/立即窗口"用于给出临时输入命令的运行结果，该功能用于查看未在监视窗口中设置的变量值，比如只需要进行一次性分析的变量：
    - 可以在窗口中使用"?"或 Debug.Print 语句来运行表达式，例如"?X、Debug.Print x""? Range("NCalcs").Address""? Range("C3").Value"，这些表达式也可以放在代码中，当代码运行到该处时，表达式的运行结果就会显示在"立即"窗口中。
    - 在此窗口中输入某过程的名称就可以立即执行该过程。
- 使用"视图/调用堆栈"（快捷键 Ctrl + L）显示在到达当前断点之前，已经运行了哪些过程。

31.3.2 调试函数

函数的调试通常比子过程的调试更加复杂和烦琐，因为带有参数的函数默认不支持代码的逐步调试或断点设置。

但另一方面，能根据输入参数的变化实时返回函数的计算结果也是函数的优点，该优点使得我们能够用敏感性分析来测试函数的稳健性，因此创建一个稳健的函数的第一步是让函数至少有一个返回结果（不包括返回的报错消息），因此可以很自然地衍生出以下简单的调试技巧：

- 在代码的指定位置输入一句简单的返回语句，例如，如果函数不在运行状态中（并且只返回错误消息），可以在某个位置插入比如"MyFunction= 1"，然后接一句退出语句"Exit Function"，设置完后如果函数代码运行到这些语句的位置，则函数会向 Excel 提供一个返回值，确认无误后再将这些测试用的代码逐渐往后移，直到找到出错的位置，更正后再依次删除这些返回和退出的语句。
- 函数也可以在子过程中调用，便于逐步执行，例如：

Sub DebugbyCallingFunction()

Dummy=FntoDebug(12, 5)

MsgBox Dummy

End Sub

Function FntoDebug(x, y)

'. . . lots of code . . .

FntoDebug = calculated value from the code

End Function

我们也可以在子过程中调用来自 Excel 区域的数据作为函数的输入参数，例如：

Sub DebugbyCallingFunction()

Dummy=FntoDebug(Range("A1"), Range("A2"))

MsgBox Dummy

End Sub

如果用户需要定义易失性函数，则需要在函数名后加上 Application.Volatile。

在函数的逐步调试状态下，如果跳进了其他某个宏或子过程内部，并且该宏或子过程可以正常运行不报错，可以用前面的如 Step Over（快捷键 Shift + F8）的方法再跳出来，或者直接在外部加个断点后一次性运行到断点处，随后继续运行函数后面的部分。

如果某个函数在 Excel 中也用得到，可以在 Excel 中划定一片区域并给定多个输入值，然后逐个计算该函数的返回值（类似敏感性分析），并通过多个计算结果来判定函数是否稳健，或者是否有其他错误。

31.3.3 执行错误处理程序

当用户使用自己编写的代码时，很可能会根据当时的场景和代码要求输入参数（如代表某个场景编号的整数），但其他用户给出的输入值很有可能因不满足该特殊环境下的要求而导致出错。因此，理想中的代码既能检查输入值是否有效，又能实现既定功能，使得无论输入参数是否满足要求，代码都能运行。

像 IsObject、IsEmpty、IsMissing、IsNull、IsNumeric、IsDate 等此类 VBA 函数可用于检查子过程或函数的输入参数，在指派错误的处理方式时，最重要的是尽可能详细地考虑到所有可能的错误情况，有时 Select Case…Case Else…End Select 就非常有用，其中的 Case Else 就可以用于指定不满足条件的处理方式。

有些错误不影响代码执行，所以即便检测到了，用户也不希望代码因此停止运行，此时 On Error 语句就能发挥作用，该语句用于指定发生错误后的处理方式（不指定的情况下默认代码不会停止运行）：

- 使用 On Error Resume Next 使得代码即使出错也会继续运行，尤其是出现的错误并不是非常严重的情况下〔例如，用于高亮显示引用单元格的函数或过程，在发现没有引用值或对象集合是空的情况下会报错，不过类似这种情况（如输入数值）的影响很小〕。
- On Error 可以与 GoTo 语句配合使用，用于出错后跳转到同一个子过程中由行标签指定的其他行，此时可能还需要 Exit Sub 语句来确保只有相应的情形发生后才会触发行标签指向的代码。

- On Error GoTo 0（或 On Error Resume 0）可以恢复 VBA 对后续代码的默认错误处理方式，例如：

. . . earlier part of code . . .

On Error Resume Next

. . . code to be executed even if error detected

On Error Resume 0

. . . any code here is subject to VBA's normal error handling . . .

和

. . . earlier part of code . . .

 On Error GoTo ErrorLabel

. . . code to be executed even if no error

Exit Sub

ErrorLabel:

MsgBox "There was an error somewhere"

第32章 VBA中对数据集的操作与分析

32.1 介绍

本章重点介绍 VBA 在数据集的操作和分析中的应用，本章用到的所有预备知识已经在前面章节提到过了，所以从某种程度上来说，本章是通过众多具体的数据分析案例，将之前学到的知识进行集成和整合。

32.2 实际应用

这部分的示例包括：

- 计算指定数据区域的大小。
- 在代码运行过程中将用户输入定义为数据集。
- 在代码运行过程中通过定位来定义数据集。
- 将数据集的行和（或）列翻转（并输出到另一片新区域或其他合适的位置）。
- 自动化常见的 Excel 功能。
- 自动化如删除空值行等数据集的清洗过程。
- 自动化如清除、删除或提取指定数据等筛选器的操作过程。
- 自动化数据库函数的查询过程。
- 合并分布在不同工作表或工作簿中的数据集。

示例1：计算区域的大小

相比 Excel 函数，使用 VBA 操作或分析数据集的最大优点是 VBA 可以自动检测数据集的大小并执行相应操作；而在 Excel 中，数据集的大小一旦发生变化，通常都需要调整涉及该单元格的引用公式，并将结果复制到其他单元格中（除非使用本书前面章节介绍过的动态区域或 Excel 表格），此时第 29 章中提到的单元格或区域的 CurrentRegion 属性是非常有用的工具之一。

文件 Ch32.1.Current.Region.xlsm 的示例如图 32.1，单元格 B2 已被命名为

DataSetStart，并假定新添加的行或列都与当前数据集相邻，包含数据的工作表已经在 VBA 中被命名为 DataSheet，因此本例假设只有一个这样的工作表。

	A	B	C	D	E	F	G
1							
2		Day	Asset 1	Asset 2	Asset 3	Asset 4	Asset 5
3		1	100.0	100.0	100.0	100.0	100.0
4		2	100.0	98.9	99.6	99.6	100.8
5		3	101.7	98.0	99.9	99.7	102.1
6		4	103.1	96.5	100.6	100.2	104.7
7		5	104.2	97.3	99.1	101.9	107.0
8		6	103.7	96.2	100.9	102.5	106.0
9		7	104.9	97.0	101.8	103.0	109.0
10		8	104.3	95.3	103.8	101.6	108.3
11		9	104.1	94.3	104.1	100.2	106.7
12		10	105.0	95.3	104.0	100.3	107.8
13		11	107.3	97.4	102.3	102.3	108.1
14							

图32.1 使用CurrentRegion得到区域的大小

以下代码将用于整个数据区域作为操作对象，运行结果如上图所示：

```
Sub MRSelectData
With DataSheet
    Range("DataSetStart").CurrentRegion.Select
End With
End Sub
```

注意，正如前文所述，相比先选择区域再做操作，跳过选择的步骤直接执行更高效，因此我们可以用以下代码直接将一个数据集定义为变量，并命名为 DataSet：

```
Sub MRDefineData1()
  Set DataSet = Range("DataSetStart").CurrentRegion
End Sub
```

此外，我们还可以通过如下代码确定数据集的行数和列数：

```
Set DataSet = Range("DataSetStart").CurrentRegion
  NRows = DataSet.Rows.Count
  NCols = DataSet.Columns.Count
```

示例2：在代码运行过程中根据用户输入定义数据集

在许多情形下，用户可能并不想一开始就完成一个单元格的定义或区域的命名，而是让用户识别数据的起始（或任何其他）单元格（假设数据集是连续的），正如

第 29 章所述，此时可以在运行代码的过程中，通过 Application.InputBox 接受用户输入的单元格引用，例如：

Set dInputCell = Application.InputBox("Select Any Cell within Data Range",

Type:=8)

随后用户可以将输入单元格所在的区域定义为一个变量：

Set DataSet = dInputCell.CurrentRegion

文件 Ch32.2.InputBoxCellRef.xlsm 展示的示例如图 32.2 所示，图中所示的步骤中，用户可以将区域内的任何一个单元格定义为输入变量，进而得到该单元格所在的完整区域：

```
Sub MRCountDataRowsCols()
    Set dInputCell = Application.InputBox("Select Any Cell within Data Range", Type:=8)
    Set DataSet = dInputCell.CurrentRegion
    NRows = DataSet.Rows.Count
    NCols = DataSet.Columns.Count
End Sub
```

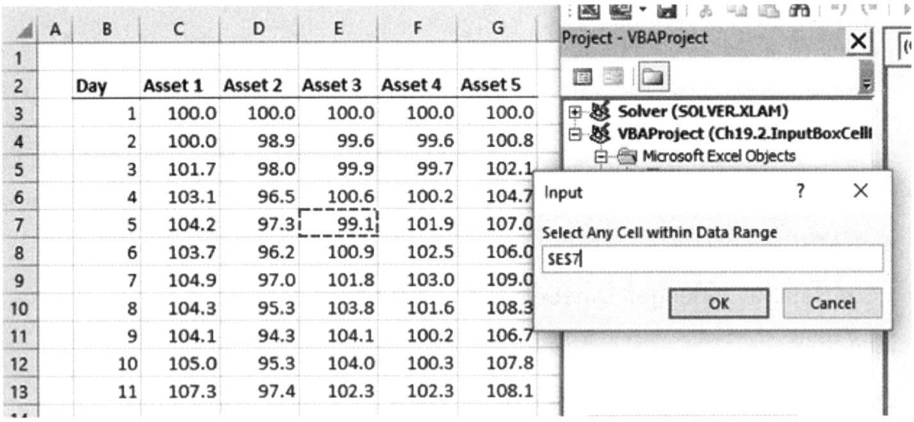

图32.2 获取用户输入的单元格位置

示例3：自动计算数据集的位置

要求用户手动定义数据集显然不太可取，因为这不利于自动化识别分散在不同工作表的多个数据集，因此用 VBA 实现自动化查找工作簿并识别数据的范围是非常方便的，其中一个重要功能是识别"已使用"（除了包含数据的单元格，即使修改过列宽行高的都算"已使用"）的区域（UsedRange），以及最后一次被"使用过"

的单元格。

文件 Ch32.3.DataSizeGeneral.xlsm 的示例中包含以下用于识别当前"已使用"区域的代码，以及相应的测试数据：

With DataSheet
   Set dRange = .UsedRange
End With

当有多个工作表时，假设其中的部分工作表是在代码运行过程中被临时删除或添加出来的，此时的表名在大部分情况下是工作表对象的名字而非代码中的变量名，正如第 31 章所述，该表可能是通过其他代码插入的，因此并没有在本代码中赋予一个变量名，此时的代码如下：

With Worksheets("Results1")
   Set dRange = .UsedRange
End With

获取"已使用"区域的第一个单元格的代码如下：

Set dstart = .UsedRange.Cells(1, 1)

类似地，".UsedRange.Address"可用于查找数据集的地址，并通过弹出消息框来显示（见图 32.3）：

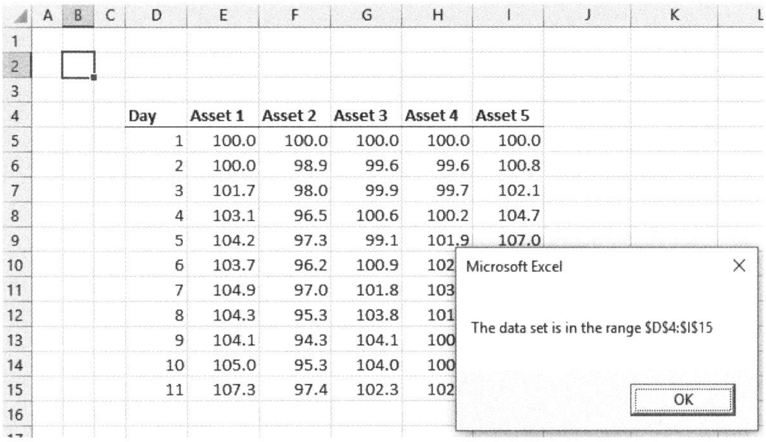

图 32.3 返回连续范围内的数据集的完整地址

一旦定义了完整的数据集，就可以得到行数和列数，进而获取数据集最后一个单元格，代码如下：

NRows = DataSet.Rows.Count

NCols = DataSet.Columns.Count

Set LastCell = DataStart.Cells(NRows, NCols)

另外，还可以用第29章中提到的代码定位到最后一个单元格，该代码来自将"编辑/查找和选择/定位/最后一个单元格"的操作录制后的代码：

```
With Worksheets("Data").Range("A1")
    Set lcell = .SpecialCells(xlCellTypeLastCell)
End With
```

示例4：翻转数据（行或列方向）I：翻转后置于新区域内

在日常的数据集操作前，一般都需要先检测数据集的位置和大小，一个简单的例子是需要翻转所有行或列的原有顺序，如时间序列的数据。

文件 **Ch32.4.ReverseAllRowsExceptHeaders.xlsm** 中包含的代码就使用了上述方法检测并定义了某个连续范围内的数据集，然后翻转除标题之外的所有行，翻转后的新数据放在原始数据右侧的第一列，标题被原封不动地复制到了新位置（图32.4是代码的运行结果）：

```vba
Sub ReverseDataRows()
With Worksheets("Data")
    Set DataStart = .UsedRange.Cells(1, 1)
    Set DataSet = DataStart.CurrentRegion
    NRows = DataSet.Rows.Count
    NCols = DataSet.Columns.Count
      With DataStart.Cells(1, 1)
        For j = 1 To NCols
        For i = 2 To NRows
        .Offset(NRows - i + 1, NCols + j).Value = .Offset(i - 1, j - 1).Value
        Next i
          'copy the label across
          .Offset(0, NCols + j).Value = .Offset(0, j - 1).Value
    Next j
    End With
End With
End Sub
```

	A	B	C	D	E	F	G	H	I	J
1										
2		Date	Type	Description	Amount		Date	Type	Description	Amount
3		16/09/2016	TFR	Payroll	1259.41		29/09/2016	DEB	Bank fee	0.35
4		16/09/2016	DEB	Bus	36.60		29/09/2016	DEB	Train	12.79
5		20/09/2016	DEB	Train	22.00		28/09/2016	DEB	Bus	7.40
6		20/09/2016	DEB	Train	50.00		28/09/2016	DEB	Bank fee	0.20
7		22/09/2016	DEB	Food	10.30		27/09/2016	DEB	Book	11.20
8		22/09/2016	DEB	Drink	11.40		27/09/2016	DEB	Book	6.99
9		23/09/2016	DEB	Food	10.41		26/09/2016	DEB	Train	11.60
10		23/09/2016	DEB	Food	20.00		23/09/2016	DEB	Food	20.00
11		26/09/2016	DEB	Train	11.60		23/09/2016	DEB	Food	10.41
12		27/09/2016	DEB	Book	6.99		22/09/2016	DEB	Drink	11.40
13		27/09/2016	DEB	Book	11.20		22/09/2016	DEB	Food	10.30
14		28/09/2016	DEB	Bank fee	0.20		20/09/2016	DEB	Train	50.00
15		28/09/2016	DEB	Bus	7.40		20/09/2016	DEB	Train	22.00
16		29/09/2016	DEB	Train	12.79		16/09/2016	DEB	Bus	36.60
17		29/09/2016	DEB	Bank fee	0.35		16/09/2016	TFR	Payroll	1259.41
18										

图32.4 翻转数据并将结果放在原始数据右侧

需要注意的是，代码中将原始数据和翻转后的数据用一个空列隔开，目的是确保".UsedRange.Cells(1,1)"的CurrentRegion识别到的只是原始数据集。

用户有时候可能也希望翻转数据的列顺序，只需要简单调整一下代码即可，即在每条（数值和标签的）赋值语句左侧的下标用"2*NCols + 1- j"代替"NCols +j"即可，这样就能翻转列顺序，该代码也包含在示例文件中。

示例5：翻转数据（行或列方向）II：原地翻转

用户还可以在"原位置"操作数据，而不是将结果写入单独的区域，一个简单方法是将原数据先读入VBA数组作为中间步骤过渡，然后翻转结果读回Excel，从而覆盖原始数据区域，文件Ch32.5.ReverseInPlaceArray.xlsm包含的示例中含有如下代码：

```
Sub ReverseDataRowsArray()
Dim aData()
With Worksheets("Data")
 Set DataStart = .UsedRange.Cells(1, 1)
 Set DataSet = DataStart.CurrentRegion
 'Set dpoint = Application.InputBox(prompt:="Select a cell in the data range",
Type:=8)
 'Set DataSet = dpoint.CurrentRegion
 NRows = DataSet.Rows.Count
 Ncols = DataSet.Columns.Count
 ReDim aData(1 To NRows, 1 To Ncols)
```

```
With DataStart.Cells(1, 1)
' ////  READ INTO THE ARRAY
For j = 1 To Ncols
For i = 2 To NRows
aData(i, j) = .Offset(i - 1, j - 1).Value
Next i
Next j
' ////  WRITE FROM THE ARRAY
For j = 1 To Ncols
For i = 2 To NRows
.Offset(i - 1, j - 1).Value = aData(NRows + 2 - i, j)
Next i
Next j
End With
End With
End Sub
```

注意，由于数据位置保持不变，顺序也不会发生变化，所以代码中不包含复制标题的语句。

示例6：其他Excel数据操作过程的自动化

用户可以通过调整录制的宏来实现大部分Excel标准操作的自动化，这其中一般都会用到对区域的操作，包括：

- 清除区域内容。
- 删除重复项。
- 使用"查找/替换"。
- "定位条件/特殊单元格"（如空值、从属单元格、引用单元格等）。
- 排序。
- 刷新数据透视表。
- 使用向导插入SUBTOTAL函数。
- 向每个工作表插入带有超链接的目录。
- 使用筛选器和高级筛选器。

前面几个章节已经提供了一些示例，后文将提供更多。

文件 **Ch32.6.ClearContentsNotHeaders.xlsm** 中的示例包含以下代码，该示例使用 ClearContents 方法用于将除标题所在的第一行外的整个数据区域的内容清空：

```
Sub DeleteDataExceptHeaders()
With Worksheets("Data")
 Set DataStart = .UsedRange.Cells(1, 1)
 Set DataSet = DataStart.CurrentRegion
 NRows = DataSet.Rows.Count
 NCols = DataSet.Columns.Count
 With DataStart
 Set RangeToClear = Range(.Offset(1, 0), .Offset(NRows - 1, NCols - 1))
RangeToClear.ClearContents
End With
End With
End Sub
```

在实践中，一般还需要添加错误处理过程，用于处理数据不存在的情况，即只有标题（如由于代码连续运行两次导致）的情况。

文件 **Ch32.7.FindSpecialCells.xslm** 包含了一个类似的示例，该示例用于将指定单元格所引用的所有区域或单元格都染成黄色，为此我们录制了两个宏，并将两者进行整合和调整。第一个宏对应的操作是"查找选择/定位条件/引用单元格"，第二个宏对应的操作是将上述返回的区域或单元格都染成黄色。该代码还添加了一个错误处理的过程，该过程用于在指定单元格没有任何引用区域或单元格的情况下，返回警告消息。文件中还设置了一个按钮，方便在更复杂的模型中重复使用该宏。

```
Sub ColorAllPrecedentsYellow()
On Error GoTo myMessage
    Selection.Precedents.Select
        With Selection.Interior
            .Color = 65535
        End With
    Exit Sub
myMessage: MsgBox "no precedents found"
End Sub
```

示例7：删除包含空值单元格的行

用户可以使用 Excel 中的"查找和选择 / 定位条件 / 空值"（快捷键 F5）来选中指定区域内所有的空值单元格，对应操作的宏的语法如下：

Selection.SpecialCells(xlCellTypeBlanks).Select

将该语句稍加修改就能用于删除所有包含空值单元格的行，如果选定范围内没有空值单元格，则添加错误处理代码来指定弹出错误消息之外的其他操作：

```
Sub DeleteRowsinSelection_IfAnyCellBlank()
On Error Resume Next 'for case that no blank cells are found
Set MyArea = Selection.SpecialCells(xlCellTypeBlanks)
Set rngToDelete = MyArea.EntireRow
rngToDelete.Delete
End Sub
```

文件 Ch32.8.DaysLateAnalysis.DeleteRows1.xlsm 中展示的示例如图 32.5 所示，示例中先选定数据集，然后运行上述代码后的结果如图 32.6 所示。

	A	B	C	D	E	F
1						
2						
3						
4		Customer	Country	Amount £	Due Date	
5		Cust02	UK	12232	20-Mar-17	
6		Cust06	Italy	4749	16-Mar-17	
7		Cust07	Italy	7282	12-Apr-17	
8		Cust03	Italy	12759	14-Jun-17	
9		Cust10	UK	12334	24-May-17	
10			Italy	4283	24-Mar-17	
11		Cust06	Germany	7992	5-May-17	
12		Cust06	Italy	13202		
13		Cust04	Germany	12684	4-Jun-17	
14		Cust10	UK	11862	13-Jun-17	
15		Cust10	Ita	13630	21-May-17	
16		Cust07	UK	14593	20-Jan-17	
17		Cust07		4394	4-May-17	
18		Cust09	Italy	15712	8-Apr-17	
19		Cust10	UK	6503	28-Mar-17	
20		Cust05	France		8-Apr-17	
21		Cust02	Germany	9274	17-Jun-17	
22		Cust05	Italy	7919	27-Jun-17	
23		Cust05	Italy	6402	14-Jun-17	
24						
25		Cust08	Spain	14120	2-Jul-17	
26		Cust06	Spain	8889	8-Jun-17	
27		Cust04	France	9547	1-Jun-17	
28		Cust10	UK	14001	13-Jun-17	
29		Cust01	Spain	4486	27-Apr-17	
30		Cust05	Germany	9832	18-Apr-17	
31		Cust08	Spain	9022	14-Apr-17	

图32.5 删除空值单元格所在行之前的数据集

第 32 章 VBA 中对数据集的操作与分析

	A	B	C	D	E
1					
2					
3					
4		Customer	Country	Amount £	Due Date
5		Cust02	UK	12232	20-Mar-17
6		Cust06	Italy	4749	16-Mar-17
7		Cust07	Italy	7282	12-Apr-17
8		Cust03	Italy	12759	14-Jun-17
9		Cust10	UK	12334	24-May-17
10		Cust06	Germany	7992	5-May-17
11		Cust04	Germany	12684	4-Jun-17
12		Cust10	UK	11862	13-Jun-17
13		Cust10	Ita	13630	21-May-17
14		Cust07	UK	14593	20-Jan-17
15		Cust09	Italy	15712	8-Apr-17
16		Cust10	UK	6503	28-Mar-17
17		Cust02	Germany	9274	17-Jun-17
18		Cust05	Italy	7919	27-Jun-17
19		Cust05	Italy	6402	14-Jun-17
20		Cust08	Spain	14120	2-Jul-17
21		Cust06	Spain	8889	8-Jun-17
22		Cust04	France	9547	1-Jun-17
23		Cust10	UK	14001	13-Jun-17
24		Cust01	Spain	4486	27-Apr-17
25		Cust05	Germany	9832	18-Apr-17
26		Cust08	Spain	9022	14-Apr-17
27		Cust02	Germany	14290	1-Jun-17
28		Cust07	Spain	10007	29-May-17
29		Cust10	Italia	7250	13-May-17
30		Cust09	France	15080	7-Apr-17
31		Cust03	Germany	9373	3-May-17

图32.6 删除空值单元格所在行之后的数据集

示例8：删除空值行

上述示例中，目标删除行所在的区域是用户事先选定好的，若要实现更加通用的功能，则需要调用工作表的".UseRange"属性，但在准备进行此操作前需要注意，同时删除非连续的多个空值行是不可行的，因此只能逐行删除，因为每删除一行，下面的行都会向上移动一行，因此需要从区域的底部开始往上逐行删除。

文件 Ch32.9.DaysLateAnalysis.DeleteRows2.xlsm 中所包含的就是实现上述功能的代码：

```
With ActiveSheet
 NRows = .UsedRange.Rows.Count
 For i = NRows To 1 Step-1 'need to work backwards else may get empty rows
  Set myRow = Rows(i).EntireRow
```

```
NUsedCells = Application.WorksheetFunction.CountA(myRow)
If NUsedCells = 0 Then
myRow.Delete
Else
End If
Next i
```

图 32.7 和图 32.8 分别展示了进行该操作之前的原始数据和进行操作之后的结果，经过仔细观察可以发现，图 32.8 中工作表顶部的空行都已经被删除了，不是所有单元格都是空值的行却并没有被删除。

	A	B	C	D	E
1					
2					
3					
4		Customer	Country	Amount £	Due Date
5		Cust02	UK	12232	20-Mar-17
6		Cust06	Italy	4749	16-Mar-17
7					
8		Cust03	Italy	12759	14-Jun-17
9		Cust10	UK	12334	24-May-17
10			Italy	4283	24-Mar-17
11		Cust06	Germany	7992	5-May-17
12		Cust06	Italy	13202	
13		Cust04	Germany	12684	4-Jun-17
14					
15		Cust10	Ita	13630	21-May-17
16		Cust07	UK	14593	20-Jan-17
17		Cust07		4394	4-May-17
18		Cust09	Italy	15712	8-Apr-17
19					
20		Cust05	France		8-Apr-17
21		Cust02	Germany	9274	17-Jun-17
22		Cust05	Italy	7919	27-Jun-17
23		Cust05	Italy	6402	14-Jun-17
24					
25		Cust08	Spain	14120	2-Jul-17
26		Cust06	Spain	8889	8-Jun-17
27		Cust04	France	9547	1-Jun-17

图32.7 删除单元格都为空值的行之前的数据集

	A	B	C	D	E
1		Customer	Country	Amount £	Due Date
2		Cust02	UK	12232	20-Mar-17
3		Cust06	Italy	4749	16-Mar-17
4		Cust03	Italy	12759	14-Jun-17
5		Cust10	UK	12334	24-May-17
6			Italy	4283	24-Mar-17
7		Cust06	Germany	7992	5-May-17
8		Cust06	Italy	13202	
9		Cust04	Germany	12684	4-Jun-17
10		Cust10	Ita	13630	21-May-17
11		Cust07	UK	14593	20-Jan-17
12		Cust07		4394	4-May-17
13		Cust09	Italy	15712	8-Apr-17
14		Cust05	France		8-Apr-17
15		Cust02	Germany	9274	17-Jun-17
16		Cust05	Italy	7919	27-Jun-17
17		Cust05	Italy	6402	14-Jun-17
18		Cust08	Spain	14120	2-Jul-17
19		Cust06	Spain	8889	8-Jun-17
20		Cust04	France	9547	1-Jun-17
21		Cust10	UK	14001	13-Jun-17
22		Cust01	Spain	4486	27-Apr-17

图32.8 删除单元格都为空值的行之后的数据集

示例7和示例8分别用于至少有一个为空值的行,以及删除所有单元格都是空值的行。

示例9:使用筛选器删除包含空值或其他内容的单元格的自动化实现

有时候我们希望在清洗数据时删除的不仅是包含空值的单元格,可能还需要清除掉包含其他指定内容的单元格或区域,在第26章中,我们讨论过在Excel的数据选项卡中的筛选和在高级筛选中一次性完成类似的操作,如果将该操作录制下来并做适当调整,很容易从中概括出该类操作需要的主要步骤:

- 通过筛选器筛选出目标删除项。
- 选中筛选出的所有区域。
- 以常见的方式删除这些行("开始/删除单元格"或右击菜单中的"删除");
- 移除筛选器。

文件Ch32.10.DaysLateAnalysis.DeleteUsingFilter.xlsm中所展示的示例包含一个如图32.9所示的原始数据集(假定是位于连续范围内的),然后用户可以将上述步骤录制下来,例如从"国家"字段中删除空值或包含Italy的行。如果录制的过程不包含删除过程(即选择"数据集/应用筛选器/移除筛选器"),那么得到的代码如下:

	A	B	C	D	E	F
1						
2						
3						
4		Customer	Country	Amount £	Due Date	
5		Cust02	UK	12232	20-Mar-17	
6		Cust06	Italy	4749	16-Mar-17	
7		Cust07	Italy	7282	12-Apr-17	
8		Cust03	Italy	12759	14-Jun-17	
9		Cust10		12334	24-May-17	
10		Cust05	Italy	4283	24-Mar-17	
11		Cust06	Germany	7992	5-May-17	
12		Cust06	Italy	13202	16-Apr-17	
13		Cust04		12684	4-Jun-17	

图32.9 应用程序之前的原始数据集

```
Sub Macro1()
 Range("B4").Select
 Selection.CurrentRegion.Select
 Selection.AutoFilter
 ActiveSheet.Range("$B$4:$E$104").AutoFilter Field:=2, Criteria1:="="
 ActiveSheet.Range("$B$4:$E$104").AutoFilter Field:=2, Criteria1:="Italy"
 ActiveSheet.ShowAllData
End Sub
```

值得注意的是，上述代码是先过滤掉都是空值的行，再过滤掉含 Italy 的行，否则只会过滤掉第一个空行之前的区域内含有 Italy 的行，而之后的区域就无法参与到筛选过程中。

在实现更一般的功能时，还需要注意：

- 确定需要筛选的字段，并指定该字段中需要过滤的值（例如空行或包含 Italy 的行），例如希望过滤的是 "客户" 字段中包含空值或 "Cust 07" 的所有行。
- 将过滤出来的行删除，但不包括标题。

下述代码有几个需要注意的点：

- Application.InputBox 用于获取用户输入的单元格引用，其中的内容被识别为需要过滤的值。
- 基于该输入单元格所在的当前区域的第一个单元格位置，计算输入单元格所在列的相对列号（相当于 Field:=2）。
- 随后应用筛选器，得到一个包含标题的筛选后的数据集。
- 在实践中，考虑到运行效率，用户可能希望打开或关闭界面刷新的功能（见

第 30 章），尤其是在需要通过循环，自动化删除大量满足筛选条件的数据时，该设置对效率的影响更甚（方便起见，本书不再展示代码）。

```vba
Sub MRWrittenFilter()
 Set CelltoSearch = Application.InputBox("Click on cell containing the identifier data to delete", Type:=8)
 With CelltoSearch
 idItemtoDelete = .Text
 Set DataAll = .CurrentRegion
 icolN = .Column - DataAll.Cells(1, 1).Column + 1
 End With
 DataAll.AutoFilter Field:=icolN, Criteria1:=idItemtoDelete
 Set DataAll = DataAll.CurrentRegion.Offset(1, 0)
 DataAll.EntireRow.Delete
 ActiveSheet.ShowAllData
End Sub
```

用户也可以通过修改代码使之适用非连续区域的数据（通过".UseRange"而非".CurrentRegion"），此时，一般是先删除都是空值单元格的行（使用前面示例中的方法），然后再根据用户输入，删除包含指定内容的行（如本节前面部分所示）。因此可以设置成可以供主代码分别调用的两个独立的子过程，示例文件中还包含以下代码：

```vba
Sub MRClearBlankRowsANDIdRows()
 Call MRDeleteBlankRows
 Call MRDeleteIdRows
End Sub

Sub MRDeleteBlankRows()
'/// DELETE ALL COMPLETELY BLANK ROWS
 With ActiveSheet
 Set DataAll = .UsedRange
 NRows = DataAll.Rows.Count
 For i = NRows To 1 Step -1
 Set myRow = Rows(i).EntireRow
```

```vb
        NUsedCells = Application.WorksheetFunction.CountA(myRow)
        If NUsedCells = 0 Then
        myRow.Delete
        Else
        End If
        Next i
    End With
End Sub
Sub MRDeleteIdRows()
'/// DELETE BASED ON USER INPUT
With ActiveSheet
    Set DataAll = .UsedRange
    Set CelltoSearch = Application.InputBox("Click on cell containing the identifier data to delete", Type:=8)
    With CelltoSearch
    idItemtoDelete = .Text
    icolN = .Column - DataAll.Cells(1, 1).Column + 1
    End With
    DataAll.AutoFilter Field:=icolN, Criteria1:=idItemtoDelete
    Set DataAll = DataAll.CurrentRegion.Offset(1, 0)
    DataAll.EntireRow.Delete
    ActiveSheet.ShowAllData
End With
End Sub
```

最后还需要注意，上述代码可以有很多变形和扩展，例如：

- 针对多个字段进行删除行的操作，方法是另辟一块区域将过滤字段以及需要过滤的内容全部罗列出来，而不是每个字段的指定内容都需要用户一一输入。
- 在从源数据集中过滤包含指定内容的行之前，先将源数据复制（如之前提到的自动添加工作表的技巧等）到单独一块区域中，然后分别建立过滤前和过滤后两个数据集，随后再单独对过滤项进行人工检查，最后再与过滤后数据合并成修改后的源数据集。

- 基于条件判断区域和高级筛选器进行数据的提取和删除，我们将该测试留给感兴趣的读者。

示例10：执行多个数据库查询

在第 26 章中我们提到过，在使用数据库函数执行多个查询时，是不能在条件判断区域内使用函数执行查找过程的，因为条件判断区域内计算出来的空值单元格不会被视为真正的空值单元格，因此替代方案是反复执行"复制/粘贴为数值"的操作，显然这些操作可以使用宏（写成循环中的赋值语句）实现自动化。

文件 Ch32.11.DaysLateAnalysis.DatabaseFunctions3.MultiQuery.xlsm 中所包含的示例如图 32.10 所示，图中左边区域为条件判断区域，右边为计算结果区域，数据库位于工作页最左侧，没有显示在图中，整个计算过程如箭头所示，先根据每个判断条件及对应的阈值逐个输入数据库函数进行计算，然后将计算结果存放在另一块区域中，为了编写方便和代码的高效，已在 Excel 文件中将每片区域的标题行赋予了对应的名称（例如，CritToTestHeader 是判断条件区域的标题名称，CritHeader 指数据库函数用到的单个判断条件区域的标题名称），代码如下：

```
Sub MRMultiQueries()
Dim i As Long, N As Long
With DataSheet
N = Range("CritToTestHeader").CurrentRegion.Rows.Count
N = N - 1
For i = 1 To N
 Range("CritHeader").Offset(1, 0).Value = _
 Range("CritToTestHeader").Offset(i, 0).Value
 Calculate
 Range("ResultStoreHeader").Offset(i, 0).Value = _
 Range("Result").Offset(1, 0).Value
Next i
End With
```

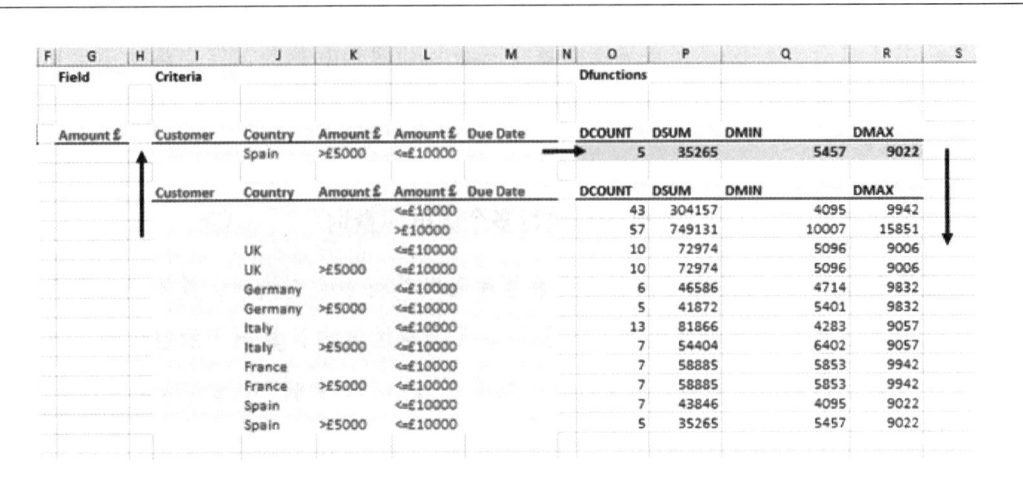

Field						Dfunctions			
Amount £	Customer	Country	Amount £	Amount £	Due Date	DCOUNT	DSUM	DMIN	DMAX
		Spain	>£5000	<=£10000		5	35265	5457	9022
	Customer	Country	Amount £	Amount £	Due Date	DCOUNT	DSUM	DMIN	DMAX
				<=£10000		43	304157	4095	9942
				>£10000		57	749131	10007	15851
		UK		<=£10000		10	72974	5096	9006
		UK	>£5000	<=£10000		10	72974	5096	9006
		Germany		<=£10000		6	46586	4714	9832
		Germany	>£5000	<=£10000		5	41872	5401	9832
		Italy		<=£10000		13	81866	4283	9057
		Italy	>£5000	<=£10000		7	54404	6402	9057
		France		<=£10000		7	58885	5853	9942
		France	>£5000	<=£10000		7	58885	5853	9942
		Spain		<=£10000		7	43846	4095	9022
		Spain	>£5000	<=£10000		5	35265	5457	9022

图32.10 结构不一的多次查询结果

更一般的情况下用户可能需要在运行代码前，用之前讨论的方法先清空除标题外的数据区域。

示例11：合并跨表或跨工作簿的数据集

在实践中，我们经常需要合并来自多个工作表中的数据，在本示例中，假设需要合并的数据都在表名以类似的字符开头的工作表中（如 Data.Field 1 与 Data.Field 2，特征字符为"Data"）。此外，我们还假设了在每个工作表中数据集的列结构是相同的，即每个字段的名字是相同的，但列的行数和在工作页中的位置可以是不同的。

文件 Ch32.12.DataConsol.xlsm 包含的示例如图 32.11 所示。该图展示了文件的工作表结构，其结构适用于以下通用的情况：

- 有多个工作表。
- 使用宏将这些表中的数据合并为一个数据集，并存放在 ConsolData 工作表中。
- 通过对该数据库的查询（如应用 SUMIFS 函数）以及其他必要计算来建立最终模型。

| FinalModel | ConsolData | Data.Asset1 | Data.Asset2 | Data.Asset3 |

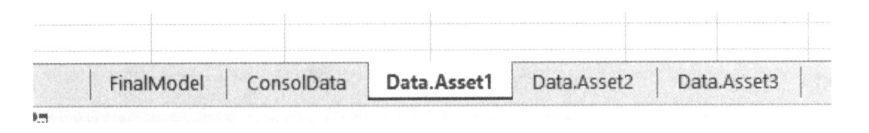

图32.11 通用模型工作表结构

图32.12展示的是 Data.Asset 1 的数据集，图32.13展示的是合并后的最终数据集。

第 32 章 VBA 中对数据集的操作与分析

	A	B	C	D	E
1					
2		Field Name	Year	Capex $mm	Production BOEmm
3		Asset1	2012	100	0
4		Asset1	2013	250	0
5		Asset1	2014	50	0
6		Asset1	2015	0	0
7		Asset1	2016	0	0
8		Asset1	2017	0	10
9		Asset1	2018	0	25
10		Asset1	2019	0	20
11		Asset1	2020	0	20
12		Asset1	2021	0	20
13		Asset1	2022	0	20
14		Asset1	2023	0	20
15		Asset1	2024	0	20
16		Asset1	2025	0	20
17		Asset1	2026	0	20
18		Asset1	2027	0	20
19		Asset1	2028	0	20
20					
21					

图32.12 原始数据集

	A	B	C	D	E	F
1						
2		Field Name	Year	Capex $mm	Production BOEmm	
3		Asset1	2012	100	0	
4		Asset1	2013	250	0	
5		Asset1	2014	50	0	
6		Asset1	2015	0	0	
7		Asset1	2016	0	0	
8		Asset1	2017	0	10	
9		Asset1	2018	0	25	
10		Asset1	2019	0	20	
11		Asset1	2020	0	20	
12		Asset1	2021	0	20	
13		Asset1	2022	0	20	
14		Asset1	2023	0	20	
15		Asset1	2024	0	20	
16		Asset1	2025	0	20	
17		Asset1	2026	0	20	
18		Asset1	2027	0	20	
19		Asset1	2028	0	20	
20		Asset2	2015	75	0	
21		Asset2	2016	100	0	
22		Asset2	2017	0	8	
23		Asset2	2018	0	8	
24		Asset2	2019	0	8	
25		Asset2	2020	0	8	
26		Asset2	2021	0	8	
27		Asset2	2022	0	8	
28		Asset2	2023	0	8	
29		Asset3	2013	50	0	
30		Asset3	2014	75	0	
31		Asset3	2015	50	0	
32		Asset3	2016	25	5	
33		Asset3	2017	10	10	

图32.13 合并后的最终数据集

下文将列示文件中用于合并数据集的 VBA 代码，它们会在所有工作表中依次运行，并逐一检查该名称的工作表是否含有数据（如前文讨论）：

- 一旦检测到数据就会激活该工作页，并确定"已使用"区域（列数和单元格数量）的位置，默认区域的第一行为标题，不需要复制（实践中为了便捷，我们已经将标题复制到 ConsolData 工作页中），随后将该区域除标题外的区域定义为一个变量，并计算其中的行数。
- 接下来，激活 ConsolData 表，计算该表中"已使用"区域的行数（在复制第二个数据集时，不应覆盖从第一个数据集复制过来的数据），随后开辟一块区域，其空间正好能装下当前需要复制的数据集，将被复制数据集中的值填充该区域（注意，被复制数据采的末尾须紧接着已有数据区域）。
- 一般情况下，该代码会先调用一个子程序，用于清除 ConsolData 表中除标题外的所有数据。简便起见，下面的代码忽略了这个步骤，使用之前提到的方法就可以实现。

```vba
Sub MRConsolFieldSheets()
With ThisWorkbook
For Each ws In Worksheets
 If UCase(Left(ws.Name, 4)) = "DATA" Then
  ws.Activate
  With ActiveSheet.UsedRange
  NCols = .Columns.Count 'number of columns in the user range
  NPts = .Count ' total number of cells in the used range
  Set startcelldata = .Cells(NCols + 1) ' 1st cell of second row
  Set endcelldata = .Cells(NPts)
  Set rngToCopyFrom = Range(startcelldata, endcelldata)
  NRowsCopyFrom = rngToCopyFrom.Rows.Count
  End With
  ConsolDataSheet.Activate
  With ConsolDataSheet
   Set firstcell = .UsedRange.Cells(1)
   Set fulldata = firstcell.CurrentRegion
   NRowsExisting = fulldata.Rows.Count
```

```
            Set firstcellofPasteRange = firstcell.Offset(NRowsExisting, 0)
            Set endcellofPasteRange = firstcellofPasteRange.Offset
(NRowsCopyFrom - 1, NCols - 1)
            Set rngTocopyTo = Range(firstcellofPasteRange, endcellofPasteRange)
            End With
            rngTocopyTo.Value = rngToCopyFrom.Value
            Else ' worksheet is not a DATA sheet
            'do nothing
            End If
        Next ws
    End With
End Sub
```

如果数据集分布在另一个文件夹下的多个工作簿中，除了必要的语法和技巧外，代码也是类似的，包括：

- 自动定位包含数据集的文件夹。假设文件夹的名称为"DataSets"，并且与主工作簿同级，均位于上一级文件夹下，则通过以下代码实现：

```
strThisWkbPath = ThisWorkbook.Path
strDataFolder = strThisWkbPath & "\" & "DataSets"
```

- 依次打开每个工作簿，代码如下：

```
Workbooks.Open(strWkbToOpen)
```

- 在复制（或分配）完相关数据后关闭每个工作簿，代码如下：

```
Workbooks(strFileNoExt).Close SaveChanges:=False
```

第33章 用户自定义函数

33.1 介绍

本章重点讨论用户自定义函数（以下简称"udfs"）的应用，第一部分总结了 udfs 的便利性，第二部分阐述在实践中应用函数语法的要点，第三部分提供了一些示例，特别是金融建模中常见应用的示例，比如可以将多个 VBA 或 Excel 函数功能整合在一个函数中的"包装"函数，以及现成的 Excel 函数无法实现的计算过程（比如一些统计量）。

33.2 创建用户自定义函数的优势

函数与子程序不同，因为函数可以将结果返回到 Excel 单元格中（数组函数返回到区域），而且函数参数一旦发生变化，返回的结果也会即刻发生对应的变化。

在许多情况下用户自定义函数的功能非常强大，使用用户自定义函数的优势包括：

- 降低模型的计算规模。有些模型需要大量消耗大量区域或单元格，用来存放中间计算过程（假设用户只对结果感兴趣，而对中间步骤不是很关心）。
- 替代原本在 Excel 中进行的比较烦琐的计算过程。
- 增强模型结构的灵活性。udf 可以更快地根据新添加的数据对模型进行调整。例如，许多 Excel 的计算都依赖特定区域的输入值，一旦添加新数据，这些函数的引用区域的大小或位置可能会发生改变。此时，用户可以编写一个 udf 来检测数据区域的大小，并在代码中动态调整相应的引用位置，而无需在 Excel 中调整公式来适应引用或复制的新数据。
- 更灵活地适应复杂计算。例如，当一个单元格或区域在一个 Excel 公式中被多次引用时，udf 可以允许公式只被引用一次。同样的，如果 Excel 中的公式已存于多个地方，那么逐一更正可能会很麻烦（需要把更正后的公式逐一覆盖原公式，既耗时又容易出错），而在对应的 udf 中只需更正一次。
- 方便实现可重复使用的计算逻辑。比如复制公式（特别是复杂的公式），引用与公式不相邻的单元格，要求重复引用相同的单元格等等，这些步骤如果手动操作，既烦琐又容易出错；而用户自定义函数很容易复制，很容易应用到新模型中。

- 给计算过程"命名",使代码的可读性大大提升。在 Excel 的大型模型中,有时候用户很难理清并理解每一个计算步骤,部分原因是此类计算过程的名称含义不清或用户无法一目了然地了解其目的,而同样的计算过程可以通过 udf 进行"命名",从而提高可读性。
- 可以创建"包装"函数。"包装"函数由多个现成的 Excel 或 VBA 函数组成的代码块构成,然后一起被"包装"成一个新函数,这样可以使得代码更简洁,结构更清晰,这便于在 Excel 中使用那些默认状态下只能在 VBA 中使用的函数,而且结果的稳定性也得到很大的提升。例如,用户可能希望 Excel 模型中用到的函数始终保持在最新版本(例如最新版本的统计函数),或实现 VBA 函数的功能,如 Val、StrReverse 或 Split。

33.3 语法的实现

关于 udf,有一些要点(大部分在前面的章节已经提到过)须再次强调:

- udf 可以通过直接在 Excel 的单元格中输入公式来调用,前提是这些 udfs 的作用域默认为公有的,或使用"公式/插入函数"菜单。其中,udfs 位于"选择类别"中的"用户定义"下。对于只有在 VBA(而非 Excel 中)中才用得到的函数,可以声明为私有函数,并且不能通过直接输入的方式访问。
- 为了更方便地输入 udfs,作者通常以自己姓名的首字母(即 MR……)来命名。这样的 udfs 便于识别,给模型的审核也带来了很大便利。
- 作者通常将 udfs 放在主工作簿的 VBA 代码中,但如果其他工作簿中(或加载项)也需要用到这些函数,可以在函数名称前加上 udf 所在的工作簿名称,或者创建对工作簿或加载项的引用来实现调用。
- 有时需要在代码开头使用 Application.Volatile(或 Application.VolatileTRUE)语句,将 udf 定义为易失性函数(易失性函数指每次 Excel 重新计算时会重新计算的函数,即使参数值自上次重新计算后没有被更改过也会重算)。
- udfs 也可以像普通的 Excel 数组函数一样,以数组函数的形式存在,因而用户也可以用快捷键"Ctrl + Shift + Enter"将其输入到 Excel 单元格中。
- 我们可以通过以下操作给函数添加说明:激活包含函数的工作簿,在 Excel 中的开发工具选项上点击"宏"对话框,在宏名的框中键入函数名,点击"选项"按钮并输入描述或说明。自定义函数也可以被分配到用户自定义类之外的类别中,但这样做可能会降低模型的可读性,因此不再进一步讨论。
- udfs 也可以有可选输入参数,对于 Excel 函数而言,可选参数一般是所有参数中排在最后几个的输入参数。
- 一般而言，如果某个模型需要用到多处 udfs，单独添加一张工作表来说明模型的计算步骤会带来很大帮助。比如，在模型的某个特例中，将计算步骤和结果复制出来，并说明输入参数的变化如何导致结果的变化。

33.4 实际应用

本节将通过一些示例说明该类函数的常见功能，其中包括：
- "包装"函数如下所示：
  - 允许在 Excel 中访问只能在 VBA 中定义的函数。
  - 检测当前 Excel 版本，使得 Excel 函数都为最新版本。
  - 实现 IFERROR 函数的功能，使得该功能在任何 Excel 版本（例如 Excel 2003）中都能正常实现。
- 常见函数如下所示：
  - 代替需要消耗单元格或区域存放中间计算过程结果的计算，只需要最后将计算结果输出到单个单元格或区域中（例如连续嵌套公式的计算，或通过计算一个区域内所有单元格的绝对值之和来检查模型误差时）。
  - 为模型快速创建时间轴。
  - 取代"三角"计算方法。
  - 创建需要将 Excel 工作表的表名作为输入参数的函数。
- Excel 中不存在的统计函数如下所示：
  - 两个样本的秩相关性。
  - 给定随机变量的值和对应的概率值，计算样本的标准差、斜度和峰度。
  - 样本的半离差。

用户自定义函数在很多其他的金融建模中也很有价值，包括：
- 通过来自未知概率分布中的样本构建分布函数，以及实现多维相关随机变量的抽样。
- 在投资组合优化中，在给定预期收益和收益率的标准差，且权重上不受约束的情况下，计算一组资产的最优均值–方差组合。
- 使用布莱克–斯科尔斯公式给欧式看涨期权或看跌期权定价，或使用二叉树（或有限差分法）方法给欧式（或美式）看涨期权或看跌期权定价。
- 采用 Newton-Raphson 迭代来计算期权的隐含波动率。

下文将以示例做进一步介绍。

示例1：访问用于数据操作的VBA函数——Val、StrReverse和Split

VBA 中有几个函数可以执行 Excel 函数无法执行的操作，而且可以在 Excel 中返回 udf 的计算结果，便于后续调用。比如下列字符串操作：

- Val 函数从字符串的第一个字符开始读取，直到第一个不能被识别成数字的字符（不包括该字符）。因此，即使两者之间没有明确的可识别的分隔符号，该函数也可以将字符串拆分成数字和文本两部分。
- StrReverse 函数可以逆序返回字符串中的字符。
- Split 函数可以根据指定的分隔符号将字符串拆分为各个片段（如果省略，则默认为空值），并且可以返回字符串中指定数量的分隔符后的片段。

文件 Ch33.1.Val.StrReverses.plit.VBAFunctions.xlsm 中的示例显示的是在 Excel 中调用 udfs。需要注意的是，udfs 的参数必须包含所有底层 VBA 函数的参数。

图 33.1 和图 33.2 展示了如何使用 Val 和 StrReverse 创建可在 Excel 中调用的函数，代码如下：

```
Function MRSTRREVERSEVBA(Txt)
MRSTRREVERSEVBA = StrReverse(Txt)
End Function
Function MRVALVBA(Txt)
MRVALVBA = Val(Txt)
End Function
```

	A	B	C	D
1				
2		String	Result	
3		55OakAvenue	55	=MRVALVBA(B3)
4		37YearsOld	37	=MRVALVBA(B4)
5		25Dec2016Christmas	25	=MRVALVBA(B5)
6		1Jan2017NewYear	1	=MRVALVBA(B6)
7		12	12	=MRVALVBA(B7)
8				

图33.1 使用VBA的Val创建用户自定义函数

	A	B	C	D
1				
2		String	Result	
3		?sihTdaeRuoYnaC	CanYouReadThis?	=MRSTRREVERSEVBA(B3)
4				

图33.2 使用VBA的StrReverse创建用户自定义函数

图 33.3 展示了使用 Split 函数创建可在 Excel 中调用的数组函数，例子中的自定义函数将每个字符串按照分隔符拆分成指定个数的片段。请注意，如果事先选中的输出区域太小（如第 4 行，输出单元格个数 4 小于拆分的片段数 6），则无法返回拆分后的全部片段；若输出区域非常大，将会在多余单元格中返回 #N/A。该函数的代码如下：

Function MRSPLITINTON(Txt, Delim, N)

MRSPLITINTON = Split(Txt, Delim, N)

End Function

图33.3 使用VBA的Split创建用户定义的数组函数

图 33.4 展示了如何使用 Split 创建一个函数，该函数提取字符串中指定数量的分隔符后的片段（例如在出现四次分隔符之后）。该功能无法在 Excel 中直接实现，因为 Excel 只能根据指定分隔符的第一个位置来拆分字符串。该函数的代码如下：

Function MREXTRACTAFTERNTH(Txt, Delim, N)

MREXTRACTAFTERNTH = Split(Txt, Delim)(N)

End Function

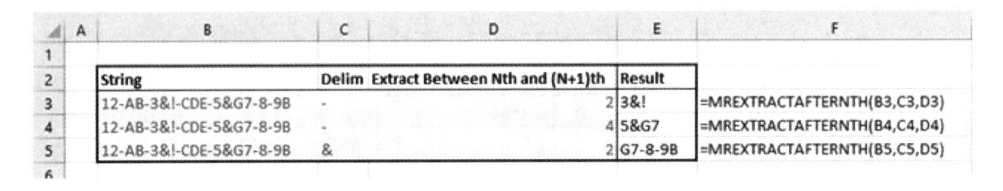

图33.4 使用VBA的Split创建用户自定义函数，提取字符串

"包装"函数的另一个功能是用 VBA 中的 Date 函数获取 1900 年之前的日期。

示例2：用"包装"函数获取Excel函数的最新版本

正如在第 21 章中所讨论的，目前 Excel 的最新版本引入了几个对现有（旧版本）函数做了技术改进的新 Excel 函数，例如，Excel 2010 中引入的 NORM.S.INV 函数对旧版本的 NORMSINV 函数做出了改进。用户可能希望模型中的函数始终为最新版本，但又可以向前兼容，并且在无需修改工作表中的函数引用公式（比如工作表中用到的函数也需要更改为改进后的函数名）的前提下，模型的计算结果也始终以最新版本的函数的计算结果的基础。

  Application.Version 可用于查找正在使用的 Excel 版本，并将版本的文本值转换为对应的数值（Excel 2003 为版本 11，Excel 2007 为版本 12，Excel 2010 为版本 14，Excel 2013 为版本 15，Excel 2016 为版本 16）查找操作为：

```
nVersion = Val(Application.Version)
```

随后我们就可以将该结果和版本依赖的函数一起"包装"到 udf 中了：

```
Function MRNORMSINV(Probability)
Set wsf = Application.WorksheetFunction
nVersion = Val(Application.Version)
Select Case nVersion
  Case Is <= 12
    xValofPToX = wsf.NormSInv(Probability)
  Case Else
    xValofPToX = wsf.Norm_S_Inv(Probability)
  End Select
MRNORMSINV = xValofPToX
End Function
```

此处我们选择使用 Select Case 语句，而非 If...Then 语句。因为 Select Case 语句便于在 Excel 版本发生变化，在需要将相关函数也调整到对应版本的情况下，使用它更容易调整代码（无需修改 Excel 中对 udf 的引用公式，只需修改定义 udf 的代码）。

  上述代码位于文件 Ch33.2.Wrapper.NormSinv.xlsm 中，计算结果如图 33.5 所示。

	A	B	C	D
1				
2		Percentage	Using VBA Wrapper	
3		5.0%	-1.64	=MRNORMSINV(B3)
4		10.0%	-1.28	=MRNORMSINV(B4)
5		50.0%	0.00	=MRNORMSINV(B5)
6		90.0%	1.28	=MRNORMSINV(B6)
7		95.0%	1.64	=MRNORMSINV(B7)

图33.5 使用的"包装"函数中保持最新版本的Excel函数

示例3：为了保持对Excel 2003的兼容性，复制IFERROR函数的功能

若需要使在 Excel 2003 以后的新版本中建立的模型兼容 Excel 2003，则需要将新版本的函数替换为该版本的函数。例如，某个模型多处都用到了 IFERROR 函数，为了向前兼容，我们可以创建如下 udf：

```
Function IF2003ERROR(Calc, AltValue)
    If IsError(Calc) Then
        IF2003ERROR = AltValue
    Else
        IF2003ERROR = Calc
    End If
End Function
```

然后可以用 Excel 的"查找 / 替换"功能将 IFERROR 替换为 IF2003ERROR，使得该模型在 Excel 2003 中也适用（选择该函数名称的目的是方便用户在需要时替换回原来函数名）。对于这部分内容，感兴趣的读者可自行练习。

示例4：总体误差

我们在对模型进行误差检查时，一般会计算模型多种结果的差，并将这些误差存放在多个单元格内。也就是说，如果模型无误，这些单元格的值理应为零，如果模型较为复杂，这样的单元格可能分布在很多不连续的地方。因此，如果通过原始位置的引用，将多处这样的误差单元格汇总到一个专门用于显示误差的连续范围，会大大简化检查过程。配合图表展示，不仅更直观，而且更快速、更准确。但是，误差为零也有可能是由于正负抵消所致，所以我们还需要另外定义 udf，计算误差的绝对值的总和。

文件 Ch33.3.SumAbsValues.xlsm 包含以下代码，用于返回连续数据区域内的单元格的绝对值之和，计算结果如图 33.6 所示：

A	B	C	D	E	F	G	H	I	J
2	Sum of Values		0.00	=SUM(D6:M8)					
3	Sum of Absolute Values		4.64	=MRSumAbsValues(D6:G7)					
4									
5	Consolidate Error-Checks		1	2	3	4	5	6	7
6	Eorr check 1		3.8	0.9	0.0	0.0	0.0	0.0	0.0
7	Eorr check 2		0.0	0.0	0.0	0.0	0.0	0.0	0.0
8	Eorr check 3		-3.8	-0.9	0.0	0.0	0.0	0.0	0.0

图33.6 使用用户自定义函数进行整体误差检查

```
Function MRSumAbsValues(Data)
    With Data.Cells(1, 1)
        MRSumAbsValues = 0
            For i = 1 To Data.Rows.Count
            For j = 1 To Data.Columns.Count
                MRSumAbsValues = MRSumAbsValues + Abs(.Offset(i - 1, j - 1))
            Next j
        Next i
    End With
    MRSumAbsValues = MRSumAbsValues
End Function
```

不过上述过程在Excel中也能实现,比如用户可以用ABS函数计算误差的绝对值,并将其输出到另一块区域,然后再计算这块区域的和。用户还可以配合使用ABS函数和SUM函数,用数组函数的方式完成该过程(当然,我们也可以一开始就用ABS函数计算每个样本的误差绝对值,用其代替原始的简单差值。但这一操作有两个相对的劣势:第一,每处生成误差的原始公式都需要加上"ABS(……)",有时候会忘记输入;第二,不方便查看原始误差的符号,比如相比基准是"多了"还是"少了")。

示例5:替换需要用表或区域存放中间计算结果的计算过程

在上述示例中,我们通过定义一个udf来减少中间计算过程对于单元格或区域的空间占用,因为一般情况下我们只关心最终结果,而非中间过程。在接下来的案例中,我们将定义一个udf,用于复制整个中间计算过程,输出用户关心的最终计算结果。

文件Ch33.4.MonthCount.xlsm先在Excel工作表中展示如何计算任意两个日期之间的月数,且包括开始日所在的月份(如果起始日期和结束日期相同,就只算作一个月)。在Excel中用YEAR、MONTH和EDATE函数来计算日期差,如果详细列示每个计算步骤及结果,则需要4到5个单元格。事实上,每个列示单步计算的结果,除了供事后检查计算逻辑外,基本没有什么实际意义,所以可以将这些步骤整合在udf中,并直接返回最终计算结果。图33.7展示了详细的计算步骤以及udf的使用示例。该函数代码如下:

```
Function MRStartedMonthCount(StartDate, EndDate)
```

```
Set wsf = WorksheetFunction
YearDiff = Year(EndDate) - Year(StartDate)
MonthDiff = Month(EndDate) - Month(StartDate)
InitialDiff = 12 * YearDiff + MonthDiff
If (EndDate >= wsf.EDate(StartDate, InitialDiff)) Then
    ICorrectionFactor = 1
Else
    ICorrectionFactor = 0
End If
MRStartedMonthCount = InitialDiff + ICorrectionFactor
End Function
```

	A	B	C	D
1				
2		Start of	25 February 2010	
3		End of	5 March 2012	
4				
5		Year Diff	2	=YEAR(C3)-YEAR(C2)
6		Month Diff	1	=MONTH(C3)-MONTH(C2)
7		Initial Diff	25	=12*C5+C6
8		Correction	0	=IF(C3>=EDATE(C2,C7),1,0)
9		**Result**	25	=C7+C8
10				
11		**UDF (replicates Ex**	25	=MRStartedMonthCount(C2,C3)

图33.7 无需展示中间计算过程的用户自定义函数

示例6：使用Application.Caller生成数组函数形式的时间轴

当需要获取与调用程序本身的 Excel 进程相关的信息时，可以使用 Application.Caller 对象。[1] 例如，用户可能需要知道函数本身所在的单元格的地址或者 udf 数组

---

[1] 例如函数：
```
Function WorksheetName()
Application.Volatile
WorksheetName = Application.Caller.Parent.Name
End Function
```
假设在工作表中使用worksheetName函数，Application.caller代表在工作表的某一单元格（即填入公式的单元格），如果把包含Application.caller的代码赋予某一对象（如command bars和 ActiveX 控件），Application.caller代表此对象本身。——译校注

函数本身所占用的区域的大小（如行数和列数）。

在文件 Ch33.5.ApplicationCaller.DateRange.xlsm 包含的示例中，我们以数组函数的方式在某一行内输入公式"=MRDATESINRANGE(132,1)"，并给出公式本身所占用区域的列数（见图 33.8）：初始年份位于单元格 B2，每向右平移一列，年份自动加 1。

```vba
Function MRDatesinRange(iFirst As Integer, Increment As Integer)
Dim Storage() As Double
NCols = Application.Caller.Columns.Count
ReDim Storage(1 To NCols)
For i = 1 To NCols
Storage(i) = iFirst + Increment *i
Next i
MRDatesinRange = Storage
End Function
```

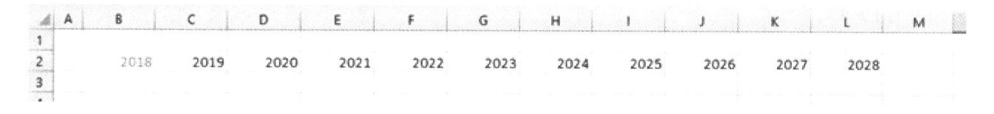

	A	B	C	D	E	F	G	H	I	J	K	L	M
1													
2		2018	2019	2020	2021	2022	2023	2024	2025	2026	2027	2028	
3													

图33.8 调用Application.Caller的用户自定义数组函数

需要注意的是：

- Application.Caller 对象用于给出调用过程（udf）所占区域的列数，用户经常需要利用该信息来确定循环次数。
- 创建的函数是一个数组函数，因此，在将计算值赋给函数名作为返回语句并最终输出到单个单元格之前，计算结果都会存储在 VBA 数组中（此处为 Storage 变量）。

示例7：行和列中的用户定义数组函数

上述示例中将 udf 以行的形式输出到 Excel 区域，事实上，行形式是数组函数的默认形式。如果函数也是按行输出，代码无需调整。若需要按列输出，则用户需要调用 Application.Caller 对象来检查函数的输入参数是行向量还是列向量：如果是列向量，需要适当调整代码，使函数给出正确的计算结果，否则给出的列向量中每个值都是输入参数中第一个参数的计算值。

文件 **Ch33.6.ArrayFunction.RowsColumns.xlsm** 展示的示例中有三个函数，用于在给定某个整数（N）后，分别计算 1 到 N 的和、平方和以及立方和（见图 33.9），代码如下：

```
Function MRSum1ToN(ByVal N)
Dim i As Long
Dim DataSet() As Double
ReDim DataSet(1 To N) As Double
For i = 1 To N
    DataSet(i) = i
Next i
MRSum1ToN = WorksheetFunction.Sum(DataSet)
End Function


Function MRSum1ToNSQR(ByVal N)
Dim i As Long
Dim DataSet() As Double
ReDim DataSet(1 To N) As Double
For i = 1 To N
    DataSet(i) = i ^ 2
Next i
MRSum1ToNSQR = WorksheetFunction.Sum(DataSet)
End Function


Function MRSum1ToNCUBE(ByVal N)
Dim i As Long
Dim DataSet() As Double
ReDim DataSet(1 To N) As Double
For i = 1 To N
    DataSet(i) = i ^ 3
Next i
```

```
MRSum1ToNCUBE = WorksheetFunction.Sum(DataSet)
End Function
```

	A	B	C	D
1				
2		Number	5	
3				
4		Individual Functions		
5		Sum Of Integers	15	=MRSum1ToN(C2)
6		Sum of Squares	55	=MRSum1ToNSQR(C2)
7		Sum of Cubes	225	=MRSum1ToNCUBE(C2)

图33.9 单个用户自定义函数

我们也可以用下面的数组函数替代图33.9中三个函数,其中VBA数组中的三个元素由上述三个函数的计算结果构成:

```
Function MRSum1ToNPOWERS3ArrayROW(ByVal N)
Dim tot(1 To 3) As Double
tot(1) = MRSum1ToN(N)
tot(2) = MRSum1ToNSQR(N)
tot(3) = MRSum1ToNCUBE(N)
MRSum1ToNPOWERS3ArrayROW = tot
End Function
```

由于需要创建的是数组函数,所以在最后将返回值赋给函数名的语句之前,所有计算值都存储在VBA数组(tot)中。

图33.10展示了分别在Excel的行区域和列区域内使用该函数的效果。由图可见,结果只有被输出到行区域时才会给出正确的值,如果被输出到列向量,则每列的值都是相同的,都是行向量中的第一个值。

	A	B	C	D	E
10		ARRAY FUNCTION DEFAULT FORM: VALID FOR FUNCTIONS PLACED IN A ROW			
11					
12		Array Function in Row	Sum Of Integers	Sum of Squares	Sum of Cubes
13			15	55	225
14			{=MRSum1ToNPOWERS3ArrayROW(C {=MRSum1ToNPOWERS3ArrayROW(C {=MRSum1ToNPOWERS3ArrayROW(C2)}		
15					
16		Array Function in Column			
17		Sum Of Integers	15	{=MRSum1ToNPOWERS3ArrayROW(C2)}	
18		Sum of Squares	15	{=MRSum1ToNPOWERS3ArrayROW(C2)}	
19		Sum of Cubes	15	{=MRSum1ToNPOWERS3ArrayROW(C2)}	

图33.10 数组函数仅在行的形式中有效

如果需要将结果输出到列区域,则必须将原始计算结果进行转置,此时可以调用 Application.Caller 对象来检测输出区域是行区域还是列区域，进而确定是否需要转置（即调用列适应的函数）。由图 33.11 可见，无论输出区域是行区域还是列区域，该函数都能给出正确的结果。

ARRAY FUNCTION ADAPTED FORM: VALID FOR FUNCTIONS PLACED IN A ROW OR IN A COLUMN			
Array Function in Row	Sum Of Integers	Sum of Squares	Sum of Cubes
	15	55	225
	{=MRSum1ToNPOWERS3Array(C2)}	{=MRSum1ToNPOWERS3Array(C2)}	{=MRSum1ToNPOWERS3Array(C2)}
Array Function in Column			
Sum Of Integers		15	{=MRSum1ToNPOWERS3Array(C2)}
Sum of Squares		55	{=MRSum1ToNPOWERS3Array(C2)}
Sum of Cubes		225	{=MRSum1ToNPOWERS3Array(C2)}

图33.11 调整数组函数使计算结果可以以行或列的形式输出

上述操作的代码如下：

```
Function MRSum1ToNPOWERS3Array(ByVal N)
Dim tot(1 To 3) As Double
Dim nRows As Long, nCols As Long
Dim AC As Object
tot(1) = MRSum1ToN(N)
tot(2) = MRSum1ToNSQR(N)
tot(3) = MRSum1ToNCUBE(N)
Set AC = Application.Caller
nRows = AC.Rows.Count
nCols = AC.Columns.Count
If WorksheetFunction.And(nRows > 1, nCols > 1) Then
    MRSum1ToNPOWERS3Array = "Too many rows and columns"
    Exit Function
Else
   If nRows = 1 Then
    MRSum1ToNPOWERS3Array = tot
    Exit Function
   Else
    MRSum1ToNPOWERS3Array = WorksheetFunction.Transpose(tot)
    Exit Function
   End If
```

End If

End Function

示例8：取代需要占用大量区域的计算过程——"三角"方法计算折旧

正如上文所述，udfs可以将大量的中间过程隐藏在内存中，因此可以减少工作表占用的空间，使得用户专注于最重要的部分，从而提升模型操作的便利性和可读性。除此之外，当模型或输入参数的大小发生变化时，使用udfs也可以提升操作的灵活性。

在第18章中，我们讨论了给定资本支出以及折旧计划后，用"三角"方法计算总体折旧的过程，图33.12展示了该计算过程：基础输入数据（一般情况下也是其他计算过程给出的结果）位于第3行和第6行。第9到第19行展示的是"三角"方法的计算过程。如果需要拉长模型的时间轴，则需要添加新行和新列，并修改或复制公式来调整该"三角形"。但是，如果某个模型有几个这样的"三角形"，或者时间轴的颗粒度更细，那么该"三角形"就会很大，修改的模型过程就会非常烦琐、耗时，且容易出错。

	A	B	C	D	E	F	G	H	I	J	K	L	M
1													
2		Years		2018	2019	2020	2021	2022	2023	2024	2025	2026	2027
3		Capex		250	200	50	50	50	75	100	125	150	150
4													
5		Generic Periods		1	2	3	4	5					
6		Depreciation Schedule	100%	30%	25%	20%	15%	10%					
7													
8		Excel for Specific Depreciation Schedule		2015	2016	2017	2018	2019	2020	2021	2022	2023	2024
9		2018	250	30%	25%	20%	15%	10%					
10		2019	200		30%	25%	20%	15%	10%				
11		2020	50			30%	25%	20%	15%	10%			
12		2021	50				30%	25%	20%	15%	10%		
13		2022	50					30%	25%	20%	15%	10%	
14		2023	75						30%	25%	20%	15%	10%
15		2024	100							25%	20%	15%	10%
16		2025	125								20%	15%	10%
17		2026	150									15%	10%
18		2027	150										10%
19		Total		75.0	122.5	115.0	105.0	92.5	72.5	66.3	72.5	72.5	60.0
20													
21		UDF for Specific Depreciation Schedule		2015	2016	2017	2018	2019	2020	2021	2022	2023	2024
22		Total		75.0	122.5	115.0	105.0	92.5	72.5	71.3	90.0	112.5	130.0

图33.12 取代"三角"计算方法的用户自定义函数

相比年度折旧的分项，用户一般只对总计值感兴趣，所以可以使用udf来复制整个计算过程，只需要将函数的计算结果放在第22行。显而易见，这样的呈现方式既节省了模型的空间，操作也变得更灵活。如果拉长列方向的时间轴，则该"三角形"需要新增一列，引用该范围的函数也需要同步调整。

该函数可广泛应用于财务建模和商业规划，用户可以通过以下操作来拓展该函数的用法：将资本支出字段定义为任意一个在未来一段时间内都有持续影响的自变量，将折旧定义为该影响的大小。如下所示：

- 将第一个（资本支出）字段定义为即将在一年内启动的新项目的数量，而相应地将第二个（折旧）字段定义为每个项目的营业收入。
- 将第一个字段定义为某个月的保单销量，将第二个字段定义为每月收到的保费或保险单生效期内的平均损失。

通过资本支出和折旧的下标得到的年度折旧总额的计算公式，然后依据该公式直接写成代码也可以得到该模型。

示例9：工作表引用函数

将工作表名称作为用户自定义函数的输入参数也是一个常用的方法，这类函数在某种意义上来说类似于 Excel 中的 INDIRECT 函数（见第25章）。但是，使用 udfs 可以使语法更清晰（例如避免多次引用同一组单元格），灵活性更高，而且这类函数允许在已创建的函数中嵌入其他函数。例如，作者写过的某个函数就是将上述经过修改的折旧表与引用工作表结合。

文件 Ch33.7.SheetRef.xlsm 展示了两个简单的示例，其代码如下：

```
Function MRGetDataInAddress(SheetName As String, CellAddress As String)
MRGetDataInAddress = Worksheets(SheetName).Range(CellAddress).Value
End Function


Function MRGetDataInSameCell(SheetName As String)
CellAddress = Application.Caller.Address
MRGetDataInSameCell = Worksheets(SheetName).Range(CellAddress).Value
End Function
```

第一个函数以 Excel 工作表的表名和文本格式的单元格地址作为输入参数，返回该工作表和该单元格的地址。第二个函数以 Excel 工作表的表名作为输入参数，并返回函数所在单元格的地址。后一种方法可以用来创建基于多表数据的模型，该模型可以实现在不更改公式的情况下添加或删除新表，因为模型中没有一个公式是直接通过表名链接到工作表的（类似于第25章中的示例）。

图33.13展示了这两个函数的应用示例。由图可见，单元格C3中的"D7"被

识别为字符串，因此单元格 D3 中的函数返回的是工作表 Data1 中单元格 D7 的值（图中未显示）。另一方面，单元格 D7 中调用表名的函数用于返回工作表 Data1 中同一位置单元格（单元格 D7）的值，由于要调用的函数本身就可以返回公式所在的单元格地址，不需要将单元格引用指定为函数参数。

	A	B	C	D	E
1					
2		Sheet	Cell Ref	Result	
3		Data1	D7	96.04	=MRGetDataInAddress(B3,C3)
4		Data2	$C$4	239.90	=MRGetDataInAddress(B4,C4)
5					
6		Sheet		Result	
7		Data1		96.04	=MRGetDataInSameCell($B$7)

图33.13 将表名作为输入参数的用户自定义函数

当然，用户可以丰富这些函数，添加更多功能。例如，图 33.14 展示了在指定工作表的数据上进行条件函数（SUMIF、COUNTIF 或 AVERAGEIF 函数）计算的示例（假定标题字段位于每一张工作表的第一行）。函数在指定的 Data2 数据表中先查找到 Asset2 和 Asset3 两个标题所在列，然后以 240 为阈值，将其应用到 Asset 2 的筛选中，返回满足条件的位置，最后将 Asset 3 中对应这些位置的值进行汇总（或结合其他条件计算），函数的可选参数（iType）用于指定条件计算的函数，默认省略 SUMIF。

	A	B	C	D
1				
2		Sheet	Data2	
3		Row1Id.CriteriaId	Asset2	
4		CriteriaValue	240.0	
5		Row1CalcId	Asset3	
6		ValIfError	999	
7		Type (1 or missing=SumIf, 2=CountIf, 3=AverageIF)	1	
8		Value	982.0	=MRSumIfColFinderRow1(C2,C3,C4,C5,C6,C7)

图33.14 以工作表名称作为输入和附加计算能力的函数

上述操作的代码如下：

```
Function MRSumIfColFinderRow1(SheetName As String, Row1CritId,
CritVal, Row1CalcId, ValueIfError, Optional iType As Integer)

On Error GoTo ErrorValue
Set wsf = WorksheetFunction
With Worksheets(SheetName)
  Set SearchRange = .Range("1:1")
```

```
        ColNoToSum = wsf.Match(Row1CalcId, SearchRange, 0)
        Set RangeToSum = .Range("A:A").Offset(0, ColNoToSum - 1)
        ColNoForCritCheck = wsf.Match(Row1CritId, SearchRange, 0)
        Set RangeToCheck = .Range("A:A").Offset(0, ColNoForCritCheck - 1)
    End With

    Select Case iType
      Case 1
        MRSumIfColFinderRow1 = wsf.SumIf(RangeToCheck, CritVal, RangeToSum)
      Case 2
        MRSumIfColFinderRow1 = wsf.CountIf(RangeToCheck, CritVal)
      Case 3
        MRSumIfColFinderRow1 = wsf.AverageIf(RangeToCheck, CritVal, RangeToSum)
      Case Other
        MRSumIfColFinderRow1 = wsf.SumIf(RangeToCheck, CritVal, RangeToSum)
    End Select
    Exit Function
ErrorValue:
        MRSumIfColFinderRow1 = ValueIfError
End Function
```

示例10：频率已知的统计矩

在第 21 章中，我们讨论了用于计算样本的几个主要统计矩的 Excel 函数，即平均值、标准差、偏度和峰度，然而输入数据一般是由单个样本构成的向量，没有关于概率或频率的信息，因此我们可以认为所有单个样本的出现概率都是相等的（一个相反的例子是，将样本取值乘以对应概率并求和，然后使用 SUMPRODUCT 函数计算"加权"平均值）。我们可以用第 21 章介绍的计算统计矩的数学公式创建一个用户定义的函数，来计算这些统计矩。

文件 Ch33.8.Moments.xlsm 包含了一个用于计算四个矩的数组函数，分别用于计算平均值、其他三个衡量与均值的偏差的统计量，计算结果如图 33.15 所示，函数的代码如下（此处的公式适用于基于总体而非基于样本的统计量计算）：

	A	B	C	D
1				
2			Population Moments	
3		Mean	58.00	{=mrmoments(B9:B18,C9:C18)}
4		StdDev	31.35	{=mrmoments(B9:B18,C9:C18)}
5		Skew	0.36	{=mrmoments(B9:B18,C9:C18)}
6		Kurtosis	2.53	{=mrmoments(B9:B18,C9:C18)}
7				
8		Xs	Ps	
9		10	20%	
10		20	5%	
11		30	5%	
12		40	10%	
13		50	50%	
14		60	10%	
15		70	5%	
16		80	10%	
17		90	20%	
18		120	15%	
19				

图33.15 概率加权的数组函数

```
Function MRMoments(X As Range, probs As Range)
Dim SumP As Double
Dim i As Integer, N As Integer
Dim nRows As Long, nCols As Long
Dim AC As Object
Dim Calcs(1 To 4) As Double


N = probs.Count


SumP = 0
  For i = 1 To 4
    Calcs(i) = 0
  Next i
  For i = 1 To N
    SumP = SumP + probs(i)
  Next i
  For i = 1 To N
    Calcs(1) = Calcs(1) + X(i) * probs(i)
```

```
    Next i

    Calcs(1) = Calcs(1) / SumP
For i = 1 To N
    Calcs(2) = Calcs(2) + ((X(i) - Calcs(1)) ^ 2) * probs(i)
    Calcs(3) = Calcs(3) + ((X(i) - Calcs(1)) ^ 3) * probs(i)
    Calcs(4) = Calcs(4) + ((X(i) - Calcs(1)) ^ 4) * probs(i)
Next i

    Calcs(2) = Calcs(2) / SumP
    Calcs(3) = Calcs(3) / SumP
    Calcs(4) = Calcs(4) / SumP

    Calcs(1) = Calcs(1)
    Calcs(2) = Sqr(Calcs(2))
    Calcs(3) = Calcs(3) / (Calcs(2) ^ 3)
    Calcs(4) = Calcs(4) / (Calcs(2) ^ 4)

    Set AC = Application.Caller
    nRows = AC.Rows.Count
    nCols = AC.Columns.Count

    If WorksheetFunction.And(nRows > 1, nCols > 1) Then
        MRMoments = "Too many rows and columns"
        Exit Function
    Else
        If nRows = 1 Then
            MRMoments = Calcs
            Exit Function
        Else
            MRMoments = WorksheetFunction.Transpose(Calcs) ' to place
```

```
            in a columnExit Function
                Exit Function
            End If
        End If


        End Function
```

示例11：秩相关

如第 21 章所述，Excel 中没有可以直接计算两个数据集的 Spearman 秩相关性的函数，不过我们可以先确定（如使用 RANK.AVG 函数）每个数据在所在数据集中的排序，然后计算排序值之间的 Pearson 相关性系数（使用 CORREL 函数或 PEARSON 函数）。不过，数据集很大且经常发生变化会对 Excel 的空间提出很多额外的需求，而且烦琐的计算过程和复制公式的过程使得手动调整工作表来应对数据集的变化变得不可行，而用户自定义函数能快速实现该计算过程，且易于调整。

	A	B	C	D	E	F	G	H	I	J
1										
2		UDF					Excel Calculations			
3										
4		RANKCORREL	-29.7%	=MRRankCorrel(B7:B16,C7:C16)		CORREL(RANK(Data))		-29.7%	=CORREL(H7:H16,I7:I16)	
5										
6		X	Y			X	Y	RANK(X)	RANK(Y)	
7		54.4	6.3			54.4	6.3	7	1	=RANK.AVG(G7,G$7:G$16,1)
8		38.9	14.1			38.9	14.1	2	7	
9		57.3	9.5			57.3	9.5	9	3	
10		46.2	12.9			46.2	12.9	4	5	
11		45.4	13.1			45.4	13.1	3	6	
12		35.2	15.4			35.2	15.4	1	8	
13		55.9	11.4			55.9	11.4	8	4	
14		74.9	16.0			74.9	16.0	10	9	
15		48.5	7.1			48.5	7.1	6	2	
16		47.7	18.8			47.7	18.8	5	10	
17										

图33.16 使用用户自定义函数计算秩相关系数

文件 Ch33.9.RankCorrel.xlsm 中的示例如图 33.16 所示。示例将自定义函数 MRRankCorrel 直接计算数据的秩相关系数，与在 Excel 中逐步计算进行了比较。自定义函数的代码如下：

```
Function MRRankCorrel(X As Range, Y As Range)

Dim i As Long, NxlVersion As Long

Dim RX() As Double, RY() As Double 'use to store the rank

Dim wsf As WorksheetFunction
```

```
Set wsf = Application.WorksheetFunction

If X.Count <> Y.Count Then
  MsgBox "Ranges are not of same size-please redefine"
  MRRankCorrel = "Function Error"
Exit Function
End If

ReDim RX(1 To X.Count)
ReDim RY(1 To X.Count)

NxlVersion = Val(Application.Version)

Select Case NxlVersion
Case NxlVersion <= 12
    For i = 1 To X.Count
        RX(i) = wsf.Rank(X(i), X, 1)
        RY(i) = wsf.Rank(Y(i), Y, 1)
    Next i
Case Else
    For i = 1 To X.Count
        RX(i) = wsf.Rank_Avg(X(i), X, 1)
        RY(i) = wsf.Rank_Avg(Y(i), Y, 1)
    Next i
End Select
MRRankCorrel = wsf.Correl(RX, RY)
End Function
```

我们也可以使用类似的方法创建一个计算"Kendall's Tau"相关系数的udf（见第21章）。

示例12：半离差

如第21章所述，与标准偏差相比，半离差是更好的衡量单边风险(例如下行风险)的统计量。标准差衡量的是双边风险，其计算方法是先将向量中每个数据与均值的偏差进行平方，然后求其平均值，最后再开根号〔在计算偏差平方的均值时一般不包括与均值相等（偏差为0）的值，即计算均值时分母不包括该类值的个数〕。

文件Ch33.10.SemDeviation.xlsm中包含一个用于计算数据的相对于均值的半离差的udf。该函数包含一个可选参数（iType），用于指定计算的是正离差还是负离差，但默认的是负离差。

	A	B	C	D
1				
2		UDF		
3				
4		Semi-Dev: Below	8.7	=MRSemiDev($C8:$C14,1)
5		Semi-Dev: Above	6.1	=MRSemiDev($C8:$C14,2)
6				
7			Data	
8			12	
9			15	
10			3	
11			17	
12			-5	
13			4	
14			13	

图33.17 计算半离差的自定义函数

udf的使用方式和计算结果如图33.17所示，该文件还包含了如何在Excel中计算出相同结果的计算步骤（位于F列到J列，未在图中展示）。图中udf的代码如下：

```
Function MRSemiDev(Data, Optional iType As Integer)
Dim n As Long, ncount As Long, i As Long
Dim sum As Single, mean As Single
ncount = 0
mean = 0
sum = 0
n = Data.Count
mean = Application.WorksheetFunction.Average(Data)

If IsMissing(iType) Then
```

```
            iType = 1
          Else
            iType = iType
        End If
        If iType = 1 Then
          For i = 1 To n
            If Data(i) < mean Then
            ncount = ncount + 1
            sum = sum + (Data(i) - mean) ^ 2
            Else
            End If
          Next i
        Else
          For i = 1 To n
            If Data(i) > mean Then
            ncount = ncount + 1
            sum = sum + (Data(i) - mean) ^ 2
            Else
            End If
          Next i
        End If
        MRSemiDev = Sqr(sum / ncount)
        End Function
```

我们也可以稍加改动上述代码，使之计算相对某个指定值的离差，该指定值可以以函数的输入参数（"可选"或"必需"都可以）形式传递到函数内部。